최신

특수교육 교과교재 연구 및 지도법

최신

특수교육 교과교재 연구 및 지도법

권순황 · 박재국 · 조홍중 · 한경임 · 박상희

일문사
ILMOONSA

머리말 | Preface

교사의 전문성은 학습자의 특성에 맞게 잘 가르치는데 있다. 특수교육은 학습자의 특수한 교육적 요구에 따라 다양한 교수－학습 지도방법이 존재한다. 따라서 개인차가 큰 특수교육 대상학생을 지도하는 교수자는 교수－학습 지도방법과 관련된 이론과 이를 바탕으로 한 실제적인 적용방법에 두루 관심을 가져야 할 것이다.

본 책의 주된 관심은 "어떻게 하면 가장 효율적으로 학습자를 지도할 수 있는가?" 하는 문제이다. 잘 가르치기 위해서는 교수－학습 지도에 관한 전반적인 이론이 필요하고 이에 따른 실제적 적용 사례를 많이 경험하는 것이 중요하다. 이 책의 저자들은 특수교육 교과교재 및 연구법의 중요성에 관심을 갖고 특수교육에 관심을 갖는 학생들에게 좋은 수업을 할 수 있는 지침서와 임용을 위한 수험서의 역할이 되어줄 것을 기대하며 집필을 하였다.

이 책은 모두 제3부 제15장으로 구성되었다.

제1부는 교수이론 및 학습자의 이해 편으로 여기에는 제1장 특수교육 교과교재 연구 및 지도법, 제2장 교수이론의 특수교육적 함의, 제3장 정보처리이론의 특수교육적 함의, 제4장 주의집중의 특수교육적 함의로 구성되었다.

제2부는 교육과정과 수업설계 편으로 제5장 특수학교 교육과정, 제6장 수업설계 모형, 제7장 수업목표 진술, 제8장 교수－학습 방법, 제9장, 효과적인 발문전략, 제10장 교수매체의 활용, 제11장 교사의 수업활동 평가로 구성되었다.

제3부는 장애영역별 교수－학습 지도의 실제 편으로 제12장 교수－학습 지도의 실제, 제13장 감각장애 교수－학습 지도의 실제, 제14장 지체부자유 및 중도· 중복 장애 교수－학습 지도의 실제, 제15장 발달장애 및 학습장애 교수－학습 지도의 실제로 구성하였다.

이 책이 나오기까지 여러 면에서 성가시고 손이 많이 가는 원고였음에도 인연을 소중히 여기고 책으로 담아 세상에 내놓을 수 있도록 도움을 주신 일문사 문일중 사장님께 진심으로 감사드린다.

아무쪼록 이 책이 특수교육과정 대상학생들을 지도하는 일선의 선생님과 학부모님께 도움이 되고 특수교육 교사를 꿈꾸는 학생들의 교원임용고사 준비를 위한 수험 지침서로도 도움이 될 수 있기를 기대한다.

2013년 8월

저자 일동

차 례 | Contents

제1부 교수이론 및 학습자의 이해

제1장 특수교육 교과교재 연구 및 지도법 ———— 3

제1절_ 특수교육 교과교재 연구 및 지도법의 개념 … 4
제2절_ 특수교육 교과교재 연구 및 지도법의 탐구영역 … 9
제3절_ 특수교육의 교수설계 … 17
제4절_ 수업의 효율화를 위한 교수-학습의 실제 … 27
■ 연습문제 / 39

제2장 교수이론의 특수교육적 함의 ———— 41

제1절_ 글레이저의 교수이론 … 42
제2절_ 브루너의 교수이론 … 46
제3절_ 가네의 목표별 교수이론 … 52
제4절_ 오수벨의 설명적 교수이론 … 62
제5절_ 캐롤의 학교학습모형 … 69
■ 연습문제 / 73

제3장 정보처리이론의 특수교육적 함의 ———— 75

제1절_ 정보처리이론에 근거한 특수교육 교수-학습 지도원리 … 76
제2절_ 학습의 과정 … 85
제3절_ 정보처리이론에서 교수원리 … 88
제4절_ 특수교육과 정보처리이론의 적용 … 94
■ 연습문제 / 101

제4장 주의집중의 특수교육적 함의 ——— 103

제1절_ 주의집중 … 104
제2절_ 시각적 변별 과제와 주의집중 … 114
제3절_ 주의집중 장애 … 118
제4절_ 주의집중 훈련의 실제 … 126
■ 연습문제 / 131

제2부 교육과정과 수업설계

제5장 특수학교 교육과정 ——— 135

제1절_ 특수학교 교육과정 … 136
제2절_ 유치원 교육과정 … 140
제3절_ 기본교육과정 … 142
제4절_ 공통교육과정 … 181
제5절_ 선택교육과정 … 186
제6절_ 창의적 체험활동 … 209
■ 연습문제 / 212

제6장 수업설계 모형 ——— 213

제1절 수업설계 이론과 수업설계 모형 … 214
제2절_ 수업과 수업설계를 위한 원리 … 226
제3절_ 한국교육개발원의 일반수업절차 모형 … 238

차 례 | Contents

제4절_ 교수-학습 지도안의 작성 … 249

■ 연습문제 / 252

제7장 수업목표 진술 255

제1절_ 교육이념과 수업목표의 연계 … 256

제2절_ 수업목표의 필요성 … 260

제3절_ 수업목표 진술의 제 이론 … 262

제4절_ 수업목표의 진술 … 278

■ 연습문제 / 283

제8장 교수-학습 방법 285

제1절_ 강의식 교수법 … 286

제2절_ 문제해결법 … 294

제3절_ 프로젝트 학습(구안법) … 305

제4절_ 탐구학습 … 313

제5절_ 교수중심과 학습자중심의 교수-학습 지도방법 … 316

제6절_ 문답법과 토의법 … 334

제7절_ 팀 티칭 교수-학습 방법 … 341

제8절_ 기타 교수-학습 방법 … 346

■ 연습문제 / 352

제9장 효과적인 발문 전략 355

제1절_ 효과적인 발문 전략 … 356

제2절_ 발문의 유형과 제 이론 … 359

제3절_ 사고력 촉진을 위한 발문 기술 … 370
■ 연습문제 / 390

제10장 교수매체의 활용 ——— 393

제1절_ 교수매체 … 394
제2절_ 교재 · 교구의 활용 … 407
제3절_ 특수학급 교재 · 교구의 활용 예 … 409
■ 연습문제 / 415

제11장 교사의 수업활동 평가 ——— 417

제1절_ 수업활동 평가의 개념과 필요성 … 418
제2절_ 수업분석의 기법 … 424
제3절_ 수업참관 및 분석 … 433
■ 연습문제 / 440

제3부 장애영역별 교수-학습 지도의 실제

제12장 교수-학습 지도의 실제 ——— 443

제1절_ 수업계획 … 444
제2절_ 수업과정과 수업단계 … 447
제3절_ 학습 과제분석 … 456
제4절_ 수업 지도안 작성의 실제 … 462
■ 연습문제 / 478

차 례 | Contents

제13장 감각장애 교수–학습 지도의 실제 —— 479

제1절_ 시각장애 학생의 교수–학습 지도 … 480
제2절_ 청각장애 학생의 교수–학습 지도 … 493
■ 연습문제 / 506

제14장 지체부자유 및 중도 · 중복장애 교수–학습 지도의 실제 —— 507

제1절_ 지체부자유 학생의 교수–학습 지도 … 508
제2절_ 중도 · 중복장애 학생의 교수–학습 지도 … 516
■ 연습문제 / 522

제15장 발달장애 및 학습장애 교수–학습 지도의 실제 —— 523

제1절_ 지적장애 학생의 교수-학습 지도 … 525
제2절_ 정서 · 행동장애 학생의 교수-학습 지도 … 533
제3절_ 자폐성장애 학생의 교수-학습 지도 … 540
제4절_ 학습장애 학생의 교수-학습 지도 … 548
제5절_ 발달장애학생 대상 수업 지도안의 실제 … 557
■ 연습문제 / 575
■ 참고문헌 / 576
■ 찾아보기 / 600

Part 1

교수이론 및 학습자의 이해

❖ 제1장 특수교육 교과교재 연구 및 지도법
❖ 제2장 교수이론의 특수교육적 함의
❖ 제3장 정보처리이론의 특수교육적 함의
❖ 제4장 주의집중의 특수교육적 함의

Chapter 01

특수교육 교과교재 연구 및 지도법

❖ 제1절 특수교육 교과교재 연구 및 지도법의 개념
❖ 제2절 특수교육 교과교재 연구 및 지도법의 탐구영역
❖ 제3절 특수교육의 교수설계
❖ 제4절 수업의 효율화를 위한 교수-학습의 실제

Special Education Study of Teaching Materials & Method of Guidance

Paragraph 01

특수교육 교과교재 연구 및 지도법의 개념

1. 특수교육 대상학생과 교과교재 연구

특수교육 교과교재 연구 및 지도법은 수업자가 학습자의 다양한 교육적 요구에 따라 특수교육 관련서비스를 개별적으로 제공하여 수업목표를 도달해 나가는 것이다. 특수교육 대상학생은 과거에는 주로 의학적 병인론과 심리측정 이론 등에 기초하여 장애학생을 분류하였다. 그러나 최근에는 장애영역보다는 인간 공통 특성 내지는 전인적 발달 측면을 특수교육에서 강조하고 있다.

특수교육 교과교재연구 및 지도법과 관련된 용어를 「장애인 등에 대한 특수교육법」(2012) 제2조에서 살펴보면 다음과 같다.

1. "특수교육"이란 특수교육대상자의 교육적 요구를 충족시키기 위하여 특성에 적합한 교육과정 및 제2호에 따른 특수교육 관련서비스 제공을 통하여 이루어지는 교육을 말한다.

2. "특수교육 관련서비스"란 특수교육대상자의 교육을 효율적으로 실시하기 위하여 필요한 인적 · 물적 자원을 제공하는 서비스로서 상담지원 · 가족지원 · 치료지원 · 보조인력지원 · 보조공학기기지원 · 학습보조기기지원 · 통학지원 및 정보접근지원 등을 말한다.

3. "특수교육대상자"란 제15조에 따라 특수교육을 필요로 하는 사람으로 선정된 사람을 말한다.

   제15조(특수교육대상자의 선정)는 교육장 또는 교육감은 다음 각 호의 어느 하나에 해당하는 사람 중 특수교육을 필요로 하는 사람으로 진단 · 평가된 사람을 특수교육대상자로 선정한다. 여기에는 시각장애, 청각장애, 정신지체, 지체장애, 정서 · 행동장애, 자폐성장애(이와 관련된 장애를 포함한다), 의사소통

장애, 학습장애, 건강장애, 발달지체, 그 밖에 대통령령으로 정하는 장애로 모두 11개 영역으로 분류하고 있으며 영역별 진단기준은 〈표 1-1〉과 같다.

표 1-1 「장애인 등에 대한 특수교육법」에 기초한 장애영역별 진단기준

장애영역	「장애인 등에 대한 특수교육법」 시행령 선정기준
시각장애	시각에 의하여 학습수행이 곤란하여 특정의 광학기구 · 학습매체 등을 통하여 학습하거나 촉각이나 청각을 학습의 주요수단으로 사용하는 사람으로 맹과 저시력이 이에 속한다. 가. 맹은 시각계의 손상이 심하여 시각기능을 전혀 이용하지 못하는 상태 나. 저시력은 보조 공학기기의 지원 등을 받아야만 시각적 과제를 수행할 수 있는 상태
청각장애	교육적 성취에 불리한 청력손실을 지닌 사람으로서 농과 난청이 이에 속한다. 가. 농은 청력 손실이 심하여 보청기를 착용해도 청각에 의한 의사소통이 불가능하거나 곤란한 상태 나. 난청은 잔존청력을 가지고 있으나 보청기를 착용해야 청각을 통한 의사소통이 가능한 상태
정신지체	지적 기능과 적응 행동상의 어려움이 함께 존재하여 교육적 성취에 어려움이 있는 사람
지체장애	기능 · 형태상 장애를 가지고 있거나 몸통의 지지 또는 팔다리의 움직임 등에 어려움을 겪는 신체적 조건이나 상태로 인해 교육적 성취에 어려움이 있는 사람
정서 · 행동장애	지적 · 감각적 · 건강상의 이유로 설명될 수 없는 학습 무능력, 또래나 교사와의 대인관계 어려움, 일반적인 환경 하에서 보이는 부적절한 행동이나 감정, 전반적인 불행감이나 우울 또는 학교나 개인문제에 관련된 신체적인 통증이나 공포를 나타내는 경향이 장기간에 걸쳐 현저하게 나타나 교육적 성취에 불리한 상태에 있는 사람
자폐성 장애	구어 및 비구어 의사소통과 사회적 상호작용의 문제를 보이고 관심 · 행동 · 활동의 제한적이고 반복적이고 상동적인 특성으로 인해 환경이나 일과의 변화에 저항을 보임으로써 교육적인 성취 및 일상생활 적응을 위하여 도움을 필요로 하는 사람

의사소통장애	다음 한 가지 이상의 영역에서 결함을 보임으로써 의사소통에 어려움을 초래하여 특별한 교육적 조치를 필요로 하는 사람 가. 수용언어나 표현언어 능력이 인지능력에 비하여 현저하게 떨어지는 사람 나. 조음능력에 현저한 결함을 보임으로써 의사소통 결함을 초래하는 사람 다. 말 유창성에 현저한 결함을 보임으로써 의사소통 결함을 초래하는 사람 라. 기능적 음성장애를 보임으로써 의사소통 결함을 초래하는 사람
학습장애	개인 내적 요인으로 인하여 듣기, 말하기, 주의집중, 지각, 기억, 문제해결 등의 학습기능이나 읽기, 쓰기, 수학 등 학업성취 영역에서 현저하게 어려움이 있는 사람
건강장애	심장장애 · 신장장애 · 간장애 등 만성질환으로 인하여 3개월 이상의 장기입원 또는 통원치료 등 계속적인 의료적 지원이 필요하여 학교생활, 학업수행 등에 있어서 교육적 지원을 지속적으로 받아야 하는 사람
발달지체	발달지체란 신체, 인지, 의사소통, 사회 · 정서 또는 적응기술의 영역에서 또래에 비해 현저하게 발달이 지체됨으로써 특별한 교육적 조치가 필요한 영아 및 9세 미만의 아동
그 밖에 대통령령으로 정하는 장애	

※ 「장애인 등에 대한 특수교육법」 2008. 2. 29 법률 제8852호(참조)

일반적으로 특수교육 대상학생은 대체로 다음과 같이 분류되고 있다.

첫째, 지적으로 우수하거나 지체된 학생으로서 여기에는 정신지체아, 학습장애아, 영재아가 포함된다.

둘째, 의사소통 능력의 차이를 지닌 학생으로서 주로 언어장애아가 포함된다.

셋째, 감각 능력의 차이를 지닌 학생으로서 시각장애아와 청각장애아가 포함된다.

넷째, 행동 이상을 지닌 학생으로서 정서장애아와 자폐성 아동, 사회 부적응 아동이 포함된다.

다섯째, 신체 능력의 차이를 지닌 학생으로서 지체장애 아동, 건강장애 아동이 포함된다.

여섯째, 장애정도가 심하거나, 하나 이상의 장애를 지닌 학생을 지칭하는 중도 · 중복장애아를 들 수 있다.

한편, 특수교육 대상학생을 정의하기에 앞서 **손상**(impairment), **불능**(disability), **장애**(handicap)에 대한 개념을 분명히 할 필요가 있다. 이러한 정의가 가지는 특징은 비록 학생이 장애 진단을 받았다고 해서 반드시 그 학생이 특수교육 적용대상임을 의미하지 않기 때문이다.

손상은 어떤 조직이나 기관에 결함이 생긴 것이다. 예를 들어 팔의 절단, 다리의 결손, 화상에 의한 팔의 구축 등을 의미한다. **불능**은 손상과는 달리 절대적인 개념이 아니다. 불능이란 손상에서 비롯된 기관의 능력 결함을 의미한다. 손상이 있다고 해서 반드시 불능이 되는 것은 아니다. 예를 들면 다리가 절단된 사람이 의족을 한 후 걷는 일에 지장이 없다면 이 사람은 손상은 있으나 불능은 없다고 할 수 있을 것이다. 한편, **장애**는 손상이나 불능으로 지적, 심리적, 신체적, 사회적, 직업적 제 분야에서 불리하게 됨을 의미한다. 따라서 장애와 사회적인 불능은 상대적 의미가 강하며 손상은 시공간을 초월하여 개인에게 존재하는 개념이라고 볼 수 있다. 이와 같이 손상과 불능, 장애의 정의에 따르면 처음부터 특수교육 대상 학생은 없다. 다만 특수교육은 장애학생의 현재 손상에 초점을 두고 불능을 제거하려는 노력일 뿐이다.

한편, 오늘날 특수교육은 장애의 범주보다는 교육적 관점에서 장애학생의 의인간 공통 특성 내지는 전인적 발달 측면을 강조하고 있다. 특수교육 학습자는 상대성에 근거한다. 비장애학생은 초등교육 대상학생은 만 6~11세, 중학교 대상학생은 만 12~14세와 같이 생활연령에 근거한다. 그러나 특수교육 대상학생은 보편적인 대상 개념을 적용하기 어려우며 학생 개인적으로도 가변적인 성격이 크다. 따라서 특수교육은 보편적인 개념이 아닌 상대적 개념이라는 관점을 취할 필요가 있다. 특수교육은 특수한 대상에 대하여 특수한 내용을 특수한 방법으로 가르치는 일이 아니라 보편적인 방법으로 학습하기 어려운 학습자를 위한 특수한 교육방법이라는 관점에서 교수－학습 방법을 찾도록 하여야 할 것이다. 따라서 특수교육 교과교재 연구는 학습자의 수준에 부합되는 최적의 교수－학습 방법을 실천하는 모든 과정으로 보아야 할 것이다.

2. 특수교육의 성격

특수교육의 성격을 살펴보면 다음과 같다.

첫째, 특수교육의 목적은 일반 학교교육의 목적과 같지만 특수교육의 실시 방법은 다르다. 따라서 장애학생들의 특수한 교육적 요구를 충족시킬 수 있는 특별한 교구설비, 특별한 교육방법, 특별히 훈련을 받은 전문화된 교사 등이 필요하다.

둘째, 특수교육은 다양한 관련 서비스를 필요로 한다.

장애학생에 대한 좁은 의미의 교과지도 외에 치료교육을 포함한 의료적인 서비스, 사회사업, 직업훈련 등 다양한 보조 서비스가 수행되는 등의 초학문적인 서비스가 요구된다.

셋째, 장애학생을 위한 특수교육은 일반교육 체제 내에서도 존재한다.

최근의 동향은 장애학생은 가능한 일반교육 집단 내에서 비장애학생과 함께 하는 통합교육이 강조되고 있다.

넷째, 특수교육이 성취하려는 목적은 장기성과 비긴급성을 들 수 있다.

특수교육의 성과를 졸업 후 성인 혹은 직업 생활의 성공 여부와 연관을 시켜 볼 때, 소요되는 시간은 장기적이며 비긴급성을 지닌다.

다섯째, 특수교육은 그 평가가 다소 어렵다.

특수교육 대상자인 장애학생의 지식, 기능, 태도, 기타 행동의 변화는 쉽게 이루어지지 않는 경향이 있고, 평가 내용의 선정과 도구의 개발이 부족한 상태에 있다.

이상과 같은 특수교육의 성격 때문에 효과적으로 가르치는 역할보다는 장애학생의 독특한 다양한 욕구에 대한 지원가로서의 역할이 때로는 더 강조되기도 한다.

3. 교과교재 연구의 개념

교과(敎科)는 가르치는 입장에서 교육내용을 학교교육의 목적에 맞게 계통을 세워 조직해 놓은 묶음으로 일반적으로 교과목을 의미하며 각급 학교에서 요구되는 교과의 종류 및 그 내용은 교육과정이 정하고 있다. **교과지도**는 교육과정의 틀 속에 어떤 내용을 누가, 누구에게, 어떻게 가르치고, 학습하는가, 하는 문제들을 교육

기관에서 교육의 모든 과정을 마칠 때까지 요구되는 교육목표, 교육내용, 그 내용을 학습하기에 필요한 연한과 연한 내에 있어서의 학습 시간 배당 등에 대한 전체 계획이 제시되어 있다. 현행 교육과정은 과거 교육과정보다 유연하며, 고시내용 속에 교육청과 학교장에게 교육과정 편성 · 운영권을 부여한다고 명시하고 있어서 지방화, 분권화가 가능하도록 구성되어 있다.

따라서 특수교육의 교과지도는 교수－학습지도 전략의 수립, 실천뿐만 아니라 교육과정을 재구성해야 하고 그 결과에 대하여 평가하는 등 폭넓은 권한과 책임을 지니고 있다.

특수교육의 주된 교재는 교과서이다. 교과서는 학생이 반드시 도달해야 될 학습내용을 의미하기도 하나 특수교육에 있어서는 오히려 장애학생의 발달과 실생활교육에 주안점을 두고 있다. 특수교육에서 교과교재 연구라고 하면 특수교육 대상 학생의 교육적 요구를 충족시키고 전인적 발달의 최적화 및 교육의 효율성을 극대화하기 위한 현장 실천방법의 하나라고 할 수 있다.

따라서 특수교육 교과교재 연구는 수업설계, 수업전략 수립 및 수업의 구체적인 실천 기술에 이르기까지 일련의 수업과정에 따르는 최적의 수업 방법을 탐구하는 것이라고 정의할 수 있다. 그 내용은 학습내용 또는 학습활동의 지도방법, 학습활동에 필요한 모든 인쇄 매체, 실물, 표본, 영상 기기, 교구 등의 교수－학습 자료뿐만 아니라 교수매체의 활용방법 등 방법론적인 측면에 초점을 둔 교수방법의 탐구를 포함한다. 그러므로 특수교육 교과교재 연구 및 지도법은 하나의 주제 또는 단위시간의 지도방법에 대한 보다 구체적이고 실천적인 지도 방안을 탐구하는 분야가 된다.

Paragraph 02 특수교육 교과교재 연구 및 지도법의 탐구영역

특수교육 교과교재 연구 및 지도법은 하나의 영역, 학습 주제(활동 주제) 또는 단위수업활동의 효율화를 위한 보다 구체적이고 실천적인 교수방법을 탐구하는 분야이다.

특수교육 교과교재 연구 및 지도법의 탐구영역은 [그림 1-1]과 같이 수업 실제의 최적화를 위한 수업계획으로 한 주제 또는 영역별 단위수업활동을 효율적으로 이끌기 위한 수업목표의 설정, 활동 내용의 선정, 교수매체, 교구의 선정, 발문 기술의 탐색, 활동의 전개계획, 평가계획 등 수업활동의 최적화를 위한 일련의 사전 계획을 수립하는 활동이다.

그림 1-1 특수교육 교과교재 연구 및 지도법의 관련 영역

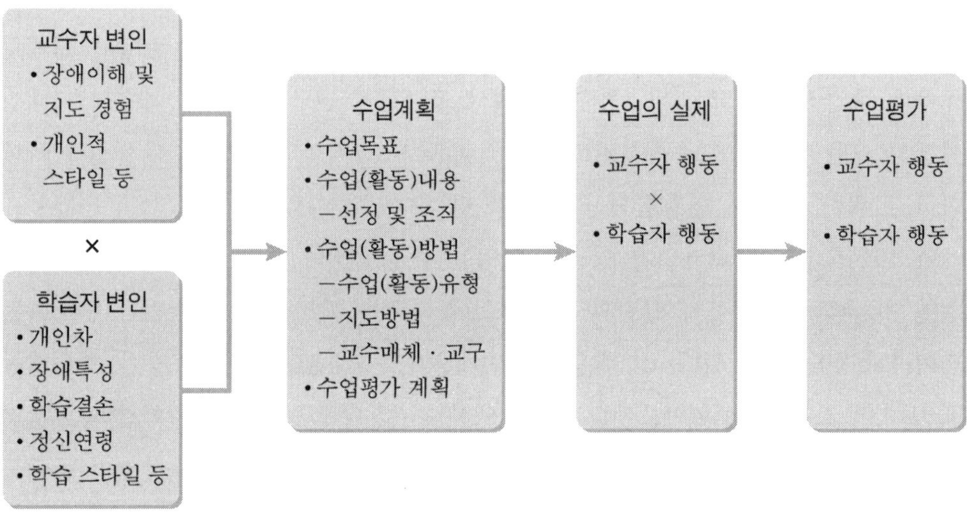

1. 교수, 학습, 수업의 개념

(1) 교수와 수업

교수(敎授)는 '가르쳐 주는 것'을 의미한다. 즉, 교수란 교사가 학생들에게 지식과 기능을 가르치는 것이라고 단순하게 풀이할 수 있다. 또한 교수는 'teaching'을 의미하며 수업은 'instruction'의 의미로 구분하여 사용하기도 한다. 이 때 교수의 개념은 특정한 조건 하에서 특정한 행동을 습득 또는 배제하거나 혹은 특수한 상황에 대한 반응을 하거나 학습이 일어날 수 있도록 개인의 환경을 계획적으로 관리하는 모든

과정이다. 또한 교수는 수업에 비해 포괄적인 것으로 구체적으로는 설계, 개발, 적용, 관리, 평가를 포함하는 것으로 정의내릴 수 있다(변영계, 2000).

이와 같이 교수라 하면 학습이 이루어지도록 도움을 주는 의도적이고 계획적인 활동이다. 교수는 수업에 비해 포괄적인 개념으로 교사가 수업을 하기 위한 준비, 계획, 실행(수업), 평가(수업 후 처치) 등을 포함하는 모든 활동을 의미한다.

[그림 1－2]와 같이 수업이 진행되면서 나타나는 수업변인은 교수자인 교사의 인성이나 수업 기술, 학습자인 장애학생의 발달단계 및 지적 · 정의적 특성과 교육내용으로서 교육과정의 적절성 및 재구성은 직접적으로 수업이 효과에 영향을 미치는 직접 변인이다. 또한 교사나 학습자를 둘러싼 가정 환경이나 학교 환경, 사회 환경 등은 교사나 학생의 특성에 따라 그 미치는 영향력이 다를 수 있어 간접 변인으로 분류할 수 있다.

그림 1-2 특수교육의 교육과정, 교수－학습과의 관계

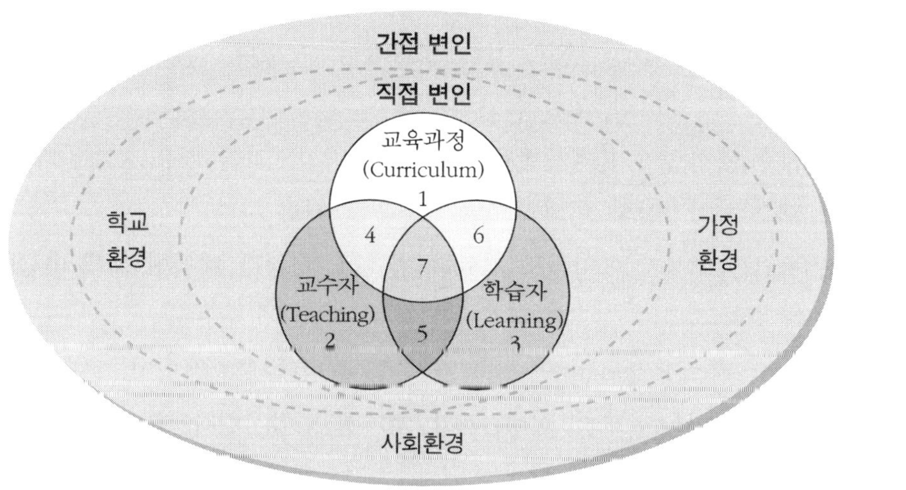

1영역 : 가르쳐야 할 내용(교수와 학습이 이루어지지 않음)
2영역 : 교육과정 외의 내용을 가르치고 학습자는 학습이 이루어지지 않음
3영역 : 교육과정 외의 내용을 학습자 스스로 학습(잠재적 교육과정)
4영역 : 교수자가 교육과정의 내용을 가르쳤으나 학습자는 학습이 이루어지지 않음
5영역 : 교수자가 교육과정 외의 내용을 가르치고 학습자는 그 내용을 학습함
6영역 : 교수자는 교육과정을 다루지 않았으나 학습자가 교육과정의 내용을 학습함(잠재적 교육과정)
7영역 : 교수자는 가르쳐야 할 내용을 지도하고 학습자는 학습이 이루어짐(가장 바람직한 수업)

한편 교수는 '가르쳐 주는 것'을 의미하고 수업은 '주는 것'을 의미한다는 견해도 있다. 교수와 수업에 대한 개념에 있어서도 교수를 수업보다 포괄적인 개념으로 보는 견해가 있는 반면 수업을 교수보다 더 포괄적인 개념으로 보는 사람도 있다.

일반적으로 교수(teaching)는 개인을 둘러싼 환경을 의도적 · 계획적으로 조직하는 과정이며 특정한 조건에서 목표가 되는 행동을 수행하도록 학습하는 것으로 교사나 수업설계자가 교육적 목적을 가지고 하는 일체의 활동을 의미한다. 그러므로 교육(教育)에서 育(육성, guidance)은 생활지도를 포함하는 학습자의 모든 능력을 자극하는 포괄적인 개념이 된다.

반면 수업(instruction)은 학습이 일어날 수 있도록 학습자의 내 · 외적 조건을 체계적으로 조정하는 과정으로 학습자의 지적 탐구적 특성을 자극하는 활동이라고 할 수 있다. 그러나 이와 같이 교수와 수업의 개념상의 차이가 있음에도 '가르쳐 주는 것'과 혼용하여 'teaching', 'instruction'이 사용되기도 하나 수업은 교수 영역 중 교사의 적용과 실행에 중점을 둔 활동으로 교실에서 수업시간에 가르치는 것을 의미한다.

따라서 교수와 수업을 다음과 같이 정의내릴 수 있다.

첫째, 교수가 수업보다 포괄적 개념이다.

둘째, 교수는 학습자의 행동변화에 의도적, 비의도적인 것을 포함한다.

셋째, 교수는 학생간의 인격적 상호작용을 전제로 한다.

넷째, 수업은 교사가 아니라도 자료나 컴퓨터, 시청각 매체에 의해 학습목표를 달성할 수 있다.

한편 라이글러스(Reigeluth)는 교수가 수업에 비해 포괄적이며, 교수라는 개념 속에 구체적으로 설계, 개발, 실행, 관리, 평가를 포함시킨다. 반면 수업은 교수의 영역 중 교사의 적용과 실행에 중점을 두는 것으로 교사가 교실에서 수업시간에 가르치는 것으로 수업은 포괄적인 교수활동의 일부분으로 정의 내린다. 또한 교수는 수업을 포함하며 이를 준비하고 실행하며 평가하는 모든 활동이 된다.

즉, 교수는 자리에 잘 앉아있지 못하는 주의력 결핍 과잉행동 장애학생을 자리에 앉히고 과제에 주의를 기울일 수 있도록 하는 일련의 조치들이 포함된다. 또한 통합학급에서 또래들로부터 소외되거나 수업활동에 소극적으로 참여하는 장애학생에게 참여의 기회를 제공하는 활동이라든지 시력이 낮은 학생을 앞자리에 앉도록 하는 일련의 모든 활동들이 교수활동에 포함되는 예라 할 수 있다.

(2) 교수와 학습

교수와 학습은 가르치고 배우는 과정으로 교육에서 가장 중요한 부분이다.

교수는 전술한 바와 같이 '가르쳐 주는 것'이라고 정의를 내린다면 **학습**(learning)은 '배우는 일'이라고 할 수 있다.

학습에 대하여 학자들은 다양한 정의를 내리고 있다.

먼저, **광의**의 의미에서 **학습**은 유기체가 그를 둘러싸고 있는 환경과의 상호작용을 통해 일어난 유기체 행동의 변화라고 정의할 수 있다.

이런 의미에서는 '지렁이도 밟으면 꿈틀한다.'라는 속담에서와 같이 지렁이도 외부 환경과의 상호작용한 결과로 꿈틀거렸으므로 학습의 결과로 보아야 할 것이다. 그러나 **협의**의 의미에서 **학습**이란 학습자가 정해진 학습목표를 달성시키려는 상황에 참여하여 의도한 학습목표를 성취하는 활동으로 의미를 한정짓는다. 즉, 수업활동을 통하여 습득된 활동을 학습이라고 보는 정의이다.

현대적인 해석 방법은 교수-학습 과정의 상호 보완적인 관계를 의미한다. 여기에서 교수(instruction)는 학습자로 하여금 전인적인 성장을 촉진시키는 면이라면 학습(learning)은 학습자의 행동의 변화를 의미하는데 이 때 성숙에 의한 변화나 생리적인 변화는 제외된다.

교수와 학습과의 관계를 협의적으로 접근하면 교수란 처음부터 학습자의 어떤 행동 변화를 의도하고 있어야 함을 시사한다. 이는 가르치는 자가 '무엇을 어떻게 가르칠 것인가?'에 대한 명확한 의도가 전제되어야 함을 말해 준다. 즉 의도된 학습을 달성하기 위하여 학습자를 둘러싸고 있는 환경적 조건을 정교하게 조정해야 하는 것이다. 따라서 교수라는 의미 속에는 막연하게 학습자를 변화시키는 것이 아니라 계획적으로 변화시키려는 의도가 내포되어 있다.

표 1-2 교수와 학습의 정의

교 수	학 습
① 교사중심 활동	① 학생중심 활동
② 목표가 반드시 필요	② 목표가 있을 수도 없을 수도 있음
③ 의도적인 작용	③ 의도적, 무의도적
④ 독립변수	④ 종속변수
⑤ 일의적	⑤ 다의적
⑥ 처방적	⑥ 기술적
⑦ 수업에 대한 연구 : 교실 사태를 연구한다.	⑦ 학습에 대한 연구 : 주로 동물을 대상으로 하던가 단순화된 교수 장면을 대상으로 연구한다.

가네(Gagné)는 교수(instruction)란 학습이 일어나도록 학습자의 내 · 외적 조건을 체계적으로 조정하는 것이라고 하였다.

교수란 학습자가 의도된 지식, 기능, 신념과 같은 학습력(capability)을 합리적으로 학습하고, 구성해 나갈 수 있도록 학습자의 내 · 외적 환경을 체계적으로 조정해 가는 과정으로 교수과정의 의미를 보다 세분화하면 다음과 같다.

첫째, 학습되는 것은 의도된 지식, 기능, 신념과 같은 학습능력이다.

둘째, 학습자의 환경을 계획적 · 체계적으로 조정한다.

셋째, 학습자의 환경은 외부적 환경뿐만 아니라 내부적 조건, 즉 학습자의 선수 지식, 동기유발 등을 갖추게 하는 등의 환경의 조성까지 포함한다.

넷째, 교수는 얻어진 결과라기보다는 결과를 낳는 과정으로 본다. 즉, 교수과정은 학습자의 주의를 집중시키고, 목표를 인지시키며, 선수 지식을 상기시키는 과정이다. 또한, 지식을 구성해 나갈 수 있도록 학습정보를 제공하고, 학습활동을 자극 촉진시키는 일련의 체계적인 학습환경 조직과정이다(김순택, 1999).

이처럼 교수(instruction)란 학습자의 학습을 목적으로 교수자와 학습자간에 이루어지는 의도적인 행위로서 상호 보완적인 관계로 설정할 수 있다.

2. 수업의 효율성 연구모형

(1) 교수자의 특성 변인

교수자의 특성에 관련된 변인들이 여기에 포함된다. 즉, 교사의 성(性), 연령, 건강, 신체적 특징 등과 같은 인구학적 변인들, 성품, 가치관, 태도 등과 관련된 성격적 요인들, 지능, 지식, 교수기술 등과 같은 능력 변인들 그리고 교사의 학력, 사회경제적 지위, 출신 성분 등과 같은 사회적 요인들이 포함된다. 그러나 교수효과에 대한 연구는 이러한 교사의 특성 변인들 그 자체로는 깊은 의미가 없는 것이며 이러한 변인들이 다른 변인들과 어떠한 관련을 맺어 수업의 효과에 영향을 미치는가에 주목한다.

'교육의 질은 교사의 질을 능가할 수 없다.'는 명제가 있다.

특히 특수교육은 '특수교사가 장애학생의 특수한 교육적 요구를 이해하고 이를 교수－학습지도에 어떻게 반영시켜 나가는가?' 하는 것이 교육의 성패를 좌우한다고 해도 과언은 아닐 것이다. 그러기 위해서 특수교사는 장애학생에게 적용할 수 있는 교과지도에 숙달되어야만 하며 그 위에 장애학생에 관한 심리학, 해부학, 생리학 및 장애학생의 발달특성 등을 이해하는 것이 필요하다.

또한 좌절감과 절망에 빠져 있는 학생을 교육시키는데 융통성이 필요하며 부모와의 긴밀한 협력과 의사나 통합학급 교사와의 협력이 중요하다. 뿐만 아니라 기능적 측면에서 사회적 · 전문적 · 기술적 연구에 풍부한 배경 지식을 가져야 하고 가르치는 교과, 사회 심리, 교육의 가능성 등에도 전문성을 지녀야 하며 사회사업가, 심리학자, 사회 판단자의 역할 등이 요구되기도 한다.

(2) 특수교육의 상황변인

수업사태에서 특수교사의 특성변인과 상호작용이라고 예상되는 모든 종류의 변인들이 상황변인에 해당된다. 상황변인은 교사의 수업특성과 학습자의 특성과 상호작용한다. 그러므로 학습자와 관련되는 모든 변인들로서 지능, 성격, 적성, 흥미 등 무수한 변인들이 이에 포함된다.

수업의 특성은 가르치는 내용이나 연령(학년), 학급의 규모나 특수학교나 통합학급 분위기에 따르는 학생간의 상호작용뿐만 아니라 학습자가 속한 학교와 지역사회의 특성과 요구 등도 상황변인에 포함된다고 할 수 있을 것이다.

그림 1-3 수업의 효율화 연구모형

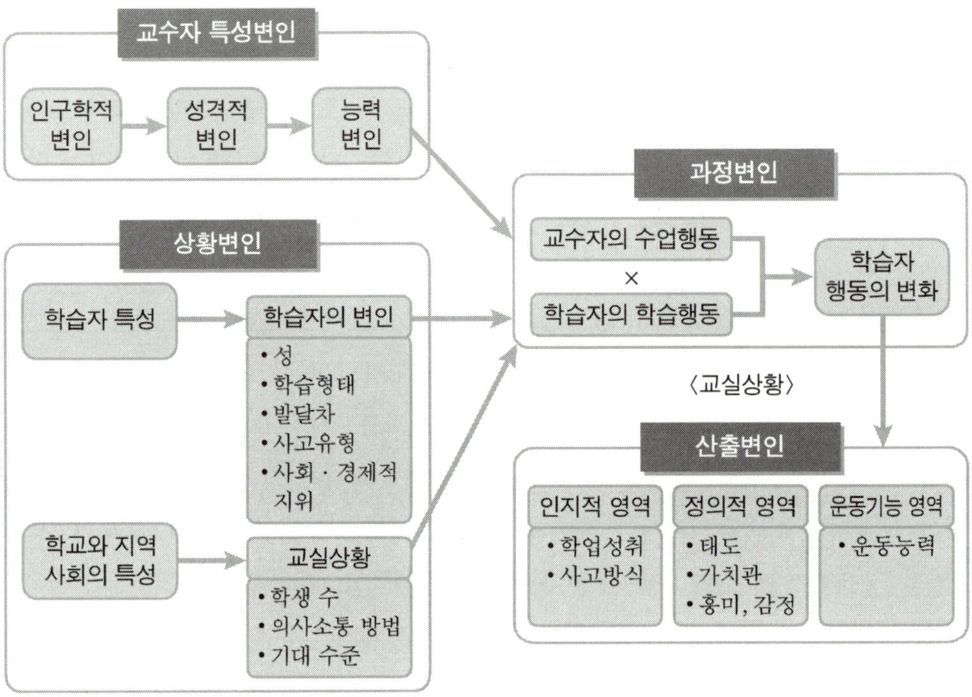

(3) 특수교육의 과정변인

특수교육의 과정변인은 수업활동에서 특수교사가 나타내는 관찰 가능한 행동들과 학습자의 수업행동이 모두 포함되어 있다. 과정변인은 주로 수업의 효과와 관련된 교사 행동에 초점을 맞춘다. 그러므로 수업의 효과, 교육 효과는 특수교사의 성품이나 능력, 태도와 같은 변인보다는 수업 중에 외형적으로 나타내 보이는 구체적인 행동들에 따라서 영향을 직접적으로 받게 된다.

(4) 특수교육의 산출변인

특수교육의 산출변인은 수업의 결과로 장애학생에게 나타날 수 있는 모든 종류의 변화가 포함된다.

변화의 영역은 학업성취나 사고 방식의 변화 등과 같은 인지적 영역의 변화, 태도나 가치관, 흥미나 감정의 변화로 대표되는 정의적 영역의 변화 및 신체 기능의 변화와 같은 운동기능적 영역의 변화로 분류될 수 있다. 그러므로 특수교육의 산출변인은 교수효과를 알아보는데 하나의 준거 내지는 목적의 역할을 담당한다.

Paragraph

03 특수교육의 교수설계

특수교육은 장애학생의 교육적 요구에 따라 다양한 교육방법을 필요로 한다. 특수교육은 보편적인 교수방법보다 개개인의 특성에 맞도록 하는 개별화 교수방법을 강조하고 있다. 그러나 수업의 효율성을 높이기 위해 특수교사는 복잡한 교육과정을 이해하고 교수방법의 선정과 개발에 주의를 기울여야 하며 수업의 효율성을 높이기 위한 최적의 교수활동들에 대해 이해가 필요하다.

따라서 교수설계는 교수-학습과정에서 중요하며 여기에는 교수조건, 교수방법, 교수결과 등이 있다.

1. 교수설계의 변인

교수설계의 변인으로 라이글러스(Reigeluth)와 메릴(Merrill)은 첫째, 교수조건(instructional conditions), 둘째, 교수방법(instructional methods), 셋째, 교수결과(instructional outcomes)의 변인을 든다. 이를 살펴보면 [그림 1-4]와 같다.

그림 1-4 교수설계 변인들과 상호관계(김희수, 2005)

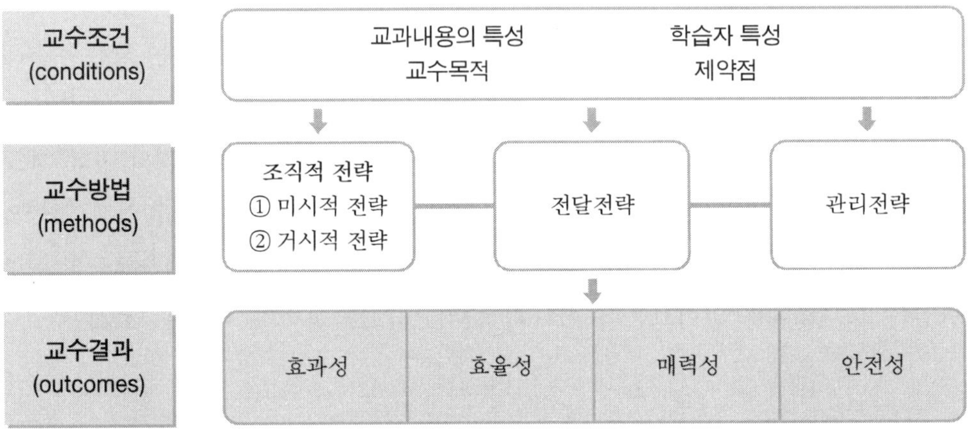

(1) 교수조건

교수조건은 교수방법을 처방하는 중요한 요소이다. 이는 교사나 수업설계자에 의해서 통제될 수 없는 제약 조건이다. 교수조건이 상황이나 수업설계자에 의해 통제되면 교수방법이 된다.

표 1-3 교수조건의 특징

교수조건	교수조건의 특징
교과내용의 특성	각각의 교과내용은 그 다루고 있는 지식이나 지식의 구조가 다르다. 각각의 교수전략을 처방하는 데 기초가 되어야 한다.
교수목적	달성하고자 하는 교수목적의 준거(수준)이나 정도는 교수의 중요한 조건으로서 교수방법에 영향을 미친다. 그러므로 교수목적은 교수방법의 선택에 영향을 미친다.
학습자 특성	교수조건 변인의 중요한 요소로서 학습자의 개인적인 적성, 학습동기, 선수학습, 태도, 배경 지식과 성취 자료(성적) 등이 해당된다. 학습자의 특성은 면담, 각종 기록법, 체계적인 관찰, 질문지법, 시험, 사회심리환경조사, 자기보고 척도법 등으로 분석할 수 있다.
제약점	교수매체, 인적 자원 및 물적 자원, 시간, 재원 등이 교수방법에 영향을 미치는 변인으로 작용할 수 있다.

교수조건은 〈표 1-3〉에 제시된 바와 같이 교과내용의 특성, 교수목적, 학습자 특성, 제약점 등을 들 수 있다.

(2) 교수방법

교수방법은 교수-학습과정에서 적용되는 전략이다. 교수방법은 교수조건과는 달리 교사나 수업설계자에 의해 조정될 수 있다. 교수방법과 교수조건의 차이점은 수업설계자에 의해 조정될 수 없으면 교수조건이 되고, 조정할 수 있으면 교수방법이 된다.

교수방법은 조직적 전략, 전달전략, 관리전략 등을 들 수 있다.

① 조직적 전략

조직적 전략(organizational strategy)은 교수내용을 조직하기 위한 기본적인 방법이다. 조직적 전략은 내용의 관련성, 내용의 제시순서, 복습과 예습 등에 초점을 두며 거시적 전략과 미시적 전략으로 구분할 수도 있다.

먼저, 거시적 전략(macro-strategy)은 단일 개념이나 원리가 아닌 여러 학습과제를 가르치고자 할 때 4S전략을 사용한다. 이 때 4S 전략은 아이디어 선정(selection), 계열화하기(sequencing), 종합하기(synthesizing), 요약하기(summarizing) 등으로 살펴볼 수 있다.

한편, 미시적 전략(micro-strategy)은 교과내용이 선정된 다음 단일한 개념이나 원리 등을 가르칠 때 조직하는 방법이다. 미시적 전략 변인은 정의 제시, 연습 문제 세시, 사례 세시, 대안 제시 등의 수업을 조직하는 기본 방법이다. 이 때 전략으로는 동기 전략, 제시 전략, 강화 전략 등을 사용할 수 있다.

② 전달전략

전달전략(delivery strategy)은 교수과정에서 학습자에게 학습내용을 전달하고, 학습자의 학습 수행을 평가하는 수업의 전 과정을 이끌어가기 위한 방법이다. 여기에는 차시마다 이루어지는 수업 방식이나 교수매체의 선정 등이 고려된다. 따라서 특수교사는 특수교육 대상학생의 교육적 요구를 충족시킬 수 있는 교수매체의 선정이라든지 효과적인 전달 방법 등에 관심을 기울이며 이를 교수방법에 적극 활용하게 된다.

③ 관리전략

관리전략(management strategy)은 교수과정 중에서 동기유발, 전달전략의 사용 시기, 자료 활용 등에 관심을 갖는다. 즉, 관리전략은 수업을 촉진하기 위한 학습동기를 계획한다거나 수업을 계열화시키는 방법, 교수매체 활용을 위한 시간표 작성, 학습자의 성적 기록 등이 해당된다. 관리전략은 특수교육 대상학생이 학습에 주의를 집중시키고 능동적으로 학습에 참여하며 학습에 대한 성취감을 느낄 수 있도록 하는데 필요한 교육방법이다.

(3) 교수결과

교수결과는 서로 다른 교수조건 하에서 사용된 교수방법들이 얼마만큼 교육적 효과가 있었는지를 나타내는 산출결과이다. 교수결과는 수업의 효과성, 효율성, 매력성, 안전성으로 그 의미를 찾을 수 있다. 교수결과는 학습자보다는 수업 자체에 초점을 맞추기 때문에 학습자가 지각하는 수업에 대한 만족도를 확인하는 것이다.

교수결과는 교수활동의 최종 산물이다. 하지만 교수결과로서 수업에 대한 효율성과 효과성은 판단할 수 있으나, 그 과정에서 학습자에게 수업에 대한 매력성은 판단할 수 없다.

예를 들면, 인지능력이 떨어지는 학습자가 국어 시간 내내 공책에 '아버지', '어머니'를 반복적으로 쓴 결과로 '아버지', '어머니'를 능숙하게 받아쓸 수 있게 되었다고 해서 학습자가 수업에 대한 매력성을 느꼈다고 단언할 수는 없다.

교수결과는 〈표 1−4〉에 제시된 바와 같이 효과성(effectiveness), 효율성(efficiency), 매력성(appeal), 안정성(safety) 등을 포함한다.

표 1-4 교수결과의 특징

교수결과	교수결과의 특징
효과성	학습자가 다양한 종류의 교수내용을 획득한 정도에 의해 측정이 가능하다. 학습목표 성취 수준과 관련이 있다. 문제를 해결하고, 관련성을 발견하고, 논리적으로 추론하는 능력과 관련이 있다(포괄적인 지식에서부터 특정 내용에 관한 지식에 이르기까지 다양한 종류의 학습 성취 결과로 나눠진다).
효율성	학습자가 사용한 시간을 교수의 비용(교수자의 투입시간, 교수의 설계와 개발) 등으로 나눔으로써 측정이 가능하다.
매력성	학습자가 지속적으로 학습하기를 원하는 정도를 의미한다. 학습자에게 내재적 동기를 심어줄 수 있다. 동기유발 전략과 밀접한 관련이 있다.
안전성	교과내용을 교수-학습하는 과정이나 장차 현장 적용 면에서 도덕적 · 윤리적 문제가 나타날 수 있는가에 대해 평가할 수 있다.

2. 교수설계

교수설계는 특정한 학습내용을 학습자에게 맞는 최적의 교수방법을 처방하는 처방적 성격을 갖는다. 교수설계 이론은 학습이론과도 밀접한 관계를 갖는데, 학습이론이 학습과정에 대해 기술하는데 목적이 있다면 교수설계 이론은 처방적인 성격이 강하다.

학습이론은 기술적으로 학습자의 학습능력을 분석하기 위하여 지능검사, 선수학습평가, 학습태도, 학습방법, 학습동기, 적성, 집중력 등을 하나하나 분석하여 기록하는 일련의 활동이다.

반면 교수이론은 처방적으로 기술된 자료를 기초로 하여 학습자에게 적합한 교수방법을 적용하는 일련의 활동이다. 따라서 처방적 활동은 기술적 활동과 밀접한 관계를 갖는다. 그러나 기술적 활동이 처방적 활동을 위해 꼭 필요한 것은 아니다. 즉, 기술적 활동이 항상 처방적 활동을 보장하거나 그것을 위한 선수작업으로 행해지는 것은 아니다.

기술적 이론과 처방적 이론에 대해 살펴보면 다음과 같다.

먼저, 기술적 이론은 교수조건과 교수방법이 독립변인이 되며 그 조건과 방법들이 상호작용하여 나타난 결과를 종속 변인으로 본다. 따라서 학습의 과정과 결과가 있는 그대로 기술되게 된다. 그러므로 주어진 조건에 따라 어떤 결과를 가져왔는지에 대해 기술하는 것을 목적으로 한다.

한편, 처방적 이론은 교수의 조건과 결과가 독립변인이 되며 교수방법은 종속 변인으로 본다. 이 때 처방적이란 의미는 의사가 환자의 아픈 원인을 찾아 치료하듯이 어떤 목적을 달성하기 위해 어떻게 해야 하는지를 제시하는 방법이다. 그러므로 주어진 조건을 토대로 하여 성취하고자 하는 목적을 달성하기 위한 방법이 무엇인가를 찾아내는 것을 목적으로 한다. 따라서 처방적 이론은 기대하는 교수목적을 설정하여 그 목적을 달성하기 위해 주어진 조건 속에서 최적의 방법을 강구하는 것으로 목적 지향적이라 할 수 있다.

반면 기술적 이론은 목적이 정해지지 않은 상태에서 주어진 조건 속에서 이루어진 교수결과에 중점을 두고 단순히 서술하는 데 관심을 갖는 것이다. 그러므로 처방적 이론에서 교수결과는 성취하고자 원했던 바로 그 결과인 반면 기술적 이론에서 교수결과는 꼭 바라던 결과가 아닐 수도 있다.

3. 특수교육 교수-학습 과정

(1) 특수학교 교육과정과 교수

교육과정은 각급 학교에서 배우는 교과의 종류, 중요도, 시간 배당, 선택의 구분 등을 포함하며, 교육의 준비, 실행, 관리, 평가라는 일련의 총체적인 지침을 제시한다.

교육과정은 교육목적을 내포한다. 교육과정은 문서 속에 담긴 교육목적과 교육내용의 체계, 그리고 이를 효과적으로 전달하기 위한 교육방법, 교육평가, 교육운영 등에 대한 종합계획이다. 따라서 교육과정은 학교교육을 통해서 달성해야 할 교육목표들의 체계와 배워야 할 교육내용들의 범위와 위계로 구성되며, 학생들이 이와 관련된 학습경험을 가질 수 있도록 기회를 제공하는 교육방법, 교육평가, 기관 운영의 일반적 지침들로 구성된다. 그러므로 교사는 교육과정에 익숙하여야 하며 교육과정이 제시하는 방향성을 갖고 학습자의 학습성과를 극대화시키는 방안을 고안하여야 한다.

한편, 교수자는 학습자의 특성이나 환경 등을 충분히 분석하고, 적용해야 할 교수방법을 포괄적으로 이해하고 있어야 한다. 교육과정은 교수설계 및 개발, 교수실행 및 관리, 학습, 교수평가에 지대한 영향을 주기 때문에 교사가 교육과정에 정통하여야만 높은 수준의 교수능력을 지닐 수 있다. 따라서 특수교육 교사는 특수학교 교육과정 속에 내포된 특수학교 교육목적과 특수학교 교육내용의 체계 등에 정통하여야 한다.

(2) 교수-학습 과정의 절차

수업장면에서 가르치는 교수활동과 이를 배우는 학습활동은 동시에 이루어진다.

일반적으로 교수자는 학습자를 고려한 교수방법을 고안하게 되며, 학습자는 자신의 능력과 적성, 학습수준, 학습동기 등을 활용하여 학습성과를 높이고자 한다. 또한 교수자는 먼저 학습자의 수준을 올바르게 판단하여 개인차를 고려한 교육이 이루어지도록 조치를 취하게 된다.

교수-학습 과정에서 우선적으로 고려되어야 할 것이 교육내용의 결정이다. 또한 교육내용이 결정되면 교육방법을 결정하게 된다. 이와 같이 위계적이며 유기적인 관련성에 따라 교육과정은 교수설계에 영향을 주게 되고 교수-학습에도 영향을 준다.

[그림 1-5]는 교육과정에서 교수평가까지의 일련의 과정을 보여주는 도표이다. 특수교육에서 교육과정 재구성은 각 단계별로 고려해야 될 사항들이 많다. 각 단계별로 피드백이 진행되고 교수평가의 결과에 따라서는 교육과정을 수정하거나 보완하는 일이 필요하다.

한편, 교육과정 이외에도 교수-학습에 영향을 주는 요인들은 많다. 그러므로 이를 고려한 교수설계가 필요하다. 교육과정이 조직되면 교수설계가 이루어진다. 교수설계에는 미시적 수준과 거시적 수준의 전략으로 살펴볼 수 있는데 거시적 수준이 '무엇을 가르칠 것인가?'에 관한 전략이라면, 미시적 수준은 '어떻게 가르칠 것인가?'에 관한 전략이다. 따라서 거시적 전략은 과목에서 가르쳐야 할 내용을 선정하고, 계열화하고, 종합하고, 요약하는 것이다.

그림 1-5 교육과정과 교수평가(김희수, 2005)

교육과정 (A)	A. 1 무엇을 가르칠 것인가? • 교육목표 및 지도방법 설정 • 기본적 자료와 지침 설정 A. 2 학년별로 무엇을 가르칠 것인가? • 각 학년의 교육목표 및 지도방법 설정 A. 3 과목별로 무엇을 가르칠 것인가? • 과목별 가르칠 내용 선정(국어, 수학, 사회, 과학…… 등)
교육설계 및 교수개발 (B)	B. 1 한 학기 동안 무엇을 어떻게 가르칠 것인가? • 조직전략(계열화, 종합화, 요약화) • 전달전략(수업방식, 매체/교재/각종 자료) • 관리전략(동기유발, 시간표, 개별화) B. 2 매 차시 어떻게 가르칠 것인가? • 조직전략(내용의 관련성, 내용, 제시 순서, 예습과 복습) • 전달전략(수업방식, 교수매체 선정) • 관리전략(자료배정, 개별화 동기유발)
교육실행 및 교수관리 (C)	C. 실제 수업간에 교수실행과 관리는 어떻게 할 것인가? • 교수자의 경험 • 수업준비 • 태도 • 동기 • 계획에 대한 실행수준
학 습 (D)	D. 학습진행 • 학습자의 경험 • 학습준비 • 태도 • 동기 • 지적능력
교수평가 (E)	E. 교수평가 • 한 시간 동안의 교수결과(매력성, 효과성, 효율성, 안전성) • 한 학기 동안의 교수결과(매력성, 효과성, 효율성, 안전성)

반면, 미시적 전략은 한 시간 동안 가르쳐야 할 내용을 선정하여 동기화하고, 제시하고, 강화하기 위한 방법을 구체화 한다. 교수실행 및 관리는 교수자의 경험, 수업준비 정도, 교수자의 태도, 동기, 계획에 대한 실행수준 등이 중요하다. 학습단계에서는 학습자의 경험, 학습준비 정도, 학습자의 태도, 동기, 지적능력 등이 중요하다.

끝으로 교수평가 단계는 한 학기 또는 한 시간 동안의 교수결과가 매력적이고, 효율적이고, 효과적이었는가를 평가하게 된다.

4. 수업의 계열화

(1) 계열화의 정의

계열화(sequence)는 교과교육 내용을 순서대로 묶어서 이를 배열하는 것이다. 그러므로 계열화는 어떤 내용을 먼저 가르치고 어떤 내용은 후에 가르칠 것인가에 대한 활동이다. 교육내용은 학교 급별, 학년, 학기, 월, 주차별, 자시별로 설정된다. 이러한 계열화는 내용의 선정, 학습할 순서의 결정, 배운 내용의 종합, 요약을 위한 복습과 밀접한 관련을 갖게 되므로 교수결과의 수업의 효율성, 효과성, 매력성에 영향을 미친다. 교육내용을 계열화하기 위하여 사용되는 방법들을 김대현 · 김석우(1996)는 다음과 같이 소개하였다.

① 연대순에 의한 방법

교과의 내용이 시간의 흐름과 관련이 있을 때 활용할 수 있다. 순서는 과거에서 현재 혹은 그 반대로 조직될 수 있다. 연대순에 의한 방법은 국사 교과서에서 많이 사용되지만 문학이나 예술 장르의 발전 과정을 가르치기 위하여 국어 교과나 예술 교과목에 사용되기도 한다.

② 주제에 의한 방법

내용을 여러 단원들로 묶지만, 단원들이 상호 독립적이어서 학습자가 새로운 단원을 학습하기 위해 이전 단원에서 배운 정보를 활용할 필요가 없을 때 사용된다.

③ 단순에서 복잡으로의 방법

기초적인 내용이 보다 복잡한 내용의 앞에 오도록 순서를 잡는 방식이다. 복잡한 내용을 하위 부분으로 나눌 수 있는 모든 교과에서 사용될 수 있다.

④ 전체에서 부분으로의 방법

전체에 대한 이해가 부분들을 이해하는 데 필수적일 때 사용된다. 전체에서 부분으로의 설계는 학습자에게 배울 내용의 개요를 먼저 소개하고, 학습자가 이 개요를 학습한 후에 전체의 더 작은 부분인 구체적인 정보를 배우게 된다.

⑤ 논리적 선행요건 방법

어떤 내용을 학습하기 위해서 반드시 배워야 할 내용이 있을 때 사용된다. 예를 들면, 나눗셈을 하기 위해서는 곱셈과 뺄셈에 대한 이해가 선행요건이 되어야 한다.

⑥ 추상성 증가에 의한 방법

학습자가 친숙한 교육내용으로부터 시작하여 점차 낯선 교육내용으로 안내되도록 배치한다.

⑦ 학습자의 발달에 의한 방법

학습자는 인지, 정서, 신체 등에서 일정한 단계를 거쳐 발달한다고 생각하고 이 단계에 맞추어 교육내용을 배열한다. 즉, 피아제(Piaget)의 인지발달이론, 에릭슨(Erikson)의 인격발달이론, 헤비거스트(Havighust)의 발달과업이론 등은 교육내용을 배열하는데 도움을 준다.

(2) 계열화의 방법

계열화는 주제별 계열화와 나선형 계열화로 구분될 수 있다.

주제별 계열화는 한 주제를 완전하게 학습한 후 그 다음 주제를 학습하는 형태이다. 이 방법은 학습자가 한 주제를 심화학습할 수 있고 학습에 혼란이 없는 것이 장점이다. 반면, 한번 학습한 주제를 다시 학습할 기회가 없어 쉽게 망각될 수 있는 단점이 있다. 그러므로 이 방법이 보다 효과적으로 이루어지기 위해서 체계적이고 반복적인 복습 활동과 학습내용 전체를 종합하는 활동이 함께 고려되어야 한다.

한편 브루너(Bruner)는 나선형 계열화 방법으로, 여러 개의 주제를 단순화된 수준에서 소개한 다음 여러 개의 주제를 점진적으로 심화 촉진시키면서 제시하도록 권고한다. 그러므로 체계적인 학습과 복습을 가능하게 하며, 여러 가지 주제 간의 상호 관련성을 이해하고 종합하며 과제 전체의 특성을 단시간 내에 이해시킬 수 있는 장점이 있다. 반면 한 주제와 관련하여 깊이 있는 학습이 제한받을 수 있으며, 수업 전개의 흐름을 전환할 때에도 학습자료를 준비하고 활용하는데 어려움을 줄 수 있는 단점이 있다.

주제별 계열화나 나선형 계열화는 각각의 장점을 살려 교육내용, 학습자의 특성, 환경 등을 고려하여 통합적으로 조화롭게 활용할 수 있다.

Paragraph 04 수업의 효율화를 위한 교수-학습의 실제

1. 바람직한 수업과 전제 요소

매년 입학식 때 담임 배정을 하면 학생들의 희비가 교차되는 것을 볼 수 있다. 물론 지적능력이 떨어지는 학생들은 어느 교사가 나의 담임이 되는 지에 별 관심을 나타내지 않는 경우도 있지만 일반적으로 학생들이 환호하는 교사에게는 대개 두 가지 특징이 있다. 첫째, 훌륭한 인품을 지니고 있어 학생들을 잘 이해하고 존중해 주는 선생님이다. 둘째, 교과를 잘 가르쳐주는 선생님이다. 대부분의 교사는 교과지도에 정통하고 잘 가르치는 교사가 되길 희망한다. 그렇다면 '바람직한 수업이란 무엇일까?' 다음은 바람직한 수업에 관련된 항목의 예들이다.

① 학습자가 기다리는 수업
② 즐거운 마음으로 가르치는 수업
③ 학습목표 달성도를 계속적으로 확인하는 수업
④ 전인교육 차원에서 진행하는 수업
⑤ 고등 정신 능력을 기르는 수업(사고력, 문제해결력, 창의력 등)

⑥ 역동적인 교수－학습 활동이 전개되는 수업
⑦ 교수자의 다양한 목소리(장단과 고저)
⑧ 다양한 발문과 지명 방법을 적절히 활용한 수업
⑨ 이해를 쉽게 하기 위한 시청각 매체를 활용한 수업
⑩ 효과적인 학습 조직을 활용한 수업
⑪ 자율학습능력을 함양하는 수업

한편, 바람직한 수업을 조력하기 위해서는 전제되어야 할 요소들이 있다. 다음은 바람직한 수업의 전제 요소에 관련된 예들이다.

첫째, 가능한 통합수업을 시도하되 적응단계를 확실히 거친다.

이 때 통합수업이란 학습내용의 통합, 학습하는 방법의 통합을 의미한다. 따라서 내용과 방법의 통합, 목표와 평가의 일치성, 다양한 문제 접근 방법의 수용, 가치와 지식의 통합, 인간과 자연과의 통합을 어떻게 할 것인가에 관심을 둔다.

둘째, 교과목표에서 단원목표 → 차시 수업목표 → 차시 학습문제 → 차시 학습활동의 구조에 일관성을 유지한다.

셋째, 수업에 들어가기 전에 반드시 평가목표를 설정하고 인지한다.

넷째, 다양하고 창의적인 교수방법을 개발하고 적용하며 발전시킨다.

2. 바람직한 수업 기술에서 고려할 점

(1) 학습목표 진술

학습목표 진술은 다음과 같이 진술되는 것이 바람직하다.

① 학습내용과 기대되는 학생의 행동이 동시에 진술되어야 한다.

예 : 두 자리 수 덧셈 문제를(내용) 정확하게 풀이할 수 있다(행동).

② 학습목표는 수업과정에서 의도하고 있는 행동면, 그 행동을 수행하게 된 조건, 학습 결과로 받아들일 수 있는 도달 기준의 세 가지 요소가 포함되어야 한다.

예 : 두 자리 수 덧셈 10문제를 제시했을 때(조건) 7문제를(도달 기준) 풀이할

수 있다(행동).

③ '암시적 동사' 보다는 '명시적 동사'를 써서 기술한다.

암시적 동사는 ~을 안다, ~을 이해한다, ~을 비교한다, ~을 인식한다, ~을 즐긴다, 등인데 학습목표 진술에서는 명시적 동사인 '~을 구별한다.', '~을 열거 한다.', '~을 수집한다.', '~을 푼다.', '~을 만든다.' 등을 사용한다.

④ 학습목표 제시방법

학습목표 제시방법은 상호 언어 작용에 의한 제시방법, 판서에 의한 제시방법, 예습 과제 등의 확인을 통한 제시방법, 학습 기자재를 통한 제시방법 등이 있다.

(2) 발문과 응답

① 발문의 유형

발문의 유형은 재생적 발문, 추론적 발문, 적용적 발문이 있다.

먼저, **재생적 발문**은 단순 재생, 암기, 계산, 열거 등 단편적인 지식으로 답변하게 하는 발문으로 주로 도입단계에 활용한다.

예를 들어 "지난 시간에 쇠에 잘 붙는 물체를 뭐라고 하였지요?" 등이다.

추론적 발문은 인과 관계, 종합, 분석, 구분, 비교 대조 등에 관련된 발문으로 전개과정에서 주로 사용한다.

예를 들어 "삼각형과 사각형은 어떻게 다릅니까?" 등이다.

적용적 발문은 새로운 사태에 원칙을 적용, 이론화, 예언하는 반응을 나타내게 하는 발문으로 수업의 적용 및 발전단계에 주로 사용한다.

예를 들어 "인사를 잘하면 어떤 점이 좋을까요?" 등이다.

② 효과적인 발문 기술

발문을 잘 하기 위해 다음과 같은 방법들을 고려할 수 있다.

첫째, 한 번에 한 가지만 질문한다.

둘째, 쉬운 것에서부터 어려운 것의 차례로 발문을 한다.

셋째, 논리적 계열을 만들어 발문한다.

넷째, 발문한 후 학습자가 적절한 답변을 준비할 수 있는 시간을 준다.

다섯째, 발문 전에 학생을 호명하지 말고, 발문한 후에 잠시 쉬었다가 특정 학습자를 지적하여 답하게 한다.

여섯째, 모든 학습자에게 고르게 질문한다.

일곱째, 왜?, 어떻게? 등 학습자가 가능한 모든 경우를 따져서 답을 발견하게 만든다.

여덟째, 흥미 유발 효과가 있는 발문, 생활과 관련된 발문, 놀이 형식의 발문 방법 등을 활용한다.

(3) 수업 분위기 조성을 위한 주의집중

수업에서 학습자의 과제에 대한 주의집중은 매우 중요하다. 수업 분위기 조성을 위한 효과적인 주의집중으로 다음과 같은 방법들이 활용될 수 있다.

첫째, 호기심을 계기로 지도한다. 예를 들어 놀이에서 학습으로 진행한다든지 호기심을 높일 수 있는 이야기로 시작한다든지 경험하게 하여 흥미를 지니도록 하여 지도한다.

둘째, 시청각 교재나 극화, 인형 등을 활용하여 기쁨을 가지게 한다.

셋째, 시청각 교재나 여러 가지 도구 및 교사의 실연 등을 통해 학습과 관련된 이미지를 떠올리게 한다.

그 밖에도 학습의 결과에 대한 예상을 세우게 하거나 학습과 관련하여 수집한 자료를 이용하게 하는 방법 등이 있다.

한편, 주의집중은 무언의 암시나 언어적 놀이 등을 통해 주의집중을 높일 수 있다.

또한 멀티비전, 컴퓨터, 실물 화상기, VCR, ICT 등 다양한 학습 기자재를 수업시간의 10% 정도 활용하면 좋다.

(4) 학습동기유발

학습자에게 학습동기는 중요하다. 켈러(Keller)는 교수의 효과가 동기와 밀접하게 관련되어 있다고 보고, 교수의 결과를 극대화하기 위하여 학습동기에 대한 체계적이고 구체적인 접근 방식을 ARCS 모형으로 제시하였다. ARCS 이론은 교수의 세 가지 결과 변인인 효과성, 효율성, 매력성 중에서 특히 매력성과 관련하여 학습자의 동기를 유발하고 유지시키는 전략들을 제공하고 있다. 켈러의 ARCS 모형을 제시하면 다음과 같다.

① 주의(Attention)는 지각적 주의 환기, 탐구적 주의 환기, 다양성을 의미한다.
② 관련성(Relevance)은 친밀성, 목표지향성, 필요나 동기와의 부합성을 의미한다.
③ 자신감(Confiednce)은 학습의 필요조건 제시, 성공의 기회 제시, 개인적 통제감을 의미한다.
④ 만족감(Satisfaction)은 자연적 결과, 외적보상, 공정성을 의미한다.

(5) 기본학습 훈련방법과 학습집단 조직

① 기본학습 훈련

효과적인 수업이 이루어지기 위해서는 다음과 같은 기본학습 훈련이 필요하다.

㉠ 생활 질서 훈련으로는 실내 생활 질서 지키기, 책상 안과 책상 위 정리하기, 바른 자세로 앉기 등이 있다.
㉡ 발표하기 훈련으로는 손을 드는 자세, 발표하는 방법, 자기 생각을 자연스럽게 발표하기, 다른 사람의 의견에 대한 신호를 손으로 나타내기, 반대하는 이유를 분명히 발표하기 등이다.
㉢ 자기 주도적 학습 훈련으로는 바른 자세로 책읽기, 바른 자세로 글쓰기, 스스로 힘으로 학습하기 등이다.

② 학습집단 조직

학습집단의 조직 원칙은 학습자의 교과학습 성적, 인성, 남녀의 성, 신체적 조건 등을 고려하여 학습자를 배열한다. 또한 필요한 자료를 얻기 위해 교우관계를 조사할 수도 있다.

학습집단 조직은 학급의 형편에 따라 조정되는 데 일반적으로 학습의 내용과 학년에 따라 그 수가 달라질 수 있으며 홀수보다 짝수로 구성하는 것이 효과적이다. 대개 재편성 시기는 2주간에서 4주간 사이에 하기도 한다.

특수교육은 개별화 지도의 원리를 적용하지만 협동심도 기르고 사회 적응 능력을 향상시키기 위해 학습집단 조직을 잘 활용하는 것이 좋다. 또한 학습집단을 조직할 때에는 가능하면 개인차, 흥미 또는 취미 등이 유사한 학습자들로 구성하는 것이 효과적이다.

3. 수업 및 지도계획의 예

(1) 학생 실태

순	성 명	성별	본시 학습 관련 수행 수준	행동 특성	수 준
1	한○○	여	⊙자를 살펴보고 한 두 단어로 이야기할 수 있음 ⊙cm를 쓸 수 있음 ⊙길이가 다른 것을 주었을 때 자를 이용하여 길이를 재어보고 알맞은 것을 선택할 수 있음	⊙수업에 잘 참여하는 편이지만 부끄러움이 많아 발표 시에 목소리가 작아짐 ⊙교사의 물음에 단답형으로 대답함 ⊙손으로 하는 조작활동에 관심이 많으며 모방을 잘 함 ⊙친구들을 도와주는 것을 좋아함	가
2	박○○	여	⊙자신이 선택한 자를 살펴보며, 자유롭게 이야기 할 수 있음 ⊙cm를 쓸 수 있음 ⊙보기를 이용하여 1cm를 찾을 수 있음	⊙주변사람들에게 반갑게 인사를 잘함 ⊙교사의 관심을 받기 위해 교사에게 반복된 질문과 말을 계속함 ⊙말을 하면서 행동을 하기에 주의집중을 잘 하지 못함	나
3	조○○	여	⊙자를 살펴보며 한 두 단어로 이야기 할 수 있음 ⊙cm를 스스로 쓸 수 있음 ⊙보기를 이용하여 1cm를 찾을 수 있음	⊙노래 듣는 것과 음식을 좋아함 ⊙수업시간에 과제에 집중하지 못하고 주변에 관심을 많이 가짐	나
4	윤○○	여	⊙교사와 함께 cm를 쓸 수 있음 ⊙교사의 물음에 예, 아니오를 동작으로 고개를 끄덕이거나 흔들어서 의사를 표함 ⊙간단한 지시 따르기는 가능함	⊙문이 열려 있거나 물건이 정리정돈 되지 않으면 수업시간에도 일어나 정리를 해야 함	다

(2) 수업자 의도

① 수업 모형의 적용

발견학습모형은 교사가 일방적으로 지식을 전달하는 설명식 수업과는 달리, 학습자가 자발적으로 학습에 참여하여 스스로 원리를 발견해 나가는 수업 모형이다. 1cm 열쇠의 열쇠구멍이 뚫린 선물상자를 통해 궁금증과 흥미를 유발하여, 학생들의 내적인 참여를 이끌어내고자 하였으며, 학습효과의 전이를 중시하고, 학습자의 발견의 기쁨을 강조하는 발견학습모형을 수업에 적용하였다.

② 수업의 흐름

탐색 및 문제파악	본 차시와 관련이 있는 동기유발 자료를 사용하여 아동의 흥미유발을 통해 공부할 문제에 궁금한 점을 가질 수 있도록 학습 분위기를 조성하는데 주력하며, 전시 학습 상기를 통해, 임의 단위를 사용하여 불편하였던 점을 말하게 하여, 문제를 파악하게 하였다.
자료제시 및 관찰탐색	활동 1 : 비밀상자 속에 든 여러 가지 자를 선택하여, 관찰할 수 있도록 설계하였다.
추가 자료 제시 및 관찰탐색	활동 2 : 자의 눈금 크기를 알아보며, 친구가 가지고 있는 자의 눈금도 비교하여 볼 수 있도록 설계하였다.
규칙성 발견 및 개념 정리	활동 3 : 선물상자를 열기 위한 다양한 길이의 열쇠를 제시하여, 자를 이용하여 길이를 직접 재어볼 수 있도록 설계하였다.
적용 및 응용	자신이 찾은 자의 길이를 친구와 서로 비교하여 보며, 길이의 보편적 단위가 같음을 설명하고, 동기유발에서 제시한 선물상자를 1cm 열쇠를 이용하여 열어본다.

(3) 본시 교수–학습 지도안

일 시	20 년 월 일 요일		장 소	모의수업실	대 상	초등 6
단원명	5. 생활 속의 측정(1)		교 과	수학	수업자	○○○
제 재	1cm(센티미터)를 알아봅시다.				차 시	4/4
교수–학습 자료	실물 화상기, 모형자, 선물상자				수업모형	발견학습모형
학습목표	일반 수업목표		길이의 단위 알아보기			
	특수 수업목표	기초	길이를 재는 도구를 찾을 수 있다(지식).			
		기본	모형 자를 이용하여 cm단위를 제시할 수 있다(이해).			
		심화	자를 사용하여 1cm를 잴 수 있다(적용).			

학습 단계	학습 과정	교수–학습 활동				보조원 지원(☆)	시량	자료(♧) 및 유의점(♣)
		교 사	학생 활동					
			기 초	기 본	심 화			
탐색 및 문제 파악	학습 분위기 조성	⊙인사하기 · 주의를 집중시키며 큰소리로 인사한다.	⊙선생님과 반갑게 인사한다.					
	전시 학습 상기	⊙전시 학습 상기 및 동기유발 · 지난 시간에 무엇에 대해 배웠는지 상기시킨다. · 임의 단위를 사용하여 불편하였던 점을 생각해 보게 한다.	⊙친구들이 발표하는 내용을 바른 자세로 듣는다.	⊙물건의 길이를 뼘으로 재어 보았음을 말한다. ⊙임의 단위를 사용해서 불편한 점을 관심있게 듣는다.	⊙물건의 길이를 뼘으로 재어보았음을 말한다. ⊙측정한 사람마다 손 크기가 달라서 불편하였다고 말한다.	☆바른 자세로 앉아 교사의 설명을 듣도록 도와준다.		♣학생들이 수업에 흥미를 느끼도록 한다.

탐색 및 문제 파악	공부할 문제 확인	⊙공부할 문제 제시하기 · 공부할 문제를 제시한다.	⊙공부할 문제를 보며 듣는다.	⊙공부할 문제를 따라 읽는다.	⊙공부할 문제를 큰 소리로 읽는다.	☆바른 자세로 앉아 교사의 설명을 듣도록 도와준다.		♧공부할 문제 안내판 ♧학습 활동 안내판 ♣학생들이 공부할 문제와 학습활동을 정확히 인지할 수 있도록 설명해 준다.
		〈공부할 문제〉 길이의 단위를 알아봅시다.						
		⊙학습 활동 안내하기	⊙학습활동과 순서를 확인한다.					
	학습 활동 안내	〈공부할 순서〉 활동 1 자에 대해 알아보기 활동 2 자의 눈금 크기 알아보기 활동 3 1cm(센티미터) 재어보기						
자료 제시 및 관찰 탐색	활동 1	활동 1. 자에 대해 알아보기						
		⊙비밀상자 제시 · 비밀상자를 제시하며, 안에 든 물건을 뽑아 보게 한다.	⊙비밀상자에서 자(줄자, 삼각자, cm자 등)를 꺼낸다.					♧수수께끼 상자(줄자, 삼각자, cm자 등)
		· 뽑은 물건이 무엇인지 발문한다.	⊙뽑은 물건을 관심을 가지고 본다.	⊙뽑은 자를 보며 따라 말한다.	⊙뽑은 물건이 무엇인지 답한다.	☆학생들이 주의가 산만해지지 않도록 도와준다.		♣뽑은 물건이 길이를 잴 때 사용하는 도구인 '자'라는 것을 알게 한다.
		⊙자 살펴보기 · 자를 살펴보고, 살펴본 내용을 말하게 한다.	⊙친구들의 발표에 관심을 가진다.	⊙자를 살펴보며, 자유롭게 이야기 한다.				

추가 자료 제시 및 관찰 탐색	활동 2	활동 2. 자의 눈금 크기 알아보기						♧모형자
		⊙자의 눈금 크기 알아보기 · 자의 눈금 한 칸의 길이를 1센티미터라 하고, 1센티미터는 1㎝라고 쓴다는 것을 약속한다.	⊙여러 가지 자를 실물 화상기에 올려 눈금을 알아보기					
			⊙교사의 설명을 듣고, 교사와 함께 ㎝를 써 본다.	⊙교사의 설명 듣고, 스스로 cm를 써 본다.				
		⊙학습자료 제시하기 · 각 수준에 맞는 학습자료를 나누어 준다.	⊙홈이 파인 모형자를 받는다.	⊙검은 테이프를 받는다.	⊙자에 붙일 종이와 가위를 받는다.			
		⊙자의 눈금 크기 비교하기 · 학생들의 자에 1cm를 만들어 보게 한다.	⊙검은 종이를 움직여 1cm를 만든다.	⊙검은 테이프를 자에 붙인다.	⊙종이를 1㎝ 자르고 자에 붙인다.			
		· 학생들의 자를 실물화상기에 올리고 길이를 비교하게 한다.	⊙실물화상기를 본다.	⊙자신이 만든 1cm와 친구들이 만든 1cm를 비교해보고 차이가 있는지 없는지 말한다.				♧실물 화상기

단계	활동	교수활동	학생활동			지도	시간	자료 및 유의점
	활동 3	활동 3. 1cm(센티미터) 재어보기						
규칙성 발견 및 개념 정리		⊙길이가 다른 열쇠 제시하기 · 주어진 개인 바구니에서 1cm 열쇠를 찾아보게 한다.	⊙교사와 함께 1cm열쇠 찾는다.(홈 파여진 자)	⊙강조종이가 붙어있는 자를 사용하여 1cm 열쇠를 찾는다.	⊙자를 이용하여 1cm 열쇠를 찾는다.	☆가 수준 학생이 모형자에 파여진 홈에 맞는 1cm 길이의 열쇠를 찾을 수 있게 도와준다.		♧모형자 ♧개인 바구니 ♧검은 테이프
		⊙확인하기 · 학생들이 찾은 열쇠가 1cm인지 확인한다.	⊙교사가 확인할 동안 바른 자세로 앉아 있는다.					
적용 및 응용	정리 활동	⊙배운 내용상기하기 · 배운 내용을 질문한다. · 각자가 찾은 1cm 길이가 같다는 것을 말해준다. · 자의 1cm는 어디든지 같다는 것을 알려준다. · 열쇠로 선물상자를 열어보게 한다.	⊙교사의 질문에 답한다. ⊙교사의 설명을 듣는다. ⊙모두 나와 열쇠로 선물상자를 연다.			☆바른 자세로 앉아 있도록 도와준다.		♣수업이 끝날 때까지 주의 집중할 수 있도록 한다.
		⊙차시예고하기	⊙바른 자세로 앉아 차시예고를 듣는다. 시각에 대해 알아봅시다.					
	파지 및 일반화	⊙인사하기	⊙선생님을 보면서 인사한다.					
		⊙과제 제시 · 수준별 과제를 제시한다.	⊙가정에서 오늘 학습한 내용을 복습해 본다.					

(4) 수업평가

<table>
<tr><th rowspan="2">평가
영역</th><th rowspan="2" colspan="2">평가관점</th><th colspan="3">평가 척도</th><th rowspan="2">시 기</th><th rowspan="2">방 법</th></tr>
<tr><th>잘함
(◎)</th><th>보통
(○)</th><th>노력
(△)</th></tr>
<tr><td rowspan="3">개인별
평가</td><td>한○○</td><td>⊙자를 사용하여 1cm를 잴 수 있는가?
⊙길이의 단위인 센티미터를 스스로 적을 수 있는가?
⊙스스로 자에 붙일 종이를 오리고, 풀로 붙일 수 있는가?</td><td></td><td></td><td></td><td rowspan="3">과제
학습
중</td><td rowspan="3">관찰법</td></tr>
<tr><td>박○○
조○○</td><td>⊙모형 자를 이용하여 cm 단위를 제시할 수 있는가?
⊙검은 테이프를 이용하여 모형 자에 붙일 수 있는가?</td><td></td><td></td><td></td></tr>
<tr><td>윤○○</td><td>⊙길이를 재는 도구를 찾을 수 있는가?
⊙홈이 파인 모형 자를 이용하여 1cm를 만들 수 있는가?</td><td></td><td></td><td></td></tr>
<tr><td>전체
평가</td><td colspan="2">⊙관심을 가지고 즐겁게 활동에 참여하는가?</td><td></td><td></td><td></td><td>수업
전 과정</td><td>관찰법</td></tr>
</table>

연습문제

01 특수교육에서 학습자는 누구인지 정의하여 봅시다.

02 교과교재는 무엇을 의미하는지 정의하여 봅시다.

03 특수교육 교과교재 연구 및 지도법의 영역을 정의하여 봅시다.

04 교수, 학습, 수업의 개념을 각각 비교하여 정의하여 봅시다.

05 수업의 효율성 연구모형의 핵심을 설명해 봅시다

06 수업이 효율성을 떨어뜨리는 수업변인을 특수교육 학습자 변인을 중심으로 찾아 도의해 봅시다.

07 가장 이상적인 특수교육 교수－학습이 되기 위해 교수자가 고려해야 할 점으로 무엇이 있는지 찾아 토의해 봅시다.

08 특수교육에서 교수설계의 변인들의 상호 관련성을 학습자 특성에 출발하여 설명해 봅시다.

09 교수설계의 이론 중 기술적 이론과 처방적 이론을 비교해 봅시다.

10 교육과정, 교수설계 및 교수개발, 교수실행 및 교수관리, 학습, 교수평가의 각 단계에서의 주안점을 설명해 봅시다.

11 교육과정에 계열화가 갖는 의미를 설명해 봅시다.

12 교재에서 제시한 교육과정의 재구성 예를 살펴보고 좀더 보완되어야 할 점을 찾아 토의해 봅시다.

Chapter 02

교수이론의 특수교육적 함의

❖ **제1절** 글레이저의 교수이론
❖ **제2절** 브루너의 교수이론
❖ **제3절** 가네의 목표별 교수이론
❖ **제4절** 오수벨의 설명적 교수이론
❖ **제5절** 캐롤의 학교학습모형

Special Education Study of Teaching Materials & Method of Guidance

교수는 가르치는 행위로서 행위자인 교사의 역할이 강조된다. 그러므로 교수이론은 학습과제를 어떻게 하면 학습자가 가장 잘 배울 수 있는가에 관심을 갖는다. 따라서 교수이론은 최적의 수업 방법이 무엇인가를 가르쳐주는 **처방적**(prescriptive) 성격을 가진다. 뿐만 아니라 학습자가 어느 정도까지 학습해야 하며 어떤 조건에서 학습해야 하는지를 제시해야 하는 **규범적**(normative) 성격을 지닌다.

교수이론은 학습환경을 조작하는 방법에 관한 것이다. 즉, 학습자가 학습목표를 달성할 수 있도록 학습자의 내적, 외적 환경을 의도적이고 체계적으로 조작해 주는 방법적 성격을 가진다. 또한 교수이론은 교수자가 수업을 실시함에 있어 좋은 수업 설계나 수업 진행 방법으로 중요한 교수기술과 관련이 깊다. 교수기술이 만족스럽게 이루어진 교수—학습활동은 학습자에게 학습욕구와 학습능력에도 긍정적 영향을 미치기 때문이다.

특수교육은 전술한 바와 같이 학생이 독특한 교육적 요구를 지니고 있으므로 '어떻게 지도하면 장애학생에게 보다 효과적으로 잘 가르칠 수 있을까?'에 대한 확신이 필요하다. 이를 충족시켜줄 수 있는 이론이 특수교육 교수이론이다. 따라서 이번 장은 효과적인 수업을 위한 주요 교수이론에 대하여 살펴보고자 한다.

Paragraph 01 글레이저의 교수이론

글레이저(Glaser)의 교수이론은 수업을 전개하는 절차적 측면에서 기본적인 단계 또는 절차를 잘 묘사하고 있는 수업모형이다. 글레이저는 교수—학습과정을 수업목표, 출발점 행동의 진단, 수업, 수업평가의 네 단계를 설정하고 수업평가의 결과에 따라 피드백(feedback)을 선정하였다.

글레이저의 교수이론은 학습자의 수준 또는 특성에 따라 수업목표 및 수업, 수업평가가 결정되어지는 유기적인 관계로 이루어진 모형이다.

이 이론은 발달적 교육관에 근거한 것으로 모든 학습자는 목표에 도달할 수 있다는 가정과 학습자의 무한한 잠재 능력을 전제로 한 이론이다. 그는 학습자가 목표에 도달하지 못하는 까닭은 환경적 요인 또는 학습자가 학습에 도달하리라고 설정한 기대치 또는 특정 학생에 대한 편향된 관심 때문으로 보고 있다.

수업과정은 학습내용을 일종의 정보로 간주하고 신속하고 정확하게 정보를 처리하는 컴퓨터의 구조와 기능에 유추시킨 것이다. 즉, 수업과정은 하나의 체제(system)로 보고, 체계적이고 계획적인 교수모형을 최초로 개발하였다. 글레이저는 수업의 과정을 수업목표의 설정, 출발점 행동의 진단, 수업절차, 그리고 학습평가로 구분하였다. 교수모형은 각 단계에 대한 피드백이 이루어져 그 산출을 평가하고 수정하도록 하고 있다.

수업의 과정을 도식화하면 [그림 2-1]과 같다.

그림 2-1 글레이저의 교수모형

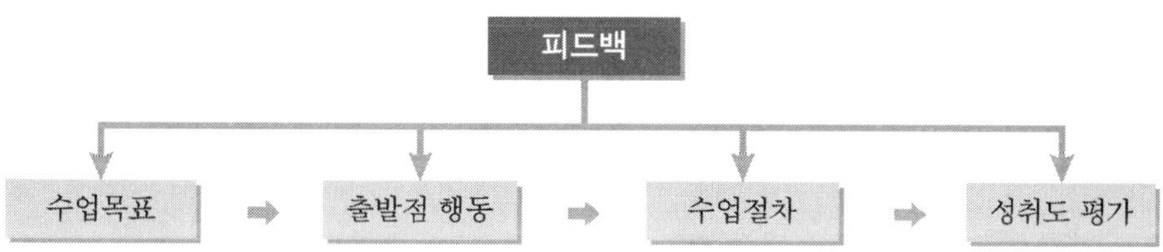

글레이저 모형의 특징은 수업의 한 단계 한 단계가 바로 후속하는 단계들의 활동을 결정하는 계속적인 결정과 수정의 모형이다. 즉, 한 단원의 수업목표가 결정되면 수업목표의 달성에 관련된 학습자의 출발점 행동의 양상이 정확히 예진되며 그에 따라 학습자에게 어떤 학습지도가 주어져야 할 것인가를 처방하고 최종적으로 학습지도의 성과를 평가하도록 되어 있다.

글레이저의 수업모형은 컴퓨터의 구조와 기능에서 아이디어를 얻었으며 피드백 회로를 강조한 점은 두뇌 공학의 원리를 응용한 것과 같다. 즉, 그의 수업이론은 수업의 과정을 하나의 시스템으로 볼 때 교육목표는 시스템 목표가 되고, 수업절차는 시스템 조정자가 되고, 성취도 평가는 산출 조사자의 역할을 한다.

이와 같이 글레이저의 교수이론은 두뇌 공학 원리, 정보처리이론, 의사 결정론에 영향을 받아 개발되었다. 따라서 글레이저의 수업모형은 컴퓨터 프로그래밍 과정을 순서도로 작성하는 것처럼 수업과정의 흐름을 순서도로 설계한다는 점에서 본질적으로 같다고 볼 수 있다.

글레이저의 수업모형은 다음과 같이 각 단계별로 구체적으로 살펴볼 수 있다.

1. 수업목표

수업목표는 교수-학습 과정을 통하여 학습자가 궁극적으로 달성해야 할 것을 구체적으로 세분화하여 제시해 놓은 것이다. 컴퓨터가 입력 장치를 통해 정보나 자료가 투입되듯이 수업에서 내용 선정의 기초는 수업목표 설정이 선행된다. 이때 수업목표는 도착점 행동으로 교수과정이 끝났을 때 학습자가 도달해야 할 성취수준을 의미한다.

수업목표는 분명하고 구체적으로 세분화하여 진술되어야 한다. 수업목표는 목표달성에 가장 알맞은 수업활동과 수업매체, 수업자료를 선택하는 준거가 되며 수업이 끝난 후에 객관적인 평가를 할 수 있는 기준이 된다. 만약 수업목표가 모호하게 진술되면 수업과정을 컴퓨터처럼 정확하게 운영할 수 없게 된다. 또한 낮은 수준의 학습자를 고려하여 가능하면 최저의 성취 기준이 마련되어 대부분 학습자가 학습목표에 도달되도록 설정하는 것도 중요하다.

일부 학자들은 수업목표를 분명하고 세부적으로 진술하는 것에 반대하기도 한다. 수업목표가 세부적이고 행동적으로 진술하게 되면 단편적인 지식의 습득으로 흐를 우려가 있으며, 학교에서 정작 가르쳐야 할 중요한 내용들이 모두 분석적이고 행동적인 용어로 진술되기 어렵기 때문이다. 그렇지만 교수-학습 과정이 효율적으로 수행되기 위해서는 세부적이고 명확한 수업목표는 필요할 것이다.

2. 출발점 행동

출발점 행동은 학습에 임하는 학습자의 현재 상태를 의미한다. 여기에는 학습자의 지능, 적성, 흥미, 이전 학습에서 어느 정도를 성취했으며, 이번에 배울 내용에 대해 얼마나 아는지를 진단해 보는 과정이다. 출발점 행동은 투입행동이라는 용어로도 사용되며 학습자가 새로운 특정 도착점 행동을 습득하기 위하여 사전에 습득해야 할 행동을 의미한다. 이는 준비도의 개념과 일치한다. 출발점 행동 진단의 단계는 학습자가 이미 습득하고 있는 학습내용에 대해 진단함으로써 실제수업 상황에서 학습자의 특성과 개인차를 고려한 수업을 진행할 수 있다.

출발점 행동은 선행학습의 정도, 적성, 지능 등의 인지 요인과 흥미, 태도, 자아개념과 같은 정의적 요인이 있으며 이들은 학습의 결과에 중요한 영향을 미친다. 수업절차에 앞서서 출발점 행동의 진단을 위한 진단평가를 실시하여 학습결손을 발견하고 처치 방안을 강구할 필요가 있다. 그리고 수업절차에서의 학습지도방법이 반드시 모색되어야 한다.

따라서 특수교육 대상학생은 학습준비도와 학습결손의 정도 및 정의적인 측면 등에 대한 보다 세심한 진단이 필요하다.

3. 수업절차

수업절차는 '수업목표를 학습자에게 어떤 순서에 따라 어떤 방법으로 가르칠 것인가?'의 문제를 다루는 단계로서 실제수업이 이루어지는 단계이다. 즉, 이 단계는 도입, 전개, 정리, 평가 등의 수업활동을 내포하고 있다.

수업절차는 목표 달성을 위한 수업의 계획으로 다양한 학습지도방법이 고려된다. 수업의 효과는 수업활동, 집단 유지의 결정, 시청각 매체의 활용 등에 따라 결정되기도 한다. 또한 수업 중에 형성평가를 실시하여 학습자의 성취 기준에 따라 개별 보충, 심화학습 등의 교정 학습이 요구되기도 한다. 이와 같이 수업절차는 일련의 수업과정 중에서 가장 중심적인 단계로서 교수자는 자신이 수립한 수업계획에 따라 수업을 전개해 나가는 단계이다.

한편, 글레이저는 설정된 수업목표에 점진적으로 접근시킬 수 있는 보조 행동의 활용을 강조하고 있다.

4. 성취도 평가

성취도 평가는 교수 학습이 바르게 진행되었는가를 확인하는 단계이다. 성취도 평가는 컴퓨터 프로그래밍 과정의 출력 장치에 해당된다.

수업이 진행되는 과정에는 형성평가를 실시한다. 형성평가는 학습자가 얼마나 학습과제를 잘 이해하고 있는지를 수시로 점검함으로서 학습 진행속도를 조절하기도 하고 학습자의 학습동기를 유발시키고 학습에 곤란을 느끼는 부분을 점검하여 학습지도방법을 개선한다.

수업절차가 종료된 후 설정된 수업목표에 관한 총괄평가를 실시한다. 총괄평가는 수업목표의 성취도를 살펴보게 된다.

5. 피드백

피드백은 각 단계의 수업과정의 작업 결과를 평가하고 수정 보완하는 데 필요한 정보를 송환하는 과정이다. 피드백은 학습자가 수업목표에 도달하였을 때까지 계속 가동된다. 글레이저의 교수모형의 네 가지 과정은 각각 긴밀한 관련을 맺으며 후속되는 다음 단계의 활동을 결정하고 수정하는데 영향을 끼친다.

피드백은 각 단계의 적절성 여부에 대한 정보 제공과 함께 다음 단계의 수업과정 설계에 대한 중요한 정보를 제공한다.

이상 살펴본 바와 같이 글레이저의 교수이론의 특징은 컴퓨터의 정보처리과정을 응용한 것으로 개별화의 원리를 반영한 교수이론이다. 개별화 원리의 적용은 교수자가 학습자의 개인차를 교수에 반영할 수 있어 특수한 교육적 요구를 지닌 특수교육 대상학생에게 적합한 이론이라 할 수 있다. 학습자의 출발점 진단은 장애학생의 수준을 고려한 학습목표의 제시가 가능하여 학습자의 자발성을 유도할 수 있으며 완전 학습을 지향할 수 있다는 점에서 의미가 있다.

Paragraph 02 브루너의 교수이론

브루너(Bruner)는 1960년대 미국 하버드대학 심리학자로서 스푸트닉 쇼크(Sputnik Shock) 이후 미국의 교육과정 및 수업의 개혁에 큰 영향을 주었다. 브루너는 피아제

(Piaget) 이론의 전문가로서 아동들의 인지발달에 관한 이론을 수용하여 인지발달과 학습과의 관계를 정립하였다.

그는 지식의 구조화와 나선형 교육과정, 발견학습법 등을 주창하였으며 학문 중심 교육과정 정립에 공헌을 하였다. 브루너의 학습이론은 기술적인 성격을 가지고 있는 반면 교수이론은 처방적이고 규범적이어야 한다고 주장하였다. 브루너는 교수이론이 지식이나 기능을 성취하는 데 가장 효과적인 방법을 제시해 주어야 하며 특정 교수-학습 방법을 평가할 수 있는 기준이 마련되어야 한다고 보았다.

그의 교수이론은 학습되어야 할 학습자와 기술수준의 준거(criterion)의 지식이 정해진 학습목표까지 도달하는 데 필요한 조건을 제시하고 있다. 또한 학습목표의 조건들은 일반성(generality)이 수준 높게 진술된다. 그러므로 학습목표가 학년별로 교과에 따라 일일이 개별적으로 명시되기 보다는 모든 학년에 공통적으로 적용되도록 진술된 규범적 성격을 지닌다. 따라서 브루너의 교수이론은 학습자에게 지식이나 기능을 학습시키는 가장 효과적인 방법에 관한 일반적인 원리와 규칙을 제시해 준다는 점에서 처방적이고 규범적이라 할 수 있다.

한편, 브루너의 교수이론은 지식의 구조, 선행 경향성, 학습계열, 강화에 초점을 두고 이를 강조하였다. 이를 소개하면 다음과 같다.

1. 지식의 구조화

지식의 구조(structure of knowledge)에 대한 정의는 학습해야 할 많은 정보들을 몇 개의 기본개념이나 아이디어로 정형화한 것이다. 즉, 지식의 구조는 지식의 영역에서 가장 기본적이며 핵심적인 개념이나 법칙, 원리 및 아이디어라 할 수 있다. 지식의 구조는 교수활동에서 중요하게 작용하는데 브루너는 학습자에게 가르칠 내용은 교과내용이 아니라 지식의 구조라고 강조하였다. 그러나 지식의 구조화는 수학이나 과학과 같은 학문을 지칭하는 것으로 인문 · 사회학과 같이 결과를 다루는 교과와는 차이를 지닌다.

그는 지식의 구조를 교육과정에서 강조하였으며 지식을 이루는 구성요소로 보았다. 또한 지식의 구조는 개념이나 원리들 사이의 상호 관련성을 의미하며 지식의 구조를 학습한다는 것은 개념이나 원리들 간의 상호 관련성을 학습하는 것으로 보았다.

한편, 브루너는 지식의 구조를 학습해야 하는 이유에 대해 다음과 같이 설명하였다.

첫째, 어떤 영역에서든 지식구조의 특징은 표현양식, 표현의 경제성, 표현의 생성력 등 세 가지로 특징지을 수 있으며, 어떠한 지식의 구조이든 세 가지 표현 방식으로 제시할 수 있다고 하였다.

이는 한 교과의 기본개념이나 원리를 발달단계에 맞게 번역하는 원리로서 세 가지 표상을 의미한다. 첫 번째, 작동적 표상(enactive representation)은 동일한 아이디어를 일련의 동작으로 표현하는 양식이고, 두 번째, 영상적 표상(iconic representation)은 영상이나 도해로 표현하는 양식이며, 세 번째, 상징적 표상(symbolic representation)은 법칙이나 원리에 지배되는 상징 체제에서 나온 상징이나 논리적 명제로 표현하는 양식이다.

따라서 브루너에 따르면 학습자의 발달단계의 특성에 따라 세 가지 중 하나의 표상을 사용하게 된다.

둘째, 지식의 구조화는 지식을 최소화하여 기본적인 구조를 학습자에게 가르침으로써 문제해결이 가능하다고 하였다.

구조화된 교과 지식은 학습할 때의 경제성(representation of economy)과 표현의 생성력(power of representation)이 극대화된 상태를 의미한다. 이 때 경제성은 어떤 문제를 해결하거나 이해하는 데 학습자가 소유해야 할 정보의 양이 적거나 처리단계가 적은 지식일수록 경제적이 된다. 즉, 물리학이나 수학 과목에 비해 사회과학의 교과목들은 간단하게 표현하기가 힘들며, 작동적 표상보다는 상징적 표상이 더 경제적이다.

한편, **표현의 생성력**은 일련의 명제나 지식이 그와 관계되는 다른 명제나 지식을 찾아내기 쉬운 정도를 '표현의 생성력'으로 설명한다. 따라서 지식의 구조화는 학습자가 학습한 명제들이 얼마나 응용력이 있으며 전이가치가 높은 지를 의미한다.

셋째, 브루너는 나선형 교육과정의 조직을 강조하였다.

나선형 교육과정이란 동일한 개념이나 원리 등이 점점 그 깊이를 더하고 그 폭을 넓혀가면서 심화되도록 조직하는 것을 의미한다.

나선형 교육과정의 조직은 현재 학습자의 발달 수준으로 도달하기에 복잡한 문제나 지식이라 할지라도 특정 학습자가 충분히 이해할 수 있도록 단순화시켜 제시할 수 있다는 원리이다. 즉, 나선형 교육과정의 조직은 어떤 교과든지 학습자의 지적인 수준으로 제시함으로써 각 발달단계에 있는 학습자가 이를 효과적으로 습득할 수 있다는 이론이다.

이는 피아제가 학습자의 **학습준비도**를 학습자의 인지 수준으로 제한한 반면 브루너는 나선형 교육과정에 따라 학습자의 수준에 따라 적절한 형태로만 학습내용이 제공되기만 한다면 어떠한 학습이라도 가능하다고 보았다. 이와 같이 브루너의 학습준비도 개념은 학습자가 도달한 인지발달 수준보다 특정 학습자가 충분히 이해할 수 있도록 단순화시켜 제시할 수 있는 나선형 교육과정의 조직에 강조점을 두었다.

넷째, 지식구조의 생성력을 들 수 있다.

특수전이가 원래 학습한 것과 매우 유사한 과제를 해결하는데 응용되는 것이라면 **일반전이**는 원리와 태도의 전이로서 전혀 새로운 상황의 문제를 학습한 내용으로 해결하는 것이다. 그러므로 일반전이는 교육의 과정 즉, 기본적이고 일반적인 아이디어에 의해서 부단히 지식의 폭과 깊이를 확장해 가는 과정의 핵심이다. 따라서 일반전이를 촉진하는 방법은 발견학습을 통하여 기본개념의 상호 관련된 체계를 학습자가 효과적으로 이해함으로써 일반전이가 가능하다고 주장하였다.

다섯째, 지식의 구조화를 학습했을 때 이점을 들 수 있다.

지식의 구조화는 과제의 원리를 파악하여 학습자의 흥미를 자극할 수 있다. 또한 학습에서 얻은 지식을 학습상황 이외의 다른 상황에서도 활용할 수 있으며 학습에서 얻은 지식이 서로 관련될 때 기억에 오래 남을 수 있게 하는 등의 장점을 지니고 있다.

따라서 지식의 구조화는 발달 장애학생을 지도하는데 있어 긍정적인 반응을 유도할 수 있을 것이다.

2. 선행학습 경향성

선행학습 경향성(predisposition to learning)은 학습하고자 하는 의욕 혹은 경향성을 뜻하며 사회계층, 인종과 같은 문화적 특징, 외적 혹은 내적 동기 체제, 그리고 학습자의 개인적 요인들과 관련되어 있다. 학습 경향성에 관하여 브루너가 가장 중요시하는 것은 여러 가지 가능성을 탐색하는 경향이다. 교수활동에서는 경향을 극대화하는 조건을 마련해야 한다. 이 조건을 세 가지로 나누어 설명할 수 있다. 즉 가능성의 탐색을 자극하는 것, 그 영향을 계속 유지하는 것, 그리고 가능성 탐색의 방향감을 주는 것이다. 그러기 위해서는 선행 경향성에 대한 세 가지 가정이 전제되어야 한다. 이를 소개하면 다음과 같다.

첫째, 학습자가 사전에 갖고 있는 성향은 교수자와 학습자의 관계에 영향을 준다. 수업은 교수자와 학습자 간의 상호작용이라는 사회적 관계로부터 출발하는 것이므로 교수자와 학습자의 관계를 어떻게 규정하느냐에 따라 학습의 성격이나 학습능력 등에 관한 자신감이 영향을 받는다.

둘째, 학습자의 학습활동 방식, 유형 및 태도는 사회계층이나 성, 연령, 그리고 인종에 따라 다르다. 그러므로 교수-학습 방법은 이미 주어진 문화적 행동 양식의 적절한 활용 방안에 초점을 두어야 한다.

셋째, 수업은 학습자의 문제해결 능력을 개발하고 촉진할 수 있어야 한다. 이를 위해 활동성, 지속성, 그리고 방향성 등이 상호 유기적으로 조화를 이루도록 해야 한다.

한편, 브루너는 지식의 구조를 효과적으로 학습하기 위한 해결 방안으로 발견학습을 제안하였다. 그의 발견학습은 학습자에게 새로운 개념을 스스로 발견할 수 있는 기회를 제공하여 학습자의 지적 활동에 긍정적인 태도를 형성하게 하는 것이다. 이렇게 하였을 때 학습자의 지적 성장을 도와 문제해결력을 강화할 수 있으며, 학습자 스스로 내적보상을 얻을 수 있고 학습과제를 스스로 해결할 수 있는 능력을 신장시킬 수 있으며 학습된 과제에 대한 기억이 용이하다는 장점이 있다. 즉, 교수자가 학습과제를 최종적인 형태로 제공하는 것이 아니라 학습자 스스로 답을 찾아 조직해 나가는 과정의 학습이기 때문에 과제를 학습자가 탐구해 나가려면 선행 경향성은 매우 중요하다고 하겠다.

3. 학습의 계열화

학습계열(sequence of learning)은 학습자가 학습내용을 이해시키고 변형시키고 전이시키는 능력을 스스로 발휘할 수 있도록 잘 조직화된 학습과제의 제시 순서를 의미한다.

학습과제의 제시순서는 학습과제의 모호성과 난이도를 좌우하게 되며 학습 장면에서 문제해결의 가능성을 탐색하려는 학습자의 의욕과 태도에 많은 영향을 주게 되므로, 부여되는 문제는 이해, 변형, 전이가 용이하도록 조직되어야 한다. 학습의 계열을 결정할 때, 고려해야 할 기본전제는 다음과 같다.

첫째, 모든 학습자에게 적용되는 단일한 계열은 없다. 계열은 학습자들의 학습경험, 발달단계, 학습자료의 성격, 그리고 개인차 등에 따라 다르게 조직해야 한다.

둘째, 학습자의 지적발달을 고려해야 한다. 일반적으로 학습과제는 작동적 표현으로부터 상징적 표상 순으로 나타내는 것이 좋다.

셋째, 적절한 수준의 불확실성과 긴장 수준을 유지할 수 있는 계열을 조직하는 것이 필요하다. 이를 통해 학습의욕과 동기를 유발시킬 수 있다.

넷째, 계열을 선정할 때 학습의 속도, 망각에 대한 저항, 전이 가능성, 표현양식, 학습내용의 경제성 및 생성력 등의 준거를 고려하도록 한다.

이와 같이 학습계열은 학습자가 학습내용을 이해시키고 변형시키고 전이시키는 능력을 스스로 발휘하도록 하는 학습과제의 제시 순서와 관련이 있다.

4. 강화

강화(reinforcement)는 학습의 증진을 위한 상과 벌의 성격으로 나타난다.

강화는 내적보상과 외적보상에 의한 두 가지 형태로 구분된다. 브루너는 내적보상에 의한 강화를 우위에 두고 있으며, 학습을 통하여 경험하게 되는 발견의 희열과 성취감을 바탕으로 하는 내적보상이 외적보상보다 강화력이 크다고 보았다.

브루너의 교수이론은 수업내용과 수업과정을 개방하는 동시에 처방적이고 규범적 성격을 지닌다. 규범적 성격은 학습에서 가장 효과적인 교수방법에 원리와 규칙을 제시하여야 한다는 것이다.

특수교육은 학습능력이 현저히 떨어지는 학습자를 대상으로 수업을 진행하기 때문에 이들의 학습목표를 도달시키고자 하는 학습방법으로 교수자의 지시를 최소화하고 학습자가 학습하려는 경향성에 기초한 학습방법을 적용토록 하는데 초점을 맞출 필요가 있다. 그러므로 학습자가 주변 환경에서 지식의 구조를 스스로 발견하여 일상생활에 활용토록 하는 수업전략을 구안하고 교수자는 학습자의 수준을 고려한 표상 양식을 통하여 체계적으로 가르쳐야 함을 시사한다.

Paragraph

03 가네의 목표별 교수이론

가네(Gagné)는 교육 심리학자로 미국 플로리다주립대학교 교육연구학부의 교수로서 동료 브릭스(Briggs)와 함께 학습의 조건(Principles of Instructional Design)을 저술하였다.

그림 2-2 가네의 목표별 수업이론

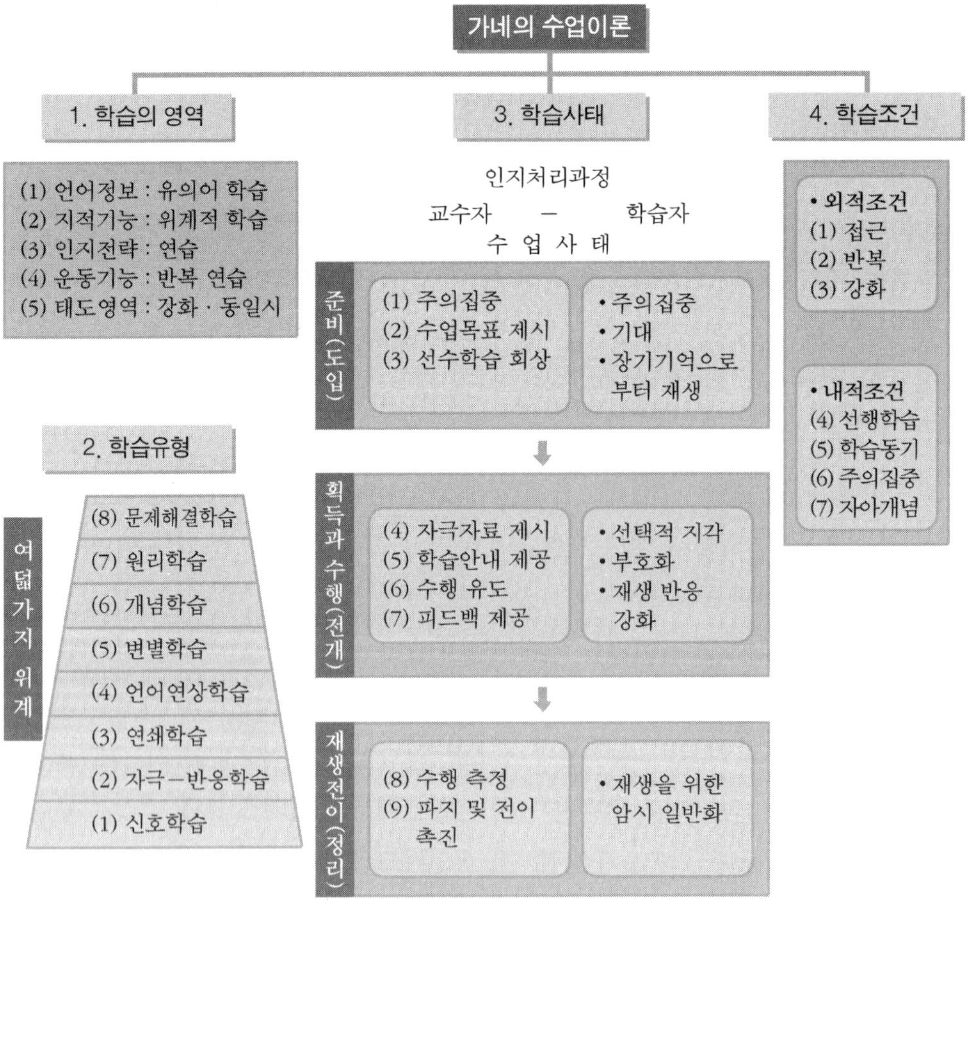

가네의 **목표별 교수이론**은 인간 학습의 결과로 얻어지는 산출물을 언어정보, 지적 기술, 인지전략, 운동기능, 태도로 보고 이들 능력을 교수활동을 통해 가르쳐야 하는 목표로 설정하였다. 그러므로 수업목표에 따라 수업 형태와 방법 및 절차가 결정된다.

그의 기본적 관점은 학습능력은 낮은 차원에서 높은 차원의 단계로 축적되며, 높은 수준의 지식이나 기술을 학습하기 위해서는 반드시 낮은 단계의 지식이나 기술을 습득해야 한다는 것이며, 주어진 학습과제는 그 복잡성의 정도에 따라 알맞은 학습유형을 적용하여야 한다는 것이다.

이와 같이 목표별 교수이론은 **학습 위계**(learning hierarchy)에 기초를 두고 있으며 이를 개관하면 [그림 2-2]와 같다

1. 학습의 영역

가네는 학습에 영향을 주는 주요 변인을 학습의 결과로 얻어지는 5개 영역의 산출물을 학습된 능력으로 보았다. 이를 언어정보(verbal information), 지적기능(intellection skill), 인지전략(cognitive strategy), 운동기능(psycho-motor skill), 태도(attitude)의 5개 영역으로 분류하였다. 이를 소개하면 다음과 같다.

(1) **언어 정보**는 명제적 지식으로서 어떤 사실 또는 일련의 사건에 대해 구두로 말하거나 글로 진술하는 것을 말한다.

(2) **지적기능**은 문제해결을 위하여 개념과 규칙들을 활용하는 것으로 방법적 지식으로 학습자가 환경에 대하여 이를 개념화하여 반응하는 능력이다. 방법적 지식은 절차적 지식이라 할 수 있으며 말하기, 읽기, 쓰기, 상징 또는 기호 사용 등이 여기에 해당된다.

(3) **인지전략**은 문제에 대한 새로운 해결 방안을 모색하는 것으로 내적으로 조직된 통제 과정이다. 인지전략은 자신의 사고나 학습과정을 통제하기 위한 다양한 방법들을 활용한다. 인지전략은 지적 기능의 학습을 통해서 가능하며 생산적 사고의 개발을 위한 연습의 기회가 필요하다. 인지전략의 개발을 위해서는 다음과 같은 전략이 필요하다.

첫째, 가능하면 많은 아이디어를 인출하도록 자극하고, 둘째, 아이디어의 적

절성을 평가하며, 셋째, 문제를 새로운 각도에서 보고, 넷째, 적절한 질문을 던지는 연습과, 다섯째, 유용한 단서에 민감하도록 하고, 여섯째, 문제의 본질을 명료하게 하는 방법 등의 전략이 중요하다.

(4) **운동기능**은 어떤 일을 수행하기 위한 몸의 움직임을 말한다. 신체적 운동을 실행하는 것으로 삼각형이나 사각형을 그리거나 평형을 유지하거나 악기를 연주하는 것 등에 해당한다. 이처럼 운동기능은 반복적 연습을 통해 잘 학습된다.

(5) **태도**는 독특한 방식으로 행동할 것을 선택하는 것이다. 여기에는 대상에 대한 찬반 또는 좋고 싫음을 선택하게 된다. 태도는 사람의 내적인 정신적 경향을 의미한다. 또한 태도는 직접적으로 가르치는 강화의 방법과 간접적으로 가르치는 대리적인 강화를 이용하여 학습된다. 예를 들면 모범적인 사람의 시범보이기는 이 원리에 해당한다.

이와 같이 가네가 학습을 5개 영역으로 구분한 것은 학습된 능력이 학습 수행 능력 면에서 차이가 있으며 학습에 요구되는 조건이 다르다고 보았기 때문이다. 또한 학습능력은 수업목표에 따라 달라진다고 보았다.

2. 가네의 학습유형

가네의 학습 위계 이론은 교수목표분석, 학습과제분석, 그리고 교수이론의 정립에 크게 기여하였다. 가네는 학습유형을 여덟 가지로 분류하였는데, 신호학습, 자극-반응학습, 연쇄학습, 언어연상학습, 변별학습, 개념학습, 원리학습, 문제해결학습 등이 있다. 이들 여덟 가지 학습유형은 위계가 낮은 것부터 높은 순서로 열거되어 있어 주어진 학습과제를 효과적으로 학습하려면 그에 알맞은 학습유형을 선택하여야 한다. 8가지 학습유형을 소개하면 다음과 같다.

(1) **신호학습**은 가장 단순한 형태로서, 고전적 조건 형성 과정을 통해 무의지적으로 행동이 획득되는 것이다. 예를 들면 파블로프의 개의 실험처럼 지렁이도 밟으면 꿈틀하는 것도 낮은 수준의 학습이라고 할 수 있다.

(2) **자극-반응학습**은 자극과 반응의 단순한 결합으로 스키너의 비둘기 실험처럼 반응은 의지적이고 능동적으로 나타난다. 이를 도구적 조건 형성이라 한다. 여기에는 강화의 원리가 반영되는데 반응과 강화 간의 간격을 짧게 하고 반복하는 것이 효과적인 원리가 된다. 예를 들면 공부한 행동을 즉각적 칭찬, 시험 후 채점 결과를 알려줄 때 학습이 촉진되는 경우이다.

(3) **연쇄학습**은 운동기능의 연결을 의미한다. 예를 들어, 수평잡기, 선 따라 그리기, 스포이트 사용하여 용액 옮기기 등의 경우이다.

(4) **언어연상학습**은 언어 사용 능력으로 언어를 사용하는 능력에서 연결되어 있는 것을 의미한다. 언어연상학습이 되려면 자극-반응 결합 능력을 소유하여야 가능하다.

언어연상학습은 외적조건으로 강화와 반복 연습의 기회가 필요하며 동시에 연결된 자극과 반응 간의 결합 모양에 따라 적질한 순서가 제공되어야 한다. 즉, 하나, 둘, 셋, 넷을 소리내어 말하여 칭찬받기와 같은 경우이다.

(5) **변별학습**은 비슷한 여러 대상을 구별할 수 있는 능력을 의미한다. 즉, 예를 들면 여러 모양의 단추 구별하기라든지 곤충을 분류하는 학습이다. 변별은 개념이 형성되지 않은 수준에서도 학습이 가능하다.

(6) **개념학습**은 자극 간의 차이에 대해 반응으로 개념은 자극 간의 공통성과 유사성에 대한 반응이다. 즉, 어떤 주어진 자극의 내적 성질을 표현하는 방법으로 언어적 연결이 잘 기억되면 개념학습이 촉진된다. 예를 들면 여러 종류의 사물을 생물과 무생물로 구별하는 것 등이 개념학습에 해당된다.

(7) **원리학습**은 두 개 이상의 개념의 연결로 학습이 이루어진다. 원리학습은 원리를 구성하는 개념의 이해가 필요하다. 학습된 능력으로서의 원리학습은 한 유목에서 학습 성취를 획득하면 그 사물의 유목에 속하는 사물 전체에 반응할 수 있게 된다. 예를 들어 원리학습은 겨울 철새와 여름 철새를 설명할 때 겨울새는 가을에 북녘에서 번식하고 우리나라에서 활동하는 소류인 반면 여름새는 이른 봄에 남에서 날아와 우리나라에서 번식하고 가을철 남으로 돌아가 활동하는 새라고 학습하는 것이 원리학습에 해당된다.

(8) **문제해결학습**은 원리를 조합하여 문제해결의 아이디어를 생각하는 것으로 여기에는 여러 가지 원리와 규칙이 동원되기 때문에 복합적 원리학습이라 부른

다. 또한 문제해결을 위해 잠정적으로 가설을 설정하기도 하는데 이와 같은 경우를 문제해결학습이라 한다.

일반적으로 학교교육에서 다루게 되는 교과학습은 언어연상학습으로부터 문제해결학습에 이르는 유형들이 대부분이다. 그러므로 개념학습, 원리학습, 문제해결학습이 학교교육에서 가장 중요한 학습유형이 된다.

3. 수업사태

가네와 브릭스는 수업활동의 절차를 9단계로 제시하였으며 각 단계들은 최소 단위의 수업조건으로 단위수업의 절차를 잘 나타내 준다. 9단계 수업활동 절차를 단계별로 제시하면 다음과 같다.

먼저 학습을 위한 준비과정으로 주의집중하기와 수업목표 제시하기, 선수학습 회상하기가 있는데 이들 각 단계의 특성을 수업사태와 관련하여 살펴보면 다음과 같다.

(1) 주의집중하기

학습의 최초 사태로서 수업사태는 학습자가 자극을 수용하도록 주의집중을 시키는데 목적이 있다. 이 때 수업사태의 조정으로 언어적 지시와 제스처 등의 사용으로 학생들의 호기심을 자극한다.

(2) 수업목표 제시하기

학습은 학습자에게 기대와 특별한 동기를 부여하는 것으로서 이번 학습에 달성해야 할 수업목표를 제시하는데 목적이 있다. 학습자는 수업목표를 확인하며 학습을 한 후에 자신이 새로운 능력을 습득할 수 있다는 기대를 하고 자기효능감을 높이게 된다.

수업목표는 학습자가 도달해야 할 학습수준을 행동으로 나타낼 수 있도록 명세적인 목표가 필요하다. 이 때 수업사태의 조정으로 학습자에게 기대되는 학습 결과를 알려준다.

(3) 선수학습 회상하기

수업목표와 관련하여 이전에 학습한 관련 학습내용을 재생시키는데 목적이 있다. 선수학습을 회상하는 것은 새로 배우게 될 내용의 위치나 성격을 파악하는데 도움을 준다. 이 때 수업사태의 조정으로 수업목표와 관련되어 이미 배운 선행학습능력을 장기기억으로부터 재생시키도록 자극한다.

다음으로 학습의 획득과 수행과정으로는 자극자료 제시하기, 학습안내 제공하기, 수행 유도하기, 피드백 제공하기가 있는데 이들 각 단계의 특성을 수업사태와 관련하여 살펴보면 다음과 같다.

(4) 자극자료 제시하기

학습과제를 실질적으로 다루는 진입 단계로서 학습목표를 달성하기 위해서 요구되는 학습내용의 특정적인 성격에 초점을 둔다. 교수자가 수업자료를 제시하면 학습자는 작동적 기억 단계에서 선택적 지각으로 그 형태를 파지하며 의미를 부여한다. 이 때 수업사태의 조정으로 자극자료는 학습과제와 관련된 자극을 학습자에게 제시한다.

(5) 학습안내 제공하기

교수자가 학습자에게 효과적인 학습안내를 제공하는 것으로 학습해야 할 내용을 의미론적 부호화를 통하여 장기기억으로 저장하는 것이다. 이 때 수업사태의 조정으로 학습을 안내하는 방법으로는 조언이나 조력하기 등이 있다. 교수자는 발문이나 힌트 등의 자극을 제시하는데 적절한 학습안내를 유의미하게 제시한다. 이 때 교수자는 최소한의 안내를 하게 되고 답을 직접 제공하지 않는다.

(6) 수행 유도하기

교수자가 의도하는 학습이 진행되는지 성취행동을 평가하는 단계이다. 이 때 수업사태의 조정으로 재생과 반응을 한다. 학습자가 장기기억으로부터 새롭게 저장된 부호를 재생하고 반응을 실행하는 단계로서 교수자는 학습자에게 습득한 것을 실제로 해 보이도록 요구한다. 수행방식은 학습내용의 난이도와 학습자의 수준, 학습환경, 상황 등에 따라 다양한 방법이 적용될 수 있다.

(7) 피드백 제공하기

피드백은 학습자의 성취 결과를 관찰한 후에 강화를 제공하는 것이다. 이 때 수업사태의 조정으로 성취행동을 평가하고 피드백을 제공한다. 피드백은 학습자가 수업목표 달성을 검증하는 사태로서 교수자는 학습자의 수행의 정확성 정도를 알려준다. 그러므로 성취행동을 평가하여 수업목표에 가졌던 기대를 확인시켜준다. 수행이 성공적이었는지에 대한 결과에 따라 강화가 제공된다.

(8) 수행 측정하기

수행 측정하기는 수업목표에 도달했는지 여부를 측정하는 것이다. 이 때 수업사태의 조정으로 학습의 전이 과정으로 전이 능력을 증진시키기 위한 기회를 제공한다.

(9) 파지 및 전이 촉진하기

학습자가 수업시간에 학습된 경험과 지식을 효과적으로 파지하고 전이를 높이는데 중점을 둔다. 교수자는 학습자의 기억을 지속케 하는 파지와 이를 즉각적으로 다른 학습 상태에 응용할 수 있는 전이 활동을 촉진한다. 이 때 수업사태의 조정으로 파지를 높이기 위한 연습 활동을 제공한다.

이와 같이 가네와 브릭스는 교수자가 학습의 사태를 통제하는 일련의 활동을 수업사태라고 정의하였으며 9단계로 소개하였다. 하지만 매수업마다 9단계를 모두 수행하는 것은 아니며 이들 중 가장 중요한 단계는 다섯 번째 학습안내 제공하기와 여섯 번째 수행 유도하기 단계이다.

한편 수업사태와 학습의 영역간의 관계를 살펴보면 〈표 2−1〉과 같다.

표 2−1 가네와 브릭스의 수업과정과 수업사태 간의 관계

수업 단계	교수 사태	학습의 영역				
		지적기능	인지전략	정 보	태 도	운동기능
도입	(1) 주의 집중	자극(주의집중하기)				
	(2) 수업 목표 제시	기대하는 수행의 기술과 예를 제시한다.	예상되는 해결책의 일반적 특성을 명료화한다.	대답해야 할 발문의 종류를 알려준다.	목표로 삼고 있는 선택된 행동의 예들을 제공한다.	기대하는 수행의 시범을 제공한다.
	(3) 선수 학습 회상	하위개념과 규칙의 회상을 자극한다.	과제 방략 그리고 연합된 지적 기능의 회상을 자극한다.	조직된 정보의 맥락에 대한 회상을 자극한다.	관련된 정보, 기능, 인간 모델 확인의 회상을 자극한다.	실행적 하위기능과 부분기능의 회상을 자극한다.
전개	(4) 자극 자료 제시	개념이나 규칙의 예들을 제시한다.	새로운 문제를 제시한다.	명제의 형태로 정보를 제시한다.	개인적 행위의 선택을 보여주는 인간모델을 제시한다.	도구와 기구를 포함하고 있는 수행을 위한 외적 자극을 제공한다.
	(5) 학습 안내 제공	적절하게 조합된 계열에 따라 언어적 단서를 제공한다.	새로운 해결책에 대한 암시와 단서를 제공한다.	보다 의미있는 맥락에서 언어적 결합을 제공한다.	모델의 행위의 선택을 관찰하고, 모델이 수용한 강화를 관찰하도록 한다.	수행 성취에 대한 피드백과 함께 연습 기회를 제공한다.

전개	(6) 수행 유도	학습자에게 규칙이나 개념을 새로운 예에 적용해 보도록 요구한다.	문제해결을 요구한다.	말을 바꾸거나 혹은 학습자 자신의 말로 된 정보를 요구한다.	학습자에게 실제 혹은 모의상황에서 행동의 선택을 지적할 것을 요구한다.	수행을 직접 수행해 보도록 요구한다.
	(7) 피드백 제공	규칙이나 개념의 적용에 대한 정확성을 확인한다.	문제해결의 독창성을 확인한다.	정보 진술의 정확성을 확인한다.	행위선택에 대한 직접적 혹은 간접적 강화를 제공한다.	수행의 정확성 수준과 적시성 수준에 대한 피드백을 제공한다.
정리	(8) 수행 측정	학습자가 규칙이나 개념의 적용을 시범해 보인다.	학습자가 문제해결책을 창안해낸다.	학습자가 말을 바꾼 형태로 정보를 재진술한다.	학습자가 실제 혹은 모든 상황에서 바람직한 개인적 행위를 선택한다.	학습자가 전체 기능을 직접 실행한다.
	(9) 파지 및 전이	다양한 예를 포함하여 주기적으로 복습내용을 제공한다.	다양한 새로운 문제해결의 사례를 제공한다.	정보에 첨가된 복잡성에 대하여 언어적 연결고리를 제공한다.	엄선된 행위의 선택에 다양한 부가적 상황을 제공한다.	학습자가 기능 연습을 계속한다.

4. 학습조건

가네는 여러 가지 종류의 학습된 능력을 축적하기 위해서는 각기 다른 학습조건이 수업을 통해서 제공되어야 하며, 이러한 수업이 행해지기 위해서는 각 학습단계에서 학습자를 자극하고 지원해 주는 내적 또는 외적조건이 선행되어야 한다고 주장하였다.

그림 2-3 목표별 교수이론의 구성변인

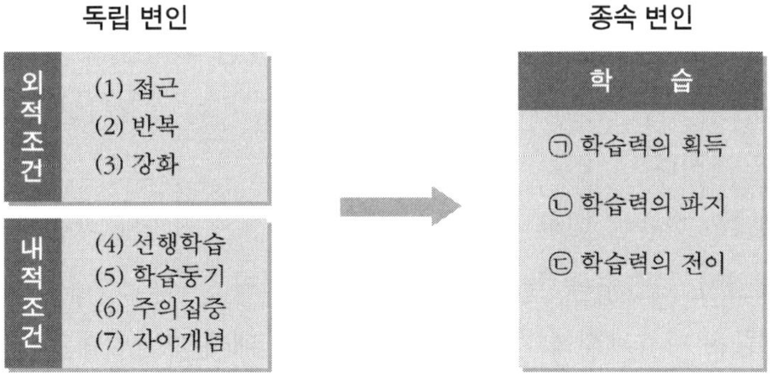

먼저 외적조건은 스키너와 같은 행동주의사들의 견해에 동의하는 이론으로 학습이 일어나는 데 영향을 미칠 외적 요인을 강조한다. 그러나 외적 요인이 모든 종류의 학습, 모든 연령층의 학습자에게 보편적으로 적용될 수는 없으며 외적 요인의 효과는 학습과제의 종류와 학습자 연령에 따라 달라진다.

여기에는 접근, 반복, 강화가 있다. 이를 설명하면 다음과 같다.

(1) **접근**은 학습자가 반응해야 할 자극 사태와 적절한 반응이 시간적으로 가까이 있을 때 학습이 효과적으로 이루어진다는 것이다.

(2) **반복**은 자극 사태와 그에 따른 반응을 되풀이하거나 연습할 때 학습이 증진되고 파지가 확실해진다는 것이다.

(3) **강화**는 행동주의 심리학자들이 강조하는 대표적인 학습조건의 하나이다. 새로운 행동의 학습은 그 행동이 일어날 때 만족스러운 보상이 있을 때 습득이 용이하다는 견해이다.

한편 내적조건으로는 선행학습, 학습동기, 자아개념, 주의집중을 들고 있다. 이를 설명하면 다음과 같다.

(4) **선행학습**이란 새로운 학습의 바탕이 되는 이미 학습된 내용을 말한다. 개념의 발달을 예로 들면 개념은 구체적 개념에서 추상적 개념으로 이루어지며 모호한 개념에서 명료한 개념으로, 부정확한 개념에서 정확한 개념으로 변화한다.

이처럼 새로운 개념은 이미 학습된 개념의 규칙과 관련됨으로써 구조를 이루는 속성을 갖고 있다.

(5) **학습동기**는 학습하려는 자세로서 학습이 시작된 후에도 학습에 대한 동기가 계속되도록 하는 조치가 계속 취해져야 한다. 이는 성공적인 학습을 위해 필수적인 것이다.

(6) **자아개념**은 학습에 대한 자신감을 말하며 학생은 교과와 학습에 대한 긍정적 자아개념이 높을수록 높은 학업성취를 보인다.

(7) **주의집중**은 학습과제에 대한 집중을 말한다. 대개 발달단계와 주의집중 시간은 상관이 높다. 일반적으로 인지능력이 떨어지는 학습자는 주의집중 시간이 짧거나 주의이동이 고착되는 등의 어려움을 갖는다.

이상과 같이 가네의 목표별 교수이론은 교수자에게 수업 단계에서 유용한 활동 지침을 제공하고 있다.

특수교육 현장에서 학습 위계화는 학습능력이 현저히 낮은 장애학생의 학습능력을 신장시킬 수 있는 유용한 개념과 원리를 제공해 주고 있다. 장애학생을 효과적으로 지도하기 위해서는 먼저 학습과제를 세분화하여야 하고 세분화된 내용단위는 상, 하의 위계관계를 맺어 순차적으로 지도할 수 있도록 힘써야 할 것이다. 뿐만 아니라 학습위계화는 학습자의 능력에 맞는 적절한 교수 처방을 제시해주고 있다.

반면 가네의 이론은 이론 자체가 일반적 수준에서 전개되고 있어 교수에 직접적으로 활용되기에 충분한 처방들을 제시하지 못하는 점과 학습의 결과를 다소 광범위하게 다루는 문제를 단점으로 지적하기도 한다.

Paragraph 04 오수벨의 설명적 교수이론

오수벨(Ausubel)은 교수자가 많은 양의 학습 정보를 학습자에게 의미 있고 효율적으로 전달하는 방법으로 설명적 교수이론을 제안하였다.

설명적 교수이론은 유의미 학습(meaningful learning)을 강조한다. 유의미 학습과 상반되는 기계적(rote) 학습은 기존 인지구조와는 무관하거나 관련 없는 지식을 저장하는 것으로서 위계구조와는 무관하게 전화번호나 우편번호 등을 암기하는 학습을 의미한다. 반면 유의미 학습은 새로 받아들이는 지식을 이미 자신의 인지구조 내에 존재하는 관련 사항과 연결을 짓는 과정이라 할 수 있다. 그러므로 인지 체계 안에 들어온 새로운 지식은 이 지식을 포괄하는 체계와의 상호작용을 통해 그 체계 속으로 포섭(subsumption)된다. 따라서 유의미 학습은 새로운 지식이 인지구조 내에 존재하는 선행 경험과 관련될 수 있다는 의미로서 이를 '유의미성'이라고 한다.

오수벨은 대부분의 학습이 인지구조와 관련되어 학습되므로 교수–학습이론에서 가장 중요한 것은 학습내용을 학습자의 인지구조에 맞게 조직하여 제시하도록 주장한다. 즉, 인간의 인지구조는 위계적인 구조를 이루고 있으며 학습할 내용이 인지구조와 관련을 맺을 때 학습이 촉진된다고 보았다.

오수벨의 설명식 교수이론을 살펴보면 다음과 같다.

1. 유의미 학습

오수벨은 새로운 학습내용을 기존의 인지구조와 의미 있게 연결을 짓는 유의미 학습을 주장하였다. 유의미 학습은 마치 벽에 있는 못에 옷을 거는 것처럼 인간의 인지구조 내에 있는 못에 새로운 사건이나 항목을 거는 것으로 비유할 수 있다.

이 때 '유의미'는 함축적인 반응이 아니라 명백히 표현될 수 있고 정확히 구분될 수 있는 의식적인 경험이다. 이러한 경험은 기호, 상징, 개념 혹은 명제 등이다. 오수벨은 새로운 학습내용이 학습자의 인지구조에 계획적이고 실질적인 방식으로 관련을 맺어 통합될 때 유의미 학습이 이루어질 수 있다고 하였다.

이와 같이 오수벨은 언어적인 정보 혹은 개념 간의 관련성 또는 결합을 통해 유의미한 학습이 발생한다고 설명하고 있으며 인지구조와 학습과제 두 변인을 상호 관련짓고 있다. 이 때 인지구조는 학습자가 지닌 구조화된 개념이나 관념의 집합체이다. 따라서 새로운 학습내용이 인지구조에 포섭될 수 있는 관련성이 깊으면 깊을수록 학습은 촉진되고 기존의 지식은 새로운 지식을 포섭하여 지식의 폭을 확장시켜 갈 수 있다.

유의미 학습은 학습자의 인지구조가 잘 갖추어져 있어야 가능하다. 인지구조는 학습자가 특정 과제를 학습하는 데 있어서 언제라도 사용할 수 있는 현재의 지식 체계를 의미한다.

유의미 학습조건으로 학습자에게 제공되는 학습과제는 학습자에게 유의미해야 한다. 학습과제가 유의미하다는 것은 그 과제가 **실사성**(substantiveness)과 **구속성**(nonarbitrariness)을 함께 가지는 것으로 이 때 학습과제는 **논리적 유의미가**를 지닌다.

학습과제로서 **실사성**은 어떻게 표현하더라도 그 본질이 변하지 않는 성질을 의미하며 **구속성**은 어떤 대상의 성질과 인지구조와 관계가 확고하여 임의로 변경될 수 없는 성질을 의미한다. 예를 들면 우리 주변에서 볼 수 있는 곤충을 학습을 통하여 개념이 습득된 이후에는 곤충의 개념을 변화시킬 수 없는 구속성을 갖게 된다. 실사성은 "곤충은 4개의 날개와 6개의 다리로 이루어졌다."라는 진술과 "2쌍의 날개와 3쌍의 다리로 이루어진 것을 곤충이라고 한다."라는 진술은 모두 곤충의 근본적인 변화가 없다는 점에서 실사성이 있다.

학습과제가 학습자에게 유의미한 실사성과 구속성을 지닌 **논리적 유의미가**를 지니고 있다고 해도 학습자가 이를 수용할 수 있는 인지구조를 지니지 못했다면 유의미 학습은 기대할 수 없다. 즉, 학습자 변인으로 **잠재적 유의미가** 중요한데 이는 학습자가 배울 학습과제와 관련하여 개념적 내용을 파지할 수 있는 능력을 갖춘 상태를 의미한다. 뿐만 아니라 학습과제의 논리적 유의미가와 학습자가 갖춰야 할 잠재적 유의미가를 지니고 있다 하더라도 학습과제를 학습하려는 학습자의 의향이 없으면 유의미 학습은 기대할 수 없다. 이와 같이 학습과제가 논리적 유의미가를 지니고 있고, 학습과제가 **잠재적 유의미가**를 지니고 있다 하여도 학습자가 학습과제를 학습하려는 의욕이 있을 때 이를 **심리적 유의미가**를 갖는다고 한다.

그러므로 논리적 유의미가는 학습과제가 지닌 본질적 가치이며, 심리적 유의미가는 학습과제의 본성과 인지구조의 관계로부터 형성된 속성이라고 할 수 있다.

다음 [그림 2−4]는 유의미 학습조건을 나타낸 그림이다.

그림 2-4 유의미 학습조건

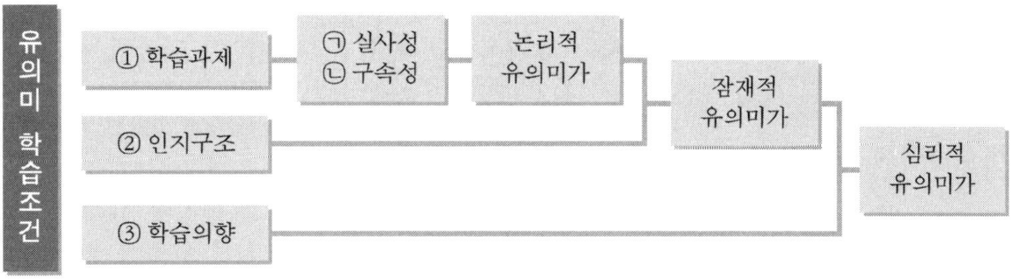

한편, 유의미 학습의 장점은 보존과 장기기억에 용이하다는 장점이 있다 즉, 생활 속에서 익숙하지 않은 전화번호는 다른 간섭 요인으로 망각되기 쉬운데 이는 전화번호가 임의적이어서 현실 생활과는 유의미적인 관계가 없어 잊기 쉬운 까닭이다. 반면, 집의 주소나 구체적인 이미지, 방향, 도로, 가옥, 동네 등은 현실 생활과 유의미한 관계를 가지고 있기 때문에 기억 속에 좀 더 효율적으로 보존이 가능하다.

2. 선행 조직자의 원리

선행 조직자는 학습과제를 제시하기 전에 제시되는 일종의 언어적 설명 자료이다. 선행 조직자는 학습과제보다 높은 수준의 일반성과 추상성을 요구하는데 포섭의 개념이 내재되어 있다.

선행 조직자(advance organizer)의 원리는 학습자에게 적절한 참고 자료가 제공되어져서 그들이 가지고 있는 정보와 연관된 때 학습이 촉진된다는데 초점을 맞춘다. 보통 선행 조직자는 수업을 시작하기 전에 제공되는데 제공 방법은 주로 새로운 단원의 시작에서 그 단원의 목적과 목표 또는 방향을 제공하게 되며 진행 중인 단원에서는 이전의 학습내용을 상기시키기도 한다. 그러므로 선행 조직자는 학습자가 이미 아는 내용을 다시 설명하게 되면 낮은 효과를 보게 된다. 또한 학습 개관이나 요약 등은 학습과제와 같은 수준의 일반성이나 추상성을 갖기 때문에 선행 조직자라고 정의내리기 어렵다.

따라서 선행 조직자는 현재의 인지구조와 새로운 개념 사이의 마찰을 최대로 줄여야 하며 적절하고 포괄적인 자료의 제공이 중요하다. 선행 조직자는 학습과제를 학습자의 기존 인지구조에 의미 있게 관련짓는 것이므로 그 교육적 가치는 학습과제와 학습자의 인지구조의 조직에 달려 있다.

한편, 선행 조직자가 학습효과를 증진시키는 측면을 제시하면 다음과 같다.

첫째, 학습자의 기존 인지구조 내에 있는 적절한 아이디어를 이용하여 새로운 아이디어에 잠재적인 논리적 의미 부여를 할 수 있다.

둘째, 관련 아이디어나 포섭자의 역할을 하는 일반적이고 포괄적인 아이디어를 제공할 수 있다.

셋째, 새로운 과제를 학습하기 전에 학습자가 이미 학습한 내용과 새로 학습할 내용 사이의 간격을 메우는 역할을 할 수 있다.

이와 같이 선행 조직자는 사전에 학습으로 형성된 인지구조에 새로운 학습과제를 관련시켜 설명하고 통합시키거나 변별시키는 역할을 한다. 수업과정에서 선행 조직자는 교수－학습 방법, 교수방법의 유형, 교수매체 등을 중심으로 조직될 수 있다. 따라서 가장 효과적인 선행 조직자란 적절한 설명과 유추, 학습자가 이미 알고 있는 개념이나 원리를 사용하여 만들어진 조직자이다.

한편, 선행 조직자는 설명 조직자와 비교 조직자로 제공되는 특징이 있는데 **설명 조직자**는 새로 학습될 자료의 안정된 통합과 파지를 위한 개념적 기초를 제공하는 것이라 할 수 있으며, **비교 조직자**는 이미 학습된 관련 자료를 비교하는 것이라 할 수 있다.

선행 조직자는 학습과제의 성질 및 학습자의 기존 인지구조의 수준 등에 따라 설명 조직자와 비교 조직자로 활용될 수 있다.

설명 조직자는 학습과제와 인지구조 사이에 전혀 관련성이 없을 때 사용하는 것으로서 보다 구체적인 내용을 설명하기 전에 일반적인 관계를 우선 설명함으로서 새로 학습될 자료의 안정된 통합과 파지를 위한 개념적 기초를 제공해 준다.

비교 조직자는 학습과제와 인지구조 사이에 어떤 유사성이 있을 때 사용하는 것으로, 이미 학습된 관련 자료와 비교하여 새로운 정보를 학습자의 기존인지구조에 존재하는 유사 개념과 통합 또는 분별력을 증진시키는 목적으로 사용한다.

3. 점진적 분화의 원리

점진적 분화는 학습과제를 가장 일반적이고 가장 포괄적인 의미를 먼저 제시하고 그 다음에 점진적으로 세부적이고 특수한 것으로 분화시켜 나가는 원리이다. 점진적 분화는 이미 배운 정보들과 연결을 시도하는 것으로 점진적 분화의 원리는 일반적인 것에서 특수한 것으로 옮겨간다.

예를 들어, 학습자가 변성암의 특징을 학습하기 위해 암석 → 퇴적암 → 화성암 → 변성암으로 옮겨 갈 수 있다.

점진적 분화의 원리는 각각의 사실을 먼저 제시하고 고도의 추상화에 이르게 하는 것보다 가장 추상적인 의미를 먼저 제시하고 점진적으로 세부의 내용들을 포섭해 나가는 원리이다. 즉, 나비, 벌, 모기, 개미 등의 사실을 나열하여 곤충이란 개념을 습득하는 것이 아니라 곤충의 개념을 알고 나비, 벌, 개미 등을 곤충 속으로 포섭하는 것이다.

점진적 분화의 원리는 학습의 계열화에서 활용된다.

학습자는 이전에 학습한 포괄적 전체에서 분화되는 부분을 더 쉽게 파악한다. 그러므로 교육과정을 재구성할 때 포괄적 지식에서 덜 포괄적인 지식으로 계열화하여 조직하는 것이 바람직하다. 즉, 포괄성이 높은 지식이 포괄성이 낮은 지식을 포섭하는 종속적 포섭형태로 계열화하는 것이 효과적이다.

4. 통합조정의 원리

통합조정의 원리는 새로운 학습과제는 이미 학습된 내용과 일치되어 통합되어야 한다는 것을 의미한다. 통합조정의 원리에 따라 교수자는 학습자가 새로 배운 자료와 전에 배운 자료를 스스로 축적하도록 조력하여 경험의 불일치를 조화시키도록 도와준다.

이와 같이 교육과정의 계열화는 후속 학습이 이미 학습한 것과 긴밀한 관계를 맺고 조직되어야 통합적 화합을 기대할 수 있다. 그러므로 통합조정의 원리는 먼저 제시된 학습과제와 그 다음에 제시되는 과제 간의 중요한 유사점이나 차이점을 인식시켜 불일치한 점이 사전에 조정되도록 학습과제를 조직한다.

의미가 있는 학습은 학습자의 발달단계가 고려되며 새로 습득한 개념이나 내용들을 앞서 학습된 내용과 일치되도록 통합시키는 과정이다.

한편, 교과내용의 통합은 한 교과 영역 내의 여러 단원들 사이의 통합을 의미하지만 교과 간의 통합은 각 교과가 가지는 고유 구조가 서로 다르므로 이를 통합조정의 원리로 보지 않는다.

5. 교수 – 학습 모형의 실제

오수벨의 유의미 학습의 전제 조건은 다음과 같다.

첫째, 유의미 학습에 적합한 조건을 갖춘 학습자에게서만 학습이 이루어진다. 따라서 학습자는 학습에 임할 때 적절한 의도를 갖고 있어야 한다. 또한 새로 학습하는 내용을 이미 학습한 내용에 적용 또는 관련지으려는 태도를 지녀야 한다.

둘째, 학습할 내용이 학습자의 기존 인지구조에 관련되어 잠재적으로 유의미해야 된다. 즉, 새로 학습하는 내용을 이미 학습한 내용구조에 의미 있게 관련지을 수 있어야 하며 학습자가 기존의 지식을 조직하는 방식은 학습자마다 고유한 인지구조와 관련을 맺는다.

오수벨은 수업 단계를 첫째, 선행 조직자의 예시, 학습과제 및 자료의 제시, 학습자의 인지구조 굳히기로 나누어 제시하였다.

먼저, 선행 조직자의 예시 단계는 수업목표를 명확히 하고 선행 조직자를 제시하는 단계이다. 여기에는 선행 조직자가 지니고 있는 사전 지식과 경험을 현재 수업내용과 연결을 지을 수 있도록 자극하며 학습의욕을 고취시킨다.

또한 학습과제 및 자료의 제시 단계는 구속성과 실사성의 논리적 유의미가를 지닌 학습과제를 학습자의 인지구조에 의미가 있도록 관련지어 준다. 이 때 자료의 제시는 점진적 분화의 원리를 적용하게 된다.

끝으로 학습자의 인지구조 굳히기 단계는 새로 배운 과제를 앞서 학습한 내용과 통합되고 조정되도록 한다. 이 때 학습내용을 명료화하기 위해 통합조정의 원리를 적용하게 된다.

뿐만 아니라 교수자는 새로 배운 학습과제에 대해 비판적 접근을 유도하게 되는데 지금까지 배운 내용들에 대해 유사점과 차이점을 찾고 개념 간의 불일치성을 파악하고 이들 사이의 의미가 있는 연관을 지을 수 있도록 유도한다.

한편, 유의미 학습은 다음과 같은 점들로 인하여 제한점을 지닐 수 있다.

먼저 학습자의 인지발달단계와 인지기능의 수준에 차이가 있는 경우 유의미 학습이 곤란할 수 있다. 또한 학습자가 학습과제에 대한 충분한 동기유발이 안 되는 경우는 기계적 학습에 흐를 수 있으며 수업이 교수자 주도적으로 진행될 경우 의미 없는 기계적 암기위주의 학습이 될 수 있다.

이상과 같이 설명식 교수이론은 학습자의 학습된 내용에 새로운 학습내용을 잘 정착시켜 유기적, 체계적으로 연결시켜 적용 능력을 향상시키는 것이다.

특수교육에서 학습자 변인은 여러 면에서 제한점을 가져오기도 한다. 그러나 오수벨의 이론이 특수교육에 시사하는 바에 따르면 학습자가 새로운 학습과제를 선행 지식과 관련시키지 않고 암기시키려 하는 것은 잘못된 교수방법임을 분명히 하고 있다. 따라서 유의미 학습은 특수교육 대상학생의 배경 지식을 고려하여 학습과제를 선정하고 교수−학습 장면에서 반드시 학습자의 배경 지식과 결부시켜 학습과제의 의미를 전달하는 방식을 취하는 것이 바람직하다고 하겠다.

Paragraph 05

캐롤의 학교학습모형

캐롤(Carroll)의 학교학습모형은 학교에서 이루어지는 지적 학습을 결정하는 변인들을 추출하여 이론화하였다. 캐롤의 학교학습모형은 학습자에게 주어진 과제가 있다면 그 학습자가 그 과제의 학습에 필요한 시간량에 비추어 얼마만큼의 시간을 학습에 투여했느냐의 비율에 의해서 결정된다는 것이다. 이러한 캐롤의 모형은 완전 학습의 가능성을 뒷받침하는 이론적 기초를 제공하였다.

캐롤이 제시한 학습의 정도는 학습에 사용된 시간량을 학습에 필요한 시간량으로 나눈 값으로 이는 학습과제에 대한 실제 학업성취도이다. 이 때 학습에 사용된 시간량은 단순히 소모하는 시간이 아니라 학습자가 능동적으로 학습과제에 주의를 집중시키며 학습에 열중하는 시간량이다. 학습에 필요한 시간량 역시 주어진 학습과제를 기준점까지 학습하는데 요구되는 총 시간량을 의미한다.

캐롤의 학교학습모형 구성변인은 개인차 변인, 수업변인이 있다. 먼저, 개인차 변인은 학습자의 적성, 지구력, 교수 이해력이 포함되며, 수업변인은 교수의 질과 학습기회라는 두 가지 변인이 있다.

캐롤은 학습의 정도를 [그림 2-5]와 같이 방정식으로 나타냈다.

그림 2-5 캐롤의 방정식

$$\text{학습정도} = f\,\frac{\text{학습에 사용된 시간(학습기회·지구력)}}{\text{학습에 필요한 시간(학습적성·수업이해력·수업의 질)}}$$

케롤의 방정식은 학습적성을 가진 학생이 도달하고자 하는 상한선이 미리 고정된 것이 아니기 때문에 학습을 위해 사용하는 학습량에 따라 달라질 수 있음을 보여준다. 여기에는 학습자가 주어진 과제를 도달하는데 필요한 시간에 비해 학습에 얼마만큼의 시간을 사용했느냐에 의해서 결정된다. 따라서 학습에 필요한 시간은 학습자의 적성과 교수이해력과 수업의 질이라는 세 가지 변인에 의해서 결정된다. 그러므로 수업의 질이 낮아질수록 요구되는 수업 이해력이 커지며, 그에 따라 학습에 필요한 시간량이 증가한다.

캐롤의 학교학습모형은 학습자가 특정 과제에 필요한 시간을 모두 사용하였다면 학습목표를 100% 성취할 것으로 가정한다. 따라서 학습에 사용하는 시간을 학습에 요구되는 시간보다 늘린다면 학습자는 완전 학습에 도달할 수 있다.

캐롤의 학교학습모형의 기본개념은 학습자의 개별화의 원리와 학습자의 자발성의 원리를 따른다. 학교학습모형에서 제시된 다섯 변인은 각각 독립적인 개념으로 보이지만, 실제 이들 변인 간에는 상호작용이 있고, 변인 간의 중복이 있을 수 있다.

캐롤의 학교학습모형이 제시하는 제 변인들을 살펴보면 다음과 같다.

1. 학습 적성

학습 적성은 개인차 변인으로 학습자의 인지능력에 따라 필요한 시간량을 의미한다. 학습자가 최상의 수업 조건에서 주어진 학습과제를 기준점까지 학습하는데 필요로 하는 총 시간량을 의미하는데 학습 적성이 낮은 학습자는 주어진 과제를 완전히 학습하는 데 시간이 많이 걸린다. 이와 같이 학습자의 학습적성이 완전학습을 하는 데 필요한 시간량을 결정해 주는 한 가지 변인이 된다.

2. 수업 이해력

수업 이해력은 개인차 변인으로 학습자가 교수내용이나 교수자의 설명, 학습과제를 이해하는데 필요한 능력이다. 수업 이해력을 결정짓는 요인으로는 학습자의 일반 지능과 언어 능력을 들 수 있는데 이는 수업이 교수자의 언어적 설명에 의해 이루어지기 때문에 교수자가 제시하는 각종 학습자료를 학습자가 해석하고 이해하는 능력 정도가 학습에 필요한 시간 양을 결정짓는다.

3. 수업의 질

수업의 질은 교수변인으로 교수기능, 교수내용, 학습방법이 학습을 쉽게 할 수 있도록 정비되어 있느냐의 문제이다. 수업의 질은 교수자 언어의 적절성, 수업매체 선정과 학습자료에 대한 적절한 접근성, 학습과제 제시단계의 순서의 적절성, 학습자에게 부여하는 수업 과제의 적절성 등을 변인으로 들 수 있다.

수업의 질은 학습자 개개인의 학습능력과 수준에 따라 달라질 수 있다.

4. 학습기회

학습기회는 교수변인으로 학습자가 주어진 학습과제의 학습을 위해 허용된 총 시간량이다. 학습기회는 교육 평등, 자주성의 이념에 따라 균등한 학습 참여의 기회를 제공하는 것이다.

학습기회는 학습자에게 실제로 주어진 시간으로 캐롤의 학교학습모형에서 완전학습을 성취하는 데 가장 필요한 변인이다.

5. 지구력

지구력은 개인차 변인으로 학습자 스스로 인내를 갖고 학습에 투자하는 총 시간량이다. 지구력은 동기와 유사한 개념으로 개인에 따라 과제에 따라 다를 수 있으며 선행학습에서의 성과 또는 실패의 경험 등과 높은 관련을 지니고 있다. 지구력은 학습자가 일정 수준의 성취를 이룰 때까지 지속적으로 쏟는 시간이다.

동기는 지구력을 결정짓는 변인으로 여기에는 내적 동기와 외적 동기가 있는데 내적 동기에 의해 수행되는 학습이 더 지속력을 높일 수 있다.

캐롤의 학교학습모형은 학습자의 완전학습을 돕는 것으로서 교육은 학습자 모두의 성장 발달을 도와야 한다는 취지에 알맞은 모형이라고 할 수 있다.

특수교육 현장에서 캐롤의 학교학습모형은 장애학생의 인지능력에 따라서 학습시간을 적절하게 조정하는 것이 학업성취도를 높일 수 있음을 분명히 하고 있다. 뿐만 아니라 수업변인으로서 학습과제 제시방법의 적절성이라든지 학습기회의 균등한 참여 등을 고려함으로서 완전 학습으로 나아갈 수 있음을 보여주는 이론으로서 특수교육 원리에 부합되는 이론적 기초를 지녔다고 하겠다.

연습문제

01 글레이저의 교수모형에서 개별화 원리를 설명해 봅시다.

02 브루너의 수업 이론의 구성요소로서 지식의 구조화, 계열화, 학습의 경향성, 강화에 대해 비교 설명해 봅시다.

03 가네는 수업에서 달성해야 할 능력으로 어떠한 것을 들었는지 설명해 봅시다.

04 오수벨의 교수이론에서 선행 조직자의 원리를 설명해 봅시다.

05 가네는 학습자의 내적 조건과 외적조건을 어떻게 설정하였는지 설명해 봅시다.

06 브루너가 제안한 규범적이고 처방적인 성격이 특수교육 대상학생을 지도하는 특수교사에게 주는 시사점을 토의하여 봅시다.

07 가네의 위계학습이론이 중도장애 특수교육 대상학생을 지도하는 교사에게 주는 시사점을 토의하여 봅시다.

08 특수교육에서 선행 조직자의 원리를 적용하는 방법을 토의하여 봅시다.

09 캐롤의 교수이론이 장애학생의 학습목표 도달과 어떠한 관련이 있는지를 설명해 봅시다.

Chapter 03

정보처리이론의 특수교육적 함의

❖ 제1절 정보처리이론에 근거한 특수교육 교수-학습 지도원리

❖ 제2절 학습의 과정

❖ 제3절 정보처리이론에서 교수원리

❖ 제4절 특수교육과 정보처리이론의 적용

Paragraph 01

정보처리이론에 근거한 특수교육 교수-학습 지도원리

정보처리이론은 새로운 정보가 투입되고 저장되며 기억으로부터 인출되는 방식에 대한 이론이다. 이는 학습자의 내부에서 학습이 발생하는 과정과 그 기제를 설명하는 데 초점을 맞추고 있다. 이 때 정보처리라는 용어는 주위의 환경 속에서 우리가 받는 많은 양의 정보를 지각하고, 조직하고, 기억하는 방법을 의미하며 정보처리이론은 인지 심리학의 한 분야로서 컴퓨터 기술 발달과 컴퓨터의 작동원리로서 설명할 수 있다. 따라서 정보처리이론은 학습자를 복합적인 기계로 보고 학습자가 문제를 해결하기 위해 사용하는 사고의 과정을 컴퓨터 프로그램과 같은 원리로 이해한다.

정보처리이론의 특징은 전형적인 학습이론과 다르다. 그 까닭은 정보처리이론이 특정한 영향력이 있는 한 사람의 이론에 의해 구성된 것이 아니라 다양하고 광범위한 학습이론들을 포함하고 있다는 점이다. 즉, 지능뿐만 아니라 시각 · 청각 재인, 기억, 문제해결 과정에서 학습숙련자와 학습초보자들의 개인차 등에 관한 다양한 이론들을 광범위하게 포함하고 있다. 또한 전통적인 학습이론은 주로 인간의 인지, 지각과 기억 등의 능력을 알기 위한 실험적인 접근을 한 반면, 정보처리이론은 실질적인 정신적 활동 상황에 초점을 두고 있으며 학습이 일어나는 과정을 이해하는데 도움을 주고 있다.

따라서 특수교육 현장에서 직면하는 어려움은 당연 장애학생의 낮은 학습성취 현상이다. 이러한 낮은 학습성취의 원인을 학습자가 정보를 획득하여 저장하는 과정에 근거하여 살펴본다면 특수교육 대상학생의 학습능력을 향상시킬 수 있는 효과적인 교수전략을 구안하는데 도움을 얻을 수 있을 것이다.

1. 정보처리이론에서 학습의 기본가정

인간의 학습은 학습자 외부로부터의 정보 또는 자극을 획득하여 저장하는 과정이다. 인간에게는 보고, 듣고, 느끼는 일 등과 관계있는 감각 기관이 있는데, 정보처리 이론에서는 이들 감각 기관을 통해서 들어온 정보를 체계적으로 정리하여 두뇌라는 저장고에 보관하는 과정을 학습의 과정으로 본다. 저장된 정보는 필요에 따라 재생시켜서 원하는 곳에 활용한다.

이러한 학습의 과정이나 기능은 컴퓨터가 단말기를 통해 새로운 정보를 컴퓨터의 저장고에 입력시켰다가 필요한 경우에 저장시켜 두었던 정보를 출력해서 활용하는 과정과 같다.

이 과정을 도식으로 나타내면 [그림 3-1]과 같다.

그림 3-1 정보처리의 과정

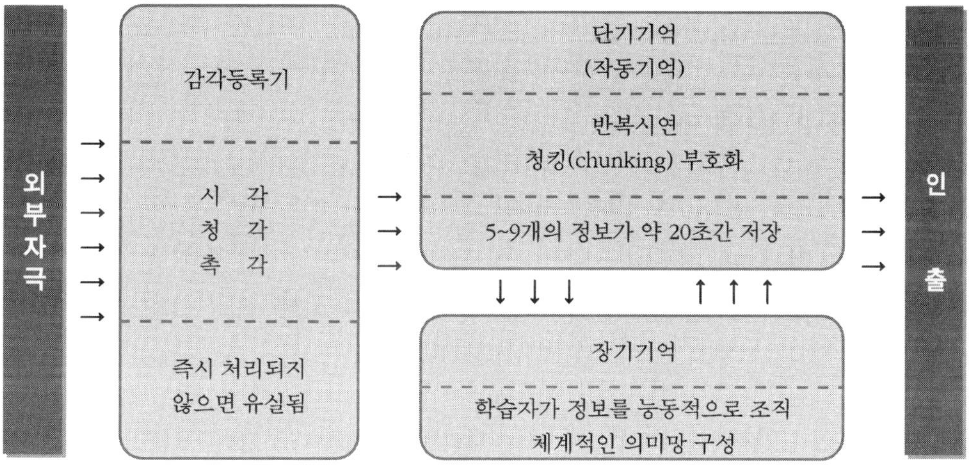

(1) 감각등록기

감각등록기(sensory registerators)는 학습자가 환경으로부터 눈이나 귀와 같은 감각 수용 기관을 통해 정보를 최초로 저장하는 곳이다. 감각등록기는 자극을 아주 정확하게 저장하지만 매우 짧은 시간 동안 저장한다는 특징을 가지고 있다. 시각의 경우 약 1초 정도, 청각인 경우 약 4초 정도 정보를 저장한다고 알려져 있다.

감각등록기는 수용용량에 제한은 없지만 투입되는 정보가 즉시 처리되지 않으면 그 정보는 이내 없어지는 단점이 있다.

(2) 작동기억과 단기기억

작동기억(working memory)은 단기기억(short-term memory)이라고도 한다. 성인의 경우 보통 7±2개의 정보가 약 20초 동안 저장될 수 있는 공간이다.

한편, 작동기억은 정신작용이 활성화되는 상태의 기억을 의미한다. 작동기억과 단기기억은 서로 관련 있는 두 가지 기능이 일어나는 곳으로 혼용되어 명명되지만, 이 저장소는 유용하다. 만약 암산을 한다고 가정하면 작동기억 속에서 암산할 숫자를 기억하고 기능적 속성을 통하여 암산이 이루어지게 된다.

작동기억의 특징은 기억용량과 지속시간이 제한적이라는 점이다. 그러므로 작동기억의 저장소를 효과적으로 사용하기 위해서는 보다 의미가 있는 큰 묶음으로 조합하는 능력이 중요하다. 이를 청킹(cfunking)이라고 하는데 [그림 3－2]와 같다.

그림 3-2 청킹의 예

/ㅓ ㅁ ㅓ ㄴ ㅣ/ ———→ ① 음소 단위
어 / 머 / 니 ———→ ② 음절 단위
어머니 ———→ ③ 의미 단위

[그림 3－2]와 같이 '어머니'는 어－머－니라는 음절을 이루고 /ㅓ, ㅁ, ㅓ, ㄴ, ㅣ/라는 음소의 조합이지만 이를 '어머니'라는 의미 단어로 조합하면 한 개의 단위로 기억이 용이하게 된다. 이와 같은 청킹의 적극적인 활용은 제한된 작동기억의 수용량을 증가시키는 좋은 전략이다.

특수교육 대상학생이 작동기억을 보다 효율적으로 사용하기 위해서는 의미 단위의 조합이 중요하다. 만약 반복적으로 '어머니'라는 단어를 숙달시킨 학습자라면 문장 속에서 '어머니'의 의미 단위를 묶어내는 것은 수월할 것이다. 보통 인지능력이 낮은 발달지체 학습자에게 과잉학습을 시키는 의도도 따지고 보면 작동기억을 용이하게 하는 전략이라고 할 수 있을 것이다.

(3) 장기기억

장기기억(long-term memory)은 무한한 정보를 영구적으로 저장할 수 있는 공간이다. 장기기억은 보통 일상기억과 의미기억으로 구성되어 있다고 가정한다.

일상기억(episodic memory)은 주로 개인의 경험을 저장하는 공간이다.

일상기억의 정보는 주로 이미지로 부호화되며, 정보가 발생한 때와 장소를 기초로 조직된다. 일상기억은 경험이 매우 의미가 있지 않은 경우에는 인출에 어려움을 겪는데 이러한 까닭은 최근에 발생한 정보들로 인하여 방해를 받기 때문이다. 만약 오늘 아침 식사로 무엇을 먹었는지 기억해내는 것은 오늘 아침 식사 상황을 이미지로 기억해낼 수 있지만 일상적으로 반복되는 사건을 며칠 후 기억해 내기란 어렵다.

한편, 의미기억(semantic memory)은 학습으로 받아들인 문제해결의 전략과 사실, 개념, 규칙 등과 같이 인간이 경험으로부터 습득했던 일반화가 저장된다. 그러므로 학습내용은 의미기억 속에 저장된다. 장기기억 가운데 의미기억에 저장되는 정보들은 서로 연관을 맺으면서 체계적인 그물망을 구성한다. 즉, 장기기억 속에 존재하는 정보들은 분리되어 존재하는 것이 아니라, 서로 관련성을 맺고 연결된 구조이다. 따라서 학습자는 수업 중에 설명된 학습내용들을 수동적으로 받아들여서 저장하는 것이 아니라, 그들 나름대로 의미 있는 구조로 만들어 저장해 나가게 된다.

만약 장기기억 속에 저장된 기억을 인출해 내려고 하는데 잘 기억나지 않고 혀끝에서 맴도는 설단현상(Tip of the tongue Phenomenon)이 나타나기도 하는데 이는 여러 정보가 복잡하게 얽혀 기억인출이 실패하는 경우로서 정보를 장기기억 속에 능동적으로 조직하지 못한 때문이다. 보통 우수한 학습자는 정보를 능동적으로 받아들이며 나름대로 조직화된 전략을 사용하여 인출을 용이하게 한다. 반면, 수동적으로 학습에 임하는 학습자는 아무런 전략도 없이 학습내용을 받아들이고 단순히 장기기억 속에 저장할지 모른다. 이럴 경우 장기기억 내의 정보는 체계적인 연계망을 갖지 못하여 후속 학습내용을 포섭하거나 학습의 전이효과를 기대하기 힘들 것이다.

따라서 교수자는 장애학생이 정보를 장기기억 속에 능동적으로 저장할 수 있도록 교수자가 직접 전략을 사용하여 제시하거나, 학습자가 스스로 전략을 수립하여 저장하도록 하는 지도방법이 필요하다.

2. 정보처리이론의 정보형식 모형

감각을 통해 들어온 물리적 신호는 완벽한 표상이 아니다.

인간은 기억을 위해 물리적 신호를 어떤 방식으로 변형하기 때문에 저장된 정보는 입력 자극을 그대로 복사하지 않는다. 그러므로 변환과 부호화 과정은 뒤에 있을 정보회상 가능성과 높은 상관을 지니므로 상징적 부호의 형태에 관심을 갖게 된다.

일반적으로 정보의 형식에 관해 두 가지 모형이 존재한다. 첫 번째가 시각적 혹은 언어적 형태로 보존된다는 이중부호모형이며, 다른 하나가 정보란 단지 언어로서만 저장된다고 주장하는 언어적 그물망 모형이다.

이중부호모형의 주요한 특징은 정보가 시각적 혹은 언어적 형태로 보존된다는 것이다. 반면, 언어적 그물망 모형은 정보의 궁극적 표상은 이미지가 언어적 부호로 재구성된 언어적 형식이라는 것이고 어의적 그물망 모형(Semantic Network Model)은 퀴리안(Qullian, 1968)에 의해 처음 개발되었는데 마디를 이용하여 개념들 간의 위계적 관계를 상위 종속 개념으로 설명하고 있다.

(1) 이중부호모형

이중부호모형(dual-code mode)은 페이비오(Paivio, 1990)에 의해 제안되었다.

페이비오는 정보는 언어정보에 적합한 언어 부호화 체계와 심상에 적합한 심상 부호화 체계로 표상될 수 있다고 보았다. 이 때 언어정보로는 구체어와 추상어가 있는데 구체어는 심상(imagery)과 연합되어 있는 반면, 추상어는 심상과 연합될 수는 없지만 구체어와 추상어 모두 언어적 부호(language code)로 처리될 수 있다. 그렇지만 심상과 연합된 구체어의 처리가 비교적 용이한데 그 까닭은 언어적 부호와 심상 부호를 동시에 이용하기 때문이다. 따라서 언어에 기반을 둔 정보는 언어적 연합을 강조하는데 이 때 언어 부호화 체계는 단어, 문자, 대화의 내용이나 이야기들은 주로 언어 부호화 체계로 표상으로서 의식 중에 과거의 인상을 재현하거나 어떤 대상을 지향하는 의식 내용에 해당하는 반면 그림, 감각, 소리 등의 비언어적 정보는 심상 부호화 체계를 따른다.

한편, 이중부호모형은 정보가 장기기억에 시각적 형태나 언어적 체계로 저장된다는 이론에 근거한다. 즉, 시각적 체계나 언어적 체계의 이중보호는 정보를 처리하고 저장하는 활동과 상호 관련을 맺는다. 정보처리이론에 따르면 투입되는 정보는 언어와 심상 중 어느 한 가지 체계나 또는 동시에 부호화로 처리될 수 있으므로 언어적 체계나 심상적 체계는 서로 독립적이지만 하나의 정보를 회상(이전에 이미 알았던 단어 또는 심상을 자발적으로 기억하거나 반복)하는데 있어서는 강하게 결합된다. 따라서 정보가 언어적 체계와 심상적 체계의 두 가지로 부호화될 때 회상을 높일 수 있는 반면, 정보가 언어적 체계 또는 심상적 체계 하나만으로 부호화되었을 경우에는 회상 정도가 두개의 체계로 부호화되었을 경우보다 회상이 낮다. 그러므로 언어적 체계와 비언어적 체계는 기능적으로는 서로 독립적이지만 기억의 수행과정에는 부가적으로 영향을 주며 일반적으로 이미지화된 심상적 기억이 언어적 기억보다 회상 능력이 더 높다.

페이비오는 기억에 대한 지료의 추상성 효과를 이중 부호화 이론으로 설명하였다. 그의 이론에 따르면 '어머니', '아기', '학교' 등과 같이 구체적 대상이나 사건들은 시각적 체계뿐만 아니라 언어적 체계로의 저장이 가능한 경우로서 시각적 체계는 구체적 대상이나 사건들을 저장할 수 있는 반면 '가치', '우정', '영혼'과 같은 단어들은 시각적 체계가 아닌 언어적 체계로만 저장됨으로써 언어적 부호화는 가능하나 비언어적 체계를 활성화하는데 어려움을 겪게 된다고 보았다.

만약 학습자에게 그림과 단어를 제시할 경우를 가정한다면 그림자극은 자동적으로 구별되고 이중으로 부호화되지만 단어는 비록 구체성을 지닌다고 하더라도 심상적 체계로 저장되지 않을 것이다. 그러므로 단어자극을 심상적 체계로 부호화시키는 것이 학습자의 학습과 기억력을 높여줄 수 있다. 따라서 특수교육 대상학생에게 학습할 단어를 제시한다면 심상이 용이한 단어들을 먼저 제시하는 것이 보다 학습에 도움을 줄 수 있을 것이다. 또한 단어를 제시하는 경우에는 단어의 연합이 회상되도록 요구하는 쌍연합 학습 등의 전략이 학습자의 학습활동을 촉진시킬 수 있을 것이다.

(2) 언어적 그물망 모형

그물망 모형(network model)은 언어적 저장 체제의 개념을 지지한다. 그물망 모형은 회상을 위해 심상의 중요성은 인정하면서도 정보의 궁극적인 표상은 이미지가 언어적 부호로 재구성된 언어적 형식으로 설명된다.

최근에는 어의적 그물망 모형(semantic network model)이 군집 모형(clustering model)이나 명제 모형(propositional model)보다 더 설득력을 얻고 있다.

먼저, **군집 모형**은 개미, 매미, 벌 등이 곤충으로 무리지어 기억하듯 특수한 무리로 기억하는 방식이다. 한편, **명제 모형**은 촘스키(Chomsky)의 영향을 받은 것으로 고립된 단어로 기억되는 것이 아니라 기본 문구에 관련 정보를 추가하여 정보를 저장하는 방식으로 설명한다. 즉, 글의 요지는 잘 기억하지만 형식을 잘 기억하지 못하는 것은 명제에서 의미가 표상된다는 주장을 뒷받침한다. 명제는 하나의 주장이라고 볼 수 있는 지식의 최소 단위로서 옳고 그름을 판단할 수 있다.

예를 들어, "나는 지난 여름에 네가 한 일을 알고 있다."라는 문장을 살펴보면 여러 명제를 포함하고 있다. 즉, 첫째, '나는 어떤 사람을 알고 있다.'와 둘째, '너는 지난 여름에 어떤 일을 하였다.'와 같은 명제로 구성되어 있으며 이들 명제는 단어로 표현되어 있다.

한편, **어의적 그물망 모형**은 마디를 이용하여 개념과 위계적 관계로서 상위 종속 개념을 설명한다. 콜린스와 퀴리안(Collins & Quillian, 1969)은 피험자에게 "오리는 꽥꽥거립니까?", "오리는 눈이 있습니까?" 등등의 질문들을 던지며 피험자들의 반응 시간을 측정하는 실험을 하여 이들 피험자의 반응 시간을 이용하여 지식이 저장되는 방식을 살펴보았다.

[그림 3-3]의 (A)와 (B)의 두 도식은 몇 개의 마디 또는 마디들을 연결해 주는 어의적 그물망을 보여준다. 다음의 도식들은 단어를 듣거나 보는 것이 그 단어에 해당하는 마디 하나를 활성화시키며 활성화는 연계를 통해서 한 마디에서 다른 마디로 확산되는 것을 보여준다.

(A)모형과 (B)모형을 살펴보면 (B)모형이 마디를 보다 효율적으로 사용하고 있는 것을 볼 수 있다. 즉, (B)모형은 모든 동물들은 눈을 가지고 있기 때문에 이 사실을 모든 개별 동물에 저장시키지 않고 단지 한곳인 '동물' 마디에만 효율적으로 저장시켜 놓았다. 따라서 (B)모형을 취하는 피험자의 어의적 그물망 모형에 의하면 "오리는 꽥꽥거립니까?"에 대한 답이 "오리는 눈이 있습니까?"에 대한 답보다 빨리 반응할 수 있는 까닭은 '오리'와 '꽥꽥거림' 사이의 거리가 '오리'와 '눈' 사이의 거리보다

가깝기 때문인 것으로 볼 수 있다. 반면 (A)모형을 취하는 피험자의 어의적 그물망 모형에 의하면 "오리는 꽥꽥거립니까?"에 대한 답이나 "오리는 눈이 있습니까?"에 대한 응답속도는 차이가 없다.

그림 3-3 어의적 그물망 모형

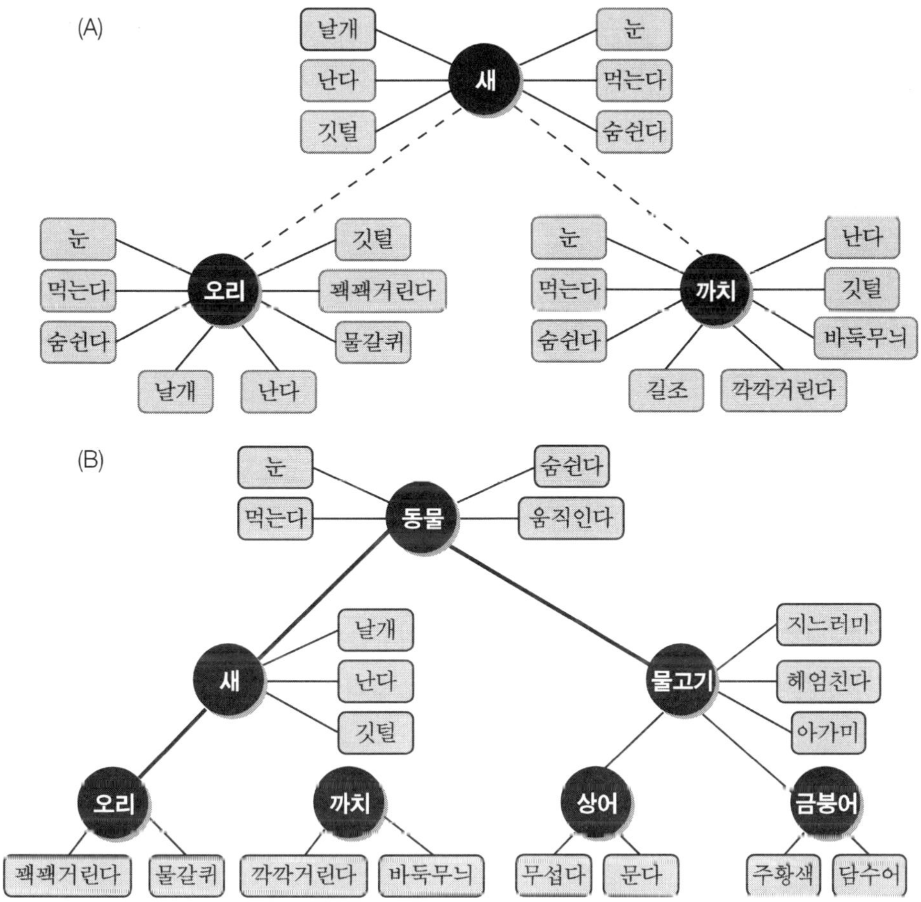

이와 같이 (A)와 (B)모형에서 반응 시간의 차이를 보이는 까닭은 (A)모형은 각각의 낱어가 군더더기가 많고 비효율적인 반면, (B)모형은 효율적이고 체계적으로 마디가 구성되어 군더더기가 없기 때문으로 살펴볼 수 있다.

따라서 활성화가 마디 간에 확산된다면 한 마디의 활성화는 결국 다른 많은 마디들을 활성화시키게 되고, 다시 이 마디들은 또 다른 마디들을 활성화시키게 된다.

이와 같이 어의적 그물망 모형은 그물망의 마디가 위계적이고 조직적으로 넓게 퍼져 있어야만 새로운 학습과제를 보다 잘 수용하고 이를 조직화할 수 있음을 보여준다고 하겠다. 그러므로 특수교육 대상학생을 지도하는 교사는 체계적인 교육과정 중심으로 지도하여야만 새로운 후속 학습의 마디를 이전의 어의적 그물망의 마디와 안정적으로 연결지을 수 있다.

(3) 도식화

학습자가 받아들이는 모든 정보는 이미 학습자의 머리에 저장된 지식을 기초로 하여 해석하게 된다. 도식화는 새로운 자극을 유의미한 구조로 정교화시키기 때문에 부호화에 도움이 된다. 어떤 자료를 학습할 때 학습자는 필요하다고 생각되는 도식화를 장기기억 속에서 활성화시키고, 자료의 내용을 도식화 공간에 맞추려 한다.

이중부호모형과 명제적 또는 어의적 그물망 모형은 기억에 저장되는 지식이 구체적인 항목의 형태로 표상된다. 이러한 지식구조를 도식(schema)이라고 한다. 도식은 '잘 적응된 유기체 반응 내에서 작용해야 하는 과거 반응들의 능동적인 조직'으로 정의할 수 있다. 도식은 정보저장소로서의 역할보다는 장기기억 저장소에 영향을 주는 기능을 한다.

도식은 새로 습득한 학습내용에 형식을 부여하는데 학습내용을 이해하려면 학습자의 인지구조에 들어맞는 새로운 도식이 필요하다. 또한 도식은 학습내용의 주의를 기울이고 목표 지향적 탐색을 하는 안내자 역할을 하기도 하며, 도식은 환경으로부터 얻은 정보와 학습자의 인지구조 사이의 간격을 채우기도 한다. 그러므로 정보를 이해하는 데 있어서 개인에게 익숙하지 않은 정보는 떨어져 나가고 몇몇 자세한 부분은 덧붙여지기도 하며 결국에는 개인의 기대와 비슷한 형태로 정보를 이해하게 된다. 즉, 정보는 현존하는 도식에 적합하고 논리적으로 연관되도록 바뀐다는 것이다. 따라서 이와 같은 사실을 비추어 보면 배경 지식이 빈약한 학습자의 경우 정보의 왜곡이 심할 것이라는 점들을 예견할 수 있다.

Paragraph

02 학습의 과정

정보처리이론은 인간의 기억의 본질과 지식이 표상되는 방식에 대한 가정을 바탕으로 한다. 정보처리이론은 정보를 습득하고 기억하는 학습의 과정을 다음과 같이 세 단계로 나눌 수 있다.

1. 자극에의 주의

기억체제에 의한 정보처리는 물리적 신호가 눈, 귀, 피부를 거쳐 **감각등록기**에 수용되면서 시작된다. 이러한 물리적 정보들은 잠시 동안 저장된다. 이때 시각적 입력은 **상**(icon), 청각적 입력은 **반향**(echo), 촉각적 입력은 **촉감**(tactile)이라고 불리는 형태로 보유된다. 입력 정보가 감각등록기에 물리적 신호로 잠시 머무는 것은 몇몇 입력 자극을 확인하기 위함이다.

예를 들면 새로 배운 단어는 **반향기억**에 의존한다. 이처럼 저장된 물리적 신호들은 다음 처리과정에서 선택되는데, 이러한 선택과정의 본질에 관해서는 두 가지 견해가 있다. 즉, 최초에는 모든 자극이 모두 처리되나 원하지 않는 자극들은 기억체제 내에서 여과된다는 이론과 장기기억 저장고에 도식을 가진 기억체제에 맞는 정보만이 선택된다는 견해이다.

(1) 형태재인

선택된 물리적 자극의 확인은 정보 처리의 중요한 부분이다. 입력되는 정보는 기억 속에 저장된 지식과 비교되어 결정된다. 이런 과정을 **형태재인**(pattern recognition)이라 한다.

형태재인은 환경 내의 자극들을 기억 속에 저장된 어떤 것으로 인식하는 것이다. 형태재인은 외부 자극을 어떻게 정확하게 분석해 내는가에 대해 논란이 있다. 특히 자극재인을 위한 지식이 기억 속에 어떻게 표상되는가에 대한 연구로는 형판(templates), 원형(proto types), 세부특징(distinctive features), 구조묘사(structural description) 등 네 가지 전제가 있다.

먼저, 형판 배합 이론은 원래 가지고 있던 판형에 새로 들어오는 자극을 맞추는 것이다. 예를 들어 **아**, 아, 아라는 자극을 받아들일 때에는 'ㅇ'라는 동그라미에 'ㅏ'라는 형태 분석 과정을 거쳐 처리하게 된다. 그러므로 형판 배합 이론에 따르면 아, 아, 아의 세 개의 서로 다른 형판이 필요하다.

원형 이론은 특정한 대상의 표상보다 대상의 주요한 특징을 표상한다는 이론이다. 만약 자동차라는 표상을 한다면 자동차라는 대상의 주요한 특징을 원형에 저장해 놓고 형태재인은 자극 형태가 원형의 기본 모형과 맞는지를 결정하게 되는 것이다. 즉, '네 개의 바퀴가 있고 사람이 운전하는 평균적인 자동차'를 원형에 저장하고 있다가 특정한 대상의 표적이 되는 자동차를 보고 원형과 비교하여 보고 그 기준에 부합되면 자동차라고 명명하게 되는 것이다. 하지만 지각은 원형 이론으로 설명할 수 없는 상황이 있다. 즉, 매우 제한된 정보만으로 대상을 재인하는 경우가 있기 때문이다.

세부특징(측면분석)은 제한된 자극만으로 중요한 특징을 포착하여 식별하는 것이다. 즉, 그림에서 제시하는 동물의 꼬리만 보고도 그 동물이 돼지, 소, 호랑이의 특징을 보여주는 것인지 알고 그 동물을 재인할 수 있는 경우에 해당된다.

구조묘사는 마라(Marr)의 연구로 그는 지식이 판형이나 원형 또는 세부특징의 축소판으로 저장되어 있는 것이 아니라 특정한 대상이나 대상의 유목에 대한 진술로 저장되어 있다고 주장한다. 마라는 인간은 관련된 진술을 보고 대상에 대한 모형을 구성하며 들어오는 정보를 특정한 대상이나 유목에 맞추는 것으로 본다. 이 때 구조묘사 모형은 필요한 특징에 초점이 맞추어지며 다른 세부 사항에 대해서는 덜 특정적이다.

형태재인에서 구조묘사는 학습자에게 정확한 구조묘사에 필요한 지식을 가르침으로써 지각이 일어남을 시사한다. 형태재인은 학습자가 기억력에 의존하는 것보다 감각 정보를 통해 유입된 정보들을 검색하고 분류하는 지적 활동을 통하여 회상하도록 하는 활동을 강조한다. 이러한 활동으로는 그림 그리기, 낱말 알기 및 낱말 재생하기, 끝말잇기, 도형 구성하기, 숨은 그림찾기 등이 있다.

(2) 측면분석 과정

측면분석에 의한 형태재인은 자료 주도적 처리과정과 개념 주도적 처리과정의 두 가지 자료처리 과정이 있다.

먼저, **자료 주도적 처리과정**은 정보의 입력과 동시에 변별이 되며 투입된 장소 속에서 그 구조를 발견하는 것이다. 예를 들어, 자동차의 경적소리를 들음과 동시에 가까이 와서 위험이 되고 있는 자동차를 그린다던지 똑딱거리는 소리를 들음으로 시계를 식별하는 것들이 이에 해당한다.

한편, **개념 주도적 처리과정**은 동기, 목표, 맥락에 의해 유도된다. 즉, 입력된 정보는 개별 정보의 해석에 따라 유도된다. 개념 주도적 처리과정은 [그림 3-4]와 같다.

그림 3-4 개념 주도적 처리과정의 예

※다음 ㉠과 ㉡에 들어갈 낱말을 보기에서 찾아 적으시오.

㉠___에서 선생님이 우리에게 ㉡___(을)를 가르쳐 주신다.

[보기]

㉠	① 학교	② 시장	③ 공장	④ 교회
㉡	① 장사	② 기도	③ 청소	④ 공부

[그림 3-4]와 같이 ㉠___에서 선생님이 우리에게 ㉡___(을)를 가르쳐 주신다.라고 할 때 '기대'와 맥락에 따라 ㉠은 '학교'가 되고 ㉡은 '공부'라는 단어를 개념 주도적 처리과정으로 짐작할 수 있다. 이 때 특수교육 대상학생은 일반화된 개념을 적용시키지 못하고 자신의 제한적인 상황을 정답으로 취하는 경우가 있다.

(3) 주의의 역할

주의(attention)는 자극이 처리되는 방식에서 중요하다.

어떤 자극은 주의를 기울이지 않아도 지각된다. 그러한 과정들은 광범위해서 의식적인 조절이 없이도 자동적으로 수행되어 온 것들이다. 즉, 능숙한 독자는 문자 식별에 별도의 주의를 기울이지 않고도 능숙하게 문장을 이해할 수 있다.

반면 어떤 식별과제는 집중적인 주의와 조절이 필요한데 이를 통제적 처리라고 한다. 예를 들어, 새로 습득하게 된 전화번호 숫자 등이 그 예이다.

이와 같이 친숙한 양식의 인식은 자동적이고 낯선 양식의 인식은 의식적인 조절 과정이 필요하다.

주의집중 이론은 특수교육에서 장애학생의 학습자 변인을 이해하는데 중요한 내용이므로 다음 장에서 자세하게 살펴보기로 하겠다.

Paragraph 03 정보처리이론에서 교수원리

정보처리이론은 교수–학습 원리를 도출하는데 한계점을 지닌다.

정보처리이론은 학습을 핵심 연구분야로 연구하지 않으며 학습과 관련한 다른 인지 심리학 영역 간의 구분이 분명하지 않다.

그러나 정보처리과정은 교수–학습의 원리에서 다음과 같은 중요성을 시사한다.

첫째, 학습자는 학습할 때 사용하는 **정보처리전략**에 초점을 두어야 한다.

둘째, **인지적 정보처리기술**을 직접적으로 가르칠 필요가 있다. 인지적 정보처리기술은 학습에서 오류를 수정하기 위해 학습자가 자신의 지식과 방법을 조직하는 방법을 스스로 조정하는 능력으로 중요하다.

1. 수업의 성격과 기본가정

학습과 관련된 정보처리이론의 기본가정은 인간 기억체제의 본질과 기억 내에서의 지식의 표상을 기술하는 것이었다. 정보처리이론을 교실 상황에 적용하는 문제 역시 인간 기억을 새로운 정보나 학습해야 할 기술을 선택하고 조직화하며 저장을 위해 부호화하는 능동적인 체제로 파악하는 가정에서 비롯된다.

인지 이론가들은 성공적인 학습은 환경보다는 학습자 자신의 활동에 달려 있다고 가정한다. 즉, 교수원리도 환경을 조작하여 학습이 일어나게 하기보다는 학습자의 인지구조에 변화와 갈등을 일으키는 방안과 관련짓는다.

따라서 정보처리이론은 장기기억 장치에 정보를 저장하는 정확한 요소가 무엇인지를 규명하려고 했다. 그러나 인지 심리학자들은 학습자의 정보저장을 인지구조로 설명하며 인지구조를 설명하는 데 사용되는 용어들은 이미 습득된 지식의 질적인 특성을 반영하는 것으로 설명한다.

2. 수업의 구성요소

새로운 정보를 습득할 때 본질적 과정은 자극에의 수의, 자극의 부호화, 요약 부호의 저장과 상기이다.

이에 대응되는 수업의 과정은 새로운 자극의 수용지도, 부호화 촉진, 저장과 인출의 촉진 등이다. 이를 살펴보면 다음과 같다.

(1) 유의미 학습과 새로운 자극의 수용지도

인간 기억체제는 주의를 기울일 환경 자극을 선택한다. 수용된 자극에 주의하고 자극을 부호화하여 확인하는 것이 필요하다. 정보 수용에서 교수는 학습자의 주의가 학습되어야 할 관련 정보에 집중토록 하는 것이다. 이때 사용되는 교수기술은 행동적 목표와 선행 조직자의 사용이다. 따라서 수업목표가 지나치게 상세화 되면 학습자로 하여금 중요한 세부적 정보의 회상에만 주의를 기울이게 하는 난점이 있다.

선행 조직자는 수행되어야 할 학습에 대한 개념적 틀을 제공하며, 학습자가 이전에 저장했던 정보와 새로운 학습의 연결에 도움을 준다. 또한 오래된 인지구조와 습득될 예정인 정보 사이에 교량 역할을 하기 때문에 학습자의 부호화 과정을 용이하게 해준다. 이처럼 선행 조직자는 학습해야 할 과제를 단순히 개관하는 정도에 그치는 것이 아니라 학습되어야 할 새로운 과제에 대한 구체적인 내용을 담고 있지 않은 시각적 혹은 청각적 정보가 짧게 표현된 것이다.

한편, 오수벨(Ausubel)은 선행 조직자가 효과적이려면 다음에 학습할 자료보다는 높은 수준의 추상성, 일반성, 포괄성이 있어야 한다고 하였다. 선행 조직자는 좀 더 상세한 정보가 포착될 수 있는 개념적 근거지로서 기능을 한다. 좋은 선행 조직자는 광범위한 고차원적 규칙과 친숙한 용어로 된 원리적 주제에 관한 토의, 구체적 모형, 유추, 실례 등을 포함한다. 이와 같이 선행 조직자의 계획은 어느 정도까지는 과제의 성격과 학습자 특성, 교수의 형태에 달려 있다.

(2) 유의미 학습과 부호화 촉진

학습에서 부호화의 기능은 장기기억에 저장되도록 새로운 정보를 준비시키는 것이다. 이 과정은 학습 이후에 쉽게 회상되도록 정보의 변형을 요구한다. 이러한 **부호화 과정**에서 교수는 다음을 고려해야 한다. 즉, 장기기억에 지식을 정착시킬 수 있는 가능성과 새로운 정보와의 통합을 위해 단기기억으로 정착지를 전이시키는 일이다.

유의미 학습은 새로운 학습과제를 자신의 인지구조 내에 유용하게 통합할 때 이루어지는 것이다. 학습자가 기존의 인지구조에 새로운 학습 정보를 통합시키는 일은 유의미 학습에 매우 중요하다.

여기에는 교수위주 지도와 학습자위주 지도의 두 가지 접근이 부호화를 촉진시킬 수 있다. 먼저, **교수위주 지도**는 교수자료에서 제공된 단서나 정교함이 선행 조직자가 된다. 어려운 단어 학습에 유용한 높은 빈도의 동의어 사용하기, 보충 질문하기, 내용의 요약과 재검토, 질문하기 등이 이에 해당된다. 또한 임의적 연상 학습을 용이하게 하기 위해 머리글자 외우기 등이 해당된다. 한편, **학습자위주 지도**는 학습자가 스스로 정교화를 할 수 있도록 기회를 주는 방법이다. 예를 들어, 학습자가 생성해 내는 시각적 · 청각적 단어라든지 장소법을 사용하는 것이다. 또한 학습자가 책이나 공책에 중요한 부분에 밑줄을 긋거나 주요 내용을 정리하는 것도 좋은 방법이다. 뿐만 아니라 밑그림 그리기라든지 문장으로 요약하기와 같은 방법도 권장된다.

선천적으로 조직화하고 연관시키는 능력이 부족한 학습자에게 권장되는 방법으로는 핵심 단어법과 각각 다른 구조를 재인시킬 때 사용하는 구조 연습법이 있다. 먼저, 핵심 단어법은 어떤 중요 단어들을 중심으로 이미지를 만들어 기억하는 방법이다. 예를 들어 green은 녹색임을 핵심 단어법으로 저장시키기 위해 '녹색으로 그린(green) 그림'이라는 이미지를 만들어 저장하는 방법이라든지 '에그(egg)! 달걀이 깨져서 옷을 버렸네.' 등으로 egg가 달걀임을 저장시키는 전략이다.

그 밖에 신호화가 있다. 신호화는 학습자가 교수자료를 구조화하여 조직할 수 있도록 예시문이나 머릿글, 중심어 등을 학습자에게 제공해 주는 방법이다.

인지능력이 떨어지는 특수교육 대상학생은 직접 교수법으로 부호화 과정을 촉진시킬 수 있으나 가능하면 학습자위주의 부호화 전략을 습득시켜 스스로 학습전략을 세워 수행해 나가도록 지도할 필요가 있다.

(3) 저장과 인출의 촉진

부호화 과정의 목적은 장기기억소에 정보를 저장하기 위한 준비를 하는 것이다. 이후에 발생되는 접근과 회상은 그 정보의 저장 형태와 장기기억 내의 선행정보의 범위에 의존한다. 그러므로 정보기억에 저장되는 정보의 청크의 크기와 정보의 부호화는 개인차를 지니게 된다.

부호화 전략은 최초 학습과 나중의 회상 범위를 증가시킨다. 따라서 정보가 필요할 때 특정한 단서를 생각해 냄으로써 정보를 회상하도록 지도해야 한다.

위계화가 되어 있는 교과학습은 대부분 이전에 이미 학습한 개념, 명제, 정의와 관련된 것이므로 교수위주 지도와 학습자위주 지도의 정교화는 모두 회상을 증가시키며 선행학습과 결합하는 데 도움이 된다.

3. 정보처리이론과 문제해결력 신장

교과학습에서 복잡한 학습과제 중의 하나인 문제해결력을 어떠한 방법으로 가르칠 수 있을 것인가에 대하여 정보처리이론은 다음과 같은 몇 가지 전략을 제시할 수 있다.

첫째, 지식의 구성요소가 문제해결의 본질이다.

지식에 근거한 수행과 문제해결을 상징하는 수행에는 분명한 차이점이 있다. 그럼에도 학습자는 문제를 해결할 때 수업시간에 습득한 지식이나 기술보다도 운이나 뜻밖의 사실에 의존하기도 한다.

둘째, 교과 영역 내에서 문제해결을 높이는 연습이 필요하다.

교과 내의 명제적 지식은 문제해결을 구성하는데 중요한 요소이다. 그러므로 지속적인 훈련과 연습 없이는 문제해결력을 높이기 힘들다.

셋째, 학습자 간의 개인차를 고려한다.

학습 숙달자와 학습 초보자의 차이점은 통합된 기초 지식의 부족, 문제의 깊이 있는 분석의 실패, 문제해결에 관련된 논리성의 결함 등에 기인한다.

넷째, 수업에는 보편적인 교수기술이 중요하다.

교과 영역 간에는 구체적 지식이 다양하지만 보편적인 수업 기술이 필요하다.

다섯째, 초인지전략을 활용하는 것이다. 초인지는 학습자에게 무엇을 생각하는지를 가르치는 것이 아니라 어떻게 생각하는지를 가르치는데 있다. 따라서 학습자는 초인지전략의 숙달을 통해 문제해결력을 향상시키고 학습자 스스로 독자적인 학습활동을 수행해 나갈 수 있도록 지도해야 한다.

초인지를 적용한 수업모형은 문제파악 단계, 문제추구 단계, 해결 단계, 적용 발전단계와 같이 4단계로 구분할 수 있다. 각 단계별로 초인지전략을 제시하면 다음과 같다(정환금, 2002).

첫째, 문제파악 단계는 해당되는 교과의 문제를 중심으로 출발점 행동을 고르고 문제장면을 일상생활과 연결시켜 의미를 파악해 보는 활동을 통해 자기 문제화하도록 한다.

둘째, 문제추구 단계는 일반 문장을 그 교과의 문장으로 번안하는 활동을 통해 문제 분석력을 신장시킨다.

셋째, 문제해결 단계는 생각한 방법으로 해결해 보면서 자기 점검을 통하여 스스로 오류를 교정하고 동료들의 생각과 비교해 보는 활동을 통해 더 좋은 방법을 찾도록 한다.

넷째, 적용발전 단계는 새로운 방법으로 적용 문제를 해결하며, 자기학습 상황을 점검하여 자신감을 갖도록 한다.

그리고 각 단계마다 자기 점검과 통제가 이루어지도록 하여 문제해결의 수행이

용이하도록 구안되고, 자기 스스로의 탐색을 통해 사고를 보다 깊게 할 수 있다.

또한 스스로 문제해결이 어렵다고 판단될 때는 교사나 부모와 같은 성인들의 도움을 통해 문제해결의 단서를 찾도록 한다. 초인지 학습단계를 살펴보면 〈표 3-1〉과 같다.

표 3-1 초인지 학습단계(정환금, 2002)

문제해결 단계	초인지전략		발문의 구상	
	사고단계	자기 점검 및 통제	문제해결과정의 발문	내용
문제 파악	문제 확인	• 문제제시 • 자기 문제화하기	• 과제의 답을 소집단끼리 맞춰보고 의문스러운 점을 물어 보자. • 공부할 문제를 읽고, 어떤 문제인지 알아보자(주어진 조건에 맞는 문제를 만들어 보자).	
문제 추구	예언 계획	• 내 힘으로 할 수 있나? • 해결 방법 생각 • 좋은 방법 선택하기	• 문제에서 구하고자 하는 것과 주어진 조건을 알아보자. • 어떤 방법으로 해결해 보면 좋을까? • 좋다고 생각되는 방법을 선택하고 스스로 해결할 수 있는지 생각해 보자.	
문제 해결	실행 자기 평가	• 생각한 방법으로 해결하기 • 오류 발견하기	• 생각한 방법으로 해결해 보자. • 해결을 바르게 하고 있는지 스스로 점검해 보자?(개인 → 소집단 → 전체) • 해결 방법을 다시 정리해 보자.	
적용 발전	자기 강화	• 정리된 방법으로 해결하기 • 자작 문제해결하기 • 학습 성취 상황 파악하기	• 새롭게 알게 된 방법대로 문제를 해결하여 보자. • 스스로 문제를 만들어 해결하여 보자. • 어떤 문제라도 해결할 수 있는 자신감이 생겼습니까?	

따라서 학습능력이 떨어지는 학습자에게 다양한 학습경험을 심어줌으로서 배경지식을 넓히고, 반복과 연습을 통하여 문제해결력을 높여 나가는 것은 중요하다.

또한 교수자는 학습자의 문제해결력을 높일 수 있는 교수기술 전략을 통하여 학습자가 문제를 깊이 있게 분석하고 논리성을 확보할 수 있도록 수업 중에 지도해 나가야 할 것이다.

Paragraph

04 특수교육과 정보처리이론의 적용

특수교육 대상학생은 정보처리능력이 능숙하지 못하다는 전제를 둘 수 있다. 정보처리이론은 학교에서 학습자가 학습하는 과정을 잘 설명해 주는 이론이다.

학습자가 문제를 해결하는 과정에 초점을 두고 복잡한 학습내용을 어떠한 절차와 과정을 통해서 학습해 나가는지를 설명해 주고 있다. 따라서 특수교육 대상학생이 능숙한 학습자가 되기 위해 각 정보처리과정의 단계별로 그 특징을 살펴 개선 전략을 수립하는데 도움을 얻을 수 있을 것이다.

1. 교수방법 개선을 위한 각 단계별 원리

(1) 감각등록 단계

투입된 정보는 매우 짧은 시간 동안 감각등록기에 머무르며 즉시 처리되지 않을 경우 곧 소실된다. 이러한 특징은 때때로 특수교육 대상학생이 겪게 되는 어려움 중 하나이다. 특수교육 대상학생은 종종 여러 자극을 동시에 받아들이는 것을 힘들어 한다. 예를 들어, 교수자가 수업자료를 보여주며 동시에 설명하는 경우 학습자가 수업자료에 집중하여 설명을 듣지 못하게 된다.

따라서 이러한 경우에는 두 가지 이상의 감각 정보가 동시에 제시되는 것은 바람직하지 않다. 특수교육 대상학생을 지도할 경우 한 번에 지각할 수 있도록 정보의 양을 조절할 필요가 있다. 또한 정보를 제시할 때 시각적, 청각적으로 제시하는 것이 실제적인 도움을 줄 수 있는 전략이다.

(2) 단기기억과 작동기억 단계

특수교육 대상학생 중에는 책을 유창하게 읽어나가지만 그 내용을 전혀 이해하지 못하는 학생을 발견할 수 있다. 이러한 경우 특수교사는 학습자가 단어를 음성화시키는 과정에서 단기기억의 공간을 모두 사용하여 의미를 이해하는데 필요한 공간을 확보하지 못하였기 때문이라고 생각하게 된다.

수학에도 이와 유사하게 덧셈과 뺄셈 등의 기초 연산 과정을 제대로 숙달하지 못한 학습자의 경우 작동기억이 문제를 해결하는데 활용되지 못하고 지나치게 기초적인 수준에 머무는 것을 볼 수 있다. 이러한 문제를 해결하는 방법은 자동화의 개념이다.

자동화는 정보나 원리를 매우 많이 연습함으로써 습득될 수 있다. 일단 자동화를 획득하게 되면 속도가 빨라지고, 노력이 적게 들고, 자율석이 되며, 항상성을 갖고, 의식적으로 조절하지 않아도 된다. 먼저, 음운 인식 능력이 잘 갖추어져 있으면 자동적으로 글을 읽어나가기가 수월할 것이다. 또한 덧셈 및 뺄셈 등의 기초 학습이 자동화를 갖게 되면 학습자의 작동기억은 그만큼 많은 공간을 확보할 수 있으며, 확보된 공간을 보다 유용하고 고차적인 정보의 사용에 할당하게 된다. 이는 자원할당 모형으로 설명될 수 있다.

(3) 장기기억 단계

장기기억 정보는 연계망의 구조로 형성된다. 그러므로 교수자는 학습자에게 개별적인 사실만을 제공하는 방법은 효과적이지 못하므로 반드시 사실들과의 관계성에 대한 설명 등이 필요하다. 예를 들어, "곤충을 설명할 때 곤충은 머리, 가슴, 배세부분으로 나뉘어져 있다."라는 설명보다는 곤충들을 분류하는 기준으로서 왜 중요한 지를 이해시키려는 노력이 필요하다.

따라서 특수교사는 단지 주제에 대한 내용만을 가르치는 것 보다는 다양한 예제를 제시하고 각각을 연관시키며, 발문 등을 통해 학습자가 자신의 지식을 평가할 수 있는 충분한 기회를 제공하는 것이 바람직하다. 또한 학습된 내용이 그물망 구조를 갖고 후속 학습에 기여할 수 있도록 해야 할 것이다.

(4) 주의집중

교수-학습에서 주의집중은 중요하다. 특히 인지처리과정은 선택적 주의집중이 필수적이기 때문에 수업장면에서 학습자의 관심을 수업 안으로 끌어들이는 일은 학습에 결정적인 변인으로 작용한다. 주의집중을 유도하는 방법은 대개 물리적 유형, 흥미 유발적 유형, 감정적 유형, 강조적 유형 등으로 소개되고 있다(변영계, 2000).

지적 능력이 떨어지는 학습자의 주의집중력은 쉽게 산만해질 수 있다. 그러므로 교수자는 학습자가 학습과 관련된 자극에 집중하고 부적절한 자극을 무시할 수 있는 선택적 주의집중이 수업시간 내내 이루어질 수 있도록 통제해야 한다.

주의집중을 위해 사용하는 물리적 유형, 흥미 유발적 유형, 감정적 유형, 강조적 유형의 방법은 어느 한 가지만을 과도하게 사용하게 될 경우 학습자가 곧 지루함을 느끼고 주의집중 능력이 떨어지기 때문에 이들을 적절히 혼용할 수 있는 기술이 매우 필요하다.

주의집중을 위한 원리로서 물리적 유형, 흥미 유발적 유형, 감정적 유형, 강조적 유형에 대해 설명하면 다음과 같다.

① 물리적 유형

교수자가 수업시간에 사용하는 모든 물리적 도구를 의미한다. 예를 들어, 칠판, 파워포인트, OHP 자료, 실험 도구뿐만 아니라 교수자도 물리적 유형의 자극이 된다.

교수자는 교실을 돌아다니기도 하고 말의 속도를 조절하기도 하면서 다양한 물리적 자극들을 활용하지만 학습자에게 이미 친숙한 물리적 자극만으로는 주의집중을 지속시키는 데 어려움이 있으므로 교실에서의 물리적 자극은 새로운 유형들로 변화를 주는 것이 효과적이다.

② 흥미 유발적 유형

호기심을 자극하며 학습자의 주의집중을 이끌어 내는 방법이다. 교수자는 시각적으로 호기심을 유발할 수 있고, 학습자의 사고를 자극할 수 있는 사건을 만들어 냄으로써 학습자의 흥미를 유발시킬 수 있다. 예를 들어, 우체국을 설명하는 시간에 한 학생이 우체부 복장을 입고 편지를 전달하는 방법 등을 활용할 수 있다.

③ 감정적 유형

수업시간에 주의가 산만한 학습자의 이름을 부른다든지 감정과 관련된 단어들을 제시하는 방법이다. 예를 들어 "나는 네가 조용히 해주길 바란다. 네가 떠드니까 정신이 산만해서 수업을 진행하기 어렵구나!"라는 말을 통하여 교수자의 감정을 나 전달법(I massage) 형식으로 분명하게 전달할 수 있다.

④ 강조적 유형

특별한 때에 강조하는 말이나 행동을 보이는 것이다.

예를 들어, "여긴 매우 중요하다."든지 "자, 이 부분을 특히 잘 봐라." 등은 강조적 유형의 자극이 된다. 같은 의미의 말이라도 전달할 때 목소리를 낮추거나 천천히 말을 하는 방법은 주의를 이끌 수 있는 방법이다.

(5) 지각 원리

전술한 형태재인에서 살펴본 바와 같이 작동기억을 통해 들어오는 정보는 객관적인 실재가 아닌 학습자에 의해 해석된 주관적인 실재이다. 따라서 학습자의 지각은 과거의 경험과 자신의 기대에 영향을 받는다. 그러므로 특수교사는 배경지식이 부족하여 문제를 바르게 이해하지 못하는 특수교육 대상학생에게 교수자가 아무리 정보를 풍부하고 정교하게 제공했다 하여도 학습자 자신이 이와 관련된 배경지식이 없다면 학습은 무의미해진다. 즉, 학습자의 과거 경험의 습득 정도에 따라 새로운 정보를 획득하는데 제한을 받는다. 따라서 교수자는 새로운 학습과제를 지노하기 전에 학습자가 이전에 알고 있는 내용을 회상시켜 준 다음 학습과제를 지도하는 것이 효과적이다.

한편, 학습자의 지각은 학습자 자신의 기대수준에 영향을 받는다.

즉, 학습자가 습득하게 될 정보가 흥미있고 도전해 볼 만하다고 판단하는 과제와 습득하게 될 정보가 스스로 해결할 수 없다거나 지루하다고 느끼는 과제를 학습자가 지각하는 정도에 따라 커다란 차이를 보이므로 학습자에게 적합한 과제를 제시하는 것은 중요하다. 따라서 교수자는 학습자의 흥미와 기대를 적절히 조절해 주어야 효과적인 지도가 이루어질 수 있다.

(6) 시연의 일반원리

시연은 몇 가지 일반원리가 있다.

시연의 원리는 정보에 대한 기억이 시연하는 반복 횟수에 영향을 받는다는 것이다. 또한, 시연을 실행하는 시기 역시 교수자가 고려해야 할 원리이다.

예를 들어, 구구단을 암기시킬 경우 한 번에 2단부터 9단까지 모두 암기시키는 것보다 매일 매일 조금씩 나누어 암기시키는 것이 보다 효과적일 수 있다.

(7) 부호화와 인출

부호화와 인출은 밀접하게 연결되어 있다. 인출은 정교한 부호화에 따라 큰 영향을 받는다. 효과적인 인출을 위해서는 성공적인 부호화가 선행되어야 한다. 자극의 부호화는 어떤 자극이 장기기억소에 불활성 상태로 저장되려면 부호화 과정이 필요하다. 이는 자극을 변형시켜 나중에 쉽게 회상될 수 있는 형태로 바꾸는 것이다. 예를 들어 전화번호는 전화를 할 때만 기억 속에 남아있고 곧 망각된다. 또한 잘 조직화된 정보는 학습하기 쉽고 기억하기 쉽다. 자료를 조직화하는 데는 위계를 사용하는 방법과 기억술(mnemonic method)을 이용하는 방법 등이 있다.

부호화 전략에는 유지시연(maintenance rehearsal)과 정교화 시연(elaborative rehearsal)이 있다. **유지시연**은 정보를 기억하기 위한 단순한 반복 암송 등이며, 전화번호의 반복 암송 등이 한 예이다.

한편, **정교화 시연**은 정보를 특정한 방식으로 변형하는 것으로 장기기억에 정보를 부호화하는 데 가장 효과적이며 교실 상황에서 가장 폭넓게 적용할 수 있는 전략으로 개별적인 정보들 간에 연합의 수를 증가시켜 가는 과정을 의미한다. 정교화 시연은 정보가 기존의 저장된 정보와 관련되도록 구체화하며, 다른 상징으로 그 정보를 대치시키며, 회상할 때를 위해 추가 정보를 보충시킨다. 예를 들어, "한라산 1950m를 한라산 한번(1) 구(9)경오시(50)오. 1950m입니다."와 같은 전략을 사용하는 경우이다.

이와 같이 정교화는 새로운 정보에 다른 것을 더하거나 또는 그것을 이미 알고 있는 다른 것들과 관련시킴으로 기억하려고 하는 정보를 확대시키는 과정으로 정교화는 보다 상세히 처리하려고 노력할 때 자연스럽게 발생하며 수업장면에 정보를 정교화 하는데 도움을 주는 요소로서 학습능력을 향상시킬 수 있다. 그렇지만 조직화와 정교화가 매우 유용한 전략이기는 하지만, 모든 정보를 조직화하고 정교화할 수는 없다.

표 3-2 부호화와 인출을 위한 원리

<table>
<tr><th>정교화</th><th>기억술</th><th>초인지</th></tr>
<tr>
<td>■ 장기기억에 정보를 부호화하는데 가장 효과적인 전략이다.

■ 새로운 정보에 다른 것을 더하거나 이미 알고 있는 다른 것과 관련지어 기억고자 하는 것의 정보를 확장시키는 과정이다.</td>
<td>■ 학습내용에 존재하지 않는 연합들을 만들어 부호화하는 전략이다.

■ 정교화와 조직화만으로는 부호화되기 어려운 기억을 저장할 때 유용하게 사용한다.</td>
<td>■ 학습자의 인지상태와 인지과정에 대한 정신적인 작용의 모든 것이다.

■ 학습자를 학습에 능동적으로 참여하게 하고 문제해결 과정에서 의미있는 부호화 전략을 수행할 있도록 한다.</td>
</tr>
<tr>
<td>• 유지시연하기
단순반복 암송

• 정교화 시연
기존에 저장된 정보와 관련되도록 구체화하여 다른 상징으로 대치시키거나 화상의 용이성을 위해 추가정보를 보충시킴
예 : · 이삿짐센터 2424
· 기차역 7788
· Green(녹색으로 그린)
· Money(뭐니 해도 돈)
· 삼일운동은 (1919년) 아이구, 아이구 해서 일어났다.</td>
<td>• 존재하지 않는 연합들을 만들어 부호화
예 : · 느낌표(!) 야구 방망이
· 물음표(?) 옷걸이
· 아~(야구방망이)
· 옷을 어디에 걸까요 (옷걸이)

• 인위적인 고리 사용
걸이-못단어(Peg-word)의 예(김윤옥, 2001)
예 : · 숫자 1은 연필
· 숫자 2는 오이
실제 : 너는 심부름으로 빵을 사고 커피를 뽑아와라
전략 : 연필 모양의 빵과 오이가 담겨진 커피를 머리 속에 그린 다음에 심부름을 해 봐라.</td>
<td>• 자기 점검 및 통제
<table>
<tr><th rowspan="2">문제해결단계</th><th colspan="2">초인지전략</th></tr>
<tr><th>사고단계</th><th>자기 점검 및 통제</th></tr>
<tr><td>문제파악</td><td>문제확인</td><td>• 문제제시
• 자기 문제화하기</td></tr>
<tr><td>문제추구</td><td>예언계획</td><td>• 내 힘으로 할 수 있나?
• 해결 방법 생각
• 좋은 방법 선택하기</td></tr>
<tr><td>문제해결</td><td>실행자기평가</td><td>• 생각한 방법으로 해결하기
• 오류 발견하기</td></tr>
<tr><td>적용발전</td><td>자기강화</td><td>• 정리된 방법으로 해결하기
• 자작 문제해결하기
• 학습 성취 상황 파악하기</td></tr>
</table>
</td>
</tr>
</table>

기억술은 조직화와 정교화만으로 부호화되기 어려운 내용에 유용하게 적용될 수 있는 전략이다. 기억술은 학습내용에 존재하지 않는 연합들을 만들어 부호화하는 것이다. 이는 새로운 것과 기존의 것 사이에 인위적인 고리를 만들어 준다.

한편, 효과적인 인출과 부호화를 위하여 초인지전략을 개발하려는 연구들이 수행되고 있다. **초인지**(meta-cognition)는 자신의 인지과정을 통제하고 조절하는 것을 의미한다. 즉, 자신의 인지상태와 인지과정에 대한 정신적인 작용의 총합으로 정의할 수 있는 것이다(임규혁, 1996 ; 정환금, 2002).

초인지는 초인지적 지식과 초인지적 자기 조정 및 신념으로 구성되어 있다. 초인지적 자기 조정은 자기 점검과 통제의 역할을 수행한다. 따라서 초인지전략은 학습자를 학습에 능동적으로 참여하게 하고 문제해결 과정에서 의미있는 부호화 전략을 수행할 수 있다. 이상과 같이 부호화와 인출을 위한 원리를 제시하면 〈표 3-2〉와 같다.

2. 특수교육 대상학생과 정보처리이론

정보처리이론은 학습의 과정에 초점을 둔 이론으로 숙달된 학습자와 비숙련된 학습자의 개인차를 살펴봄으로서 정보처리의 과정적 단면들을 이해할 수 있다. 학습능력에 문제를 보이는 장애학생은 일반적으로 단기기억의 용량이 숙련된 비장애 학습자보다 떨어진다. 뿐만 아니라 작동기억에 있어서도 정보를 처리해 나가는데 자동화가 되지 못하여 한정된 용량을 효율적으로 사용하지 못하는 단점을 지적할 수 있다. 따라서 특수교육 대상학생의 학습과정에 초점을 맞춰 원인을 찾고 이를 극복할 수 있는 교수방법을 적용시켜 개선해 나가는데 유용한 이론을 제공한다 하겠다.

연습문제

01 정보처리과정을 감각등록기, 단기기억, 장기기억 등의 단계로 나누어 설명해 봅시다.

02 청킹에 대해 설명해 봅시다.

03 이중부호모형에 대해 설명해 봅시다.

04 형태재인을 설명해 봅시다.

05 정교화 전략과 관련하여 특수교육 학습자에게 의미있게 활용될 수 있는 전략들을 찾아 토의해 봅시다.

06 정보처리이론이 특수교육 교수방법에 기여할 수 있는 긍정적인 면에 대해 토의해 봅시다.

Chapter 04

주의집중의 특수교육적 함의

❖ 제1절 주의집중

❖ 제2절 시각적 변별 과제의 주의집중

❖ 제3절 주의집중 장애

❖ 제4절 주의집중 훈련의 실제

Paragraph

01 주의집중

주의는 시각, 청각, 촉각 및 운동 지각 중 일정한 자극을 선택하는 활동으로 주의집중은 관련 자극에 초점을 맞추는 선택적 과정을 의미한다. 즉, 주의집중은 어떤 것을 선택하여 집중하고 다른 것들을 무시하는 인지과정이라 할 수 있다. 한편, 학습은 주의집중을 요구한다. 예를 들어, 수업 중 교수자의 말소리 이외에도 글 쓰는 소리, 창문 밖에서 들리는 차 소리 등이 동시에 들리지만 이를 무시하고 교수자의 말에 주의를 기울일 수 있는 능력이 선택적 주의집중이다. 따라서 주의집중은 학습자의 학습 및 행동을 개선시키는데 중요한 활동이다.

이와 같이 주의집중은 선택적으로 자극을 받아들이는 것이다. 수업시간에 학습자는 교수자의 말을 들으면서 동시에 칠판을 보며 글을 베끼고 옆의 짝과 간단한 대화를 진행할 수 있는 것은 이들 자극들이 모두 분리되기 때문에 이러한 활동들이 가능한 것이다. 이처럼 학습은 학습자가 환경 속의 자극정보를 지각함으로써 가능하다. 대개 학습자는 일상생활에서 자동적으로 주의를 집중하게 되고 적극적이면서 선택적으로 관련 자극에 주의를 맞추게 된다.

특히 학습장면에서는 더욱 의도적이고 계획적인 주의의 집중이 요구된다. 그러나 특수교육 대상학생들 중에는 관련 자극에 초점을 맞추는 선택적 주의집중 능력이 부족하여 지정된 과제에 주의를 집중하지 못하는 학습자를 발견하게 된다. 대개 이들 학습자들은 수업 중에 교수자의 의미있는 학습활동에 올바르게 집중하지 못하거나 지시에 따르지 못하게 되며 결국 학습에서 번번이 실패를 경험하게 된다.

특수교육에서 유의할 점은 대부분의 특수교육 대상학생이 주의집중 결함 때문에 학업성취에 심각한 지체를 가져온다는 점이다. 따라서 주의집중에 장애를 갖고 있는 특수교육 대상학생을 위한 효과적인 주의집중 행동 개선 전략이 필요하다.

1. 주의파지이론

학습자가 학습과제에 주의를 기울이고 중요한 학습내용을 저장하고 선택하는 것은 학습활동에서 매우 중요하다. 주의파지이론은 인지능력이 떨어지는 학생이 어떻게 주의를 집중하며 차원을 선택하고 단서를 저장하고 단서를 선택하는가에 대한 설명이 가능한 이론으로 피셔와 저먼(Fisher & Zeaman, 1973)에 의해 제공되었다. 이를 살펴보면 [그림 4-1]과 같다.

그림 4-1 주의-파지이론(조인수 외, 2001)

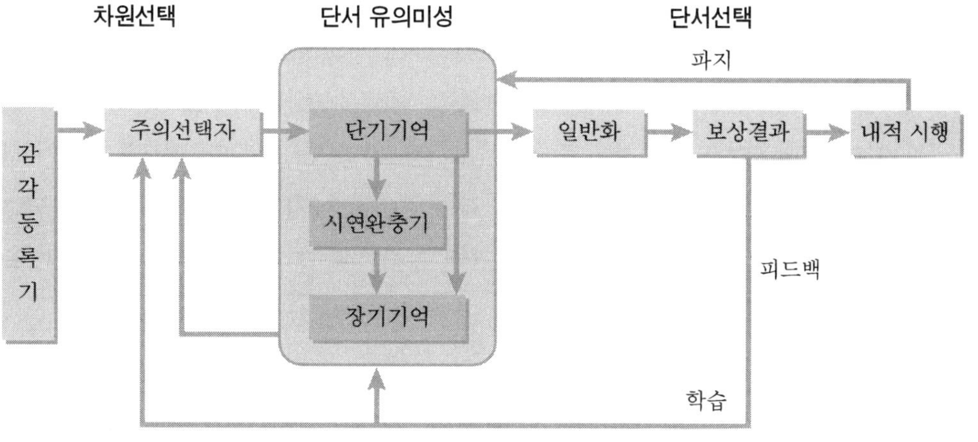

[그림 4-1]과 같이 가장 먼저 갖는 단계가 차원선택 단계이다. 차원선택 단계는 학습자에게 들어오는 자극정보 중에서 한 개 이상의 차원을 선택하고 이를 각 차원으로 변형시키는 단계이다. 예를 들어, 제시된 형태가 '어머니'와 '아버지'라고 할 때 형태에 대한 주의집중은 '어머니'와 '아버지'라는 단서를 확인하게 된다. 이어 색에 대한 주의집중이 파랑색과 빨강색이라면 색에 대한 주의집중으로 파랑색과 빨강색을 단서로 확인할 수 있다.

단서 유의미성 단계는 다양한 단서들 가운데 의미있는 단서를 장기기억에 저장하는 단계로서 단기기억에 머무는 정보를 시연완충기를 통해 장기기억 속으로 이동시키는 것이다.

단서선택 단계는 반응 생성자가 모든 가능한 단서와 보상정보를 고려하여 이를 표출 반응으로 전환시키고 피드백을 통하여 단서보상정보를 주의선택자로 송환시키는데 이는 이후 선택하게 될 자극차원에 영향을 미친다.

피셔와 저먼은 주의집중에 문제를 보이는 학습자에게 자극조작과 보상결과의 조작을 통하여 주의집중을 향상시킬 수 있다고 제안하였다.

2. 선택적 주의집중 이론과 모형

학습자는 가능한 한 덜 중요한 것을 약화시키고 보다 중요한 것에 주의를 기울인다. 주의는 학습자에게 주어진 자원을 할당하는 것과 관련이 있는데 인간의 주의에 관한 여러 연구들이 이루어졌으며 그 핵심은 지각처리를 위한 자원할당으로 모아졌다.

주의집중에 관한 연구는 양분청취 과제(dichotic listening task)를 중심으로 수행되어졌다. 양분청취 실험은 피험자가 헤드폰을 착용하고 양쪽 귀로 동시에 들려오는 각기 다른 메시지를 듣고, 그 중 한 메시지를 검영(shadowing ; 따라 말하기)하도록 하는 실험으로 이 때 실험에 참여한 피험자는 한 메시지에만 주의를 하게 되고 다른 메시지는 무시하게 된다. 마찬가지로 수업시간에 교수자의 말에 주의를 집중하는 학습자는 교실에서 돌아가는 선풍기 소리나 주위에서 대상들의 움직임을 인지하지 못한다.

일상생활 중에서도 혼잡하고 시끄러운 파티석상에서 대화를 할 때, 다른 사람들의 대화를 무시하고 현재 의사소통을 하고 있는 상대방의 대화에만 주의를 기울이게 된다. 그러나 다른 사람의 대화 속에 자신의 이름이나 중요한 주제를 청취하게 되면 주의를 신속하게 바꾸어 가면서 양쪽 대화에 모두 참여하기도 한다.

이처럼 양분청취법으로 얻은 결과를 사용하여 선택적 주의집중 모형인 여과 모형(filter model), 약소화 모형(attenuation model), 사후선택 모형(model of late selection) 등을 설정하고 검증하였다. 이를 제시하면 다음과 같다.

(1) 여과 모형

심리학자 체리(Chery)는 검영과제에서 주의를 주지 않은 메시지는 거의 처리되고 있지 않음을 발견하였다. 그는 검영시키지 않은 메시지의 어떤 측면들을 피험자들이 감지할 수 있는지 조사할 목적으로 양분청취법을 사용하였다. 그의 실험은 피험자로 하여금 신문에서 뽑은 기록문들을 한쪽 귀에 제시하고 검영하도록 했다. 주의를 두지 않은 다른 쪽 귀에는 남자 혹은 여자 음성이 담긴 상투적인 언어의 녹음을 제시하거나 거꾸로 녹음한 언어적 자극을 제시했다. 그런 후에 피험자들에게 검영시키지 않은 전달문에 대하여 질문했다. 그 결과 피험자들은 제시자극에 대해서는 정확한 대답을 했으나 주의집중하지 않은 전달문 속의 특정 단어는 식별하지 못했다. 피험자가 단지 구분할 수 있었던 것은 메시지가 사람의 음성인지, 소음인지, 사람의 음성인 경우 그것이 남자 목소리인지, 여자 목소리인지, 그리고 발하는 사람의 성별이 바뀌었는지 뿐이었다. 이와 같이 한정된 정보만을 피험자가 구분하였을 뿐 메시지가 어느 언어로 제시되었는지 또는 같은 단어가 반복되었을 경우 어느 단어가 반복되었는지에 대해서는 전혀 알 수 없었다. 이 실험으로 피험자들은 검영시키지 않은 전달문 속의 의미적 속성에는 주의를 기울이지 않고 총체적, 물리적 속성에만 주의를 집중한다는 것을 증명하였다. 따라서 이 과제의 수행은 한 사람의 말에만 주의를 기울이고 다른 것들은 무시하는 일명 '칵테일 파티 효과'와 같다.

이와 같은 현상은 제한된 정보 처리용량 때문에 단일 전달 통로로서 작용하는 것으로 설명한다. 브로드벤트(Broadbent)는 이 결과를 설명하기 위하여 여과 이론(filter theory)을 제안하였다. 이 이론의 기본 가정은 감각 정보는 어떤 병목에 도달하기까지 그 감각에 해당하는 신경계를 거친다는 것이다. 이 병목지점에서 사람은 몇몇 물리적 특징에 기초해서 처리할 메시지를 택하며 불필요한 다른 정보는 여과된다고 본다. 즉, 양분청취 과제에서 양쪽 귀에 메시지가 도달하지만 어떤 지점에서 피험자는 한쪽 귀만을 선택한다. 칵테일 파티 효과는 말하는 사람의 음의 고저와 같은 물리적 특성이 목소리 선택의 기초가 된다.

브로드벤트의 여과 모형은 귀 또는 음의 높낮이와 같은 물리적 특징을 기초로 하여 처리할 정보를 선택한다는 이론으로 이는 신경 생리적 의미로 이해할 수 있다. 즉, 여과모형은 두 귀로 들어오는 메시지는 서로 다른 신경에서 오기 때문에 신경마다 양쪽 귀로부터 상이한 빈도의 정보를 받게 되며 동시에 들어오는 다양한 메시지 중 물리적 특징에 주의를 받게 되는 단지 하나의 메시지만을 통과시키는 것으로 선택적 여과기에 의하여 주의가 선택되고 여러 가지 입력통로 가운데 하나의 통로만이 전달된다는 이론이다.

따라서 선택적 통로 속에 있는 정보는 의미적으로 분석되어 단기기억 장치에 전달된다. 이 때 주의정보의 여과는 메시지의 전체적 물리적 특징을 바탕으로 메시지들을 분석하고 분류함으로써 이루어진다.

그림 4-2 선택적 주의집중 모형(조인수 외, 2001)

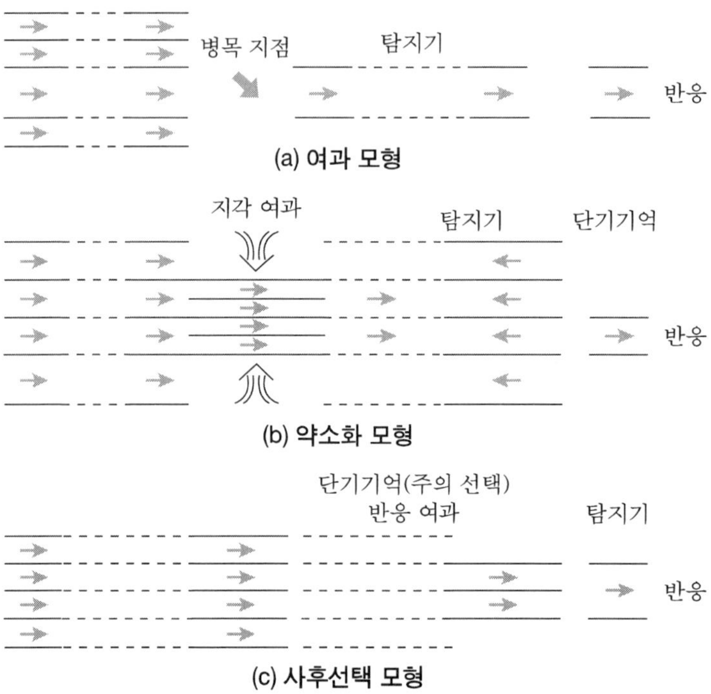

이와 같이 여과 모형은 개체가 단지 1회에 하나의 메시지 의미만을 분석하며 단지 하나의 메시지에만 주의를 집중한다. 그러므로 동시에 행해지는 두 가지 상황의 대화를 진행하기 위해서는 두 대화를 신속하게 옮겨가면서 이해한다고 보는 관점으로 하나의 메시지에 주의집중하기 때문에 개체는 제한된 용량에 무리가 없이 여러 메시지를 처리할 수 있다는 가정을 내포한다.

그러나 이 이론은 제한점이 있다. 즉, 인간은 상황에 따라 처리해야 할 메시지의 선택이 물리적 특징보다는 의미를 기초로 이루어지기도 하기 때문이다. 예를 들어, 혼잡하고 소음이 많은 칵테일 파티에서 자신은 어떤 대화에 주의를 기울이고 있지만 다른 대화에서 자기 이름이 언급되면 갑자기 주의를 그 쪽으로 바꾸게 된다. 이와 관련된 실험 가운데 피험자들이 의미를 기초로 주의를 줄 메시지를 선택함을 보여 주는 결과들이 제시되고 있다.

(2) 약소화 모형

여과 모형은 개체에 입력되는 메시지의 물리적 속성을 분석함으로써 충분한 주의가 주어지는 하나의 메시지를 선택한다고 주장했다.

트리시먼(Treisman)은 메시지를 피검자들의 한쪽 귀에 제시하고 검영시킨 다음 일정 시간 간격을 두고 똑같은 메시지를 다른 쪽 귀에 제시하는 실험을 하였다. 그 결과 피검자들은 두 가지 정보가 동일한 것임을 탐지했다. 또한 머레이(Moray)는 한 쪽 귀로 메시지를 검영하는 동안 피검자가 검영하지 않는 다른 쪽 귀로 친숙한 정보인 자신의 이름을 들려주었을 때 피검자가 이를 알아낸다는 점을 관찰하였다. 이와 같은 결과는 피검자가 검영하지 않는 정보의 의미를 처리하지 못하고 물리적 속성으로 처리한다는 여과 모형과는 상반된 결과이다.

이 결과에 따라 트리시먼은 약소화 이론(attenuation theory)을 제안하였다. 약소화 모형은 메시지가 약화되지만 물리적 특성을 기초로 여과되지는 않는다고 가정하였다. 즉, 양분청취 과제에서 피험자들은 주의를 주지 않은 귀에 들리는 신호를 약화시키지만 제거하지 않고 오히려 의미 선택 기준은 메시지의 약화 여부와 상관없이 모든 메시지에 적용된다는 점을 발견하였다. 따라서 메시지는 약화되지만 그레이와 웨더번 실험처럼 여전히 하나의 메시지를 따라가는 것은 가능하다고 보았다. 트리시먼은 이러한 결과를 설명하기 위해 입력되는 메시지가 일련의 검열을 받게 된다는 약소화 모형을 제안했다. 그는 주의선택은 의미적 분석을 포함하는 많은 분석수준에서 일어나며 경우에 따라서는 주의를 집중하지 않는 메시지의 의미분석도 일어난다고 주장하였다.

이와 같이 약소화 모형은 단순한 물리적 분석을 강조하는 여과 모형보다 더 복잡하다. 여과 모형의 주의 선택적 과정이 여과기 전환에 의해서 전부 받아들여지거나 삭제(실무율, all-or-none)된다고 보는 반면 트리시먼은 주의 선택이 약소화 과정을 거쳐서 일어난다고 주장한다. 즉, 약소화 모형은 모든 통로를 통해 들어오는 정보가 분석되고 단기기억 장치에 전달되나 개체의 주의 정보 처리 용량이 제한되어 있기 때문에 모든 통로를 통해 들어오는 정보는 약소화가 되거나 혹은 감소된다. 따라서 주의집중 하지 않은 정보는 여과를 통해 완전히 제거되는 것이 아니라 오히려 주의집중한 정보보다 단지 약화되어 처리된다고 본다.

(3) 사후선택 모형

사후선택 모형은 도이치(Deutsch)와 도이치(Deutsch)에 의해 제안되었는데 이들은 모든 정보는 약화되지 않고 완전히 처리된다고 주장하며 사후선택 이론(late selection theory)을 제안하였다. 이들은 사후선택 모형을 통하여 주의집중의 문제는 지각 체계의 용량 문제가 아니라 반응체계의 용량이 한계가 있다고 보았다. 즉, 학습자는 여러 메시지를 지각할 수는 있지만 한 번에 한 메시지만을 검영할 수 있다. 그러므로 피험자가 검영할 메시지를 선택할 때에는 어떤 근거가 필요하다. 만일 피험자들이 그 근거로 의미를 사용하면 지시에 따라 그들은 정보를 선택하게 된다.

약소화 모형과 사후선택 모형은 처리 과정에서 어떤 지각 여과기나 병목현상이 있음을 가정한다. 트리시먼은 부분적으로 지각 여과기가 어떤 메시지에 주의를 줄 것인지에 관여한다고 가정하지만, 도이치와 도이치는 지각 여과기가 지각 자극이 언어로 분석된 후에 작용한다고 가정한다. 또한 쉬프린과 가드너 역시 정보의 선택이 사후분석단계로서 단기기억과 주의집중 관계에 긍정적인 측면을 강조한다.

그림 4-3 지각 여과기와 반응 여과기로 산출한 한정된 주의

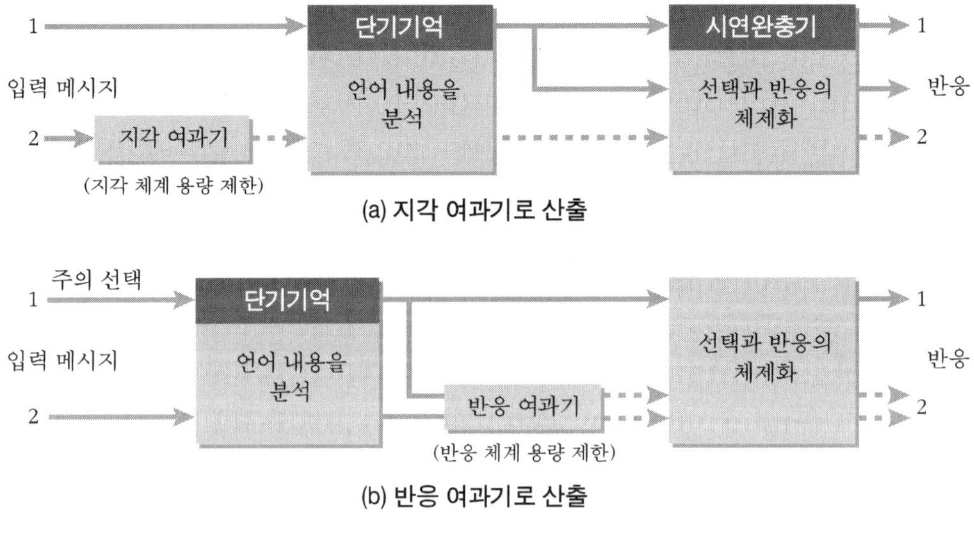

이와 같이 **사후선택 모형**은 약소화 작용이 초기에 일어난다는 주장을 받아들이지 않는다. 입력되는 정보는 단기기억 장치에 그대로 전달되며 단기기억 장치는 제한된 용량을 가지고 있으므로 입력되는 정보를 일시적으로 저장하여 장기기억 장치에 전달할 수 없기 때문에 **선택적 정보처리**가 일어나게 된다고 가정한다. 따라서 약소화 모형과 사후선택 모형의 차이점은 주의의 선택이 일어나는 단계에 있다. 즉, 약소화 모형은 형태재인이 일어나기 전 초기 처리 단계에서 주의선택이 일어나기 때문에 **초기선택 모형**인 반면 사후선택 모형은 입력되는 모든 정보는 재인되며 주의선택은 단기기억 단계에서 일어나는 것으로 주장한다. 따라서 사후선택 모형에 따르면 모든 정보는 형태재인이 일어나기 전에는 약소화가 되지 않는다는 입장을 취하고 있다.

3. 자원할당 모형과 인지과정

자원할당 모형은 선택적 주의와 배분된 주의의 두 개념이 모두 적용된다. 한편, 주의집중 모형은 한 번에 하나의 과제에 선택적으로 주의를 집중한다고 가정하고 있으나 연구에 의하면 인간은 두 개 이상의 과제에 주의를 분배시킬 수 있는 능력을 지닌 것으로 밝혀졌다.

카너먼(Kahneman, 1973), 노만과 밥로우(Norman & Bobrow, 1975)는 어떤 정보를 처리하는데 사용하는 인지능력은 제한된 용량을 갖는 것으로 설명한다. 즉, 과제를 학습하려면 그 과제에 주의를 할당하게 된다. 만약 과제가 어려우면 그 과제에 각자가 가지고 있는 모든 자원을 동원하여 과제를 해결하게 된다. 반면, 과제가 단순하다면 각자가 갖고 있는 처리량의 약간만 사용해도 되므로 다른 과제를 동시에 수행할 수 있는 충분한 처리 용량이 남게 된다.

따라서 **자원할당 모형**은 각자가 융통성 있게 제한된 자원을 사용하고 자원을 할당하는 방식은 부분적으로 상황 요인에 따라 달라지며 자원할당 과정은 다음과 같은 예측이 가능하다.

첫째, 두 과제에서 요구되는 자원이 개체의 제한된 자원을 초과하지 않으면 두 과제를 동시에 수행할 수 있다.

둘째, 두 과제에서 요구되는 처리 자원이 각자의 자원을 초과할 경우, 한 과제의 수행은 이 과제와 동시에 수행되는 과제를 방해할 수 있다.

셋째, 학습자는 과제의 요구에 따라서 할당책을 조정할 수 있다.

자원할당 모형은 양분청취 실험에서 일어난 초기선택과 사후선택의 작용을 모두 증명할 수 있다. 즉, 사후 주의선택은 검영과제가 비교적 쉽고 검영을 하지 않은 메시지의 의미를 분석하는데 사용될 자원이 충분할 때 일어날 수 있다.

반면, 초기 주의 선택은 검영과제가 비교적 어렵고 검영을 하지 않는 메시지의 의미를 동시에 분석하기 위해 사용될 수 있는 자원이 아주 적을 때 일어난다.

한편, 물리적 · 감각적인 단서보다 의미적 단서의 전달 정보를 구분하는데 더 많은 자원이 필요하다.

자원할당 모형에서 주의는 하나의 융통성 있는 과정이며 어떤 특정한 하나의 처리 단계에 한정되는 것이 아니다. 선택적 주의집중은 전술한 바와 같이 일차적 과제의 난이도와 학습자의 가용자원 수, 학습자가 사용하는 할당전략 등의 요인에 따라 달라질 수 있다.

허스트(Hirst) 등은 인간은 태어날 때부터 두 개의 복잡한 의미적 과제를 동시에 수행할 수 없는 제한된 용량을 지니지만 후천적으로 끊임없는 연습을 통해 두 개의 복잡한 의미적 과제를 방해 없이 수행할 수 있다고 하였다.

이 때 자동화 현상은 자원할당 모형과 주의를 적절히 정의하는데 중요하다. 즉, 인지과정은 많이 연습하면 할수록 더 적은 주의를 요하게 되는데 이처럼 주의를 거의 요하지 않는 고도로 연습된 과정을 자동화 과정이라고 한다.

한편, 인지과정은 주의를 요하지 않는 자동화 과정(automatic processes)과 주의를 요하는 통제과정(controlled processes)의 두 유형으로 분류한다.

자동화 과정은 피험자의 의식적 통제 없이 수행되는 것으로 자동차 운전을 하면서 동시에 여러 가지 일을 수행하는 것이나 여러 사람과 동시에 대화를 나누며 언어를 이해하는 것은 자동적이다. 반면, **통제 과정**은 의식적 통제를 요구하는 것으로서 선택적 듣기 과제에서 대화의 검영이 통제 과정의 한 예이다. 어려운 암산을 한다든지 고급 인지과정을 수행하는 것은 통제 과정의 예이다.

이와 같이 연습은 주의의 한계에 영향을 미친다. 연습이 주의집중을 높인다는 사실은 언더우드(Underwood)의 실험으로 증명할 수 있다. 언더우드는 검영을 수 없이 많이 연습한 피험자는 다른 피험자들과 달리 주의를 기울이지 않은 채널에 담겨진 내용에도 주의를 기울일 수 있다는 점을 알아냈다. 이러한 현상은 지속적인 연습이 검영과정을 자동화하였기 때문으로 해석할 수 있다.

이와 같이 과제가 연습될수록 그 과제는 자동적이 되고 더 적은 주의 자원을 요구하게 된다. 즉, 자동화와 연습은 주의집중과 밀접한 관계를 가지며 정신적 집중을 일정방향으로 유도한다.

따라서 특수교육 대상학생에게 주의집중을 높이기 위한 전략으로 과제를 반복적으로 수행시켜 자동화하는 것은 학습자의 주어진 자원할당 능력을 높이는 것과 깊은 관련이 있다고 하겠다.

4. 일면관찰 모형과 다면관찰 모형

주의집중은 일면관찰 모형과 다면관찰 모형의 두 가지 견해가 있다. 즉, 학습자가 과제를 변별하여 시행하는 경우 한 면만 관찰한다는 **일면관찰 모형**(one-look observational attention model)이 있고 여러 가지 유관차원에 동시에 주의를 기울인다는 **다면관찰 모형**(multiple-look observational attention model)이 있다.

먼저, **일면관찰 모형**은 저먼과 하우스(Zeaman & House, 1974)에 의해 제기된 모형으로 1회의 변별 시행에서 복합 자극들 가운데 단 하나의 자극차원만을 선택 관찰한다고 설명한다. 일면관찰 모형은 지능의 개인차가 시각변별 과제의 초기제시 때 주의집중 방향의 개인차와 관련된다는 이론을 지지하며 발달지체학생의 주의변별 문제해결을 이해하는데 도움이 된다.

일면관찰 모형은 주의집중 방향의 훈련 가능성을 제시해 주는 반면 과정 변수를 발견할 조직적인 목적으로 이용되지는 못한다.

다면관찰 모형은 1회의 변별 시행에서 여러 개의 복합 자극 가운데 자극차원은 비중에 따라 결정된다고 설명하고 있다. 저먼은 주의집중 범위라는 요인에 대하여 자극 복합적인 변별 과제에서 한 번에 한 가지 이상의 차원을 동시에 주의집중하여 관찰할 수 있는 능력이라는 의미로 설명하고 있다. 이와 같이 일회시행에서 한 가지 이상의 자극요소에 주의를 동시에 집중할 수 있고 또 자극 요소들은 독립적으로 작용한다는 것이 다면관찰 이론이다.

한편, 정보처리는 시각이 청각보다 더 한정되어 있다. 즉, 어느 한 곳을 주시하여 바라볼 경우, 다른 정보는 여과시키고 눈에 들어오는 정보에만 주의를 주게 된다. 그러므로 복잡한 시각 상황을 처리하려면 주의를 시각 주변으로 이동시키면서 시각 정보를 추적해야 한다. 이것은 대화를 검영하는 것과 같다.

나이서(Neisser)와 베클렌(Becklen)은 청각 검영과제에 해당하는 시각적 유추물을 만들었다. 그들은 피험자들에게 겹쳐진 두 개의 비디오테이프를 보여 주었다. 하나는 두 사람이 손바닥을 마주치는 게임이었고, 다른 것은 몇 사람이 공놀이를 하는 것이었다. 실험은 피험자들에게 두 상황 중 어느 하나에 주의를 주고 그것을 추적하라는 지시를 내렸다. 그 결과는 피험자들은 다른 하나를 여과하면서 한 가지 상황은 매우 잘 추적하였으나 두 가지 상황 모두를 추적하라는 지시를 받았을 때는 커다란 곤란을 겪었으며 여러 주요 장면들을 놓쳤다.

따라서 시각정보 처리는 청각정보 처리보다 더 한정된 용량을 지니고 있음을 살펴 볼 수 있다.

Paragraph

02 시각적 변별 과제와 주의집중

1. 차원의 수

무관차원은 학습자의 학업성취를 방해하는 것으로 교수자는 학습과제에서 무관차원의 수를 감소시킴으로 인지능력이 떨어지는 학습자의 학습능력을 증진시킬 수 있다. 즉, 수업자료를 준비할 때 문제해결과는 관련이 없는 색, 그림, 크기 등의 다양한 무관차원을 제시하는 방법은 바람직하지 않다. 무관차원으로 색을 제시할 경우 비장애 학습자는 색에 대한 주의가 산만하지 않았으나 인지능력이 떨어지는 학습자는 색에 대한 주의가 산만하게 나타났다.

한편 변동 유관차원에 있어 인지능력이 떨어지는 학습자는 명도에 대한 주의집중이 쉽게 되는 것으로 나타났으며 크기에 색이나 형태보다 더 잘 반응하는 경향이 있다.

피셔와 저먼(Fisher & Zeaman, 1970)은 인지능력이 떨어지는 학습자는 선호차원이 유관차원일 경우 더 빠르게 학습한다는 사실을 보고하였다. 따라서 **차원편견**을 고려한 교수기술을 소개하면 다음과 같다.

첫째, 학습자에게 다양한 색이나 크기를 제시하여 학습자가 좋아하는 차원을 선택하고 이를 유관차원으로 활용한다.

둘째, **차원선호**가 유관차원의 주의집중을 방해하는 경우 차원 선호를 약화시켜나간다. 예를 들어, 학습자가 빨간 색깔을 선호한다면 학습과제를 제시할 때 선호하는 색깔로서 제시하게 된다. 즉, 처음으로 과제를 제시할 때는 학습자가 선호하는 빨간 색깔로서 '어머니'를 제시하지만 이후에는 색깔을 약화시켜 일반적으로 검은색으로 '어머니'를 제시한다.

한편, 인지능력이 떨어지는 학생은 변별학습에서 두 자극 간의 거리, 크기의 차를 증가시킬수록 과제의 곤란을 겪는다. 그러므로 최초 변별과제를 제시할 경우에는 두 자극 간의 거리를 가깝게 하고 크기를 같게 하는 것이 변별을 돕는다.

단서와 특수성과 단서의 차이가 주의집중 행동 개선을 촉진시킬 수 있는 예들을 소개하면 다음과 같다.

첫째, 자극의 유관차원을 강조한다.

즉, 단서의 특수성이나 차이가 두드러지는 인물화의 경우 캐리커처 등을 활용한다든지 양각으로 튀어나온 글자나 그림, 모양 등을 활용한다든지 유관차원을 알아보도록 화살 표시나 밑줄을 긋는 등의 방법이 효과적이다. 이를 제시하면 [그림 4-4]와 같다.

그림 4-4 유관차원의 강조

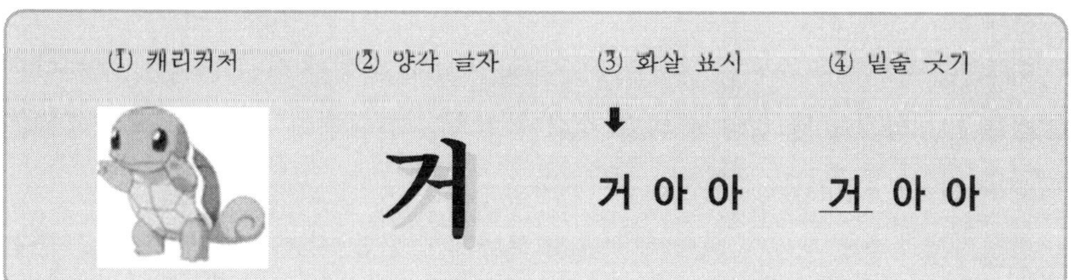

둘째, 글자나 형태의 초기 단계에는 서로 이질적인 글자를 가지고 변별학습을 하는 것이 좋다. 또한 변별 능력을 높이기 위해 동일한 자극을 사용하는 방법도 효과적이다. 즉, '아'를 찾도록 하기 위해 (가, 가, 가, 가, 아)에서 (가, 가, 가, 아, 나, 나) 등으로 과제를 제시함으로서 변별 능력을 높여줄 수 있다. 이는 [그림 4-4]의 자극의 중복성으로 설명할 수 있다.

2. 유인자극 조건

강화는 학습 기회를 연장시키는 효과가 있다. 그러므로 교수자가 인지능력이 떨어지는 학습자에게 새로운 학습과제를 도달시키기 위해서는 유인자극 조건을 강화하는 것이 좋다. 유인자극으로 칭찬을 강화제로 활용하는데 칭찬의 효과를 높이려면 지나친 칭찬보다는 학습자가 적절한 행동을 했을 때 구체적인 행동에 대하여 칭찬하는 것이 효과적이다.

3. 효과적인 학습전이 조작

인지능력이 낮은 학습자를 대상으로 한 시연은 전이 조작에 필요하다. 시연은 인지능력이 떨어지는 학생의 학업성취에 효과적이다. 교수자가 큰소리로 암송시연 등의 방법을 활용하며 학습자의 참여를 유도하면 학습자의 전이 효과가 향상된다.

또한 과잉학습은 연습이나 실습이 필연적이므로 학습자에게 흥미나 동기를 증진시키는 연습 활동을 제시하는 것이 효과적이다.

4. 이류(異類)학습

이류학습은 변별학습의 한 유형으로 유관차원 내에 차이가 나는 단서들 중 하나를 고르는 것이다. 이류학습에 곤란을 보이는 인지능력이 떨어지는 학생의 경우에는 다음과 같은 수업전략을 활용할 수 있다.

발달지체학생은 차이가 나는 단서를 고르는데 곤란을 겪는다. 이러한 경우 특정 변인을 통제함으로써 이류학습을 촉진시킬 수 있다. 그 예를 소개하면 다음과 같다.

먼저 선호 차원 내에 있는 이류단서를 훈련시키고, 둘째, 이류단서를 전달해주는 차원의 수를 증가시키며, 셋째, 차원 내 이동의 이류학습에 들어가기 전 양자택일 과제를 미리 사전에 훈련시키고, 넷째, 자극 배열에 있어 동류 자극의 수를 증가시키는 방법이 효과적이다.

이러한 방법의 예를 살펴보면 다음과 같다.

첫째, **자극의 중복성**이다. 즉, 문자 '가'를 인식시키기 위해 동일한 '아' 문자수를 증가시키면 학습자는 '가'를 쉽게 찾을 수 있다. 이를 제시하면 [그림 4-5]와 같다.

그림 4-5 동일 자극의 중복성

가	아	아	아	아
아	아	가	아	아
아	아	아	가	아

[그림 4-5]와 같이 처음에는 동일한 자극의 '아'를 여러 개 제시하였다가 점차 동일한 자극의 수를 줄여나간다.

또한 여러 가지 차원을 가지고 이류자극을 변경시킴으로 학습효과를 증진시킬 수 있다. 즉, 문자 '가'를 인식시키기 위해 여러 가지 차원을 제시하여 '가'를 찾도록 하는 방법으로 [그림 4-6]과 같다.

그림 4-6 여리 차원을 활용한 지극의 중복성

빨강 가	파랑 아	파랑 아	파랑 아
파랑 아	파랑 아	빨강 가	파랑 아
파랑 아	파랑 아	파랑 아	빨강 가

[그림 4–6]과 같이 여러 차원을 제시하여 '가'를 찾도록 하면 보다 효과적으로 이류학습을 할 수 있다.

이상 살펴 본 바와 같이 주의집중에 영향을 미치는 영역은 차원이며, 유인 조건으로는 강화가 있으며 전이 조작과 이류학습 자극을 통하여 주의집중 행동을 증가시킬 수 있다.

Paragraph

03 주의집중 장애

1. 주의집중 장애

주의집중은 주의집중 과정에서 여러 가지 다른 유형의 주의 결핍 상태를 기술할 수 있다.

뇌 손상 아동의 주의집중 장애는 과잉행동, 무관 자극에 초점을 맞춤으로써 주의집중을 지속하는데 어려움을 겪는 주의산만(distractibility), 억제불능(disinhibition)이나 내적 및 외적 주의산만에 반응하는 경향, 고집(perseveration)이나 적합하지 않는 행동의 반복 등이다.

(1) 정신 의학적 분류

미국 정신 의학 협회가 발간한 정신 장애의 진단과 통계 편람은 과잉행동을 수반하는 주의집중 장애와 과잉행동을 동반하지 않는 주의집중 장애의 두 가지 유형으로 주의집중 장애를 들고 있다. 과잉행동을 수반하는 주의집중 장애의 가장 중요한 특징은 부적절한 주의산만, 충동성 및 과잉행동 증상이다.

주의산만의 일반적 특징은 시작한 일을 끝내지 못한다거나 가끔 주의 깊게 듣지 않는 것 같으며 쉽게 주의가 흐트러지는 경향을 보인다. 또한 지속된 주의집중을 요하는 과제를 수행하는데 있어서 어려움을 보이고 놀이 활동을 잘 수행하기 어렵다.

충동성은 한 가지 활동에서 다른 활동으로 지나칠 정도로 자주 바꾸며 가끔 아무런 생각 없이 순간적인 행동을 취하는 등의 문제를 보인다. 충동성은 인지 손상에 기인된 것은 아니지만 작업 활동 조직이 어렵고 모든 일에 감독을 해야 하며 수업 중 자주 불려나오고 게임 등 집단 활동에서 자기의 차례를 기다리지 못하는 등의 문제를 보인다.

과잉행동은 사물 주위를 뛰어다닌다든지 잘 기어오르고 의자에 조용히 앉아 있지 못하거나 지나치게 움직이고 쉴 새 없이 행동하는 경우이다. 이들은 7세 이전에 발생하며 적어도 6개월 간은 행동이 지속된다. 주의산만은 정신 분열증, 정서 장애가 심한 정신지체나 극심한 정신지체는 제외된다.

(2) 심리 교육적 분류

선택적 주의집중을 방해하는 경향이 있는 학생은 두 유형이 있다.

먼저 과잉행동 장애학생은 주위의 통제를 받지 않고 자신의 내적 자극에 따라 행동을 일으키기 때문에 주의집중에 방해를 가져온다.

반면, 과소 행동 장애학생은 어떤 외부 자극에도 반응을 보이지 않기 때문에 선택적 주의집중에 방해가 된다. 이와 같은 현상은 신경적, 생화학적 및 정서적 조건에서 기인된다.

과잉행동 장애학생은 다음과 같은 두드러진 특징을 보인다.

과잉행동 장애학생은 쉴 새 없이 부산하게 활동하는데 이러한 운동 요인은 출생에서부터 5세 사이에 두드러지게 나타나는 현상이다. 초등학교 취학 아동의 경우 한 가지 과제에 주의를 집중하는 시간이 짧아 학습을 수행하는데 문제를 보인다. 또한 사회적 구성 요소는 청소년기에 절정을 이루는데 주위의 사람들과 사회적 상호 작용을 하는데 제한적이다.

과잉행동 장애학생은 끊임없이 부산하게 움직이며 불안해하고 몸을 흔들거나 손을 흔들고 발을 끌며 급히 걸어 다니는 등의 특성이 있으며 장기적인 활동을 기대하기 힘들다. 예를 들어, 모든 장난감들을 선반에서 꺼내어 잠시 갖고 놀다가 버리는가 하면 색칠하기를 지시하면 오랫동안 과제에 충실하게 색을 칠할 수 없다. 책을 읽으면 곧 흥미를 상실해 버리고 자기 자리에 조용히 앉아 있지 못한다. 이와 같이 과잉행동 장애 아동은 지나치게 활동적이고 쉬지 않고 말을 한다.

주의집중 장애의 또 다른 형태는 과소 행동으로 이는 과잉행동의 반대 증상이다. **과소행동 장애학생**은 자신의 환경에서 위축되는 것을 말하며 이런 행동의 특징은 환경 자극에 대하여 반응이 부족하며 백일몽 증세를 갖거나 지정된 과업을 완수하지 못하고 다른 아동들과의 대화에 거의 참여하지 않는다.

한편 **주의집중 고착**(fixation of attention)을 보이기도 한다. 주의집중 고착 학생은 현재 필요로 하는 과업과 전혀 관계가 없거나 중요하지 않은 자극에 고착되거나 주의를 집중하는 특징을 보인다. 주의집중 고착을 로스(Ross)는 과잉 배타적 주의(overexclusive attention)처럼 자극의 한쪽 측면에만 주의를 집중하는 것으로 정의내린다.

주의집중 고착 학생은 다른 모든 특징과 자극 중에서 배타적 자극의 단 한 가지 특성에만 주의를 기울이는 경향이 있다. 일부 뇌 손상 학생은 특정 자극에 지나치게 고착되거나 고집하는 경향을 발견할 수 있다.

주의산만(ditractibility)은 한 가지 과제에 주의를 지속시킬 수 없는 아동에게 붙이는 명칭이다. 주의산만 아동은 환경 내의 다른 자극에 반응하고 과제를 완성하기 위한 관련 자극을 선택하거나 과업 행동을 지속할 수 있다.

스트라우스(Strauss)와 레티넨(Lehtinen)은 이들이 환경 내에서 무관 자극에 의하여 정신 혼란을 야기하지 않도록 하며 교수－학습활동에서 교수자는 단조로운 복장을 착용할 것을 권고한다.

이는 주의산만을 줄이기 위해 불필요한 자극을 극소화시키기 위한 것이다.

충동성이나 억제불능은 아동들이 선택적 주의집중, 학업성취 및 대인 관계를 방해하는 경향이 있는 또 다른 형태의 주의집중 결함이다. 이 경우 아동들은 모든 내 · 외적인 혼란에 신속한 반응을 나타냄으로써 완수해야 할 과업으로부터 주의집중을 분산시켜 버린다.

2. 학습과제와 주의집중

모든 학습과제를 수행하기 위해 주의집중이 이루어져야 한다.

학습자가 학습을 하려면 학습과제에 관련된 요구 사항에 먼저 주의를 집중하고 초점을 맞추어야 한다.

교수-학습 활동에서 학습자에게 요구되는 일반적인 주의집중의 필요 사항에 대하여 정리하면 다음과 같다(이상춘 · 김정권 · 여광응, 1988).

(1) 선택적 자극

학습과제를 수행한다는 것은 새로운 학습과제와 관련된 주요 관련 자극에 초점을 맞추는 것이다. 장애학생 중에는 학습과제와 전혀 상관없는 자극에 주의를 빼앗기는 경우가 있다. 예를 들어, 교수자의 옷이나 머리 모양, 시계 등은 학습내용과는 아무 상관이 없는 자극이 될 것이다. 이를 무관자극이라고 한다.

무관자극은 학습과제를 수행하는데 주의의 혼란을 일으키는 자극이다. 학습자가 외부 자극을 선택하는데 외적 감각자극 선택, 내적 감각자극 선택, 다감각 선택 등으로 선택한다.

외적 감각자극 선택은 무관자극을 선별해 내고 학습자가 같은 경로를 통하여 과제를 완성할 때 관련 자극에 초점을 맞추는 행동이다. 내적 감각자극 선택은 동시에 두 가지 이상의 감각 경로를 통하여 받아들인 경쟁적인 감각 정보들 중에서 필요한 감각 정보를 선택하는 행동이다.

한편, 다감각 선택은 서로 다른 감각 경로를 통하여 동시에 받아들인 두 가지 이상의 자극에 선택적 주의를 집중시키는 능력을 말한다. 예를 들어, 교수자가 칠판에 판서를 하게 되면 학습자는 교수자의 설명을 듣고 판서를 보거나 내용을 따라 쓰는 경우이다. 이처럼 다감각 통합 과제는 주의집중이 시각 및 청각 자극에 동시에 이루어져야 하기 때문에 어려움을 겪는데 대부분의 학습과제는 다감각 선택을 요구하는 경우가 많으므로 특수교육 대상학생이 관련 자극에 주의를 기울이는데 어려움을 겪을 수 있다.

따라서 학습자가 관련 학습과제를 선택하는데 도움을 줄 수 있는 전략들을 살펴보면 다음과 같다.

첫째, 특정 자극의 중요성을 인식시키는 것이다.

교사는 과제분석을 통하여 어느 자극이 중요한지 결정하여 그 내용을 제시하기 이전에 이를 학습자에게 알려준다. 즉, "특히 이 부분은 잘 들어라.!"라고 말로서 하든지 손가락으로 중요 부분을 지시해 주는 방법 등이다.

둘째, 관련 자극 단서를 줄이는 것이다.

다수의 특수교육 대상학생은 자극 단서가 많으면 무관 자극으로 인하여 관련 자극을 선택하는 데 어려움을 겪는다. 따라서 교수자가 제시할 자극 수를 줄이는 방법이 효과적이다.

셋째, 관련 자극의 강도를 증가시키는 것이다.

물리적으로 큰 소리, 움직임 및 색의 사용은 학습자의 주의집중을 유도할 수 있다. 교탁 위에 주의를 집중시킬 목적으로 간이종을 설치하여 치거나 몸을 꼿꼿하게 세우고 움직임을 천천히 크게 하였다가 말을 하는 방법 등이 있다.

넷째, 신기성과 친밀성의 효과를 기대하는 방법이 있다.

학습 상황에서 새롭고 신기한 것을 제시함으로 학습자의 주의를 모을 수 있다. 또한 반대로 학습자와 친밀한 과제 역시 주의를 끌 수 있는 효과적인 방법이다.

다섯째, 촉각 및 운동지각을 사용하는 방법이 있다.

촉각과 운동 지각을 이용하면 학습자의 주의집중을 증가시킬 수 있다. 촉각은 고립된 관련 자극을 도와주고 소리내어 말하기 등은 시각 자극에 더하여 학습자의 주의집중을 돕는다.

여섯째, 일상적인 자료를 사용하는 방법이 있다.

평범한 상황에서 일반적인 학습 도구를 사용하여 특정 자극에 대한 주의집중을 도울 수 있다.

일곱째, 선행 경험을 자극하는 방법이 있다.

선행 경험과 상황에 대한 기대는 학습자가 투입되는 정보에 주의를 집중시키는데 유용하게 응용될 수 있다.

(2) 주의집중 행동 지속기간

학습과제의 대부분은 학습자가 주의를 지속적으로 기울여야 수행할 수 있다. 대개 학습과제를 숙달하는데 필요한 주의집중 지속시간은 과제의 곤란도, 학습자의 신체 · 심리 · 운동적 조건, 학습자의 수준에 맞춰 학습과제를 전달하는 교수방법과 밀접한 관계가 있다.

학습자는 너무 어려운 과제에 직면하게 되면 선택과제에서 주의집중을 중단시켜 버리는 경향이 있다. 마찬가지로 학습자가 학습내용을 즉시 이해하며 너무 쉽거나 흥미가 없을 때, 학습자의 주의는 다른 흥미가 있는 것으로 이동하게 되며 학습자가 교수자의 지도내용에 흥미를 상실할 때에도 주의집중을 지속하기가 어렵다. 또한 학습 기간에 학습자의 신체적 조건이 과제에 초점을 맞추는 능력과 학습자에 필요한 주의집중 지속 능력을 약화시킨다.

학습자가 학습과제나 자료에 적절히 반응하지 않는다면 자료나 절차가 학습자의 수준을 반영하지 못한 결과라고 할 수 있다. 따라서 학습자의 필요한 주의집중 지속기간을 유지하기 위해서는 과제의 곤란성을 통제하거나 교수 절차를 학습자의 조건에 맞도록 조정해야 할 필요가 있다.

일부 특수교육 대상학생 중에는 관련 자극을 선택하고 주의를 집중하지만 주의집중 행동 시간이 매우 적은 경우도 있다. 다음은 주의집중 지속 시간을 증가시키는 방법들이다.

첫째, 학습자가 성취해야 할 행동 목표를 설정하여 주의집중 지속 시간을 늘리는 방법이 있다.

과제를 성취하는데 필요한 활동 범위의 구조를 조직하고 그 과제들을 세분하여 하위과제로 나눈다. 그리고 학습자에게 과제를 완수하기 위해 각 하위 과제의 관계를 보다 잘 파악토록 하여 과제에 지속토록 요구하는 방법이다.

둘째, 시계를 사용하여 주의집중 지속시간을 증가시키는 방법이다. 학습자에게 시계를 사용하여 주의집중 활동 시간을 스스로 측정하게 하여 주의집중 지속 시간을 늘리는 방법이다.

셋째, 강화 및 도표를 작성하여 주의집중 지속 시간을 늘리는 방법이 있다.

학습자가 과제에 소비하는 시간을 증가시키기 위해 학습자를 격려하고 강화한다.

과제에 대한 전체 시간을 도표 등으로 작성하여 주의집중 시간을 증가하도록 자극하는 방법이다.

넷째, 활동을 중단하는 빈도를 조절하는 방법이 있다.

일부 특수교육 대상학생 중에는 주의집중이 되지 않아 활동을 중단하는 사태가 발생하곤 한다. 그러므로 활동을 중단하는 빈도를 줄이기 위해 학습자에게 자신의 활동계획을 설정하도록 격려하는 방법이다.

(3) 주의집중 이동

학습자가 보고, 듣고, 접촉하고, 경험하는 모든 것들은 주의집중을 요구한다.

그러므로 매 순간마다 일어나는 모든 사건들을 충분히 지각하기 위해 학습자는 그들의 주의를 한 곳에서 다른 곳으로 이동시켜야 한다. 학습과제 역시 학습자로 하여금 한 과제에서 다른 과제로 주의를 이동시키도록 요구하고 있다.

주의집중 이동은 눈의 초점, 한 지점에서 다른 지점으로 신체의 이동 등이 포함된다. 주의집중 이동에는 시간 내의 변화, 현재, 과거, 미래에 대한 사고와도 관련이 있으며 감각 경로의 이동과도 관련이 있다. 즉, 교수자가 말을 하면서 종이에 문제를 풀어 준다면 학습자는 주의집중을 청각 경로에서 시각 경로로 이동해야 한다. 그러나 다수의 특수교육 대상학생은 한 번에 한 가지 이상의 경로를 통하여 정보를 이동시키지 못하는 경우가 있다.

주의집중 이동을 증대시키는 방법들을 소개하면 다음과 같다.

첫째, 한 번에 한 가지 경로만 요구하는 것이다. 교수자는 시각 자극과 청각 자극 등을 구분하여 제시하면서 학습자의 부담을 덜어줄 필요가 있다.

둘째, 주의집중 이동을 위한 시간을 허용하는 것이다. 학습자가 새로운 자극을 받아들이기 위해 주의집중을 위한 시간이 필요하다. 그러므로 현재의 자극에서 다음의 새로운 자극으로 넘어갈 때 부가적인 시간을 주는 것이 필요하다.

셋째, 주의집중 이동시간을 단축하는 방법이 있다. 현재 자극에서 새로운 다음 자극으로 신속하게 이동시킴으로 주의집중을 이동시키는 방법이 필요하다.

(4) 과제의 연속 제시와 주의집중

학습과제를 연속적으로 제시하는 단계적 방법으로 지도할 수 있다. 그러나 일부 특수교육 대상학생은 연속적 제시에 주의를 기울이지 못하는 경우가 있다. 이들은 처음 부분의 지시는 이해하지만 뒤로 갈수록 그 자극을 보존하는데 실패한다. 또한 기억에 문제를 지닌 학습자는 그가 듣고 본 마지막 것만 기억하거나 반응하기도 한다.

따라서 연속적 정보 처리를 수행하는데 어려움을 겪는 장애학생에게 과제 수행을 지시할 때는 끊어서 간결하게 하나하나 차례대로 지시하는 방법이 좋은 학습전략이다. 예를 들어 "수학책 8쪽을 펴라.", "학습내용을 확인해라.", "첫 문제를 풀어라." 등으로 과제 수행을 지시하는 것이 바람직하다.

학습과제는 특정한 순서에 따라 처리되는 경우가 대부분이다. 연속적 주의집중에 도움을 주는 방법을 제시하면 다음과 같다.

첫째, 점진적으로 항목의 수를 증가시키는 방법이 있다.

학습자가 연속적인 학습과제를 수행하는데 필요한 다양한 구성 요소들을 제시할 때에는 처음에는 간단한 연속 과제를 제시하고 점차적으로 연속 과제를 증가시키는 방법이 효과적이다.

둘째, 연속적인 과제를 군집화(chunking)하는 방법이 주의집중을 높일 수 있다.

학습자가 연속 과제의 구성 요소들은 군집화하여 사용하는 방법이다. 군집화란 자극을 의미있는 단위로 묶어 효율적으로 기억하는 방법으로 군집화로 보다 많은 정보를 기억할 수 있고 단기기억의 용량도 증가시킬 수 있다.

예를 들어, 가네의 수업사태는 도입단계가 ① 주의집중하기, ② 수업목표 고지하기, ③ 선행학습 재생하기의 순이며, 전개단계는 ④ 자극자료 제시하기, ⑤ 학습단계 제공하기, ⑥ 수행유도하기, ⑦ 피드백 제공하기이고, 정리단계는 ⑧ 수행 측정하기, ⑨ 파지 · 전이 촉진하기의 순이다. 이를 군집화하면 다음과 같다. 먼저 첫글자를 따서 ㉮도–주–수–선, ㉮전–자–학–수–피, ㉮정–수–파 등으로 반복하여 외울 수 있지만 이를 "**도주***하면 어***수선***하고* **전자학**(습/**수**)*은* **피***할 수 없으니* **정리***하여* **수**(받/**파**)*자*" 등과 같이 자신과 친숙한 문장단위로 조직하면 군집화가 용이해진다.

이와 같이 문장을 묶는 것은 이미 장기기억에 저장되어 있는 낱말들이 친숙성이 군집화를 도와주기 때문이다. 군집화를 할 때는 학습할 내용을 단순히 묶는 것이 아니라 이처럼 의미있는 그룹으로 묶어 놓는 것이 중요하다.

셋째, 연속적인 학습과제를 시연하는 방법이 있다.

학습자가 연속된 자극정보를 여러 번 반복하면 주의집중을 높일 수 있다. 기억이 시연하는 반복의 횟수에 영향을 받는다. 그러므로 주의집중 과정이 기억될 때까지 연습을 하면 주의집중 반응 효과는 높아진다.

3. 특수교육 대상학생의 주의집중 행동 개선

일반적으로 특수교육 대상학생은 주의집중 행동 개선이 요구된다. 그러나 주의집중 행동은 개선시키기 어렵다. 학습자가 주의집중 해야 할 상황은 다양하기 때문에 각각의 상황을 미리 설정하여 훈련시키기 어려울 뿐만 아니라 주의집중은 단일 수행 능력이 아니기 때문에 일정 활동으로 일반화시킬 수 없다.

따라서 교수자는 주의집중 장애를 지닌 학습자의 주의집중 행동을 개선시키기 위한 교수전략이 필요하다.

이상과 같이 주의집중 행동개선은 특정 학습과제에 대한 선택적 주의집중 교수전략을 활용하여야 것이다.

주의집중 행동개선을 위한 전략을 살펴보면 다음과 같다.

Paragraph 04 주의집중 훈련의 실제

1. 주의력 결핍 행동 특성

주의력 결핍 학생의 주요 특징은 주의가 쉽게 흩어지고 주의의 폭이 짧은 점이다. 주의력 결핍 학생은 주의를 기울이기는 하나 교실 밖에서 일어나는 것, 교실 내의 소음, 혹은 자신의 생각과 같은 부적당한 자극에 주의를 집중할 수도 있다. 이들은 끈기가 거의 없어 한 가지 활동에서 금방 다른 활동으로 옮겨가며, 무엇을 해야 할 지 당황해 한다. 이처럼 학교 환경에서 주의력결핍 학생은 주의력결핍 때문에 그들이 하고 있는 것을 이해하지 못하거나 헤매고 또 잊어버릴 수 있다. 이러한 학습자는 다른 자극이나 그들 자신의 생각들에 의해서 자주 주의가 흐트러지고 끝을 맺기보다는 더 많은 활동들을 시작한다. 반면, 주의력결핍 학생은 일상적인 학교 과제에는 주의를 기울이지 않는다 하여도 자신이 좋아하는 취미나 컴퓨터게임과 같이 재미가 있는 활동이나 신기하고 새로운 상황에 참여하면서 긴 시간 동안을 주의집중적으로 활동할 수도 있다.

2. 주의집중 훈련

주의집중은 그 자체로서 존재하는 것이 아니라 제반 감각이나 근육적 운동 능력과 결합해서 가능한 것이므로 감각, 즉 근육 운동의 훈련이 주의집중력의 훈련으로 연결되어 있다(이상춘 · 김정권 · 여광응, 1988).

(1) 주의집중 훈련의 선결 조건

학습자는 훈련을 하기 위해서는 기본적으로 필요한 선결 조건인 기본자세를 익혀야 한다. 앉아 있기, 두 손을 무릎 위에 올려놓기, 이름을 부르면 교수자를 바라보기, 지시된 물건을 바라보기 등 관찰과 모방이 필요한 기본자세의 훈련이 선행된다. 훈련의 기본자세는 학습자가 교수자에게 주의를 집중할 수 있는 자세를 말한다. 이러한 기본자세의 훈련이 완성되지 않으면 훈련자의 시범을 모방하도록 유도하기가 거의 불가능하다.

(2) 훈련 단계화 조건의 설정

주의집중 장애학생에게 새로운 행동을 가르칠 때에는 행동 형성에 의한 점진적 접근법을 시도한다. 따라서 처음부터 목표 행동을 요구하는 것보다 출발점 행동을 정확하게 확인하고 학습자의 작동 수준을 기초로 하여 훈련의 단계와 조건을 설정한다.

(3) 훈련상의 유의점

주의집중 장애학생의 훈련은 교수자가 상당한 노력을 투입하였음에도 불구하고 나타나는 성과는 미미할 수 있다. 이는 교수자가 잘못 지도했기 때문이 아니라 학습자의 능력 발달이 그만큼 느리기 때문일 수도 있다. 뿐만 아니라 학습한 행동에 대한 전이 혹은 일반화가 비장애학생 등에 비하여 열악하기 때문이다. 그러므로 다음과 같은 점에 유의하여 지도해 나가는 것이 바람직하다.

① 프로그램의 절차를 완전히 알고 훈련을 시작한다.
② 프로그램의 절차와 지시에 따라 훈련해야 한다.
③ 효과적 강화 자극을 사용해야 한다.
④ 올바른 반응을 하면 크게 기뻐하며 즉시 강화하라.
⑤ 부적절한 행동을 하면 무시하는 것이 좋다.
⑥ 올바른 반응과 부적절한 반응이 동시에 나타날 때 강화해서는 안 된다.
⑦ 훈련은 반드시 아동이 준비 자세를 갖추고 있을 때 시작하라.
⑧ 아동의 수행수준에 알맞게 행동과제를 분석한 다음 훈련 단계를 재구성하여 사용해야 한다.
⑨ 수동 지도나 언어적 촉진은 자연스럽게 사용해야 한다.
⑩ 훈련은 일관성 있게 실시하여야 한다.

3. 주의집중 훈련 교수-학습 과정의 실제

표 4-1 주의집중 행동 개선 교수-학습 훈련 지도안(최춘옥, 2000)

학습목표	・모양에 좋아하는 색을 선 밖으로 나가지 않게 칠할 수 있다. ・색칠한 모양을 가위로 예쁘게 오려 모양 위에 풀로 바르게 붙일 수 있다.		
단계	교수-학습활동	시량	자료 및 유의점
도입	⊙교사가 움직이는 대로 따라 바라보기 ⊙수평, 수직으로 움직이는 물체 바라보기 ▸좌우로 움직이는 강화물 보기 ・강화물을 손에 들고 좌우 방향으로 이동시키기 ・강화물을 손에 들고 위 아래로 이동시키기 ・위 아래로 움직이는 강화물 보기 ・공을 수평으로 굴리기 ▸수평으로 굴리는 공보기 ・색종이를 떨어뜨리기 ▸아래로 떨어지는 색종이 보기 ⊙학습목표확인 ▸모양에 좋아하는 색을 선 밖으로 나가지 않게 칠하고 가위로 모양을 예쁘게 오려 모양 위에 풀로 붙일 수 있다.	10분	⊙너무 바른 자세를 강요하지 않기 ⊙움직이는 물체를 바라보도록 하기
전개	⊙과제물 나눠 주기 지금 나눠 준 종이 위에 있는 모양에 좋아하는 색연필이나 크레용으로 선 밖에 나가지 않게 색칠해 보세요. ▸나눠 준 프린트지 위에 있는 모양에 좋아하는 크레용이나 색연필로 칠하기 ・그리고 다 칠한 사람은 가위로 모양을 예쁘게 오려 모양 위에 풀로 붙여 보세요. ・다 칠한 어린이는 가위로 모양을 예쁘게 오려 모양 위에 풀로 붙인다.	25분	⊙녹음기, 녹음테이프 과제물, 크레용, 색연필, 가위, 풀 ⊙주어진 과제만 열심히 하도록 하기
정리	⊙주변을 정리 하세요. ▸주변정리하기 ・'도깨비 잡으리'의 노래를 율동에 맞춰 부르기	5분	⊙율동에 맞춰 노래 하도록 하기
평가	⊙여러 가지 앉는 동작을 자유롭게 할 수 있는가? ⊙모양에 좋아하는 색을 선 밖으로 나가지 않게 칠하고 가위로 모양을 예쁘게 오려 모양 위에 붙일 수 있는가?		

그림 4-7 주의집중 행동 개선 교수-학습 훈련 과제(최춘옥, 2000)

✣1. 다음 모양에 좋아하는 색연필이나 크레파스로 예쁘게 칠하세요.

2. 색칠한 모양을 가위로 모양을 예쁘게 오리고 모양 위에 풀로 붙여 봅시다.

연습문제

01 여과 모형, 약소화 모형, 사후선택 모형의 차이점을 비교 설명해 봅시다.

02 자동화 현상을 자원할당 모형과 관련지어 설명해 봅시다.

03 일면관찰 모형과 다면관찰 모형의 차이점을 설명해 봅시다.

04 주의집중 이동을 설명해 봅시다.

05 무관차원과 유관차원을 비교하여 설명해 봅시다.

06 이류학습 자극에 대해 설명해 봅시다.

07 주의집중 이론이 특수교육 교수방법에 기여할 수 있는 긍정적인 면에 대해 토의해 봅시다.

08 특수교육 대상학생에게 유용한 주의집중 전략들을 찾아 토의해 봅시다.

Part 2

교육과정과 수업설계

❖ 제5장 특수학교 교육과정
❖ 제6장 수업설계 모형
❖ 제7장 수업목표 진술
❖ 제8장 교수-학습 방법
❖ 제9장 효과적인 발문 전략
❖ 제10장 교수매체의 활용
❖ 제11장 교사의 수업활동 평가

Chapter 05

특수학교 교육과정

❖ 제1절 특수학교 교육과정
❖ 제2절 유치원 교육과정
❖ 제3절 기본교육과정
❖ 제4절 공통교육과정
❖ 제5절 선택교육과정
❖ 제6절 창의적 체험활동

Paragraph

01 특수학교 교육과정

특수학교 교육과정은 제7차 교육과정 이후 일반교육 주도로의 통합이 강조되었다. 즉, 제7차 교육과정 이전의 특수교육과 일반교육으로 분리되던 이원체제를 지향(지양)하고 특수교육이 일반교육의 체제 속에 통합되는 일원체제양상을 보여주고 있다. 이번에 개정된 2008 개정 특수학교 교육과정(교육인적자원부 고시 제 2008-3호)은 제7차 특수학교 교육과정의 철학과 내용을 계승하면서도 보편성과 특수성을 동시에 강조하고 있다.

2008년 개정 특수학교 교육과정은 교육인적자원부 고시 제 2008-3호 및 유아교육법 제13조 제2항과 초 · 중등교육법 제23조 제2항에 의거하여 개정하였다. 그 적용 시기2009년부터 2013년까지 단계적으로 운용하도록 하였다. 그 시기는 2009년에 유치원과 초등학교 1, 2학년에게 적용하고, 2010년에 초등학교 3, 4학년과 중학교 1학년에게 적용하고, 2011년에 초등학교 5, 6학년, 중학교 2학년, 고등학교 1학년, 2012년 중학교 3학년, 고등학교 2학년에 적용하고, 2013년 고등학교 3학년까지 단계적으로 시행하도록 하였다.

단지 수학과 및 외국어과(영어)의 교육과정(교육인적자원부 고시 제2006-75호)은 2009년 초등학교 1, 2학년, 중학교 1학년, 고등학교 1학년에게 적용하고, 2010년 초등학교 3, 4학년, 중학교 2학년, 고등학교 2학년에게 적용하고 2011년에 초등학교 5, 6학년, 중학교 3학년, 고등학교 3학년에게 전면 시행하도록 되어있다.

2008년 개정 특수학교 교육과정은 특수교육대상자가 취학하고 있는 유치원, 초 · 중등학교, 특수학교의 교육목적과 교육목표를 달성하기 위한 국가 수준의 교육과정으로 유치원, 초 · 중등학교, 특수학교에서 특수교육대상자를 위하여 편성, 운영하여야 할 유치원 · 학교 교육과정의 공통적 · 일반적인 기준을 제시한 것이 특징으로 이는 「유아교육법」(제13조 제2항)과 「초 · 중등교육법」(제23조 제2항) 및 「장애인 등에 대한 특수교육법」(제20조)을 따르고 있다.

2011 특수교육 교육과정의 성격은 다음과 같다.

첫째, 국가 수준의 공통성과 지역, 학교, 개인 수준의 다양성을 동시에 추구하는 교육과정이다.

둘째, 학습자의 자율성과 창의성을 신장하기 위한 학생 중심의 교육과정이다.

셋째, 교육청과 학교 · 교원 · 학생 · 학부모가 함께 실현해 가는 교육과정이다.

넷째, 학교 교육 체제를 교육과정 중심으로 개선하기 위한 교육과정이다.

다섯째, 교육의 과정과 결과의 질적 수준을 유지, 관리하기 위한 교육과정이다.

여섯째, 특수교육 대상자의 전반적 기능 향상을 지원하기 위한 교육과정이다.

자료 출처 : 특수교육 교육과정(교육과학기술부 고시 제 2012-32호)

한편 특수교육 교육과정에서 추구하는 인간상은 〈표 5－1〉과 같다.

표 5-1 2011 특수교육 교육과정에서 추구하는 인간상

1. 추구하는 인간상

우리나라의 교육은 홍익인간의 이념 아래 모든 국민으로 하여금 인격을 도야하고, 자주적 생활 능력과 민주 시민으로서 필요한 자질을 갖추게 하여 인간다운 삶을 영위하게 하고, 민주 국가의 발전과 인류 공영의 이상을 실현하는 데 이바지하게 함을 목적으로 하고 있다.

이러한 교육이념을 바탕으로, 이 교육과정이 추구하는 인간상은 다음과 같다.

가. 전인적 성장의 기반 위에 개성의 발달과 진로를 개척하는 사람
나. 기초 능력의 바탕 위에 새로운 발상과 도전으로 창의성을 발휘하는 사람
다. 문화적 소양과 다원적 가치에 대한 이해를 바탕으로 품격 있는 삶을 영위하는 사람
라. 세계와 소통하는 시민으로서 배려와 나눔의 정신으로 공동체 발전에 참여하는 사람

자료 출처 : 특수교육 교육과정(교육과학기술부 고시 제 2012-32호)

따라서 특수교육 교육과정이 추구하는 인간상을 구현하기 위한 구성의 방침은 다음과 같다.

첫째, 배려와 나눔을 실천하는 창의적인 인재를 기를 수 있도록 교육과정을 구성한다.

둘째, 이 교육과정은 유치원 교육과정, 기본교육과정, 공통교육과정, 선택교육과정으로 편성한다.

셋째, 기본교육과정은 공통교육과정 및 선택교육과정에 참여하기 어려운 특수교육 대상자를 지원하기 위하여 그 내용을 대체한 대안교육과정으로 초등학교 1학년부터 고등학교 3학년까지의 교과(군)와 창의적 체험활동으로 편성한다.

넷째, 공통교육과정은 초등학교 1학년부터 중학교 3학년까지의 교과(군)와 창의적 체험활동으로 편성한다.

다섯째, 선택교육과정은 고등학교 1학년부터 3학년까지의 교과(군)와 창의적 체험활동으로 편성한다.

여섯째, 교육과정 편성 · 운영의 경직성을 탈피하고, 학년 간 상호 연계와 협력을 통한 학교 교육과정 편성 · 운영의 유연성을 부여하기 위하여 학년군을 설정한다.

일곱째, 기본교육과정 및 공통교육과정의 교과는 교육목적상의 근접성, 학문 탐구 대상 또는 방법상의 인접성, 생활양식에서의 연관성 등을 고려하여 교과군으로 재분류한다.

여덟째, 선택교육과정에서는 학생들의 기초영역 학습 강화와 진로 및 적성 등을 감안한 적정 학습이 가능하도록 4개의 교과 영역으로 구분하고, 필수이수단위를 제시한다.

아홉째, 학기당 이수 교과목 수 축소를 통한 학습부담의 적정화와 의미 있는 학습활동이 전개될 수 있도록 집중이수를 확대한다.

열째, 기존의 재량활동과 특별활동을 통합하여 배려와 나눔의 실천을 위한 '창의적 체험활동'을 신설한다.

열한째, 학교 교육과정 평가, 교과 평가의 개선, 국가 수준의 학업성취도 평가 실시 등을 통해 교육과정 질 관리 체제를 강화한다.

열두째, 모든 교육 활동을 통해 인성 교육을 실천할 수 있도록 교육과정을 구성한다(2012 총론 일부 개정 시 추가된 항목).

자료 출처 : 특수교육 교육과정(교육과학기술부 고시 제 2012-32호)

이와 같이 2008년 개정 특수학교 교육과정은 특수교육 대상학생의 특수성을 반영하여 장애를 지닌 모든 특수교육 대상학생이 유치원부터 고등학교를 졸업할 때 까지 적용이 가능하도록 구성 방침을 마련하였다. 이를 바탕으로 현재 우리나라에서 특수교육 대상학생을 지도하기 위해 적용되는 교육과정은 [그림 5-1]과 같다.

오늘날 특수교육의 동향은 완전통합교육(full inclusion) 주도로 전개되어 나가고 있으므로 특수교육 담당교사는 교육과정 전반에 대한 폭넓은 이해가 필요하다. 즉, 특수교육 담당교사는 기본교육과정, 국민공통기본교육과정뿐만 아니라 「장애인 등에 대한 특수교육법」에서 제안하고 있는 특수교육적 지원 등에 대한 이해가 요구되며 통합교육 상황에 놓여있는 특수교육 대상학생의 장애 정도나 특성 등을 고려하여 교육과정을 재구성해 주며 필요하다면 행정적인 지원 절차에 따라 불편부당함이 없이 특수교육의 수혜를 받도록 도와주어야 할 전문성이 요구된다.

따라서 본 장은 2008년 개정 특수교육과정에서 제시한 특수학교 교육과정에서의 유치원 교육과정, 기본교육과정, 국민공통기본교육과정, 고등학교 선택중심교육과정과 2009년 미래형 국민공통기본교육과정을 중심으로 교육과정의 성격과 목표 등에 대해 살펴보고자 한다.

그림 5-1 특수학교 교육과정 구조도

치료교육활동	선택중심교육과정	직업 교과(전문택)
• 언어 치료 • 청능 훈련 • 물리 치료 • 작업 치료 • 감각 · 운동 · 지각 훈련 • 심리 · 행동적응훈련 • 보행훈련 • 일상 생활 훈련	• 고등 2, 3학년 과정 • 일반선택 • 심화선택	• 공예 • 정보 처리 • 포장, 조립, 운반 • 상업 디자인 • 농업 • 이료(맹학교) • 전자 조립 • 제과, 제빵
	국민공통기본교육과정(초 · 중 1학년~고등 1학년) • I 교과군 : 국어, 도덕, 사회 —시각 장애 : 점자 익히기 • II 교과군 : 수학, 과학, 실과 —청각 장애 : 언어 지도 • III 교과군 : 체육, 음악, 미술 —지체 부자유 : 특수 체육 • IV 교과군 : 외국어(영어)	
	기본교육과정(정신 연령 0~6세) • 국어 • 사회 • 수학 • 과학 • 건강 • 예능 • 직업	

Paragraph

02 유치원 교육과정

1. 유치원 교육과정의 성격

유치원 교육과정은 일반 유아를 위한 3~5세 연령별 누리과정을 근간으로 하되, 개별화 교육계획을 통하여 특수교육 대상유아의 발달을 촉진할 수 있도록 편성 · 운영한다. 이때 특수교육 대상유아가 누리과정에 최대한 참여할 수 있도록 적절한 계획을 수립하여야 한다.

유치원 교육과정이 추구하는 인간상을 구현하기 위하여 다음과 같이 학교급별 교육목표를 둔다. 유치원 교육목표는 〈표 5−2〉와 같다.

표 5−2 유치원 교육목표

유치원 교육과정은 만 3~5세 특수교육 대상유아의 심신의 건강과 조화로운 발달을 도와 민주시민의 기초를 형성하는 것을 목적으로 한다. 이를 실현하기 위하여 다음과 같은 교육목표를 둔다.

가. 기본 운동 능력과 건강하고 안전한 생활 습관을 기른다.
나. 일상생활에 필요한 의사소통 능력과 바른 언어 사용 습관을 기른다.
다. 자신을 존중하고 다른 사람과 더불어 생활하는 능력과 태도를 기른다.
라. 아름다움에 관심을 가지고 예술 경험을 즐기며, 창의적으로 표현하는 능력을 기른다.
마. 호기심을 가지고 주변세계를 탐구하며, 일상생활에서 수학적 · 과학적으로 생각하는 능력과 태도를 기른다.

자료 출처 : 특수교육 교육과정(교육과학기술부 고시 제2012-32호)

유치원 교육과정의 기본 지침은 유치원 교육 기간 동안에는 일반 유치원 교육과정을 근간으로 하되, 개별화 교육을 통하여 유아들의 발달을 최대한 촉진할 수 있도록 편성, 운영한다.

2. 유치원 교육과정의 편제와 시간 배당

유치원 교육과정은 2011 개정 유치원 교육과정에 따르며, 일반 유아를 위한 3~5세 연령별 누리과정을 근간으로 하여, 신체운동 · 건강, 의사소통, 사회관계, 예술경험, 자연탐구의 5개 영역을 중심으로 구성한다.

가. 1일 3~5시간을 기준으로 편성하되, 1시간 수업을 특수교육대상유아의 장애 특성을 고려하여 편성한다.
나. 5개 영역의 내용을 균형 있게 통합적으로 편성한다.
다. 특수교육대상유아의 발달 특성 및 경험을 고려하여 놀이를 중심으로 편성한다.
라. 반(학급) 특성과 함께 개별 특수교육 대상유아의 요구를 고려하여 융통성 있게 편성한다.
마. 성별, 종교, 신체적 특성, 가족 및 민족 배경, 장애 등으로 인한 편견이 없도록 편성한다.
바. 일과 운영 시간에 따라 심화 확장할 수 있도록 편성한다.

자료 출처 : 특수교육 교육과정(교육과학기술부 고시 제2012-32호)

Paragraph
03 기본교육과정

1. 초등학교

(1) 교육목표

표 5-3 초등학교 기본교육과정 교육목표

초등학교의 교육은 학생의 학습과 일상생활에 필요한 기초 능력 배양과 기본 생활 습관을 형성하는 데 중점을 둔다.

(1) 풍부한 학습 경험을 통해 몸과 마음이 건강하고 균형 있게 자랄 수 있도록 하며, 다양한 일의 세계에 대한 기초적인 이해를 한다.
(2) 학습과 생활에서 문제를 인식하고 해결하는 기초 능력을 기르고, 이를 새롭게 경험할 수 있는 상상력을 키운다.
(3) 우리 문화에 대해 이해하고, 문화를 향유하는 올바른 태도를 기른다.
(4) 자신의 경험과 생각을 다양하게 표현하며 타인과 공감하고 협동하는 태도, 배려하는 마음을 기른다.

자료 출처 : 특수교육 교육과정(교육과학기술부 고시 제2012-32호)

표 5-4 초등학교 기본교육과정 편제 및 시간 배당기준

(1) 편제
(가) 초등학교 기본교육과정은 교과(군)와 창의적 체험활동으로 편성한다.
① 교과(군)는 국어, 사회, 수학, 과학/실과, 체육, 예술(음악/미술)로 한다.
② 창의적 체험활동은 자율 활동, 동아리 활동, 봉사 활동, 진로 활동으로 한다.

자료 출처 : 특수교육 교육과정(교육과학기술부 고시 제2012-32호)

(2) 시간 배당기준

구 분		1~2학년	3~4학년	5~6학년
교과(군)	국어	384	408	408
	사회	128	272	272
	수학	256	272	272
	과학/실과	192	238	340
	체육	128	204	204
	예술(음악/미술)	256	272	272
창의적 체험활동		336	306	408
학년군별 총 수업시간 수		1,680	1,972	2,176

① 이 표에서 1시간 수업은 초등학교 40분을 원칙으로 하되, 기후 및 계절, 학생의 발달 정도, 학습내용의 성격 등과 학교 실정을 고려하여 탄력적으로 편성·운영할 수 있다.
② 학년군 및 교과(군)별 시간 배당은 연간 34주를 기준으로 한 2년간의 기준 수업 시수를 나타낸 것이다.
③ 학년군별 총 수업시간 수는 최소 수업 시수를 나타낸 것이다.
④ 실과의 수업 시간은 5~6학년 과학/실과의 수업시수에만 포함된 것이다.

자료 출처 : 특수교육 교육과정(교육과학기술부 고시 제2012-32호)

표 5-5 초등학교 기본교육과정 편성 · 운영의 중점

(1) 학교는 학생이 학년군별로 이수해야 할 학년별, 학기별 교과목을 편성하여 안내한다.
(2) 학교는 모든 교육 활동을 통해 학생의 인성과 기본 생활 습관을 형성할 수 있도록 교육과정을 편성 · 운영한다
(3) 교과는 필요에 따라 통합 교육과정으로 편성 · 운영할 수 있다.
(4) 학교는 1학년 학생들의 입학 초기 적응 교육을 위해 창의적 체험활동의 시수를 활용하여 자율적으로 입학 초기 적응 프로그램 등을 편성 · 운영할 수 있다.
(5) 학교는 각 교과의 기초적, 기본적 요소들이 체계적으로 학습되도록 계획하고, 정확한 국어사용 능력을 신장할 수 있도록 배려한다. 특히, 기초적 국어사용 능력과 수리력이 부족한 학생들을 위해 별도의 프로그램을 편성 · 운영할 수 있다
(6) 학교의 특성, 학생 · 교사 · 학부모의 요구 및 필요에 따라 학교가 자율적으로 교과(군)별 수업 시수를 20% 범위 내에서 증감하여 운영할 수 있다.
(7) 학교의 여건과 교과(군)별 특성을 고려하여 학년, 학기별로 집중 이수를 통해 학기당 이수 교과 수를 감축하여 편성 · 운영할 수 있다.

(8) 학교는 생활영어교육, 정보통신활용교육, 여가활용교육, 재활교육, 보건교육을 관련 교과(군)와 창의적 체험활동 시간을 활용하여 선택적으로 지도할 수 있다.
(9) 전입 학생이 특정 교과목을 이수하지 못할 경우, 교육청과 학교에서는 '보충 학습 과정' 등을 통해 학습 결손이 발생하지 않도록 한다.
(10) 학년을 달리하는 학생을 병합하여 복식 학급을 편성 · 운영하는 경우에는 교육 내용의 학년별 순서를 조정하거나 공통 주제를 중심으로 교재를 재구성하여 활용할 수 있다.
(11) 예술(음악/미술)은 음악과 미술 교과를 중심으로 편성 · 운영한다.

자료 출처 : 특수교육 교육과정(교육과학기술부 고시 제2012-32호)

2. 중학교

(1) 교육목표

표 5-6 중학교 기본교육과정 교육목표

중학교의 교육은 초등학교 교육의 성과를 바탕으로, 학생의 학습과 일상생활에 필요한 기본 능력을 배양하며, 민주시민의 자질 함양에 중점을 둔다.

(1) 심신의 건강하고 조화로운 발달을 추구하며, 다양한 분야의 경험과 지식을 익혀 적극적으로 진로를 탐색한다.
(2) 학습과 생활에 필요한 기초 능력과 문제해결력을 바탕으로 창의적 사고력을 기른다.
(3) 자신을 둘러싼 세계에 대한 경험을 토대로 다양한 문화와 가치에 대한 이해를 넓힌다.
(4) 타인과 공감하고 소통하는 능력, 배려하는 마음, 민주시민으로서의 자질과 태도를 갖춘다.

자료 출처 : 특수교육 교육과정(교육과학기술부 고시 제2012-32호)

표 5-7 중학교 기본교육과정 편제 및 시간 배당기준

(1) 편제

(가) 중학교 기본교육과정은 교과(군)와 창의적 체험활동으로 편성한다.

① 교과(군)는 국어, 사회, 수학, 과학, 진로와 직업, 체육, 예술(음악/미술), 선택으로 한다. 선택은 재활, 여가활용, 정보통신활용, 생활영어 등의 과목으로 한다.

② 창의적 체험활동은 자율 활동, 동아리 활동, 봉사 활동, 진로 활동으로 한다.

자료 출처 : 특수교육 교육과정(교육과학기술부 고시 제2012-32호)

(2) 시간 배당기준

구 분		1~3학년
교과(군)	국어	442
	사회	442
	수학	374
	과학	238
	진로와 직업	612
	체육	340
	예술(음악/미술)	306
	선택	204
창의적 체험활동		408
학년군별 총 수업시간 수		3,366

① 이 표에서 1시간 수업은 중학교 45분을 원칙으로 하되, 기후 및 계절, 학생의 발달 정도, 학습내용의 성격 등과 학교 실정을 고려하여 탄력적으로 편성·운영할 수 있다.

② 학년군 및 교과(군)별 시간 배당은 연간 34주를 기준으로 한 3년간의 기준 수업 시수를 나타낸 것이다.

③ 총 수업시간 수는 3년간의 최소 수업 시수를 나타낸 것이다.

자료 출처 : 특수교육 교육과정(교육과학기술부 고시 제2012-32호)

표 5-8 중학교 기본교육과정 편성 · 운영의 중점

(1) 학교는 학생들이 이수해야 할 3년간의 교과목을 학년별, 학기별로 편성하여 안내한다.
(2) 교과(군)의 이수 시기와 수업 시수는 학교가 자율적으로 결정할 수 있다.
(3) 학교는 학생의 진로 및 직업에 대한 탐색과 선택을 돕기 위해 진로 교육을 강화한 교육과정을 편성 · 운영한다.
(4) 교과는 필요에 따라 통합 교육과정으로 편성 · 운영할 수 있다.
(5) 학교는 기초적 국어사용 능력과 수리력이 부족한 학생들을 위해 별도의 프로그램을 편성 · 운영할 수 있다.
(6) 학교의 특성, 학생 · 교사 · 학부모의 요구 및 필요에 따라 학교가 자율적으로 교과(군)별 수업 시수를 20% 범위 내에서 증감하여 운영할 수 있다. 단, 체육, 예술(음악/미술) 교과목은 기준 수업 시수를 감축하여 편성할 수 없다.
(7) 교육 효과를 높이기 위해 학생의 학기당 이수 교과목 수를 8개 이내로 편성하도록 한다. 단, 체육, 예술(음악/미술) 교과목은 8개 이내에서 제외하여 편성할 수 있다.
(8) 전입 학생이 특정 교과목을 이수하지 못할 경우, 교육청과 학교에서는 '보충 학습 과정' 등을 통해 학습 결손이 발생하지 않도록 한다.
(9) 학년을 달리하는 학생을 병합하여 복식 학급을 편성 · 운영하는 경우에는 교육 내용의 학년별 순서를 조정하거나 공통 주제를 중심으로 교재를 재구성하여 활용할 수 있다.
(10) 예술(음악/미술)은 음악과 미술 교과를 중심으로 편성 · 운영한다.
(11) 학교는 필요한 경우 새로운 선택 과목을 개설할 수 있다. 새로운 과목을 개설하여 운영하고자 할 경우에는 시 · 도교육청의 편성 · 운영 지침에 의거하여 사전에 필요한 절차를 거쳐야 한다.
(12) 선택 과목을 개설할 경우, 학교는 2개 이상의 과목을 개설함으로써 학생들의 선택권이 보장되도록 한다.
(13) 학교는 학생들의 건강한 심신 발달을 위해 '학교스포츠클럽 활동'을 편성 · 운영한다.
   (가) '학교스포츠클럽 활동'은 '창의적 체험활동'의 '동아리 활동'으로 편성한다.
   (나) '학교스포츠클럽 활동'은 학년별 연간 34~68시간(총 136시간) 운영하며, 매 학기 편성하도록 한다.
   (다) '학교스포츠클럽 활동'의 시간은 교과(군)별 시수의 20% 범위 내에서 감축하거나, 창의적 체험활동 시수를 순증하여 확보한다. 다만, 여건이 어려운 학교의 경우 68시간 범위 내에서 기존 창의적 체험활동 시간을 활용하여 확보할 수 있다.
   (라) '학교스포츠클럽 활동'의 종목과 내용은 학생들의 희망을 반영하여 학교가 정하되, 다양한 종목을 개설함으로써 학생들의 선택권이 보장되도록 한다.

자료 출처 : 특수교육 교육과정(교육과학기술부 고시 제2012-32호)

3. 고등학교

(1) 교육목표

표 5-9 고등학교 기본교육과정 교육목표

고등학교 교육은 중학교 교육의 성과를 바탕으로, 학생의 적성과 소질에 맞는 진로 개척 능력과 세계 시민으로서의 자질을 함양하는 데 중점을 둔다.

(1) 성숙한 자아의식을 토대로 다양한 분야의 지식과 기능을 익혀 진로를 개척하며 평생학습의 기본 역량과 태도를 갖춘다.
(2) 학습과 생활에서 새로운 이해와 가치를 창출할 수 있는 비판적, 창의적 사고력과 태도를 익힌다.
(3) 우리의 문화를 향유하고 다양한 문화와 가치를 수용할 수 있는 자질과 태도를 갖춘다.
(4) 국가 공동체의 발전을 위해 노력하고, 더불어 살아가며 협동하는 세계 시민으로서의 자질과 태도를 기른다.

자료 출처 : 특수교육 교육과정(교육과학기술부 고시 제2012-32호)

표 5-10 고등학교 기본교육과정 편제 및 시간 배당기준

(1) 편제

(가) 고등학교 기본교육과정은 교과(군)와 창의적 체험활동으로 편성한다.

① 교과(군)는 국어, 사회, 수학, 과학, 진로와 직업, 체육, 예술(음악/미술), 선택으로 한다. 선택은 생활 경제, 보건, 재활과 복지, 재활, 여가활용, 정보통신활용, 생활영어 등의 과목으로 한다.

② 창의적 체험활동은 자율 활동, 동아리 활동, 봉사 활동, 진로 활동으로 한다.

자료 출처 : 특수교육 교육과정(교육과학기술부 고시 제2012-32호)

(2) 단위 배당기준

구 분		1~3학년
교과(군)	국어	26
	사회	24
	수학	20
	과학	12
	진로와 직업	48
	체육	18
	예술(음악/미술)	18
	선택	12
창의적 체험활동		26(442시간)
학년군별 총 수업시간 수		204

① 1단위는 50분을 기준으로 하여 17회를 이수하는 수업량이다.
② 1시간의 수업은 50분을 원칙으로 하되, 기후 및 계절, 학생의 발달 정도, 학습내용의 성격 등과 학교 실정을 고려하여 탄력적으로 편성·운영할 수 있다.
③ 창의적 체험활동의 단위는 최소 이수 단위이며 ( )안의 숫자는 이수 단위를 이수 시간 수로 환산한 것이다.
④ 총 이수 단위 수는 고등학교 3년간 이수해야 할 '최소 이수 단위'를 가리킨다.
⑤ 선택 과목 중 재활, 여가활용, 정보통신활용, 생활영어 등은 교과(군)별 이수 단위의 20% 이내에서 감축하여 편성·운영할 수 있다.

자료 출처 : 특수교육 교육과정(교육과학기술부 고시 제2012-32호)

표 5-11 고등학교 기본교육과정 편성 · 운영 중점

(1) 학교는 학생들이 이수해야 할 3년간의 교과목을 학년별, 학기별로 편성하여 안내한다.
(2) 학교는 학생의 진로 및 직업에 대한 탐색과 선택을 돕기 위해 진로 교육을 강화한 교육과정을 편성·운영한다.
(3) 교과는 필요에 따라 통합 교육과정으로 편성·운영할 수 있다.
(4) 학교는 각 교과의 기초적, 기본적 요소들이 체계적으로 학습되도록 계획하고, 정확한 국어사용 능력을 신장할 수 있도록 배려한다. 특히, 기초적 국어사용 능력과 수리력이 부족한 학생들을 위해 별도의 프로그램을 편성·운영할 수 있다.
(5) 학교의 특성, 학생·교사·학부모의 요구 및 필요에 따라 학교가 자율적으로 교과(군)별 이수 단위를 20% 범위 내에서 증감하여 운영할 수 있다.

(6) 학교의 여건과 교과(군)별 특성을 고려하여 학년, 학기별로 집중 이수를 통해 학기당 이수 교과 수를 감축하여 편성 · 운영할 수 있다.

(7) 한자교육 등은 관련 교과(군)와 창의적 체험활동 시간을 활용하여 선택적으로 지도할 수 있다.

(8) 전입 학생이 특정 교과목을 이수하지 못할 경우, 교육청과 학교에서는 '보충 학습 과정' 등을 통해 학습 결손이 발생하지 않도록 한다.

(9) 학년을 달리하는 학생을 병합하여 복식 학급을 편성 · 운영하는 경우에는 교육 내용의 학년별 순서를 조정하거나 공통 주제를 중심으로 교재를 재구성하여 활용할 수 있다.

(10) 예술(음악/미술)은 음악과 미술 교과를 중심으로 편성 · 운영한다.

(11) 진로와 직업은 진로와 직업 교과 외에도 선택교육과정의 전문 교과 중에서 학교의 여건에 맞는 것을 선택적으로 편성할 수 있다.

(12) 선택 과목을 개설할 경우, 학교는 2개 이상의 과목을 개설함으로써 학생들의 선택권이 보장되도록 한다.

(13) 선택 과목은 학교의 실정과 학생들의 요구를 반영하여 편성하되, 학교는 필요에 따라 이 교육과정에 제시되어 있는 과목 외에 새로운 과목을 개설할 수 있다. 새로운 과목을 개설하여 운영하고자 할 경우에는 시 · 도교육청의 교육과정 편성 · 운영 지침에 의거하여 사전에 필요한 절차를 거쳐야 한다.

(14) 일정 규모 이상의 학생이 이 교육과정의 편제에 있는 특정 선택 과목의 개설을 요청할 경우, 학교는 이를 개설해야 한다.

(15) 학교에서 개설하지 않은 선택 과목 이수를 희망하는 학생이 있을 경우 그 과목을 개설한 다른 학교에서의 이수를 인정하도록 한다.

(16) 학교는 교육적 필요 및 학생 개개인의 특성에 따른 교육적 요구를 반영하여 재활, 여가활용, 정보통신활용, 생활영어 등 선택 과목을 활용하여 편성 · 운영할 수 있다. 단, 선택 과목의 선정이나 범위 등은 학교장이 결정하고, 교과(군)별 이수 단위의 20% 이내에서 감축하여 편성 · 운영할 수 있다.

(17) 학교 및 학생의 필요에 따라 지역 사회의 학습장에서 행하는 학습을 이수 과목으로 인정할 수 있다. 다만 이 경우 시 · 도교육청이 정하는 지침에 따른다.

(18) 사회, 체육, 예술, 진로와 직업 등 교과를 중심으로 중점 학교를 운영할 수 있으며 이 경우, 학교교육과정의 50% 이상을 관련 교과목으로 편성할 수 있다.

(19) 학교는 진로와 직업 교과의 교육과정 내용과 관련이 있는 현장 실습을 다양한 형태로 운영할 수 있으며, 이와 관련된 구체적인 사항은 시 · 도교육청이 정한 지침에 따른다.

자료 출처 : 특수교육 교육과정(교육과학기술부 고시 제2012-32호)

4. 기본교육과정의 교과별 영역구성

(1) 국어

국어과는 언어 사용 기능을 신장하고, 국어를 자발적으로 사용하는 태도를 함양하며, 일상생활 속에서 효율적인 의사소통 능력을 길러 국어를 올바르게 사용하도록 하는 교과이다.

① 교과목표

국어 활동과 국어와 문학을 총체적으로 이해하고, 이를 바탕으로 언어 사용 능력을 향상시켜 원만한 의사소통 능력을 함양시키고, 일상생활에서 자기 주도적인 국어 생활을 할 수 있는 능력과 태도를 기른다.

㉠ 국어 활동과 국어와 문학에 대한 기본적인 지식을 익힌다.

㉡ 다양한 언어 경험을 통하여 일상생활에서 필요한 담화와 글을 이해하고 상황에 적절하게 표현한다.

㉢ 말과 글에 흥미를 가지고 자신의 생각과 느낌을 표현하는 능동적인 태도와 습관을 가진다.

② 학년군별 목표

〈초등학교 1~2학년〉

생활 주변의 말소리를 듣고 따라 말하며, 읽기와 쓰기에 관심을 가진다.

㉠ 소리에 주의를 기울여 들으며 듣기에 관심을 가진다.

㉡ 입모양과 소리를 모방하여 낱말을 따라 말하고, 몸짓이나 발성으로 생각을 표현한다.

㉢ 낱자와 낱자가 아닌 것을 구별하고, 그림과 상징의 의미를 알아가며, 같은 글자 찾기를 통하여 읽기에 관심을 가진다.

㉣ 쓰기 학습을 위한 준비 기능을 익히고, 필기도구 사용을 통하여 쓰기에 관심을 가진다.

ⓜ 입모양에 따라 소리가 다름을 알고, 언어에 대한 관심과 호기심을 가진다.
ⓑ 다양한 문학 작품을 즐겨 듣고 봄으로써 우리말의 재미를 느낀다.

〈초등학교 3~4학년〉

묻는 말에 적절히 대답하며, 필요한 것을 요구하고, 일상생활에서 자주 사용하는 낱말을 읽고 쓴다.

㉠ 지시하는 말을 순서에 따라 기억하고, 적절하게 반응한다.
㉡ 자신을 간단히 소개하고 일상생활과 관련된 간단한 질문에 적절히 대답한다.
㉢ 일상생활에서 자주 사용하는 낱말을 통글자로 읽고, 규칙적인 낱말을 바르게 읽는다.
㉣ 자주 사용하는 친숙한 낱말을 바르게 쓰고, 나아가 일상생활에서 요구되는 짧은 글을 쓴다.
㉤ 우리말에 자 · 모음자가 있음을 알고, 글자를 바르게 읽고 쓴다.
㉥ 다양한 문학 작품을 만나봄으로써 말과 글의 재미를 느낀다.

〈초등학교 5~6학년〉

이야기를 듣고 적절하게 반응하고 예의바른 태도로 말하며, 생활에서 필요한 글을 즐겨 읽고, 경험한 내용에 대하여 짧은 글을 쓴다.

㉠ 일이 일어난 순서를 기억하며 듣고, 상황과 상대에 맞게 반응한다.
㉡ 일상생활에서 일이 일어난 순서에 따라 말차례를 지키며 자기 생각을 말한다.
㉢ 쉽고 간단한 문장과 짧은 글을 소리 내어 유창하게 읽고 주요 내용을 파악한다.
㉣ 자신이 경험한 내용이나 자신의 생각을 그 특징이 드러나게 짧은 문장으로 쓴다.
㉤ 낱말의 활용법을 알고 낱말의 의미 관계 및 문장의 개념을 익힌다.
㉥ 이야기의 이어질 부분을 꾸며보고, 인형극의 재미를 느끼며 문학적 상상력을 기른다.

〈중학교 1~3학년〉

대화 상황에 적절하고 분명하게 의사소통을 하고, 글의 주요 내용을 파악하며, 자신의 생각이 드러나도록 문단을 구성하여 글을 쓴다.

㉠ 이야기의 주요 내용을 파악하고 적절히 반응하며, 말에 내재한 원인과 결과를 파악한다.

㉡ 보고 들은 내용을 다른 사람에게 알기 쉽게 전하고, 일상생활에서 사건이나 사실에 대한 생각을 대화 상황에 맞게 말한다.

㉢ 다양한 종류의 글을 읽고 내용을 파악하며, 중요한 낱말의 의미를 알고, 유창하게 글을 읽는다.

㉣ 다른 사람에게 전달하여야 하는 내용을 두 세 문단 정도로 글을 쓰고, 일상생활에서 즐겨 쓰는 습관을 가진다.

㉤ 국어에는 동음이의어가 있음을 이해하고, 대화 상황에 따라 표준어와 높임법을 사용한다.

㉥ 문학 작품에는 상상의 세계가 있음을 알고, 작품의 구성요소가 잘 드러나도록 이야기를 간추린다.

〈고등학교 1~3학년〉

이야기의 상황과 맥락을 이해하며, 그 내용에 대하여 자신의 의견을 말하고, 필요한 정보를 얻거나 친교나 정서 표현을 위하여 글을 읽고 쓴다.

㉠ 맥락에 따라 말의 의도와 의미가 달라짐을 알고, 이야기의 중심 주제를 찾는다.

㉡ 대화 상황과 맥락에 따라 대화가 진행되는 과정을 알고, 자기 의사를 적절하게 표현하여 문제해결에 능동적으로 참여하는 태도를 가진다.

㉢ 전체 글의 내용을 요약하고, 글에서 생활에 필요한 정보를 찾으며, 사실과 의견, 감상을 구별하며 글을 읽는다.

㉣ 글을 쓰는 목적을 정확하게 인식하고, 주변 사람에게 자신의 생각을 적절한 표현으로 전달하여, 글쓰기를 생활화 한다.

㉤ 언어자료를 분석하고, 문장을 구성해 보아 우리말의 문장 구조를 이해하고, 원활한 소통을 위해서는 다양한 표현 방식이 필요함을 안다.

㉥ 좋아하는 시의 분위기를 살려 낭송하며, 문학작품을 감상하고 인상적인 부분을 찾아보며 문학이 주는 감동을 느낀다.

자료 출처 : 특수교육 교육과정(교육과학기술부 고시 제2011-501호)

③ 내용체계

학교급 / 학년군 / 영역	초등학교			중학교	고등학교
	1~2학년	3~4학년	5~6학년	1~3학년	1~3학년
듣기	⊙소리에 반응하기 ⊙소리의 의미 이해하기 ⊙말소리 구별하기	⊙말소리에 반응하기 ⊙낱말이나 생각의 순서 기억하기 ⊙말이나 노래의 즐거움 느끼기	⊙지시하는 말 듣고 따르기 ⊙일이 일어난 순서대로 배열하기 ⊙상황과 상대에 알맞게 인사말 주고받기	⊙설명하는 말을 듣고 내용 찾기 ⊙소개하는 말에 적절하게 반응하기 ⊙일의 원인과 결과 찾기	⊙반언어적, 비언어적 표현 이해하기 ⊙맥락에 따른 말의 의도와 의미 이해하기 ⊙이야기를 듣고 주제 파악하기
말하기	⊙소리와 동작 따라하기 ⊙소리 내어 말하기 ⊙몸짓이나 소리로 생각 표현하기	⊙일상생활에 쓰이는 낱말 발음하기 ⊙자기 소개하기 ⊙질문과 대답하기	⊙일이 일어난 순서에 따라 말하기 ⊙상황과 상대에 알맞게 말하기 ⊙여러 가지 말놀이하기	⊙알기 쉽게 정보 전달하기 ⊙사건이나 사실에 대한 나의 생각 말하기 ⊙상황에 맞게 부탁, 거절, 위로의 말하기	⊙대화의 상황과 맥락을 이해하고 말하기 ⊙회의절차에 따라 의사 표현하기 ⊙인물의 특성이 드러나는 역할극하기
읽기	⊙글자의 기초가 되는 모양 알기 ⊙그림과 상징의 의미 알기 ⊙같은 글자와 낱말 찾기	⊙그림과 관계 지어 낱말 읽기 ⊙일상생활과 관련된 낱말 읽기 ⊙존재, 상태, 동작을 나타내는 낱말 읽기	⊙그림에 맞는 짧은 문장 따라 읽기 ⊙쉽고 간단한 문장 읽기 ⊙짧은 글 읽기	⊙다양한 종류의 글 읽기 ⊙유창하게 글 읽기 ⊙주요 내용 파악하기	⊙전체 글 요약하기 ⊙글을 읽고 필요한 정보 찾기 ⊙사실, 의견, 감상 구별하며 글 읽기
쓰기	⊙눈과 손 협응하기 ⊙필기도구 사용하기 ⊙생각을 다양한 방법으로 표현하기	⊙1음절 글자와 낱말 쓰기 ⊙존재, 상태, 동작을 나타내는 낱말 쓰기 ⊙그림이 있는 짧은 글쓰기	⊙모습을 나타내는 문장쓰기 ⊙보거나 들은 것을 글로 쓰기 ⊙맞춤법과 문장 부호에 유의하여 쓰기	⊙문단의 짜임을 알고 글쓰기 ⊙설명하는 글쓰기 ⊙주장하는 글쓰기	⊙쓰기 과정을 알고 과정에 맞게 글쓰기 ⊙친교와 정서 표현을 위한 글쓰기 ⊙매체를 활용하여 글쓰기
문법	⊙입모양에 따라 소리가 다름을 이해하기 ⊙그림이나 낱말의 의미 이해하기	⊙한글 자 · 모음자의 이름과 소리 익히기 ⊙글자를 바르게 표현하기	⊙낱말의 활용법 익히기 ⊙낱말 사이의 의미 관계 이해하기	⊙동음이의어 이해하기 ⊙표준어와 방언, 높임법 사용하기	⊙고유어, 한자어, 외래어 바르게 사용하기 ⊙문장의 호응관계 이해하기

문학	⊙다양한 문학 작품 즐겨 듣기 ⊙다양한 문학 작품 즐겨 보기	⊙문학 작품에서 말의 재미 느끼기 ⊙그림동화 이해하기	⊙이어질 내용을 상상하여 이야기 꾸미기 ⊙인형극을 보고 재미있는 장면 말하기	⊙문학 작품에는 상상의 세계가 있음을 알기 ⊙작품의 구성요소가 잘 드러나게 이야기 간추리기	⊙좋아하는 시의 분위기를 살려 낭송하기 ⊙문학 작품에서 인상적인 부분 찾기

자료 출처 : 특수교육 교육과정(교육과학기술부 고시 제2011-501호)

(2) 사회

사회과는 일상생활에 필요한 기본 생활 습관을 형성하고 사회생활에 필요한 사회적 지식과 기능을 익혀 사회 현상에 대한 바른 인식을 기르며 민주 사회 구성원에게 요구되는 가치와 태도를 지님으로써 민주 시민으로서의 자질을 갖추도록 하는 교과이다.

① 교과목표

사회과는 일상생활에 필요한 기본 생활 습관을 형성하고 사회생활에 필요한 사회적 지식과 기능을 익혀 사회 현상에 대한 바른 인식을 바탕으로 민주 사회 구성원에게 요구되는 가치와 태도를 지님으로써 민주 시민으로서의 자질을 갖추도록 한다. 사회과의 전반적인 교과목표는 일반사회, 지리, 역사 영역에서 지식, 기능, 그리고 가치 및 태도의 목표를 아우른다.

㉠ 일상생활에서 바른 생활 습관을 형성하고 생활 연령에 부합하는 다양한 사회·문화적 경험을 쌓아 사회생활에 필요한 사회성 기술과 능력을 갖추며 사회 현상과 문제에 대한 관심을 바탕으로 사회참여 능력과 의사결정능력을 기른다.

㉡ 인간과 자연 간의 상호 작용에 대한 이해를 통해 장소에 따른 인간 생활의 다양성을 파악하며, 고장, 지방 및 국토 전체와 세계 여러 지역의 지리적 특성을 이해한다.

㉢ 우리나라의 역사적 전통과 문화의 특수성을 각 시대의 주요한 특징을 토대로 파악하여 민족사의 발전상을 이해하고 자긍심을 가지며, 세계의 역사에 대한 기초적인 이해를 통해 세계화 시대의 시민으로서 자질을 갖춘다.

② 학년군별 목표

〈초등학교 1~2학년〉

독립적인 자조기술을 바탕으로 일상생활에 필요한 바른 기본 생활 습관을 기른다.

㉠ 자신의 신변 문제를 스스로 처리하는 기본 생활 습관을 기른다.

㉡ 학교와 가족, 그리고 이웃에 대하여 알고 학교의 규칙을 지키며 가족과 이웃의 소중함을 안다.

㉢ 친구와 사이좋게 지내고 상황에 맞게 바르게 인사하며 안전한 생활을 위해 질서와 교통 규칙을 지킨다.

〈초등학교 3~4학년〉

기본 생활 습관을 올바르게 형성하고 생활 주변의 사회적 사실과 현상에 대하여 관심과 흥미를 가지고, 사회적 사실과 현상의 이해에 필요한 지식과 기술을 익힌다.

㉠ 가정과 학교에서 스스로 할 일에 대해 계획을 세워 실천하며, 친구와 이웃에 대한 예절을 지킨다.

㉡ 화폐의 가치를 알고 이용하며 깨끗한 환경의 소중함을 알고 나라 사랑하는 마음을 가진다.

㉢ 우리 지역의 특성과 사람들의 사는 모습을 알고, 우리 지역이 다른 지역과 서로 교류하고 있음을 이해한다.

〈초등학교 5~6학년〉

다양한 사회 · 문화적 경험을 통해 사회적 사실과 현상을 이해하는 데 필요한 기본적인 개념을 익혀 사회적 행동으로 실천할 수 있는 기능과 대도를 기르며, 우리나라의 역사적 전통과 발전상을 이해한다.

㉠ 여러 가지 지도를 알고, 도시와 촌락의 주요 특징과 사람들의 생활 모습을 이해한다.

㉡ 생활 속에서 예절과 규칙을 지키고 합리적인 소비 생활을 실천하며, 지방 자치 단체가 하는 일을 알고 우리나라 사람들의 생활 모습과 우리 사회의 변화 양상을 이해한다.

㉢ 우리 조상들의 생활 문화 특징, 문화유산, 그리고 역사적 위인을 알고 우리 문화와 역사에 대하여 자긍심을 가진다.

〈중학교 1~3학년〉

초등학교에서의 학습을 바탕으로 정치 · 경제 · 역사 · 사회 · 문화 현상에 대한 기본적인 원리를 이해하여 사회생활에 필요한 사회적 능력을 배양한다.

㉠ 우리나라 여러 지역의 생활 모습과 친환경적 국토개발의 중요성을 알고, 지구의 주요한 자연환경 특징과 세계 여러 나라의 생활 모습을 이해한다.

㉡ 민주주의의 중요성과 민주주의를 실현하는 국가 기관을 알고, 우리 생활과 경제의 관련성 그리고 정보화 및 세계화가 우리 생활에 미친 영향을 안다.

㉢ 우리나라가 유구한 역사적 전통과 우수한 문화를 가지고 있음을 알고 자긍심을 가진다.

〈고등학교 1~3학년〉

중학교에서 습득한 지식과 능력을 토대로 생활 연령에 맞는 확장된 사회적 경험을 통해 독립된 사회 구성원으로서 필요한 능력과 태도를 기르고, 우리나라와 세계의 역사에 대한 이해를 통해 국가와 세계의 구성원으로서 민주적이고 평화적인 가치를 존중하는 자세를 기른다.

㉠ 우리나라의 고유한 영역을 이해하고, 세계 여러 지역의 자연환경, 생활 모습, 문화적 특징을 이해한다.

㉡ 개인의 사회화 과정을 알고 경제 활동의 특징을 이해하며, 민주 정치에 대한 이해를 바탕으로 민주주의를 일상생활에서 실천해 나가려는 태도를 기른다.

㉢ 우리나라의 유구한 역사적 발전 과정을 알고, 세계사적 흐름에 대한 기초적인 이해를 형성한다.

자료 출처 : 특수교육 교육과정(교육과학기술부 고시 제2011-501호)

③ 내용체계

<table>
<tr><th rowspan="2">학교급
학년군
영역</th><th colspan="3">초등학교</th><th>중학교</th><th>고등학교</th></tr>
<tr><th>1~2학년</th><th>3~4학년</th><th>5~6학년</th><th>1~3학년</th><th>1~3학년</th></tr>
<tr><td>지리</td><td rowspan="3">⊙바른 생활 습관
⊙우리 학교
⊙학교에서 지켜야 할 일
⊙우리 가족
⊙사이좋은 친구
⊙바른 인사 예절
⊙안전한 생활
⊙정다운 이웃</td><td rowspan="3">⊙스스로 하는 생활
⊙친구 간의 우정과 예절
⊙이웃 간에 지켜야 할 예절
⊙화폐의 이용
⊙나라 사랑하는 마음
⊙깨끗한 환경
⊙우리 지역의 모습
⊙우리 지역의 교통수단
⊙사람들 간의 소통
⊙사람들이 모이는 곳
⊙우리 지역과 가까운 지역</td><td rowspan="2">⊙지도의 종류와 기능
⊙도시의 생활
⊙촌락의 생활
⊙사회생활 속의 예절과 규칙
⊙우리 지역의 주민 자치
⊙합리적인 소비생활
⊙우리나라의 생활
⊙다양한 사회 변화</td><td>⊙우리나라의 여러 지역
⊙환경과 국토
⊙세계의 여러 나라
⊙우리 이웃 나라의 환경과 생활 모습</td><td>⊙우리나라의 영역
⊙우리의 땅 독도
⊙내가 사는 세계
⊙세계 여러 나라의 자연환경과 생활 모습</td></tr>
<tr><td>일반 사회</td><td>⊙우리 생활과 경제
⊙우리 생활과 민주주의
⊙민주주의를 실현하는 기관
⊙우리 생활과 법
⊙정보화와 세계화 시대</td><td>⊙개인과 사회생활
⊙민주주의와 정치생활
⊙경제생활의 이해
⊙생활 속의 법
⊙인권과 인권 보호</td></tr>
<tr><td>역사</td><td>⊙조상들의 슬기와 멋
⊙자랑스러운 우리 문화
⊙우리나라를 빛낸 위인들</td><td>⊙우리 민족과 국가의 발전
⊙우리 문화의 우수성
⊙나라를 지키기 위한 노력</td><td>⊙유구한 우리 역사
⊙외세의 침략과 민족 운동
⊙우리나라 대한민국
⊙세계의 역사</td></tr>
</table>

자료 출처 : 특수교육 교육과정(교육과학기술부 고시 제2011-501호)

(3) 수학

수학과는 수학의 기본적인 개념을 이해하고 기초 기능을 익혀, 주변의 사물과 현상을 수학적으로 관찰하고 해석하는 능력을 기르며, 실생활에서 부딪히는 여러 가지 문제를 합리적으로 해결하는 능력과 태도를 기르는 교과이다.

① 교과목표

생활 속에서의 다양한 경험을 통하여 수학의 기본 개념과 기초 기능을 습득하여,

주변의 사물과 현상을 수학적으로 관찰하고, 해석하는 능력을 기르며, 실생활의 문제를 합리적으로 해결하는 능력과 태도를 기른다.

㉠ 수의 종류와 자릿값을 이해하고 간단한 사칙연산을 한다.
㉡ 여러 가지 모양을 알고, 평면도형과 입체도형의 특성을 이해한다.
㉢ 시각과 시간 및 여러 가지 측정 단위를 알고 실생활에 활용한다.
㉣ 물체, 무늬, 수의 배열에서 규칙을 찾아 설명하고 수나 식으로 표현한다.
㉤ 사물들을 기준에 따라 분류하고, 분류한 자료를 표와 그래프로 나타낸다.

② 학년군별 목표

〈초등학교 1~2학년〉

주변의 사물과 현상을 관찰하고 경험함으로써 수학의 기본적인 개념을 습득한다.

㉠ 여러 가지 구체물을 통해 변별하기, 짝짓기, 순서짓기 등 기초적인 다양한 경험활동을 통해 수 이전 개념을 형성한다.
㉡ 하나의 구체물 모임을 2개의 모임으로 가르고, 2개의 구체물 모임을 하나의 모임으로 모은다.
㉢ 화폐의 용도를 이해하고, 화폐의 종류를 안다.
㉣ 여러 가지 놀이 활동을 통해 구체물이나 사물 등의 공간 관계를 이해하고, 여러 가지 모양을 탐색한다.
㉤ 주변 물체의 여러 가지 측정 가능한 속성을 탐색하고, 실생활에서의 구체적인 비교 활동을 통해 다양한 양감을 느낀다.
㉥ 두 가지 물체를 규칙에 따라 배열하고 실생활에서 규칙성을 발견한다.
㉦ 주어진 자료의 공통된 속성을 파악하여 분류한다.

〈초등학교 3~4학년〉

수학의 기본 개념과 구체물의 조작을 통하여 수학의 원리와 법칙 등 기초 지식을 익힌다.

㉠ 개수 세기, 개수 비교하기 활동을 통해 수의 양감을 기르고, 한 자리 수의 순서와 크기를 비교한다.

㉡ 9 이하의 수 가르기와 모으기를 통해 덧셈식과 뺄셈식을 만들고, 합이 9 이하인 덧셈과 피감수가 9 이하인 뺄셈 문제를 해결한다.
㉢ 화폐의 단위를 알고, 화폐의 액면가를 안다.
㉣ 실생활에서 여러 가지 물건을 관찰하여 여러 가지 모양을 찾고, 다양한 조작 활동을 통해 입체도형과 평면도형에 대한 감각을 기른다.
㉤ 물체의 길이, 무게, 들이 등의 양을 비교하고, 임의 측정단위를 사용하며, 시각에 관심을 갖고 몇 시 30분으로 시각을 말한다.
㉥ 두세 가지 물체나 모양을 규칙에 따라 배열해 보고, 실생활에서 규칙을 활용한다.
㉦ 주어진 자료를 여러 가지 기준으로 분류하여 세어보고, 표와 그래프에 나타내어 봄으로써 표와 그래프의 기초 개념을 이해한다.

〈초등학교 5~6학년〉

수학의 기초 지식을 바탕으로 하여 연산과 측정 등의 수학의 기초 기능을 익혀 실생활에 활용한다.

㉠ 두 자리, 세 자리 수의 자릿값을 알고 묶어세기를 통해 수의 계열 및 크기를 비교한다.
㉡ 두 자리 수 덧셈과 뺄셈의 계산 원리를 이해하고, 실생활 문제해결에 활용한다.
㉢ 화폐의 가치를 이해하고, 주어진 화폐를 다른 화폐나 물건으로 교환한다.
㉣ 평면도형과 그 구성요소를 이해하고, 구체적인 조작 활동을 통해 선과 각, 평면도형의 이동을 이해한다.
㉤ 표준단위인 1㎝와 1m 단위와 구체적인 상황에서 시각과 시간의 의미를 이해하고, 실생활에 활용한다.
㉥ 수의 규칙을 찾고, 여러 가지 모양을 활용하여 규칙적인 무늬를 꾸민다.
㉦ 주어진 자료를 막대그래프나 꺾은선그래프로 나타내고, 그 특성을 설명한다.

〈중학교 1~3학년〉

수학의 기초 지식과 기능을 활용하여 실생활의 여러 가지 수학적 문제를 해결한다.

㉠ 네 자리의 수, 다섯 자리 이상의 큰 수, 간단한 분수를 이해하고 실생활과

관련된 문제를 해결한다.

㉡ 세 자리 수 덧셈과 뺄셈, 올림이 없는 (두 자리 수)×(한 자리 수)의 계산 원리를 이해하고 실생활 문제를 해결한다.

㉢ 계산기를 사용하여 여러 가지 물건 구입 비용과 거스름돈을 계산한다.

㉣ 구체적인 조작 활동을 통해 원의 구성요소를 이해하고, 분류하는 활동을 통해 여러 가지 삼각형과 여러 가지 사각형을 이름 짓고 이해한다.

㉤ 길이, 무게, 들이의 단위를 알고, 측정 단위 간의 관계를 이해하고 환산한다.

㉥ 수의 규칙과 대응관계를 통하여 함수의 기초개념을 이해한다.

㉦ 실생활 장면을 통해 가능성을 이해하고, 수집 · 분류 · 정리한 자료를 목적에 맞게 여러 가지 그래프로 나타내며 특성을 설명한다.

〈고등학교 1~3학년〉

주변의 수학적 현상에 관심을 가지고, 일상생활의 여러 가지 사실을 수학적으로 사고하고 표현한다.

㉠ 기본적인 소수와 정수의 형태, 대소 관계를 알고, 생활 속에서 어떻게 사용되고 있는지를 안다.

㉡ 내림이 없고 나머지가 없는 (두 자리 수)÷(한 자리 수)의 계산 원리와 혼합계산 순서를 이해한다.

㉢ 실생활에서 물건 값이 달라지는 상황에서 계산기를 사용하여 물건 값을 계산하고, 물건 구입비용을 어림한다.

㉣ 다각형과 정다각형의 의미를 파악하고, 직육면체와 정육면체의 구성요소와 성질을 알며 쌓기 나무를 이용하여 입체도형의 공간감각을 익힌다.

㉤ 각의 크기를 측정하고 평면도형의 둘레와 넓이를 구한다.

㉥ 비와 비율의 의미를 이해하고 실생활에 활용한다.

㉦ 비율그래프를 바르게 이해하고 해석하여 실생활에 적용한다.

자료 출처 : 특수교육 교육과정(교육과학기술부 고시 제2011-501호)

③ 내용체계

영역 \ 학교급 / 학년군	초등학교			중학교	고등학교
	1~2학년	3~4학년	5~6학년	1~3학년	1~3학년
수와 연산	⊙변별하기 ⊙짝짓기 ⊙순서짓기 ⊙구체물 가르기와 모으기 ⊙화폐의 종류	⊙개수 세기 ⊙개수 비교하기 ⊙한 자리의 수 ⊙9 이하의 수 가르기와 모으기 ⊙덧셈식과 뺄셈식 ⊙합이 9 이하인 덧셈 ⊙피감수가 9 이하인 뺄셈 ⊙화폐의 액면가	⊙두 자리의 수 ⊙세 자리의 수 ⊙합이 10인 덧셈 ⊙피감수가 10인 뺄셈 ⊙받아올림이 없는 두 자리 수 덧셈 ⊙받아내림이 없는 두 자리 수 뺄셈 ⊙받아올림이 있는 두 자리 수 덧셈 ⊙받아내림이 있는 두 자리 수 뺄셈 ⊙화폐의 교환	⊙네 자리의 수 ⊙다섯 자리 이상의 수 ⊙분수의 이해 ⊙받아올림이 없는 세 자리 수 덧셈 ⊙받아내림이 없는 세 자리 수 뺄셈 ⊙받아올림이 있는 세 자리 수 덧셈 ⊙받아내림이 있는 세 자리 수 뺄셈 ⊙곱셈의 이해 ⊙화폐의 계산	⊙소수의 이해 ⊙정수의 이해 ⊙나눗셈의 이해 ⊙자연수의 혼합계산 ⊙화폐의 활용
도형	⊙공간의 이해 ⊙여러 가지 모양	⊙입체도형의 모양 ⊙평면도형의 모양	⊙평면도형과 그 구성요소 ⊙도형의 기초 ⊙평면도형의 이동	⊙원의 구성요소 ⊙여러 가지 삼각형 ⊙여러 가지 사각형	⊙다각형의 이해 ⊙직육면체와 정육면체 ⊙입체도형의 공간 감각
측정	⊙측정 가능한 속성 탐색 ⊙비교하기 ⊙일과 시간	⊙양의 비교 ⊙임의 측정 단위 ⊙시각과 시간	⊙길이 ⊙시간 ⊙달력	⊙길이 ⊙무게 ⊙들이	⊙각도 ⊙평면도형의 둘레 ⊙평면도형의 넓이
규칙성	⊙규칙 찾기	⊙규칙 찾기	⊙규칙 찾기 ⊙규칙적인 무늬 만들기	⊙규칙과 대응	⊙비와 비율
확률과 통계	⊙분류하기	⊙분류하기 ⊙표와 그래프	⊙자료의 정리	⊙가능성 ⊙자료의 표현과 해석	⊙비율그래프

자료 출처 : 특수교육 교육과정(교육과학기술부 고시 제2011-501호)

(4) 과학

과학과는 과학의 기본 개념을 이해하고 과학 탐구 능력과 과학적 태도를 함양하여 창의적이고 합리적으로 문제를 해결하는 데 필요한 과학적 소양을 기르기 위한 교과이다.

① 교과목표

생활 주변의 사물과 자연 현상에 대한 흥미와 호기심을 바탕으로 생활 주변의 사물과 자연 현상에 대한 특성과 기본 지식을 이해하고 탐구하려는 태도를 기르며 일상생활과 관련된 자연 현상에서 나타나는 문제를 해결할 수 있는 과학적 소양을 기른다.

㉠ 여러 가지 물체와 물질과 관련된 과학적 지식과 탐구 능력을 함양하여 자연 현상과 일상생활의 문제를 과학적으로 해결할 수 있는 능력을 기른다.

㉡ 물질과 에너지와 관련된 과학적 지식과 탐구 능력을 함양하여 자연 현상과 일상생활의 문제를 과학적으로 해결할 수 있는 능력을 기른다.

㉢ 생활 주변의 생물에 대하여 흥미와 호기심을 가지고 기본 개념을 이해하며 생물과 관련된 현상과 문제를 해결할 수 있는 과학적 소양을 기른다.

㉣ 자연 현상과 태양계에 대한 과학적 지식과 탐구 능력을 함양하고 합리적으로 생활 과제를 해결할 수 있는 기능을 기른다.

② 학년군별 목표

〈초등학교 1~2학년〉

자연 현상에 대한 기본적인 지식을 바탕으로 일상적인 자연 현상과 친근한 주변의 사물을 관찰 · 분류할 수 있는 과학적 탐구 기능과 태도를 기른다.

㉠ 우리 주위에 있는 여러 가지 물체를 오감을 통해 관찰하고, 구성 재료에 따른 물체의 다양한 성질을 관찰한다. 나아가 장소에 따라 자주 사용하는 물체와 그 쓰임새를 관찰하여 그 특징을 안다.

㉡ 여러 가지 도구, 여러 가지 모양의 자석에 관심을 갖고 사용하여 보고, 그림자 놀이를 경험하여 보며, 여러 가지 소리를 듣고 소리의 느낌을 표현하여 본다.

㉢ 우리의 몸과 주변의 동물과 식물에 흥미와 호기심을 갖고 관찰하며, 우리의 몸과 자연 현상을 인식하고 탐구하는 태도를 기른다.

㉣ 내가 위치한 방향을 알고, 물 · 흙 · 공기가 우리생활에서 어떻게 쓰이는지 이

해한다.

〈초등학교 3~4학년〉

자연 현상에 대한 기본적인 지식을 바탕으로 일상적인 자연 현상과 친근한 주변의 사물을 분류·측정할 수 있는 과학적 탐구 기능과 태도를 기른다.

㉠ 물체는 물질로 구성되어 있음을 알고, 물체와 물질의 특성에 따라 물질을 고체, 액체, 기체로 구분할 수 있으며, 각 물질의 다양한 특성을 관찰한다. 나아가 혼합물을 물질의 특성에 따라 분리한다.

㉡ 도구를 이용하여 무게를 측정하고 비교하며, 주변의 물체를 이용하여 여러 가지 소리를 내고, 자석의 성질을 이해하며, 빛의 성질을 이용한 기울로 다양한 놀이를 한다.

㉢ 동물, 식물의 특징을 구체적으로 살펴보면서 생김새와 기능이 다양하다는 것과 동식물의 생김새와 기능이 환경의 영향을 받는다는 것을 이해하고 이러한 현상에 호기심을 갖는다.

㉣ 낮과 밤의 변화에 따라 생활 모습이 다름을 알고, 지구와 달의 지표면을 구성하고 있는 요소를 구별하고 여러 종류의 지층과 화산 활동을 지각수준에서 분류한다.

〈초등학교 5~6학년〉

자연 현상에 대한 기본적인 지식을 바탕으로 일상적인 자연 현상과 친근한 주변의 사물을 분류·측정·예상할 수 있는 과학적 탐구 기능과 태도를 기른다.

㉠ 물의 상태 변화 과정을 관찰하고, 물에는 띄우는 성질이 있고, 물의 무게나 내려누르는 힘이 있음을 관찰한다. 나아가 고체가 액체에 녹는 현상을 통해 용액과 용해의 개념을 이해한다.

㉡ 움직이는 물체의 빠르기를 알아보고, 전구에 불을 켜보고, 렌즈로 물체를 관찰하며, 온도를 측정한다.

㉢ 우리의 몸, 동물, 식물의 성장 과정과 한 살이 탐구를 통하여 그 과정과 결과에 호기심을 갖고, 생물과 자연 환경 간의 상호 의존성을 기본적인 수준에서 이해한다.

㉣ 지구와 태양계의 관계에 따라 변화하는 날씨와 계절변화를 예상하여 나타낸다.

〈중학교 1~3학년〉

자연 현상에 대한 기능적인 지식을 중심으로 일상적인 자연 현상과 친근한 주변의 사상을 측정 · 예상 · 추리할 수 있는 과학적 탐구 기능과 태도를 기른다.

㉠ 산과 염기, 기체의 부피 변화, 여러 가지 기체, 연소와 소화의 과학적 개념을 다양한 실험활동과 사례를 통해 관찰, 이해하고, 이를 일상생활에 적용한다.

㉡ 편리한 도구인 지레와 도르래를 이용하여 힘을 적게 들이는 방법을 알아보고, 전기의 발생과 전기에너지가 열에너지로 전환되는 예를 찾아보며, 생활 속에서 고체와 액체의 열의 이동을 설명할 수 있다.

㉢ 우리의 몸과 동물, 식물이 생명을 유지하여 나가는 과정을 보다 미시적으로 관찰하는 탐구활동을 통해 생명 현상의 다양성을 이해하고, 그 신비함에 호기심을 갖는다.

㉣ 기권, 수권, 지권의 특징을 알고, 우리 주변에서 이를 적용한 생활 모습을 찾아낸다.

〈고등학교 1~3학년〉

자연 현상에 대한 기능적인 지식을 중심으로 생활과 사회의 문제를 종합적으로 해결할 수 있는 과학적 탐구 기능과 태도를 기른다.

㉠ 분자 운동과 다양한 화학 반응, 생활 속 화학을 다양한 실험과 학교 밖 지역 과학교육 자원 등을 활용하여 이해하고 적용한다.

㉡ 전기 에너지의 이용 방법, 빛을 이용한 조명의 사용, 소음 공해에 대하여 알아보고, 열과 에너지가 우리 생활에 이용되는 예를 알아본다.

㉢ 생명체의 탄생과 번식, 소멸과 유지 현상에 대하여 알아보고, 자연과 생물은 서로 밀접하게 영향을 주고받는다는 것을 종합적으로 이해하고 적용한다.

㉣ 지구와 태양계가 우리 생활에 미치는 영향을 파악하여 대비책을 알아본다.

특수교육 교육과정(교육과학기술부 고시 제2011-501호)참조

③ 내용체계

영역 \ 학년군 \ 학교급	초등학교			중학교	고등학교
	1~2학년	3~4학년	5~6학년	1~3학년	1~3학년
물질과 에너지	⊙물체의 관찰 ⊙물체의 성질 ⊙물체의 분류	⊙물체와 물질 ⊙액체의 성질 ⊙기체의 성질 ⊙혼합물 분리	⊙물의 상태 변화 ⊙물의 힘 ⊙용해와 용액	⊙산과 염기 ⊙기체의 부피 변화 ⊙여러 가지 기체 ⊙연소와 소화	⊙분자의 운동 ⊙화학 반응 ⊙생활 속 화학
	⊙자석 놀이 ⊙빛과 그림자 ⊙여러 가지 소리	⊙도구의 사용 ⊙자석의 이용 ⊙거울과 그림자 ⊙소리의 성질	⊙물체의 무게 ⊙전기의 작용 ⊙렌즈의 이용 ⊙온도와 열	⊙힘과 운동 ⊙전기와 자기 ⊙빛과 파동 ⊙열의 이동	⊙전기 에너지의 이용 ⊙빛과 소리의 이용 ⊙열과 우리 생활 ⊙일과 에너지 전환
생명과 지구	⊙주변의 동물 ⊙주변의 식물 ⊙나의 몸	⊙동물의 한살이 ⊙동물의 생활 ⊙식물의 한살이 ⊙식물의 생활	⊙식물의 구조와 기능 ⊙우리 몸의 구조와 기능 ⊙생물과 환경	⊙작은 생물과 우리 생활 ⊙식물의 에너지 ⊙소화와 배설 ⊙자극과 반응	⊙순환과 호흡 ⊙생식과 발생 ⊙유전과 진화 ⊙생태계와 우리 생활
	⊙방향과 방위 ⊙물과 물놀이 ⊙흙, 모래, 자갈 ⊙공기와 바람	⊙낮과 밤 ⊙지표의 변화 ⊙지층과 화석 ⊙지구와 달	⊙날씨와 생활 ⊙계절의 변화 ⊙지구와 달의 운동 ⊙태양계와 별	⊙지구계와 지권 ⊙수권과 우리 생활 ⊙기권과 우리 생활	⊙태양계의 이해 ⊙외권과 우주 개발 ⊙지구와 우리 생활

자료 출처 : 특수교육 교육과정(교육과학기술부 고시 제2011-501호)

(5) 실과

실과는 초등학교 5~6학년에 편제 · 운영되며 중학교의 진로와 직업과의 연계성을 갖는 교과로서 실생활에 필요한 생활 소양을 실천적 경험을 통해 기르고자 한다.

① 교과목표

가정생활에 필요한 기본적인 지식과 기능을 함양하여 건강한 개인 및 가정생활을 영위하고, 일상생활에 필요한 기술적인 소양을 습득하여 현재와 미래의 생활을 자립적으로 수행하는 역량과 태도를 기른다.

㉠ 나와 가족을 이해하고 가정생활에서 직면하는 기본적인 생활의 문제를 스스로 해결하는 데 필요한 지식과 기능을 익혀 개인 및 가족 구성원으로서 자신의 삶을 자립적으로 영위해 나갈 수 있는 역량과 태도를 기른다.

㉡ 일상생활과 관련된 기술의 세계를 이해하고 기술과 관련되는 기본적인 문제를 해결하는 방법을 익히고 실천하며, 사람들이 하는 일과 직업에 대한 인식을 통해 자신의 진로에 관심을 가짐으로써 미래 생활에 적응하는 역량과 태도를 기른다.

자료 출처 : 특수교육 교육과정(교육과학기술부 고시 제2011-501호)

② 내용체계

영 역	내 용
가정생활	⊙나와 가정생활 · 나와 우리 가족 · 서로 돕는 우리 가족 ⊙깨끗한 주생활 · 정리, 정돈하기 · 청소하기 ⊙건강한 식생활 · 음식과 건강 · 건강한 음식 만들기 ⊙단정한 의생활 · 단정하고 알맞은 옷차림 · 스스로 하는 옷 관리 ⊙생활용품의 사용 · 생활에 필요한 물건 · 생활용품 사용하기
기술의 세계	⊙식물과 함께하는 생활 · 생활 속의 식물 · 식물 가꾸기 ⊙동물과 함께하는 생활 · 생활 속의 동물 · 동물 돌보기

기술의 세계	⊙생활용품 만들기 · 여러 가지 도구 사용하기 · 간단한 생활용품 만들기 ⊙전기와 생활 · 여러 가지 전기 · 전자제품 · 가전제품 사용하기 ⊙생활 속의 정보 기기 · 여러 가지 정보 기기 · 정보 기기 사용하기 ⊙나의 진로 · 여러 가지 일과 직업 · 내가 하고 싶은 일

자료 출처 : 특수교육 교육과정(교육과학기술부 고시 제2011-501호)

(6) 진로와 직업

진로와 직업과는 학생이 자신의 진로 및 직업에 대하여 인식하고 탐색하며, 준비하는 데 필요한 지식, 기술, 태도를 함양하는 교과이다. 진로와 직업과가 지향하는 인간상은 진로 발달 단계에 따라 자신의 진로를 개척하는 사람, 개인 및 사회생활과 직업 생활에서 발생하는 문제를 해결하는 사람, 자신에게 적합한 직업을 탐색하고 준비하는 사람이다.

① 교과목표

성인으로서의 삶을 살아가는 데 요구되는 지식, 기술, 태도 등을 습득하고 적용하며, 진로와 직업 세계에 대한 탐색과 경험을 통하여 자신의 진로 및 직업의 방향을 설정하고, 지역 사회 직무에서 요구되는 능력을 길러 직업적 자립을 도모한다.

㉠ 성인으로서의 생활에 필요한 지식, 기술, 대도 등을 함양하여 직업 생활의 기본이 되는 개인 및 사회생활 기능을 수행한다.

㉡ 진로 및 직업 세계에서 요구되는 신체 및 학습 기능을 함양하고, 다양한 도구와 컴퓨터 사용 능력을 기르며 직업 생활에 필요한 기본적인 능력과 작업 태도를 향상한다.

㉢ 지역 사회 직무에서 요구되는 기본적인 능력과 작업 태도를 경험하고 숙달하여 장차 직무를 수행할 수 있도록 준비한다.

㉣ 진로 발달의 과정을 이해하고 자신의 진로 방향을 설계하며 학교에서 사회로의 전환을 도모할 수 있도록 준비하고 실천한다.

② 학년군별 목표

〈중학교 1~3학년〉

중학생으로서 진로와 직업을 인식하고 탐색하는 데 요구되는 지식, 기술, 태도 등을 습득하고 적용하며, 개인 생활과 가정생활에 필요한 능력을 함양하고 작업 활동에 필요한 능력과 태도를 향상하며, 자신의 진로와 직업을 탐색하고 계획한다.

㉠ 개인 생활과 가정생활에 필요한 실생활 중심의 지식, 기술, 태도를 함양하여 직업 생활의 기반을 마련한다.

㉡ 작업 활동에 필요한 신체 활동 및 학습능력과 도구사용 방법을 기르며, 직업에 대한 이해 수준을 높이고, 기본적인 직업 태도와 능력을 향상한다.

㉢ 공예, 재배 · 사육, 판매 · 포장 · 배달, 조립, 음식 조리, 청소 · 세탁 · 세차, 사무보조 등에 대한 기본 사항을 이해하고 도구 사용법을 익힌다.

㉣ 자신의 진로와 직업에 대하여 인식하고, 기초적인 직업 평가를 토대로 전환교육을 계획하며, 지역 사회 관련 기관을 탐색하고 조사한다.

〈고등학교 1~3학년〉

고등학생으로서 진로와 직업을 탐색하고 준비하는 데 요구되는 지식, 기술, 태도 등을 습득하여 적용하고, 지역 사회생활과 직업 생활에 필요한 능력을 함양하며, 교내 실습과 지역 사회 실습을 통한 주요 직무와 과제를 훈련하여 자신의 전환 성과에 도달할 수 있도록 한다.

㉠ 지역 사회생활과 직업 생활에 필요한 실생활 중심의 지식, 기술, 태도를 함양하여 직업 생활의 기반을 마련한다.

㉡ 작업 활동에 필요한 신체 활동 및 학습 능력을 익히고 적용하며, 실생활 직무에서 도구를 사용하고, 직업에 대한 이해와 직업에 대한 태도 및 능력을 향상한다.

㉢ 공예, 재배 · 사육, 판매 · 포장 · 배달, 조립, 음식 조리, 청소 · 세탁 · 세차, 사무보조, 대인 서비스 등에 대한 주요 직무와 과제를 수행하며, 교내 실습 및 현장과 연계한 직업실습에 참여한다.

㉣ 직업 평가를 토대로 자신의 흥미와 적성 등을 파악하고 성인 생활, 취업, 진학 관련 전환 교육을 계획하고 실시한다.

③ 내용체계

학교급 / 학년군 / 영역	중학교	고등학교
	1~3학년	1~3학년
직업 생활	⊙청소 · 도구를 사용한 청소 · 청소 도구의 정리 ⊙옷차림 · 단정한 옷차림 · 세탁하기 · 의복 관리 ⊙건강과 안전 · 개인위생 상태 유지 · 질병 예방 · 건강한 식생활 실천 ⊙대인관계 · 인사하기 · 생각의 이해와 표현 · 성에 대한 이해 ⊙전화기 사용 · 전화를 걸고 용건 말하기 · 전화 예절 ⊙금전 관리 · 화폐 알기 · 물건 구입 계획 · 예산에 맞는 지출 ⊙이동 · 대중교통 수단과 시설 · 집과 학교 주변의 이동 · 지역 사회 이동	⊙청소 · 사무실 청소 · 작업장 청소 ⊙옷차림 · 옷입기와 단장하기 · 다양한 작업복 착용 ⊙건강과 안전 · 체중 및 체력 유지 · 안전과 구급 조치 ⊙대인 관계 · 감정의 이해와 표현 · 이성 교제 ⊙전화기 사용 · 생활 정보 전화의 사용 · 업무 관련 전화 ⊙금전 관리 · 금융기관의 이용 · 급여 관리 ⊙이동 · 다른 지역 이동 · 출 · 퇴근지 이동 ⊙여가 생활 · 공동 여가 활동 탐색 · 여가 활동하기

직업 생활	⊙여가 생활 · 여가 활동 · 개인 여가 활동 탐색 · 여가 시설 이용 ⊙자기 결정 · 자기 인식 · 활동 계획	⊙자기 결정 · 계획에 따른 실행 · 실행 결과 평가와 추수 계획
직업 탐색	⊙신체 기능 · 작업과 몸의 자세 · 큰 동작의 작업 활동 ⊙학습 기능 · 직업 관련 용어의 활용 · 직업 관련 수의 활용 · 직업 관련 측정 단위의 활용 ⊙도구 사용 · 생활 도구의 사용 · 사무 용구의 사용 ⊙컴퓨터 사용 · 컴퓨터 사용 방법 · 컴퓨터 정보의 입력과 저장 · 인터넷 정보의 검색과 전자 메일 활용 ⊙직업 이해 · 가족의 직업 · 지역 사회 내 직업 · 직업 현장 견학 ⊙직업 태도 · 작업장 조직도 · 직장 예절 · 작업장 규칙 ⊙작업 능력 · 작업 재료의 분류 · 작업의 바른 자세	⊙신체 기능 · 작은 동작의 작업 활동 · 작업 지속성 기르기 ⊙학습기능 · 직업 관련 문서의 활용 · 직업 관련 서류 작성과 직업 정보 활용 ⊙도구 사용 · 작업 도구의 사용 · 작업 기계의 사용 ⊙컴퓨터 사용 · 문서 작성과 출력 · 컴퓨터 활용 ⊙직업이해 · 직업 체험 · 직업 선택 ⊙직업 태도 · 직장에서 시간 지키기 · 안전한 작업 · 지시에 따른 작업 ⊙작업 능력 · 협력 작업 · 신속한 작업 · 작업의 정확성 향상

자료 출처 : 특수교육 교육과정(교육과학기술부 고시 제2011-501호)

(7) 체육

체육과는 '신체활동'을 통하여 체력 및 운동 능력을 기르고 자신과 세계를 이해하며 바람직한 품성과 사회성을 갖추어, 건강하고 활기찬 삶에 필요한 능력과 함께 체육 문화를 창조적으로 계승 · 발전시킬 수 있는 자질을 함양하는 교과이다.

① 교과목표

체육과는 신체 활동 가치의 내면화와 실천을 통한 전인교육을 목표로 한다. 즉, 신체 활동을 통하여 활기차고 건강한 삶에 필요한 지식과 실천 능력, 자신의 미래를 개발하는 데 필요한 도전 능력과 창의적 사고력, 공동체 생활에 필요한 선의의 경쟁력과 협력하는 태도를 함양한다.

㉠ 건강 활동에 필요한 기본 기능과 운동 방법을 학습하고 실생활에서 적용 · 실천하는 과정을 통하여 건강한 생활 습관을 형성한다.

㉡ 도전 활동에 필요한 기본 기능과 경기 기능을 학습하고, 스포츠에 적용하는 과정을 통하여 관련 규범을 기른다.

㉢ 경쟁 활동에 필요한 기본 기능과 경기 기능을 학습하고, 스포츠에 적용하는 과정을 통하여 관련 규범을 기른다.

㉣ 표현 활동에 필요한 다양한 표현 방법을 습득하고, 창의적으로 표현 활동을 수행하며, 감상하는 태도를 기른다.

㉤ 여가 활동에 필요한 기본 기능을 습득하여 여가 관련 놀이와 스포츠를 생활화하는 태도를 기른다.

② 학년군별 목표

〈초등학교 1~2학년〉

㉠ 호흡 소설, 신체 부위 힘 소설, 안성성 및 균형 유지 활동 방법을 이해하고 실행한다.

㉡ 고저 지각, 원근 지각 및 속도 지각 활동 방법을 이해하고 실행한다.

㉢ 방향 지각, 폭 지각 및 시-지각 기초 협응 활동 방법을 이해하고 실행한다.

㉣ 신체 지각, 리듬 지각 및 청-지각 기초 협응 활동 방법을 이해하고 실행한다.
㉤ 촉지각 기초 협응 활동, 소근 기초 조작 및 복합 이동 기술 활동 방법을 이해하고 실행한다.

〈초등학교 3~4학년〉

㉠ 준비 운동과 정리 운동 방법을 이해하고, 바른 자세를 익히며, 건강한 생활 습관을 형성한다.
㉡ 달리기와 수영의 특성을 이해하고, 기본 기능을 익히며, 끈기와 적극성을 가지고 활동하는 습관을 기른다.
㉢ 술래 피하기형 게임과 피구형 게임의 의미와 특성을 이해하고, 기본 기능을 익히며, 즐겁게 활동에 참여한다.
㉣ 비이동 움직임, 이동 움직임 그리고 기구 활용 움직임을 통하여 다양한 방법으로 표현해 보며, 다른 학생의 움직임 표현을 감상하는 태도를 기른다.
㉤ 혼자 하는 여가 활동과 여럿이 함께 할 수 있는 다양한 여가 활동의 종류와 참여 방법을 알고 실천하며, 여가의 개념과 의미, 유익함을 이해한다.

〈초등학교 5~6학년〉

㉠ 체력과 관련된 신체 활동의 의미를 이해하고 실행하며, 몸의 성장과 변화를 알고, 상황을 정확히 판단하여 안전사고 예방에 힘쓴다.
㉡ 동작 도전의 의미와 특성을 이해하고, 체조와 태권도 품새를 익혀 보다 정확하고 아름다운 동작을 표현하며, 두려움을 극복하고 자신 있게 동작을 수행한다.
㉢ 영역형 경쟁의 의미와 특성을 이해하고, 기본 기능을 익혀 영역형 게임에 적용하며, 팀 전체의 목표를 위해 협력하는 협동심의 개념을 알고 실천한다.
㉣ 표현 활동의 의미와 특성을 이해하고, 리듬에 맞춰 경쾌하게 움직이는 에어로빅스와 리듬과 움직임을 통해 심미적인 동작을 표현하는 리듬체조를 수행한다.
㉤ 우리 조상들이 즐겼던 명절놀이와 계절 놀이를 경험하고, 여가와 놀이의 관계를 이해한다.

〈중학교 1~3학년〉

㉠ 체력 증진 원리를 바탕으로 체력을 증진하고, 건강 사회를 위한 지역 사회의 기능과 역할을 이해하며, 약물과 기호품의 역할과 오·남용에 따른 부작용을 알고, 성역할에 따라 적절히 행동하며, 성폭력을 예방한다.

㉡ 거리 도전의 의미와 특성을 이해하고, 기초 기술을 익히며, 적극성을 가지고 활동하는 태도를 기른다.

㉢ 필드형 경쟁의 의미와 특성을 이해하고, 기초 기술을 익히며, 활동에서 주어진 역할에 최선을 다하는 자기책임감을 기른다.

㉣ 우리나라와 외국 민속 무용의 종류와 특성을 알고, 방법을 달리하여 표현하며, 움직임 표현을 감상하는 과정에서 자기 확신을 높인다.

㉤ 여가 활동을 위한 생활 속 여가 자원을 찾아내고, 실내와 실외에서 실시할 수 있는 여가 활동 계획을 수립하며, 계획한 여가 활동을 실천함으로써 여가 활동의 가치를 안다.

〈고등학교 1~3학년〉

㉠ 학교와 지역 사회 시설을 이용하여 건강 증진 프로그램을 실행하는 과정을 통하여 비만을 예방하고 적절히 관리한다.

㉡ 표적/투기 도전의 의미와 특성을 이해하고, 골프, 볼링, 투기의 경기 기능을 익히며, 감상하는 능력을 기른다.

㉢ 네트형 경쟁의 의미와 특성을 이해하고, 배구, 배드민턴, 족구의 경기 기능을 익히며, 감상하는 능력을 기른다.

㉣ 주제 표현의 구성 원리를 알고, 방법을 달리하여 꾸미기 체조와 창작 무용을 표현하며, 주제 표현 활동을 감상하는 과정에서 창의력을 기른다.

㉤ 여가의 가치와 유형을 알아보고, 신익형 여가와 수상형 여가 활동을 통하여 자연을 사랑하는 마음을 기른다.

자료 출처 : 특수교육 교육과정(교육과학기술부 고시 제2011-501호)

③ 내용체계

학교급 / 학년군 / 영역	초등학교			중학교	고등학교
	1~2학년	3~4학년	5~6학년	1~3학년	1~3학년
건강 활동	⊙호흡 조절 활동 ⊙신체 부위 힘조절 활동 ⊙안정성 및 균형 유지 활동	⊙운동과 건강한 생활 습관 · 준비 운동과 정리운동 · 바른 자세 익히기 · 건강한 생활 습관	⊙체력 · 생활안전 · 체력 관련 신체활동 · 몸의 성장과 변화 · 안전 교육	⊙체력 증진 및 건강한 생활 · 체력 증진 원리와 체력 운동 · 약물과 기호품 · 성역할과 성폭력	⊙체력 증진 프로그램 · 건강 증진 프로그램 · 비만 관리 · 학교와 지역 사회 시설 이용
도전 활동	⊙고저(高低) 지각 활동 ⊙원근(遠近) 지각활동 ⊙속도 지각 활동	⊙속도 도전 · 달리기 · 수영	⊙동작 도전 · 체조 · 태권도 품새	⊙거리 도전 · 뜀뛰기 · 던지기	⊙표적/투기 도전 · 골프 · 볼링 · 투기
경쟁 활동	⊙방향 지각 활동 ⊙폭(幅) 지각 활동 ⊙시-지각기초 협응 활동	⊙피하기형 경쟁 · 술래 피하기형 게임 · 피구형 게임	⊙영역형 경쟁 · 농구형 게임 · 축구형 게임 · 하키형 게임	⊙필드형 경쟁 · 티볼 · 발야구 · 킨볼	⊙네트형 경쟁 · 배구 · 배드민턴 · 족구
표현 활동	⊙신체 지각 활동 ⊙리듬 지각 활동 ⊙청-지각기초 협응 활동	⊙움직임 표현 · 비이동 움직임과 이동 움직임 · 기구 활용 움직임 · 모방 놀이	⊙리듬 표현 · 에어로빅스 · 리듬체조	⊙민속 표현 · 우리나라 민속 무용 · 외국 민속 무용	⊙주제 표현 · 꾸미기 체조 · 창작 무용
여가 활동	⊙촉-지각기초 협응 활동 ⊙소근 기초 조작 활동 ⊙복합 이동 기술 활동	⊙나와 여가 생활 · 혼자 하는 여가활동 · 함께 하는 여가 활동	⊙여가와 전통 놀이 · 명절놀이 · 계절놀이	⊙여가와 생활환경 · 실내형 여가 · 실외형 여가	⊙여가와 자연환경 · 산악형 여가 · 수상형 여가

자료 출처 : 특수교육 교육과정(교육과학기술부 고시 제2011-501호)

(8) 음악

음악과는 개인의 전 생애를 통하여 음악적 가치를 인식하고 생활화 할 수 있는 바탕을 마련하려는 궁극적인 목적과 함께 특수교육 대상학생들의 언어, 인지, 정서, 사회성, 신체, 긍정적 자아개념 및 창의성 등의 발달을 촉진하고 지원하는 교과이다.

① 교과목표

다양한 악곡과 활동을 통하여 음악의 아름다움을 경험하게 하며, 음악의 표현 · 감상 · 이해 능력을 기르고, 음악을 생활화함으로써 즐거운 생활을 하는 태도를 기르게 하며, 음악 활동을 통해 정서적, 사회적, 신체적, 인지적 발달을 촉진시킨다.

㉠ 다양한 음악 활동을 통해 표현 및 감상 능력을 기른다.

㉡ 음악의 기본적인 구성 요소에 대한 개념을 이해한다.

㉢ 생활 속에서 다양한 음악을 경험하고, 활용하며 적용하는 태도를 기른다.

② 학년군별 목표

〈초등학교 1~2학년〉

기초적인 음악 활동을 통해 생활 속에서 음악을 경험한다.

㉠ 노래를 듣고 따라 부르며 신체와 주변의 물건을 이용하여 연주한다.

㉡ 여러 가지 소리의 특성을 탐색한다.

㉢ 생활 속에서 다양한 음악을 경험한다.

〈초등학교 3~4학년〉

기본적인 음악 활동을 통해 음악을 즐기는 태도를 기른다.

㉠ 바른 자세로 노래와 연주를 하고 분위기를 느끼며 음악을 듣는다.

㉡ 음악의 기초적인 구성 요소를 이해하고 타악기의 종류를 안다.

㉢ 생활 속에서 음악을 즐기는 태도를 기른다.

〈초등학교 5~6학년〉

다양한 음악 활동을 통해 음악 행사에 적극적으로 참여하는 태도를 기른다.

㉠ 자연스러운 발성으로 노래하고 바른 주법으로 가락 악기를 연주하며 4박자의 간단한 즉홍 가락을 만든다.

㉡ 음악의 기본적인 구성 요소를 이해하고 건반 악기의 종류를 안다.

㉢ 생활 속에서 음악 활동에 적극적으로 참여하는 태도를 기른다.

〈중학교 1~3학년〉

다양한 음악 활동을 통해 음악을 활용하는 능력을 기른다.

㉠ 무리 없는 발성으로 노래하고, 바른 주법으로 다양한 악기를 연주하며, 즉홍 가락을 만든다.

㉡ 음악의 구성 요소에 대한 개념을 이해하고 현악기의 종류를 안다.

㉢ 생활 속에서 음악을 활용하는 능력을 기른다.

〈고등학교 1~3학년〉

다양한 음악 활동을 통해 음악을 생활 속에서 적용하는 태도를 기른다.

㉠ 정확한 발음과 아름다운 발성으로 노래하고 악곡의 느낌을 살려 합주하며 7음을 이용하여 즉홍 가락을 만든다.

㉡ 음악의 구성 요소를 이해하고 관악기의 종류와 음색을 안다.

㉢ 음악의 쓰임새를 알고 생활 속에서 적용하는 태도를 기른다.

자료 출처 : 특수교육 교육과정(교육과학기술부 고시 제2011-501호)

③ 내용체계

영역		초등학교 1~2학년	초등학교 3~4학년	초등학교 5~6학년	중학교 1~3학년	고등학교 1~3학년
활동	가창	⊙노래 듣고 따라 부르기	⊙바른 자세로 노래 부르기	⊙자연스러운 발성으로 노래 부르기	⊙무리 없는 발성으로 노래 부르기	⊙정확한 발음과 아름다운 발성으로 노래 부르기
활동	연주	⊙신체와 주변의 물건을 이용하여 연주하기	⊙리듬 악기 연주하기	⊙가락 악기 연주하기	⊙다양한 악기 연주하기	⊙합주하기
활동	창작	⊙주변의 물건으로 자연과 생활의 소리 만들기	⊙2박자와 4박자의 리듬과 2음을 이용한 즉흥 가락 만들기	⊙4박자 리듬과 3음을 이용한 즉흥 가락 만들기	⊙3박자 리듬과 5음을 이용한 즉흥 가락 만들기	⊙반복 형태의 리듬과 7음을 이용한 즉흥 가락 만들기
활동	감상	⊙소리에 관심을 가지고 반응하기	⊙소리를 탐색하며 음악의 분위기 느끼기	⊙악기의 음색을 탐색하며 음악 듣기	⊙이야기나 주제가 있는 음악 감상하기	⊙악곡의 특징을 파악하며 음악 감상하기
이해		⊙긴 소리와 짧은 소리	⊙박(센 박, 여린 박)/자진모리장단	⊙4박자 리듬꼴/세마치장단	⊙3박자 리듬꼴/굿거리장단	⊙여러 가지 박자/여러 가지 장단
이해		⊙높은 소리와 낮은 소리	⊙올라가는 가락과 내려가는 가락	⊙같은 가락과 다른 가락	⊙반복되는 가락	⊙계속되는 가락과 끝나는 가락
이해		⊙빠름과 느림	⊙빠름과 느림	⊙점점 빠르게와 점점 느리게	⊙빠르기의 변화	⊙빠르기의 변화
이해		⊙큰 소리와 작은 소리	⊙큰 소리와 작은 소리	⊙점점 커지는 소리와 점점 작아지는 소리	⊙소리의 크기 변화	⊙소리의 크기 변화
이해		⊙메기고 받는 형식	⊙메기고 받는 형식	⊙단음과 화음	⊙어울리는 소리와 안 어울리는 소리	⊙주요 3화음
이해		⊙소리의 탐색	⊙리듬악기의 종류와 음색	⊙건반 악기의 종류와 음색	⊙현악기의 종류와 음색	⊙관악기의 종류와 음색
생활화		⊙생활 속에서 음악을 경험하기	⊙생활 속에서 음악을 즐기는 태도 기르기	⊙생활 속에서 음악 활동에 적극적으로 참여하는 태도 기르기	⊙생활 속에서 음악을 활용하는 능력 기르기	⊙음악의 쓰임새를 알고 생활 속에서 적용하는 태도 기르기

자료 출처 : 특수교육 교육과정(교육과학기술부 고시 제2011-501호)

(9) 미술

미술과는 미적 감수성과 직관으로 대상을 이해하고 시각적 조형물이 가진 아름다움을 느끼며 누릴 수 있는 심미적 태도와 표현력, 상상력, 창의성, 비판적 사고력을 길러주는 교과이다.

① 교과목표

미술의 다양한 활동을 통하여 일상생활에서 아름다움을 느끼며, 미적 감수성, 창의적 표현 능력, 비평 능력을 기르고, 미술 문화를 향수할 수 있는 능력과 태도를 기른다.

㉠ 생활 속에서 자신과 주변 세계에 대한 미적 감수성을 기르고 문화 활동에 참여한다.

㉡ 미술활동을 통하여 느낌이나 생각을 창의적으로 표현하고 소통할 수 있는 능력과 긍정적 자아개념을 계발한다.

㉢ 미술 문화를 존중하고 미술의 가치를 이해하고 판단할 수 있는 능력과 미술 문화를 존중하는 태도를 기른다.

② 학년군별 목표

〈초등학교 1~2학년〉

자연과 생활 속에서 기초적인 미술활동을 통해 미술에 흥미와 관심을 갖는다.

㉠ 자기주변의 미적 대상에 흥미와 관심을 가진다.

㉡ 놀이와 신체를 통한 미적 표현 활동에 관심을 가진다.

㉢ 자신과 주변 미술작품에 흥미와 관심을 가진다.

〈초등학교 3~4학년〉

자연과 생활 속에서 기본적인 미술활동을 통해 미술을 경험한다.

㉠ 생활 속 아름다움에 관심을 가진다.

㉡ 미술 표현의 과정을 이해하고 다양하게 표현한다.

㉢ 미술작품과 문화재에 흥미와 관심을 가지고 감상한다.

〈초등학교 5~6학년〉

다양한 미술활동을 바탕으로 생활 속에서 미술을 효과적으로 즐기고 참여하는 태도를 기른다.

㉠ 미적 대상이나 현상 속에서 미술을 관찰한다.

㉡ 표현의 특성과 방법을 이해하고 효과적으로 표현한다.

㉢ 미술작품의 배경과 특성을 이해하고 감상한다.

〈중학교 1~3학년〉

다양한 미술활동을 통해 생활 속에서 개성적으로 활용하는 능력을 기른다.

㉠ 미적 대상이나 현상 속에서 미술의 조형적 특징을 이해한다.

㉡ 표현 활동의 탐색과 확장을 통해서 개성 있게 표현한다.

㉢ 미술작품의 사회문화적 의미와 가치를 이해한다.

〈고등학교 1~3학년〉

다양한 미술활동을 통해 미술을 생활화하는 능력과 미술 문화를 존중하는 태도를 가진다.

㉠ 미적 대상이나 현상의 조화를 발견하고 미술 문화 활동에 참여한다.

㉡ 표현 활동의 탐색과 확장을 통해서 창의적으로 표현한다.

㉢ 미술의 사회·문화적 의미를 이해하고 미술작품의 가치를 판단한다.

자료 출처: 특수교육 교육과정(교육과학기술부 고시 제2011-501호)

③ 내용체계

영역	학교급/학년군	초등학교 1~2학년	초등학교 3~4학년	초등학교 5~6학년	중학교 1~3학년	고등학교 1~3학년
체험	지각	⊙자신과 주변 탐색하기	⊙자신과 자연 환경 체험하기	⊙자신과 주변 환경 관찰하기	⊙자신과 주변 환경의 조형적 특징 발견하기	⊙자신과 주변 환경의 조화 발견하기
체험	소통	⊙자신과 주변에 대한 느낌 표현하기	⊙생활 주변의 아름다움에 대한 느낌 표현하기	⊙생활 속 시각 문화 활용하기	⊙시각 문화의 소통방식 이해하기	⊙시각 문화에 참여하기
표현	주제 표현	⊙주제를 자유롭게 탐색하고 표현하기	⊙주제를 탐색하여 다양하게 표현하기	⊙주제의 특징과 느낌을 효과적으로 표현하기	⊙주제의 특징과 목적을 개성적으로 표현하기	⊙주제의 목적을 고려하여 창의적으로 표현하기
표현	표현 방법	⊙주변의 재료와 용구를 탐색하여 자유롭게 표현하기	⊙기본적인 재료, 용구, 표현 방법을 탐색하여 다양하게 표현하기	⊙표현의 특징을 알고 효과적으로 표현하기	⊙새로운 표현 방법, 매체를 활용하여 개성적으로 표현하기	⊙표현 방법, 매체를 확장하여 창의적으로 표현하기
표현	조형 요소와 원리	⊙조형 요소를 자유롭게 탐색하고 표현하기	⊙조형 요소와 원리를 탐색하여 다양하게 표현하기	⊙조형 요소와 원리의 특징을 알고 효과적으로 표현하기	⊙조형 요소와 원리를 활용하여 개성적으로 표현하기	⊙조형 요소와 원리를 활용하여 창의적으로 표현하기
감상		⊙자신과 주변 미술작품에 관심 갖기	⊙미술작품과 문화재 알아보기	⊙미술의 현상과 특징 알아보기 ⊙미술작품의 감상 방법 경험하기	⊙시대별 미술과 시각 문화 알아보기 ⊙작품의 의미와 가치 알아보기	⊙사회와 작가의 미의식 찾아보기 ⊙미술품의 가치 판단하기 ⊙전시회 개최하기

자료 출처 : 특수교육 교육과정(교육과학기술부 고시 제2011-501호)

Paragraph
04 공통교육과정

1. 초등학교

(1) 초등학교 교육목표

초등학교의 교육은 학생의 학습과 일상생활에 필요한 기초 능력 배양과 기본 생활 습관을 형성하는 데 중점을 둔다.

(1) 풍부한 학습 경험을 통해 몸과 마음이 건강하고 균형 있게 자랄 수 있도록 하며, 다양한 일의 세계에 대한 기초적인 이해를 한다.

(2) 학습과 생활에서 문제를 인식하고 해결하는 기초 능력을 기르고, 이를 새롭게 경험할 수 있는 상상력을 키운다.

(3) 우리 문화에 대해 이해하고, 문화를 향유하는 올바른 태도를 기른다.

(4) 자신의 경험과 생각을 다양하게 표현하며 타인과 공감하고 협동하는 태도, 배려하는 마음을 기른다.

(2) 편제와 시간 배당

① 편제

(가) 초등학교 교육과정은 교과(군)와 창의적 체험활동으로 편성한다.

① 교과(군)는 국어, 사회/도덕, 수학, 과학/실과, 체육, 예술(음악/미술), 영어로 한다. 다만, 초등학교 1, 2학년의 교과는 국어, 수학, 바른 생활, 슬기로운 생활, 즐거운 생활로 한다.

② 창의적 체험활동은 자율 활동, 동아리 활동, 봉사 활동, 진로 활동으로 한다.

② 시간 배당기준

<table>
<tr><th colspan="2">구 분</th><th>1~2학년</th><th>3~4학년</th><th>5~6학년</th></tr>
<tr><td rowspan="7">교
과
(군)</td><td>국어</td><td rowspan="7">국어 448
수학 256
바른 생활 128
슬기로운 생활 192
즐거운 생활 384</td><td>408</td><td>408</td></tr>
<tr><td>사회/도덕</td><td>272</td><td>272</td></tr>
<tr><td>수학</td><td>272</td><td>272</td></tr>
<tr><td>과학/실과</td><td>204</td><td>340</td></tr>
<tr><td>체육</td><td>204</td><td>204</td></tr>
<tr><td>예술(음악/미술)</td><td>272</td><td>272</td></tr>
<tr><td>영어</td><td>136</td><td>204</td></tr>
<tr><td colspan="2">창의적 체험활동</td><td>272</td><td>204</td><td>204</td></tr>
<tr><td colspan="2">학년군별 총 수업시간 수</td><td>1,680</td><td>1,972</td><td>2,176</td></tr>
</table>

① 이 표에서 1시간 수업은 40분을 원칙으로 하되, 기후 및 계절, 학생의 발달 정도, 학습내용의 성격 등과 학교 실정을 고려하여 탄력적으로 편성 · 운영할 수 있다.
② 학년군 및 교과(군)별 시간 배당은 연간 34주를 기준으로 한 2년간의 기준 수업시수를 나타낸 것이다.
③ 학년군별 총 수업시간 수는 최소 수업 시수를 나타낸 것이다.
④ 실과의 수업 시간은 5~6학년 과학/실과의 수업시수에만 포함된 것이다.

(3) 초등학교 교육과정 편성 · 운영의 중점

(1) 학교는 1학년 학생들의 입학 초기 적응 교육을 위해 창의적 체험활동의 시수를 활용하여 자율적으로 입학 초기 적응 프로그램 등을 편성 · 운영할 수 있다.

(2) 학교는 모든 교육 활동을 통해 학생의 인성과 기본 생활 습관을 형성할 수 있도록 교육과정을 편성 · 운영한다.

(3) 각 교과의 기초적, 기본적 요소들이 체계적으로 학습되도록 계획하고, 정확한 국어사용 능력을 신장할 수 있도록 배려한다. 특히, 기초적 국어사용 능력과 수리력이 부족한 학생들을 위해 별도의 프로그램을 편성 · 운영할 수 있다.

(4) 학교의 특성, 학생 · 교사 · 학부모의 요구 및 필요에 따라 학교가 자율적으로

교과(군)별 20% 범위 내에서 시수를 증감하여 운영할 수 있다.

(5) 학교의 여건과 교과(군)별 특성을 고려하여 학년, 학기별로 집중 이수를 통해 학기당 이수 교과 수를 감축하여 편성 · 운영할 수 있다.

(6) 정보통신활용교육, 보건교육, 한자교육 등은 관련 교과(군)와 창의적 체험활동 시간을 활용하여 체계적인 지도가 이루어질 수 있도록 한다.

(7) 전입 학생이 특정 교과목을 이수하지 못할 경우, 교육청과 학교에서는 '보충학습 과정' 등을 통해 학습 결손이 발생하지 않도록 한다.

(8) 학년을 달리하는 학생을 대상으로 복식 학급을 편성, 운영하는 경우에는 교육내용의 학년별 순서를 조정하거나 공통 주제를 중심으로 교재를 재구성하여 활용할 수 있다.

(9) 학교는 학생이 학년군별로 이수해야 할 학년별, 학기별 교과목을 편성하여 안내한다.

(10) 예술(음악/미술)은 음악과 미술 교과를 중심으로 편성 · 운영한다.

특수교육 교육과정(교육과학기술부 고시 제2012-32호)참조

2. 중학교

(1) 중학교 교육목표

중학교의 교육은 초등학교 교육의 성과를 바탕으로, 학생의 학습과 일상생활에 필요한 기본 능력을 배양하며, 민주시민의 자질 함양에 중점을 둔다.

(1) 심신의 건강하고 조화로운 발달을 토대로 바른 인성을 기르고, 다양한 분야의 경험과 지식을 익혀 적극적으로 진로를 탐색한다.

(2) 학습과 생활에 필요한 기초 능력과 문제해결력을 바탕으로 창의적 사고력을 기른다.

(3) 자신을 둘러싼 세계에 대한 경험을 토대로 다양한 문화와 가치에 대한 이해를 넓힌다.

(4) 다양한 소통능력, 배려하는 마음을 기르고 민주시민으로서의 자질과 태도를 갖춘다.

(2) 편제와 시간 배당기준

① 편제

(가) 중학교 교육과정은 교과(군)와 창의적 체험활동으로 편성한다.

① 교과(군)는 국어, 사회(역사 포함)/도덕, 수학, 과학/기술 · 가정, 체육, 예술(음악/미술), 영어, 선택으로 한다. 선택은 한문, 정보, 환경과 녹색성장, 생활 외국어(독일어, 프랑스어, 스페인어, 중국어, 일본어, 러시아어, 아랍어, 베트남어), 보건, 진로와 직업, 재활과 복지 등 선택 과목으로 한다.

② 창의적 체험활동은 자율 활동, 동아리 활동, 봉사 활동, 진로 활동으로 한다.

특수교육 교육과정(교육과학기술부 고시 제2012-32호)참조

② 시간 배당기준

구 분		1~3학년
교과(군)	국어	442
	사회(역사 포함)/도덕	510
	수학	374
	과학/기술 · 가정	646
	체육	272
	예술(음악/미술)	272
	영어	340
	선택	204
창의적 체험활동		306
총 수업시간 수		3,366

① 이 표에서 1시간 수업은 45분을 원칙으로, 기후 및 계절, 학생의 발달 정도, 학습내용의 성격 등과 학교 실정을 고려하여 탄력적으로 편성 · 운영할 수 있다.
② 학년군 및 교과(군)별 시간 배당은 연간 34주를 기준으로 한 3년간의 기준 수업 시수를 나타낸 것이다.
③ 총 수업시간 수는 3년간의 최소 수업 시수를 나타낸 것이다.

특수교육 교육과정(교육과학기술부 고시 제2012-32호)참조

(3) 중학교 교육과정 편성 · 운영의 중점

(1) 학교는 학생들이 이수해야 할 3년간의 교과목을 학년별, 학기별로 편성하여 안내한다.

(2) 교과(군)의 이수 시기와 수업 시수는 학교가 자율적으로 결정할 수 있다.

(3) 학교의 특성, 학생 · 교사 · 학부모의 요구 및 필요에 따라 학교가 자율적으로 교과(군)별 수업 시수를 20% 범위 내에서 증감하여 운영할 수 있다.

(4) 교육 효과를 높이기 위해 학생의 학기당 이수 교과목 수를 8개 이내로 편성하도록 한다. 단, 체육, 예술(음악/미술) 교과목은 8개 이내에서 제외하여 편성할 수 있다.

(5) 예술(음악/미술)은 음악과 미술 교과를 중심으로 편성 · 운영한다.

(6) 선택 과목을 개설할 경우, 학교는 2개 이상의 과목을 개설함으로써 학생들의 선택권이 보장되도록 한다.

(7) 학교는 필요한 경우 새로운 선택 과목을 개설할 수 있다. 새로운 과목을 개설하여 운영하고자 할 경우에는 시 · 도 교육청의 편성 · 운영 지침에 의거하여 사전에 필요한 절차를 거쳐야 한다.

(8) 학교는 학생의 진로 및 직업에 대한 탐색과 선택을 돕기 위해 진로 교육을 강화한 교육과정을 편성 · 운영한다.

(9) 전입 학생이 특정 교과목을 이수하지 못할 경우, 교육청과 학교에서는 '보충 학습 과정' 등을 통해 학습 결손이 발생하지 않도록 한다.

(10) 학교는 학생들의 건강한 심신 발날을 위해 '학교스포츠클럽 활동'을 편성 · 운영한다.

(가) '학교스포츠클럽 활동'은 '창의적 체험활동'의 '동아리 활동'으로 편성한다.

(나) '학교스포츠클럽 활동'은 학년별 연간 34~68시간(총 136시간) 운영하며, 매 학기 편성하도록 한다.

(다) '학교스포츠클럽 활동'의 시간은 교과(군)별 시수의 20% 범위 내에서 감축하거나, 창의적 체험활동 시수를 순증하여 확보한다. 다만, 여건이 어려운 학교의 경우 68시간 범위 내에서 기존 창의적 체험활동 시간을

활용하여 확보할 수 있다.

(라) '학교스포츠클럽 활동'의 종목과 내용은 학생들의 희망을 반영하여 학교가 정하되, 다양한 종목을 개설함으로써 학생들의 선택권이 보장되도록 한다.

자료 출처 : 특수교육 교육과정(교육과학기술부 고시 제2012-32호)

Paragraph
05 선택교육과정

1. 선택교육과정 편성과 운영

(1) 고등학교 교육목표

고등학교 교육은 중학교 교육의 성과를 바탕으로, 학생의 적성과 소질에 맞는 진로 개척 능력과 세계 시민으로서의 자질을 함양하는데 중점을 둔다.

(1) 성숙한 자아의식을 토대로 다양한 분야의 지식과 기능을 익혀 진로를 개척하며 평생학습의 기본 역량과 태도를 갖춘다.

(2) 학습과 생활에서 새로운 이해와 가치를 창출할 수 있는 비판적, 창의적 사고력과 태도를 익힌다.

(3) 우리의 문화를 향유하고 다양한 문화와 가치를 수용할 수 있는 자질과 태도를 갖춘다.

(4) 국가 공동체의 발전을 위해 노력하고, 더불어 살아가며 협동하는 세계 시민으로서의 자질과 태도를 기른다.

(2) 편제와 단위 배당기준

① 편제

(가) 고등학교 교육과정은 교과(군)와 창의적 체험활동으로 편성한다.

(나) 교과는 보통 교과와 전문 교과로 한다.

① 보통 교과는 기본 과목과 일반 과목, 심화 과목으로 구분한다. 보통 교과 영역은 기초, 탐구, 체육 · 예술, 생활 · 교양으로 구성하며, 교과(군)는 국어, 수학, 영어, 사회(역사/도덕 포함), 과학, 체육, 예술(음악/미술), 기술 · 가정/제2외국어/한문/교양으로 한다.

② 전문 교과는 농생명 산업, 공업, 상업 정보, 수산 · 해운, 가사 · 실업, 직업, 이료에 관한 교과로 한다.

(다) 창의적 체험활동은 자율 활동, 동아리 활동, 봉사 활동, 진로 활동으로 한다.

자료 출처 : 특수교육 교육과정(교육과학기술부 고시 제2012-32호)

② 단위 배당기준

	교과 영역	교과(군)	필수 이수 단위		학교 자율 과정
			교과(군)	교과 영역	
교과(군)	기초	국어	15(10)	45(30)	학생의 적성과 진로를 고려하여 편성
		수학	15(10)		
		영어	15(10)		
	탐구	사회(역사/도덕 포함)	15(10)	35(20)	
		과학	15(10)		
	체육 · 예술	체육	10(5)	20(10)	
		예술(음악/미술)	10(5)		
	생활 · 교양	기술 · 가정/제2외국어/한문/교양	16(12)	16(12)	
	소 계		116(72)		64
창의적 체험활동			24(408시간)		
총 이수 단위			204		

① 1단위는 50분을 기준으로 하여 17회를 이수하는 수업량이다.
② 1시간의 수업은 50분을 원칙으로 하되, 기후 및 계절, 학생의 발달 정도, 학습내용의 성격 등과 학교 실정을 고려하여 탄력적으로 편성 · 운영할 수 있다.
③ 필수 이수 단위의 교과(군) 및 교과 영역 단위 수는 해당 교과(군) 및 교과 영역의 '최소 이수 단위'를 가리킨다.
④ 필수 이수 단위의 ( )안의 숫자는 특성화 고등학교, 특수목적 고등학교 및 체육 · 예술 등 교육과정 편성 · 운영의 자율권을 인정받은 학교가 이수할 것을 권장한다.
⑤ 창의적 체험활동의 단위는 최소 이수 단위 이며 ( )안의 숫자는 이수 단위를 이수 시간 수로 환산한 것이다.
⑥ 총 이수 단위 수는 고등학교 3년간 이수해야 할 '최소 이수 단위'를 가리킨다.

자료 출처 : 특수교육 교육과정(교육과학기술부 고시 제2012-32호)

③ 보통 교과

교과 영역	교과(군)	과 목		
		기본	일 반	심 화
기초	국어		국어 I , 국어 II, 화법과 작문, 독서와 문법, 문학, 고전	
	수학	기초 수학	수학 I , 수학 II, 확률과 통계, 미적분 I , 미적분 II, 기하와 벡터	고급 수학 I , 고급 수학 II
	영어	기초 영어	실용 영어 I , 실용 영어 II, 실용 영어 회화, 실용 영어 독해와 작문, 영어 I , 영어 II, 영어 회화, 영어 독해와 작문	심화 영어, 심화 영어 회화 I , 심화 영어 회화 II, 심화 영어 독해 I , 심화 영어 독해 II, 심화 영어 작문
탐구	사회 (역사/도덕 포함)		한국 지리, 세계 지리, 한국사, 동아시아사, 세계사, 경제, 법과 정치, 사회 · 문화 생활과 윤리, 윤리와 사상	국제 정치, 국제 경제, 국제 관계와 국제 기구, 세계 문제, 비교 문화, 사회 과학 방법론, 한국의 사회와 문화, 국제법, 지역 이해, 인류의 미래 사회, 과제 연구
	과학		과학, 물리 I , 물리 II, 화학 I , 화학 II, 생명 과학 I , 생명 과학 II, 지구 과학 I , 지구 과학 II	고급 물리, 물리 실험, 고급 화학, 화학 실험, 고급 생명 과학, 생명 과학 실험, 고급 지구 과학, 지구 과학 실험, 환경 과학, 과학사 및 과학 철학, 정보 과학, 과제 연구

체육·예술	체육			운동과 건강 생활, 스포츠 문화, 스포츠 과학	스포츠 개론, 체육과 진로 탐구, 육상 운동, 체조 운동, 수상 운동, 개인 및 대인 운동, 단체 운동, 체력 운동, 투기 운동, 빙상 및 설상 운동, 표현 및 창작 운동, 스포츠경기 체력, 스포츠경기 기술, 스포츠경기 실습, 코칭론, 스포츠경영·행정, 체육 전공 실기, 전공 지도 실습
	예술	예술(음악/미술)		음악과 생활, 음악과 진로	음악 이론, 음악사, 시창·청음, 음악 전공 실기, 합창·합주, 공연 실습, 음악과 매체, 교양 실기
				미술창작, 미술문화	드로잉, 미술 이론, 미술사, 평면 조형, 입체 조형, 디자인·공예, 영상 미술, 미술 전공 실기
		예술			무용의 이해, 기초 한국 무용, 기초 발레, 기초 현대 무용, 무용 전공 실기, 무용 음악, 무용 감상과 비평, 안무
					문학 개론, 문장론, 고전 문학 감상, 현대 문학 감상, 시 창작 입문, 소설 창작 입문, 문예 창작 전공 실기
					연극의 이해, 연기, 무대 기술, 연극 제작 실습, 연극 감상과 비평, 영화의 이해, 영화기술, 영화 창작과 표현, 영화 제작 실습, 영화 감상과 비평
					사진의 이해, 기초 촬영, 중급 촬영, 암실 실기, 사진 편집, 디지털 사진 촬영, 디지털 사진 표현 기법, 사진 감상과 비평
생활·교양	기술·가정/제2외국어/한문/교양			기술·가정	농업 생명 과학, 공학 기술, 가정 과학, 경영 일반, 해양 과학, 정보
				독일어 I, 독일어 II	독일어 회화 I, 독일어 회화 II, 독일어 독해 I, 독일어 독해 II, 독일어 작문, 독일어권 문화
				프랑스어 I, 프랑스어 II	프랑스어 회화 I, 프랑스어 회화 II, 프랑스어 독해 I, 프랑스어 독해 II, 프랑스어 작문, 프랑스어권 문화
				스페인어 I, 스페인어 II	스페인어 회화 I, 스페인어 회화 II, 스페인어 독해 I, 스페인어 독해 II, 스페인어 작문, 스페인어권 문화

			중국어 I, 중국어 II	중국어 회화 I, 중국어 회화 II, 중국어 독해 I, 중국어 독해 II, 중국어 작문, 중국 문화
			일본어 I, 일본어 II	일본어 회화 I, 일본어 회화 II, 일본어 독해 I, 일본어 독해 II, 일본어 작문, 일본 문화
생활 · 교양	기술 · 가정/ 제2외국어/ 한문/교양		러시아어 I, 러시아어 II	러시아어 회화 I, 러시아어 회화 II, 러시아어 독해 I, 러시아어 독해 II, 러시아어 작문, 러시아 문화
			아랍어 I, 아랍어 II	아랍어 회화 I, 아랍어 회화 II, 아랍어 독해 I, 아랍어 독해 II, 아랍어 작문, 아랍 문화
			베트남어 I, 베트남어 II	베트남어 회화 I, 베트남어 회화 II, 베트남어 독해 I, 베트남어 독해 II, 베트남어 작문, 베트남 문화
			한문 I, 한문 II	
			철학, 논리학, 심리학, 교육학, 종교학, 진로와 직업, 보건, 환경과 녹색성장, 재활과 복지	

① 일반 과목의 기본 단위 수는 5단위이며, 각 과목별로 1단위 범위 내에서 증감 운영이 가능하며, 가능한 한 한 학기에 이수하도록 한다. 단, 생활 · 교양 교과영역의 교양 교과(군)에 속하는 과목의 경우 3단위 범위 내에서 증감 운영할 수 있다.

② 기본 과목과 심화 과목의 이수 단위는 시 · 도 교육감이 정한다.

③ 위 표에 제시된 과목 중 사회(역사/도덕 포함) 교과(군)의 '한국사'는 반드시 이수한다.

④ 예술계열 고등학교 이외의 고등학교에서 예술(음악/미술)은 음악과 미술 교과를 중심으로 편성 · 운영한다.

자료 출처 : 특수교육 교육과정(교육과학기술부 고시 제2012-32호)

④ 전문 교과

교 과	과 목				기준 학과
농생명 산업	농업 이해	농업 기초 기술	농업 정보 관리	농업 경영	식물자원과
	생명 공학 기술	농업 영어	친환경 농업	재배	동물자원과
	작물 생산 기술	원예	생활 원예	생산 자재	산림자원과
	원예 기술	원예 전문 생산	동물 자원	중소 가축 관리	조경과
	대 가축 관리	반려 동물 관리	숲과 인간	산림 자원 기술	농업토목과
	조경	조경 설계	조경 시공 관리	농업과 물	농업기계과
	농촌과 농지 개발	농업 토목 제도 · 설계	농업 토목 시공 · 측량	농업 기계	식품가공과
	농업 기계 공작	농업 기계 운전 · 작업	농업 기계 정비	식품 과학	농산물유통정보과
	식품 위생	농산 식품 가공	축산 · 수산 식품 가공	농산물 유통	환경 · 관광농업과
	농산물 유통 관리	농산물 유통 실무	환경 보전	환경 관리	생명공학기술과
	관광 농업	성공적인 직업생활*			

공업	공업 일반 전문 제도 기계 공작법 공작 기계 전자 기계 회로 로봇 제작 주조 전력 설비 전자 회로 정보 통신 프로그래밍 토목 설계 지적 실무 건축 목공 색채 관리 시각 디자인 제조 화학 세라믹 원리 · 공정 식품 공업 기술 염색 · 가공 제판 실제 자동차 섀시 선박 이론 항공기 기체 인간과 환경 컴퓨터 게임 기획 애니메이션 제작 방송 시스템	기초 제도 기계 일반 유체 기계 산업 설비 전자 기계 공작 재료 일반 금속 처리 전기 · 전자 측정 전자 기기 통신 시스템 디지털 논리 회로 토목 재료 · 시공 공간 정보 건축 구조체 시공 조형 컴퓨터 그래픽 분석 화학 스마트 세라믹 섬유 재료 인쇄의 이해 사진 자동차 전기 · 전자 제어 선박 구조 항공기 기관 수질 관리 컴퓨터 게임 프로그래밍 만화 창작	정보기술과 활용 전기와 생활 공기 조화 설비 금형 제작 전자 기계 제어 금속 제조 전기 회로 전기 응용 전자 · 전산 응용 컴퓨터 구조 측량 수리 · 토질 건축 구조 건축 마감 시공 제품 디자인 공업 화학 파인 세라믹 발효 공업 방적 · 방사 인쇄 재료 디지털 인쇄 건설기계 구조 · 정비 선박 건조 항공기 장비 대기 · 소음 방지 컴퓨터 게임 그래픽 영화 · 방송 제작	공업 영어 기계 구조와 기능 기계 기초 공작 전자 기계 이론 로봇 기초 재료 가공 전기 기기 자동화 설비 통신 일반 시스템 프로그래밍 역학 지적 전산 건축 계획 디자인 일반 공예 단위조작 · 공정제어 세라믹 재료 식품 분석 제포 · 봉제 아날로그 인쇄 자동차 기관 자동차 차체 수리 항공기 일반 항공기 전자 장치 폐기물 처리 만화 · 애니메이션 기초 촬영 · 조명	기계과 전자기계과 금속재료과 전기과 전자과 통신과 컴퓨터응용과 토목과 건축과 디자인과 화학공업과 환경공업과 세라믹과 식품공업과 섬유과 인쇄과 자동차과 조선과 항공과 컴퓨터게임과 만화 · 애니메이션과 영상제작과
상업 정보	상업 경제 기업 자원 통합 관리 회계 정보 처리 시스템 자료 구조 상업 디자인 일반 전자 상거래 일반 웹 프로그래밍 창업 일반	회계 원리 재무 회계 글로벌 경영 모바일 콘텐츠 상업 디자인 실무 전자 상거래 실무 금융 일반 컴퓨터 일반	마케팅 원가 관리 회계 비즈니스 영어 프로그래밍 실무 유통 관리 미디어 콘텐츠 일반 금융 실무	기업과 경영 세무 회계 국제 상무 사무 관리 실무 물류 관리 미디어 콘텐츠 실무 커뮤니케이션 실무	경영정보과 회계정보과 무역정보과 유통정보과 정보처리과 콘텐츠개발과 전자상거래과 상업디자인과 관광경영과 금융정보과

수산 · 해운	수산 일반 수산 생물 양식 생물 질병 냉동 일반 선박 보조 기계 항해 선화 운송 생선회 실무 해양 플랜트 일반	해사 일반 수산 경영 일반 수산 가공 냉동 공조 기기 선박 전기 · 전자 선박 운용 전자 통신 기초 해양 레저 · 관광	해양의 이해 해양 생산 기술 수산물 유통 냉동 공조 실무 기계 설계 · 공작 해사 법규 전자 통신 기기 해양 물류 일반	수산 · 해운 산업 기초 수산 양식 해양 오염 · 방제 열기관 잠수 기술 해사 영어 전자 통신 운용 해양 정보 관리	해양생산과 수산양식과 자영수산과 수산식품과 해양환경과 냉동공조과 동력기계과 항해과 전자통신과 해양레저산업과 항만물류과 해양정보과
가사 · 실업	인간 발달 한국 조리 의복 재료 · 관리 자수와 편물 디스플레이 아동 생활 지도 관광 외식 · 조리 간호의 기초 노인 생활 지원 공중 보건	생활 서비스 산업의 이해 동양 조리 패션 디자인 주거 보육 원리와 보육 교사 관광 일반 관광 영어 보건 간호 헤어 미용	식품과 영양 서양 조리 한국 의복 구성 실내 디자인 보육과정 관광 경영 실무 관광 일본어 기초 간호 임상 실무 피부 미용	급식 관리 제과 · 제빵 서양 의복 구성 가구 디자인 놀이 지도 관광 서비스 실무 관광 중국어 복지 서비스의 기초 메이크업	조리과 의상과 실내디자인과 보육과 관광과 간호과 복지서비스과 미용과
직업	기초 공예 포장 · 조립 · 운반	농업 전자 조립	기초 제과 · 제빵 정보 처리	기초 시각 디자인 직업과 생활	
이료	해부 · 생리 병리 이료 보건	안마 · 마사지 · 지압 전기 치료 한방	침구 이료 임상 진단	실기 실습	(시각장애학교)

① 전문 교육을 주로 하는 특성화 고등학교에서는 다음 과목을 필수로 이수한다.
 ㉮ 농생명 산업 계열 : 농업 이해, 농업 기초 기술
 ㉯ 공업 계열 : 공업 일반, 기초 제도
 ㉰ 상업 정보 계열 : 상업 경제, 회계 원리
 ㉱ 수산 · 해운 계열 : 해양의 이해, 수산 · 해운 산업 기초
 ㉲ 가사 · 실업 계열 : 인간 발달, 생활 서비스 산업의 이해
② 농생명 산업에 관한 교과의 '성공적인 직업생활*'은 계열 공통 선택 과목으로 이수한다.
③ 전문 교과의 각 과목에 대한 이수 단위는 시 · 도 교육감이 정한다.

자료 출처 : 특수교육 교육과정(교육과학기술부 고시 제2012-32호)

(3) 고등학교 교육과정 편성 · 운영의 중점

① 공통 지침

(1) 고등학교 교육과정의 총 이수 단위는 204단위이며 교과(군) 180단위, 창의적 체험활동 24단위(408시간)로 나누어 편성한다.

(2) 교과의 이수 시기와 단위는 학교에서 자율적으로 편성 · 운영할 수 있다.

(3) 교육 효과를 높이기 위해 학생의 학기당 이수 과목 수를 8개 이내로 편성하도록 한다. 단, 체육, 예술(음악/미술)과목은 8개 이내에서 제외하여 편성할 수 있다.

(4) 선택 과목 중에서 위계성을 갖는 과목의 경우 계열적 학습이 되도록 편성한다. 단, 학교의 실정 및 학생의 요구, 과목의 성격에 따라 탄력적으로 운영할 수 있다.

(5) 선택 과목은 학교의 실정과 학생들의 요구를 반영하여 편성하되, 학교는 필요에 따라 이 교육과정에 제시되어 있는 과목 외에 새로운 과목을 개설할 수 있다. 새로운 과목을 개설하여 운영하고자 할 경우에는 시 · 도교육청의 교육과정 편성 · 운영 지침에 의거하여 사전에 필요한 절차를 거쳐야 한다.

(6) 일정 규모 이상의 학생이 이 교육과정의 편제에 있는 특정 선택 과목의 개설을 요청할 경우, 학교는 이를 개설해야 한다.

(7) 학교에서 개설하지 않은 선택 과목 이수를 희망하는 학생이 있을 경우 그 과목을 개설한 다른 학교에서의 이수를 인정하도록 한다.

(8) 학교 및 학생이 필요에 따라 지역 사회의 학습장에서 행하는 학습을 이수 과목으로 인정할 수 있다. 다만 이 경우 시 · 도교육청이 정하는 지침에 따른다.

(9) 학교는 필요에 따라 대학과목 선이수제의 과목을 개설할 수 있고, 국제적으로 공인받은 교육과정과 과목을 선택 과목으로 인정할 수 있다. 다만, 이와 관련된 구체적인 사항은 시 · 도교육청의 지침에 따른다.

(10) 학교는 필요에 따라 교과의 총 이수 단위를 증배 운영할 수 있다. 단, 특성화 고등학교와 산업수요 맞춤형 고등학교는 전문 교과에서, 초 · 중등교육법 시행령 제90조 제1항의 제5호 내지 제7호에 해당하는 특수목적 고등학교는 보통 교과의 심화 과목에 한하여 증배 운영할 수 있다.

(11) 학교는 학생이 3년간 이수해야 할 학년별, 학기별 과목을 편성하여 안내해야 한다.

② 일반 고등학교(자율 고등학교 포함)

(1) 교과(군)의 이수 단위 180단위 중 필수 이수 단위는 116단위 이상으로 한다.

(2) 「초 · 중등교육법」 시행령 제76조 2의 제1항과 제4항에서 규정하는 일반 고등학교와 자율 고등학교에서는 보통 교과의 기본 과목, 일반 과목, 심화 과목을 중심으로 개설한다.

(3) 학생의 진로 과정을 고려하여 교과(군)별 최소 필수 이수 단위 수로 편성할 수 있으나, 교과 영역별로 제시된 단위 수를 편성 · 운영하여야 한다.

(4) 일반 고등학교에서 체육, 음악, 미술 등의 과정을 개설하거나 자율 학교로 지정된 학교의 경우 교과(군) 최소 이수 단위인 72단위로 편성 · 운영할 수 있다.

(5) 학교는 학생의 요구 및 흥미, 적성 등을 고려하여 진로를 적절히 안내할 수 있는 진로 집중 과정을 편성 · 운영하도록 한다. 이를 위해 학교는 이 교육과정에 제시하는 '학교자율과정'에서 진로 집중 과정과 관련된 과목의 심화학습이 이루어질 수 있도록 편성 · 운영한다.

(6) 과학, 수학, 사회, 영어, 예술, 체육 등 교과를 중심으로 중점 학교를 운영할 수 있으며 이 경우, 학교자율과정의 50% 이상을 관련 교과목으로 편성할 수 있다.

(7) 체육, 음악, 미술 등의 과정을 개설하는 학교의 경우, 필요에 따라 지역 내 중점 학교 및 지역 사회 학습장 등을 활용할 수 있다.

(8) 일반 고등학교에서 직업에 관한 과정을 운영할 수 있으며, 이와 관련된 세부 지침은 시 · 도교육청에서 정한다.

(9) 학교에서 제2외국어 과목을 개설할 경우, 2개 이상의 과목을 동시에 개설하도록 노력해야 한다.

③ 특성화 고등학교 및 특수목적 고등학교

(1) 교과(군)의 이수 단위 180단위 중 보통 교과 필수 이수 단위는 72단위 이상으로 편성하며, 특성화 고등학교와 산업수요 맞춤형 고등학교는 전문 교과의 과목을, 「초 · 중등교육법」 시행령 제90조 제1항의 제5호 내지 제7호에 해당하는 특수목적 고등학교는 보통 교과의 심화 과목을 80단위 이상 편성한다.

(2) 전문 교과의 기초가 되는 과목을 선택하여 이수할 경우, 이를 해당 보통 교과의 이수로 간주할 수 있다.

(3) 내용이 유사하거나 관련되는 보통 교과의 과목과 전문 교과의 과목은 교체하여 편성 · 운영할 수 있다.

(4) 농생명산업, 공업, 상업정보, 수산 · 해운, 가사 · 실업, 직업 계열의 고등학교는 다음과 같이 편성 · 운영할 수 있다.

(가) 전문 교과는 필요한 경우 다른 계열의 전문 과목을 선택하여 편성 · 운영할 수 있다.

(나) 학과별 필수 과목은 필요한 경우 학교장이 정할 수 있으며, 2개 이상의 계열을 운영하는 경우, 해당 학과가 속한 계열의 필수 과목을 이수한다.

(다) 교육과정 내용과 관련이 있는 현장 실습을 운영하여야 한다. 이 경우 다양한 형태로 운영할 수 있으며, 이와 관련된 구체적인 사항은 시 · 도 교육청이 정한 지침에 따른다.

(5) 국제 계열 고등학교는 전공 관련 보통 교과의 심화 과목과 영어 및 제2외국어 교과의 심화 과목에서 80단위 이상 이수하되, 전공 관련 보통 교과에서 50% 이상 편성한다.

(6) 외국어 계열 고등학교에서는 보통 교과 심화 과목 총 이수 단위의 60% 이상을 전공 외국어로 하고, 전공 외국어 포함 2개 외국어로 보통 교과 심화 과목을 편성해야 한다.

(7) 이 교육과정에 명시되지 아니한 계열의 교육과정은 유사 계열의 교육과정에 준한다. 부득이 새로운 계열의 설치 및 그에 따른 교육과정을 편성할 경우와 학교의 실정에 따라 새로운 과목을 설정하여 운영하고자 할 경우에는 시 · 도 교육청의 교육과정 편성 · 운영 지침에 의거하여 사전에 필요한 절차를 거쳐야 한다.

④ 특수학교

(1) 직업, 이료 교과를 중심으로 운영하는 학교의 경우 학교 자율 과정을 전문 교과에서 편성 · 운영할 수 있다.

(2) 필요한 경우 농생명 산업, 공업, 상업 정보, 수산 · 해운, 가사 · 실업 계열의 전문 과목을 선택하여 편성 · 운영할 수 있다.

(3) 모든 전문 교과에 주1회 이상 현장실습 프로그램을 편성 · 운영할 수 있다.

자료 출처 : 특수교육 교육과정(교육과학기술부 고시 제2012-32호)

2. 선택교육과정의 교과별 영역구성

(1) 재활

'재활'은 심신의 손상으로 인해 일상생활이나 사회생활에서 받게 되는 제약을 최소화하는 데 필요한 개성과 소질을 계발하는 데 도움을 주는 교과이다.

① 교과목표

'재활'은 일상생활이나 사회생활에서 받는 제약을 스스로 해결하는 데 필요한 지식, 기능, 태도를 배양하여 자신의 삶을 능동적이고 자주적으로 살아가는 사회구성원으로서의 자질을 기르는 것을 목표로 한다.

㉠ 일상생활을 독립적으로 영위할 수 있는 기본 생활 습관을 기른다.

㉡ 신체 기능을 개선하고 유지하는 신체 운동 기술을 습득하여 신변자립을 이룬다.

㉢ 자신의 생각이나 감정, 경험 등을 다른 사람들과 교환하는 의사소통 능력을 갖춘다.

㉣ 올바른 자아개념을 확립하고, 자기조절력을 길러 타인과 원만한 인간관계를 형성하며, 정서적 안정감을 가진다.

㉤ 자신의 권리를 이해하며, 다양한 지역 사회 경험을 통하여 민주시민으로서의 자질과 태도를 기른다.

② 학년군별 목표

〈중학교 1~3학년〉

일상생활에 필요한 기본 생활 습관을 익혀 신변자립의 기반을 마련하며, 자신에 대한 이해를 바탕으로 사회구성원으로서의 기초소양을 갖춘다.

㉠ 독립적인 생활 영위에 필요한 기본 생활 기술을 익힌다.

㉡ 신체자립을 위한 신체 운동 기술을 습득한다.

㉢ 의사소통을 위한 기초기술을 습득하고, 자신의 의사를 적절히 표현하는 방법을 탐색한다.

㉣ 자신에 대한 이해를 높이고 자신의 감정과 행동을 적절하게 표현하는 능력을 기른다.

㉤ 가족과 사회구성원으로서의 역할을 인식하며 사회생활의 기본 개념을 이해한다.

〈고등학교 1~3학년〉

올바른 일상생활 습관을 형성하여 독립적인 생활을 유지하며, 자아정체성을 정립하고, 주도적 삶을 영위하는 민주시민으로서의 자질을 함양한다.

㉠ 올바른 기본 생활 습관을 바탕으로 풍요로운 독립생활을 가꾼다.

㉡ 생활 속에서 신체 운동 기술을 활용하고, 신체적 자립을 이룬다.

㉢ 생각과 느낌을 언어로 자연스럽게 표현하고 수용한다.

㉣ 다른 사람과 어울려 원만히 생활하며, 다양한 문제에 스스로 대처하며 자기를 옹호할 수 있는 역량을 기른다.

㉤ 지역 사회생활에 필요한 다양한 기술을 습득하며, 자신의 미래를 설계하여 지역 사회에 자율적으로 참여한다.

자료 출처 : 특수교육 교육과정(교육과학기술부 고시 제2011-501호)

③ 내용체계

영역 \ 학년군 \ 학교급	중학교	고등학교
	1~3학년	1~3학년
일상생활 기술	⊙식생활 기술 ⊙의생활 기술 ⊙청결 유지 기술	⊙올바른 식습관 ⊙올바른 착 · 탈의 습관 ⊙올바른 청결 유지 습관
신체 운동 기술	⊙감각 · 지각 · 운동 발달 ⊙자세 유지와 동작 수행	⊙감각 · 지각 · 운동 조절 ⊙일상생활 동작 자립
의사소통	⊙수용언어의 지각과 변별 ⊙언어로 표현하기 ⊙보완 · 대체 의사소통 탐색	⊙수용언어 이해 ⊙표현언어 활용 ⊙보완 · 대체 의사소통 활용
심리 · 행동 적응	⊙자기 이해 ⊙장애 이해 ⊙감정과 행동 인식 ⊙개인 적응 행동	⊙자기옹호 ⊙자율성 ⊙사회 적응 행동 ⊙문제해결 능력
사회 활동	⊙가족과의 생활 ⊙다른 사람과의 생활 ⊙다른 사람과의 협력 ⊙나의 미래 인식	⊙지역 사회생활 ⊙지역 사회 적응 ⊙나의 미래 설계 ⊙장애인의 권리

자료 출처 : 특수교육 교육과정(교육과학기술부 고시 제2011-501호)

(2) 여가활용

'여가활용'은 여가 생활에 대한 올바른 이해를 바탕으로 학생 개개인이 자신에게 적합하고 흥미로운 여가 활동을 발견하고 선택하며 활동수행에 필요한 태도 및 기술, 정보탐색 능력을 습득하여 이를 직 · 간접적으로 체험해 봄으로써 자신의 생활에 대한 만족감을 증대시키고 자아실현, 사회 통합 그리고 삶의 질 향상을 도모하기 위한 과목이다.

① 교과목표

학생 개개인이 흥미와 적성에 맞는 여가 활동을 선택하고 여가 활동의 가치와 목적에 맞게 자발적으로 참여하여 개인 및 집단 여가 생활에 성공적으로 적응함으로써, 일상생활에서 만족감과 행복감을 경험하며 질적으로 의미 있는 지역 사회 활동에 즐겁게 참여할 수 있는 태도와 능력을 기른다.

㉠ 여가 생활의 개념을 이해하고, 스스로 여가 활동을 계획하여 즐겁게 수행할 수 있는 능력과 태도를 기른다.

㉡ 레저 스포츠를 즐길 수 있는 기초적 · 응용적 기능과 태도를 습득하여 건강유지 및 심신의 조화로운 발달을 도모한다.

㉢ 취미 오락을 즐길 수 있는 기초적 · 응용적 기능과 태도를 습득하여 문제해결 능력 및 의사소통 능력을 기른다.

㉣ 문화 예술을 즐길 수 있는 기초적 · 응용적 기능과 태도를 습득하여 창의성과 표현력을 기른다.

㉤ 관광 여행을 즐길 수 있는 기초적 · 응용적 기능과 태도를 습득하여 자기계발 능력 및 자율적인 사회문화적 참여 능력을 기른다.

② 학년군별 목표

〈중학교 1~3학년〉

여가 생활에 대한 기본적인 개념을 이해하고 레저 스포츠, 취미 오락, 문화 예술, 관광 여행 등의 여가 활동을 즐길 수 있는 기초적인 기능과 태도를 습득하여 개인의 흥미 추구와 건강 유지 및 전인적 발달을 도모한다.

㉠ 여가 생활의 일반적 개념을 이해하고, 일상생활 속에서 여가와 관련된 개인 활동을 탐색하며 스스로 좋아하는 여가 활동을 선택한다.

㉡ 개인형 레저 스포츠 Ⅰ, 집단형 레저 스포츠 Ⅰ, 신체동작 중심 레저 스포츠, 도구 중심 레저 스포츠에 대하여 이해하고, 기초적 기술을 습득하여 즐겁게 활동에 참여한다.

㉢ 일상 여가 활동, 자연체험 여가 활동, 레크리에이션 여가 활동에 대하여 이해하고, 기초적 기술을 습득하여 즐겁게 활동에 참여한다.

㉣ 영상 관람 활동, 공연 관람 활동, 전시 관람 활동을 이해하고, 기초적 기술을 습득하여 즐겁게 활동에 참여한다.

㉤ 자연환경 관광 여행, 인문환경 관광 여행, 가족 휴양여행에 대하여 이해하고, 기초적 기술을 습득하여 즐겁게 활동에 참여한다.

〈고등학교 1~3학년〉

여가 생활에 대한 확장적 개념을 이해하고 자발적으로 여가 활동을 계획하고 수행하는 능력을 기르며, 레저 스포츠, 취미 오락, 문화 예술, 관광 여행 등의 여가 활동을 즐길 수 있는 기초적 · 응용적 기능과 태도를 습득하여 사회적 유대감, 대인관계능력, 문제해결력, 의사소통 능력, 자율적인 사회문화적 참여 능력을 기른다.

㉠ 여가 생활에 대한 확장적 개념을 이해하고 필요한 대인관계 기술을 익히며, 지역 사회의 여가자원을 활용하는 방법을 습득하여 자발적으로 여가 생활을 계획하고 수행한다.

㉡ 개인형 레저 스포츠 II, 집단형 레저 스포츠 II, 경쟁형 레저 스포츠, 협력형 레저 스포츠에 대하여 이해하고 기초적 · 응용적 기술을 습득하여 즐겁게 활동에 참여한다.

㉢ 사이버 여가 활동, 지역 사회 여가 활동, 사회봉사 여가 활동에 대하여 이해하고, 기초적 · 응용적 기술을 습득하여 즐겁게 활동에 참여한다.

㉣ 예술 창작 활동, 표현 창작 활동, 전통문화 창작 활동을 이해하고, 기초적 · 응용적 기술을 습득하여 즐겁게 활동에 참여한다.

㉤ 숙박 체험여행, 테마 여행, 해외여행에 대하여 이해하고, 기초적 · 응용적 기술을 습득하여 즐겁게 활동에 참여한다.

자료 출처 : 특수교육 교육과정(교육과학기술부 고시 제2011-501호)

③ 내용체계

영역 \ 학교급 / 학년군	중학교 1~3학년	고등학교 1~3학년
여가 생활의 기초	⊙여가 생활의 이해 ⊙나와 여가 생활 ⊙주변 환경과 여가 생활 ⊙여가 생활의 즐거움	⊙현대 사회와 여가 생활 ⊙여가 생활과 대인관계 ⊙지역 사회와 여가 생활 ⊙올바른 여가 생활
레저 스포츠	⊙개인형 레저 스포츠 I ⊙집단형 레저 스포츠 I ⊙신체동작 중심 레저 스포츠 ⊙도구 중심 레저 스포츠	⊙개인형 레저 스포츠 II ⊙집단형 레저 스포츠 II ⊙경쟁형 레저 스포츠 ⊙협력형 레저 스포츠
취미 오락	⊙일상 여가 활동 ⊙자연체험 여가 활동 ⊙레크리에이션 여가 활동	⊙사이버 여가 활동 ⊙지역 사회 여가 활동 ⊙사회봉사 여가 활동
문화 예술	⊙영상 관람 활동 ⊙공연 관람 활동 ⊙전시 관람 활동	⊙예술 창작 활동 ⊙표현 창작 활동 ⊙전통문화 창작 활동
관광 여행	⊙자연환경 관광 여행 ⊙인문환경 관광 여행 ⊙가족 휴양여행	⊙숙박 체험여행 ⊙테마 여행 ⊙해외여행

자료 출처 : 특수교육 교육과정(교육과학기술부 고시 제2011-501호)

(3) 정보통신활용

현대 사회를 살아가는 우리는 수많은 정보에 둘러싸여 있다. 이러한 정보 중 자신에게 의미 있는 정보를 획득하고 해석하여 실생활에 적용하는 것은 매우 중요한 활동이다. '정보통신활용'은 우리를 둘러싼 사회 환경 속에서 수많은 기호와 문자, 그림, 소리를 비롯하여 다양한 매체와 방식을 통해 전달되고 있는 정보를 변별하고 해석함으로써 실생활에서 교류되는 다양한 정보들을 능동적으로 활용하여 개인의 삶의 질을 높이고자 하는 과목이다. 또한 급속하게 발달하고 있는 정보 통신 기기의 종류를 알고 적합한 사용법을 익혀 능숙하게 사용함으로써, 다양하고 질

높은 정보를 간편하게 활용하여 개인의 생활연령과 인지 수준에 따라 사회생활에 필요한 능력을 기르도록 하는 과목이다.

① 교과목표

생활 주변의 다양한 정보매체에 관심을 갖고, 생활연령의 변화에 따라 요구되는 기본적인 정보통신활용에 요구되는 지식과 기능을 익힘으로써 실생활에서 필요한 정보를 능동적이고 적극적으로 선택하고 사용하는 능력을 기른다. 이를 통하여 능동적이고 창의적인 민주시민으로서의 자질을 기르고 실생활 속에서 정보 통신 활동을 통해 삶의 질을 높인다.

㉠ 자신에게 의미가 있는 정보를 획득하고 해석 · 적용하는 능력을 기른다.

㉡ 다양한 정보 통신 매체를 접함으로서 여러 가지 방식으로 전달되는 정보를 수용하고 이해하는 능력을 기른다.

㉢ 정보 통신 기기 사용에 관한 지식과 기능을 습득하고 실생활에서 활용하는 능력을 기른다.

㉣ 실생활에서 다양한 정보를 교류하고 향유함으로써 공동체에 참여하는 태도와 정서를 기른다.

② 학년군별 목표

〈중학교 1~3학년〉

우리 주변에서 일어나는 다양한 형태의 정보에 관심을 갖고 자신에게 의미 있는 정보를 받아들이며, 이를 바르게 활용할 수 있는 능력을 기른다.

㉠ 다양한 정보 통신의 전달방식을 알고 올바른 정보 통신 태도를 실천하는 능력을 기른다.

㉡ 실생활에 기초가 되는 정보를 습득하고 활용하는 능력을 기른다.

㉢ 비문자 · 문자 · 단방향 · 양방향의 정보 통신매체를 이해하는 능력을 기른다.

㉣ 다양한 정보 통신 매체에 대한 지식과 기능을 익혀 정보 통신의 기초 능력을 기른다.

〈고등학교 1~3학년〉

여러 가지 정보 통신매체를 활용하는 데 필요한 지식과 기능을 습득하여 정보 통신매체를 실생활에서 바르게 사용하는 능력을 기른다.

㉠ 정보 통신매체를 실생활에 활용하고 건전한 정보 통신 윤리를 실천하는 능력을 기른다.

㉡ 정보 통신매체를 활용하여 기초적인 정보를 교환하는 능력을 기른다.

㉢ 비문자 · 문자 · 단방향 · 양방향의 정보 통신매체를 활용하는 능력을 기른다.

㉣ 여러 가지 정보 통신매체를 실생활에 적용할 수 있는 능력을 기른다.

자료 출처 : 특수교육 교육과정(교육과학기술부 고시 제2011-501호)

③ 내용체계

학교급 / 학년군 / 영역	중학교	고등학교
	1~3학년	1~3학년
정보 통신의 이해	⊙신호와 정보 ⊙시 · 청각 매체 ⊙컴퓨터의 이해 ⊙컴퓨터 활용 예절	⊙비문자 정보 체계 ⊙문자의 활용 ⊙다양한 정보 통신 기기 ⊙정보 통신 윤리
유익한 생활	⊙그림 정보 ⊙숫자 정보 ⊙텔레비전과 신문 ⊙인터넷과 정보 검색	⊙색깔 정보 ⊙문자 정보의 활용 ⊙대중매체와 정보 활용 ⊙인터넷과 정보 활용
편리한 생활	⊙그림 문자와 음성 정보 ⊙문자 정보 ⊙디지털 카메라 ⊙휴대전화	⊙기호 · 도형 정보 ⊙컴퓨터와 문자 정보 ⊙컴퓨터 보조 기억 장치 ⊙전자우편
즐거운 생활	⊙픽도그램 ⊙도서관 ⊙대중매체 ⊙인터넷과 취미 생활	⊙안내도 ⊙개인 정보 ⊙대중매체와 취미 생활 ⊙가상 공간(인터넷 커뮤니티)

자료 출처 : 특수교육 교육과정(교육과학기술부 고시 제2011-501호)

(4) 생활영어

'생활영어'는 생활에서 흔히 사용되는 영어에 대한 호기심과 흥미를 가지고 영어로 된 정보를 이해할 수 있도록 하고, 영어로 의사소통하는 능력을 길러 원만한 일상생활을 할 수 있도록 지원하는 과목이다.

① 교과목표

'생활영어'는 실생활에서 활용되는 영어의 필요성을 이해하고 영어를 사용하여 기본적인 의사소통 능력과 바람직한 의사교환 습관 및 문제해결력을 기른다.

㉠ 평생 학습자로서 영어에 대한 지속적인 흥미와 자신감을 기른다.

㉡ 일상생활에서 사용하는 친숙한 외래어와 영어로 된 정보를 듣고 이해하여 이를 활용할 수 있는 능력을 기른다.

㉢ 일상생활 속의 친숙한 말과 필요한 말을 영어로 말할 수 있는 능력을 기른다.

㉣ 영어 알파벳의 소리와 철자의 관계를 이해하고, 간단한 낱말이나 문장을 읽어 일상에서 필요한 영어 정보를 활용할 수 있는 능력을 기른다.

㉤ 간단한 낱말이나 문장을 영어로 써서 생활 속에 필요한 정보를 교환하는 능력을 기른다.

㉥ 영어로 하는 의사교환 과정에서 적절한 태도와 습관을 형성한다.

㉦ 외국의 다양한 정보와 문화를 이해하고 활용함으로써 우리 문화를 새롭게 인식하고 올바른 가치관을 기른다.

② 학년군별 목표

〈중학교 1~3학년〉

개인, 가정, 학교생활에 필요한 영어의 기초 지식을 습득하고, 일상생활에서 사용되는 영어를 이해하고 적용할 수 있는 능력을 기른다. 이를 통해 영어에 대한 흥미와 기초적인 영어 사용에 대한 자신감을 기른다.

㉠ 우리말과 영어로 된 소리를 듣고 식별하며, 쉽고 간단한 말 또는 대화를 이해하고 단순한 과제를 수행하는 능력을 기른다.

㉡ 친숙한 낱말이나 관용구를 영어로 말할 수 있는 능력을 기른다.

㉢ 알파벳을 식별하고 소리와 철자 관계를 이해하며 알파벳을 읽을 수 있는 능력을 기른다.

㉣ 알파벳 인쇄체의 대 · 소문자를 식별하고 구분하여 쓸 수 있는 능력을 기른다.

〈고등학교 1~3학년〉

개인, 가정, 학교생활은 물론 지역 사회생활 및 직업생활과 여가활동을 할 때 필요한 영어 지식을 습득하고, 다양한 장면에서 접하게 되는 영어 표기와 표현을 이해하고 상황에 맞게 과업을 수행할 수 있는 능력을 기른다. 이를 통해 주변의 여러 사람들과 영어로 기초적인 의사소통을 할 수 있는 능력을 기른다.

㉠ 간단한 말이나 대화를 듣고 내용에 맞게 말하거나 내용에 관해 낱말이나 문장으로 묻고 답하며, 상황에 맞는 단순한 과업을 수행할 수 있는 능력을 기른다.

㉡ 쉽고 간단한 어구나 문장으로 하는 대화를 듣고 내용에 맞게 말하거나, 영어로 간단히 질문하고 대답할 수 있는 능력을 기른다.

㉢ 알파벳을 식별하고 소리와 철자의 관계를 이해하며, 쉽고 간단한 낱말이나 문장을 소리 내어 따라 읽으며 의미를 이해하고, 쉽고 간단한 낱말과 어구를 사용하여 표현하는 능력을 기른다.

㉣ 알파벳 인쇄체 대 · 소문자를 바르게 쓰고, 쉽고 간단한 낱말과 어구를 쓸 수 있는 능력을 기른다.

자료 출처 : 특수교육 교육과정(교육과학기술부 고시 제2011-501호)참조

③ 내용체계

학교급 / 학년군 / 영역	중학교	고등학교
	1~3학년	1~3학년
듣기	⊙음성 영어 식별 ⊙친숙한 외래어 ⊙간단한 관용구 ⊙간단한 명사어 ⊙간단한 동사어	⊙간단한 관용적 표현 ⊙간단한 지시문 ⊙간단한 대화

말하기	⊙강세, 리듬, 억양 ⊙간단한 명칭 ⊙인사 및 감사 표현 ⊙간단한 질문 및 대답	⊙강세, 리듬, 억양 ⊙부탁 · 축하 · 칭찬 표현 ⊙물건 구입 ⊙길 안내 ⊙감정표현 ⊙약속 ⊙전화
읽기	⊙문자 영어 식별 ⊙알파벳 대 · 소문자	⊙알파벳 음독 ⊙간단한 단어 및 문장
쓰기	⊙알파벳 대문자 ⊙알파벳 소문자	⊙간단한 단어 ⊙간단한 문장

자료 출처 : 특수교육 교육과정(교육과학기술부 고시 제2011-501호)

(5) 생활경제

'생활 경제'는 급변하는 사회 속에서의 삶 자체가 소비자, 생산자, 저축 · 투자자, 직업인으로서 생활하는 경제적인 삶임을 알고 그 역할을 적절하게 수행하는 데 필요한 지식과 그 활용 방법을 학습하도록 하는 과목이다.

① 목표

시민의 한 사람으로서 다양한 경제 정보를 수집 · 분석 · 활용할 수 있는 능력을 습득하여 합리적인 소비자, 생산자, 저축 · 투자자, 직업인으로서의 바람직하게 경제생활을 영위하고, 국민 경제 발전에 이바지하는 자세를 가진다.

㉠ 경제생활을 영위하는 시민으로서 일상생활 속에서 발생하는 경제의 기본 원리를 이해한다.

㉡ 일상생활에 필요한 경제정보를 수집하고 합리적으로 선택하여 활용한다.

㉢ 소득과 소비, 그리고 저축의 주체로서 각각의 활동에 능동적으로 참여하여 지역 사회에서의 독립적 생활을 적절히 영위할 수 있는 능력을 기른다.

㉣ 경제 주체로서 일상생활에서 발생하는 경제와 관련된 여러 가지 문제에 적극적으로 대처하려는 자세를 가진다.

자료 출처 : 특수교육 교육과정(교육과학기술부 고시 제2011-501호)

② 내용체계

영 역	내 용
경제생활	⊙일상생활과 경제 ⊙생산과 유통 ⊙합리적인 경제생활
소득	⊙소득의 의미 ⊙직업과 소득 ⊙기타 소득의 원천
소비	⊙예산 작성 ⊙상품정보의 수집 및 선택 ⊙용돈기입장 작성 ⊙화폐 사용 및 영수증 ⊙카드의 종류 ⊙카드사용 및 카드영수증 ⊙공과금 및 사용료 납부 ⊙소비자 권리
저축	⊙저축의 의미 ⊙금융상품의 종류 및 선택 ⊙예금 계좌 설정 ⊙보험의 의미 ⊙보험의 종류 및 선택

자료 출처 : 특수교육 교육과정(교육과학기술부 고시 제2011-501호)

(6) 보건

'보건'은 건강의 가치를 알고 몸과 마음의 발달 과정을 이해하며, 건강한 생활 습관을 형성하고 안전한 생활을 영위하여 궁극적으로 개인과 공동체의 삶의 질을 향상시키기 위한 과목이다.

① 목표

건강하고 안전한 생활의 가치를 알고 지식을 습득하여, 이를 실천함으로써, 건강하고 안전한 삶을 살아가도록 한다.

㉠ 건강과 안전에 대한 올바른 개념을 습득한다.

㉡ 자신을 건강의 주체로 인식하고 건강의 소중함을 안다.

㉢ 일상생활에서 건강과 안전을 생활화하는 태도를 가진다.

㉣ 물리적, 사회적 환경이 건강에 미치는 영향을 인식하고, 자신의 환경 속에서 발생되는 건강 문제를 해결하는 기술을 습득한다.

㉤ 생활 안전의 중요성을 인식하고 이에 관한 지식과 기능을 습득한다.

㉥ 재난 및 재해의 위험예측과 안전한 대처방안을 습득한다.

② 내용

영 역	내 용
일상생활과 건강	⊙생애 주기와 건강 ⊙비만 예방과 건강한 생활 습관 ⊙위생 관리와 운동 ⊙질병의 예방과 관리
약물 오·남용 및 흡연·음주 예방	⊙약품의 올바른 사용과 관리 ⊙흡연·음주 예방
성과 건강	⊙건강한 성역할 ⊙건강한 임신과 출산 ⊙성폭력과 성관련 질환 예방
안전한 생활	⊙안전의 이해 ⊙가정생활과 안전 ⊙학교생활과 안전 ⊙지역 사회생활과 안전 ⊙의료 기관 이용 ⊙정서와 정신건강
재난과 안전	⊙응급 처치 ⊙재해 예방

자료 출처 : 특수교육 교육과정(교육과학기술부 고시 제2011-501호)

Paragraph

06 창의적 체험활동

1. 창의적 체험활동의 성격

창의적 체험활동은 교과 이외의 활동으로서 교과와 상호보완적 관계에 있으며, 앎을 적극적으로 실천하고 나눔과 배려를 할 줄 아는 창의성과 인성을 겸비한 미래 지향적 인재 양성을 목적으로 한다. 창의적 체험활동은 기본적으로 자율성에 바탕을 둔 집단 활동의 성격을 지니고 있으며, 집단에 소속된 개인의 개성과 창의성도 아울러 고양하려는 교육적 노력을 포함한다.

창의적 체험활동 교육과정은 자율활동, 동아리활동, 봉사활동, 진로활동의 4개 영역으로 구성된다. 각 영역별 구체적인 활동 내용은 학생, 학급, 학년, 학교 및 지역사회의 특성에 맞게 학교에서 선택하여 융통성 있게 운영할 수 있다. 여기에 제시되는 영역과 활동 내용은 권고적인 성격을 띠고 있으며, 학교에서는 이보다 더 창의적이고 풍성한 교육과정을 선택과 집중하여 운영할 수 있다.

초등학교의 창의적 체험활동에서는 학생의 기초생활습관의 형성, 공동체 의식의 함양, 개성과 소질의 발현에 중점을 둔다. 중학교의 창의적 체험활동에서는 남과 더불어 살아가는 태도의 확립, 자신의 진로에 대한 탐구, 자아의 발견과 확립에 중점을 둔다. 고등학교의 창의적 체험활동에서는 학습자의 다양한 욕구를 건전한 방향으로 유도하고, 원만한 인간관계를 형성하며 진로를 선택하여 자아실현에 힘쓰도록 하는데 중점을 둔다.

창의적 체험활동에서는 학생의 자주적인 실천 활동을 중시하여 학생과 교사가 공동으로 협의하거나 학생들의 힘으로 활동 계획을 수립하고 역할을 분담하여 실천하게 한다. 아울러, 지역과 학교의 독특한 문화 풍토를 고려하여 특색 있고, 인적 물적 자원과 시간을 폭넓게 활용하여 융통성 있게 운영하는 것이 중요하다.

자료 출처 : 2009 개정 교육과정(교육과학기술부고시 제2009-41호) 교육과정 해설서

2. 창의적 체험활동의 목표

학생들은 창의적 체험활동에 자발적으로 참여하여 개개인의 소질과 잠재력을 계발 · 신장하고, 자율적인 생활 자세를 기르며, 타인에 대한 이해를 바탕으로 나눔과 배려를 실천함으로써 공동체 의식과 세계 시민으로서 갖추어야 할 다양하고 수준 높은 자질 함양을 지향한다.

첫째, 각종 행사, 창의적 특색 활동에 자발적으로 참여하여, 변화하는 환경에 적극적으로 대처하는 능력을 기르고, 공동체 구성원으로서의 역할을 수행한다.

둘째, 동아리활동에 자율적이고 지속적으로 참여하여 각자의 취미와 특기를 창의적으로 계발하고, 협동적 학습능력과 창의적 태도를 기른다.

셋째, 이웃과 지역사회를 위한 나눔과 배려의 활동을 실천하고, 자연환경을 보존하는 생활습관을 형성하여 더불어 사는 삶의 가치를 깨닫는다.

넷째, 흥미와 소질, 적성을 파악하여 자기 정체성을 확립하고, 학업과 직업에 대한 다양한 정보를 탐색하여 자신의 진로를 설계하고 준비한다.

자료 출처 : 2009 개정 교육과정(교육과학기술부고시 제2009-41호) 교육과정 해설서

3. 창의적 체험활동의 내용체계

창의적 체험활동의 내용체계를 살펴보면 〈표 5－12〉와 같다.

표 5-12 창의적 체험활동의 내용체계

영 역	성 격	활 동
자율활동	학교는 학생 중심의 자율적 활동을 추진하고, 학생은 다양한 교육 활동에 능동적으로 참여한다.	· 적응 활동 · 자치 활동 · 행사 활동 · 창의적 특색 활동 등
동아리활동	학생은 자발적으로 집단 활동에 참여하여 협동하는 태도를 기르고 각자의 취미와 특기를 신장한다.	· 학술 활동 · 문화 예술 활동 · 스포츠 활동 · 실습 노작 활동 · 청소년 단체 활동 등

봉사활동	학생은 이웃과 지역사회를 위한 나눔과 배려의 활동을 실천하고, 자연환경을 보존한다.	· 교내 봉사활동 · 지역사회 봉사활동 · 자연환경 보호 활동 · 캠페인 활동 등
진로활동	학생은 자신의 흥미, 특기, 적성에 적합한 자기 계발 활동을 통하여 진로를 탐색하고 설계한다.	· 자기 이해 활동 · 진로 정보 탐색 활동 · 진로 계획 활동 · 진로 체험 활동 등

사료 출처 : 2009 개정 교육과정(교육과학기술부고시 제2009-41호) 교육과정 해설서

한편, 영역별 내용 및 교수 · 학습 방법은 이 교육과정에서 제시한 각 영역별 활동 내용은 예시적 기준이므로, 학생의 발달 단계, 학교 실정 및 지역 특성 등을 고려하여 목표 달성에 적합한 내용을 선정, 운영할 수 있도록 되어 있다.

연습문제

01 특수교육에서 교육과정 재구성이 필요한 까닭을 설명해 봅시다.

02 기본교육과정의 성격과 목표를 설명해 봅시다.

03 기본교육과정을 장애학생의 특성에 맞춰 재구성하는 방안에 대해 토의해 봅시다.

04 2011 개정 특수교육 교육과정에서 국어과와 체육과에서 장애영역별 지도방법을 비교하여 주안점을 설명해 봅시다.

05 창의적 체험활동이 갖는 의미와 특수교육 현장에서의 활용 방안에 대해 토의해 봅시다.

Chapter 06

수업설계 모형

❖ 제1절 수업설계 이론과 수업설계 모형
❖ 제2절 수업과 수업설계를 위한 원리
❖ 제3절 한국교육개발원의 일반수업절차 모형
❖ 제4절 교수-학습 지도안의 작성

Paragraph

01 수업설계 이론과 수업설계 모형

1. 수업설계 이론과 모형

'이론과 모형은 어떻게 다른가?' 수업설계 이론은 일반적으로 수업 현상을 설명하고 예언하기 위한 수단이 되는 일련의 원리로써 수업설계 이론은 수업장면에서 보다 효과적으로 학습하고 개발하는 방법을 제공하고 수업설계 모형은 수업 이론을 수업에 실천하는 구체적인 방법을 제공한다.

수업설계에서 고려할 점은 다음과 같다.

먼저 학습자는 수업활동 중에 제공되는 수업방법이나 학습활동에 각각 다르게 반응하기 때문에 학습자 개개인의 교육적 요구에 따라 알맞은 수업방법을 계획하며, 수업은 교수자 자신의 자질이나 능력, 선호하는 수업방식 등을 고려하여 계획된다. 효과적인 수업이 이루어지기 위해서는 현실적인 여건 등에 대한 고려가 따라야 하고, 수업목표나 수업내용에 적합한 수업방법을 선택하고 제공하기 위해 수업 전 치밀한 수업계획을 수립한다. 뿐만 아니라 단위 시간 중에 수업목표 달성을 위해 다양한 학습활동이 일어나고 학습자는 각각 다양한 역할을 촉진시키기 위해 수업설계는 교수자에게 강조된다.

라이글러스(Reigeluth, 1999)는 수업설계 이론을 네 가지 성격으로 기술하였으며 다음과 같다.

첫째, 수업설계 이론은 설계 지향적이다.

설계 지향적이란 기술적인 이론이 아닌 처방적인 이론이라는 의미로서 인과 관계에 대한 일반적인 기술이 아닌 수업목표를 달성하기 위해서는 어떤 수업방법이 효과적인지를 처방해주는 것이다.

둘째, 수업설계 이론은 특정 학습목표와 주어진 학습환경에 따라 어떤 수업방법이 효과적인지를 규정하고 있다.

셋째, 수업설계 이론은 수업방법이 보다 구체적인 구성요소적인 방법으로 세분화하고 있다.

넷째, 수업설계 이론의 방법들은 확률적이지 결정적인 것은 아니므로 목표획득의 가능성을 높여주는 것이지 목표 성취를 보장하지는 않는다(변영계 · 이상수, 2004, 재인용).

한편, 수업설계 모형은 예견된 교수조건에서 기대한 교수결과를 최대한으로 성취할 수 있도록 수업의 다양한 측면들을 잘 나타내 주는 일련의 구성요소들 간의 관계를 보여준다. 그러므로 수업설계 모형은 첫째, 수업설계 모형은 앞으로의 변화된 모습에 대해 명확히 기술하며, 둘째, 수업설계에 관여하고 있는 다양한 집단들 간에 의사소통을 촉진하며, 셋째, 설계를 실행하기 위한 일련의 활동에 참여할 수 있도록 학습자를 안내하는 것이다.

따라서 수업설계 이론이 학습과제, 학습자 및 여러 가지 학습환경에 따라 적절한 수업방법을 처방해 주는 역할을 한다면 수업설계 모형은 설계를 실행하는 사람들에 대한 의사소통과 안내 역할을 하는 것이라 할 수 있다. 그러므로 수업설계 이론은 그 실천을 위한 처방을 담고 있는 반면, 수업설계 모형은 보다 실천적이며 과정적이라고 할 수 있다. 즉, 수업설계 모형은 수업설계 이론의 추상성과 실천 세계의 역동성을 매개로 하여 수업설계 이론을 현장에서 실천하는 과정으로 볼 수 있다(유영만, 1998).

한편, 윌슨은 수업설계 이론은 순수 이론이기보다 실천적 문제해결을 위한 모형에 가깝다고 주장한다(Wilson, 1997). 그러므로 수업설계 이론이 교수자가 수업을 창조할 때 사용하는 모델로 인식하기 때문에 수업설계 이론과 모형을 구분하기 보다는 연계성을 강조한다(Dick, 1987).

이와 같이 수업설계 이론과 수업설계 모형은 구분하기 쉽지 않으므로 수업설계 이론은 처방적이고 처방과 관련한 구체적 상황들을 기술하고 있다는 점에서 실천적 특성을 갖게 된다. 이 때문에 수업설계 이론은 수업설계 모형과 구분하기 어렵다.

2. 수업설계 모형

(1) 딕(Dick)의 수업 체제 설계 모형

수업 체제 설계 모형은 딕(Dick)이 1968년도에 플로리다 주립대에서 처음 강의를 시작한 이후 1978년에 딕(Dick)과 캐리(Carey)가 책으로 펴내면서 일반화하였다. 수업 체제 설계 모형은 가네(Gagné), 브릭스(Briggs), 메이거(Mager), 글레이저(Glaser), 크론바하(Cronbach) 등의 영향을 받았으며 수업 체제 설계 모형은 컴퓨터의 급속한 발달, 수행 공학과 구성주의 등의 영향을 받아 발전하였다. 수업 체제 설계 모형은 수업을 설계하고 개발하는 과정에서 필요한 모든 과정들을 포함하고 있으며 수업설계 모형 중 가장 잘 알려져 있는 모델이다.

수업설계 절차의 모형은 [그림 6-1]과 같다.

그림 6-1 수업 체제 설계 모형(변영계 · 이상수, 2004)

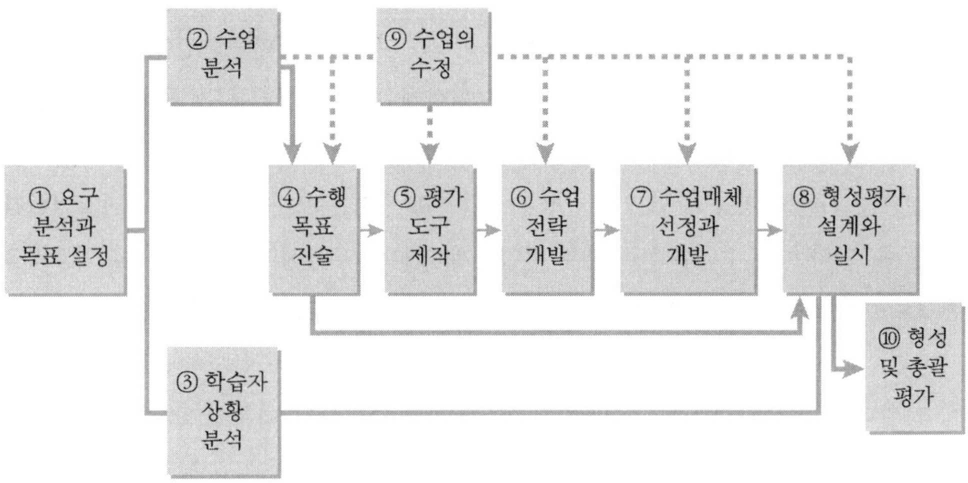

수업 체제 설계 모형은 수업의 과정을 하나의 체제로 보고 학습자, 교사, 수업자료, 학습환경 등이 학습이라는 목적을 위해 유기적으로 상호작용 하는 것으로 보고 체제적인 접근을 바탕으로 설계되었다. 수업 체제 설계 모형은 글레이저(Glaser)가 제시한 수업의 일반 모형에 바탕을 두고 네 가지 단계를 보다 세분화하였다.

수업설계에 해당하는 부분을 각 단계별로 살펴보면 다음과 같다.

① 요구 분석과 목표설정 단계

요구 분석에 의한 목표설정 단계는 학습 후 학습자가 무엇을 할 수 있는지를 규정하는 것이다. 따라서 특정 학습에 어려움을 갖고 있는 학습자에 대한 요구 분석과 새로운 수업에 대한 요구 분석을 통하여 단원의 최종 수업목표를 도출한다.

② 수업분석단계

수업분석단계는 수업분석으로 학습과제를 분석하고, 선수학습능력을 진단하며 하위 과제를 분석하는 단계이다. 단원의 최종 수업목표를 성취하기 위해서 학습자는 몇 개의 작은 하위 학습과제나 작은 수업목표를 달성하게 된다. 수업분석단계는 학습과제에서 다루어야 할 하위 학습과제들이 무엇인가를 세분화하는 작업이다. 따라서 세분화된 하위 학습과제는 세부 수업목표로 진술할 수 있다. 수업분석단계는 세부 수업목표를 중심으로 수업 시작 전에 학습자들이 이미 알고 있어야 하는 선수학습능력이 무엇인지를 밝혀내는 것이 중요하다.

또한 수업분석단계는 실제 학습자들에게 학습시킬 세부 수업목표를 놓고 어느 목표부터 먼저 가르치고, 어떤 순서로 가르칠 것인가를 결정하며 또 시간의 배정을 어느 정도로 할 것인가를 결정하는 단계이다.

한편, 수업분석단계에서 계열을 결정하는 기준으로 가장 고려할 사항이 학습전이이다. 즉, 한 단계에서 배운 것이 다음의 학습을 위해 얼마나 효과적인 전이가 일어날 수 있는가를 고려하여 쉽고 단순한 능력부터 먼저 가르치고 배운 학습결과가 높은 전이 효과를 가져 올 수 있는 학습과제를 선택하게 된다. 뿐만 아니라 각각의 수업목표를 가르치는 데 적합한 방법, 시간, 장소, 집단 조직 등의 계획을 수립하게 된다.

③ 학습자 분석단계

학습자 분석단계는 학습자와 학습환경을 분석하는 단계이다.

이 단계에서는 학습목표 분석과 병행하여 실시하게 되는데 이는 어떠한 학습자가 어떠한 학습환경에서 학습을 하는지를 분석하기 때문이다. 또한 학습자의 현재 기술, 선호도, 태도와 함께 학습이 이루어지는 환경을 분석하는 것은 다음에 이루어질 학습전략의 개발에 영향을 준다. 만일 수업설계자가 인터넷을 활용한 ICT 수업을 계획한다면 학습자의 컴퓨터 사용능력을 살피고 교실 환경이 인터넷을 사용할 수 있는가를 먼저 알아봐야 할 것이다.

④ 수행 목표 진술단계

이 단계는 수행목표를 진술하는 단계로서 수업분석과 선수학습능력의 규정에 따라 수업이 끝날 때 학습자가 무엇을 할 수 있는지 구체적인 수행목표를 제시해야 한다. 그러므로 수행목표는 수업분석과 학습환경 분석을 통해 결정된 구체적인 학습내용의 구조와 수업 환경의 분석 결과를 기초하게 된다.

⑤ 평가 도구 제작단계

평가도구 제작단계는 수업목표를 중심으로 평가도구를 개발하는 단계이다. 이 때 평가도구 개발은 수업목표의 진술에서 구체적으로 기술된 수업 후 학습자들이 할 수 있는 능력을 측정할 수 있는 도구를 개발하는 것으로 수업목표가 곧 평가의 준거로 작용하도록 하는 것이다.

⑥ 수업전략 개발단계

이 단계는 수업전략을 개발하는 단계이다.

이 때 수업전략은 사전에 실시된 분석 자료를 사용하여 최종 수업목표를 달성하기 위한 구체적인 방법을 찾는 활동을 의미한다. 또한 수업전략은 수업 전 활동, 정보의 제시 방법, 실습과 피드백, 평가 방안, 추후 활동에 관한 전략 등을 모두 포함한다.

⑦ 수업매체 선정과 개발단계

수업매체 선정과 개발단계는 수업자료를 선택하거나 개발하는 단계이다.

이 때 수업자료는 교재를 포함하여 학습 보조 자료, OHP, 비디오테이프, CAI, 인터넷 홈페이지 등 다양한 매체들을 모두 포함하고 있다

한편, 수업목표를 성취시키는 데는 여러 방법이 있으며 수업목표를 효과적으로 도달시키고 학습자의 흥미를 높이기 위해 다양한 수업매체를 이용할 수 있다. 또한 수업매체는 이미 개발되어 있는 것도 있지만 새로 개발되어야 할 것도 있을 수 있다.

따라서 수업자료의 선택과 개발단계에서는 가장 적합한 수업매체가 무엇인지를 찾거나 알맞은 수업매체가 없으면 새로 개발하기도 한다.

⑧ 형성평가 설계와 실시단계

이 단계는 형성평가를 설계하고 실행하는 단계로서 형성평가 설계와 실시 단계는 앞 단계를 거치며 완성된 수업 초기 지도안의 문제점을 발견하는 단계이기도 하다. 형성평가는 일대일 평가, 소집단 평가 그리고 필드 평가 등의 세 가지 유형이 있을 수 있다.

⑨ 수업수정 단계

수업 수정 단계는 형성평가를 통해 나타난 수업의 문제점을 중심으로 수업 지도안을 교정하는 단계이다.

⑩ 형성 · 총괄평가 단계

이 단계는 수업을 실행하고 총괄평가를 하는 단계로서 일반적으로 수업설계의 단계라기보다는 설계된 수업을 실행하고 그 수업의 효과성을 검증해 보는 단계이다.

(2) 스미스(Smith)와 라간(Ragan)의 수업설계 모형

스미스와 라간은 수업설계 모형을 크게 분석, 전략개발, 평가의 세 단계로 나누고 있다. 스미스와 라간의 수업설계 모형은 일반적인 절차를 의미하므로 꼭 이 모형의 절차대로 따라 할 필요가 없다.

스미스와 라간은 수업설계자의 상황에 따라 각 절차를 수정 혹은 보완하여 사용할 수 있는 융통성을 부여하고 있다. 또한 분석, 전략개발, 평가의 각 단계에 기술되어 있는 하위 단계들은 순서대로 일어나는 것이 아니라 동시적으로 발생한다고 기술하고 있으며 이를 단계별로 살펴보면 [그림 6-2]와 같다.

① 교수조건 분석단계

분석단계는 학습환경 분석, 학습자 분석, 학습과제 분석과 평가 문항의 개발단계를 포함하고 있다. 분석단계는 수업의 개발을 위한 전단계로 수업개발에 필요한 정보를 획득하는 단계이다.

그림 6-2 스미스와 라간의 수업설계 모형(변영계 · 이상수, 2004)

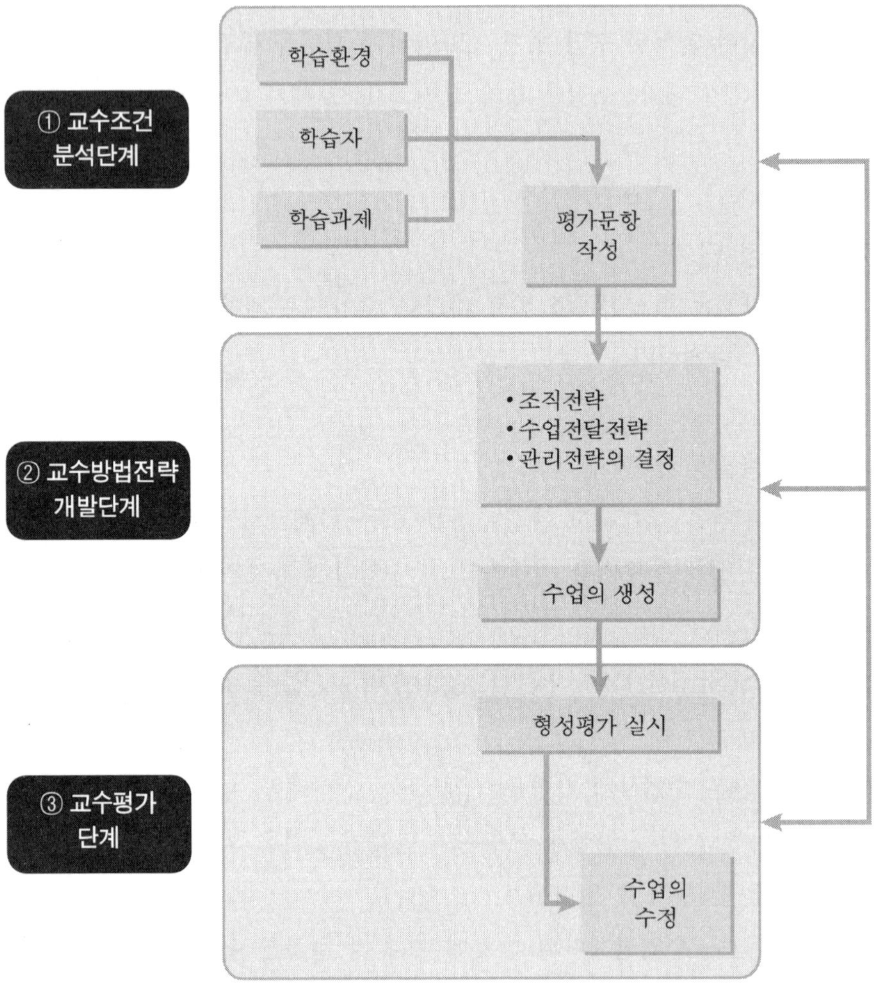

첫 번째, 학습환경 분석은 실제 개발될 수업이 학습자에게 필요한 지를 분석하는 수업 요구 분석과 개발된 수업이 실행될 환경을 분석하는 환경 분석을 포함하고 있다. 초 · 중 · 고등학교는 교육과정에 의거하여 가르쳐야 할 내용이 교과서를 통해 명백히 제시되어 있는 경우도 있지만 특수교육 대상학생을 지도하는 학교 환경에서는 가르쳐야 할 내용을 수업설계자가 스스로 결정하는 경우도 있다. 따라서 학습자가 학습해야 할 내용이 무엇인지를 결정하는 것은 전문적인 작업이므로 단순히 교사나 수업설계자의 판단에 의존하기보다는 학습자들이 가지고 있는 요구와 학습내용을 가르치기 위한 시설, 장비, 환경과 같은 학습환경적 요인 등을 통해 분석하고 결정해야 한다.

두 번째, 학습자 분석은 실제수업이 이루어질 대상들이 어떤 특성을 가지고 있는지를 분석하는 활동이다. 학습자의 동기, 학습자의 지적 능력, 학습 양식, 인지 사회적 특성, 운동 능력 등이 분석되어야만 학습내용의 난이도, 속도, 양, 사용되는 매체, 학습전략 등을 결정할 수 있기 때문이다.

세 번째, 학습과제 분석과 평가 문항 분석은 실제 가르쳐야 할 학습내용이 어떤 학습유형으로 분류될 수 있으며, 어떤 내용 구조를 가지고 있는지 분석하는 활동이다. 학습유형의 분류는 다음 단계인 전략개발단계에서 학습전략을 결정하고 학습내용의 구조와 위계에 따라 가르칠 순서와 수업시간당 학습량 등을 결정하는 데 영향을 미치게 된다. 학습내용의 분석단계에서 학습목표의 진술이 이루어지며 정확한 평가를 위해 학습목표 진술단계에서 학습목표에 기반을 둔 평가 문항들을 개발하게 된다.

② 교수방법 전략 개발단계

교수방법 전략 개발단계는 수업전략을 개발하는 단계이다.

이 단계는 조직적 전략, 수업 전달 전략, 관리전략을 결정하게 된다. 조직전략 개발은 수업이 어떻게 계열화되고 어떤 수업내용이 어떻게 지시될 것인지를 결정하게 된다.

수업전달전략 개발단계는 어떤 수업매체가 사용되고 학습자 집단 구성은 어떻게 할 것인지가 결정하게 된다. 관리전략 개발단계는 앞의 두 전략개발에서 결정된 수업의 실행을 위한 시간 계획과 학습자원의 분배 등이 결정되게 된다.

이 때 교수방법 전략개발단계에서 학습유형은 명제적 지식, 개념적 지식, 법칙, 문제해결, 인지전략, 태도, 운동 기능 등으로 나누어지며 각 학습유형에 따라 이를 잘 반영할 수 있는 다양한 수업접근이 고려되고 이루어진다.

③ 교수평가단계

교수평가단계는 계획된 수업이 제대로 계획되고 실행되는지를 평가하는 과정이다. 교수평가단계에는 크게 형성평가와 총괄평가가 이루어진다. 형성평가는 개발된 수업자료가 제대로 개발되었는가를 평가하는 과정으로 설계자 입장, 내용 전문가 입장, 실제 학습자 입장에서 살펴볼 수 있다. 이와 같이 교수평가 단계는 형성평가 과정을 통해 나타난 문제점들을 수정하여 학습자료를 재개발할 수 있다.

한편, 총괄평가는 수업의 효과성과 효율성을 평가하는 것으로 수업설계된 것을 실제 학습자들을 대상으로 실시한 후 학습자들의 학습결과를 중심으로 평가를 한다. 이와 같이 교수평가 단계는 수업분석단계에서 개발된 학습목표를 준거로 한 평가도구를 사용해 평가 결과를 도출해내는 준거 지향 평가가 이루어지기도 하고, 다른 수업프로그램이 실행된 유사 집단과의 비교를 통해 평가가 이루어지기도 한다.

(3) 겔라크(Gerlach)와 일리(Ely)의 체제적 수업설계 모형

체제적 수업설계 모형(Gerlach, 1971)은 수업단계를 계획하는데 보다 자세한 요소들을 포함하고 있다. 체제적 수업설계 모형은 수업 지도의 단계에서 수업설계자가 고려하여 설계하여야 할 사항을 제시한 점이 특징이다.

겔라크와 일리의 체제적 수업모형의 요소는 모두 열 가지로서 이를 열거하면 [그림 6-3]과 같다. 이와 같이 이들의 체제적 수업모형의 요소는 ①부터 ⑧까지가 수업설계이며 ⑨와 ⑩은 설계된 수업에 관한 효과성과 효율성을 검증하는 절차로 구성되어 있다. 한편, 겔라크와 일리의 수업설계의 체제적 모형을 제시하면 [그림 6-4]와 같다.

그림 6-3 체제적 모형 요소(변영계 · 이상수, 2004)

수업설계	① 수업목표의 세분화 ② 수업목표에 따른 지도내용의 선정 ③ 선수학습 능력의 측정(진단) ④ 수업의 활동으로 채택될 전략의 결정 ⑤ 활동자의 학습진단 조직 ⑥ 수업시간의 분배와 계획 ⑦ 학습자들이 학습하게 될 학습장의 배분 ⑧ 적합한 학습 자료의 선정
효과성 효율성 검증	⑨ 학습자의 학습성취도와 교수자의 수업방법에 관한 평가 ⑩ 평가결과의 분석과 수업설계의 수정을 위한 재투입

[그림 6-4]에서 제시하고 있는 요소를 살펴보면 다음과 같다.

그림 6-4 수업설계의 체제적 모형(변영계 · 이상수, 2004)

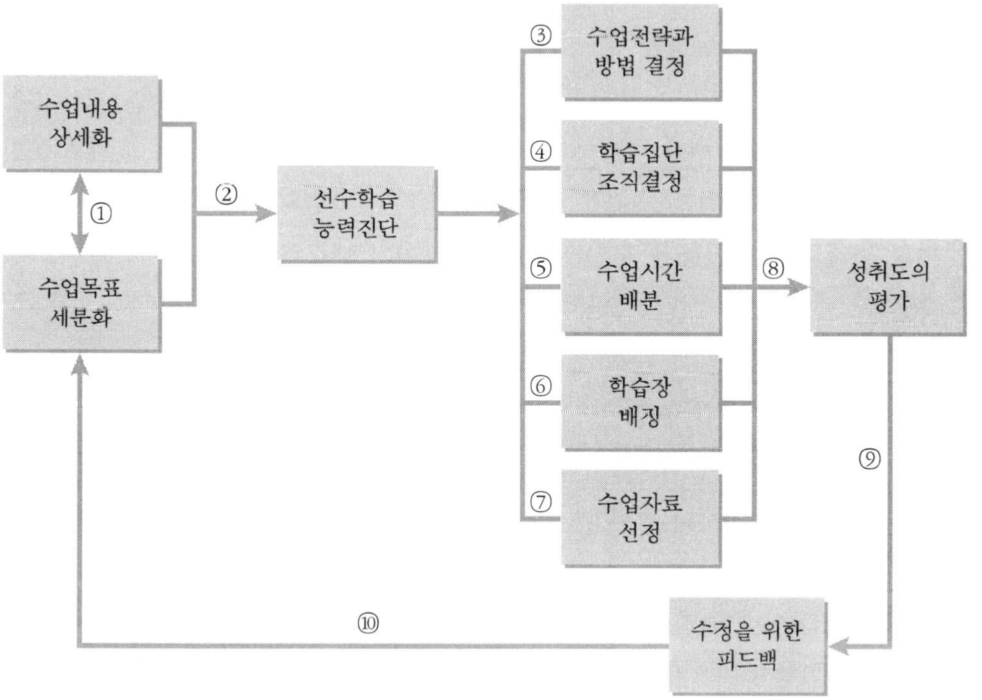

① 수업내용 상세화와 수업목표 세분화

수업설계나 교수-학습자료의 개별 과정에서 제일 처음으로 시작되는 것이 수업목표와 수업내용의 세분화이다. 수업목표는 한 차시, 또는 한 단원의 수업이 끝난 바로 그 시점에서 학습자가 학습한 내용을 증명할 수 있는 것이 무엇인지를 분명하게 진술하는 것으로서 모호하거나 추상적인 수업목표 진술은 피한다.

수업목표가 세분화된 이후 그 수업목표를 학습자들이 달성하는데 도움이 될 수 있는 수업내용을 탐색하여 상세화한다. 이 때 수업내용을 상세화하는 작업과 수업목표를 세분화하는 일은 상보적인 관계를 지니므로 필요에 따라 순서가 바뀔 수 있다.

② 선수학습능력 진단

선수학습 능력의 진단단계는 딕(Dick)의 모형에서 제시한 그대로 학습자들이 주어진 단원의 수업목표를 학습하는데 기본 능력으로써 갖추어야 할 능력을 어느 정도 갖추고 있는지 측정하는 것이다. 또한 주어진 단원의 여러 가지 수업목표 중에 학습자가 이미 어느 목표를 수업 이전에 학습했는가를 측정하는 것이다. 이와 같이 선수학습능력을 측정한 이후 측정 결과에 따라서 학습자 개인에게 혹은 학습자 집단에 제공될 수업은 달라진다.

그러나 선수학습능력이나 출발점 행동을 측정해내기 어렵고 한계점을 갖고 있다. 따라서 이 선수학습능력을 측정하는 방법으로 여러 가지 접근에 대해 고려해야 한다. 선수학습능력의 진단을 위해 젤라크와 일리는 학습자들의 각종 검사에 의해 밝혀진 누적 기록의 활용과 교수자나 수업설계자가 제작한 사전 검사의 활용을 들고 있다.

③ 수업전략과 방법 결정

수업전략은 주어진 수업목표를 학습자들에게 성취시키기 위하여 교수자가 접근해 들어가야 할 방법이다. 수업전략은 지식의 활용, 자료의 선정, 학습자의 역할 규정 등을 들고 있지만 여기에서는 수업방법에 초점을 둔다. 따라서 수업전략은 수업의 주요 활동에 관한 방법, 수업의 순서와 절차 그리고 연습 등에 관한 접근 방법 등을 고려하여 결정하게 된다.

이와 같은 수업 접근 방법의 설정에 따라 수업의 형태는 달라지며 교수자의 역할이나 학습자의 역할 또한 달라질 수 있으므로 수업전략은 수업목표에 따라서 결정된다.

④ 학습집단 조직 결정

수업목표가 규정되고, 학습자의 선수학습이 진단되고 수업전략이 결정되면 수업설계자는 학습집단의 조직을 고려하게 된다.

학습집단의 조직결정은 수업목표에 따라 융통성있게 하는 것이 바람직한데 그 까닭은 수업에 따라 학습자가 스스로 학습하는 것이 좋은 수업과 학습자가 집단 속에서 상호작용 하는 것이 더 효과적인 수업이 있을 수 있기 때문이다.

한편, 학습집단의 조직 결정은 수업전략이나 방법, 학습장 수업자료, 학습시간 등과의 관계 등을 고려하게 된다. 이에 대한 연구로서 트럼프(Trump)는 수업시간의 40% 가량은 대집단 수업, 20% 가량은 소집단 수업, 40% 가량은 학습자, 개별 수업으로 진행하는 것을 제안하기도 하였다(변영계 · 이상수, 2004).

⑤ 수업시간 배분

수업시간의 배분은 주어진 수업목표에 따라서 배분하는 것이 원칙이다. 한 시간 정도의 수업으로 달성이 가능한 것과 때로는 2~3시간의 수업을 통해야 달성이 가능한 것 등 수업목표에 따라 수업시간을 배정하며 수업시간의 배분은 학습자의 개인차를 고려해야 한다.

개별화 수업은 학습자의 학습 속도에 따라 다음 단계로 나아갈 수 있도록 계획을 세울 수 있지만 학습자가 대집단 혹은 소집단으로 구성된 수업에서는 수업목표의 양에 따라서 시간을 배분하게 된다.

⑥ 학습장 배정

대부분의 수업은 교실에서 진행된다. 학습장은 학습자가 공동으로 학습활동에 활용할 수 있도록 구조를 변형시킨 교실과 음악실, 미술실 등을 의미한다. 학습장은 학습자 개개인의 자기 주도적 학습능력을 기르고 학습자가 자기의 적성과 능력에 따라 스스로 학습 계획을 세워 자료를 선택하고 수집 또는 정리하며 즐거움 속에서 문제를 해결하여 학습결과를 확인하고 보충할 수 있는 공간이 되어야 한다. 따라서 학습자가 상호 협력하여 토의하고 발표하면서 스스로 학습하는 능력과 태도를 함양시키기 위한 다양한 학습장을 선정하게 된다.

학습장을 나누는 일은 학습집단을 나누는 것과 연관이 있다.

⑦ 수업자료 선정

수업자료의 선정은 수업목표 달성을 위해 가장 적합한 자료를 선정하는 절차로서 교수자는 학습자의 개별적인 교육 요구를 충족시키고 교수 · 학습의 효과를 증대시키기 위하여 새로운 교수-학습자료의 선정이 필요하다.

수업자료의 선정은 학습자의 이해 수준, 흥미, 관심에 적합성, 자료 활용에 소요되는 시간과 전체 학습 시간과의 관계 및 수업자료의 가격과 구입 문제 고려, 작업 장소, 시설, 시간 등이 고려될 수 있다.

⑧ 성취도 평가 및 피드백

성취도 평가는 수업설계자와 학습자, 학습자와 학습자, 학습자와 수업 매개체 등의 상호작용에 의해 결정된다. 그러므로 수업설계가 끝난 후에 수업을 실시해보고 그 결과를 측정하여 수업설계의 효과성과 효율성을 평가함으로서 판단할 수 있다. 이 때 성취도 평가에서 수정, 보완할 점이 발견되면 수정을 하게 된다.

이상 수업설계 모형 가운데 딕의 수업 체제 설계 모형과 스미스와 라간의 수업설계 모형, 겔라크와 일리의 체제적 수업설계 모형에 대해 살펴보았다.

이들 모형은 수업설계를 위해서 수업목표를 명료하게 규정할 것과 학습자의 선수학습능력을 정확하게 진단하고 그 진단 결과에 따른 처방을 계획할 것을 권고하고 있으며 수업의 활동이나 수업매체의 선정은 수업목표에 따라 결정하여 실시할 것을 요구하고 있다. 또한 수업설계 평가는 수업의 효율성 및 학습자의 수업목표 성취도를 평가하는 절대기준 평가로서 수업장면에서 실시하고 문제점이나 미비점을 수정 보완한 후에 학급에 투입토록 하고 있다.

Paragraph 02 수업과 수업설계를 위한 원리

수업설계자가 학습지도의 효율성을 높이려면 분명하고 확실한 수업행동이 수행되어야 한다. 수업행동은 학습원리나 수업원리에 따라 교수결과로서 효과성과 효율성 매력성을 높이기 위한 활동이 강구되어야 한다. 따라서 수업 상황에서 학습목표의 달성을 위해 제공하는 교수−학습 과정에서 적용하고 있는 수업원리들을 제시하면 다음과 같다.

1. 수업목표 명세화

새로운 단원의 학습을 시작하는 초기 단계에서 학습자들이 그 단원 혹은 그 시간의 수업목표를 분명히 알도록 제시하여야 한다. 수업목표는 학습자가 수업한 시간이나 혹은 한 단원의 학습활동에 참여하여 성취해야 할 목표이다.

수업설계자는 처음 단계에서 학습자가 이번 수업을 통해서 최소한 획득해야 할 목표를 분명히 인지하도록 해야 한다.

이를 위한 학습원리는 다음과 같다.

첫째, 학습자가 학습목표를 명확히 인지하면 학습은 촉진된다.

수업설계자는 새로운 단원이 시작하는 단계나 수업이 시작하는 도입단계에서 학습자에게 수업목표를 분명히 제시하여 학습들이 그 시간의 수업목표를 명확히 인지하도록 해야 한다. 이를 위한 방법은 〈표 6-1〉과 같다.

표 6-1 학습목표 인지전략

- 교수자의 구두 설명으로 수업목표 제시하기
- 칠판에 판서하여 제시하기
- 유인물로 된 평가 문항의 견본 제시하기
- 완성된 모범작품 제시하기
- 숙달된 학습자를 통한 시범행동 제시하기
- 수업목표를 의문문으로 바꾸어 질문하기

둘째, 학습자가 학습목표를 획득하는 절차를 이해하면 학습은 촉진된다. 교수자는 학습자에게 학습목표에 쉽게 도달할 수 있는 일련의 순서나 절차를 설명한다. 예를 들어, 발견학습을 강조하는 수업이라면 학습자로 하여금 스스로 수업목표에 도달할 수 있는 절차를 탐색하여 발견해 나가도록 한다.

학습자가 학습목표를 획득하는 절차를 이해하기 위한 방법은 〈표 6-2〉와 같다.

표 6-2 학습목표 획득을 용이하게 하는 전략

- 쉬운 용어로 학습자들이 이해할 수 있도록 구두로 설명하기
- 필요한 경우에는 그 절차를 그림으로 그려서 제시하기
- 수업목표 도달 절차를 발견하도록 암시적인 질문하기

셋째, 학습이 완료되었을 때 기대되는 결과나 모범작품을 관찰하도록 하면 학습은 촉진된다.

교수자는 학습자에게 정확한 시범 동작이나 작품을 관찰하거나 모방할 수 있는 기회를 제공하여 준다. 또 정확한 동작과 부정확한 동작을 변별할 수 있는 기회를 마련하여 준다. 학습이 완료되었을 때 기대되는 결과나 모범작품을 관찰하기 위한 구체적인 방법은 〈표 6-3〉과 같다.

표 6-3 학습목표 촉진을 위한 모범작품 관찰 전략

• 학습자들의 모범작품과 잘못된 작품 제시하기 • 숙달된 사람들의 시범동작 제시하기 • 흔히 오류를 범하기 쉽거나 잘못하기 쉬운 동작 제시하기

2. 학습동기유발

학습자가 주어진 학습과제를 수행하기 위해서는 학습에 주의를 집중하고 관심과 흥미를 갖도록 하여야 한다. 학습동기유발이 긍정적으로 이루어지면 학습자는 자신에게 주어진 수업시간을 자신의 학습을 위해 더 소비하게 되고 수업시간이 지속되기를 바란다. 반면 학습자가 주어진 학습내용이나 학습활동에 흥미가 없다면 그들은 그들에게 주어진 수업시간을 그 수업시간과는 관계없는 일에 허비할 뿐만 아니라 그 학습과제에 흥미를 잃게 된다. 따라서 학습자가 주어진 학습과제에 흥미와 관심을 갖도록 하는 것은 학습의 성패에 매우 중요한 영향을 미친다. 학습동기유발을 조성하기 위한 구체적인 원리는 다음과 같다.

첫째, 학습자가 학습과제에 주의를 하게 되면 수업효과는 촉진된다. 이 때 교수자는 학습자들이 그들이 학습할 학습과제에 흥미를 기울이도록 유도해 주어야 한다. 이를 위한 구체적인 방법은 〈표 6-4〉와 같다.

표 6-4 학습과제에 흥미를 유도하는 전략

- 학습과제와 관련 있는 예화 들려주기
- 학습을 성공적으로 이룩했을 경우 그 결과를 적용할 수 있는 사태 제시하기
- 시청각 보조 자료에 의한 학습동기 유발하기

둘째, 학습자가 수업목표의 가치를 인식하면 학습동기가 높아진다. 학습자가 제시된 수업목표를 성공적으로 달성했을 경우 학습된 결과가 자신의 생활이나 앞으로 다른 학습에 유용하다고 확신을 하면 학습자는 수업목표의 성취를 위해 보다 적극적으로 참여하게 된다. 따라서 교수자는 학습자들에게 학습하여야 할 수업목표를 인지시켜 주거나 수업목표의 달성으로 얻어질 이득을 열거해 줌으로써 효과를 얻을 수 있다.

셋째, 학습자가 수업목표 달성에 자신감을 지니도록 하면 학습동기는 높아진다. 교수자는 학습자들에게 주어진 학습과제가 아주 새로운 것이 아니라는 점과 그렇게 어려운 것이 아니라는 점을 강조하여 다소 어렵거나 생소하게 느껴짐으로 학습동기가 저하되는 것을 해소시켜 줄 수 있으며 학습자에게 조금만 노력하면 쉽게 이해하거나 달성할 수 있다고 확신을 시켜줄 수 있다. 이를 위한 구체적인 방법은 〈표 6-5〉와 같다.

표 6-5 학습동기유발 전략

- 수업목표 달성에 필요한 방법이나 절차에 관한 암시 제공하기
- 학습자의 학습 행동에 대한 칭찬과 격려하기
- 본시의 수업과 관련 있는 과거의 학습경험을 재생 혹은 회상시키기

넷째, 학습자가 학습 과정에서 성공적인 경험을 제공하면 학습동기는 강화된다. 교수자는 학습자가 가능한 수업목표를 달성하여 학습자 자신이 내적 강화를 자주 받도록 해야 한다. 학습과제의 성공적인 경험은 그 학습과제뿐만 아니라 후속 학습과제나 다른 학습과제에 대해서도 자신감을 갖게 된다. 이를 위한 구체적인 방법은 〈표 6-6〉과 같다.

표 6-6 학습과제에 자신감 형성하기 전략

- 학습자의 능력 수준을 고려한 학습과제를 해결함으로 자신감 갖게 하기
- 학습자의 능력 수준을 고려한 발문을 통한 답할 기회제공으로 대답함으로 성공감 갖게 하기
- 학습자의 학습결손을 조기에 발견하여 처치해 줌으로써 수업목표에 성공적으로 도달하도록 하기

다섯째, 학습자가 학습과제에 호기심과 흥미를 갖도록 하면 학습동기가 높아진다. 교수자는 수업을 준비할 때 어떠한 경우에 학습자들이 주어진 학습과제나 활동에 흥미를 갖게 될 것인가를 생각하여 알맞은 수업자료와 학습활동을 계획하게 된다. 또한 학습과제와 관련된 예화를 들거나 그 학습과제의 참신성 등에 관해 설명함으로써 학습자의 동기를 유발시킬 수 있다. 이를 위한 구체적인 방법은 〈표 6-7〉과 같다.

표 6-7 학습과제에 호기심과 흥미 유발하기 전략

- 학습과제를 구체적인 몇 개의 질문으로 진술하여 제시하기
- 학습과제의 신기성과 참신성에 관해 구두적인 설명 제시하기
- 학습과제에 관련 있는 시청각 보조 자료의 제시하기

3. 학습결손 보상

학습자가 새로운 학습과제를 성공적으로 학습하기 위해서는 학습과제의 학습에 필요한 선수학습능력이 요구된다. 학습자가 선수학습능력을 갖지 않으면 학습과제에 대해 아무리 교수자가 설명을 쉽게 하더라도 학습자에게는 무의미하거나 이해하기 힘들다. 그러므로 학습자가 선수학습능력을 갖추었는가를 알아보기 위해 교수자는 학습결손을 진단하여 결손 부분을 보완시켜 주어야 한다. 학습결손 보상은 효율적인 학습지도를 위해 대단히 중요한 활동이다. 학습결손 보상을 위한 원리를 제시하면 다음과 같다.

첫째, 학습자가 선수학습 요소를 충분히 학습하였을 때 학습목표의 달성이 용이하다. 교수자는 선수학습 요소 가운데 결손이 된 부분을 발견하고 보충학습을 실시하여 이를 보완시켜 준다. 교수자는 학습자가 결손 부분을 보충할 수 있는 충분한 학습 기회와 알맞은 학습자료를 제공하여 준다. 이를 위한 구체적인 방법은 〈표 6-8〉과 같다.

표 6-8 학습결손 보충 전략

• 해당 단원의 선수학습능력을 수업 시작 전에 사전 진단 검사 실시하기 • 선수학습 요소의 결손 부분을 보완하는 데 사용될 여러 자료의 제작하기 • 방과 후나 가정 학습 시간을 이용하여 학습자 각자가 지니고 있는 학습결손 보완하기

둘째, 학습자가 선수학습능력에 대한 자신의 결손을 명확히 알고 있을 때 보충학습은 효율적으로 이루어진다. 교수자는 학습자 각 개인에게 선수학습능력에 있어서 어느 부분에 결손이 있는가를 구체적으로 인식시켜줄 필요가 있다. 반면 학습자가 자신의 선수학습능력에 있어서 어느 부분에 결손이 있는지를 평가할 수 있다. 이러한 두 가지 방법을 통해서 학습자가 선수학습능력에 있어서 어떠한 부분에 결손이 있는지를 확실하게 알게 되면 그 결손을 보완하는 일에 보다 능동적으로 참여하게 된다. 이를 위한 방법으로 선수학습능력을 요소별로 진단한 결과표를 학습자에게 제시함으로써 결손 요소를 인식시킬 수 있다.

셋째, 학습자이 선수학습능력 결손 부분에 적절한 보완 학습자료나 보충학습을 마련하면 효율적이다. 교수자는 학습자의 결손 요소를 분석하여 학습자가 어느 부분에 결손이 있는지를 확인하고 그 결손 요소에 알맞은 보충학습을 시키거나 보충학습의 자료를 제공함으로서 결손 부분을 보완시킬 수 있다.

4. 학습내용 제시

교수자가 학습목표를 어떻게 제시하는가에 따라 학습지도의 효과는 달라진다. 수업목표의 도달을 위해 교수자는 학습내용별로 적절한 방법으로 제시하고 학습자를 수업에 참여시키는 문제를 고민해 보아야 한다. 학습자에게 학습내용을 어떻게 조직하여 제시하고 학습자의 집단을 어떻게 편성하며 학습자들의 개인차를 어떻게 고려할 것인가 등이 학습내용의 제시에서 고려되는 사항이다. 학습내용 제시를 위한 몇 가지 원리를 제시하면 다음과 같다.

첫째, 학습자의 학습능력 수준에 알맞게 학습활동을 개별화시켜 주면 학습목표의 달성은 촉진된다. 따라서 교수자는 학습자의 학습능력 수준을 고려하여 가능한 개별화 수업을 실시하여야 하지만 개별화 수업이 불가능할 경우에는 동질적 학습집단으로 재편성할 수 있다. 교수자는 학습자가 학습활동을 독자적으로 학습할 수 있도록 학습 기회를 많이 제공하여야 한다. 이를 위한 구체적인 방법은 〈표 6-9〉와 같다.

표 6-9 학습 기회 제공하기 전략

- 학습자의 학습능력의 수준을 구분할 수 있는 사전 학습평가 자료 마련하기
- 학습자가 개별적으로 학습할 수 있는 학습자료 준비하기
- 학습집단 편성 및 재편성에 필요한 준비하기

둘째, 학습자가 학습활동에 능동적으로 참여하게 되면 그 학습자의 학습은 촉진된다. 교수자는 수업의 전 과정에서 학습자가 교사, 다른 학습자 혹은 제공된 학습자료들과 보다 많은 상호작용을 가질 수 있도록 해야 한다. 교수자는 학습자의 학습동기를 적절한 수준으로 유지시키며 학습자가 학습활동에 능동적으로 참여할 수 있도록 균등하게 배분하여야 한다. 이를 위한 구체적인 방법은 〈표 6-10〉과 같다.

표 6-10 학습자 능동적 참여 기회 제공 전략

- 수시로 학습자에게 발문하기
- 수업 중 학습자의 대답이나 발표 등에 칭찬과 격려하기
- 한 시간의 수업활동을 변화 있게 실시하기
- 수업목표를 고려하여 토의 학습 권장하기
- 연습 문제를 실시하여 학습자가 학습한 것을 연습 또는 응용할 수 있는 기회 제공하기

셋째, 수업목표의 유형에 따라 적절한 수업사태를 마련하여 주면 학습은 효율적으로 이루어진다. 교수자가 수업목표를 분석하여 그 수업목표가 어떤 수준 혹은 어느 유형인지를 규정하고 각각의 유형에 적절한 수업사태를 제공하면 학습효과는 높아진다.

가네(Gagné)는 수업목표를 다섯 유형으로 분류하였다. 이들 각 유형마다 알맞은 수업사태를 제공하면 그 수업은 보다 효과적으로 진행될 수 있다. 뿐만 아니라 탐구학습의 경우 수업사태를 제공하게 되면 수업의 절차와 요소에 따라 탐구 수업의 효과를 얻을 수 있다. 이와 같이 교수자는 수업목표의 유형에 따라 수업의 흐름이나 활동을 다양하게 제공하는 것이 필요하다.

넷째, 학습자의 요구와 학습 양식에 적합한 수업매체를 활용하면 학습은 효과적으로 이루어진다. 교수자는 각 학습자의 독특한 학습 양식(learning style)을 사전에 알아야 한다. 학습자들의 개인차를 고려한 개별화 수업을 할 경우 학습자의 학습 양식에 적합한 수업매체를 선정하고 이 매체를 이용하여 학습하도록 하는 것이 중요하다.

이를 위한 방법은 〈표 6-11〉과 같다.

표 6-11 수업매체 활용 전략

- 학습양식을 측정하는 검사하기
- 학습자의 과거 학습 기록 등을 분석하여 학습자의 독특한 학습 양식 판정하기
- 시각, 청각 등 감각 중심의 자료 중 학습자의 양식에 적절한 것을 골라 제공하기

다섯째, 수업목표의 하위 구성 요소들을 계열적으로 순서화하여 지도하면 학습자는 보다 수월하게 학습을 할 수 있다. 수업목표의 달성을 용이하게 하기 위해서는 수업목표를 달성하는데 단계적으로 학습해야 할 몇 가지 하위 요소를 순서적으로 학습하는 것이 필요하다. 즉 쉬운 것부터 어려운 것으로, 단순한 것부터 복잡한 것으로 그리고 작업의 선후가 결정되어 있는 순서별로 학습자들이 학습을 하도록 하는 것이 주어진 수업목표의 달성을 수월하게 한다. 따라서 교수자는 수업목표의 하위 요소를 분석하고 이를 위계화하여 그 순서에 따라서 수업을 전개할 필요가

있다. 또한 교수자는 학습자에게 수업목표와 그 하위 구성 요소와의 관계를 설명해 줌으로써 학습자들이 전체적인 흐름을 알게 하여 자신의 학습 계획을 수립할 수 있게 해야 한다.

여섯째, 학습자의 수업 이해력에 알맞게 학습내용을 제시하면 학습자는 쉽게 수업목표를 획득할 수 있다. 교수자는 학습자들의 능력과 발달 수준을 고려하여 그들에게 적합한 언어나 방법으로 학습내용을 설명하여야 한다. 또한 복잡한 개념이나 원리를 설명하게 될 경우라면 반드시 알맞은 예를 택하여 제시하고 또 그 개념이나 원리와 혼돈하기 쉬운 예도 함께 제시함으로서 정확한 개념을 형성시켜주어야 한다.

일곱째, 새로운 개념이나 원리의 학습에서 학습자들에게 선행 조직자를 형성시켜 주면 그 학습은 보다 유의미한 학습이 될 수 있다. 교수자는 학습자에게 새로운 학습과제의 학습을 위한 선행 조직자를 형성시켜 주어야 한다. 이 선행 조직자는 후속되는 학습내용을 포섭하는 기능을 하게 된다. 이를 위한 방법은 〈표 6-12〉와 같다.

표 6-12 선행 조직자 형성 전략

• 과거에 학습한 지적 체계를 상기시키기 • 새로운 학습내용과 학습자의 인지 구조를 관계짓기 • 교수자의 설명으로 학습할 내용의 개념 체계를 형성시켜 주기 • 학습할 내용의 개요를 적은 인쇄 자료나 그림으로 도식화한 자료 활용하기

5. 연습기회 제공

학습자는 연습을 통하여 학습한 내용을 분명하게 이해할 수 있다. 교수자는 학습내용 제시 과정을 통해 새로이 학습한 것을 학습자가 연습할 기회를 제공할 필요가 있다. 이 때 연습은 단순한 반복적 연습이 아니라 배운 것을 실제 상황이나 실제와 비슷한 상황 하에 적용해 보는 일반화를 뜻한다. 또한 연습은 학습자가 학습한 내용을 보다 분명하게 이해할 수 있게 하며, 망각의 비율을 줄일 수 있다. 이를 위한 몇 가지 원리를 제시하면 다음과 같다.

첫째, 연습은 학습을 확고하게 하여 주고 망각을 방지시켜 준다. 교수자는 학습자들에게 연습의 기회를 제공해 주어야 한다. 새로운 원리나 개념을 학습시키고 난 후에 교수자는 학습자 각자가 배운 것을 연습을 통해 보다 분명히 이해하고 그것을 실제 상황에 적용할 수 있도록 연습시켜야 한다. 따라서 교수자는 학습자에게 연습의 중요성을 이해시키고 학습자 스스로 연습할 수 있도록 해야 한다. 이를 위한 구체적 방법은 〈표 6-13〉과 같다.

표 6-13 연습기회 제공 전략

- 다양한 연습 문제 제시하기
- 학습내용과 유사한 연습 문제 제시하기
- 새로운 사실을 학습할 수 있는 간단한 프로그램 자료 제공하기
- 연습 및 복습을 위한 학습 기회 제공하기

둘째, 연습은 학습효과의 일반화를 증대시킨다. 교수자는 이를 위해서는 학습한 내용이 응용되거나 적용될 수 있는 새로운 사태를 계획하고 그러한 사태에서 자기가 습득한 것을 실제로 적용해 보도록 하는 것이 중요하다.

셋째, 학습자의 개인차를 고려하여 개인의 능력에 알맞은 연습량을 제공하면 연습 효과는 높아진다. 교수자는 학습자의 능력, 적성, 시간적인 제약 조건 등을 고려하여 학습자 개인에게 알맞은 양의 연습을 할 수 있도록 기회를 제공해야 한다. 또한 연습은 그들이 달성해야 할 목표나 수준을 연습하기 전에 제시하고 그 목표나 수준에 도달했을 경우 교수자에게 확인을 받고 다음 단계의 연습으로 나아가도록 하는 것이 바람직하다.

6. 형성평가와 피드백

교수자는 의도한 목적을 달성하기 위해 수업을 진행한다. 이 과정에서 학습자의 학습 진행 과정을 수시로 확인하여야 한다. 교수-학습의 과정에서 교수자는 학습자가 학습해 나아가는 과정이 제대로 되어가고 있는지를 확인할 필요가 있다. 이러

한 평가는 가능한 수시로 실시되어야 하며 그 결과는 교수자만 아는 것 보다 학습자도 정확하게 알 필요가 있다. 왜냐 하면 학습자의 학습 과정을 확인하는 형성평가와 그 형성평가를 실시하고 난 후 학습자에게 제공되는 피드백은 학습지도의 효과를 증대시키기 때문이다. 이들과 관련된 학습원리를 제시하면 다음과 같다.

첫째, 학습결과에 대한 정보가 즉각적으로 학습자에게 주어지고 그에 따른 강화가 있을 때 학습은 효율적으로 이루어진다. 교수자는 학습자가 올바르게 반응했거나 주어진 목표의 수준에 도달했을 때 강화를 준다. 그리고 학습자가 올바르게 반응하지 못했거나 잘못된 답을 했을 경우에는 즉각적으로 그 오류를 교정하여 주어야 한다.

둘째, 학습 오류에 대하여 즉각적이고 구체적인 교정이 가해지면 학습 오류의 교정은 수월해진다. 이를 위해 교수자는 평가 준거를 사전에 제시하고, 오류의 원인을 학습자 스스로 찾을 수 있도록 기회를 제공하여야 한다. 또한 형성평가의 답안지를 재검토해서 오류의 원인을 찾을 수 있다.

예를 들어 [그림 6-5]에서 학습자가 20×2=40의 결과가 잘못 일반화하여 30×2=50, 40×3=70이라는 오류를 가져 왔다면 다음에도 똑같은 오류를 가져올 수 있기 때문에 교수자는 형성평가의 답안지를 확인해야 할 필요가 있다.

그림 6-5 반복되는 오류의 예

정답	오류 ①	오류 ②	오류 예상
24	34	42	54
× 2	× 2	× 3	× 2
8	8	6	8
40	50	70	( )
48	58	76	( )

셋째, 학습자 자신이 학습결과를 평가할 수 있는 기회가 많으면 학습효과는 높아진다. 교수자는 학습자들이 수업목표의 달성 여부를 확인할 수 있도록 평가계획을 마련해야 한다. 평가의 문항을 목표 지향적 평가에 맞추어 만들어 주어진 목표에

도달했다고 판정하는지 그 기준을 제시할 필요가 있다. 이때에는 명확한 평가기준이 제시되어야 하며 절대 평가방법에 의한 평가도구를 제작하여 이를 평가에 활용할 수 있다.

7. 학습전이 및 일반화 효과

교수자는 학습자가 학습내용을 습득한 이후 이를 다양한 상황에 적용하기를 기대한다. 따라서 학습자는 학습한 내용을 후속 학습에 대한 높은 수준의 전이를 가져올 수 있도록 하여야 한다. 학습전이 및 일반화의 효과를 높일 수 있는 원리를 제시하면 다음과 같다.

첫째, 단순한 암기나 공식에 의한 학습보다는 확실히 이해된 학습을 하면 그 학습의 파지나 전이 효과는 높아진다. 교수자는 학습자에게 학습과제에 내포된 기본적 요소의 관계를 분명히 이해시켜야 한다. 또한 학습자가 교수자의 설명을 듣고 알아듣는 수준으로 그 수업을 종결시키지 말고 학습한 내용을 비슷한 상황에 적용시켜 보거나 반복적으로 연습하게 함으로 확실하게 알도록 해야 한다.

둘째, 학습한 행동을 익숙한 생활 주변의 문제에 적용해 보는 경험을 많이 하면 학습의 전이와 일반화는 높아진다. 교수자는 학습한 경험을 주변 생활에 다양하게 적용할 수 있는 기회를 제공한다. 이를 위해 역할극이나 연습 자료 등을 활용할 수 있다.

셋째, 학습 직후 학습한 내용을 정리하면 학습의 파지 전이 및 일반화 수준은 높아진다. 교수자는 학습이 끝난 후 학습자들이 학습한 내용을 회상하게 한다든지 주요 내용을 요약하여 설명해 준다든지 혹은 학습자 스스로가 요약하도록 하는 방법으로 매 수업시간에 학습한 것을 요약하는 기회를 제공해 주어야 한다. 또는 교수자가 요약하여 진술하거나 판서 핵심의 제공 등도 효과적인 방법이다.

Paragraph

03 한국교육개발원의 일반수업절차 모형

교수자는 교재연구, 수업, 평가의 과정으로 수업활동을 진행한다.

교수자는 새로운 단원을 학습자에게 가르치기 위해 교재연구를 하게 된다. 교재연구에 따라 매시간의 수업활동을 전개하게 되고 단원의 마지막에 학습자들이 얼마나 학습과제에 도달되었는지 알아보기 위해 평가를 실시하게 된다.

한국교육개발원은 수업 체제를 다섯 단계로 구분하고 있다. 이를 살펴보면 교수자가 수업 전에 하고 있는 교재연구를 계획단계, 수업활동을 진단단계, 발전단계로, 마지막 평가활동을 평가단계로 구분하였다. 이 다섯 단계를 그림으로 제시하면 [그림 6-6]과 같다.

그림 6-6 한국교육개발원의 일반수업절차 모형

위의 그림에서 제시된 다섯 단계에서 이루어져야 할 일이나 요소를 제시하면 다음과 같다.

첫째, 계획단계는 수업설계자가 한 단원 혹은 한 제재의 수업을 위해 그 준비로서 교재연구를 하거나 수업계획을 구성하는 단계이다. 따라서 계획단계는 교수자가 교육과정에 따라 수업목표와 내용을 확인하게 되고 학교와 학급의 실정을 감안하여 제시된 수업계획을 중심으로 학급 실정에 알맞게 수정하기도 하고 매 수업시간의 수업계획을 충분히 이해하는 활동들을 수행하게 된다.

둘째, 진단단계는 학습자가 새로운 단원의 학습에 필요한 능력을 갖추고 있는지를 진단하고 그에 따라 적절한 조치를 취하는 단계이다. 학습자가 새로운 단원이나 제재를 별 어려움 없이 효과적으로 학습하기 위해서는 지적, 정의적 그리고 기능적으로 사전에 일정 수준의 능력을 갖추고 있지 않으면 교수자가 아무리 잘 설명하더라도 해당 단원의 수업목표를 달성하기 어렵다. 그러므로 교수자는 진단 평가를 이용하여 선수학습능력을 진단하고 결손이 발견되면 이를 보충한 후에 본시수업으로 들어가도록 해야 하는 조치들을 이 단계에서 수행하게 된다.

셋째, **지도단계**는 해당 단원의 수업목표를 달성시키기 위한 본 수업이 이루어지는 단계이다. 대부분의 교사들이 하고 있는 매 수업시간의 활동이 이 지도단계에 해당된다. 이 지도단계에서 교수자는 교육과정에 의거하여 융통성이 있게 수업활동을 전개하게 된다.

넷째, **발전단계**는 지도단계에서 학습자들이 학습한 정도나 그 과정을 중도에 확인 또는 평가하고 그 성과에 따라 심화 또는 보충학습의 기회를 제공하는 단계이다. 몇 시간의 지도단계를 거친 후에 학습자들이 본래 계획하고 있는 수업목표를 제대로 달성하고 있는지를 평가하게 된다. 수준별 교육과정에 맞춰 기본학습에 도달한 학습자에게는 심화학습을 하고 반대로 기본학습에 도달하지 못한 학습자에게는 그 부족 부분을 재차 학습토록 하는 보충학습을 이 단계에서 수행하게 되는데 흔히 이러한 활동을 형성평가라고 한다.

다섯째, **평가단계**는 그 단원에서 의도한 단원의 목표를 학습자가 어느 정도 달성하였는지를 평가하기 위해서 필요한 활동을 하는 단계이다. 따라서 이 단계가 끝나면 한 단원의 수업이 끝나고 다음 단원으로 나아가게 된다.

이상이 한국교육개발원에서 구안한 일반수업절차 모형이다.

일반수업절차 모형은 차시별 수업을 이 순서대로 밟아야 하는 것이 아니고 대개는 한 단원의 교수-학습 과정이 이러한 절차에 따라서 수행되도록 구성되어 있으나 교과목에 따라 각 단계별 활동이 생략될 수도 있다. 그렇지만 세 번째 지도단계는 해당 단원에 배정된 수업시간의 80~90%가 소비되는 것을 원칙으로 하며 여러 번의 반복 수행이 가능하다.

이와 같이 다섯 단계별 수업절차가 원활하게 이루어지기 위해서는 다양한 교수-학습 자료가 필요하며 교사용 지도서는 해당 교과목의 학기 기간 지도계획에서부터 단원의 전개 계획 그리고 각 수업시간별 교수-학습 활동에 관한 자세한 계획을 제시하고 있다.

한국교육개발원에서 구안한 일반수업절차 모형을 각 단계별로 제시하면 다음과 같다.

1. 각 단계별 활동

(1) 계획단계

계획단계는 수업계획 또는 교과과정 운영계획을 의미한다. 수업 계획단계는 수업목표 및 학습과제 분석, 학습과제의 계열화 또는 조직화, 필요한 수업 및 학습자료의 제작 혹은 선택 그리고 수업 지도안 작성 등의 활동이 이루어진다. 계획단계에서 고려되어야 할 사항은 타 교과, 타 학년 또는 같은 교과 내의 타 단원과의 관련성 문제와 학습자들의 지적 발달 수준 그리고 지역 사회의 특수성과의 관련 등이다.

교수자가 수업계획을 하는 과정에서 교수자는 수업목표와 자료, 교수방법을 명확하게 알 수 있다. 한편, 교수자가 수업을 계획할 때 그 주어진 상황을 두 가지로 구분할 수 있다.

먼저, 교수자가 스스로 학습과제를 분석하여 계열화하고 수업 지도안과 수업 및 학습자료를 구안할 경우이며, 또 다른 하나는 다른 사람에 의해 구안된 수업 지도안과 수업자료를 가지고 수업목표 및 학습 요소와 그 수업과정 및 자료를 확인하고 관련지어 수업을 계획하는 경우이다.

여기서는 한국교육개발원에 의해 구안된 수업 지도안을 바탕으로 교수자가 수업 계획 시 어떠한 활동을 수행해 나가야 하는지를 다음과 같이 제시하고자 한다.

첫째, 단원별 혹은 제재별로 수업목표와 내용 조직을 확인해야 한다. 즉, 단원의 중요목표와 종속목표에는 어떤 것들이 있는가를 확인하고 이에 따른 학습과제와 그 계열 내지는 수업내용을 개관하게 된다.

또한 진단단계인 준비 학습지도와 지도단계의 수업내용 그리고 발전단계의 확인 학습지도에서 어떤 수업목표에 주력할 것인가를 파악하게 된다.

둘째, 수업의 각 차시별 지도안에 대한 검토를 해야 한다. 각 차시 지도안의 수업단계는 단원 및 교과의 중요 과목과 관련된 종속목표가 세분화되어 다루어진다. 그러므로 차시의 수업 지도안을 확인함에 있어 교사는 무엇보다도 차시 수업목표, 학습과제, 교수-학습 자료의 종류와 준비되어 있는 것은 어떤 것이고 준비해야 할 것은 어떤 것인가도 파악해야 한다.

이러한 준비 확인의 과정은 교수자로 하여금 각 차시별 지도안에서 교수자의 활동이나 학습자의 활동이 무엇을 위한 것인가, 즉 어떤 수업목표와 어떻게 관련을 맺고 있는가를 알아내야 한다.

셋째, 단원 혹은 제재별 주요 수업목표와 수업내용 그리고 조직과 수업활동의 과정에 대한 확인 절차가 끝나면 필요한 자료를 점검하고 준비하여야 한다. 이는 실제로 교수자가 수업시간에 사용하거나 학습자들로 하여금 사용하게 할 교수-학습 자료를 준비하는 것으로 우선적으로 사용 가능한 자료나 기재를 선정하고 만약 더 필요하다면 교사 스스로가 필요한 매체를 제작하거나 준비해야 한다.

이상의 세 가지 활동은 교수자가 이미 개발된 수업 지도안을 가지고 수업계획을 하는 경우이다. 교사용 지도서에는 위에 기술한 세 가지의 수업준비 활동과 관련하여 그림으로 제시하면 [그림 6-7]과 같다.

그림 6-7 일반수업절차 모형의 계획단계

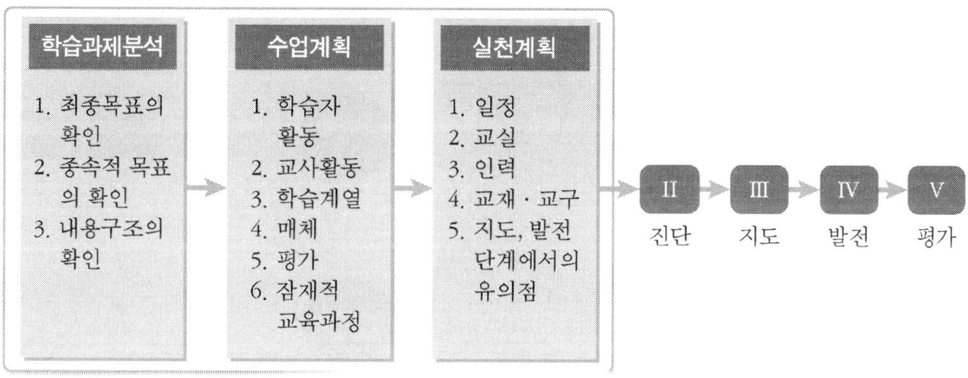

수업절차 일반 모형 가운데 계획단계는 한국교육개발원의 연구진과 현장 교사의 공동 노력을 필요로 하는 단계이다.

(2) 진단단계

진단단계의 목적은 수업에 들어가기 전에 학습자들은 어떤 과제를 학습할 준비가 되어 있는지를 알아보고 만일 결손이 발견되면 가능한 교정지도를 해주는 데 있다.

이것은 예견되는 학습의 실패를 사전에 방지하기 위한 것으로서, 학습과제별 선수학습 요소에 대해 학습자들이 어느 정도 학습했는가를 진단해 보고, 학습하지 못한 학습자에게는 그 선수학습 요소에 대한 학습으로 교정 학습을 하게 하고 선수학습을 이미 이룩한 학습자에게는 선수학습에 도움이 되는 경험을 제공함으로써 심화학습을 하게 한다.

따라서 진단단계는 실제수업의 일환으로서 각 교과의 단위 학습과제 학습 이전에 이루어진다. 이 단계의 주요 활동은 다음 [그림 6-8]에서 보는 바와 같이 진단과 교정 및 심화학습이다.

그림 6-8 일반수업절차 모형의 진단단계

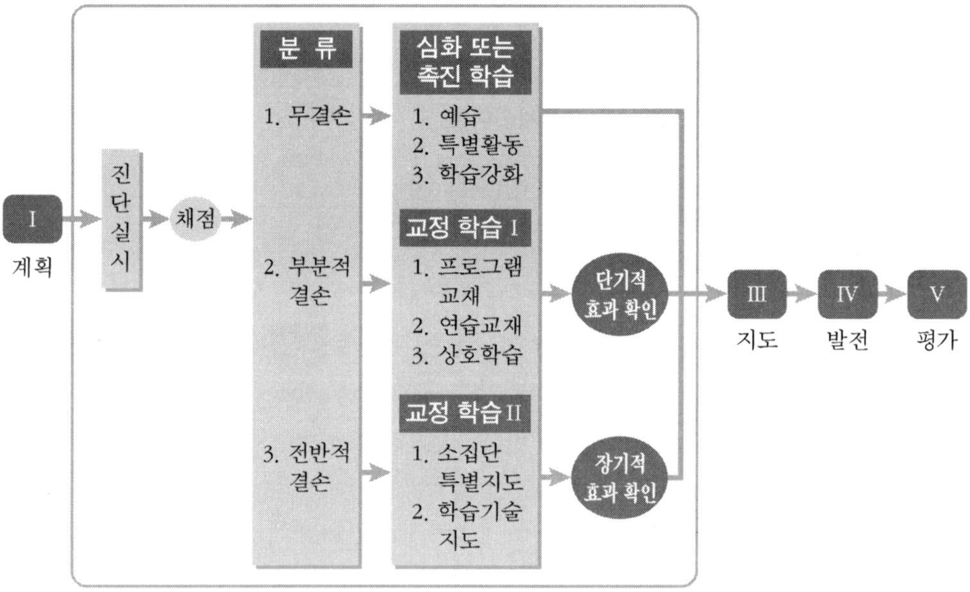

모든 학습과제의 학습에서 진단과 교정 활동이 필요한 것은 아니지만 교과 구조에서 계열성이 강한 수학과 과학의 경우에는 거의 매 학습과제마다 이러한 진단단계를 거치는 것이 바람직하다. 진단단계의 적절한 운영은 교수자로 하여금 계획된 단위수업에서 학습자들의 학습 실패를 미연에 방지할 수 있게 하며 나아가 학습자들의 누적적인 학습 결함을 여러 차례의 진단과 교정을 거침으로써 해소할 수 있도록 하기 때문이다.

진단학습에서 사용되는 자료는 학습자에게 주어지는 진단학습문제이다. 제한된 시간 동안 대부분의 학습자가 문제를 모두 해결하면 교수자가 정답을 제시하여 학습자가 스스로 채점하게 할 수 있으며 학습자가 짝과 바꿔서도 채점하게도 할 수 있다. 채점이 끝나면 교수자는 많은 학습자들이 틀린 문제에 대하여 일괄 설명해 준다.

40분의 수업시간 중 전반 20분 동안에 진단학습이 이루어지며 후반 20분 동안에는 진단학습결과에 따라 교정 조치가 필요한 학습자들을 위한 준비 학습이 이루어진다.

교수자는 준비 학습과제를 학습자의 성취 능력에 따라 학습자 스스로 진행하도록 할 수도 있다. 또한 교정 조치가 필요한 학습자에게 교수자가 직접 개별 지도를 할 수도 있고 학습결손이 없는 학습자와 짝을 지어 서로 도와가며 학습하도록 상호 협력 학습을 유도할 수도 있다.

(3) 지도단계

지도단계는 학습과제에 대한 본시수업이 진행되는 단계이다.

지도단계는 수업시간 면에서 볼 때 가장 비중이 높은 단계로서 전체 배정시간 중 약 70~80%를 차지하게 된다. 지도단계를 세분하면 도입, 전개 그리고 정착이라는 세 단계로 나눌 수 있다. 먼저, **도입단계**에서 교수자는 교사용 지도서를 참조하여 그 학습과제의 구체적 목표를 학습자들이 알도록 제시하고, 현재 다루고 있는 학습과제와 전에 다룬 학습과제 사이에 밀접하게 관련된 학습 요소가 있으면 이를 본시 학습과제와 관련시켜 학습자들의 이해를 돕도록 한다.

전개는 학습과제의 내용을 학습자들에게 제시하고 학습자들은 이에 반응하며 이해하여 나가는 단계인데, 이때 사용될 수 있는 교수-학습 방법에는 강의와 같은 교수자 주도 수업이 있고, 학습자 주도 수업이 있다. 또한 교육용 매체 등을 이용한 학습도 있다.

정착은 지도단계의 최종 단계로서 학습된 내용을 정리하고 연습을 통해 확실히 하며 새로 학습한 내용을 학습자의 지식 체계의 일부로 통합하고 내면화하여 새로운 사태에 적용하고 일반화할 수 있도록 지도한다.

이상과 같이 지도단계는 '구체적으로 어떤 절차에 입각해서 수업을 진행할 것인가?' 하는 단계로서 학습문제의 특성에 따라 방향을 정하게 된다. 예를 들면, 국어과의 전기문을 지도하기 위해 이순신 장군을 교재로 쓴다면 국어과는 전기문의 특성을 이해하는 데 초점을 두게 된다. 그러므로 이순신 장군의 애국심을 이해하는 활동은 국어과에서 다루어지는 덕목이 아니라 오히려 도덕 교과에서 지도가 바람직할 수 있다.

이와 같이 교과의 특수성에 따라 수업의 과정과 활동의 형태가 각각 결정된다. 그러므로 학습목표의 특수성에 따라 수업과정, 활동자료의 선정 등이 결정된다. 따라서 수업의 전개 활동으로 제시된 여러 가지 활동이나 활동의 형태 모두가 학습과제의 수업에서 적용되는 것보다는 학습과제에 따라 선별적으로 적용됨을 의미한다. 즉, 학습과제의 특성에 따라 교과 설명 위주가 될 수 있고, 학습자 스스로가 조사하고 탐구하도록 진행할 수도 있다.

교과 수업에서 '어떤 절차나 과정을 따라 가르쳐야 할 것인가?'의 문제는 대체로 '그 교과를 왜 가르치는가?'라는 교과의 특수성과 관련이 있다.

한편, 지도단계는 단위수업에서 어떤 매체의 활용이 주가 되느냐에 따라서도 수업의 형태를 일반수업과 방송수업, ICT, CAI 등으로 분류할 수 있다. 이를 그림으로 제시하면 [그림 6-9]와 같다.

그림 6-9 일반수업절차 모형의 지도단계

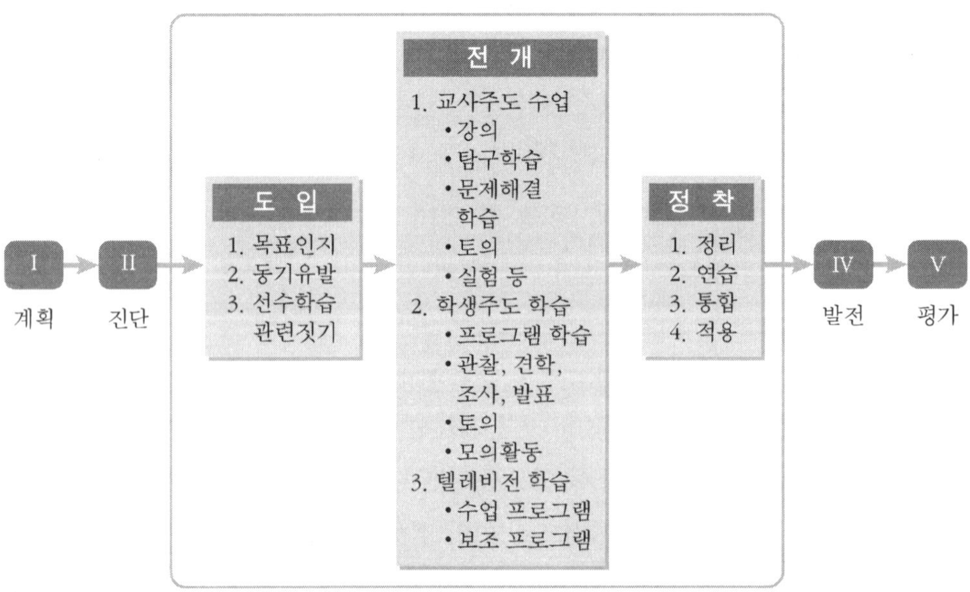

(4) 발전단계

발전단계는 그 핵심을 목표 미도달 학습자에 대한 학습촉진과 목표 도달 학습자에 대한 학습심화에 두고 있다. 즉, 발전단계는 단원이나 문제의 수업을 통해 도달하려는 목표를 어느 정도 달성했으며 학습자가 학습목표 도달에 곤란을 겪고 있다면 그것이 무엇인가를 밝혀내고 이에 따른 적절한 조치를 취함으로써 수업의 효과를 높이는 단계이다. 따라서 발전단계는 학습자가 도달해야 할 목표에 관한 학습의 정도를 파악하고 그 결과에 따라 조치를 취하는 활동으로서 보충학습 및 심화학습 활동이 여기에 해당된다.

발전단계는 학습자가 학습을 보충 또는 심화하기 위한 단계로서 학습자가 주어진 학습목표를 어느 정도 달성하였는가를 알아보기 위한 확인학습이 진행된다. 이 단계에서 교수자는 자신의 수업에 있어 어느 부분이 미흡한가를 짐작하게 되는데 확

그림 6-10 일반수업절차 모형의 발전단계

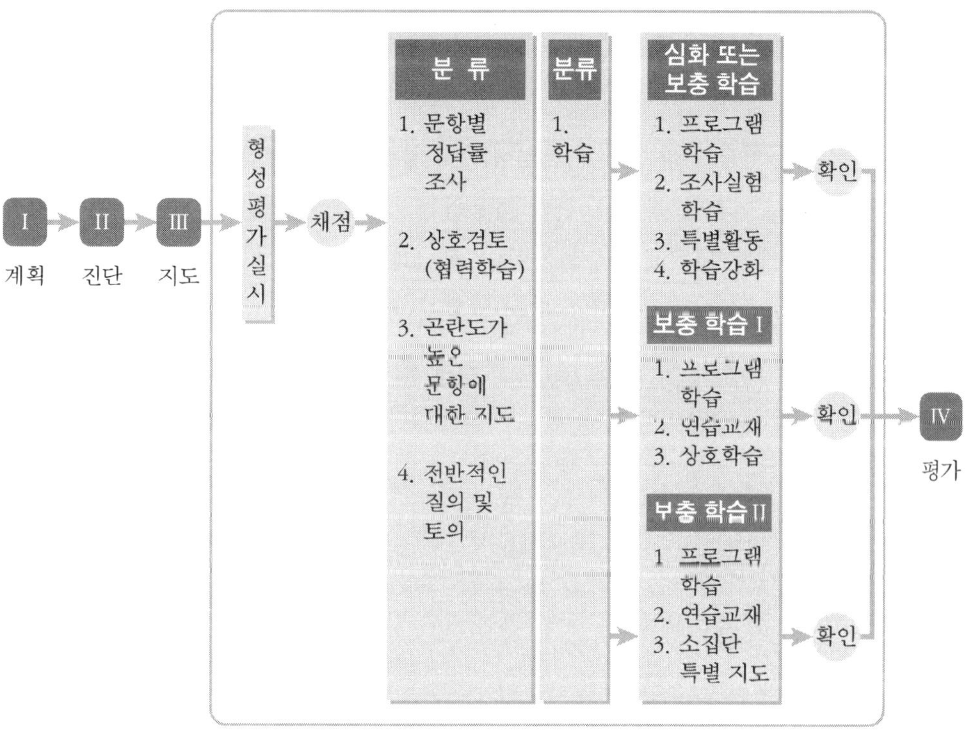

인학습의 결과는 학습자가 학습 사태에서 겪는 어려움을 제거하는 데 활용되며, 학습자가 잘못 이해한 부분을 교정 또는 지도하는 데 활용될 수 있다. 또한 학습과제를 완성하지 못한 학습자에게는 학습경험을 보충하며, 기본학습을 끝낸 학습자에게는 학습을 심화하는 활동을 할 수 있다. 즉, 확인학습의 결과에 따라 학습과제에 도달하지 못한 학습자에 대해서는 보충학습을 실시하고 계획된 학습을 완성한 학습자에 대해서는 심화학습을 실시하게 된다. 이를 그림으로 제시하면 [그림 6－10]과 같다.

(5) 평가단계

평가단계는 앞에서 서술된 발전단계에서의 형성평가와 그 형태는 유사하지만 그 목적에 있어서는 근본적으로 다르다. 형성평가는 주어진 목표의 달성 여부를 평가하고 학습자가 성취하지 못하는 목표를 찾아 적절한 조치를 취하는 데 그 목적을 두고 있으나 평가단계에서는 수업 전 과정의 종합적인 평가에 그 목적을 두고 있다. 즉 수업목표가 얼마나 잘 달성되었는지를 알아보고 또한 교육과정에 명시되지는 않았지만 수업의 결과로 나타나는 여러 가지의 비의도적인 효과를 규명해 보는 것이다.

평가의 결과는 학습자의 성적을 판정하고 수업과정의 질적인 관리를 위한 자료로 사용되도록 한다. 이러한 목적을 위해 사용하는 평가를 총괄평가 또는 종합 평가라고 지칭한다. 총괄평가는 매 학습과제마다 실시해야 하지만 너무 많은 시간이 평가를 위하여 사용되는 것을 피하기 위하여 보통의 경우 한 학기 동안에 2~3회의 총괄평가를 실시하나 총괄평가가 실시되는 시기와 횟수는 교과의 특성에 따라 다르다.

총괄평가 문제는 진단학습이나 확인학습문제가 교과서에 제시되는 것과는 달리 평가관점 및 정답과 함께 별도로 제시된다. 이를 그림으로 제시하면 [그림 6－11]과 같다.

그림 6-11 일반수업절차 모형의 평가단계

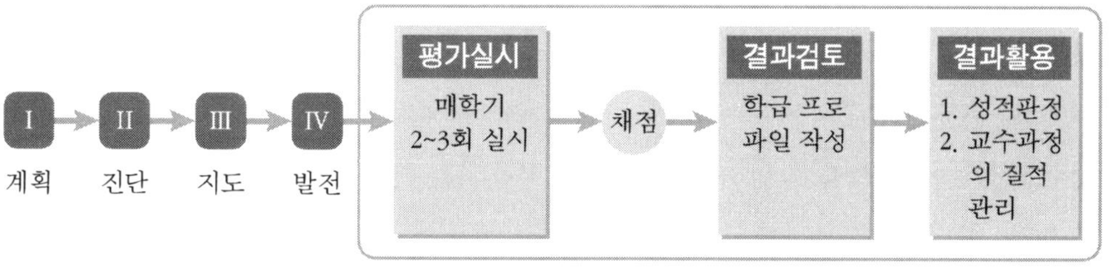

① 총괄평가의 범위 · 문항 표집 및 도구의 성질

가. 범위 및 문항 표집

학습과제 분석에서 상위목표를 포함하는 것을 총괄평가의 범위로 한다. 따라서 확인학습에서 다룬 바 있는 상위목표가 총괄평가에서 다시 다루어지기도 한다. 이때 상위목표 수가 적을 경우 상위목표 하나에 대해 두서너 개의 문항으로, 상위목표가 많을 때는 목표의 중요성을 고려하여 목표를 광범위하게 그리고 한쪽으로 쏠리지 않도록 표집하여 문제를 제작한다.

나. 도구 진단 · 확인학습

도구 진단 · 확인학습은 구두 질문으로 학습된 목표의 준비 및 달성 여부를 알아볼 수도 있지만 총괄평가는 상위목표의 달성 여부를 판정하여, 학기 및 학년에 걸친 교육의 효능도와 학습자 성적 산출의 목적으로도 사용하기 때문에 보다 엄격한 객관석 판난이 요구될 수 있나.

평가장면은 평가자의 수관적인 요인을 배제하기 위해 일반석으로 시필검사를 실시하며 측정하는 목표의 싱질 수준에 따라 객관성이 보장되는 적절한 평기도구를 작성한다.

② 총괄평가의 결과 활용

총괄평가는 학습자의 성적 평가, 자격 인정, 후속 학습에의 성공 예측 및 교수 시발점 결정, 학습자에 대한 피드백, 집단 간의 비교에 활용된다. 총괄평가는 일반수업절차 모형의 마지막 평가단계에서 투입한다. 주어진 몇 개의 단원을 일정 기간 내에 학습한 뒤에 학습자가 주어진 상위목표를 얼마나 잘 학습하였는가를 조사하여 학습자들에게 알려주고 각 학습자의 학습 정도나 수준에 의거해서 학습자 간의 상대적 위치를 결정하는 데도 활용된다.

한편, 총괄평가 결과는 학습자가 어떤 능력 또는 지식에 요구되는 정도의 자격을 갖추고 있는지 여부를 판단하는 자료로서 사용되는 경우도 있다. 예를 들어, 학습자가 해당 학년의 해당 과목의 내용에서 어느 정도의 수행 능력을 보이고 있느냐를 평가할 경우에는 자격 인정 수준을 정해 학습자가 어느 정도 수준의 자격을 가지고 있는지를 판정할 수 있다. 또한 선행 학기와 후행 학기 기간에 밀접한 관계가 있는 과제일 경우 총괄평가 결과는 후행 학습의 성공도를 예측할 수 있다. 즉, 학년 말에 주어진 총괄평가의 결과는 다음 학년의 수업이 시작될 때 각 학습자 또는 학급의 수업 지도를 어느 수준에서 시작할 것인지 결정하는데 도움을 준다.

이상과 같이 한국교육개발원에서 개발한 일반수업절차 모형을 단계별로 살펴보았다.

일반수업절차 모형은 우리나라 학교교육이 당면하고 있는 여러 가지 문제들을 종합적이고 조화적으로 개선해 보려는 체제적 방법을 반영하고 있으며, 수업의 기본적인 절차와 요소를 연구하여 체계화한 모형으로 현실성, 적용 가능성 개선의 수준 등을 고려하여 구안되었다(김호권, 1985).

따라서 일반수업절차 모형은 다음과 같은 일반적 특징을 지니고 있다.

첫째, 수업 체제 모형은 학교 현장의 제약 조건을 충분히 고려하였다. 즉, 교수자의 업무 부담을 주지 않는 범위에서 교수자의 수업 능력의 한계를 극복할 수 있는 수업 모형으로 개발되었다.

둘째, 일반수업절차 모형은 우리나라의 현실을 충분히 고려하고 이를 토착화할 수 있는 수업 모형으로 개발되었다.

셋째, 일반수업절차 모형의 수업 체제는 그 체제가 원활하게 그 기능을 다하도록 관련되는 제요소를 고려한 수업 모형으로 개발되었다.

넷째, 일반수업절차 모형의 수업 체제는 확실한 방안의 적용과 일반화에 그 초점을 두어 개발되었다.

이러한 점들로 말미암아 일반수업절차 모형은 비록 70년대에 개발되었던 모형임에도 불구하고 교육현장에서 유용하게 활용되고 있다.

Paragraph

04 교수-학습 지도안의 작성

1. 교수-학습 지도안의 필요성

수업의 준비 단계에서 가장 중요한 활동은 교수-학습 지도안의 작성이다. 교수-학습 지도안은 한 시간의 수업을 효과적으로 이끌기 위한 수업의 시안이며 수업의 설계이다. 그러므로 교수-학습 지도안은 수업이 나아갈 방향을 제시하고 교수자는 물론 학습자나 수업 참관자에게 있어서 안내서의 역할을 한다.

수업을 하기에 앞선 교수-학습 지도안 작성은 학습 요소를 빠짐없이 지도할 수 있도록 하며 지도의 과정이 명료하고 지도방법이 확실해지기 때문에 교수자의 전문성을 신장시키고 자신감 있게 수업을 할 수 있는 긍정적 역할을 한다.

2. 교수-학습 지도안의 조건

교수-학습 지도안은 학습과제나 학습자의 교육적 요구 수준 및 학습환경 등에 민감하다. 교수-학습 지도안은 학습내용이나 교재의 유형, 학습자의 요구 수준, 학습환경 등의 각각 그 특성을 고려하게 되고 필요에 따라서는 계획을 변경할 수 있도록 작성되어야 한다. 그러므로 교수-학습 지도안은 형식적이 아닌 실질적인 것이 되어야 한다. 좋은 교수-학습 지도안이 갖추어야 할 조건을 정리하여 제시하면 〈표 6-14〉와 같다.

표 6-14 지도안이 갖추어야 할 조건

① 수업결과 도달 목표의 기준을 마련
② 교재의 핵심을 파악
③ 전시 및 차시 학습과의 관계 고려
④ 학습 요소의 시간적 배려 및 바른 적용
⑤ 알맞은 학습 과정 선택 및 바른 적용
⑥ 학습자 활동이 활발히 전개될 수 있는 형태 적용
⑦ 학습자 개인차와 흥미, 선수학습능력 고려
⑧ 자료의 적절성 및 투입시기 및 활용 고려
⑨ 판서 계획이 분절마다 고려
⑩ 학습자 실태 제시
⑪ 단원 전체의 구조와 전개 계획 명료
⑫ 수업의 흐름을 대략적으로 파악할 수 있도록 구성
⑬ 목표 달성의 성취도에 대하여 적절한 평가방법 제시
⑭ 본시수업을 통하여 해결하고자 하는 연구과제 제시

3. 교수-학습 지도안의 형식

교수-학습 지도안은 절대적인 형식이 없다. 즉, 교수-학습 지도안은 교과교재의 특성이나 학생의 교육적 요구 및 교수자의 의도 등에 따라 다를 수 있기 때문에 일정한 형식을 지니기 어렵다. 그러므로 교수-학습 지도안은 교수자가 수업의 내용이나 지도방법에 따라 창의적으로 작성할 수 있다.

그러나 교수-학습 지도안은 교수자에게 수업설계가 되며 학습자의 수업활동에 대한 안내가 되기 때문에 교수-학습 지도안은 일반적인 형식을 지니고 있다.

참고로 제7차 교사용 지도서 등에 소개되고 있는 교수-학습 지도안의 일반적인 형식을 보면 [그림 6-12]와 같다.

그림 6-12 교수-학습 지도안 양식의 예

○○과 교수 · 학습 지도안

1. 단원 :
2. 단원의 개관
3. 단원의 목표
4. 학습의 계통 및 관련
5. 과제분석
6. 지도계획
7. 평가 계획
8. 지도의 실제
   가. 본시 교수 · 학습 개요
   나. 지도 과정

단계	학습 요소	교수-학습활동	시간	자료 및 유의점

   다. 판서 계획
   라. 형성평가 계획
   마. 참고 사항
      1) 실태 조사 및 분석
      2) 교재연구
      3) 기타

※ 참고문헌

연습문제

01 이론과 모형의 관계를 설명해 봅시다.

02 수업설계 이론과 수업설계 모형의 차이점을 설명해 봅시다.

03 딕(Dick)의 수업 체제 설계 모형 중 수업 계열을 결정하는 기준으로 가장 고려해야 할 사항에 대해 설명해 봅시다.

04 스미스(Smith)와 라간(Ragan)의 수업설계 모형 중 교수방법에서 사용되는 전략들에 대해 설명해 봅시다.

05 겔라크(Gerlach)와 일리(Ely)의 수업설계의 체제적 모형 중 수업목표와 수업내용의 세분화에 관하여 토의해 봅시다.

06 수업목표의 명세화에 대한 수업원리를 설명해 봅시다.

07 학습동기유발의 수업원리를 설명해 봅시다.

08 학습결손 보상의 수업원리를 설명해 봅시다.

09 학습자에게 연습기회 제공의 수업원리를 설명해 봅시다.

10 학습전이 및 일반화 효과의 수업원리를 설명해 봅시다.

11 일반수업절차 모형의 각 단계별 특징들에 대해 토의해 봅시다.

12 특수교육 대상학생의 교육적 요구가 잘 반영될 수 있는 교수-학습 지도안의 형식을 작성하여 봅시다.

Chapter 07

수업목표 진술

❖ 제1절 교육이념과 수업목표의 연계
❖ 제2절 수업목표의 필요성
❖ 제3절 수업목표 진술의 제 이론
❖ 제4절 수업목표의 진술

Paragraph

01 교육이념과 수업목표의 연계

1. 수업목표의 개념

수업목표는 수업을 통해 학습자에게 요구하는 내용과 행동이 무엇인지를 간략하게 진술해 놓은 문장으로 단위수업목표를 구체적으로 세분화하여 단위시간의 수업을 위해 설정한 목표이다. 수업목표는 교사가 실제 수업에서 한 단위의 수업시간이 종결된 후에 학습자에게 나타나기를 기대하며 달성시키고자 의도하는 학습의 성과라고 할 수 있다. 따라서 수업목표는 구체적이고 명확하게 제시되어야 한다. 수업목표는 학습자에게 달성해야 할 목표를 평가할 수 있는 구체적인 준거와 행동이 함께 제시되므로 수업목표를 가지고 교수-학습이론과 학습기법을 객관적으로 평가할 수 있다.

우리나라의 경우 특수교육 현장에는 국가수준의 교육과정이 적용되므로 수업목표는 국가수준 교육과정에서 제시하는 각 교과의 교육목표에 따른 내용체계에 영향을 받는다. 각 교과의 교육목표는 교육을 통해 장애학생들에게 기대하는 교육목표를 반영하고 그것은 국가의 교육이념과 연결된다. 그러한 연계도를 다음 [그림 7-1]과 같이 나타낼 수 있다.

그림 7-1 교육과정상의 수업목표 체계(특수학교 기본교육과정 초등학교 적용)

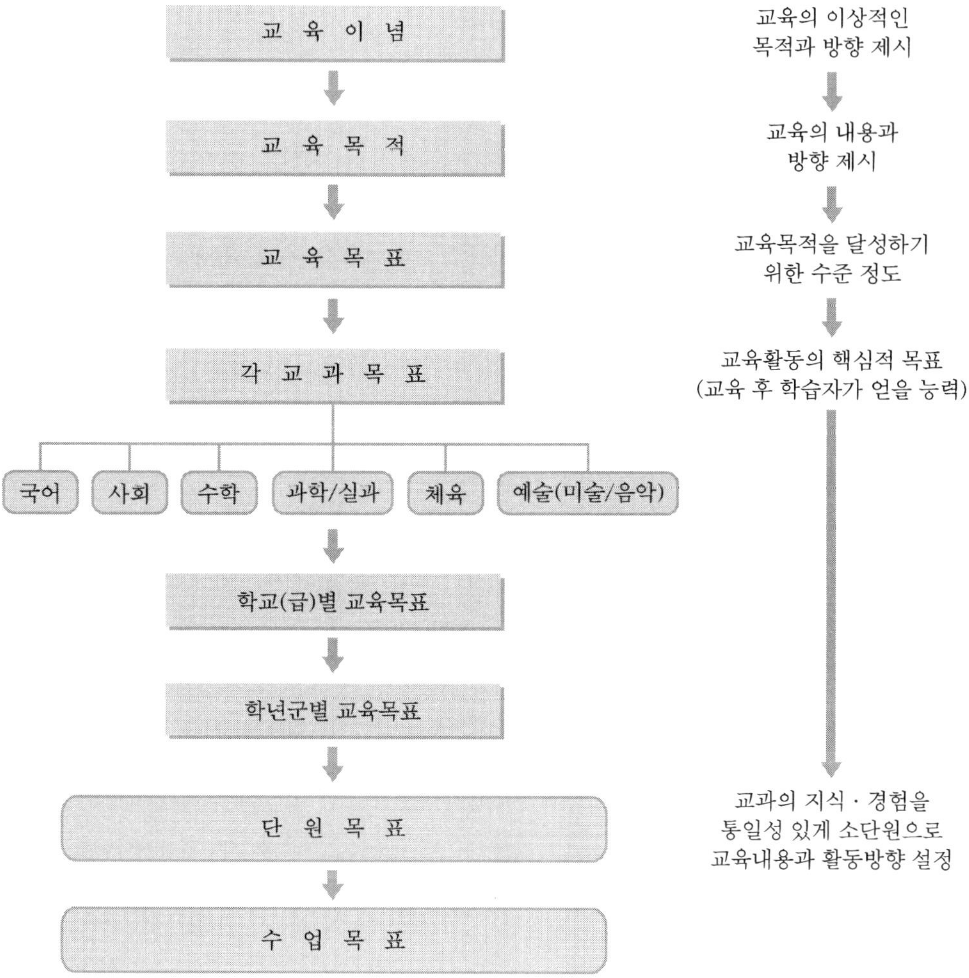

2. 교육이념과 교육목적

교육이념은 국가적 수준에서 사용하고 있는 교육의 이상적인 목적과 방향을 제시하는 매우 추상적이고 관념적인 내용이다.

교육이념은 달성 또는 도달의 정도를 측정하거나 평가하기가 어려울 뿐만 아니라 실현의 가능성도 가늠하거나 판단하기 힘들다. 따라서 교육이념은 단지 관념적으로 추구하는 목적이라고 할 수 있으므로 하위목표의 성취를 통해서 달성할 수 있다.

한편, 교육행위는 교육목적이라는 비교적 포괄적이고 추상적인 준거를 중심으로 이루어진다. **교육목적**은 교육과정의 구성, 교수－학습의 계획, 학습결과 등을 평가하는 준거의 역할을 지니지만 추상적인 교육목적이나 교육이념 또는 교육 방침은 매우 일반적이고 포괄적이어서 이를 수업의 지침이나 평가의 준거로 사용하기 힘들다. 따라서 교수활동과 평가에 도움을 주기 위해서는 이러한 교육목적보다는 구체적인 수준의 교수목표가 필요하게 된다.

우리나라의 현행 교육이념과 교육목적은 「교육기본법」 제2조에서 살펴볼 수 있는데 「교육기본법」 제2조에 따르면 "교육은 홍익인간의 이념 아래 모든 국민으로 하여금 인격을 도야하고 자주적 생활능력과 민주시민으로서 필요한 자질을 갖추게 하여 인간다운 삶을 영위하게 하고 민주국가의 발전과 인류공영의 이상을 실현하는 데 이바지하게 함을 목적으로 한다(「교육기본법」 제2조, 2005)."라고 명시되어 있다. 따라서 교육이념은 홍익인간의 이념을 따르고 있으며 교육목적은 첫째, 인격도야, 둘째, 자주적 생활능력 신장, 셋째, 민주시민으로서 자질함양, 넷째, 민주국가의 발전과 인류공영의 이상 실현이라 할 수 있다.

이처럼 교육목적은 교육이념을 실현하고자 하는 의도로서 교육이념보다 구체적으로 설정해 놓은 교육의 내용과 방향이다. 따라서 교육목적은 각급 학교의 교육목표를 설정하는 기초가 되고 이를 달성하기 위한 교육내용과 교육활동의 지표가 된다.

3. 교육과정상의 교육목표

교육목표는 교육목적을 달성하기 위한 수준 및 정도를 의미하며 구체적인 교육내용과 활동 방향을 명시한 것이다. 따라서 교육목표는 각급 학교교육목표, 학년 교육목표, 교과목표를 통해서 이루어진다. 이 때 학교 교육목표, 학교 급별 교육목표는 교과목표보다 상위의 목표로서 학교교육 기본법에 규정되어 있으며 범교과적인 성격의 목표로 설정되어 있어 교육과정의 목표보다 장기적인 목표들이다. 교과목표와 학년목표는 인간 발달의 준비성과 적시성 등을 고려하여 편성된다. 일반적으로 교육과정에 제시되는 목표들은 교과목표, 학년목표 등의 순으로 위계화 되어 있다.

교과목표는 실제 교육활동이 이루어지는 내용을 교과별로 나눈 교육활동의 핵심적인 목표로서 각 교과의 목표는 교육의 목적 및 교과 고유의 목적을 전제로 한다.

일반적으로 교과교육의 목적(aims)은 '왜 교과교육을 해야 하는가?'에 있다면 교과교육의 목표(goals/objectives)는 '교과교육을 통해 무엇을 얼마나 달성해야 하는가?'에 있다. 따라서 교육목적이 교육공동체가 지니고 있는 가치관을 밝히는 일반적인 선언이라고 한다면 교과교육의 목표는 특정 교육 프로그램에 따르는 지향점으로서 교육을 받은 뒤에 학습자가 얻게 될 능력을 밝히는 구체적 진술이라 할 수 있다.

2011 특수학교 교육과정에서 명시적으로 제시하고 있는 목표로는 교과목표와 학년군별 목표가 있다. 학년군별 목표에 따라 내용체계가 구성되어 있으며, 각 내용체계에 따른 성취기준을 제시하고 있다. 그리고 각 교과별 국정교과서 제작 과정에서 국가수준의 기본교육과정에서 제시하는 내용체계와 성취기준을 반영하여 단원이 설정되고, 단원 목표 아래 차시별 학습목표(수업목표)가 진술되어 있다.

예를 들어, 2011 특수학교 기본교육과정의 국어과 교육목표와 학년군별 목표를 제시하면 다음 〈표 7-1〉과 같다.

표 7-1 국어과 교육목표와 학년군별 목표

국어 교과목표	
국어 활동과 국어와 문학을 총체적으로 이해하고, 이를 바탕으로 언어 사용 능력을 향상시켜 원만한 의사소통 능력을 함양시키고, 일상생활에서 자기주도적인 국어생활을 할 수 있는 능력과 태도를 기른다.	
학년군별 목표	
초등학교 1-2학년	생활주변의 말소리를 듣고 따라 말하며, 읽기와 쓰기에 관심을 가진다.
초등학교 3-4학년	묻는 말에 적절히 대답하고, 필요한 것을 요구하며, 일상생활에서 자주 사용하는 낱말을 읽고 쓴다.
초등학교 5-6학년	이야기를 듣고 적절하게 반응하고 예의바른 태도로 말하며, 생활에서 필요한 글을 즐겨 읽고, 경험한 내용에 대하여 짧은 글을 쓴다.
중학교 1-3학년	대화 상황에서 적절하고 분명하게 의사소통을 하고, 글의 주요 내용을 파악하며, 자신의 생각이 드러나도록 문단을 구성하여 글을 쓴다.
고등학교 1-3학년	이야기의 상황과 맥락을 이해하고, 그 내용에 대하여 자신의 의견을 말하며, 필요한 정보를 얻거나 친교나 정서 표현을 위하여 글 읽고 쓴다.

이러한 학년군별 목표에 따라 교과의 내용체계와 성취기준이 설정되고, 교과서 제작 과정에 이를 반영하여 단원이 결정되면 교사용 지도서에 단원의 목표와 함께 이 단원의 목표를 달성하기 위한 차시별 단원의 전개 계획과 각 차시별 학습목표가 진술되어 있다. 2011 특수학교 기본교육과정의 국어교과 초등학교 1-2학년군 (나)권에 있는 단원 예시와 차시별 학습목표 예시를 제시하면 다음 〈표 7-2〉와 같다.

표 7-2 2011년 특수학교 기본교육과정 국어과 초등학교 단원목표 예

단원명	14. 따라 말해요
단원 목표	생활주변의 소리에서 말소리를 찾아내고 주변 사물의 이름을 따라 말할 수 있다. (1) 생활주변의 소리와 말소리를 구별할 수 있다. (2) 내가 사용하는 물건의 이름을 따라 말할 수 있다. (3) 그림을 보며 이름을 따라 말할 수 있다. (4) 입 모양을 보고 다른 사람의 말을 따라 할 수 있다.
차 시	차시별 학습목표 예
1차시	여러 가지 소리를 듣고 말소리를 찾을 수 있다.
2차시	그림에서 말소리가 나는 장면을 찾을 수 있다.
3차시	놀이터에서 친구들이 하는 말소리를 찾을 수 있다.
4차시	내 방에 있는 물건의 이름을 말 할 수 있다.
5차시	내가 사용하는 학용품 이름을 따라 말할 수 있다.

Paragraph 02

수업목표의 필요성

수업목표는 한 단위의 수업이 성공적으로 끝났을 경우 학습자의 변화된 생각, 느낌, 행동을 규정한 것으로 수업이 효과적으로 진행되었을 경우 그 수업과정에 참여한 학습자의 생각과 느낌과 행동이 어떻게 변화해야 하는지를 규정해 둔 진술문이다(권순황, 2008). 그러므로 수업목표는 교수-학습 활동을 계획하고 전개하므

로 학습결과를 평가하기 위해 먼저 수업목표를 확인, 진술, 분류하는 작업으로서 교육목적을 달성하기 위해 구체적인 수업목표가 요구된다.

수업목표는 평가의 준거로도 유용하게 활용된다. 수업목표가 교육목적 대신 평가의 준거로 사용되는 이유는 수업목표를 통해 성취된 교수–학습의 결과가 궁극적으로 교육목적이 기대하고 있는 교육의 최종 성과에 통합된다는 가정 때문이다. 이와 같이 수업목표는 일련의 수업활동에서 학생들이 획득하게 될 지식, 지적 능력, 흥미, 태도, 기능 등 학습자의 행동 특성을 분명하게 규정해 놓은 문장으로서 수업목표는 교수–학습의 결과인 학습성과를 규정한 것이다. 또한 교수–학습 과정에서 수업목표는 수업의 방향을 결정해 주고, 수업내용과 절차의 선정, 조직, 계열을 정하는 데 지침이 되어 주며, 학습자에게 학습 촉진적 기능을 발휘해 주고, 수업결과와 학습성과의 평가기준 역할을 해주는 대표적인 기능을 갖고 있다.

따라서 수업목표의 진술방법은 학습자가 수업목표를 성취했을 때 관찰 가능한 반응들로 진술하는 것이 바람직하며 교수자의 수업행동이나 수업 중에 교수자가 할 활동을 수업목표로 진술한다거나 학습결과가 아니라 학습과정으로 진술하는 것은 바람직하지 않다. 뿐만 아니라 수업목표를 교과목의 내용이나 주요 제목을 세분화하여 나열한다든지 한 가지 수업목표에 두 가지 이상의 학습결과를 포함한다든지 너무 많은 수의 수업목표를 제시하는 것도 바람직하지 않다.

수업목표는 그것이 진술되는 세분화와 명시성의 정도에 따라 일반적 수업목표와 구체적 수업목표로 나누어질 수 있다. **일반적 수업목표**는 수업목표의 진술 내용과 표현이 추상적이고 포괄적이어서 일반성의 수준이 높다. 반면, **구체적 수업목표**는 진술 내용과 표현이 구체적이고 명시적이어서 명세성의 수준이 높은 것이다. 예를 들어, **일반성**의 수준으로 수업목표 진술을 살펴보면 〈표 7–3〉과 같다.

표 7–3 수업목표 진술의 일반성 수준

[수업목표 1] 수학의 기초 기능을 익혀서 이를 일상생활에 적용할 수 있다.
[수업목표 2] 사칙 연산의 원리를 이해할 수 있다.
[수업목표 3] 200+300=?을 계산하여 해답을 얻을 수 있다.

이와 같이 수업목표 진술에 따라 일반성 수준은 차이가 나타난다. 즉, 〈표 7-3〉에서 [수업목표 1]이 일반성 수준이 높은 반면 [수업목표 3]은 보다 구체적이다. 따라서 학습결과를 평가하는 입장에 따라 세분화 되고 명시적으로 진술된 구체적 수업목표가 요구될 수 있다.

구체적 수업목표의 진술방법은 메이거(Mager)와 가네(Gagné), 그론룬드(Gronlund) 등이 제안하고 있는 행동적 수업목표 진술로서 그 특징을 살펴볼 수 있다.

Paragraph 03 수업목표 진술의 제 이론

1. 타일러의 수업목표 진술

타일러(R. W. Tyler)의 수업목표 진술방법은 학습내용과 도착점 행동이 명시적으로 이원 분류하여 진술할 것을 강조한다. 타일러의 교육목표는 내용 요소와 행동 요소를 이원화하여 제시해 주어야 수업의 실제에 유용한 지침이 될 수 있다고 보았다. 그러므로 수업목표 진술 양식은 구체적인 학습내용과 행동으로 진술된다.

타일러의 수업목표 진술은 학습자에게 기대되는 행동을 세분화하여 진술한다. 즉, 타일러는 수업목표는 무엇을 어떻게 가르칠 것인지를 분명하게 나타낼 수 있는 상세화된 진술문이어야 하며 교육내용을 가르친 이후 기대되는 학습자의 행동 역시 명료하게 제시할 것을 요구한다. 뿐만 아니라 수업목표 진술은 교수자의 행동으로 진술될 것이 아니라 학습자의 행동 수준으로 진술되어야 한다.

타일러 양식의 수업목표 진술문의 예를 들면 〈표 7-4〉와 같다.

타일러의 진술 양식은 전통적 수업목표 이론에 바탕을 두고 있으며 다음과 같은 제한점을 지니고 있다.

첫째, 수업목표가 획일화된 상태에서 설정되므로 학습자의 개인차가 반영되지 못하는 문제가 있다.

표 7-4 타일러 양식의 수업목표 진술

■ 글을 읽고 새롭게 알게 된 내용을 (학습내용) 말할 수 있다. (도착점 행동)
■ 삼각형의 조건을 찾아 (학습내용) 열거할 수 있다. (도착점 행동)

둘째, 수업목표가 지도 내용과 불일치할 수 있으며 지도 내용의 위계 관계가 확연하지 못하다. 따라서 수업목표가 능력적 개념을 내포할 때는 효과적이나 경험 영역에 분류되는 경우에는 적절하지 않다.

2. 블룸의 수업목표 진술방식

블룸(Bloom)의 수업목표 진술방법은 타일러의 내용과 행동에서 행동의 영역을 자세하게 구분하여 진술하고 있다. 블룸은 행동적 수업목표가 교수자가 가르치기를 원하는 내용이나 교수자가 학습자에게 바라는 경험과 거리가 있다고 보았다.

따라서 블룸의 수업목표 진술은 다양한 교육의 목표들을 어떤 원칙에 따라 체계적으로 정리하고 분류함으로써 교육 계획에 보다 뚜렷한 목적성을 부여하고 수업목표 진술에 의미있는 통일성을 지니려는 의도에서 발전시켰다.

블룸은 목표 분류를 행동 분류와 내용 분류로 나누었으며 행동 분류의 하위 영역으로는 지적 영역, 정의적 영역, 심리 운동적 영역으로 구분한다.

(1) 지적 영역의 분류

지적 영역은 크게 지식과 지적기능의 두 유목으로 나누어지고 지적기능은 다시 이해, 적용, 분석, 종합, 평가의 다섯 유목으로 나누어진다. 이들 지식 유목은 복잡성의 원칙에 따라 위계적 순서를 갖고 있다. 그 중에서 지식과 이해는 기초 정신 과정으로 분류하고, 적용, 분석, 종합, 평가는 고등 정신 과정으로 분류한다.

또한 복잡성의 원칙에 따라 여러 가지 지적 영역의 행동목표를 단순히 나열하는 것이 아니라 요구되는 지적 능력 및 작용으로 보아 가장 단순한 것에서부터 복잡한 순으로 위계를 지니고 있어 학습하기 쉬운 것에서부터 학습하기 어려운 단계로 분류한다.

이를 구체적으로 제시하면 다음과 같다.

① 지식

지식은 인지나 재생에 의해 아이디어나 자료 또는 현상을 기억해내는 행동으로 학습한 내용을 원형 그대로 기억하고 재인하는 능력이다. 따라서 일반 수업목표는 명세적 동사인 '정의하다, 기술하다, 확인하다, 명명하다, 진술하다' 등으로 기술된다.

② 이해

이해는 학습자가 교사로부터 전달되는 내용을 듣고, 알게 되고, 또 거기에 포함된 자료나 아이디어를 이용할 수 있는 능력으로 의사소통의 방법은 문장뿐만 아니라 보다 포괄적인 기호 형태를 모두 포함한다.

이해의 세 가지 형태는 이해의 목표를 수준에 따라 번역, 해석, 추론으로 나눌 수 있다. 먼저 번역은 이미 알고 있는 개념이나 의미 전달의 매체를 다른 언어로 표현하거나 혹은 한 상징형태에서 다른 상징형태로 변환시키는 능력이다. 둘째, 해석은 주어진 자료를 아이디어의 구성체로 보고 이들 사이의 관계를 알고 또한 중요한 정보와 중요하지 않는 정보를 변별해 낼 수 있는 능력이다. 셋째, 추론은 의사소통 자료에서 주어진 경향, 추세, 조건들을 해독하고 이것을 넘어서 그 결과를 추측하거나 시간 차원, 표본, 화제를 넘어서 지각하는 능력이다.

③ 적용

적용은 이미 학습한 내용을 새로운 구체적 사태에 사용하는 능력으로 과거에 학습한 개념, 방법, 원리, 법칙을 구체적인 새로운 문제사태에서 사용할 수 있는 능력이다. 이해는 학습자가 배운 문제를 하도록 지시 받았을 때 그것을 정확히 시행할 수 있을 만큼 추상개념을 정확하게 아는 것이며, 적용은 새로운 문제가 주어졌을 때 사태에 대한 적용 방법을 듣지 않고도 적절한 추상개념을 적용하는 것을 의미한다.

적용과 관련이 있는 일반 수업목표는 '~에 관한 개념과 원리를 새로운 사태에 적용한다' 등이며 '변경하다, 계산하다, 논증하다, 발견하다, 조직하다, 수정하다, 예측하다, 준비하다' 등의 명세적 동사가 사용된다.

④ 분석

분석은 자료를 구성 부분으로 분해, 부분 간의 관계와 그것이 조직되어 있는 방법을 발견하는 능력이다. 분석의 세 요소는 첫째, 요소의 분석, 둘째, 관계의 분석, 셋째, 조직 원리의 분석을 들 수 있다.

먼저, 요소의 분석은 자료를 구성 부분으로 나눈 후 자료의 요소를 발견하고 분류하는 것으로서 예를 들면, 진술되지 않은 기본가정을 알아낸다거나 사실과 추리를 구별하는 것이다. 둘째, 관계의 분석은 요소 간의 관계를 분명히 하고 요소 간의 연결과 상호 관계를 결정하는 것으로서 부분과 부분, 요소와 요소의 일관성, 요소와 부분의 중심 사상이나 주제와의 관련 등을 분류하는 것으로서 예를 들어, 가설이 주어진 정보나 가정과 일치하는지 확인한다거나 문장의 연결 관계 등을 파악하는 것이다. 셋째, 조직 원리의 분석은 자료를 전체로서 묶고 있는 비례와 구조를 인지하는 능력으로서 예를 들어, 작품에 나타난 작가의 목적, 견해, 사상 특성, 감정을 추리해본다거나 문학 및 미술 작품의 뜻을 이해하는 수단으로서 그 형식과 유형을 인식하는 것 등이다.

이와 같이 분석의 일반 수업목표는 '분류하다, 도표화하다, 변별하다, 구별하다, 확인하다, 분석하다, 추리하다, 관련시키다' 등의 명세적 동사가 사용된다.

⑤ 종합

종합은 여러 요소나 부분을 하나로 묶을 수 있는 능력이다. 또한 이전에 한 경험의 부분들을 새롭고 잘 통합된 전체로 구성해 새로운 자료로 창안하는 능력이다. 이러한 점에서 종합은 창의력과 유사하다.

종합의 목표는 다음과 같이 세 가지로 분류될 수 있다.

첫째, 독특한 의사소통 능력의 창안이다. 의사소통의 형태는 언어, 문자, 그림, 기호, 몸짓 등 무엇이든 될 수 있다. 둘째, 조작의 계획 및 절차의 창안 능력으로서 어떠한 조작 및 작동을 할 때 필요한 계획 및 절차를 창안하고 고안해 내는 능력을 말한다. 셋째, 추상 관계의 추출 능력은 특정 자료나 현상을 분류하고 설명하기 위한 추상 관계를 개발하는 능력을 말한다.

이와 같이 종합의 일반 수업목표는 〈표 7-5〉에서와 같은 명세적 동사가 사용된다.

표 7-5 종합의 목표 분류와 명세적 동사(김희수, 2005)

목표 분류	직접 목적어	명세적 동사
독특한 의사소통의 창안	구조, 유형, 생산(물), 수행, 설계, 작업, 의사소통, 구성	쓴다. 말한다. 관계시킨다. 생산한다. 창안한다. 수정한다. 자료를 종합한다.
조작의 계획 및 절차의 창안	계획, 목적, 도식, 조작 방법, 해결 방법, 수단	제안한다. 계획한다. 생산한다. 설계한다. 수정한다. 구체화한다.
추상 관계의 추출	현상, 분류, 개념, 도식, 이론, 관계, 추상성, 일반 법칙, 가설, 발견, 방법	생산한다. 도출한다. 개발한다. 종합한다. 조직한다. 분류한다. 형성한다. 수를 정한다.

⑥ 평가

평가는 어떤 목적을 갖고 아이디어, 작품, 방법, 소재 등에 관한 가치판단을 하는 능력이다. 또한 어떤 특정 사상들이 얼마나 정확하고 효과적이며, 경제적이고, 만족할 만한가를 검정하는 준거와 표준을 활용하는 능력을 포함한다. 그러므로 평가의 판단은 양적일 수도 있고 질적일 수도 있다.

(2) 정의적 영역

정의적 영역은 수용, 반응, 가치화, 조직화, 인격화로 분류할 수 있으며 이들 다섯 항목은 위계적 관계이다.

① 수용

수용은 특수 현상이나 교실의 활동, 교과, 음악 등과 같은 자극에 주의를 기울이는 학습자의 의지이다. 교수자가 학습자의 주의집중을 시도하고, 유지하며, 지향방향을 지시하는 것과 관계가 있다. 이러한 학습결과는 학습자 쪽에서 볼 때 어떤 것을 단순히 인식하는 것으로부터 학습자의 선택적 집중에 이르기까지이다. 수용은 정의적 영역에서 가장 낮은 학습결과 수준이다.

② 반응

반응은 학생의 입장에서 능동적인 참여이다.

반응은 학습자가 특정 현상에 대해 주의를 기울이는 것뿐만 아니라 다양한 방식으로 대응하는 것을 의미한다. 예를 들어, 제시한 자료를 즐겁게 자발적인 반응으로 읽는 것이다. 반응의 상위 수준은 흥미나 관심에 근거하여 분류된 수업 목적들을 포함하며 특정 활동의 탐색을 강조하고 즐기는 것을 포함한다.

③ 가치화

가치화는 학습자가 특정 대상이나 현상, 행동에 부여하는 비중이나 가치이다.

가치화는 구체화된 일련의 가치 내면화를 근거로 한다. 그러나 이러한 가치 단서들은 학습자가 외현적 행동으로 표현하며, 분명하게 확인할 수 있게 해주는 충분한 일관성과 안정성이 있는 행동과 관련되어 있다.

태도와 감상이라는 명칭으로 분류되어지는 수업목표들이 이 범주에 포함된다.

④ 조직화

조직화는 다른 가치들을 한데 모으고 그것들 간의 갈등을 해결하는 것, 그리고 내부적으로 일관성 있는 가치체계를 구성하기 시작하는 것이다.

조직화는 비교와 관련짓기, 가치 종합하기 등이 관련된다. 학습의 결과는 가치의 개념화로서 즉, 인간관계의 개선을 위해 각자의 책임을 인식하는 것과 가치 체제의 조직화로서 경제적 안정과 사회 봉사의 요구를 충족시키는 직업적인 계획을 개발하는 것 등과 관련이 있다. 인생 설계와 관련이 있는 수업목표가 이 범주에 포함된다.

⑤ 인격화

인격화는 각 개인이 자신의 행동을 오랫동안 통제하여온 가치체계이다.

인격화는 충분하고, 일관성 있고, 예측할 수 있는 행동이다. 이 수준의 학습결과는 광범위한 활동 범위를 포함하지만 중요한 점은 학습자의 행동이 전형적이거나 개성적이라는 사실이다. 개인적, 사회적, 감정적 형태들과 관련이 있는 수업목표가 이 범주에 포함된다.

(3) 심리 운동적 영역

예체능이나 기술 등의 교과를 포함한 여러 교과에서 심리운동의 학습과 훈련을 많이 요구하고 있고 교육에서 심리운동적 영역의 본질적인 애매함과 복잡함 때문에 그 타당성과 실용성 면에서는 부족하다. 심리운동적 영역의 하위 영역을 살펴보면 다음과 같다.

① 지각

지각은 동작을 유발시키는 단서를 얻기 위한 감각 기관의 사용과 관련이 있다.

지각의 범주는 자극을 인식하는 자극 감지에서부터 과업과 관련된 단서를 선택하는 단서의 선택, 단서 지각을 수행 활동에 관련시키는 전환을 의미한다.

② 태세

태세는 특정 동작을 취하기 위한 준비이다.

태세는 행동하기 위한 정신적 준비인 정신적 자세, 행동을 하기 위한 육체적 자세, 행동하고자 하는 의지인 감정적 자세를 포함한다. 단서의 지각은 이 단계의 중요한 선행 조건을 제공한다.

③ 유도된 반응

유도된 반응은 복잡한 기능을 학습하는 초기 단계와 관계가 있다.

유도된 반응은 교수자가 보여주는 행동을 모방하기, 적절한 반응이 무엇인지를 알기 위하여 여러 방법으로 반응을 하는 시행착오를 포함한다. 수행의 적절성은 교수자에 의해 판단되거나 적절한 일련의 기준에 의해 판단된다.

④ 기계화된 반응

기계화는 학습반응이 습관화되어지고 동작이 안정되면서 민첩하게 수행될 수 있는 행동수행과 관련이 있다.

기계화된 반응의 학습결과는 다양한 형태의 운동기능 수행과 관계가 있다.

⑤ 복합 외현 반응

복합 외현 반응은 복합적인 운동 형태를 포함하는 운동 행위의 능숙한 수행 기능과 관계된다. 숙달은 빠르고, 매끄럽고, 정확한 수행으로 표시되며 최소의 힘이 요구된다. 복합 외현 반응 수준은 불확실한 것을 주저함 없이 수행하는 것이다. 복합 외현 반응은 과단성과 수행 동작을 능숙하게 조절하는 것을 포함한다. 따라서 학습결과는 고도로 조화된 운동 활동을 포함한다.

⑥ 적응

적응은 학습자가 특별한 요구에 맞추거나 문제 상황에 직면할 때 동작을 수정할 수 있도록 잘 개발된 기능과 관련이 있다.

⑦ 창안

창안은 특정한 상황이나 특정 문제에 적합한 새로운 동작 형태를 창조하는 것이다. 창안 수준에서 학습결과는 고도로 개발된 기술에 기초한 창의성을 강조한다.

학습 행동 구분에 따른 일반적인 수업목표와 구체적인 수업목표 진술의 행위동사를 항목별로 분류하면 〈표 7-6〉과 같다.

표 7-6 학습 행동 구분과 수업목표 진술(김희수, 2005)

학습행동구분		일반적인 수업목표(예)	구체적인 수업목표의 동사(예)
인지적 영역	지 식	· 일반적인 용어를 안다. · 특수한 사실을 안다 · 방법과 절차를 안다. · 기본적인 개념을 안다. · 원리를 안다.	정의한다 설명한다 확인한다 명명한다 열거한다 연결한다 지명한다 재생한다 진술한다 선택한다
	이 해	· 사실과 원리를 설명한다. · 언어적 자료와 도표, 그래프를 해석한다. · 자료 속에 내포된 개념을 추정한다. · 언어로 된 자료를 수학적 공식으로 바꾼다. · 방법과 절차를 증명한다.	변환한다 구별한다 추정한다 설명한다 변호하다 구별하다 일반화하다 예를 제시하다 예측한다 요약한다

인지적 영역	적 용	· 원리를 새로운 장면에 적용한다. · 이론을 구체적 상황에 적용한다. · 수학적 문제들을 해결한다. · 도표나 그래프를 구성한다. · 절차의 바른 사용을 설명한다.	바꾼다 계산한다 증명한다 조작한다 발견한다 수정한다 준비한다 산출한다 해결한다 사용한다
	분 석	· 사실과 추론을 구별한다. · 증명 속에서 논리적 오류를 인식한다. · 자료의 관련성을 평가한다. · 진술되지 않은 가정을 인식한다.	분해한다 도해한다 변별한다 구별한다 확인한다 나열한다 추론한다 파악한다 선택한다 세분화한다
	종 합	· 시나 수필을 창작한다. · 실험계획을 세운다. · 멋진 제목을 붙이거나 말한다. · 문제해결을 위해 다른 영역에서 학습한 자료를 모은다.	분류한다 조합한다 창작한다 구성한다 고안한다 설계한다 설명한다 완성한다 수정한다 조작한다 계획한다 재정열한다 조직한다 요약한다
	평 가	· 자료에 의해서 지지되는 결론에 대한 정당성을 판단한다. · 내적 기준으로 작품의 가치를 판단한다. · 외적 기준으로 작품의 가치를 판단한다.	검토한다 비교한다 결론짓는다 대조한다 비평한다 묘사한다 변별한다 주장한다 해석한다 지각한다
정의적 영역	수 용	· 학습의 중요성에 대하여 인식시킨다. · 주의 깊게 듣게 한다. · 사회적 문제들에 대한 민감성을 갖게 한다. · 수업활동에 가까워지게 한다.	요구한다 선택한다 제시한다 포착한다 묘사한다 뒤따른다 찾아낸다 지시한다 사용한다 말한다
	반 응	· 학교규칙을 준수한다. · 학급토론에 참석한다. · 지정된 숙제를 완수한다. · 특별한 과업에 지원한다.	따라한다 대답한다 지원한다 논의한다 수행하다 명명하다 연습한다 제공한다 보고한다 참석한다
	가치화	· 민주적인 과정에 믿음을 갖게 한다. · 좋은 문학, 미술, 음악을 감상하게 한다. · 일상생활에서 과학의 역할을 인정한다. · 문제해결의 태도를 갖게 한다.	완수한다 묘사한다 형성한다 가입한다 주장한다 제안한다 독해한다 보고한다 공유한다 결합한다
	조직화	· 자신의 행동에 책임을 느끼게 한다. · 자신의 한계를 이해 및 수용하게 한다. · 재능과 흥미, 신념의 조화 속에서 인생설계를 하게 한다.	고수한다 개조한다 정열한다 비교한다 방어한다 규명한다 수정한다 준비한다 조직한다 종합한다 설명한다 관계짓는다

정의적 영역	인격화	· 안전의식을 갖게 한다. · 집단활동에 협조하게 한다. · 자신의 근면성과 정직성을 증명하게 한다. · 좋은 건강습관을 유지하게 한다.	활동한다 구별한다 보여준다 작용한다 경청한다 수정한다 질문한다 교정한다 안내한다 해결한다 활용한다 증명한다
신동적 영역	지 각	· 기계의 소리로 기능부전을 인식한다. · 음악을 독특한 춤 스텝에 관련 지운다. · 음식의 맛을 조리와 관련 지운다.	설명한다 선택한다 발견한다 구별한다 변별한다 확인한다 분리한다 진술한다
	태 세	· 형태에 대한 요구를 효과적으로 나타낸다. · 공을 치기 위한 몸의 적당한 위치 또는 마음가짐을 보여준다.	시작한다 보여준다 설명한다 움직인다 계속하다 반응하다 응대한다 출발한다
	유도된 반응	· 공을 던지는 시범을 보인다. · 식사를 준비하기 위하여 최적의 절차를 결정한다.	종합한다 구성한다 분해한다 나타낸다 연마한다 매달린다 혼합한다 조직한다 묘사한다 수리한다
	기계화된 반응	· 알기 쉽고 매끄럽게 글을 쓴다. · 실험 장비를 작동한다.	유도된 반응행동과 동일
	복합외현반응	· 수영에서 바른 자세를 보여준다. · 바이올린을 능숙하게 연주한다.	유도된 반응행동과 동일
	적 응	· 축구를 할 때 상대방의 스타일에 대처한다. · 거친 물결에 맞추어 수영법을 변경한다.	적용한다 바꾼다 재배열한다 재정열한다 수용한다 재조직한다 변경한다
	창 안	· 춤 동작을 창작한다. · 작곡한다.	정돈한다 조합한다 구성한다 만든다 창작한다 설계한다 창안한다

블룸의 목표 진술에서 수업목표는 일률적이며 세분화와 명세성이 높아야만 좋은 것은 아니다. 왜냐 하면 수업목표는 평가의 목적이나 교과의 내용 등에 따라 요구되는 일반성의 수준이 달라질 수 있기 때문에 수업목표에서 고려해야 할 다양한 관점들을 제시하면 다음과 같다.

첫째, 수업목표는 인지적, 정의적, 심리 운동적 각 영역에 따라 세분화의 정도가 다를 수 있다. 즉, 흥미 및 태도와 같은 정의적 영역을 평가하기 위한 목표는 지식 및 기능과 같은 인지적 및 심리 운동적 영역의 평가를 위한 목표에 비해 세분화와 명시성의 수준이 약간 낮아도 무방하다고 할 수 있다.

둘째, 수업목표는 학습내용의 성질에 따라 진술 수준이 다를 수 있다.

즉, 내용 요소 간의 위계가 분명하여 선수학습 요소가 되는 필수적 수준의 학습결과를 평가하는데 사용되는 목표는 구체화의 수준이 높아야 할 것이며, 반면에 학생들의 능력과 흥미에 따라 최대한의 학습결과를 촉구하는 발달적 수준의 학습을 평가하기 위한 수업목표는 일반성의 수준이 조금 높을 수도 있다.

셋째, 수업목표는 학습평가에 따라 세분화와 명세성의 정도가 다를 수 있다.

즉, 형성평가는 명세적 수업목표가 필요하지만, 총괄평가는 세분화되고 명세적으로 진술된 수업목표보다 세분화와 명세성의 정도가 낮은 일반적 수업목표를 사용하는 것이 더 바람직하다. 그러나 총괄평가를 하는 경우라도 평가 내용에 대한 전체적인 윤곽을 파악한 다음 명세적 수업목표를 토대로 문항을 작성하는 것이 바람직하다.

넷째, 수업목표는 문항의 유형에 따라 세분화와 명세성의 정도가 다를 수 있다. 즉, 문항의 유형에 따라 목표 진술에 필요로 하는 세분화의 정도가 달라진다. 예를 들어, 단편적인 학습내용에 대한 파지 또는 기억의 정도를 측정하기 위한 문항은 구체적 수업목표가 가능하겠지만, 여러 가지 학습내용을 종합해서 묻는 문항이나 학습결과의 전이를 강조하는 문항은 일반적 수업목표가 오히려 더 효과적으로 사용될 수 있다.

한편, 객관식 문항이나 단답형 주관식 문항으로 학습결과를 확인하고자 할 경우에는 수업목표를 구체화하는 것이 바람직하며, 논술형, 주관식 평가 문항으로 학습결과를 확인하고자 할 경우에는 일반적 수업목표가 더 효과적으로 사용될 수 있다.

3. 메이거의 수업목표 진술

메이거(Mager)의 수업목표 진술방법은 세분화된 수업목표 진술을 강조한다.

메이거식 수업목표 진술에는 세 가지 요소가 포함되어 있는데 첫째, 학습자의 도착점 행동과, 둘째, 기대되는 수락조건과 셋째, 평가의 준거가 제시된다. 따라서 메이거의 수업목표 진술방법은 조건과 수락 기준을 설정하여 학습자의 도착점 행위를 명시적 동사로 진술한다.

도착점 행위는 어떤 수업에서 기대하는 의도한 성과로서 학습의 결과로서 나타나야 하는 성과이다. 그러므로 수업이 끝났을 때 무엇을 할 수 있는지를 교수자와 학습자 이외의 사람도 관찰이 가능할 수 있도록 명시적인 용어로 진술한다. 또한 **성취행동**은 수업에서 기대하고 의도한 성과로서 학습결과로 나타나야 하므로 '이해한다, 즐긴다, 믿는다, 깨닫는다, 감상한다.'와 같은 암시적 동사보다는 '지적한다, 찾아낸다, 비교한다, 열거한다, 쓴다, 구별한다, 고른다, 계산한다.' 등과 같은 행위동사를 사용하여 명세적 수업목표를 진술한다.

조건은 어떤 조건에서 그러한 행동을 나타내야 할 것인지 진술하는 것이다. 즉, 어떤 조건에서 나타낼 수 있는지에 대한 제한 조건으로 의도한 수업목표를 학습자가 시연할 때 있어야 하거나 혹은 제공해야 하는 자료, 보조물, 제한 사항 등이 된다. 그 다음으로 학습자의 행동이 발생되리라고 기대되는 조건을 제시해야 한다. 학습자에게 주어진 조건들은 보통 어떠한 조건들을 제시하였을 때와 같은 용어로 표현된다. 예를 들어, '10개의 덧셈 문제가 주어졌을 때 참고서의 도움이 없이….' 등이 이에 해당된다.

수락 기준은 어느 정도 잘 해야 의도한 목표에 도달했는지를 판단하게 해주는 기준이다. 수락기준은 행위동사와 함께 그 행동이 발생하리라는 조건을 제시한 후 그 **도착점 행동**이 어느 정도 정확하게 성취되어야 수업목표가 달성되었다고 말할 수 있느냐를 나타내는 준거이다. 따라서 수락 기준은 수락 행위로서 학습된 행동을 얼마나 잘 해야 수업목표에 달성되었다고 볼 수 있는지에 대한 기준이 된다. 수락기준의 준거를 제시하는 방법으로는 일반적으로 수락할 수 있는 시간적인 제한을 명시하거나 수락할 수 있는 정답의 수를 지시하는 방법들을 사용한다. 따라서 수업목표 진술은 형성평가에 적합하다.

앞서 언급한 행위동사와 조건 등과 준거를 모두 포함한 형태로 진술된 메이거의 수업목표는 〈표 7-7〉과 같다.

표 7-7 메이거 양식의 수업목표 진술

- 삼각형, 사각형의 모형을 보고 (조건, 상황) 4개의 삼각형과 3개의 사각형으로 나누어 (수락 기준) 분류할 수 있다. (도착점 행위)
- 일위 수끼리의 덧셈 문제 10개를 제시했을 때 (조건, 상황) 60분 이내에 10문제를 (수락 기준) 계산할 수 있다. (도착점 행위)

한편, 메이거의 수업목표 진술방법은 교수자가 설명한 수업목표를 구체적으로 나타내 줄 수 있다는 장점은 있으나 몇 가지 문제점이 발견된다.

첫째, 수업목표를 지나치게 세분화하여 진술할 경우 구체적으로 나타낼 수 있는 행동에만 집중하여서 보다 중요한 수업목표를 과소평가할 위험이 있다. 따라서 조작하기 쉬운 행동에 집중하여 진술하지만 보다 중요한 교육목표를 과소평가하고 지나쳐 버릴 가능성이 있다.

둘째, 준거의 문제이다. 예를 들어 '2위수의 덧셈 5문제를 10분 안에 해결할 수 있다.'라는 수업목표가 교수목표로 적합한가의 문제이다. 이런 경우 덧셈 문제를 충분히 학습했다고 볼 수 있는 준거로는 적절하지 못하다. 뿐만 아니라 수락 수준이 질보다 양에 치중하기 쉬운 단점이 있다.

4. 가네의 수업목표 진술방법

가네(Gagné)의 수업목표 진술방법은 메이거의 진술방법보다 세분화 되었다. 가네의 수업목표 진술은 교육과정의 구성에 기초를 두고 있다. 가네는 교육과정의 내용을 과제분석(task analysis)에 의해 확인하고 그 확인된 내용들 사이의 상호 관련을 기초로 해서 수업목표를 학습위계에 의해 계층화시켜야 한다고 주장한다.

가네는 수업목표 진술에 있어서 다섯 가지 요소들을 제시하고 있다.

첫째, 학습자에게 요구되는 학습능력이 제시되어야 한다. 학습능력은 정보능력, 지적기능, 운동능력 등을 의미하는데 가네는 학습자에게 요구되는 학습능력으로 지적기능, 인지전략, 언어정보, 운동기능, 태도를 들었다. 따라서 가네의 학습능력별로 수업목표를 제시하면 〈표 7-8〉과 같다.

표 7-8 가네의 다섯 가지 학습능력

학습능력	학습능력의 의미	수업목표의 예
지적기능	학습자가 무엇을 할 수 있는 능력이다.	삼각형과 사각형을 구별할 수 있다.
인지전략	지적기능의 특수한 경우로서 학습자가 자신의 학습, 사고, 행동을 지배하는 능력을 의미한다.	홍부전을 읽고 홍부가 고쳐야 할 점을 글로 표현할 수 있다(비판적 사고). 훌륭한 원님을 읽고 이어질 내용을 상상하여 쓸 수 있다(창의적 사고).
언어정보	학습의 초기 단계로서 무엇 무엇을(사물의 명칭, 사실 등) 아는 능력을 의미한다.	물의 끓는 온도를 질문하면 "물은 100℃에서 끓는다."고 말할 수 있다.
운동기능	인간의 신체 운동이나 심리 운동기능 등을 의미하는데 학습자가 운동을 하는 데에 작용하는 속도, 정확성, 힘 등을 포함한다.	평균대 위를 바르게 걸을 수 있다. 공을 주고받을 수 있다.
태　도	정의적 영역의 행동을 의미하는데 흥미, 태도, 가치관 등을 포함한다.	무궁화를 공부하고 나라꽃을 사랑하는 마음을 갖는다.

둘째, 앞 단계에서 언급한 학습능력이 변화하였는가를 알기 위해서는 학습자가 어떤 일반적 행위를 하느냐 하는 것이 나타나야 한다. 따라서 학습자의 학습능력을 나타내기 위해 행위동사를 사용하게 된다.

셋째, 어떠한 상황 또는 조건에서 그러한 행위가 나타나기를 바라느냐 하는 것이 표현되어야 한다. 따라서 학습자의 행동이 나타날 수 있는 상황도 제시되어야 한다.

넷째, 무엇을 해내야 하는지에 관한 것으로 요구의 대상을 제시해야 한다. 교수자가 교수-학습 과정을 통해서 학습자의 학습능력을 의도하는 방향으로 변화시키려면 학습자가 어떤 상황에서 어떤 대상을 어떻게 행동해야 하는지를 나타내야 한다. 즉, '어머니'라는 단어를 쓰는 것인지, '어머니의 고마움을 이해하는 것'인지 그 요구의 대상이 무엇인지를 나타내야 한다.

다섯째, 학습자가 활용할 도구를 제시해야 한다. 어떤 대상을 가지고, 어떤 조건에서, 어떤 도구를 사용하여, 어떤 행동을 나타내어야 하는지를 수업목표의 진술에 나타내야 한다.

가네가 제시한 다섯 가지 요소들을 포함시키는 방법으로 수업목표를 진술하면 〈표 7-9〉와 같다.

표 7-9 가네 양식의 수업목표 진술

■ 크기가 다른 도형을 제시하였을 때 (상황)	세모, 네모, 동그라미 등을 (도구)
크기와 모양별로 구분함으로서 (행동)	크기와 모양이 다른 도형의 특징을 (대상)
설명할 수 있다. (학습능력)	

가네의 과제분석에 의한 수업목표 진술은 다음과 같은 문제점이 있다.

첫째, 가네의 과제분석 방법은 주어진 학습과제에 포함된 내용 단위들이 위계화를 갖고 있지 않을 경우에는 적용할 수 없다. 예를 들어, 과학이나 수학 과목 등과 같이 내용 단위들이 엄격한 위계를 갖고 있는 경우에는 과제분석 방법을 적용하는 것이 가능하지만 미술, 윤리 등과 같이 비교적 위계적 관계가 허술한 과목의 경우에는 적용하기가 어렵다.

둘째, 교수자가 가르치고자 하는 수업목표가 학습자의 학습준비도나 학습유형에 따라 다르게 받아들여지기 때문에 논리적으로 추정한 위계 관계가 실제의 교수-학습 과정에서는 불일치를 나타낼 수 있는 문제가 있다.

5. 그론룬드의 수업목표 진술방식

그론룬드(Gronlund)의 수업목표 진술방법은 일반 수업목표와 특수 수업목표로 진술하고 있다. 그론룬드의 일반 수업목표는 일반적 학습성과로서 목표를 진술하는 한편, 특수 수업목표는 세목적인 학습목표로서 관찰 가능한 행동으로 세목화한 동사로 진술한다. 따라서 그론룬드의 수업목표 진술방식은 일반적 수업목표와 행동적(명세적) 수업목표로 구분하고 일반적 수업목표를 먼저 진술하고, 그것을 기초로 하여 행동적 수업목표인 특수 수업목표를 만들어 내는 구조로 되어 있다.

그론룬드의 수업목표 진술방법 특징을 살펴보면 다음과 같다.

첫째, 수업목표 진술방법은 **일반 수업목표** 진술을 간단히 하기 위해 주어(학습자)를 생략하고, '할 수 있다'라는 표현을 '하기'로 줄여서 간단하게 표현하고 있다. 따라서 **일반 수업목표**는 '안다' 또는 '이해한다' 등의 내재적 행동으로 진술하므로 수업목표가 적절한 방향성과 일반성의 수준을 유지하는 데 편리하게 사용될 수 있다.

둘째, **특수 수업목표**는 반드시 관찰하고 측정될 수 있는 행위동사로 진술하고 있다. 따라서 수업의도를 명확히 전달하고 학습자가 수업결과로 보여 주어야 할 행동을 구체적으로 표현하여 도달점을 분명히 하고 있다.

그론룬드가 제시한 수업목표 진술방식의 특징은 수업의 일반적 방향을 명시해 주는 기준으로서 일반 수업목표와 평가의 구체적 지침이 되는 특수 수업목표로의 이원적 분류로서 일반 수업목표와 특수 수업목표가 지니고 있는 장점들을 잘 적용시킬 수 있다. 즉, 일반 수업목표는 직접 관찰 측정될 수는 없으나 보다 포괄적인 성격의 **암시적 동사**를 사용하여 수업의 방향을 지시할 수 있으며 수업목표 간의 위계적인 관계와 수업 중에 항상 수업목표를 명료하게 의식할 수 있도록 하는 성격을 지니며, 특수 수업목표는 일반 수업목표를 조작 정의한 수업목표로서의 성격을 지닌다고 할 수 있다.

그론룬드 양식의 수업목표 진술을 제시하면 〈표 7－10〉과 같다.

표 7-10 그론룬드 양식 수업목표 진술

- 1. 돈을 지불하여 필요한 학용품 사기(일반 수업목표).
  - 1-1 다양한 화폐의 단위를 알고 분류할 수 있다(특수 수업목표 Ⅰ).
  - 1-2 학용품의 가치가 각각 다름을 알고 값을 말할 수 있다(특수 수업목표 Ⅱ).
  - 1-3 학용품의 가치에 맞도록 돈을 지불하여 필요한 학용품을 3가지 구입할 수 있다(특수 수업목표 Ⅲ).

이상과 같이 타일러, 블룸, 메이거, 가네, 그론룬드의 수업목표 진술방법을 살펴보면 다음과 같이 진술되어야 한다는 공통점이 있다.

첫째, 수업목표는 교수자의 행동이 아닌 학습자의 행동으로 진술하고 있으며, 학습내용과 기대하는 행동을 동시에 진술하고 있다. 둘째, 수업목표는 수업시간 중이나 단원의 학습 행동 중에 나타나는 학습자의 행동을 강조하기 보다는 수업이나 그 단원이 끝났을 때 나타날 수 있는 학습자의 변화된 행동에 초점을 맞추고 있다. 끝으로 기대하는 학습자의 행동은 누구나 같은 뜻으로 해석할 수 있도록 관찰이 가능한 행위동사로 표현하고 있으며 도착점 행동의 성취 기준을 구체적으로 제시하고 있다.

Paragraph 04 수업목표의 진술

1. 행동적 수업목표 진술방법

일반적으로 수업목표는 행동적 수업목표로 진술하는데 그 까닭은 수업목표는 외현적으로 나타나는 학습의 결과를 제시하고, 수행용어들로 정의될 때 의도하는 결과를 잘 관찰할 수 있기 때문이다.

메이거와 가네 및 그론룬드 등은 수업목표 진술의 조건으로 첫째, 관찰될 수 있는 행동으로 표현되어 있어야 하고, 둘째, 그 행동은 교수자의 행동이 아니고 학습자의 행동으로 묘사되어 있어야 하며, 셋째, 수업과정에서 일어나는 행동이 아니고 수업의 최종 성과인 도달점 행동으로 진술되어야 함을 요구하고 있다. 이를 살펴보면 다음과 같다.

(1) 행동목표는 학습결과를 관찰할 수 있는 행위동사로 기술한다.

이것은 학습을 통해 변화시키고자 하는 학생의 행동을 객관적으로 관찰할 수 있는 외현적 행동 용어로 진술해야 한다는 의미이다. 예를 들어 '구별한다, 짝짓는다, 계산한다, 열거한다, 고른다.' 등과 같은 행위동사는 직접 관찰될 수 있는 동작을 묘사하고 있으므로 그러한 동사를 사용해서 진술된 목표는 행동목표에 속한다. 반면에 '안다, 이해한다, 파악한다, 감상한다.' 등과 같이 직접 관찰될 수 없는 내재적 행동으로 진술된 목표는 관찰 불가능한 목표 또는 일반적 목표이다.

학습결과를 직접 관찰할 수 있도록 행위동사를 사용해서 진술된 목표이기 때문에 명세화의 수준으로 볼 때 구체적 수업목표를 지향한다. 반면에 내재적 행동을 표시하는 동사로 진술된 목표는 그 내용과 표현에 있어 일반성의 수준이 다소 높기 때문에 일반적 수업목표로 분류한다. 따라서 행동목표는 학습결과를 직접 관찰할 수 있는 행위동사를 사용하는 것을 지향한다.

(2) **수업목표는 학습자의 행동으로 기술한다.**

수업목표가 '덧셈 문제를 풀 수 있게 한다.'라고 진술된 경우와 '덧셈 문제를 풀 수 있다.'라고 진술된 경우를 비교해 볼 때, 앞의 예는 '할 수 있게 한다.'와 같이 교수자의 행동으로 되어 있으며 뒤의 예는 '할 수 있다.'와 같이 학습자의 행동으로 진술되어 있다. 수업은 학습자로 하여금 여러 가지 예기했던 방향으로 변화하도록 도와주는 체계적 과정이므로 학습자에게 바라는 행동 변화의 결과 정도가 수업의 목표이며 평가의 대상이 되어야 한다. 따라서 교수자의 행동은 학습자의 변화를 돕기 위한 수단이자 절차에 불과하기 때문에 학습자의 행동으로 기술한다.

(3) **도달점 행동은 수업활동을 통해서 학습자에게 최종적으로 변화 또는 획득되기를 바라는 학습자의 행동으로 기술한다.**

교수-학습 과정에서는 출발점 행동에서 도달점 행동으로 옮겨가는 과정에서 부가적으로 변화시켜야 하는 행동들이 있을 수 있는데 이러한 것들을 중간목표 혹은 하위목표라고 한다. 중간목표 혹은 하위목표 역시 교수자의 내재적 행동으로 진술되는 것은 바람직하지 않다. 예를 들어 '용어의 의미를 익힌다.'라는 수업목표에서 '익힌다'라는 동사는 특정 용어를 다른 용어와 '구분할 수 있다.'거나 특정 용어를 말로 '표현할 수 있다.' 등의 외현적 형식으로 표현되어야 한다. 즉, 외현적 동사로 진술되어야만 평가가 가능하기 때문에 반드시 관찰 가능한 학습의 결과가 나타나는 목표로 진술되도록 권고하고 있다.

이와 같이 행동적 수업목표 진술은 학습자가 수업목표를 숙달했을 때 학습자가 행동으로 나타나길 기대하는 행동목표로 기술된다. 그러므로 수업활동을 마친 후 학습자들이 표출할 수 있는 행동으로 기술하며 학습자가 그의 학습경험을 성공적으로 끝냈을 때 어떠한 모습이 되어야 하는가에 대한 교수자의 의도를 반영하게 된다.

여러 학자들이 주장하는 수업목표를 구체적으로 진술할 때의 장점을 종합하면 다음과 같다(윤광보, 2010).

첫째, 교사가 자신이 의도한 수업의 초점을 분명하게 알 수 있다.

둘째, 무엇을 가르치고 배워야 하는지가 분명해진다.

셋째, 적절한 내용, 방법, 자원, 평가를 선택하는 데 도움을 준다.

넷째, 부모와 학생에게 쉽게 의사소통될 수 있다.

다섯째, 목표와 직접적으로 관련된 평가 절차를 수립할 수 있다.

여섯째, 교사가 자신의 교수의 질을 판단하는 데 도움을 준다.

이러한 장점을 지닌 행동적 수업목표를 진술하기 위해서는 다음과 같은 몇 가지 기본 원리를 고려해야 한다(손미, 1988; 신은희, 2011).

첫째, 행동적 수업목표는 행동과 내용을 모두 포함해야 한다.

둘째, 행동적 수업목표는 정확해야 한다. 이는 행동적 수업목표가 포괄하는 범위와 관련된 것으로 단일 목표 속에 포함되는 학습량이 행동변화를 인지할 수 있을 정도로 세분화되어서 인지할 수 있을 정도로 분명히 나타나야 한다는 것이다.

셋째, 행동적 수업목표는 중요한 내용의 것이어야 한다. 학교에서 다뤄야 할 목표는 매우 많지만 모든 목표를 달성한다는 것을 시간적으로 어려움이 있다. 따라서 수업내용의 상대적 중요성을 고려해서 수업목표를 선정해야 한다.

넷째, 행동적 수업목표의 행동 수준은 학습자에게 적합한 수준이어야 한다. 아무리 중요한 행동적 수업목표를 설정했다고 하더라도 그것이 학습자의 발달수준, 흥미, 학습능력에 비추어 성취 불가능한 것이라면 수업목표로서의 가치가 없다.

2. 행동적 수업목표 진술해보기

특수교육 현장에서 각 차시별 수업 지도안을 작성할 때 가장 어려운 것 중 하나가한 차시의 수업목표를 객관적이고 측정 가능한 행동용어를 사용하여 진술하는 것이다. 일반적으로 특수교육 현장에서는 국가수준의 기본교육과정을 근간으로 출판된 교과별 국정교과서를 사용하고 있으며, 이 때 교사용 지도서를 활용한다. 각 교과별 교사용 지도서에는 단원의 목표가 제시되어 있으며, 단원의 전개 계획에 따라 각 차시별 학습목표가 제시되어 있다. 보통 단원목표는 다음 〈표 7－11〉과 같이 일반성 수준이 높은 목표로 제시되는 경우가 많지만 구체적인 세부 목표 진술 형식으로 제시되어 있기도 하다.

표 7-11 단원 목표의 예

진술 형식	단원 목표	출 처
일반 목표	우리 가족들이 하는 일을 알 수 있다.	초등학교 1-2학년 사회(나)
세부 목표	생활주변의 소리와 말소리를 구별할 수 있다.	초등학교 1-2학년 국어(나)

단원 목표를 달성하기 위해 구성된 단원의 전개계획에 따른 차시별 학습목표는 대체로 〈표 7－12〉와 같이 구체적인 세부 목표 진술 형식으로 제시되어 있지만 일반 목표 형태로 진술된 경우도 있다.

표 7-12 차시별 학습목표의 예

진술 형식	차시별 목표	출 처
일반 목표	부모님이 고맙다고 느껴질 때를 알 수 있다.	초등학교 1-2학년 사회(나)
세부 목표	교실에 있는 물건의 이름을 따라 말할 수 있다.	초등학교 1-2학년 국어(나)

〈표 7－12〉에서 제시된 바와 같이 간혹 일반 목표 형식으로 수업목표가 진술된 경우가 있지만 실제 수업 지도안 작성 시 수업목표는 일반목표가 아닌 구체적이고 객관적으로 관찰 가능한 용어를 사용하는 것이 적합하다. 그것은 수업목표에서 행동 용어를 사용하여 객관적으로 관찰 가능한 행동으로 목표를 진술하였을 때 해당 차시의 학습활동을 통해 목표로 설정한 행동을 학생이 수행할 수 있는지 평가하기가 용이하기 때문이다. 특히 장애학생의 경우 '이해한다', '안다'와 같은 용어의 사용

은 그것을 측정하기가 곤란하기 때문에 '이해했는지', 또는 '알았는지'를 객관적으로 측정할 수 있는 행동 용어를 사용하여 진술하는 것이 교사의 수업활동과 학생이 달성해야 할 목표를 명확히 할 수 있다.

따라서 〈표 7-12〉에 제시된 일반목표인 "부모님이 고맙다고 느껴질 때를 알 수 있다."는 "부모님이 고맙다고 느껴질 때를 말할 수 있다."고 하는 것이 적절하다. 전자처럼 수업목표를 설정하면 목표 달성 여부의 측정을 어떻게 할 것인지 명확하지 않으나 후자처럼 수업목표를 설정하면 '알고 있는 것'을 '말하는 것'을 통해 측정이 가능하게 된다. 다음 〈표 7-13〉은 구체적으로 제시하지 못한 수업목표를 측정 가능한 형태의 행동용어로 수정해본 것이다.

표 7-13 행동적 수업목표로 수정해보기

측정 곤란한 형태의 수업목표 진술	측정 가능한 형태의 수업목표 진술
· 마트에서 지켜야할 규칙과 예절을 <u>익힐 수 있다.</u>	· 마트(모의상황)에서 규칙과 예절에 맞게 물건을 살 수 있다.
· 저축활동에 <u>관심을 가지고</u> 저축의 필요성을 <u>알 수 있다.</u>	· (도움을 받아) 저축의 필요성을 말하고, 저금통을 만들어 저축할 수 있다. · 도움을 받아 저금통을 만들고 저축할 수 있다.
· 추석 민속놀이에 대해 <u>알아보고</u> 강강술래를 할 수 있다.	· 추석 민속놀이의 종류를 말하고, 강강술래에 참여하여 놀이를 할 수 있다.

〈표 7-13〉에서 수업목표를 설정할 때 많은 오류를 보이는 것이 중증장애 학생을 대상으로 한 목표 설정 때 '관심을 가질 수 있다'라는 표현을 사용하는 것이다. 여기에는 중증 장애학생은 '관심가지기라도 하면 될 것' 또는 '아무 것도 할 수 없는 학생'이라는 생각을 교사 스스로 갖고 있기 때문인 경우가 많다. 그러나 수업 활동 중 이 학생이 '관심을 가지고 있는지' 측정할 방법이 없다. 따라서 장애가 중도라 하더라도 학생이 행동할 수 있는 활동을 탐색하고 적절한 수업목표를 설정하는 것이 중도 장애학생이 수업 활동에서 배제되지 않고 참여할 수 있도록 하므로 행동적 수업목표의 진술은 매우 중요하다.

연습문제

01 수업목표가 교육목표의 최소 단위로서 교육활동의 기본이 되는 이유를 설명해 봅시다.

02 수업목표가 구체적이고 명확하게 제시되어야 하는 이유를 설명해 봅시다.

03 행동적 수업목표 진술의 의의와 방법을 설명해 봅시다.

04 블룸의 교육목표 분류의 의의를 설명해 봅시다.

05 타일러의 수업목표 진술 양식으로 수업목표를 제시하고 주요 특징을 설명해 봅시다.

06 가네의 수업목표 진술 양식으로 수업목표를 제시하고 주요 특징을 설명해 봅시다.

07 메이거의 수업목표 진술 양식으로 수업목표를 제시하고 주요 특징을 설명해 봅시다.

08 그론룬드의 수업목표 진술 양식으로 수업목표를 제시하고 주요 특징을 설명해 봅시다.

09 수업목표가 교육과정의 구성과 전개와 어떠한 관계가 있는지 토의해 봅시다.

10 차시 수업목표로 객관적으로 측정 가능한 행동 용어를 사용하여 수업목표를 진술해봅시다.

Chapter 08

교수-학습 방법

❖ 제1절 강의식 교수법

❖ 제2절 문제해결법

❖ 제3절 프로젝트 학습(구안법)

❖ 제4절 탐구학습

❖ 제5절 교수중심과 학습자중심의 교수-학습 지도방법

❖ 제6절 문답법과 토의법

❖ 제7절 팀 티칭 교수-학습 방법

❖ 제8절 기타 교수-학습 방법

교수자는 교수-학습 방법의 유형에 대한 이해가 필요하다. 교수-학습 방법은 다양하기 때문에 수업주제와 학습자, 교과 영역 등의 요소에 따라 적절하게 선택하여 적용할 수 있다. 따라서 교수자가 교수-학습 방법의 유형에 대해 체계적으로 인식하고 있을 때 다양한 교육적 요구를 지니고 있는 특수교육 대상학생에게 적절한 교수-학습 방법을 선택하여 응용할 수 있다.

교수-학습 방법을 유형별로 제시하면 다음과 같다.

Paragraph 01 강의식 교수법

강의식 교수법은 직접교수법 중 가장 보편적인 교수법이다.

강의식 교수법은 특수교육 대상학생 지도에 있어서도 마찬가지로 두루 쓰이는 교수법이다. 강의식 교수법은 가장 오랫동안 사용했던 지도방법으로 그 근원은 고대 희랍시대의 철학자들이 서로의 지식을 나눠 갖기 위한 방법으로 사용한 이래 지금까지 사용하고 있다.

강의식 교수법은 과거 출판물이 성행하기 이전에는 서적이 적어서 책을 갖고 있는 교수자 중심으로 널리 사용하였다. 본래 이 방법은 지식을 이해시키고 암기시키는 방법으로서는 가장 적당한 방법이라는 측면에서 유용하게 사용되었으나 점차 주지주의 교육으로부터 실용주의 교육으로 전환되면서 강의식 교수법은 비판의 대상이 되고 말았다. 더욱이 페스탈로지(Pestalozzi) 등에 의한 계몽주의 교수법이 전개되면서 강의식 교수법은 여러 면에서 비판을 받기도 하였으나 교수자가 학습자에게 효과적으로 교수내용을 전달하는 교수-학습방법으로 지금도 가장 널리 사용되고 있다.

강의식 교수법은 교수자가 의도한 수업목표를 학습자에게 획일적으로 전달하는 측면도 있으나 이러한 단점들을 보완하여 다양한 방법들을 적용한다면 다른 어떤 교수법보다도 특수교육 대상학생에게 높은 교육성과를 기대할 수 있다.

1. 강의식 교수법의 적용

강의는 교수자가 주도적으로 학습자에게 정보를 전달하는 형태의 수업방법이다. 강의식 교수법은 교수자를 기획자나 배우로 학습자를 관객으로 비유할 수 있다. 강의식 교수법은 교수자가 학습자에게 일방적으로 정보를 전달하는 것이 아니라 교수자가 학습자의 참여를 유도하고 다양한 상호작용을 제공할 수 있도록 계획하고 강의를 진행해야 한다.

강의식 교수법은 헤르바르트(Herbart)에 의해 체계화되었다. 헤르바르트는 교수단계를 크게 도입단계에서 준비(예비)와 제시, 전개 단계에서 비교(연합)와 총괄(일반화), 정리단계에서 응용으로 나누었는데 이것이 오늘날 강의식 수업 지도안의 모체라 할 수 있다.

효과적인 강의가 되기 위해서는 각 단계별로 다음과 같은 역할에 유의해야 한다.

도입단계는 학습자와 교수자간의 학습 분위기 형성과 학습 전개 방향을 제시하며, 전개단계는 도입단계에서 제시된 학습 개요에 따라 문제를 구체적으로 설명하고, 정리단계는 지식을 종합하는 단계로서 전개단계에서 설명되어진 사실들을 간략하게 간추린다. 이를 단계별로 정리하면 다음과 같다.

(1) 도입단계

도입단계는 강의 진행의 첫 단계이며 학습자와 교수자가 서로 처음 대하는 순간이라고 할 수 있다. 도입단계는 본 학습내용을 전개하기 전에 학습자가 본론을 부드럽게 받아들일 수 있도록 준비하며 학습 진개 방향을 제시하는 중요한 단계이다.

강의를 시작하기 전에 학습자의 긴장과 서성을 해소시키고, 강의에 적극적으로 참여하고자 하는 동기를 유발시키는 것은 학습자뿐만 아니라 교수자의 강의 진행에도 큰 도움을 주게 된다. 그러므로 이 단계에서는 학습자의 주의를 집중시키고 동기부여를 하며, 진체적인 학습내용의 흐름을 알 수 있도록 학습 개요를 제시해야 한다. 도입단계는 총 학습시간의 5~10%를 차지하는 것이 적절하다.

(2) 전개단계

전개단계는 도입단계의 주의집중, 동기 부여를 통해 형성된 학습 분위기를 바탕으로 학습 개요 순서에 따라 강의 내용을 구체적으로 설명하는 단계이다. 이 단계에서는 교육의 내용 전달과 학습자들을 참여시키기 위한 학습활동이 포함되어야 한다. 전개단계는 시간상으로 총 학습시간의 약 80~90%를 차지한다. 이 단계에서는 특히 정보 제시와 학습자 참여 유도에 대한 교수능력이 요구된다.

강의 내용은 논리적, 체계적으로 조직되어야 하며 쉬운 것에서 시작하여 점차 어려운 것으로 진행되도록 한다. 내용 전달의 기본적인 방법은 다음과 같다.

첫째, 전체에서 부분으로 진행한다.

둘째, 간단한 것에서 복잡한 것으로 진행한다.

셋째, 가장 간단한 사례에서부터 점차 변형된 사례로 진행한다.

넷째, 알고 있는 것에서 모르는 것으로 진행한다.

또한 중요한 사항을 강조해 주어야 한다. 즉, 부차적인 점을 강조하여 중요성을 지닌 정보가 제대로 부각될 수 없도록 해서는 안 되며 강의 내용의 각 부분들이 연관성 있게 제시되어야 한다.

뿐만 아니라 지속적으로 동기 부여를 계획해야 한다. 강의는 쉽게 지루해질 수 있으므로 중간마다 동기 부여와 흥미 유발을 계획해주어야 한다.

한편, 학습자의 참여 유도를 위해 일방적으로 내용을 전달하는 식으로 강의를 전개하는 것 보다는 문제를 주어 함께 생각한다는 식으로 진행하여야 학습자의 학습의욕을 자극할 수 있다. 여기에는 발문을 던져 여러 가지 대답이 나오도록 분위기를 조성하는 것도 좋은 방법이다. 또한 유머나 시청각 자료, 다양한 발문 등을 통해 지속적으로 관심을 유지하는 것이 좋다.

(3) 정리단계

정리단계는 강의의 마지막 단계로서 지금까지 강의한 지식을 종합하는 단계이다. 정리단계는 전개단계에서 검증되고 설명되어진 사실들을 간략하게 간추리는 단계이다. 이 단계는 요약, 재동기 부여, 결어의 3단계로 이루어지며, 총 학습시간의 5~10%를 할애하는 것이 적절하다.

먼저 정리단계의 첫 단계인 요약은 복습단계에서는 전개단계에서 설명된 많은 내용 중 특히 강조할 만한 내용만 간추려서 강조해 준다. 이를 통해 학습자는 강의에서 다루었던 중요한 내용을 다시 기억하고 정리하는 것이다. 재동기 부여는 학습한 내용이 정말 중요하고 필요하다는 점을 깨닫게 하여 행동이나 태도의 변화로 이끄는 중요한 단계이며 결어는 교수자가 자신의 강의에 참석한 학습자들에게 감사의 표시를 하거나 참고 서적도 소개하고 개인적인 이야기 등을 할 수 있다. 정리단계에서 유의점은 전개단계에서 언급되지 않은 새로운 사실을 언급해서는 안 되며 긴 시간을 할당하여 지루하게 하는 것은 바람직하지 않다.

2. 강의식 교수법의 전략

강의식 교수법은 대표적인 지시적 수업으로 명확한 학습목적을 갖고 목표 지향적으로 접근한다. 강의식 교수법은 구조화된 수업으로 교수자의 열정에 의존하기 때문에 교수자가 약간의 긴장을 하는 것이 보다 효과적이다. 즉, 초조함과 긴장은 강의를 하기 전이나 하는 동안에 일반적으로 나타나는 현상으로 약간의 긴장감은 열성적이고 역동적인 강의를 하는데 도움이 된다. 교수자는 흥분 때문에 생긴 에너지를 완화하기 위해 천천히 깊게 호흡을 하면서 긴장을 풀어 자연스런 몸동작과 차분한 음성을 유지하여야 한다.

강의식 교수법은 교수자의 자세가 중요하다.

교수자는 일어서 있는 상태에서 강의를 하는 것이 효과적이다. 교수자가 일어서 있는 상태에서 강의를 하면 학습자가 교수자의 전달 내용에 쉽게 집중하게 된다. 반면, 소인수 학급의 경우에는 교수자가 일어서 있는 상태에서 내용을 전달하는 것이 오히려 학습자에게 위화감을 줄 수 있으므로 학습자와 함께 의자에 앉은 채로 눈높이를 맞춰 수업하는 방법이 효과적일 수 있다.

내용을 전달하는 자세에 있어서는 몸이 학습자에게 향하도록 한다. 양쪽 발은 25~30센티미터 정도 간격을 두고 양쪽에 똑같이 무게 중심을 두고 무릎은 접히지 않게 하고 손은 주머니에서 빼고 팔은 양옆에 붙인다. 이렇게 하면 학습자와 눈을 맞출 수 있으며 학습자들은 교수자의 얼굴표정을 볼 수 있다. 교수자는 칠판을 사용하거나 프리젠테이션 자료를 이용하여 강의할 때는 학습자에게 등을 보이며 이야기하지 말아야 한다. 이러한 자세는 학습자와 눈을 맞출 수 없을 뿐만 아니라 학습자는 교수자가 말하는 내용을 주의를 집중해서 들을 수 없으므로 칠판에 판서내용을 다 적고 나서 설명하는 것이 바람직하다.

교수자의 위치는 교탁 옆에 서 있는 것이 좋다. 교탁 앞이나 옆에서 움직이게 되면 학습자들과 개별적인 상호작용을 할 수 있게 되며 이러한 교수자의 행동은 교수자를 학습자의 눈에 잘 들어오게 하며 자연스럽게 보이게 하는 효과가 있다. 교수자는 자연스럽게 설명하면서 움직이는 것이 한 곳에 계속 머물러 설명하거나 제스처를 쓰지 않는 교수자 보다 수업의 긴장감을 유발한다. 그렇지만 지나치게 움직이거나 몸동작을 과도하게 사용하면 오히려 역효과가 나타날 수 있다.

한편, 강의식 교수법은 교수자의 음성이 중요하기 때문에 다음에 유의하여야 한다.

첫째, 교수자는 자연스러운 대화체를 사용한다.

교수자는 학습자에게 직접적이고, 개별적인 방식으로 표현하도록 한다. 또한 수업 진행은 단순히 강의 자료를 읽으면서 진행하는 것은 좋지 못하다. 즉, 프리젠테이션 자료나 유인물을 보면서 읽지 않도록 한다. 만약 강의 부분이 단순한 지식을 전달하는 것이라면 교수자가 하나하나 읽어주는 것보다 학습자에게 유인물을 제공하고 읽어보게 하는 방법이 오히려 바람직하다.

둘째, 교수자는 음성을 다양하게 사용한다.

교수자의 단조로운 음성은 대개 불안이나 긴장으로 발생하기 때문에 사전에 연습을 통해 긴장을 해소할 수 있다. 긴장을 해소하는 방법으로는 깊이 숨을 쉬거나 위 아래로 약간씩 몸을 움직여 긴장을 풀어보는 것도 좋은 방법이다.

셋째, 교수자는 편안한 속도로 진행한다.

불안과 긴장 상태에서는 대부분 말하는 속도가 빨라지는데 대화식으로 말하고 긴장을 풀도록 한다.

넷째, 교실 뒤에서도 들을 수 있을 정도로 크게 말하도록 한다.

교수자가 말의 속도와 목소리 크기를 동시에 좋게 가져갈 수 있는 해결 방법으로서 소리를 크게 하면 말하는 속도가 자연히 느려지게 되기 때문에 효과적이다. 또한 강의 도중 가끔 소리의 크기가 적절한지 뒤쪽에 앉아 있는 사람에게 물어 보는 것도 좋은 방법이다.

한편, 교수자가 중요한 점을 강조하기 위해서 잠시 동안의 침묵을 갖는 것도 필요하다. 즉, 더 중요한 내용일수록 다음 내용으로 넘어가기 전에 여유를 두고, 차분하게 말하는 것이 중요하다.

또한 강의식 교수법에서 교수자와 학습자간의 눈 맞춤이 필요하다.

학습자와 눈 맞춤을 하게 될 때까지는 말을 하는 것은 바람직하지 않다. 눈 맞춤은 강의를 일대일 대화와 같게 만들어 주는 중요한 기법이다. 학습자가 주의를 유지하는 좋은 방법은 적어도 3초 동안 각각의 학습자의 눈과 눈을 마주치며 살펴보는 것이다. 교수자는 학습자를 대충 빠르게 훑거나, 장시간 동안 교실의 뒷벽, 스크린, 강의노트 등을 바라보는 일은 적절한 방법이 아니다.

강의를 할 때 교수자는 적당한 제스처를 사용하는 것이 효과적이다.

교수자가 자연스런 몸짓이나 적당한 제스처를 사용함으로서 활기 넘치는 의사전달이 이루어질 수 있으므로 교수자는 주머니에 손을 집어넣거나 손을 비틀거나 손에 물건 등을 잡고 반복적으로 흔드는 등의 행동은 바람직하지 못하다.

이상과 같이 효과적인 강의식 교수법의 전략을 요약하면 다음과 같다.

첫째, 언어는 직관적이면서 정확하고 밝아야 한다.

둘째, 학습자의 학습 태도를 파악하고 그에 따른 강의 진도와 속도를 조절해 나갈 필요가 있다.

셋째, 교수자 자신의 음성, 음색, 음감을 조절하여 학습자로 하여금 지루함을 느끼지 않도록 유의한다.

넷째, 교수자는 강의 중 가끔 유머를 사용하여 학습자의 지루함과 긴장감을 해소한다.

다섯째, 교수자는 학습자의 성장 발달을 고려하여 언어 사용을 해야 한다.

여섯째, 학습자의 반응을 수시로 포착하면서 자연스럽게 강의에 변화를 주어야 한다.

일곱째, 강의 중에 시청각 보조 자료를 가끔씩 사용한다. 한편, 교수자의 위치는 매우 중요하다. 이를 제시하면 [그림 8-1]과 같다.

그림 8-1 강의식 교수법에서 효과적인 교수자의 위치(정인성, 1990)

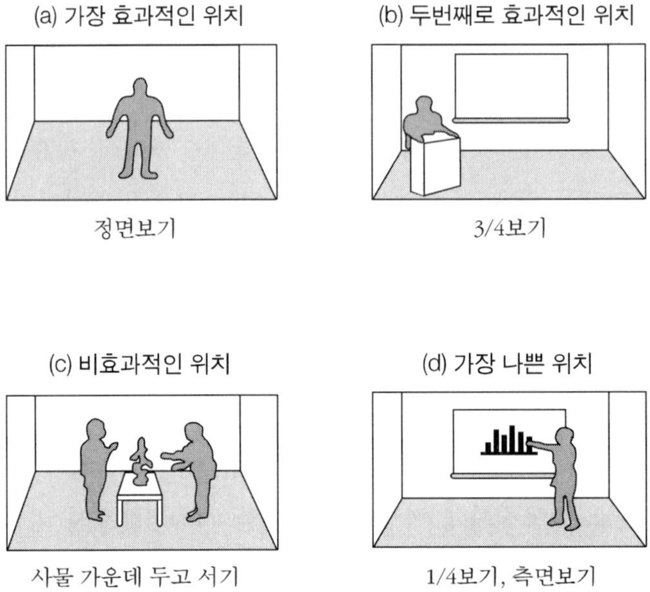

3. 강의식 교수법의 장 · 단점

강의식 교수법은 교수자가 중심이 되어 짧은 시간에 다양한 지식과 내용을 학습자에게 전달할 수 있다. 강의식 교수법은 교수자 한 명이 여러 명의 학습자에게 정보를 전달하는 형태이기 때문에 경제적이고, 기초지식이나 정보전달 등의 낮은 수준의 수업목표에 도달하는데 효과적인 방법이다.

강의식 교수법은 교수자나 학습자에게 친숙한 교육방법으로 난해한 문제를 평이하게 설명할 수 있으며 수업시간 수업량 등을 교수자의 의지대로 조정할 수 있다. 학습내용에 있어서도 교수자 중심으로 자유로운 조절이 가능하기 때문에 특수교육대상학생에게 활용 가치가 높은 교수법이라 할 수 있다.

강의식 교수법은 가장 전통적인 교수방법으로 타율적인 교수방법의 일종이다. 교수자가 언어를 중심으로 설명과 해설 위주로 수업을 이끌어가기 때문에 학습자의 흥미보다는 기존의 지식 체계를 전달하는 방법이라 할 수 있다. 강의식 교수법은 교수자 개인의 능력 및 기술에 의존하는 수업이다.

따라서 교수자는 훌륭한 화술과 효과적인 강의전달을 위한 노력을 끊임없이 하는 것이 중요하며, 이러한 노력을 위해 새로운 지식과 정보를 수집하고 미래의 경향을 이해하는 통찰력이 필요하다.

강의식 교수법은 자칫 학습자를 수동적, 비참여적으로 만들기 쉬워 상호작용이 활발히 일어나지 않는다. 이를 보완하려면, 강의 전에 강의를 받을 학습자의 특징과 수준을 파악하고 있어야 하며 그에 맞추어 용어 사용이나 교육내용 수준을 조절할 수 있어야 한다. 일방적으로 강의 내용을 전달하지 말고 문제를 주어 더불어 생각하는 방식으로 강의를 진행하여 학습자의 참여를 유도하는 것도 필요하다. 또한 끊임없이 학습자의 반응에 주의를 기울여야 하며, 다양한 질의응답을 통해 학습자가 학습내용을 이해하고 있는지를 확인해야 한다. 강의식 교수법은 학습자의 다양한 능력, 지식, 경험 등이 고려될 여지가 거의 없어 학습자 개개인으로 볼 때 제한된 시간 내에 학습목표를 달성하기가 어렵기 때문에 이를 보완하기 위해 강의 전에 학습자의 경험이나 선수학습 정도를 미리 파악하여야 한다. 그러므로 학습자에게 어려운 단어나 용어는 학습자가 이해할 수 있도록 설명하거나 학습자가 스스로 학습자의 입장에서 적극적으로 참여할 수 있는 다양한 방법을 고안하여 접목시켜야 할 것이다.

이상과 같이 강의식 교수법은 교수자 중심의 언어를 통한 설명식 수업이기 때문에 학습자의 활동이 수동적이고 고등 정신의 함양이라든지 개인차를 이용한 학습 등에는 적합하지 않는 등의 문제점이 지적되기도 한다. 그러나 많은 내용을 학습자에게 체계적으로 전달할 수 있고 학습내용 등을 학습자의 수준에 맞춰 적절히 조정할 수 있다는 점 때문에 인지능력이 떨어지는 특수교육 대상학생에게 적합한 교수법이라고 할 수 있다. 또한 단기기억을 요구하는 사실서 정보를 다루는데 효과적이며 단기적 파지가 필요한 학습과제를 지도하는데 유용하다

Paragraph
02 문제해결법

지식정보화시대에는 스스로 문제를 해결할 수 있는 능력을 필요로 한다. 과거와 같이 획일화되고 변화가 적은 사회에서는 교수자가 전달한 지식에 의하여 어느 정도 해결할 수 있으나 오늘날 지식 정보화 사회에서는 각자가 자신에게 부딪친 사태들을 가장 현명하게 해결할 수 있는 능력을 길러야 한다. 이러한 능력을 배양시키는 학습방법이 문제해결법이다.

문제해결법(problem solving)은 우리 주변에서 발생하는 문제나 상황을 해결하기 위한 고차적인 사고 기능을 요구하는 학습방법을 의미한다. 이 방법은 듀이(Dewey)의 진보주의 교육 철학의 수업방법으로 사고 기능을 가르치는 데 효과적인 방법으로서 학습자에게 어떤 문제를 주고 그 해결 과정을 통하여 지적, 태도적, 기술적 학습능력을 길러 줄 수 있는 방법이다.

따라서 특수교육 대상학생이 지식 정보화 사회에 나아가 자신의 문제를 스스로 해결할 수 있는 능력을 고양시키기 위해서는 문제해결법이 가장 효과적인 학습지도 방법이라고 할 수 있다.

문제해결법은 다음과 같은 장점을 지니고 있다.

첫째, 학습자의 자발적인 활동으로 문제를 풀기 때문에 자율성을 기를 수 있다.

둘째, 실제 생활에서의 문제를 학습의 소재로 하기 때문에 구체적인 행동과 직접적인 경험에 바탕을 둠으로써 실생활과 연계가 긴밀하다.

셋째, 교재의 논리적 체계에 얽매이지 않고 학생의 심리적 계통에 따라 학습이 진행되기 때문에 학생의 흥미에 부합되고 이해하기도 쉽다.

넷째, 협동적인 학습활동에 의한 민주적인 생활 태도를 기를 수 있다.

뿐만 아니라 문제해결법은 과거에 적용되었던 사실이나 지식이 실제적인 경험의 바탕 위에서 진행되었기 때문에 오랫동안 기억된다. 이와 같은 장점들 때문에 과학이나 수학 등의 교과군에서 효과적인 교수-학습 방법으로 권장되고 있다.

문제해결법에는 발견학습과 문제해결학습 모형이 있으며 이를 소개하면 다음과 같다.

1. 발견학습

발견학습은 브루너(Bruner)에 의하여 제시된 모형이다. 발견학습은 교수자의 지시를 최소화하고 학습자 스스로 자발적 학습을 통하여 학습목표를 달성하도록 하는 교수 학습 형태이다. 발견학습은 기본 개념이나 원리를 학생 스스로가 깨닫게 되어 탐구 능력과 태도를 기를 수 있게 한다. 브루너는 학습자의 지능의 발달을 작동적 표상(Enactive representation), 영상적 표상(Iconic representation), 상징적 표상(Symbolic representation)의 순서로 표현 수단의 증대와 그 사이의 조정 능력의 증대로 보고 있다.

(1) 발견학습의 의미

발견은 학습자가 자신의 행동과 생각을 통해서 지식을 획득하고 자료와 증거를 재정리하여 새로운 통찰력을 갖는 행위를 의미한다. 브루너(Bruner)는 발견을 지금까지 보지 못한 사물이나 현상을 먼저 찾아내는 과정으로만 받아들이지 않으며 학문 중심 교육과정과 피아제(Piaget)의 지능 발달 이론에 기반을 둔 탐구학습 전략으로 그 의미를 지닌다. 발견학습은 지식의 구조가 학생이 가지고 있는 심리적 구조와 일치하도록 하는 교수-학습의 방법에 관한 아이디어로서 발견학습은 전통적인 주입식 교육과 반대되며 학문의 결과보다도 사고 과정을 중요시하면서 학습자에게 학자와 동일한 지적 활동을 하도록 요구한다. 그러므로 학습자에게 교과를 최종적인 형태로 제공하는 것이 아니라 그 최종 형태를 학습자 스스로 조직하도록 요구되는 학습이다. 이와 같이 발견학습의 수업 모형의 특징은 학습자의 주체적인 학습을 강조하기 때문에 수업 시작 단계에서 교수자의 조력이 적으며 시청각 매체와 같은 수업 보조물을 많이 이용하여 학습자에게 직접적 기회를 제공함으로서 개념 형성을 높이며 학습의 결과보다 과정과 방법을 중요시한다. 발견학습 수업 모형은 어떤 교재든지 어떤 학습자에게도 가르칠 수 있다는 가능성을 지니며 학문 체계는 핵심 개념들로 구성될 수 있으며 학문마다 독특한 구조를 이룬다고 가정한다.

발견학습 수업 모형의 성공 조건은 학습태세, 학습동기수준, 관련정보능력, 연습의 다양성으로 들 수 있으며 이를 소개하면 다음과 같다.

첫째, 학습 태세는 학습 상황에 임하는 학습자의 내적조건으로서 학습자가 지닌 정보들 간의 관계를 찾는 것이다.

둘째, 학습동기 수준은 학습자의 요구 상태로서 브루너는 보통의 동기 수준을 지닌 학습자는 너무 높거나 너무 낮은 동기 수준을 지닌 학습자보다 더 분류체계의 발견에 긍정적으로 반응한다.

셋째, 관련 정보의 학습은 학습자가 관련된 구체적 정보를 알고 있는 정도로서 많은 개념, 법칙, 원리의 학습이 발견 능력을 기르는데 긍정적이다.

끝으로 연습의 다양성은 같은 정보라 하더라도 그 정보에 접촉하는 사태가 다양할수록 그 정보를 조작할 수 있는 '분류체계'의 개발을 촉진한다.

(2) 발견학습의 과정

발견학습에서 문제해결의 과정은 듀이(Dewey)의 반성적 사고와 동일하다. 즉, 학습자는 문제에 대한 곤란을 감지하게 되면 곤란을 검토하고 이어 해결책을 수립하여 결과를 검증하는 절차이다.

그림 8-2 발견학습의 과정

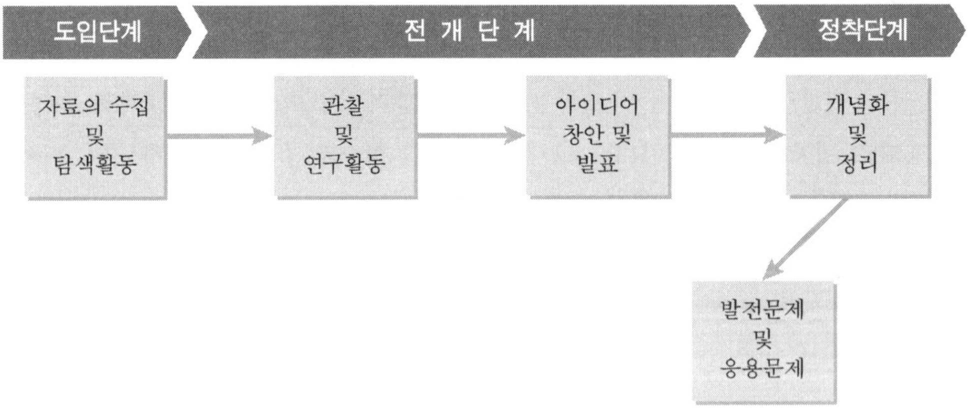

발견학습은 다음과 같은 단계를 거치는데 이를 살펴보면 다음과 같다.

① 도입단계

도입단계는 과제를 제시하는 단계로서 수업목표를 인식시킨다. 이 단계는 발견학습 모형에서 발견해야 할 과제를 학습자에게 명확하게 심어주는데 주안점을 둔다.

② 전개단계

전개는 해결 방안을 탐색하는 단계로서 학습과제를 해결하기 위한 예상과 계획을 설정하는 새로운 발상이 기대되는 단계로서 학습자의 자유로운 발상과 토의가 요구된다. 한편 과제해결은 문제해결 방안이 수정 발전되면서 계획된 절차에 따라 구체적 조작을 통한 형식적 조작이 이루어지는 단계로 문제의 해답을 얻는다.

또한 결과 음미 단계는 객관적 논리 아래 검증하고, 주어진 사실과 대조 음미하면서 새로운 이치를 발견하고 확실성을 더해 준다. 연습도 여기에 해당된다.

③ 정착단계

정착단계는 정리발전단계로서 하나의 학습과제를 수업하고 난 후 개념과 원리 및 학습내용을 정리하는 단계이다. 정착단계는 과제해결의 결과를 일반화하여 새로운 학습과제에 발전시키는데 주안점을 둔다.

(3) 발견학습의 교육적 특성

발견학습의 교육적 특성은 첫째, 한 교과의 구조를 알거나 교과에 포함된 기본적 원리를 알면 기본분류체계를 형성할 수 있으며, 둘째, 어떤 내용의 교재라 할지라도 교수자는 표상양식을 달리하여 모든 학습자에게 가르칠 수 있으며, 셋째, 발견학습은 학습자의 개념 형성 증진을 위한 직접적 경험의 기회를 강조한다.

발견학습의 장점은 다음과 같다.

첫째, 발견학습은 학습자의 고등 정신을 함양하는데 유용하며, 학습전이 효과와 파지가 뛰어나다.

둘째, 학습자의 지적 능력을 신장시켜줄 수 있다. 즉 관찰과 실험을 통해 탐구기능과 문제해결력을 기름으로써 새로운 상황에서 학습한 개념을 적용할 수 있는 능력을 형성시킬 수 있다.

셋째, 학습자는 발견의 과정을 직접 경험함으로써 발견의 기술과 방법을 터득할 수 있다.

넷째, 발견학습을 통해 얻어진 개념은 오래 기억되며 발견학습을 통하여 내적 보상을 받는다.

한편, 발견학습은 학습자의 자발성이 지나치게 강조되기 때문에 외적 동기나 정의적인 면이 무시될 수 있다. 뿐만 아니라 학습자가 모든 지식을 스스로 발견한다고 보기 어렵고, 교과의 특성상 문제해결력을 교육목표로 삼지 않는 경우에는 발견학습이 적절하지 않다.

(4) 발견학습에서 교수자의 역할과 유의점

발견학습이 보다 효과적으로 진행되기 위해 교수자의 역할은 다음과 같다.

첫째, 교수자는 교수자의 인지 구조를 파악하여야 한다.

둘째, 교수자는 교수자가 이해할 수 있을 정도의 쉬운 용어를 사용하여야 한다.

셋째, 교수자는 개념에 맞는 자료를 제시해 주어야 한다.

넷째, 교수자는 학습자의 질문에 대한 답을 할 때는 개념의 정의를 말하기보다 탐구 과정을 일깨워 주도록 한다.

한편, 발견학습을 적용할 때 유의할 사항은 다음과 같다.

첫째, 발견학습은 학습자의 능동적 과정을 중시하기 때문에 방만한 수업으로 흐를 수 있으므로 적절한 통제가 요구된다.

둘째, 발견학습은 시청각 매체의 이점을 최대한 활용할 수 있는 수업전략이 필요하다. 따라서 사전에 충분한 준비가 필요하다.

셋째, 발견학습은 수용 학습이나 설명식 수업에 비해 더 많은 시간이 소요되므로 비효율적일 수 있으며 집단 사고나 개인 사고의 다양한 조화에 의해서 진행되기 때문에 계통 학습이나 프로그램 학습이 갖는 위계적 절차가 요구될 수 있다.

이상과 같이 발견학습은 브루너에 의해 주창되었기 때문에 브루너의 이론이 갖는 한계도 함께 지니고 있다. 따라서 발견학습의 특성을 파악하여 장점을 살리고 단점은 보완하여야 한다. 발견학습은 학습자에게 교과를 최종적인 형태로 제공하는 것이 아니라 그 최종 형태를 학습자 스스로 조직하도록 요구되는 학습이다. 따라서 교수자는 특수교육 대상학생의 고등정신을 함양하기 위해 의도적으로 발견학습을 실시하여 학습자의 사고 수준을 높이고 학습전이 효과와 학습파지 능력을 신장시켜 줄 수 있다.

2. 문제해결학습

문제해결학습은 학습자의 자발적이고 능동적인 학습의 참여가 강조되고, 학습자의 흥미와 지적 호기심을 자극하고, 학습자의 경험과 학습자가 직면하고 있는 다양한 문제 상황을 교실 안으로 끌어 들여 이를 해결하는 과정으로 학습자의 사고 발달을 촉진시키는 수업의 형태이다.

문제해결학습과 관련하여 첫째, 문제해결학습의 정의, 둘째, 문제해결학습의 특징, 셋째, 문제해결학습의 과정, 넷째, 문제해결학습의 수업과정을 중심으로 살펴보고자 한다.

(1) 문제해결학습의 정의

문제해결학습은 기존의 경험으로는 해결할 수 없는 문제 상황을 의도적으로 교육의 장에 끌어들여 학습방법으로서 조직한 것이다. 문제해결학습은 듀이(Dewey)가 체계화한 진보주의 교육 철학의 교수-학습 방법으로 문제 상황을 바르게 해결할 수 있는 능력을 신장시키기 위한 형태이다.

문제해결은 반성적 사고에 의하여 의문이나 곤란을 제기하고 현실과 가능과의 사이에 대립을 없애며 조화적인 통일을 얻는 것을 의미한다. 문제해결학습은 지식이나 개념을 이해하는 것보다는 사회적 사상이나 현상을 해결하는 방법으로 무의미한 사실을 단순히 기억하는 기계적인 학습과는 달리 학습자의 사고 과정을 중시하면서 학습자 스스로가 문제를 발견하고 스스로 해결할 수 있는 방법을 찾도록 하는 능력을 길러 주는 것이다.

(2) 문제해결학습의 특징

반성적 사고는 지식을 확대하며 그 자체가 핵심적인 경험의 재구성 원리이고 일상생활과 학문의 모든 영역의 문제를 사고하고 검토하는 통합된 방법론이다. 이러한 반성적 사고는 학습자의 문제 상황에 직면하여 이를 해결하고자 하는 욕구가 발생될 때 활발히 이루어진다. 이 때 '사고'를 일으키는 '문제'란 해결이 요구되는 상황이나 장애가 되는 상황으로 학습자에게 현실적이고 의미 있는 것이며 지적인 혼돈과 당황함으로 긴장감을 주는 것이다.

문제해결학습의 특징은 다음과 같다.

① 문제사태가 제시되어야 한다.

② 문제는 학습자가 의문, 흥미 또는 벽에 부딪치는 것이고 해결이 가능해야 한다.

③ 문제는 명확하게 정의되어야 한다.

④ 학습자에게 자료 수집, 검증, 조직에 대한 암시를 주어야 한다.

⑤ 다양한 방법으로 자료를 수집할 수 있어야 한다.

⑥ 학습자는 가설에 따라 활동해야 한다.

⑦ 학습자는 처음 문제 상황으로부터 도출된 결론을 사용하여 새로운 문제들을 해결할 수 있어야 하고 문제해결로 나아갈 수 있음을 알아야 한다.

(3) 문제해결학습의 과정

문제해결학습은 문제의 내용이나 성질에 따라 그 해결의 순서를 달리하고 있다. 문제해결학습에서 문제해결이 전개되는 과정은 다음과 같다.

① 문제사태단계

학습자가 그들의 생활 주변에서 어떠한 의문되는 일에 직면하여 사고적인 활동을 통하여 문제를 발견하는 단계이다. 학습자가 문제를 발견하게 되는 것은 스스로에 의해 이루어지기도 하지만 교수자가 학습자에게 여러 자료를 제시하여 줌으로써 가능할 수도 있다.

④ 문제형성단계

문제사태에 직면하여 발견된 문제를 학습자로 하여금 말하게 하고, 그 문제들에 대하여 의미가 있고 해결해야 할 문제를 가려내어 핵심과 성격을 분명하게 밝히는 단계이다.

③ 가설설정단계

형성된 문제에 대하여 해결의 방향이나 암시를 통하여 문제가 해결됨으로써 얻을 수 있는 결과를 예상해 보거나 또는 잠정적인 결론을 선언적으로 설정하는 단계이다.

④ 가설검증단계

설정된 가설을 조사, 관찰, 분석 등의 활동을 통하여 검증하는 단계이다. 검증을 위하여 여러 가지 방법들을 활용할 수 있으며, 교수자는 검증할 수 있는 방법들을 간접적으로 암시해 주면서 검증에 필요한 자료를 제시한다. 이 때 학습자의 창의적인 사고 능력을 동원하도록 해야 한다.

⑤ 문제해결단계

설정된 가설에 따른 검증 활동을 통해 얻어지는 결과를 종합적으로 정리하고 요약하여 일반화하는 단계이다. 문제해결단계에서 학습자가 자유 토론이나 발표가 이루어질 수 있도록 하여 창의적이고 능동적인 사고 능력이 배양될 수 있도록 해야 한다.

⑥ 반성 및 발전단계

문제해결 과정에서 있었던 제반 활동들을 반성하는 시간을 갖고 어려웠던 점이나 재미있었던 점들을 발표, 또는 토론하게 한다. 또한 해결한 문제들을 통해 유사한 다른 문제들을 해결해 보게 하는 단계이다.

(4) 문제해결학습의 유형

문제해결학습의 유형으로는 정보 찾기 수업, 새로운 지식 창출 수업, 의사 결정 방법 수업이 있다. 이를 구체적으로 제시하면 다음과 같다.

① 정보 찾기 수업

정보 찾기 수업은 주어진 문제에 대한 사전 지식이 거의 없을 때 사용되는 과정으로 자료를 의미 있게 조직하고 종합하여 이해하고 그것을 이용하여 다른 문제를 해결할 때 사용된다. 이 때 최종 결과는 문제에 답하는 어떤 종류의 진술로 나타난다. 이를 정리하면 〈표 8-1〉과 같다.

표 8-1 정보 찾기 수업과정

단 계	과 정	지도상의 유의점
문제인식	· 안내 · 목표 제시 · 문제 파악	· 단원의 개괄적 설명 · 학습의 주제, 목표, 과제 부과
자료의 수집 계획	· 자료 수집 및 제공 · 방법 제시 및 문제해결 방안 모색	· 학습자의 자료 수집 · 교수자가 준비하여 제공 · 문제해결 방안의 탐색
자료의 조사 분석, 평가	· 자료 비판 · 자료 해석 · 자료 종합 · 토의 발표	· 자료의 비판과 의미 조사 · 비판 자료의 해석 · 해석, 종합한 자료의 분류 · 분류 자료의 토의 발표
정 리	· 교수자의 조언 및 정리 · 보고서 작성 · 일반화	· 토의 발표 자료의 정리 · 보고서 작성
평 가	· 사실의 이해 · 자료 처리 능력	· 학습자의 이해력 · 자료 처리 능력 평가

② 새로운 지식 창출 수업

새로운 지식 창출 수업은 문제에 대한 새로운 대안을 공식화하기 위해 기존의 지식을 활용하는 과정이다. 이는 어떤 사실에서 출발하여 개념과 일반화를 도출해 가는 문제해결 방식으로 가설설정단계를 갖는 특징이 있다. 이를 구체적으로 제시하면 〈표 8-2〉와 같다.

표 8-2 새로운 지식 창출 수업과정

단 계	과 정	지도상의 유의점
문제 인식	· 문제 파악 · 주제 및 목표 제시	· 단원의 개괄적 설명 · 학습의 주제, 목표제시 · 문제 파악
가설 설정	· 잠정적 결론	· 분석적 질문 · 가설의 진술 · 가설의 성격 인지
자료의 수집 계획	· 자료의 효용성, 정확성을 고려한 자료의 선택	· 필요한 자료의 취사 선택 · 문제해결 방안의 모색
자료의 조사, 분석, 평가	· 자료의 비판 · 자료의 해석 · 자료의 평가	· 자료의 선택 · 자료의 평가 및 해석 · 자료의 토의 발표
가설의 수용 및 기각	· 가설의 정당화 · 가설의 수정	· 가설과 자료 사이의 관계성 추구 및 결론도출 · 수정하기
정 리	· 결론도출 · 일반화	· 수용된 가설의 새로운 자료 제시 · 새로운 자료에 대한 적용
평 가	· 자료의 처리 능력	· 학습자의 이해력, 자료 처리 능력 평가

③ 의사결정 수업

의사결정 수업은 문제해결의 대안이 하나 이상이 존재할 때, 최선의 선택을 발견하기 위한 과정으로 선택된 대안은 실천 가능한 결과로 나타나야 한다. 이를 구체적으로 제시하면 〈표 8-3〉과 같다.

표 8-3 의사결정 수업과정

단 계	과 정	지도상의 유의점
문제 인식	· 문제 파악 · 사실적 지식의 파악	· 갈등 상황 파악 · 자료 제시
대안 및 결과 예측	· 제안 장면의 파익 · 잠정적 결론	· 개인의 관심 있는 문제 파악 · 자기 문제화
결과에 따른 조사, 분석, 평가	· 구체적 대안 찾기 · 대안 분석에 필요한 자료 찾기 · 자료의 분석 · 자료의 종합	· 각 대안의 평가기준 결정 조력 · 제안 장면과 자료와의 관계 지도 · 자료 분석을 통한 의미 이해
가치에 따른 선택	· 대안을 분석 최종안 결정, 발표 · 새로운 대안을 둘러싼 토론	· 검증이 어려운 경우 자료의 결과를 바탕으로 검증 · 새로운 대안의 정교화와 합리적 결정
정 리	· 새로운 사실적 지식, 설명적 지식, 개념적 지식 · 최종안에 대한 사후 평가 · 수업, 소감, 관찰의 과정 평가	· 주체적인 사회 참여 지도 · 수업 전후의 소감 비교

이와 같이 문제해결학습은 학습자의 자발적이고 능동적인 학습의 참여를 강조하며, 학습자의 흥미와 지적 호기심을 자극하고, 학습자의 경험과 학습자가 직면하고 있는 다양한 문제 상황에 대한 반성적 사고 과정을 통한 학습자의 사고력을 신장시키기 위한 수업형태이다.

(5) 문제해결학습의 장단점

문제해결학습은 학습자의 전인적인 발달을 돕는 학습 환경을 제공한다. 문제해결학습은 학습과제를 학습자가 스스로 해결하게 하여 자율성과 능동적인 능력을 기를 수 있으며 동기가 뚜렷하면 그만큼 성취감을 경험할 수 있다. 또한 문제해결학습은 정해진 교재에만 국한되지 않으므로 특수교육 환경에서 학습자의 발달 수준과 심리적 단계에 따라 개별적으로 학습되기 때문에 흥미를 갖고 학습활동에 참여시킬 수 있으며 배운 내용을 직접 실생활에 적용할 수 있도록 유도할 수 있다.

반면 문제해결학습은 학습에 투자한 노력에 비해 학습효과가 떨어질 수 있으며, 체계적이고 조직적인 학습능력이 요구되고 수업상황이 어수선할 경우 일관성이 있는 학습지도가 곤란하다. 뿐만 아니라 문제해결학습을 통하여 학문적인 지식을 단시간 내에 습득하기가 어렵다는 단점도 있어 인지능력이 낮은 특수교육 대상학생에게 제시하기에는 다소 무리가 따를 수 있다. 그러나 학습자의 발달 수준과 심리적 단계에 따라 개별적으로 학습되기 때문에 학습자의 흥미를 끌 수 있는 학습과제를 갖고 문제해결학습을 적용시키면 학습자의 학습참여 활동을 증진시킬 수 있으며 배운 내용을 직접 실생활에 적용할 수 있도록 유도할 수 있는 장점이 있다.

Paragraph 03 프로젝트 학습(구안법)

프로젝트 학습(구안법)은 학습자가 뚜렷한 목적을 가지고 스스로 계획을 세워서 활동을 계속 진행해 가는 학습방법이다.

프로젝트 학습(구안법)은 1918년 진보주의자인 길패트릭(Kilpatrick)에 의해 창안되었다. 그는 프로젝트(Project)를 '사회적 장면에서 온 힘을 쏟을 만한 목적을 가지고 하는 일련의 활동들'로 규정하고, 손다이크(Thorndike)의 연합주의 심리학과 듀이(Dewey)의 교육철학에 근거하여 프로젝트 학습의 과정을 목적 설정, 계획, 실행, 판단하기의 네 단계로 나누었다. 길패트릭의 프로젝트 방법은 교수의 방법인 동시에 교육과정 개발의 이론으로 간주되었다.

프로젝트 접근법은 1990년대 들어 학습자에 관한 연구와 교육과정 통합에 힘입어 활성화되었다. 프로젝트 학습과 관련된 여러 교육자 및 학자들의 견해를 살펴볼 때 프로젝트 학습을 형성하는 핵심적인 요소를 다음 세 가지로 요약할 수 있다.

첫째, 학습자가 학습의 전 과정에 의사 결정권을 행사할 수 있는 기회를 가지며, 학습에 대한 책임도 동시에 가진다.

둘째, 주제 · 제재 · 문제 · 쟁점 등에 관한 탐구활동과 표현활동을 하게 된다. 맥닐(McNeil)은 프로젝트 학습의 제목은 탐구할 문제를 중심으로 진술되어야 하며, 주제와 제재의 명시적 표현 형식은 곤란하다고 주장한다. 반면 여러 학자들은 프로젝트 접근법은 다양한 주제 · 제재 · 문제 · 쟁점을 중심으로 이루어지는 학습으로 보고 있다.

셋째, 프로젝트 학습은 만들어 가는 교육과정으로 볼 수 있다. 따라서 프로젝트 학습의 특성은 학습자 주도라는 요소와 탐구 및 표현활동이라는 요소의 성격으로 규정할 수 있다. 즉, 프로젝트 학습은 학습자가 교수자와 함께 계획하며 운영하고, 탐구와 표현활동에는 다양한 방식이 있다는 점에서 전개의 방향이 계속적으로 변화해 간다는 것이다.

프로젝트 학습은 소집단으로 수행되나 경우에 따라 학급 전체, 전교생 또는 개별 학생에 의하여 수행되기도 하며, 비교적 장기간에 걸쳐 이루어지는 학습이지만 상황에 따라 1~2시간 정도의 단기간에 마칠 수도 있다. 일반적으로 교과통합적 성격을 많이 띠지만 한 교과 내에서 특정 단원을 중심으로 수행될 수도 있다.

1. 프로젝트 학습의 의의

프로젝트 학습은 학습자의 내적 동기를 유발시킴으로서 학습의 효과를 높이고 후속 학습에 대한 의욕을 고취시킨다. 학습의 내적 동기는 외부의 보상이 아니라 학습과정에서 생기는 만족감이나 학습의 결과로 얻게 되는 성취감 등으로 일어난다. 또한 프로젝트 학습은 학습자의 책임감을 길러준다.

학습자는 프로젝트 학습의 모든 과정에서 교수자와 동료 학습자와 함께 끊임없이 모종의 선택을 하고 선택에 따른 활동을 해 나가야 한다. 만일 어떤 학습자가 프로젝트 학습의 과정에 참여하지 않거나 소극적으로 참여한다면 학습은 진행되기 어려우며, 결국 그 피해가 동료 학습자들에게도 미치게 된다.

프로젝트 학습은 긍정적인 자아개념을 심어준다. 학습자의 긍정적인 자아개념은 학습과정의 민족과 학습결과의 성취감과 교수자와 동료들의 인정 등에 의하여 생긴다. 프로젝트 학습은 학습자의 자발적인 참여를 유도한다는 점에서 학습자 개개인에게 만족감을 제공하고 학습의 단계마다 이루어지는 결과물을 통하여 성취감을 맛볼 수 있으며, 자신의 아이디어가 교수자와 동료 학습자에게 수용될 기회가 많아지면 많아질수록 자신에 대한 긍정적인 생각을 갖게 된다.

프로젝트 학습은 학교와 사회의 관련성을 인식하게 되고 문제해결력을 길러주며 사고의 유연성을 신장시켜 준다. 또한 프로젝트 학습은 체험적 학습 기회를 제공한다. 이는 기억의 효과뿐만 아니라 현상이나 사물에 대한 친근감과 학교교육과 실세계의 관계, 삶에 대한 자체 반성 등 여러 가지 교육적 효과를 가져다준다.

이와 같이, 프로젝트 학습은 학습자에게는 내적 동기유발, 책임감, 긍정적인 자아개념, 협동심, 사회적 기술, 사회에 대한 관심과 문제해결력, 다양한 탐구와 표현능력, 사고의 유연성, 체험적 학습 기회를 제공하거나 신장시킨다. 뿐만 아니라 교수자는 새로운 교수-학습 경험을 얻고, 학부모와 지역 사회 구성원은 교육에 대한 관심을 촉구하는 등의 교육적 가치가 있다.

2. 프로젝트 학습의 절차

프로젝트 학습의 절차는 교수자마다 조금씩 다르다. 그러나 본질적인 내용면에서는 크게 차이는 없다. 다음은 차드(Chard)의 4단계 절차와 김대현의 6단계 절차에 대하여 소개하고자 한다.

(1) 차드(Chard)의 4단계 절차(지옥정, 1999)

① 제1단계 : 예비단계

예비단계는 교수자가 학습자와 함께 의견 조정을 해서 주제를 선정하는 단계이다. 주제 선정 시에는 아래와 같은 사항들을 참고로 하는 것이 바람직하다.

첫째, 학습자의 학습에 있어 그 주제가 갖는 가치

둘째, 학습자의 흥미

셋째, 교육과정에서 필수적으로 요구하는 부분

넷째, 프로젝트 활동에 필요한 자원의 이용 가능성

② 제2단계 : 프로젝트의 시작

프로젝트 시작 단계는 최초의 출발점, 주제망 구성, 체크리스트 작성으로 나누어 살펴볼 수 있다.

최초의 출발점은 일반적으로 학급 전체에 대하여 최초의 관심을 유발시키는 발단적 사건에서 시작된다. 예를 들면, 어떤 이야기를 들려주거나 비디오를 보여준다. 또는 학습자에게 특별한 물건이 제시되어 서로 돌려보며 자세히 관찰하면서 신기해하는 경우가 이에 해당된다.

주제망 구성은 주어진 주제에 대하여 학습자 모두가 아이디어를 수집하고, 자신들의 경험을 통하여 알고 있는 지식을 동원하여 주제망을 구성하는 단계이다.

체크리스트 작성은 학습자가 프로젝트를 수행하는 과정에서 조사하고자 하는 질문 사항들을 사전에 수집, 정리해 두는 단계이다. 이를 위해 벽면에 부착된 목록표에 학습자들이 그때그때 질문 내용을 추가하도록 할 수도 있고, 비치된 상자 속에 질문 내용을 적어 넣은 후 2단계가 종료될 무렵 개봉하고 거기서 수집된 질문에 대하여 함께 검토 및 토의할 수도 있다.

③ 제3단계 : 프로젝트 활동 단계

프로젝트 활동 단계는 첫째, 현장 활동 준비, 둘째, 현장견학, 셋째, 현장견학 추후활동, 넷째, 전문가 방문으로 나누어 설명할 수 있다.

현장 활동 준비는 프로젝트의 수행 도중 1회 혹은 그 이상의 현장견학을 실시하기 위한 사전 준비 활동이다. 현장 활동을 준비하는 데 있어 학습자는 자신들이 '얻고자 하는 것이 무엇이며 어떠한 질문에 대하여 조사할 수 있을까?', '누구를 상대로 이야기해야 하며 학급으로 가지고 돌아 올 수 있는 것은 무엇인가?' 등의 문제에 대하여 토의하고 기록하게 된다.

현장 활동이라고 해서 반드시 학교를 떠난다는 전제를 수반하는 것은 아니지만 환경의 어떤 측면을 보다 상세히 조사하기 위해서는 학교 울타리를 벗어나는 것이 일반적이다.

현장견학을 통해서 학습자는 프로젝트와 관련이 깊은 물체나 현상 혹은 과정들을 직접 확인할 수 있고 공장, 동물, 차량, 장비, 사람 및 각종 행사들을 구경할 수 있는 기회를 얻을 수 있다. 이 때 학습자는 자신이 많은 관심을 가지고 있는 부분과

학교에 돌아와 좀 더 구체적으로 공부하고 싶은 부분을 필기하거나 사진으로 찍을 수도 있고 스케치해 둘 수도 있다.

현장견학 추후활동은 학습자가 현장견학을 마치고 돌아와 견학 결과에 대하여 토의하면서 거기서 무슨 일이 일어났고, 누구와 이야기를 나누었는지, 보고 배운 것이 무엇인지 재확인하는 활동이라고 할 수 있다. 이 때 현장에서 찍어 온 사진이나 스케치는 상세하게 그림이나 도표를 작성하고 모델을 구성하는 기초 자료가 된다. 또한 각종 정보 서적들을 조사하고 새로운 질문을 제기하며 때로는 편지를 쓰기도 하고 현장에 대한 사후 견학을 계획하는 경우도 있다.

전문가 방문은 학습자를 위해 전문가를 초빙 또는 방문하여 학습자들의 질문에 답변하게 하거나 토의에 참여하고 인터뷰를 할 수 있다.

④ 제4단계 : 프로젝트의 종결

프로젝트의 종결은 마무리 행사와 새로운 지식의 사유화로 구분하여 살펴볼 수 있다.

마무리 행사는 학습자가 수행해 온 프로젝트를 다른 사람들에게 보여줌으로써 프로젝트를 통해 활동한 내용을 제시하고 의견을 교환하는 활동이다. 그러나 프로젝트와 관련된 모든 것에 대한 경험을 다른 사람들과 공유한다는 것은 불가능하기 때문에 자신들의 연구 내용을 가장 함축적이고 내실있게 설명할 수 있는 부분을 선택하여 발표한다.

새로운 지식의 사유화는 학습자가 자신이 체험한 새로운 지식을 충분히 이해하기 위한 시간을 필요로 한다. 이 때 상상 활동을 통하여 학습자 개개인은 자신의 상상적인 이야기와 극본을 구상하는데 있어 자신들의 새로운 아이디어를 사유화할 수 있다.

한편, 김대현은 프로젝트 학습의 절차를 6단계로 나누었는데 그 내용을 요약하여 정리하면 〈표 8-4〉와 같다.

표 8-4 프로젝트 학습의 학습과정과 절차

<table>
<tr><th colspan="2">학습과정</th><th>학습활동</th></tr>
<tr><td colspan="2">준비하기</td><td>· 프로젝트 학습을 하기로 결정한다.
· 주제를 잠정적으로 결정한다.
· 교수자가 잠정적 주제망을 작성한다.
· 자원 목록을 잠정적으로 작성한다.</td></tr>
<tr><td colspan="2">주제 결정하기</td><td>· 주제를 확정한다.
· 학습자의 주제와 관련된 경험을 끌어낸다.
· 학습자와 함께 주제망을 작성한다.</td></tr>
<tr><td colspan="2">활동 계획하기</td><td>· 학습할 소주제를 결정한다.
· 학습활동 팀을 구성한다.
· 질문 목록을 작성한다.
· 학습활동을 계획하고 자원을 확보한다.
· 가정 통신문을 보낸다.</td></tr>
<tr><td rowspan="3">탐구 및 표현 하기</td><td>탐구하기</td><td>· 문헌 조사 : 문헌 자료 활용
· 현장 조사 : 현장 활동, 견학
· 실험 : 실험하기
· 자원인사 면접 : 전문가 면담</td></tr>
<tr><td>협의하기</td><td>토의하기</td></tr>
<tr><td>표현하기</td><td>표현 방식 : 언어적/수학적/소리/그림/입체/신체</td></tr>
<tr><td rowspan="2">마무리 하기</td><td>전시 및 발표하기</td><td>문집(책, 신문, 잡지, 스크랩), 그림, 구성물, 멀티미디어 자료(사진, 비디오 자료 등)</td></tr>
<tr><td>반성하기</td><td>개인 및 집단 반성하기</td></tr>
<tr><td colspan="2">평가하기</td><td>평가방법
· 작품 분석 · 일화 기록
· 체크리스트 · 면접
· 가정조사서 · 사회성 측정법</td></tr>
</table>

3. 프로젝트 학습의 유형

프로젝트 학습의 정형화된 유형은 없으나 일반적으로 많이 소개된 것을 살펴보면 다음과 같다.

먼저 장소에 따라 학교 프로젝트와 가정 프로젝트로 구분할 수 있다. 또한 집단의 규모에 따라 개인 프로젝트, 소집단 프로젝트 학급 단위 프로젝트, 학교 단위 프로젝트, 교육청 단위 프로젝트로 구분할 수 있다.

또한, 교과통합 방법에 따라 교과 분리형 프로젝트, 교과 통합형 프로젝트, 교과 초월형 프로젝트로 구분할 수 있다.

교과 분리형 프로젝트로서 기존의 교과 구분을 그대로 따르되 각 교과 내에서 학습자의 수준과 흥미를 고려한 다양한 내용을 제공하는 유형을 말한다.

교과 연합형 프로젝트로서 교과를 어떤 식으로든 의미있게 연관지어 그것을 배우는 학습자의 내면적 경험이 의미있게 연관지어져 학습하도록 구성하는 유형이다.

교과 초월형 프로젝트로서 교과 구분을 초월하여 학습자가 관심을 가지는 문제 혹은 주제를 중심으로 학습하게 하는 유형이다.

프로젝트 학습지도안의 예시안을 소개하면 다음 〈표 8–5〉와 같다.

표 8–5 프로젝트 학습지도안(예시)

학습과정	학습흐름도	교수–학습 활동	자료 및 지도상의 유의점
상황접근	시작	✣반가 부르며 이동하여 모이기	· OHP, TP자료
	러그미팅1	· 러그미팅–노래, 율동, 몸동작, 학습 분위기 조성	· VTR 테이프 · 기타 학습기 교재
토의주제 선정		· 선수학습 상기 및 학습관련 경험담 발표 · 본시학습 관련 TP자료, VCR자료 시청	· 토의주제 선정을 협의하에 합리적인 것, 해결 가능한 것, 생활주변의 실감나는 것들로 할 수 있도록 한다.
수제해결 계획협의		· 학습문제 제시(주제망을 게시) · 문제 발견 · 토의주제 선정 협의	
모듬(조)별 소주제 해결협의		✣학습방법 협의 및 안내 · 소주제 선정 및 분담 ✣모듬별 학습활동 계획 세우기 · 모듬별 학습자료 수집, 조사협의 · 모듬별 자료 수집	· 합리적인 해결방법을 찾도록 한다.

모듬(조)별 소주제 해결		✣모듬별 학습문제 토의 · 모듬별 보고내용 자료정리-TP, 괘도 준비 · 검토 확인 · 선택학습 하기	· 소란스럽지 않은 가운데 모듬의 학습과제를 빨리 해결토록 한다. · 본시학습과 관련된 내용으로 선택학습을 제시한다.
모듬학습 내용발표		✣모듬별 학습내용 및 토의내용 발표 · 의문사항, 질의사항, 보충설명 · 모듬별 학습내용이나 협의내용 등을 OHP나 실물화상기 등으로 발표	· OHP, VCR 등 학습기 교재
종합토의		✣전체 질의응답 · 주제 해결활동의 전반적인 면이나 부분적인 사항에 대한 보충 토의 · 토의 결과 적용, 준수, 활용 등의 방안토의	· 의문사항이 있으면 서슴지 말고 질의하도록 유도한다.
종합정리	끝	✣학습내용 정리 · 학습활동 반성 및 학습내용 종합정리 또는 보충설명 · 학습결과 보상	 · 스티커

4. 프로젝트 학습의 장 · 단점

프로젝트 학습은 학습자로부터 구체적인 결과물을 얻을 수 있다.

프로젝트 학습 주제는 실제 생활에 연결시킬 수 있으므로 특수교육 대상학생의 학습전이 효과를 기대하는데 효과적인 교수-학습 방안이 될 수 있다.

학습자의 태도 면에서 볼 때 창조적이고 연구적인 태도를 함양시킬 수 있으며 자발적이고 능동적인 학습활동을 촉구하기 때문에 학습자에게 자주성과 책임감을 심어줄 수 있다.

반면, 수업이 무질서하게 운영될 수 있으며 교재의 논리적 체계가 무너지기 쉽고 자료의 획득이 어려운 점이 있다. 인지능력이 떨어지는 학습자에게 프로젝트 학습을 무리하게 진행하는 것은 한편으로 시간과 노력이 지나치게 많이 요구되는 단점도 있다.

Paragraph
04 탐구학습

탐구는 어떤 것을 알기 위해 깊이 있게 연구하는 활동을 가리킨다. 학습활동과 관련하여 사용되는 탐구라는 용어는 주로 '학습의 과정이나 방법'을 뜻한다. 그러므로 탐구학습에서 탐구란 흔히 '문제를 해결해 가는 과정, 즉 학습해야 할 문제나 주제에 직면하여 학습자 자신이 가설을 세우고 자료를 이용하여 가설을 검증하여 확인 또는 수정하여 결론에 도달하는 것'을 의미한다.

우리나라는 학문 중심 교육과정이 대두된 제3차 교육과정에서도 탐구를 하나의 '방법'으로 여겨 '탐구 방법'이라는 말을 사용하였다. 탐구 수업 모형은 탐구의 과정을 체계화한 것이라고 할 수 있다. 따라서 탐구학습 모형은 학습해야 할 문제나 주제를 찾고, 자료의 범위를 한정짓고, 가설의 검증을 위해 어떠한 방법을 사용할 것인지 등 여러 가지 절차나 방법을 고안하는 것이다.

1. 탐구학습의 의의

탐구는 과학적 지식 자체가 아니라 지식을 얻는 과정, 방법 혹은 활동으로 표현되며 흔히 문제해결, 발견, 반성적 사고의 과정을 포함하는 개념이며 탐구학습은 학습자가 실험 과정을 통하여 자연 현상에 대한 규칙성을 능동적으로 찾아내게 하는 학습활동을 의미한다. 그러므로 탐구학습은 학습 수준이 아니라 학습방법론적인 개념이며 학습자가 스스로 학습을 수도한다는 점에서 구성주의의 학습이론에 적합하다.

탐구학습은 미국에서 1960년대 중반 이후 주로 개발되었으나 그 근원은 듀이(Dewey)의 반성적 사고 모형에 두고 있으며, 성격상 경험 중심 교육과정의 학습방법과 비슷하다. 이러한 미국의 탐구학습 모형들은 우리나라에도 그대로 소개되어 그 적용이 시도되어 왔다.

한편, 탐구학습의 주된 목적은 학습자 스스로 지식을 습득할 수 있는 지식의 구조를 습득시키는 것으로 학습내용에 초점을 맞추기보다는 학문의 구조를 습득시키는 하나의 수단 역할을 하였다.

따라서 탐구를 학습 교수－학습 방법에 가장 먼저 적용한 교과는 과학으로 과학 과목들을 가르치기 위한 학습법으로 개발된 것으로 자연과학 주제나 연구법의 성격이 반영되었다. 따라서 교과지식보다 탐구과정에 중점을 두는 과학이나 사회과는 지식의 습득(know about)이 아니라 지식을 얻는 방법의 습득(know how to)에 주목하여 직접 학습자가 탐구하여 개념을 습득하도록 하는 교수－학습 방법으로 활용하고 있다.

2. 탐구학습 단계

우리나라에 널리 소개된 탐구학습 수업모형은 **마시알라스**(Massialas)와 **콕스**(Cox)의 모형으로 듀이의 반성적 사고를 목적으로 하는 **순환적 모형**을 담고 있는데 이를 살펴보면 [그림 8－3]과 같다.

그림 8-3 마시알라스와 콕스의 탐구 단계

단 계	교수－학습 활동 내용
정 의	• 탐구과정에서 사용되는 새롭거나 혼동될 수 있는 용어들의 의미를 규정한다. • 정의는 가설의 의미를 명확히 한다.
↓	↓
안 내	• 학습할 과제가 무엇인지를 소개하고, 학습자의 학습 의욕을 자극한다. • 안내는 교사의 설명이나, 교과서, 그 밖의 자료를 통해 이루어진다.
↓	↓
가설선정	• 가설을 설정한다. • 가설은 학습 과제와 관련된 중심 아이디어 또는 설명이다.
↓	↓
탐 색	• 학습자가 해야 할 학습활동은 자료를 수집하여, 자신이 세운 가설이 타당한지 여부를 검토한다.
↓	↓
입 증	• 자료를 수집하고 분석하여 가설이 맞는지의 여부를 검증한다. • 교수자는 학습자가 자료수집과 가설검증 방향을 도와준다.
↓	↓
일반화	• 검증된 가설을 같은 성격을 지닌 다른 사건이나 현상으로 확대한다. • 일반화는 수집된 자료에 나타난 증거에 포괄적으로 입각하여 이루어진다.

이와 같이 마시알라스와 콕스의 탐구학습 모형은 일반적인 절차에 따라 가설을 세우고 이를 검증하는 순환적 과정을 밟고 있다.

한편, 탐구단계에서 무엇보다 중요한 것은 가설이 실제 검증의 대상이 되는 것이 아니라 가설로부터 탐색된 명제이다. 그 까닭은 가설은 너무 막연하여 옳고 그름을 판별하기 어렵고 가설을 검증하기 위해서는 어떤 자료를 선택해야할 지 막연하기 때문에 가설로부터 탐색된 명제를 통하여 자료의 범위를 좁히고 검증의 결과를 명확히 할 수 있는 보다 구체적인 탐색을 하는 것이 중요하기 때문이다.

마시알라스와 콕스 모형은 탐구의 과정과 탐구결과를 알아야 할 내용이 포함되어 있다. 그러나 이들의 모형에서는 수업의 결과로 가설의 형태로 되어 있는 학습내용을 이는 것도 중요하지만, 가설검증의 결과를 수행할 수 있는 탐구 능력을 습득하는 데 보다 커다란 주안점이 담겨있다.

한편, 탐구학습을 수행하기 위해서는 첫째, 증거를 위한 사실의 사용, 둘째, 공개된 토론 분위기 조성, 셋째, 가설의 중시 등의 조건이 선행되어야 한다.

이를 살펴보면 다음과 같다.

첫째, 증거를 위한 사실의 사용은 탐구의 과정은 가설을 입증하기 위한 사실을 기능적으로 사용하는 것이다. 그러므로 탐구의 과정은 가설을 검증하기 위한 자료와 사실을 수집하고 그것들에 의해 가설을 검증하고 일반화시킬 수 있어야 한다.

둘째, 공개된 토론 분위기 조성은 탐구 수업 중 교실의 분위기를 공개적이고 다른 사람의 의견을 받아들이도록 하는 것이다. 그러므로 수업 중에 다루어지는 모든 문제들은 미결정의 특수성을 지녀야 한다는 가정이 필요하다.

셋째, 가설의 중시는 탐구학습에서 가설은 탐구의 도구이기 때문이다. 그러므로 가설은 탐색 방법과 적절성 여부를 판단하는 기준 역할을 하기 때문에 중요하다.

3. 탐구학습의 장 · 단점

탐구학습은 귀납적 추론 능력을 발달시키는데 적합한 수업 모형이다.

탐구학습은 창의성과 더불어 계획하고 조직하며 판단하는 것과 같은 상위 수준의 지적 능력을 계발할 수 있으며 합리적, 비판적인 사고를 할 수 있는 기회를 얻게 되므로 창의성과 상위 지적 능력을 신장시킬 수 있으며 주어진 사실에 새로운 법칙을 파악해 내는 추론 과정을 신장시킬 수 있다.

뿐만 아니라 학습자 스스로 학습 방향을 찾고 학습성과에 대한 연대 의식을 느끼며 사회적 의사소통을 하기 때문에 과제 수행에서 성취감을 경험하고 긍정적인 자아개념을 형성할 수 있게 된다. 또한 학습자 스스로가 자기 능력으로 문제를 해결할 수 있음을 믿게 되며 앞으로도 스스로 문제를 해결하여 성취할 수 있다는 자신감도 심어줄 수 있다.

반면, 탐구학습은 교수자에게 자료 준비나 학습지도 및 평가 등에 관한 부담을 주고 지도하는 시간이 많이 소요되며 단순한 개념을 일정하게 전달하는 데에는 비효율적이다.

한편, 특수교육 대상학생 중에는 탐구학습이 적절치 않은 장애영역도 존재할 수 있다. 예를 들어, 인지능력이 떨어지면 학습자가 스스로 탐구학습을 수행하기 어려운 제한점이 있다. 즉, 탐구학습 수행은 학습자가 기본학습에 대한 이해가 높아야 하고 탐구학습의 사전 훈련이 필요하다. 또한 자율적인 학습능력이 부족한 학습자에게는 탐구학습을 권장하기 어렵다는 점에서 특수교육 교수-학습 모형으로 활용하기에는 여러 가지 제한점이 있을 수 있다.

Paragraph 05 교수중심과 학습자중심의 교수-학습 지도방법

1. 객관주의 이론에 근거한 교수-학습

객관주의는 지식의 절대성을 믿는다. 지식은 보편적이기 때문에 모든 학습자가 반드시 익혀야 할 실체가 있다고 믿기 때문에 객관주의에서 효율적인 교육은 짧은 시간에 가능하면 많은 양의 지식을 가능하면 학습자가 잊어버리지 않도록 전달하는 것이다. 이러한 교수-학습의 경제 원칙에 의해 대부분의 교수-학습 방법들이 연구되어졌고 실천되어 왔다.

즉, 짧은 시간에 지식을 많이 전달하기 위한 효율적인 수업의 형태는 교수자 중심의 일제식, 주입식 교육이 선호된다. 지식의 내용은 이미 고전 속에 들어 있다고 믿기 때문에 교육과정은 학습자의 흥미나 관심거리와는 관계없이 고전 속에 들어 있는 지식들을 체계적으로 정리하여, 학습자의 발달 수준에 맞게 내용과 양을 나누고, 각 학년수준에 맞춰 전달한다.

객관주의 교육은 지식을 전승하는 학습방법을 선호함으로서 처방적 이론(prescriptive theory of learning)과 부합한다.

객관주의 철학과 관련이 깊은 교수-학습 방법을 소개하면 다음과 같다.

(1) 프로그램 학습법

① 프로그램 학습의 의의 및 원리

프로그램 학습법(programed learning method)은 학습자가 갖고 있는 서로 다른 개인차를 고려한 교수-학습이 가능하도록 학습의 형태를 여러 단계로 구성하는 것이다. 프로그램 학습법은 각각 다른 수준의 학습자의 수준에 맞게 학습할 수 있도록 고안되었다. 그러므로 학습자 스스로 자신의 능력에 맞게 문제를 해결하고 그 결과를 즉시적으로 평가할 수 있는 수업형태이다. 프로그램 학습법은 세 가지의 원리를 가지고 있는데 이를 제시하면 다음과 같다.

첫째, 자기 활동의 원리로서 학습자가 스스로 주어진 교재와 직면하여 자기 활동에 의한 학습을 진행하는 것이다.

둘째, 자기 속도의 원리로서 교재는 학습자의 능력에 기초를 두는 동시에 학습의 진행을 계속적으로 조절하는 것이다.

셋째, 자기 검증의 원리로서 자기 반응의 맞고 틀림을 즉시 확인할 수 있도록 하는 것이다.

프로그램 학습의 이론은 스키너(Skinner)의 강화 이론과 학습내용 소식의 세밀성의 원리에 기초한 교수-학습의 형태로서 학습자의 자발성과 개별화를 충족시킬 수 있다. 또한 개별 학습에 역점을 두고 있어 수업 이론보다는 학습이론에 초점을 맞추고 있다고 볼 수 있다.

② 프로그램 학습의 과정

프로그램 학습은 다음의 세 가지의 과정을 거친다. 이를 소개하면 다음과 같다.

첫째, 제시로서 자극이 될 만한 유용한 문제를 선정하여 학습자에게 제시하는 단계이다.

둘째, 반응은 학습자가 문제를 인식하고, 문제가 요구하는 의도에 따라 답을 기록하는 직선형 프로그램 방식과 다지 선택 방식으로 구분하여 살펴볼 수 있다.

직선형 프로그램 학습은 스키너(Skinner)가 주장한 학습모형으로 학습 노선이 출발점에서 도착점을 향하여 여러 단계로 구분되는 직선로이다. 직선형 프로그램은 학습자의 개인차에 따라 속도의 차이는 있지만 누구나 이 직선로를 따라 학습하도록 조직된 방식이다.

다지 선택 프로그램 학습은 노난(Nornan)에 의하여 개발된 것으로서 학습자의 오답을 이용하는 방식이다. 즉, 학습자의 오답을 교정하는 피드백을 마련하는 방식으로 다지 선택의 해답이 준비되어 있다. 학습자를 위하여 반응한 오답에 대하여 몇 페이지를 보라는 참고 내용을 제시하도록 조직된다. 따라서 학습자가 선택한 답이 오답이라면 프로그램에서 지시된 쪽 번호에서 왜 그가 오답을 하게 되었는지를 이해하기 쉽게 해설해 준다. 그러므로 학습자는 그것을 이해하면 본래의 학습 쪽 번호로 되돌아와서 다시 해답을 생각하도록 한다. 여기서 정답을 골랐다면 그때에 지시된 다음의 쪽 번호의 내용으로 전환되는 방식이다.

셋째, 강화는 학습자의 반응과 관련하여 교수자가 학습자에게 맞고 틀림을 알려주는 단계이다.

이와 같이 프로그램 학습은 학습내용을 단계화하여 효과적으로 진행하도록 구성되어야 하며 학습자는 주어진 문제에 대하여 적극적인 반응을 보여야만 한다. 또한 학습자 스스로 반응에 대하여 정오를 알 수 있도록 하고 학습자가 프로그램 학습에서 정답 반응이 많이 나와야만 긍정적인 태도를 지니므로 처음에는 쉬운 문제에서 점차 어려운 문제로 이동하면서 목표를 달성하도록 구성한다.

③ 프로그램 학습의 장 · 단점

프로그램 학습은 학습자의 동기유발에 효과적이다. 또한 학습자의 개인차와 능력에 적합한 학습지도가 가능하다는 장점을 지니고 있다. 따라서 프로그램 학습은 학습자의 개인차를 가장 잘 구현할 수 있는 교수–학습 방법으로 특수교육 대상학생에게 효과적으로 적용할 수 있다. 그러나 학습 프로그램 준비에 많은 시간과 노력이 요구되며 학습 진행 과정이 개인적인 측면을 강조하기 때문에 공동의식인 사회적 사고를 기르는데 한계가 있고 학습 자체가 직선 통로이기 때문에 다양한 사고와 사고의 유연성을 길러주는 데 제한점을 지니고 있다.

(2) 직접교수법

직접교수법(direct instruction)은 고도의 복잡한 기능을 수행해야 하는 우주 항공기나 잠수함을 조종하는 사람들을 훈련시킬 때 사용되었던 용어이다. 교육에 이 방법이 도입된 것은 1970년대 중반 이후이며, 베를리너(Berliner)와 로젠신(Rosenshine)에 의해 개발된 DISTAR(direct instruction system of teaching and remediation) 프로그램에서 기원한다(초등국어교육학회, 1997. 인용).

직접교수법은 대개 도구 교과인 읽기와 수학 분야의 학습에서 효과적인 것으로 알려져 있다.

① 직접교수법의 의의

직접교수법은 목표 중심의 수업방법을 지향한다. 직접교수법은 가르치고 배울 내용을 분석하여 나누고, 나누어진 구체적인 지식이나 기능을 각각 따로 목표화하여 가르치지만 해당 목표를 달성하는 데 직접적으로 관여하지 않는 요소는 철저히 배제하고 목표 달성을 위한 활동만으로 수업한다. 그러므로 직접교수법은 교수자가 가르칠 내용에 대해 명시적으로 설명하고 시범 보일 수 있을 정도로 명확하게 파악하고 있어야 한다.

직접교수법은 학습자가 스스로 선택해서 할 수 있는 부분을 제한하는 교수자 중심적인 교수–학습 방법이다. 즉, 직접교수법은 교수자와 학습자 간의 수업목표 도달과 관련이 없는 행위는 배제하여 수업 행위를 좁게 해석하고 적용하고자 한다. 또한 직접교수법은 전체를 부분으로 나눈 후, 이를 위계화하여 순차적으로 가르쳐야 한다는 관점을 취하여 학습행위를 제한한다.

직접교수법에서 교수–학습의 중심은 교수자이며 교수자는 학습자에게 학습내용을 직접 가르친다. 또한 교수—학습목표를 최대한 상세화하고 구체화한 다음 목표 중심의 수업을 전개한다.

따라서 직접교수법은 주어진 시간 내에 학습자가 실제로 무언가를 배우거나 익히는 데 보내는 시간을 높여야 하고 긍정적인 자아개념을 심어 주기 위해 성취 기대 수준을 낮추어야 한다. 안내된 연습을 충분히 수행한 다음에 과제를 제시해야 쉽게 해결할 수 있고, 이러한 결과가 반복되는 과정에서 긍정적인 자아개념을 형성하게 된다.

② 직접교수법의 교수－학습 방법

직접교수법은 다섯 단계로 나누어 진행된다. 이를 제시하면 [그림 8—4]와 같다.

그림 8-4 직접교수법의 교수－학습 단계

단 계	교수–학습 활동
안 내	• 수업목표를 확인한다. • 수업내용을 인식한다. • 사전지식 또는 경험과의 관련성을 유도한다. • 수업절차에 대한 안내를 한다.
예 시	• 새로운 개념이나 지식, 기능 등을 실제 예를 통해 설명한다. • 학습과제의 이해를 확인한다.
시 범	• 과제해결의 방법을 구체적이고 명확하게 제시한다.
교사 보조활동	• 교수자의 도움을 받아 학생이 과제를 해결해 나가도록 지도한다.
학생 독립활동	• 학습한 기능 혹은 전략을 학급이나 집에서 적용해 보도록 한다.

③ 직접교수법의 장 · 단점

직접교수법은 기능이 위계적으로 분류될 수 있다는 전제를 하며 주로 세부 기능이나 지식 신장에 초점을 둔다. 직접교수법은 교수자가 학습자에게 필요하다고 판단되는 지식을 직접 가르치기 때문에 효과성과 효율성이 높은 교수법이다. 객관주의에 근거한 교수—학습 지도방법은 지식의 보편성에 근거하여 지도하기 때문에 교수자 위주의 전달 방식을 취하게 된다. 교수자는 학습자의 발달 수준을 고려하여 최상의 방법으로 학습과제를 학습시키기 때문에 효율성이 높은 교수—학습 방법이라고 할 수 있다. 반면, 학습자는 학습을 선택하지 못하기 때문에 자칫 수동적인 학습으로 흐르게 되는 단점도 있다.

객관주의 교수—학습 방법은 교과서가 절대적인 학습 도구이다. 교육과정은 언제 어디서나 같은 내용을 가지고 누구나 똑같은 수업을 받을 수 있는 특징이 있다. 뿐만 아니라 객관주의에 기초를 둔 교육활동은 미시적인 측면을 강조한 나머지 교수—학습은 총체적인 설명력이 결여되어 있고 학습자 및 사회, 문화적인 특수성에 대한 고려가 부족할 수 있으며 수동적인 학습자를 양산할 수 있다. 이와 같이 객관주의 철학에 의한 교육은 통합된 학습내용보다는 분절된 부분적인 내용에 치중할 가능성이 높고, 학습과제가 비정형화되고 비구조화 될 때는 적용이 어려우며, 학습의 과정을 탈맥락화 시킨다는 문제점이 있다.

교육내용, 교육방법, 교육평가 면에서 살펴본 객관주의 교육의 단점들은 다음과 같다.

첫째, 교수자 중심의 학습내용은 결국 교과서에 한정된다. 이는 교과 중심 교육과 정처럼 아동들의 흥미, 능력, 필요 등이 쉽게 무시되고, 수동적인 학습 태도를 형성하여 인간주의 교육면에서 부적절한 내용이라고 할 수 있다.

둘째, 학습활동은 일제식, 주입식과 같은 설명 위주의 수업으로 진행되므로 단편적인 지식 주입에 흐르기 쉽다. 비록 학문 중심 교육과정에서 강조한 발견학습 같은 고등 정신 기능을 기를 수 있는 학습활동이 이루어진다고 할지라도 이는 교수자의 통제 속에 이루어지기 때문에 큰 성과를 기대하기 힘들다.

셋째, 객관주의 교수—학습 방법은 교육의 결과에 대해서도 객관성을 추구한다. 따라서 수량화가 쉽고 개인별 순위의 비교가 용이한 객관식 시험형식이 주류를 이룬다. 그러므로 주입식 교육, 권위주의적 교육, 그리고 비인간주의 경쟁 교육으로 나타났다.

이상으로 객관주의 교수-학습 방법에 대해 살펴보았다.

전통적으로 특수교육은 객관주의 교수-학습 방법에 따라 교수자 중심의 교육적 성과를 기대하였으나 최근 이에 대한 비판이 제기되면서 학습자 중심의 교수-학습 방법이 대안으로 제시되고 있는 실정이다.

2. 구성주의 이론에 기초한 교수-학습

사물을 이해하거나 유용한 지식으로 만들기 위해서 지식의 암기나 반복은 실생활에 도움이 되지 못한다. 오히려 실질적인 학습은 학습자의 일상생활과 관련된 학습 상황에서 일어난다. 즉, 학습자는 자신과 관련된 어려운 문제를 확실하게 해결할 수 있는 기회를 가졌을 때 학습이 능동적으로 일어난다.

구성주의 교수-학습에서 학습 환경은 중요한 변수로 작용한다. 학습자는 문제해결을 하면서 개개인이 현장에서 직접 이미 알고 있는 지식을 사용하고 새로운 지식을 창출하는 연구를 통해 자신들의 아이디어를 이와 비슷한 방법으로 적용하고 의미를 되새겨봄으로써 그와 관련된 내용을 이해하게 된다.

구성주의 교육과정은 아이즈너(Eisner) 등이 주장하는 창의적 교육과정이며 현장 교수자가 주도하는 실천적 교육과정이다. 따라서 교육과정 자료가 학습자의 실생활에서 얻어지고, 학습자의 특성, 적성, 관심, 성취 수준뿐만 아니라, 학부모의 요구 및 지역 사회의 제 특성이 고루 반영된다. 그러므로 교육이 일어나는 현장에서 교육과정이 개발되어 진다. 구성주의 교육과정은 학습자의 수준과 능력에 따른 수준별 · 능력별 교육과정을 운영하므로 국가에서 공급하는 교육과정 역시 교육현장에서 개개인의 학습자에게 맞도록 재구성하는 작업이 요구된다.

조나슨(Jonassen)은 지식 구성을 촉진하기 위해서는 학습 설계가 다음과 같이 이루어져야 한다고 주장했다.

첫째, 구성주의 수업은 실제(reality)에 대한 다양한 표현 양식을 제공한다.

둘째, 다양한 표현 양식은 너무 단순화되는 것을 피하면서 실세계의 복잡성을 대변하여야 한다.

셋째, 구성주의 수업은 지식의 재생보다는 지식의 구성을 강조한다.

넷째, 구성주의 수업은 추상적인 맥락보다는 의미 있는 맥락에서 실제적인 과업을 강조한다.

다섯째, 구성주의 수업은 미리 결정된 수업의 결과보다는 실사회 상황이나 사례 중심의 학습과 같은 학습 환경을 제공한다.

여섯째, 구성주의 수업은 경험에 관한 신중한 반성적 사고를 요구한다.

일곱째, 구성주의 수업은 생활 맥락과 내용에 따른 지식의 구성을 가능하게 한다.

여덟째, 구성주의 수업은 협상 과정을 통하여 협동적인 지식의 구성을 지원한다.

한편, 구성주의 수업은 다음과 같은 공통적 특성들이 강조된다.

첫째, 학습자의 학습에 대한 주인 의식을 강조한다.

둘째, 자아 성찰적 실천을 강조한다.

셋째, 협동학습 환경의 활용을 강조한다.

넷째, 교수자의 역할은 학습자의 학습을 돕는 조언자이며 배움을 같이 하는 동료 학습자이어야 하며 구체적 상황을 배경으로 한 실제적 성격의 학습과제를 지도한다.

또한 구성주의 교수–학습은 수업시간을 통하여 의미 있는 의견 교환이나 개념의 변화를 강조한다. 그러므로 교수–학습 방법은 고정되고 활동력이 없는 고정된 주입식이 아니라 가변적이고 유용한 인식의 발달 등을 강조하는 일종의 기술적 이론이며 통합적이며 협동적인 수업을 강조한다.

구성주의 철학과 관련이 깊은 교수–학습 방법을 소개하면 다음과 같다.

(1) 총체적 언어 접근법(whole language approach)

① 총체적 언어 접근법의 의의

총체적 언어(whole language) 접근법은 최근 가장 바람직한 언어 교육방법으로 등장하고 있다. 총체적 언어 교육은 교육 현장에서 교수사가 체험하는 현상 경험을 토대로 출발하여 섬지 누벗힌 하나의 학문 분야로 등장하였다. 이는 어느 특정한 학자가 고안하여 만들어진 것은 아니지만 현장 교사들의 실제적 경험을 바탕으로 한 이론이다. 1980년대 중반 이후, 언어의 실제적인 사용을 강조하면서 학습자 입장에서 의미있는 언어학습을 지도하는데 그 목적을 두고 언어 기능의 통합적 방안이나 언어 경험적 접근을 강조하였다.

총체적 언어 접근법의 역사는 깊다. 코메니우스(Comenius)가 1658년에 세계도회(Orbis sensualium pictus)를 집필하여 총체적 언어 이론을 문헌상 처음 제기하였으며 이후 많은 학자들이 총체적 언어 교육에 관심을 나타냈다. 또한 진보주의자 듀이는 학습자가 자기에게 의미있는 문제를 탐구하기 위해 실제적인 경험과 활동 및 학습자 자신의 역할이 필요함을 강조하였다. 듀이는 교실을 하나의 실험실로 삼아서 학습자가 직접 만들고 창조해 내고 활동적으로 문제를 탐구할 수 있도록 하는 자료와 도구를 교실에 갖출 것을 역설했다. 이 때 도구 가운데 가장 중요한 것이 언어이다.

총체적 언어 학습의 정의를 살펴보면 첫째, 총체적 언어에서는 언어의 최소 단위를 음소나 낱말로 보지 않고 전체적으로 의미를 이루는 덩어리로 보며, 둘째, 언어교육을 총체적으로 한다는 뜻을 가지고 있으며, 셋째, 교육과정이 통합적으로 이루어져야 한다는 의미를 담고 있다.

이와 같이 총체적 언어 접근법은 의미의 이해를 위해 언어를 덩어리로 보고, 학습자의 경험과 발달 단계에 알맞은 통합교육과정으로 학습하도록 지원하는 것이라 할 수 있다.

② 총체적 언어 접근법의 원칙

총체적 언어 접근법은 전형적인 수업방법이 있는 것은 아니지만 공통적으로 지켜지고 있는 다음과 같은 원칙들이 있다.

첫째, 총체적 언어 접근법은 학습자의 책임감과 주인 의식을 강조한다. 총체적 언어 교수자는 읽을 모든 책과 쓸 주제를 임의대로 선정하지 않는다. 교수자는 학습자의 창의적인 사고를 제한하지 않기 위하여 맞춤법에 맞게 수정하거나 교정하지 않는다. 총체적 교수법은 교수자가 학습자가 스스로 할 수 있는 일들을 대신 해주지 않지만 학습자가 자신의 수준보다 약간 어려운 학습을 하도록 풍부한 환경을 조성한다.

둘째, 총체적 언어 접근법은 학습자의 실수를 수용한다. 이는 학습자는 그들의 오류를 통해서도 성장할 수 있다는 전제를 따르기 때문이다. 따라서 교수자는 학습자의 능숙하지 않은 읽기, 쓰기 기술뿐만 아니라 서투른 논쟁도 존중한다.

셋째, 총체적 언어 접근법은 의미를 강조한다. 교수자는 학습자가 언어를 분리시켜 다루지 않고 의미 맥락에서 학습이 이루어지도록 유도한다. 학습자가 의미를 구축하려고 할 때 교수자가 학습자의 표면적인 실수를 교정하는 것이 오히려 방해가 되기 때문에 오류를 교정하지 않는다.

넷째, 총체적 언어 접근법은 언어영역의 통합을 강조한다. 즉, 말하기, 듣기, 읽기, 쓰기의 언어영역이 일상생활에서 통합되어 사용되기 때문에 총체적 언어 프로그램도 모든 영역들을 통합하여 가르치는 데 주안점을 둔다.

다섯째, 총체적 언어 접근법은 학부모의 참여와 편안한 교실 환경은 학습을 촉진시킬 수 있다고 보기 때문에 모든 물리적 환경을 중요하게 고려한다. 여섯째, 총체적 언어 접근법은 평가의 목적이 학습자 자신에게 정보를 제공하는 내용으로 설정한다. 따라서 학습자에 의한 자기 평가, 학습자 관찰 등 여러 가지 평가방법들을 도입하여 전통적인 평가 방식으로부터 탈피하고자 한다.

③ 총체적 언어 접근법의 교수 – 학습 원리

가. 듣기 지도의 원리

듣기는 모든 형태의 언어활동의 기초가 된다.

듣기는 수동적으로 받아들이는 것이 아니라 자신의 배경 경험에 더해 들려오는 내용을 역동적으로 구성해 가는 과정으로 지도한다. 단순히 들려오는 내용을 정확하게 듣게 하는데 집중하는 것은 바람직하나, 나름의 관점에서 들려오는 내용을 새롭게 구성하도록 한다.

따라서 듣기 지도를 할 때 유의해야 할 것은 듣기를 할 때 듣는 목적을 분명히 하고 학습자에게 충분한 동기를 유발시켜 듣는 목적을 분명하게 함으로써 듣기에 집중하도록 하고 다른 창조적인 활동과 긴밀한 관계를 맺도록 시도하는 것이 바람직하다.

나. 말하기 지도의 원리

말하기는 의사소통을 위한 중요한 수단 중의 하나이다.

말하기 지도의 일차적인 목적은 원활한 의사소통에 있지만 이를 통한 사고력 개발이 중요하다. 따라서 총체적 언어 접근법에서 말하기 지도는 제한된 수업활동 가운데 가능하면 최대한 학습자가 의미있는 말을 할 수 있는 기회를 충분히 배려해 주는 것이 바람직하다.

다. 읽기 지도의 원리

읽기모형은 상향식 모형, 하향식 모형, 상호작용 모형이 있다.

상향식 모형은 작은 단위의 문자로부터 점차 큰 단위의 문자로 부분들이 모아지면서 의미가 파악되는 선적인 읽기과정이다.

이와 반대로 **하향식 모형**은 독자의 배경 경험을 강조하고 글을 이해하는 과정을 문자, 음절, 단어, 문장 순이라기보다는 오히려 글, 문장, 단어, 철자 순이라는 관점을 취하고 있다. 즉, 상향식 모형은 부분에서 전체로의 접근을 강조하지만 하향식 모형에서는 전체에서 부분으로의 접근을 강조한다.

한편, 이들 모형의 절충으로 상호작용 모형이 대두되었다. **상호작용 모형**은 읽기 행위를 상향식 모형에서 강조하는 문자 해독 측면과 하향식 모형에서 강조하는 독자의 배경 경험이 상호작용한다는 관점을 취하고 있다. 그러나 이들 모형에서 어느 것이 절대적으로 옳다고 추정하기는 어렵다. 다만 현대에 들어서는 상호작용 모형을 읽기과정을 설명하는 모형으로 널리 받아들여지고 있다.

이와 같이 총체적 언어 접근법의 교수－학습은 수업과제를 통하여 무엇을 얻었느냐 하는 결과중심의 접근이 아니라 글을 읽어 나가는 과정에서 어떤 생각을 했으며, 어떤 전략을 사용했는지 등의 과정 중심의 사고를 강조한다.

라. 쓰기 지도의 원리

쓰기 수업은 학습자의 생각을 조직하고 표현하는 하나의 과정이다. 그러므로 글쓰기 지도에서 과정을 강조한다. 따라서 총체적 언어 접근법에서 쓰기 지도는 쓰기의 목적을 분명히 하고 글을 쓰게 하고 반드시 쓴 글을 다른 사람이 읽어 보고 적절한 반응을 보이도록 하는 것이 중요하다.

④ 총체적 언어 접근법의 교수－학습 지도안

총체적 언어 접근법과 관련하여 작성한 교수－학습 지도안은 〈표 8－6〉과 같다.

표 8-6 총체적 언어 접근법 지도안의 예

단원	10. 생각의 샘	차 시	2/7	교과서 쪽수	말 · 듣 49~51
주제	함께 떠나는 상상 여행	수업 모형	총체적 언어 접근법 (창의력 신장 학습 모형)		

조정 상황							조정 내용	학습 형태
목표	내용	방법	평가	자료	시간	시기	· 텔레비전, 신문 등 다양한 매체 활용 · 한 시간을 한 편의 동화로 구성 · 60분으로 구성	· 전체 학습 · 개별 학습 · 모임 학습
	○	○		○	○			
본시 학습목표							이야기의 뒷부분을 상상해서 말할 수 있다.	

단계	학습과정	교수-학습 활동 (교수자 발문과 조언 / 학습자 활동과 반응)	시간	자료
문제파악	◈상상의 세계로 떠나기 위한 준비하기	㉠-우리 함께 생각 풀기 놀이를 해 봅시다. ㉻-연상되는 낱말을 자유롭게 말한다. ㉠-이 모자가 무슨 모자지요? ㉻-상상의 모자입니다. ㉠-선생님이 왜 상상의 모자를 썼을까요? ㉻-상상의 세계로 생각 여행을 떠나기 위해서입니다. ㉠-그래요. 선생님이 선장이 되어 상상의 배를 타고 여러분과 상상 여행을 떠나려고 해요. 그런데 어제 우리 반으로 편지가 한 통 왔어요. 무슨 내용인지 생각해 보세요. 대표로 ○○이가 읽어보세요. ㉻-○○이 2050년에서 온 편지를 읽는다. ㉠-여러분 2050년의 어린이들을 위해 상상의 구슬을 찾아 함께 떠나겠어요. 그러면 우리가 풀어야 할 문제가 무엇인지 알아봅시다.	10	상상의 모자 편지
		· 신문 만화의 뒷부분을 상상해 말하여 봅시다. · 비디오테이프의 앞부분을 보고 뒷부분을 상상해 표현하여 봅시다.		VCR
문제해결	◈4단 만화 뒷부분 상상하기	㉠-교사가 상상의 나라 왕이 되어 어린이들에게 해결할 문제를 제시한다. 가장 칭찬을 많이 받은 모임에게 상상의 구슬을 주겠다고 약속한다. ㉠-신문에 실린 만화의 뒷부분이 지워진 학습지를 나누어 주고 모임별로 생각을 모아 이야기의 뒷부분을 상상해 보도록 한다. ㉻-모임별로 생각을 모아 이야기의 뒷부분을 상상하여 발표한다.	10	머리띠 상상의 상자 신문 이용 학습지

	◈비디오 테이프 보고 뒷부분 상상하기	(교)–교사가 왕이 되어 두 번째 상상할 과제를 비디오테이프로 제시한다. (학)–비디오테이프를 보면서 신나는 영화 나라 학습지에 중요한 내용을 적은 후 이어질 뒷이야기를 상상해 본다(학습지에 적는 것은 주요 활동이 아니므로 중요한 내용만 간단히 적도록 한다). (학)–모임별로 이야기를 꾸며 발표한다. (교)–잘한 모임에 상상의 구슬이 든 상자를 준다. (학)–상상의 구슬이 든 상자를 열어 본다. (각 속에는 상상의 구슬이 들어 있지 않고 편지 한 장과 호박엿이 들어 있음)	25	신나는 영화나라 학습지 상상의 구슬상자 편지 호박엿
적용	◈미래의 어린이는 어떻게 생활할까 상상해보기	(교)–상상의 구슬을 다시 찾은 2050년의 어린이들은 앞으로 어떻게 생활할까 발표해 보도록 한다. (학)–다양한 생각을 하여 자유롭게 발표한다.	10	
평가	◈자기 평가하기 ◈차시학습 예고하기	(교)–자기 학습평가지를 이용하여 스스로 평가를 해볼 수 있도록 한다. (학)–스스로 학습평가를 할 수 있도록 한다. (교)–차시 학습을 간단히 안내한다. (학)–예습할 내용을 생각한다.	5	자기 평가지

(2) 협동학습

협동학습은 집단을 조직하고 공동의 목표를 설정하여 설정된 목표를 달성하기 위하여 구성원들끼리 도움을 주고받는 학습방법으로서 긍정적인 상호 의존과 개별 책무성, 그리고 동등한 성공 기회 등의 요소가 포함된 학습방법이다.

협동학습에서 학습자 개인의 목표 달성은 그가 속한 집단의 목표가 성취되었을 때 가능하며 집단의 목표는 집단 구성원 각자의 성취 수준에 의존하도록 목표 구조를 설정해 놓음으로써 집단 구성원 각자가 열심히 공부하는 한편 집단의 다른 구성원을 도와주게 하는 수업방법이다.

협동학습의 역사는 깊다. 고대의 성서나 탈무드에서 협동학습에 대한 언급이 있으며, 문헌상으로 코메니우스(Comenius)가 협동학습의 장점을 기술하였으며 1930년대 듀이(Dewey)가 협동학습의 철학적 기초를 마련하였다. 듀이는 학교에서 협동학습을 경험하는 것은 사회에서 협동적인 삶을 위한 선결 조건이라고 주장하면서 협동학습의 사회적 측면을 강조하였다. 그는 교실을 민주주의의 경험을 위한 실험실로 보았으며 그곳에서 학습자가 자신이 선택하게 되는 경험을 통해 개인적 책임감을 발달시키고, 상호 의존성을 확립하는 것으로부터 상호 존중의 태도를 기를 수 있을 것이라고 하였다.

① 협동학습의 의의

협동학습은 협동심을 기르기 위한 교수-학습 방법보다는 전통적인 경쟁 학습 구조와 개별학습 구조의 인지적 효과의 한계를 극복하기 위한 대안으로 그 의의가 있다.

개별학습은 극소수의 승자를 배출하는 대신 다수의 패자를 양산하는 비능률적인 구조로서 학습자 개개인이 지닌 잠재력을 발굴하기 보다는 승자와 패자를 선발하는데 관심을 둠으로 교육의 부정적 효과를 나타냈다. 또한 개별학습은 학습자 개개인의 잠재력을 최대화시키기 위해 많은 교육적, 재정적 투자를 하였지만 그 결과는 사회성이 결여된 극단적인 개인주의자와 편견으로 가득한 편협한 지식인을 양산하였다(정문성 · 김동일, 1998).

협동학습은 개별학습의 문제점을 극복하기 위해 학습자끼리 경쟁이 아닌 서로서로 협력하여 공동의 과제를 완수하는 가운데 더불어 살아가는 지혜를 배우는데 그 의의가 있다.

② 협동학습의 모형

협동학습은 수많은 유형이 있으며 다양하게 개발되어 있다. 이늘 협동학습 모형 중에서도 1970년대 초에 시작된 네 곳의 주요한 협동학습 연구 중심지에서 개발된 다음의 협동학습 모형이 가장 널리 사용되고 있다.

첫째, 실라빈(Slavin, 1999) 등에 의하여 만들어진 성취도 배분학습(STAD, Student Team Achievement Division) 프로그램으로서 학생팀-성취 모형, 팀보조 개별화 수학, 팀–게임–토너먼터, 협력적 통합읽기 및 작문 등의 네 가지 협동학습 모형이 있다.

둘째, 존슨(Johnson) 등에 의해서 만들어진 공동체 학습법(LT, Learning Together) 모형이 있고, 셋째, 아론슨(Aronson)이 만든 지그소우(Jigsaw) 모형과 넷째, 이스라엘 텔아비브대학의 **집단탐구**(Group Investigation) 모형이 있다(정문성 · 김동일, 1998).

③ 협동학습의 교수–학습 원리

협동학습 이론은 소집단 구성원 간의 긍정적 상호작용을 최대화해서 인지적 발달을 도모하는 것이 특징이다. 다양한 협동학습 모형들은 각기 독특한 구조를 가지고 있으나 긍정적인 상호작용을 유도할 수 있는 공통적인 특징들은 다음과 같다(정문성 · 김동일, 1998).

첫째, 수업의 목표가 구체적이고 각 학습자는 목표 인식도가 높다. 개개의 학습자는 자신이 활동해서 얻어야 할 수업목표를 분명히 제시받고 그 목표를 달성하기 위해 구체적 활동을 한다.

둘째, 학습자는 긍정적 상호 의존성이 있다. 전술한 바와 같이 협동학습은 구조적으로 동료끼리 서로 도와주어야만 자신의 목적을 달성할 수 있기 때문에 서로 긍정적으로 의존하고 있다.

셋째, 대면적 상호작용이 있다. 협동학습은 3인치 목소리를 강조한다. 즉 3인치의 거리에서 말하고 들을 수 있을 정도의 낮은 소리로 서로 얼굴을 맞대고 의사소통을 한다. 이는 소집단 구성원 사이에 심리적으로 공동 과제의 성취를 위해 밀접한 상호작용을 유도해야 함을 의미한다.

넷째, 개별적 책무성이 있다. 협동학습에서 집단 구성원 개개인은 다른 구성원에 대해 개인적인 의무와 책임을 가지고 있다. 개별적 책무성은 개인이 얻은 점수를 집단 점수에 반영하는 방식과 집단이 수행해야 할 학습과제를 분업화하는 두 가지 방식이 주로 사용된다.

다섯째, 집단 목표 또는 집단 보상이 있다. 협동학습은 개인의 목표 달성이 각 집단의 공동 목표 달성 여부에 달려 있으므로 구성원들이 집단의 목표 달성을 위해 동료를 도와주고 도움을 받으려 하는 등 활발한 긍정적 상호작용을 하게 된다. 또한 과제의 세분화로 소집단 내의 각 구성원들이 과제를 분담하게 함으로써 모든 학습자들이 협동학습에 참여하게 하는 효과가 있다.

그 외에도 이질적인 협동학습은 팀 구성을 특징으로 한다. 동료 간의 상호작용을 활발하게 하기 위해서는 한 팀을 이루는 구성원의 질이 다양해야 한다. 또한 집단과정을 중시하여 한 과제가 끝났을 때 반드시 소집단들은 자신들의 활동을 반성하는 시간을 갖는다. 뿐만 아니라 충분한 학습시간을 제공한다. 즉, 기존의 정해진 수업시간 보다 충분한 학습시간과 성공 기회를 균등하게 부여한다. 또한 협동학습은 집단 구성원 개개인의 기본적 능력에 관계없이 구성원 누구나 집단의 성공에 기여할 수 있는 기회가 주어지고 소집단의 단합을 강조한다.

이러한 협동학습의 특징은 협동학습의 종류에 관계없이 구성원 사이의 상호작용을 최대화시키는 역할을 하며 이러한 특징이 많이 반영된 협동학습 모형일수록 더 좋은 학습효과를 나타낸다.

④ 협동학습의 장 · 단점

협동학습은 학습자가 지적 모험을 할 수 있는 기회를 제공한다. 협동학습은 소집단 속에서 개인이 차지하는 비중이 매우 크기 때문에 마음껏 독창적 사고를 하고 이를 표현할 수 있다. 대부분의 협동학습은 주어진 추상적 과제해결을 위해 구체적으로 정보를 수집 분석하여 결론을 내리는 형식으로 진행되는 과정에서 학습자는 자연스럽게 구체적 사고에서 추상적 사고로의 이행을 경험하게 된다. 이는 인지발달의 과정을 자연스럽게 진행시키는 역할을 함으로써 쉽게 구체적 단계에서 추상적 사고로 발달할 수 있는 계기를 마련해 준다.

협동학습은 문제를 해결하거나 의사 결정하는 능력을 길러 준다. 즉, 소집단 활동은 이러한 문제해결을 또래들과 함께 객관적이고 합리적으로 해결하는 경험을 얻는다. 또한 숨어있는 재능이 발굴될 가능성이 높다. 활동 중에 학습자가 가지고 있는 잠재력이 발휘되고 활용될 기회가 많이 제공됨으로써 학습자의 잠재력을 발굴하고 신장시키는데 효과적이다. 뿐만 아니라 협동학습은 동세나 보호에서 벗어나 학습자 스스로 독립적으로 학습을 함으로써 다양한 정보를 습득하고 독립심을 기를 수 있으며 많은 사회적 상호작용을 경험함으로서 원만한 대인 관계를 맺고 사고의 폭과 경험의 폭을 넓혀 주어 건전한 인격을 형성할 수 있다. 또한 긍정적 자아개념을 가지게 하고 소속감을 심어준다.

반면, 협동학습은 학습과정이나 학습목표 보다는 개별집단의 과정만을 중시하게 되고 과제를 수행할 때 과정보다 결과를 중시하는 문제가 발생할 수 있다. 뿐만 아니라 학습자는 또래에게 의존하고 모든 활동을 집단으로 하려는 의타심을 낳을 우려가 있으며 우수한 학습자와 그렇지 않은 학습자에 비해 과제수행에 대한 부담이 상대적으로 많은 단점이 있어 특수교육 환경에서 협동학습을 적용할 때에는 이에 대한 보완대책을 수립하여 지도할 필요가 있다.

⑤ 협동학습의 교수-학습 지도안 예시

협동학습의 교수-학습 지도안을 살펴보면 〈표 8-7〉과 같다.

표 8-7 국어과 Jigsaw 학습 모형

<table>
<tr><td rowspan="2">단원
(영역)</td><td rowspan="2">7. 찾아 배우는 우리
(읽기 학습)</td><td>차시</td><td>지도 일시</td><td>지도 장소</td><td>지도 교사</td></tr>
<tr><td>3/7</td><td></td><td></td><td></td></tr>
<tr><td>학습
목표</td><td colspan="3">· 누가 무슨 일을 하였는지를 생각하며 글을 읽을 수 있다.
· 글을 읽고 대강의 내용을 간추릴 수 있다.</td><td>학습
형태</td><td>스크립트
협동학습</td></tr>
</table>

<table>
<tr><td rowspan="2">단계</td><td rowspan="2">학습과정</td><td colspan="2">교수-학습 과정</td><td rowspan="2">시간</td><td rowspan="2">자료 및
유의점</td></tr>
<tr><td>교수자</td><td>학습자</td></tr>
<tr><td rowspan="2">도입</td><td>학습동기
유발</td><td>⊙슬기로운 생활시간에 곤충에 대하여 학습할 때 개미에 대하여 배운 것을 상기시킨다.</td><td>⊙곤충의 특징, 개미의 생활 등에 대하여 이야기한다.</td><td>2</td><td>개미 사진</td></tr>
<tr><td>공부할
과제 제시</td><td>⊙"개미의 허리"라는 이야기를 제시한다.
⊙학습목표를 확인시킨다.</td><td>⊙팀장이 나와서 자료를 가져가서 팀원에게 나누어 준다.
⊙학습목표를 확인한다.</td><td>3</td><td>읽기 자료</td></tr>
</table>

<table>
<tr><td rowspan="7">전개</td><td>과제 개관하기</td><td>⊙제목을 보고 어떤 이야기인지 생각해 보게 한다.</td><td>⊙제목과 삽화를 통해 이야기의 내용을 예상한다.</td><td>3</td><td rowspan="5">이 단계에서는 교사가 시간을 통제하지 않고 짝끼리 협의해서 시간을 조정하도록 한다.</td></tr>
<tr><td>핵심내용 요약하기</td><td>⊙이야기를 읽고 중요한 내용을 간추리도록 한다.</td><td>⊙중요한 내용을 간추려서 짝을 가르칠 준비를 한다.</td><td>7</td></tr>
<tr><td>가르치기</td><td rowspan="2">⊙교사의 역할과 학습자의 역할을 설명하고 각자의 역할을 수행하도록 한다.</td><td>⊙교사의 역할을 맡은 학생은 학습자 역할을 맡은 학생을 가르친다.</td><td rowspan="2">4</td></tr>
<tr><td>찾아내기</td><td>⊙교사의 역할을 맡은 학생은 가르치는 내용 중에서 틀린 것을 고치고 빠뜨린 것을 찾아준다.</td></tr>
<tr><td>역할 교체하기</td><td colspan="2">⊙교사의 역할과 학습자의 역할을 서로 바꾸어 가르치기와 찾아내기를 한다.</td><td>4</td></tr>
<tr><td>토론하기</td><td colspan="2">⊙과제의 중요한 내용을 기억하거나 줄거리를 요약하는 방법에 대하여 이야기한다.</td><td>5</td><td>• 발전학습 과제 – 교과서(50~51쪽)</td></tr>
<tr><td rowspan="4">정리</td><td>평가하기</td><td>⊙지필 평가를 개별적으로 실시한다.
⊙채점한 평가지를 다시 돌려준다.</td><td>⊙개별적으로 지필 평가를 수행한다.
⊙개별평가 점수를 짝끼리 합산한다.</td><td rowspan="2">10</td><td>• 평가지</td></tr>
<tr><td>보상하기</td><td>⊙지난 시간의 점수와 비교하여 향상된 짝에게 보상을 실시한다.</td><td>⊙짝 점수에 따라 보상을 받는다.</td><td>• 점수판</td></tr>
<tr><td>과제제시</td><td>⊙가정학습과제제시 – 교과서 50~51쪽</td><td>⊙가정연락부에 적기</td><td>1</td><td>가정 연락부</td></tr>
<tr><td>차시예고</td><td>⊙읽기 교과서 52~56쪽 대강의 내용 알기</td><td>⊙차시 학습내용 감지</td><td>1</td><td></td></tr>
</table>

Paragraph

06 문답법과 토의법

1. 문답법

문답법은 교수자와 학습자의 상호질의에 따라 수업이 진행되기 때문에 사고력과 비판적 태도 및 표현력 신장에 도움을 줄 수 있는 수업 모형 중 하나이다. 문답법은 교수자가 일방적으로 수업을 전개해 나가는 방식이 아니므로 학습자의 수준과 수업 사태 등을 고려하여 진행되기 때문에 학습자의 참여도를 높일 수 있다. 이러한 점에서 문답법은 특수교육 대상학생의 능동적인 참여를 높일 수 있는 교수-학습 모형이라 할 수 있다.

(1) 문답법의 의의

문답법은 강의식 교수법에 비해 진전된 방법으로 학습자가 스스로 경험과 지식을 바탕으로 구체적 사실로의 결론을 유추할 수 있도록 하는 방법으로 고대 그리스 시대의 소크라테스가 체계화하여 사용한 대화법이 기원이라고 할 수 있으며 페스탈로찌에 의해 발전되었다. 페스탈로찌는 문답법을 개발 교수법이라고 하였으며 독일, 영국, 미국 등을 중심으로 20세기 초에 보급되었다. 문답법은 반문법과 산파법으로 분류되는데 문답법은 학습자의 무의식적 무지를 의식적 무지로 바꾸어 주며 이를 다시 합리적 지식으로 이끌어가는 방법을 취한다.

문답법을 교수-학습 모형으로 활용하기 위해서는 교수자는 학습자의 심리를 이해하고 질문을 읽을 수 있어야 한다. 또한 질문을 할 때는 많은 고민을 하고 충분한 준비를 하여 학습자가 질문을 받게 되었을 때 지식과 기술 등이 체계적으로 발휘되도록 지도해야 한다.

(2) 문답법의 단계

문답법은 구조화, 질의, 반응, 대응이라는 네 단계로 진행된다. 이를 정리하여 제시하면 다음과 같다.

① 구조화

구조화는 수업에서 논의될 문제에 대해 간단히 정리해 주는 것을 의미한다. 문답법의 처음 단계는 논의될 문제를 안내하는 절차에서 출발한다. 문답법에서 적절한 구조화는 학업성취에 최적의 효과를 기대할 수 있다.

구조화는 논의될 문제를 너무 자세하게 안내해도 문제가 되고 너무 빈약해도 문답식 수업을 진행하는데 문제가 있을 수 있으므로 최적의 구조화가 요구된다.

② 질의

질의는 교수자가 잘 수행해 나가야 할 교수전략이다.

질의는 학습자의 반응을 유도하기 위한 교수자의 질문을 의미한다. 교수자의 질의는 적용, 분석, 종합, 평가 등의 고차원적인 지적기능을 자극할 수 있어야 하기 때문에 교수자는 학습자의 지적 능력을 자극할 교과 내용과 관련된 발문을 많이 하여야 학습자의 성취도를 높일 수 있다.

질의는 수업목표와 결부된 뚜렷한 목적을 지녀야 하며 질의는 학습자 각 개인의 흥미와 능력에 부합하도록 하여야 한다. 뿐만 아니라 질의는 학습자가 이해하기 쉽도록 간결하고 명료하게 하며 바른 언어를 사용해야 한다. 또한 단편적인 질문이 아닌 연속성을 지닌 사고의 정리가 이루어지도록 해야 하며 학습자의 경험이나 지식의 범주 내에서 출발해야 한다.

③ 반응

반응은 교수자의 질의에 대한 학습자의 응답 또는 대답을 의미한다. 반응에서 유의해야 할 사항은 소수의 학습자가 반응의 기회를 독점하지 못하도록 통제하고 모두가 공평하게 답변할 기회를 부여하는 것이다. 교수자는 학업성취도가 낮은 학습자의 반응을 유도하기 위해서는 학습자의 수준을 고려한 질의를 하는 것이 바람직하다. 학습자의 지명은 발문하기 전에 하는 것이 더 효과적이며 학습자가 인지능력이 떨어지는 경우에는 무작위로 지명하는 것보다 예견된 순서로 지명하는 것이 학습자의 불안을 덜 수 있어 효과적이다.

④ 대응

대응은 학습자가 질의에 반응을 보인 이후 교수자가 이에 대해 평가를 하거나 수정하는 단계이다. 이 때 교수자는 약 3초 이상 서로 생각할 여유를 갖고 대응하는 것이 효과적이다.

(3) 문답법의 장 · 단점

문답법은 학습자의 주체적인 학습이 가능하다. 또한 문답법은 교수자와 학습자 간의 의사소통이 원활하게 진행되며 학습자의 적극적인 동기와 흥미를 유발할 수 있는 좋은 교수-학습 모형이다.

문답법은 학습할 문제점을 명확하게 밝히고 시작하기 때문에 학습목표가 분명한 학습활동을 조성할 수 있으며 학습자가 학습목표에 도달하는 정도를 확인할 수 있다. 질의에 의한 문제해결 능력을 길러줄 수 있으며 학습자의 경험을 교수-학습에 결부시켜 학습에 대한 이해를 증진시킬 수 있다. 또한 문답법은 학습자의 동기유발에 효과적이며 학습에 자극을 주기 때문에 활기 넘치고 적극적인 학습을 할 수 있다.

반면, 문답법은 학습능력이 우수한 학습자 일변도로 수업이 진행될 가능성이 높아 상대적으로 학습능력이 떨어지는 학습자들은 소외되거나 좌절감을 느낄 수 있으므로 이에 대한 배려가 필요하다. 문답법은 교수자가 학습자의 질문에 답변할 수가 있도록 충분한 지식과 능력을 겸비하고 있어야 가능함으로 교수자 입장에서는 부담이 될 수 있다. 뿐만 아니라 학습 속도가 지연될 수 있고 사고의 통일성과 연속성에 방해를 줄 수 있으며 교수자 중심으로 수업이 진행되는 단점 등이 있다.

2. 토의법

토의법은 교수자와 학습자가 공통된 주제에 따른 찬성과 반대의 의견을 펼쳐 나가는 수업방법이다.

토의법은 학습지도가 형식적인 문답에 머무는 단점을 개선하기 위해 파커(Parker)가 제창한 것으로 그 기원은 소크라테스의 문답법에 있다. 토의법은 문단학습 또는 공동 학습의 성격을 띤 학습의 형태를 지니고 있으며 학급을 일정한 조직체로 묶지 않고 비형식적인 집단으로 나누어 학습 주제를 가지고 토의를 전개하는 학습 형태이다. 그러므로 토의법은 교수자가 의도한 최종 결론도출의 수렴적 사고보다는 창의적, 종합적인 발산적 사고를 요구하는 수업형태이다.

한편, 토의법은 집단을 나누어 소속된 집단의 의견을 주고받으면서 각 개인이 해결 할 수 없는 문제를 공동의 집단 사고로 해결하는 수업방법이다. 토의법은 해결과정에서 학습자 상호 간의 의견발표를 자유롭게 하고 상대방의 의견은 경청하며 문제를 해결해 나가는 과정이므로 집단 간의 소속감과 연대 의식을 경험할 수 있다.

(1) 토의법의 의의

토의법은 다른 사람의 의견을 존중하고 협력하는 태도와 실천력을 배양할 수 있는 교수-학습 방법이다. 토의법은 학습자의 태도 면에서 살펴볼 때 긍정적인 자아개념 형성과 민주적인 태도 및 가치관을 함양시킬 수 있으며, 학습자는 토의법을 통하여 자기 스스로 사고하는 능력을 키우고 의사 표현 능력을 기를 수 있다.

한편, 토의법은 특수교육 대상학생을 상대로 효과적으로 진행시킬 수 있다. 토의법은 연령과 관계없이 누구에게나 적용이 가능하다는 점과 집단 구성에 있어서도 동질적 집단보다는 이질적 집단을 구성하기 때문에 비장애 학습자와 장애 학습자가 한 집단 속에서 묶일 수 있고 읽기 능력이 부족한 학습자에게도 활용할 수 있다. 따라서 통합학급에 통합된 특수교육 대상학생에게 비장애학생과 더불어 집단적 사고를 통해 결론을 이끌어 내는 토의 과정을 경험할 수 있도록 권장할 수 있다.

토의법이 효과적으로 진행되기 위해서는 다음과 같은 전제 조건을 만족시켜야 한다.

첫째, 의견 발표자에게 집단 구성원의 건전한 반응을 요구하여야 한다.

둘째, 토의형식에서 탈피하여 자유스런 의사 활동을 요구하여야 한다.

셋째, 토의 참여자는 적극적으로 참여하고 학습 진행을 명확하게 하여야 한다.

넷째, 토의 전 사전 교육과 준비가 선행되어야 한다.

다섯째, 집단 구성원 상호간에 이해와 협력이 있어야 한다.

여섯째, 토의주제는 건전하고 의욕적일 수 있는 것이어야 한다.

(2) 토의단계

① 토의 전 단계

토의 전 교수자는 토의의 목적 및 목표를 정하고 의사소통의 원활한 운영을 위해 적절한 좌석배치를 하며 토의에 알맞은 주제를 선정한다.

② 토의단계

교수자는 토의가 진행될 때 인내심을 갖고 의도하지 않은 상황이 발생되면 이를 민첩하게 통제하고 토의를 계속 이끌어 나가며 토의의 주도권자로서 의장, 관계 형성자, 공동 학습자, 조정자, 안내자, 요약자, 심판자 등의 역할을 담당한다. 반면, 학습자는 토의의 주제에 대한 자기의 입장을 제시하고 이유와 근거를 밝히면서 내용을 정교하게 한다.

③ 토의 후 단계

토의가 끝나면 발표, 참여 태도 등에 대해 전반적인 평가를 한다. 경우에 따라서는 토의의 결론 부분에서 참신한 생각이나 문제점 오류 등을 기록해 둔다.

(3) 토의수업의 종류

토의 방법은 대담토의, 공개토의, 배심토의, 단상 토의, 원탁 토의, 세미나 등이 있다. 이를 제시하면 다음과 같다.

① 대담 토의

대담토의는 3~4명의 학습자 집단과 3~4명의 전문가 집단이 청중 앞에서 사회자의 진행으로 특정 주제에 대한 대담 토론을 하는 것이다. 보통 토의에 참가하는 인원은 6~8명 정도로 이 중 3~4명은 청중 대표이고 나머지 3~4명은 전문가나 자원 인사로 구성된다. 사회자의 진행에 따라 일반 청중이 직접 토의 과정에 참가할 수 있으며 토의 시간은 청중 대표, 전문가와 일반 청중이 비슷하게 조절되어야 하며 서로 간의 의사소통이 원활하게 이루어질 수 있도록 조정한다.

② 공개토의(forum discussion)

공개 토론은 1~2명의 전문가나 연설자가 10~20분간 공개적인 연설을 한 후에 그 내용을 중심으로 연설자가 청중 사이에 질의응답의 과정을 통해 토론하는 형식이다. 사회자는 연설자의 시간 조절을 해주어야 하며 청중의 발언도 적당히 통제한다.

공개토의 방법은 연설 내용이 학습자에게 직접적인 영향을 주는 학습 주제일수록 활발히 진행된다.

③ 배심토의(panel discussion)

특정 주제 토의에 참가할 대상이 많을 때 배심토의 방법을 선택한다. 배심토의는 토의해야 할 문제에 대하여 서로 다른 생각을 가진 구성원 4~6명을 선정하여 사회자 또는 의장이 토의를 진행한다. 배심토의는 청중의 수는 제한시킬 필요가 없으며 토의 과정에서 청중을 토의에 참가시켜 질문을 할 수 있는 기회를 부여하기도 한다. 배심토의 방법은 타인의 의견을 듣고 비판하는 능력을 기르는 데 좋은 방법으로 직접 토의에 참석하는 사람은 토의될 문제에 대하여 전문 지식이 요구된다.

④ 단상토의(symposium)

단상토의는 강단식 토의라고 한다. 단상 토의에 참석하는 모든 구성원은 전문가이다. 해당 분야에 전문적 지식을 지닌 각각 다른 의견의 2~3명의 강연자가 사회자의 진행에 따라 발표한다. 이 의견을 중심으로 사회자가 주관하여 강연자와 청중 사이에 질의응답 또는 토론을 한다.

⑤ 원탁토의(round table discussion)

원탁토의는 참가 인원이 소규모로 둥근 원탁에 둘러앉아 자유롭게 토의하는 방식이다. 참가자 모두가 의견을 발표하고 청취할 수 있도록 진행된다. 사회자는 소집단이므로 토의에 참가하지 못하는 자가 없도록 유의하여 결론에 도달하게 진행한다. 원탁 토의는 교수자가 문제해결 과정에서 지식 추구보다는 사회적 태도나 객관적인 의견을 종합하는데 중점을 둔다. 원탁 토의는 토의 인원 구성원 간의 지식과 능력 등의 수준이 고려되어야 한다.

⑥ 세미나(Seminar)

세미나에 참여하는 모든 구성원은 토의주제와 관련된 전문가나 연구가로 구성되어 있다. 사전에 참석 인원들은 토의주제 관련 자료를 준비하고 토의할 내용은 스스로 분석하고 평가해 본 상태에서 참여한다. 세미나는 토의주제에 전반적인 지식과 세부 전문 지식이 없으면 내용을 이해하기 어렵다. 세미나는 토의주제에 대하여 공식적인 발표와 더불어 참석 인원의 의견을 개진하거나 질의를 통한 공개 토론의 형태로 진행되며 토의주제와 관련된 전문적인 연수나 훈련의 기회를 제공하는데 목적이 있다.

⑦ 대화식 토의(dialogue discussion)

어떤 의제에 대하여 그 분야의 권위자나 전문가를 초청하거나 또는 현장에 가서 인터뷰를 통하여 그 의제에 대한 의견이나 질의응답을 하는 형식이다. 보통 소수의 인원 여섯에서 여덟 명이 실시하며 이들은 주로 학습자 집단, 전문가 집단에 의해서 이루어진다. 사회자는 토의 간 학습자 집단이나 전문가 집단, 그리고 일반 청중에게 토의시간을 동등하게 부여하여 서로 의사소통이 원활하게 이루어지도록 하는 것이 바람직하다.

⑧ 원격 토론학습

인터넷을 수업에 활용하는 것으로 기본적인 전제는 커뮤니케이션 도구로서 활발한 상호작용을 유도하는 것이다. 인터넷을 통해 실시간 화상 회의, 비동시적 토론 등 다양한 형태의 토론학습을 진행한다.

원격 토론학습은 하나의 주제에 대해 상반된 의견이 서로 정당화될 수 있는 문제를 제시하는 것이 효과적이다. 원격 토론을 실시할 때 학습자 사이에 의견을 중재할 수 있는 사람이 요구된다. 특히, 인터넷상의 익명성으로 인해 좋지 않은 행동을 할 가능성을 배제시키도록 한다.

전자 게시판(BBS)을 토론의 장으로 사용하는 경우, 익명성으로 인해 토론의 내용과 전혀 상관없는 이야기나 좋지 않은 언행을 사용할 경우가 있으므로 사용자 ID를 확인토록 한다.

(4) 토의법의 장 · 단점

토의법은 학습자 자신의 사고를 높이는 동시에 자신의 문제를 스스로 생각하려는 태도를 갖게 한다. 또한 학습자 자신의 의사 표현을 정확하게 하는 태도를 기를 수 있으며 자신의 의견과 타인의 의견을 존중하는 태도를 기를 수 있다. 뿐만 아니라 상대방의 의견에 대하여 이성으로 비판할 줄 아는 태도를 형성시킬 수 있으며 합리적인 집단 의사 결정을 따르고 협력하는 태도를 함양시킬 수 있다.

반면, 토의 과정에서 필요한 자료 또는 예상되는 문제를 해결할 수 있도록 사전에 준비를 해두지 않으면 학습효과가 떨어진다. 또한 자칫 문제해결을 위한 사고 과정보다 활발한 토의 진행 과정에만 초점을 두고 학습효과로 보는 경향이 있다.

토의 분위기가 과열되면 토의 진행의 규칙이 잘 지켜지지 않을 수 있으며, 의사소통이 원활하지 못할 수 있다. 또한 인지능력이 낮은 학습자는 능동적으로 수업에 참여하지 못할 수 있고 교수자의 통제에 따르지 않게 되어 수업 효과를 떨어뜨릴 수 있는 단점이 있다.

Paragraph

07 팀 티칭 교수-학습 방법

팀 티칭(Team Teaching)은 한 교사가 그 학급의 학습자를 책임지고 지도해 오던 전통적인 학급 담임제에 대한 회의에서 시도되었다. 1950년대 말부터 1960년대 초반 팀 티칭이라는 새로운 교육 조직이 등장하여 플래툰 학교(The Platoon School),

위네트카 계획안(The Winnetka Plan), 퍼블로 계획안(The Pueblo Plan) 등 많은 연구가 이루어졌는데 이는 학습자의 개인차에 맞게 지도하고, 교수자의 능력을 보다 효율적으로 발휘하며, 학교의 시설과 시간을 보다 효과적으로 이용하기 위한 것이었다.

1. 팀 티칭의 원리

팀 티칭은 교수–학습 조직을 개선하려는 수업 조직 형태로서 교사 간 협력수업 체제이다. 팀 티칭은 2명 이상의 교사가 동일한 학습집단을 대상으로 학습지도의 주요 부분을 협동적으로 계획하고 교수하고 평가해 나가는 것을 의미한다.

팀 티칭의 일반적인 원리는 다음과 같다.

첫째, 일반적으로 2명 이상의 교사가 한 팀이 되어 일정한 학생 집단에 대해 교수 책임을 진다.

둘째, 팀에 속하는 교사들은 각각 다른 수준으로 임무를 맡고 학급 교사는 상급 교사나 팀 책임자의 지도 감독을 받으며 시간 조정을 통해서 하급 교사들이 상급 교사의 교수활동을 참관할 수 있는 기회도 갖는다.

셋째, 계획, 실제 지도, 평가의 과정에서 교사 개인보다 팀에 더 강조를 두지만, 개별 교사의 직능상의 자율성과 창의적인 행동을 최대한 존중해 주며 옹호한다.

넷째, 팀 티칭은 학년 한계를 벗어난 학교 내의 무학년제를 촉구해 주는 한편, 무학년제 편성은 팀 티칭을 촉구한다.

다섯째, 팀 티칭은 수업 집단의 크기와 학습시간 단위를 중시하기 때문에 교육목표, 내용, 기술, 학생의 필요에 따라 달라진다.

여섯째, 팀 티칭에 있어서는 시청각 매체의 최대한의 활용을 원칙으로 삼고 있다.

일곱째, 교육에 관한 전문적인 일이 아닌 여러 가지 직무는 보조원에게 맡기는 것을 원칙으로 삼고 있다.

2. 특수교육과 팀 티칭

다양한 요구를 지닌 특수교육 대상학생을 지도하는데 담임교사 혼자 모든 영역을 책임지고 교수–학습을 수행하는 것은 비효율적이다. 이러한 비효율성을 극복할 수 있는 방안이 팀 티칭이다.

팀티칭은 각기 다른 교수자의 능력과 소질을 효율적으로 활용할 수 있으며 학습자의 다양한 능력과 개성에 부합하는 교수를 제공할 수 있다. 또한 교수 스타일과 학습 스타일의 조화를 통해 학습 효율성을 향상하고 학습자의 다양한 면에 대해 올바른 평가를 수행할 수 있다.

팀 티칭의 단계별 교수–학습 활동은 [그림 8–5]와 같다.

최근 학습자의 학습 욕구를 충족시켜 주기 위해 다양한 교수–학습 형태가 개발되고 있다. 팀 티칭은 교수의 입장에서 어떻게 하면 효율적으로 지도를 할 것인가에 더 중점을 두고 있다.

최근의 특수교육 현장은 통합교육의 확대로 인하여 특수학급 교사와 통합학급 교사 간에 긴밀한 협력이 요구되고 있다. 팀 티칭은 다양한 교육적 요구를 지닌 특수교육 대상학생의 요구에 맞춰 교사가 하나의 팀을 이뤄 장애학생의 교수–학습에 공동의 노력으로 개입할 수 있다는 점에서 활용 가치가 높다.

그림 8–5 팀 티칭의 단계별 교수–학습 활동

단 계	교수–학습 활동 내용
지도계획 수립	• 교재의 연구 및 팀 티칭 장소를 선정한다. • 집단편성 및 학습매체에 관한 계획을 수립한다. • 학습공간의 활용 및 배치에 관한 계획을 수립한다.
↓	↓
매체수집 및 작성	• 팀 티칭에 참여할 교사들이 함께 지도계획을 실천하기 위해 필요한 학습 매체를 모으거나 제작하는 단계이다.
↓	↓
지도과정	• 팀 티칭 참여 교사들이 호흡을 맞춰서 지도하는 과정이며, 교사 각자는 저마다 독자적인 교수 스타일을 가지고 있음을 상호간에 인정한다. • 교직 경험을 통해서 형성된 교수방식을 팀 멤버의 개성으로 받아들인다.
↓	↓
반성 및 평가	• 팀 구성원이 함께 반성하고 평가한다. • 끝마무리가 잘 이루어져 피드백 될 수 있도록 실천해온 과정에 대하여 반성한다.

교과통합 팀 티칭은 교과간의 벽을 허물고, 각 교과가 지니고 있는 단편적이고 중복적인 학습을 지양한다. 따라서 개별 학문의 전문적인 개념이나 추상적 지식을 추구하기보다 사회 현상을 종합적으로 이해할 수 있도록 여러 학문의 개념이나 내용으로 재구성한다. 대단원 중심의 탐구 주제 설정을 통한 심화학습은 교과 간의 구분이 무의미하다. 교과통합은 영역이 다른 교과를 개념, 문제, 흥미 등의 기준으로 묶어 새로운 형태로 재조직하는 것이다.

팀 티칭은 단순히 우수한 교사들만의 모임이 아니라 전문적인 교사들이 학생들의 개인차를 인정한 교수 학습을 통하여 담임 전담제에서 나타나는 문제를 해결할 수 있다. 팀 티칭 수업에 있어서 주요 요소 중 하나는 수업 체제 조직으로 팀 티칭은 담당 교사의 조직과 학습 집단의 조직 및 융통성 있는 시간 운영 등이 요구된다.

3. 팀 티칭의 장 · 단점

팀 티칭은 교사들이 협력하여 교수 계획을 수립함으로써 학습의 효율성을 보다 높일 수 있으며, 학습 집단의 편성과 시간표 편성 및 학습 공간의 활용에 대한 유연성이 증대된다. 팀 티칭은 신임 교사와 경력 교사를 한 팀으로 구성함으로써 신임 교사의 부족한 점을 보완해 줄 수 있으며, 교사 개인의 특기가 반영되기 때문에 학습자는 여러 명의 교사의 지도를 받게 됨으로 보다 다양한 경험을 얻을 수 있다.

한편, 팀 티칭은 하나의 팀을 구성하고 그 안에서 조화를 이루며 협동적으로 일할 수 있는 환경을 조성해 줄 전문적인 능력을 구비한 팀 리더를 구하기 곤란하며 팀 티칭을 효과적으로 진행할 수 있는 제반 여건이 미흡한 환경에서는 팀 티칭을 실행에 옮길 수 없는 단점이 있다.

4. 팀 티칭 교수-학습 지도안 예시

팀 티칭에 의한 교수-학습 지도안의 내용은 〈표 8-8〉과 같다.

표 8-8 팀 티칭 교수-학습 지도안(예시)

<table>
<tr><td>단원</td><td colspan="2">20. 장애물을 넘어서</td><td>본시주제 뜀틀 뛰어넘기</td><td>교사 3명</td></tr>
<tr><td>목표</td><td colspan="3">· 여러 가지 방법으로 뜀틀 운동을 수준별로 뛰어 넘기를 자신 있게 할 수 있다.</td><td>학급 3학급</td></tr>
<tr><td>단계</td><td>학습 흐름</td><td>시간</td><td>교수-학습활동</td><td>교사 역할</td></tr>
<tr><td rowspan="2">문제 제시</td><td>• 준비운동
• 수준별 집단 편성</td><td>5′
3′</td><td>⊙준비 운동을 하자.
⊙수준별 팀 구성 및 업무 분담</td><td>교사 3명</td></tr>
<tr><td>• 학습문제 제시</td><td>2′</td><td>⊙공부할 문제를 알아보자.
여러 가지 방법으로 능력에 맞는 뜀틀을 뛰어 넘어 보자.</td><td>역할 분담
교사 3명</td></tr>
<tr><td>움직임 실행</td><td>• 학습활동 안내
• 활동하기</td><td>5′
15′</td><td>⊙학습활동을 알아보자.
· 학습활동 1.
· 학습활동 2.
· 학습활동 3.</td><td></td></tr>
<tr><td rowspan="2">평가</td><td rowspan="2">• 수행평가</td><td rowspan="2">7′</td><td>⊙학습활동을 하자.
· 교사의 역할 분담 및 활동
-교사 1
-교사 2
-교사 3
· 역할 지도
· 능력 단계 조정 통과하기</td><td></td></tr>
<tr><td>⊙뜀틀을 넘는 각 동작과 넘기에 대한 평가
· 교사는 자신의 역할을 분담하여 지도한 부분만 평가한다.</td><td></td></tr>
<tr><td>정리</td><td>• 정리운동</td><td>3′</td><td>⊙정리 운동을 하자.</td><td></td></tr>
</table>

Paragraph

08 기타 교수-학습 방법

(1) 버즈 학습

버즈(Buzz) 학습은 교수자가 부여한 주제에 대해 학습자가 5~8명의 소집단을 만들어 짧은 시간 내에 토의하는 교수-학습 방법이다. 버즈 학습은 각 집단마다 토의한 성과를 또 다른 집단과 공유하기도 한다. 버즈 학습은 토론이 시작되면 마치 벌집을 건드린 것처럼 웅성거리기 때문에 붙여진 이름으로 학습자 참여를 활발하게 유도할 수 있다.

따라서 버즈 학습은 수동적으로 앉아 있거나 듣기만 할 때의 사고 과정보다 급격한 변화를 경험하고 다양한 사고를 기르는 데 효과적인 교수-학습 방법이라 할 수 있다.

(2) 역할 놀이(role-playing) 학습

역할 놀이는 학습자가 직접 역할을 수행함으로써 그 문제를 밝혀내고 해결하는 것이다. 또한 그 문제에 대한 결과를 논의해 보는 형태를 띠고 있다. 역할 연기는 학습자의 흥미를 유발하고 다른 학습에 더욱 열중할 수 있도록 자극할 수 있다. 역할 놀이 학습은 실제상황에서 일어날 문제를 사전에 경험함으로써 효과적으로 대처할 수 있는 능력을 향상시킬 수 있다.

역할 놀이는 학습자가 학습내용을 단순히 자료를 읽거나 설명만을 듣는 대신에 실제적으로 몸소 경험을 함으로써 학습효과를 높일 수 있다. 따라서 역할 놀이 학습은 실제 현장에서 수행하는 것보다 저렴한 비용으로 사실적인 경험을 할 수 있으며 강의나 토론학습에서 결핍되기 쉬운 현실적인 경험을 할 수 있다. 또한 현장과 유사한 조건하에서 심리적 안정을 가지고 역할을 수행함으로써 학습 성과를 극대화시킬 수 있다.

(3) 컴퓨터 보조학습(computer assisted instruction : CAI)

컴퓨터 보조학습은 컴퓨터를 활용하여 이루어지는 교수–학습 과정이다. CAI는 교수자 대신 컴퓨터라는 보조 장비를 활용하여 전문 프로그래머가 고안한 각종 프로그램에 의해 학습자 스스로가 학습하여 목표 달성을 이루어가는 일련의 교수–학습 시스템이다. CAI는 질 높은 수준의 학습내용을 제공할 수가 있고, 교수자의 개별화를 실현하는 시스템으로 활용도가 높다.

CAI는 교수–학습 과정을 평가하고 제어하는 교수자의 기능을 가지며 학습자 스스로가 학습 참여를 통해 학습이 이루어진다. 뿐만 아니라 정확한 정보 처리와 산출 기능 등 기존의 교수자가 감당할 수 없는 새로운 역할을 수행할 수 있다.

CAI의 학습 형태는 다음과 같다.

CAI는 학습자의 학습능력 차이에 따라 연습 문제를 제시하고 연습 훈련을 통해 그 기능을 효과적으로 습득해 가는 학습 형태를 취할 수 있다. 또한 다양한 상황을 적용한 훈련 모델을 고안하여 현장 상황과 어울리는 가상 학습을 실시할 수 있다. 이를 통해 현장 학습에서 간과되기 쉬운 과학적이고 조직화된 학습을 가능하게 함으로써 시간, 예산을 절감할 수 있는 장점들을 지니므로 특수교육 대상학생을 상대로 높은 효과를 기대할 수 있다.

(4) 브레인스토밍

브레인스토밍(brainstorming)은 학습 주제나 문제를 해결하기 위하여 전체 학습자에게 잠재되어 있는 아이디어를 개발하여 문제해결을 시도하는 방법이다. 어떤 학습 상황에서 학습자의 창의력을 촉진시키고 학습 참여도를 높여주는 교수방법으로 활용한다.

브레인스토밍은 할당된 시간 내에 학생들이 차례로 자신의 의견을 발표하게 되므로 학생들이 다양한 사고를 접할 수 있다. 따라서 진행방법은 첫째, 자유스런 표현으로 자유스런 표현은 아무리 이상하고 유치한 상상이라고 해도 누구나 자연스런 분위기에서 발표하도록 한다. 둘째, 비평 금지하기로서 아이디어 내용에 대한 비평을 하지 않는다. 비평은 다른 학생들의 창조적 발상을 억압할 수가 있기 때문이다.

셋째, 아이디어의 양으로 학습자가 아이디어를 많이 산출하도록 한다. 넷째, 종합 및 평가로서 다른 학습자의 아이디어나 자신의 아이디어를 수정, 개선할 수 있는 방법을 찾는 것이다. 이 단계에서는 두 가지 이상의 아이디어가 합해져서 새로운 아이디어가 창출될 수 있도록 지도한다.

(5) 사례 연구법

사례연구는 사실적으로 묘사된 문제 상황을 제시해 주고 학습자들이 그 문제에 직접 관련된 입장에서 그 문제를 해결할 수 있도록 하는 것이다. 이 때 교수자는 학습자 전체 또는 개개인에게 사례가 내포된 문제 상황을 제시할 수 있으며 문제해결을 유도할 수 있다.

사례 연구법은 교수자의 교수 연구 방법을 여러 명의 학습자들을 참여시키는 것으로 교수자는 사례 연구 활동 후 학습자가 개개인의 해결책에 대해 토의할 수 있다. 이를 통해 학습자의 또 다른 관점을 볼 수 있고 다른 방법을 비교 또는 평가할 수 있다.

특히, 특수교육은 개별화 원리를 따르기 때문에 사례 연구법이 학습자 수준에서 문제를 해결하는데 도움을 줄 수 있으므로 권장할 만하다.

(6) 견학 학습

견학(field trip)은 학습자가 산업 현장 또는 학습이 요구되는 장소에 직접 방문하여 필요한 정보를 얻는 방법이다. 견학 학습은 평소 제한된 학습 현장을 탈피해 직업 현장에서 수행되는 일을 직접 관찰하고 그곳에서 실제 경험을 습득한다. 그러나 학습자의 흥미와 요구를 고려하지 않고 시행될 때에는 원하는 성과를 거두기 어려운 점도 있다.

따라서 견학의 목적을 충분히 이해시키고 견학 중에 경험하거나 관찰할 사항을 미리 확인시켜 주는 것이 효과적이다.

특히, 특수교육 대상학생을 대상으로 견학할 때에는 사전에 활동할 학습내용들을 충분히 안내해주고 견학 중에 발생할 수 있는 안전사고 예방 교육이나 질서유지에 대한 각별한 사전주의가 필요하다.

(7) 침묵식 교수법

침묵식 교수법(Silent way)은 교수자가 되도록 말을 적게 하면서 색채도표(wallchart)와 채색된 나무막대(rod)를 사용하여 학습자의 학습 전략을 유도하는 교수법이다. 침묵식 교수법은 학습자 중심의 발견학습이나 문제해결 활동의 학습을 촉진시킬 수 있다.

침묵식 교수법의 특징은 교수자는 학습에 종속된다. 따라서 침묵식 교수법은 학습자가 스스로 학습을 하도록 유도해야 한다는 전제에서 출발하며 교수자와 학습자 간의 협조를 전제로 하되 학습자의 오류는 스스로 또는 다른 학습자를 통하여 수정하도록 유도한다.

교수자는 학습자가 애매한 상황에 처해 있을 때 잘 조정해 주고 이전에 학습한 것과 새로이 학습할 것을 되풀이 하도록 지도하고 난 뒤 침묵을 지킨다.

(8) 개별 탐구학습

개별 탐구학습은 인터넷으로 학습자에게 개별적으로 탐구할 수 있는 학습 환경을 부여한다. 개별 탐구학습은 학습자의 학습 양식과 요구에 맞는 학습을 이루어나갈 수 있도록 다양한 학습 형태와 전략을 조성한다. 또한 한 가지 주제라도 학습자의 수준에 맞는 개별 학습이 이루어지기 위해 다양한 수준으로 학습내용을 구성한다.

교수자는 학습자의 흥미를 자아내면서 의미 있는 생각을 할 수 있는 문제를 설정하기도 하고 학습자 스스로 정하고 이를 탐구하도록 할 수 있다. 즉, 평소에 의문나는 점들 중 학습내용과 긴밀한 연관을 지니고 있는 문제를 선택하게 하고 학습자가 이에 대해 탐구활동을 전개해 나갈 수 있도록 한다.

(9) 코너 학습

코너 학습은 각 주제별로 다양한 코너를 마련해놓고 학습자가 각 코너로 자유로

이 이동하며 학습하는 수업형태이다. 코너 학습은 다양한 수업 모형을 적절히 적용 또는 혼용하거나 교수자가 창의적으로 구안함으로써 획일성에서 벗어날 수 있다.

코너 학습은 교수자가 안내자, 조정자의 역할을 수행하게 되는데 수업 시작 부분에서 학습자들의 마음을 열 수 있도록 노래 부르기나 게임 등을 통해 학습 동기를 유발시키고 모둠별 활동을 하고자 할 때에는 학습자가 스스로 주제 선택이라든지 구체적인 모둠별 활동 내용, 역할 분담, 발표 형식 등을 토의를 통하여 정하도록 안내해 준다.

(10) 홀리스틱 접근

홀리스틱(holistic)은 그리스어의 '홀로스(holos, 전체)'를 어원으로 하고 있으며 전체(whole), 건강(health), 치유(heal), 신성한(holy) 등의 뜻의 의미를 내포하고 있다.

홀리스틱 교육(Holisticn Education)은 다른 교수-학습 방법과 구분되는 성질의 학습방법이 아니라 기존의 수업방식을 모두 포용하고 있다. 다만 홀리스틱 교육은 종래의 전달 수업이나 교류 수업을 통합하여 편협함을 극복하고 균형을 이루는 것으로서 자연과 생태계의 흐름을 알고 공존의 의미를 감지할 수 있는 생태계 교육, 인간성 교육, 정신 교육 등을 주제로 한다.

홀리스틱 교육은 학습자의 전인적인 발달에 도움이 되는 교육을 강조하며 학습자 간의 관계성, 어린이와 어른과의 관계성을 중시한다. 그러므로 교수자와 학습자의 관계는 위계적이거나 권위적인 역할에 의하여 제한되기보다는 역동적이며 공동체적인 의식을 강조한다.

또한 홀리스틱 교육은 좁은 의미의 기초적인 기술(basic skill)이 아닌 생활 경험(life experience)에 연결되므로 홀리스틱 교육은 성장, 발견, 그리고 넓어진 사고범위로 나가는 것으로서 학습자의 삶을 문화적, 도덕적, 정치적 상황에 비판적으로 접근할 수 있도록 하고 있다.

(11) 발도르프 교수-학습

발도르프(Waldorf) 교수-학습은 발도르프 학교의 교육과정이 추구하는 교육관을 통해 살펴 볼 수 있다. 발도로프 학교는 슈타이너(Steiner)가 설립한 학교로서 교육이 사회를 바꿀 수 있다는 신념을 갖고 있다. 슈타이너는 수업이 예술적이 되는 열쇠는 교사에게 있다고 하였다. 즉, 교사가 풍부한 예술성을 가지고 자기 자신을 예술가로서 자각할 때 교육과 수업은 곧 예술이 된다고 하였다.

발도로프 학교는 교육을 담당하는 교사를 '영혼의 예술가'(Seelenkünstler)라고 부르며 영혼의 예술가가 되기 위한 교사는 예술적인 것을 기뻐할 수 있고 예술적으로 활동할 수 있어야 한다고 강조한다.

발도로프 학교의 이상은 학습자의 발달 단계를 지적인 면에 치우쳐 지도하지 않고 학습자의 사고, 감정, 의지 등의 정서적인 면을 고려하는 교육과정으로 이루어져 있으며 가르치고 배우는 일을 예술로 이해하고 있다.

이상 교수방법을 유형별로 살펴보았다. 여기에 소개된 교수방법들은 다양한 철학적 기초에 따라 정립되어 있으므로 각각의 교수방법들은 장점과 단점을 동시에 내포하고 있다.

특수교육 교수–학습 상황에서 교수자가 보다 효율적인 수업을 전개하기 위해서는 교수–학습 방법의 유형의 장 · 단점에 대해 정확히 알아야 할 것이다. 뿐만 아니라 교수자는 교수–학습 지도의 원리나 이론적 근거에 대해 체계적으로 인식하여 역동적인 교수–학습 상황에 알맞은 교수–학습 방법을 선택하고 응용할 수 있는 역량을 갖춰야 할 것이다.

연습문제

01 강의식 교수법의 장점과 효과적인 강의식 교수전략에 대해 토의해 봅시다.

02 문제해결학습의 장점과 효과적인 문제해결학습의 교수전략에 대해 토의해 봅시다.

03 구안법의 장점과 효과적인 구안법 문제해결학습의 교수전략에 대해 토의해 봅시다.

04 문답법의 장점과 효과적인 문답법의 교수전략에 대해 토의해 봅시다.

05 토의법의 장점과 효과적인 토의법의 교수전략에 대해 토의해 봅시다.

06 컴퓨터 보조학습의 장점과 컴퓨터 보조학습이 특수교육 대상학생에게 효과적인 교수전략이 될 수 있는가에 대해 설명해 봅시다.

07 홀리스틱 교육(Holisticn Education)이 특수교육 대상학생의 전인교육에 도움을 줄 수 있는가에 대해 토의해 봅시다.

08 발도르프(Waldorf) 교수–학습의 교육관이 특수교육 대상학생의 정서적인 면을 촉진시켜줄 수 있는 대안이 될 수 있는 가에 대해 토의해 봅시다.

09 교수–학습 방법의 선정기준에 대하여 토의해 봅시다.

Chapter 09

효과적인 발문 전략

❖ **제1절** 효과적인 발문 전략

❖ **제2절** 발문의 유형과 제 이론

❖ **제3절** 사고력 촉진을 위한 발문 기술

좋은 수업의 조건은 학습자들이 무엇을 학습해야 하는지 그리고 그것을 어떻게 학습해야 하는지를 분명히 알 수 있어야 한다. 그러기 위해서는 목표가 명확해야 하고 활동의 결과가 곧 바로 나타나야 하며 과제와 실력이 균형을 이룰 때 학생들은 집중하게 된다(이정선, 2009). 따라서 좋은 수업을 위해서는 효과적인 발문이 필요하다. 발문은 수업목표를 달성하기 위해 학생의 사고를 자극하고 격려하여 발전시켜 나가기 위해 문제를 제기하는 것을 말한다. 따라서 발문법은 교사와 학습자 간의 계속적인 질의응답 과정을 통해서 학습을 전개시킴으로써 학습자들이 수업내용과 관련된 기본적인 사실들을 이해하고, 이를 바탕으로 학습자의 사고활동과 탐구활동 능력을 촉진시키는 방법을 뜻한다(신은희, 2011). 특히 특수교육 교수-학습 상황에서 교수자는 특수교육 대상학생의 사고를 촉진시키고 수업목표를 도달해 나가는 효과적인 수단으로 중요하다.

Paragraph 01 효과적인 발문 전략

1. 발문과 질문의 정의

발문법은 효과적인 수업을 위한 중요한 교수전략이다. 교수-학습 상황에서 교수자와 학습자 간에는 언어적 상호작용으로서 문답이 오고 간다. 이러한 상황에서 과연 가르치는 교수자가 그 내용을 몰라서 학습자에게 그 해답을 묻는 경우는 없을 것이다. 이처럼 교수자가 그 내용을 알고 있음에도 효과적인 교수-학습 활동을 위해 학습자에게 묻는 것을 발문이라고 한다.

발문과 질문은 물어본다는 공통점은 있지만 발문과 질문은 다음과 같은 차이점가 있다. 즉, 질문(質問)은 모르는 사람이 아는 사람에게 던지는 물음으로 모든 일상생활에서 광범위하게 이루어지는데 반하여 발문(發問)은 내용을 아는 교수자가 내용을 모르는 학습자에게 학습활동을 조성해 나가기 위해 던지는 문제 제기로서 주로 수업에서 이루어지는 특징이 있다. 구체적인 발문과 질문의 차이점은 〈표 9-1〉과 같다(전경원, 2003; 권순황, 2008; 신은희, 2011).

표 9-1 발문과 질문의 차이점

구 분	발 문	질 문
차이점	• 이미 잘고 있는 사람이 모르는 사람에게 하는 물음으로, 문제를 발견하고 사고를 자극, 유지, 발전시키기 위해서 주로 사용된다. • 발문에 대한 답은 질문자의 예상을 벗어날 확률이 높고 개인차가 크게 나타나는 경향이 있다. • 묻고 답하는 사의 관계가 상호의존적이고, 쌍방적이다. • 응답자의 성장이나 학습을 돕기 위한 목적으로 이루어지는 도구의 기능을 한다. • 주로 수업사태에서 행해진다.	• 모르는 사람이 아는 사람에게 던지는 물음으로 특정 정보의 제공을 기대하면서 물어보는 것을 말한다. • 질문자와 응답자 간에 계층적 관계가 형성될 수 있다. • 응답자에 대한 검사, 분류, 확인 등의 목적으로 주로 사용된다. • 질문에 대한 답은 예상 가능하고 답이 한정적인 경향이 있다. • 모든 일상생활에서 광범위하게 이루어지고 있다.

〈표 9-1〉에 나타난 바와 같이 질문은 의문에 대한 하나의 정답을 얻어내는 성격이 강하지만 발문은 하나의 정답 이외에 학습자의 사고 작용의 변화에 초점을 두고 있다. 따라서 발문은 교수-학습상황에서 교수자가 학습자의 사고를 자극, 유지, 발전시키기 위한 교수 전략으로 효과적인 교수전략이다.

2. 발문의 목적과 활용

발문은 학습자가 문제에 대해 문제의식을 갖게 하거나 사고 활동을 촉진시키는데 그 본질이 있다. 발문은 학습자가 가진 지식과 이해의 정도를 파악하고 선행학습 형태를 진단함과 동시에 더 나아가 학습자의 사고 과정을 유도하고 사고를 유발시켜 당면한 문제를 해결하게 하는 계기를 마련해 주는 것을 목적으로 한다.

캐린(Carin, 1970)과 터니(Turney, 1973)가 제시하고 있는 발문의 목적은 〈표 9-2〉와 같다(신은희, 2011, 재인용).

표 9-2 발문의 목적

구분	캐린(Carin, 1970)	터니(Turney, 1973)
목적	• 발문은 흥미를 고조시키고 학습자가 수업에 적극적으로 참여하도록 동기를 유발하기 위해 한다. • 발문은 학습자의 준비도를 평가하고, 과제나 예습을 다했는지 알아보기 위해 한다. • 발문은 가르친 내용을 복습하고 요약하기 위해 한다. • 발문은 새로운 관계를 알아볼 수 있는 통찰력을 길러주기 위해 한다. • 발문은 비판적 사고를 자극하고 발문하는 태도를 발달시키기 위해 한다. • 발문은 학습자 스스로 지식을 더 찾도록 자극을 주기 위해 한다. • 발문은 수업 목적 달성 정도를 평가하기 위해 한다.	• 발문은 어떤 주제와 관련된 호기심을 유발하기 위해 한다. • 특정한 쟁점이나 개념에 대한 주의집중을 하게하기 위해 한다. • 발문은 학습에 대한 적극적인 참여 유도를 위해 한다. • 발문은 학습자들이 자신과 다른 사람에게 질문하도록 자극하기 위해 한다. • 발문은 학습이 극대화 될 수 있도록 어떤 과업들을 조직화하기 위해 한다. • 발문은 학습 방해요소를 알기 위해 한다. • 발문은 학습자 수업 참여가 기대되고 존중되는 교수 · 학습 상황을 유지하기 위해 한다. • 발문은 학습자가 추론적 인지 작용을 통한 사고기술 신장을 유도하기 위해 한다. • 발문은 학습 집단의 다양한 반응에 대해 개개의 학습자가 숙고하거나 견해를 밝혀 나가도록 유도하기 위해 한다. • 발문은 학습자가 토론을 통해서 대행학습을 하는 기회를 제공하기 위해 한다. • 발문은 학습자 사고와 감정에 대해 관심표현을 유도하기 위해 한다.

〈표 9-2〉와 같이 발문의 목적은 학습자의 흥미를 끌거나 주의를 집중시키기 위해 사용하기도 하며, 학습내용을 진단하거나 점검하기 위해 사용된다. 또한 발문은 특수한 사실이나 정보의 회상을 위해 또는 관리의 목적으로 유용하게 활용된다.

뿐만 아니라 발문은 고차적인 수준의 사고 과정을 장려하기 위해 사용되어지며 학습을 구조화하고 새롭게 하기 위해서 또는 감정 표현을 허용하기 위한 목적으로 유용하게 사용될 수 있다.

이와 같이 발문법은 창의적인 사고력을 지향하는 중요한 수업전략 중의 하나가 될 수 있다. 전통적인 주입식 수업은 교과 내용에 초점을 맞춰 교수자가 수업내용을 가능한 많이 집어넣어 주고자 여러 가지 발문을 하게 되지만 이는 기억을 회상하는 수준에 머물게 되며 교수자와 학습자간의 상호작용은 거의 발생하지 않는다.

반면에 창의적 사고력 수업은 교과 내용의 암기보다는 탐구와 사고에 초점을 둔다. 이러한 경우 교수자의 효과적인 발문은 학습자가 학습의 과정에 관여하여 의미를 구성하고 비판적 사고와 대안을 탐색할 수 있는 기회를 제공해줄 수 있다. 효과적인 발문은 교수자가 학습자의 탐구와 문제해결적 사고를 자극할 수 있다(권순황, 2008).

Paragraph

02 발문의 유형과 제 이론

1. 발문의 유형

발문은 관점에 따라 분류 방법이 다양하다. 발문은 수업목표 도달을 위해 상호보완적 관계로 적용되며 수업의 흐름에 따라 교수자는 여러 형태의 발문을 활용한다.

(1) 발문 주체에 따른 분류

발문은 누가 발문을 제기하느냐에 따라서 〈표 9-3〉과 같이 교사발문, 학생발문, 부가 발문으로 나눌 수 있다(강현숙, 2003).

표 9-3 발문의 주체에 따른 분류

구분	학생 발문	교사 발문	부가 발문
의미	교수·학습 과정에서 학생이 스스로 제기한 발문을 의미한다.	수업 중에 교사가 제기하는 발문을 의미한다.	교과서를 비롯한 교재에 제시된 발문의 형태를 의미한다.
관련 변인	(1) 발문의 빈도, (2) 발문의 수준, (3) 발문의 유형이나 (4) 발문의 전략에 대한 학생의 훈련여부 등이 있다.	(1) 발문의 빈도, (2) 발문의 수준, (3) 발문의 유형, (4) 전략에 대한 학생의 훈련여부 등이 있다.	발문의 위치에 따른 효과에 관한 것과 발문 수준에 따른 효과에 관한 것 등이 있다.

(2) 사고 유형에 따른 분류

블로서(Blosser, 1987)는 수업에서 핵심적인 역할을 하는 수업적 발문을 사고 유형에 따라 인지 기억력의 발문과 수렴적 사고의 발문을 포함한 폐쇄적 발문과 확산적 사고의 발문과 평가적 사고의 발문을 포함한 개방적 발문으로 구분하였다. 즉, 블로서는 사고의 넓이를 기준으로 사고의 폭이 좁은 응답을 요구하는 수렴적 발문(추론적 발문, 예 : 입법부와 사법부의 기능은 어떤 점에서 다를까요?)과 사고의 폭을 넓히는 응답을 요구하는 확산적 발문(적용적 발문, 예 : 한나라의 국민이 선거권을 잃게 되면 그 국민들은 어떻게 될까요?)으로 구분하였다. 발문의 구체적인 유형을 살펴보면 [그림 9-1]과 같다.

[그림 9-1]에서 보는 바와 같이 폐쇄적 발문은 인지·기억적 발문과 수렴적 사고의 발문이 있다. 인지·기억적 발문은 기억을 회상하는 발문으로 예를 들면 삼각형의 도형을 보여주며 "이것을 뭐라고 할까요?"와 같은 유형의 발문으로 인지·기억적 발문은 기억을 회상하거나 변별하거나 또는 명명하거나 관찰하는 것 등이 여기에 해당한다.

그림 9-1 폐쇄적 발문과 개방적 발문의 유형

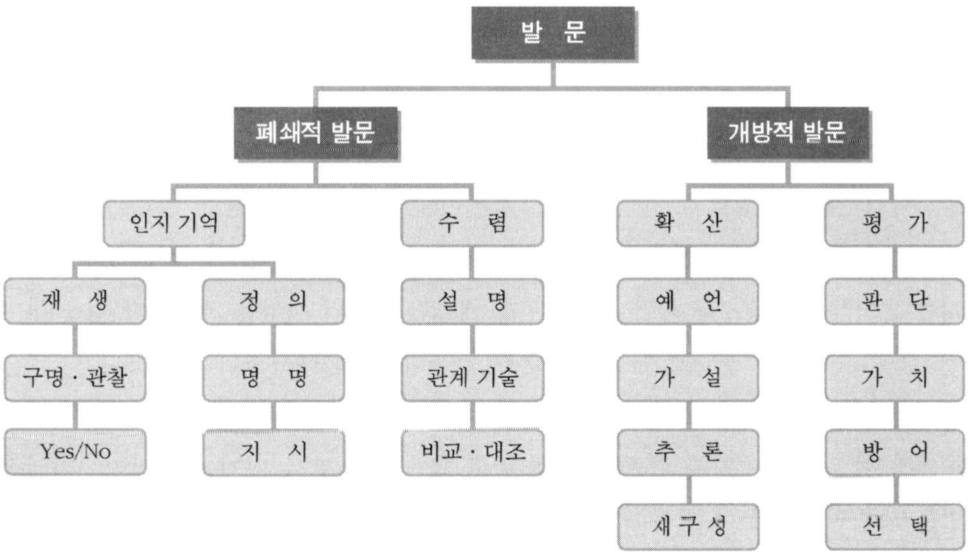

수렴적 사고의 발문은 지난 시간에 학습한 도형을 제시하고 "지난 시간에 배운 삼각형을 찾아볼까요?"와 같은 유형의 발문을 하는 것이다. 따라서 수렴적 사고의 발문은 이전에 습득한 정보를 새롭거나 다른 문제해결에 적용하는 발문으로 적합하다. 수렴적 사고의 발문은 조건이나 증거가 한계가 정해진 예측이나 학습자에게 일반적으로 알려진 기준의 틀을 사용할 것을 요구하는 발문 등이 여기에 해당한다. 이와 같이 폐쇄적 발문은 직접교수법에서 주로 사용되어지는데 대개 발문의 80%는 폐쇄적 유형의 발문이 차지한다.

한편 개방적 발문은 확산적 사고의 발문과 평가적 사고의 발문이 있다.

확산적 사고의 발문은 의견을 제시하도록 유도하는 발문이나 허용 가능한 응답 범위를 놓고 학습자의 개방적인 응답을 장려하는 발문과 학습자의 추론 또는 시사와 관련된 반응을 묻는 발문 등이다. 확산적 사고의 발문은 일반적이거나 개방적인 응답을 장려한다. 예를 들어 학습자에게 이전에 암기했던 가족의 개념 속에 '아버지, 어머니, 나, 동생' 등의 단어의 개념을 단순히 회상하도록 발문한다면 수렴적 발문에 해당되지만 학습자에게 "행복한 가족이 되기 위해 나는 어떻게 생활하는 것이 좋을까요?"라고 묻는다면 학습자에게 다양한 응답의 반응을 얻을 수 있다. 이렇듯 학습자의 개방된 응답을 유도하는 발문이 확산적 발문이다.

확산적 사고의 발문은 교수자가 학습자로부터 의도했던 응답을 얻지 못할 수도 있다. 그러므로 확산적 사고의 발문은 적절하지 못한 학습자의 응답들을 교수자가 분석해서 허용 가능한 범위의 응답 구조 속으로 수정해 주는 후속 발문이 따를 수 있다.

한편, **평가적 사고의 발문**은 행위, 행동의 계획, 입장 선택에 대한 정당화를 묻는 발문이나 새로운 방법의 가설을 구성하는 발문이나 결론을 묻는 발문과 가치 및 정의적 행동, 인지적 행동의 판단을 묻는 발문이 여기에 해당한다. 예를 들어 "어머니를 돕느라고 설거지를 하다 컵을 열 개 깨뜨린 영희와 사탕을 꺼내려다 컵을 하나 깬 철수 중 누가 더 나쁠까요?"와 같은 발문이 이에 해당한다고 하겠다.

이상과 같이 발문은 크게 폐쇄적 발문과 개방적 발문으로 구분할 수 있다. 또한 폐쇄적 발문은 교수자가 답을 결정해 놓고 묻는 것으로서 여기에는 인지 · 기억적 발문과 수렴적 발문이 있는데 학습자에게 자료의 이해를 돕거나 내용을 확실히 하는데 효과적으로 사용할 수 있다. 이에 비해 개방적 발문은 학습자가 무엇을 답할 것인지 알 수 없는 것으로 여기에는 확산적 발문과 평가적 발문이 있는데 학습자의 흥미를 자극하고 동화시키며, 새로운 아이디어, 주제 등을 소개하고 지식과 이해를 요구할 때 효과적으로 사용할 수 있다(송용의, 1998, 재인용). 따라서 교수자는 특수교육 대상학생의 학습능력을 신장시키기 위한 방법으로 다양한 효과적인 발문 기법들을 응용하여 수업장면에서 학습자의 흥미를 높이고 사고를 촉진시켜 나갈 수 있도록 연구해야 할 것이다(권순황, 2008).

2. 발문의 범주와 관련한 제 이론

(1) 타바의 발문 전략

타바(Taba)는 발문 전략을 첫째, 개념 형성과 관련한 발문 전략, 둘째, 해석적 발문 전략, 셋째, 적용적 발문 전략으로 구분하였다. 이를 소개하면 다음과 같다.

첫째, 개념 형성과 관련한 발문 전략은 구별, 집단화, 범주화를 할 때 도와주는 '무엇?'에 관한 응답을 유도한다.

둘째, 해석적 발문 전략은 독자가 이미 알고 있는 개념과 연결시켜 일반화하고자 할 때, 또는 추론을 해야 할 때 하는 '왜?'에 관한 응답을 유도한다.

셋째, **적용적 발문 전략**은 설명이나 예견을 요구하는 '그것이 의미하는 것이 무엇인가?'에 관한 응답을 유도한다.

(2) 학습활동 전개와 발문의 유형

학습자의 능력 수준 및 학습활동 전개과정을 용이하게 적용할 수 있는 발문의 유형으로는 첫째, 재생적 발문, 둘째, 추론적 발문, 셋째, 적용적 발문이 있다.

첫째, **재생적 발문**은 학습했던 내용이나 경험한 사실을 알아보기 위한 발문으로 대개 도입 과정에서 사용한다. 재생적 발문의 특징은 단순한 지식과 사실, 방법과 원리, 열거, 계산 등에 관한 발문으로 대개 일문일답의 형태를 취한다.

둘째, **추론적 발문**은 학습자의 지식, 정보 등을 이용하는 비교, 대소, 구분, 분석, 종합하여 응답하게 하는 발문으로 학습자의 사고를 촉진하는 발문이다.

셋째, **적용적 발문**은 학습자의 확산적 사고를 계발하기 위하여 새로운 사태에 적용, 예언 또는 가설을 설정하도록 하는 발문으로 지금까지 학습한 결과를 토대로 보다 확산적인 사고 활동을 촉진하는 발문이다.

한편, 수업을 시작하면서 수업 단계별로 제시할 발문을 계획하는 것은 중요하다.

먼저, 수업 초기의 발문은 전체 학습자의 대답을 유도하는 것이 효과적이다.

초기발문은 교수자와 학습자가 함께 선택할 수도 있으며 수업초기의 발문으로 확산적 사고를 유도하여야 하고, 모든 학습자의 다양한 수준과 능력에 맞아야 한다. 수업이 진행되면 교수자는 발문의 방향을 바꿔봄으로써 학습자의 참여와 집중력을 향상시킬 수 있다. 이 때 교수자가 발문의 방향을 바꾸는 것을 **전환발문**이라고 하는데 전환발문은 초기 발문 단계에서 더 많은 학습자를 끌어들일 수 있는 유용한 발문 전략이다.

한편, 교수자는 탐구발문을 사용한다. **탐구발문**은 토론과 학습자의 대답의 폭을 넓힐 수도 있다. 즉, 교수자의 탐구 발문은 학습자가 대답하는 과정을 통해 사고력을 신장시키는 데 도움을 준다.

사고력을 신장시키는 발문으로 촉진발문이 있다. **촉진발문**은 학습자의 대답을 향상시키는 데에 도움을 준다. 촉진발문은 수업 중에 학습자에게 대답의 폭을 넓히고 대답을 명료하게 정리하도록 고무하는 것이다. 촉진발문은 교수자의 순발력을 요구하므로 사전에 미리 계획하거나 생각한다는 것은 어렵다. 교수자는 학습자로부터 대답의 폭을 넓혀 나가게 하기 위해 그 학습자의 대답에서 힌트를 얻어 활용할 수 있다. 즉, 교수자가 촉진발문을 학습자에게 함으로 학습자가 정답을 찾아내도록 할 수 있다. 학습활동의 전개와 이에 따른 발문의 유형은 〈표 9-4〉와 같다(권순황, 2008).

표 9-4 교수-학습활동 전개와 발문의 유형

발문의 유형			교수-학습 활동 전개에 따르는 발문의 예	
			A	B
재생적 발문	초기발문	유도발문	· 누가 고장에서 우리를 돕는 일꾼일까?	· 문제를 어떻게 해결할까?
		탐구발문	· 경찰관이 하는 일은 무엇일까?	· 문제를 해결하는 다른 방법은 없나?
		전환발문	· 우리 고장에서 우릴 돕는 일꾼을 아는 사람은 말해 봅시다.	· 그 대답이 문제를 해결하는 것과 어떻게 연관되는데?
추론적 발문	탐구발문	확대발문	· 우리 고장을 위한 일꾼들은 우리를 어떻게 도울까?	· 너는 문제해결책을 언제 사용하니?
		정리발문	· 우리 고장에서 우릴 돕는 일꾼을 한번 묘사해 보겠니?	· 문제의 예를 들어봐라.
		검증발문	· 네가 우리 고장에서 우리를 돕는 일꾼을 좋아하는 이유가 무엇인지 설명해 보겠니?	· 그 문제를 어떻게 해결했니?
적용적 발문		마무리 발문	· 지역 사회의 일꾼 한 명을 예로 들어봐라.	· 일상생활에서 문제해결책은 우리에게 어떤 도움을 줄까?

한편 촉진발문을 사용하여 학습자의 모호한 대답을 정답으로 끌어 들이는 방법은 〈표 9-5〉와 같다.

표 9-5 촉진발문을 사용하여 수업목표에 도달시키기

교수자 : 교통사고를 줄이려면 어떻게 해야 할까?
학습자 : 아이들이 까불면 안돼요.
교수자 : 까불면 안 된다고? 그게 무슨 말이니?
까분다?
학습자 : 아이들이 까불다가 차에 치어요.
장난치면 안돼요.
교수자 : 그럴 수도 있겠군. 그러면 교통사고를 줄이기 위해 장난치면 안 되겠구나.
학습자 : 네.
교수자 : 그럼 차가 많이 다니는 곳에서는 어떻게 해야 하지?

이와 같이 교수자는 학습자를 촉진시켜 다소 모호한 대답을 의도한 수업목표를 향해 점점 다듬어 갈 수 있다. 교수자가 학습자의 학습을 촉진할 때는 항상 긍정적인 태도로 임하는 것이 바람직하다. 또한 학습자의 대답 중 올바른 부분은 인정해 주는 것이 좋다. 학습자의 사고를 촉진하는 발문은 학습자의 폭넓은 대답을 유도하고 그 대답을 교정하는 발문 과정에서 자주 쓰는 기법이다.

학습자가 정답에 가까운 대답을 했을 경우 교수자는 그 학습자의 사고를 계속 촉진시킨다. 만약 이를 흘려버리거나 그 발문을 다른 학습자에게 새로 대답하게 하는 행위는 좋은 방법이 아니다.

촉진발문은 빈약한 사고를 지닌 학습자에게 사고의 폭을 확대시켜주고 학습과제에 도달시킬 수 있는 유용한 교수방법이 되기 때문에 평소 특수교사는 촉진발문 기법을 잘 활용하여 수업목표에 도달시켜 나가는 방법 등을 연구해야 할 것이다.

(3) 고등 수준을 요하는 발문

엘리스(Ellis)는 학습자에게 고등 수준의 사고를 불러일으키는 발문과 과제를 요구한다. 엘리스는 고등 수준(higher-level) 발문과 낮은 수준(lower-level) 발문으로 이원화하였다. 이를 소개하면 〈표 9-6〉과 같다.

표 9-6 발문과 사고 수준

수준 \ 유형	발문의 유형	학습자 행동	발문의 예
낮은 수준 발문	지 식	상기, 암송	· 우리나라 꽃은 무엇이냐? · 거북선을 만든 분은 어느 분인가?
	이 해	설명, 요약	· 이 이야기의 주제가 뭐냐? · 이순신 장군은 나라를 위해 어떤 일을 하셨는가?
	적 용	문제해결, 증명	· 500원으로 100원짜리 연필을 몇 자루 살 수 있는가? · 오늘 아침의 온도는 얼마인가?
고등 수준 발문	분 석	추론, 비교	· 이 글을 읽고 이순신 장군의 삶을 통해 우리가 알 수 있는 것은 무엇인가? · 식물과 동물이 같은 점과 다른 점은 뭐니?
	종 합	창안, 예측	· 이 글의 제목으로 적당한 것은 무엇일까? · 장애인을 어떻게 도울 수 있을까?
	평 가	판단, 선택	· 홍수를 예방하기 위해 나무를 심으면 효과가 있을까? · 교통사고를 막으려면 어떻게 해야 할까?

이와 같이 발문은 유형에 따라 낮은 수준의 발문과 고등 수준의 발문으로 나눌 수 있으며 수업활동 내용에 따라 발문의 수준은 다르다. 따라서 수업내용에 따라 교수자는 특수교육 대상학생에게 고등 수준의 발문을 학습자의 수준에 맞게 제시하는 방법들에 대한 연구가 필요할 것이다.

(4) 교수자의 발문 빈도 측정

교수자는 학습자의 사고력을 촉진시키고 수업을 통제하는 수단으로 발문을 활용한다. 교수자가 교수-학습 시간에 발문을 적정한 수준으로 다양하게 활용하는지 알아보려면 발문의 유형을 나누어 살펴 볼 수 있다.

교수자의 발문은 범주 도구를 활용하면 객관적인 측정이 가능하다.

범주 도구는 일정한 간격으로 빈도를 측정하고 계산할 수 있는 사태나 행동을 정의하는 양식이다. 이를 활용하면 교수자가 수업시간에 발생시키는 모든 것을 수량화할 수 있다. 예를 들어 교수자가 수업시간에 활용하는 발문은 〈표 9-7〉과 같이 블룸(Bloom)의 분류 기준에 따라 나누어 볼 수 있다.

표 9-7 블룸의 분류에 따른 발문 관찰 기록

발문 범주	발문 범주		내 용	기 록	빈도	비율
낮은 수준 발문	지 식		정보 기억이나 확인	///// ////	9	45
	이해	번역	정보를 다른 상징적 형태나 언어로 변환	////	4	20
		해석	사실, 정의, 가치, 일반화 등의 관계를 발견	///	3	15
	적 용		문제를 적절하게 일반화하거나 기술의 선택	//	2	10
고등 수준 발문	분 석		의식적인 지식에 비추어 문제해결	/	1	5
	종 합		독창적 창의적 사고를 요하는 문제해결	/	1	5
	평 가		자신이 정한 기준에 따라 판단		0	0
전체 질문 수=45						

〈표 9-7〉의 예를 살펴보면 지식 범주의 발문을 주로 활용하고 있으며 보다 고등 수준을 요구하는 발문의 유형이 상대적으로 낮음을 관찰할 수 있다. 이와 같이 교수자는 교수-학습 장면에서 일어나는 발문을 관찰 기록함으로써 수업개선의 자료로 활용할 수 있다.

3. 효과적인 발문

(1) 명확하고 간결한 발문

발문의 내용이 무엇을 대답해야 좋을지 모르게 막연하고 모호해서는 안 된다. 또한 발문이 너무 길어 발문의 요지를 쉽게 파악할 수 없다면 효과적이지 못하다.

예를 들어, "이 그림을 보고 처음 떠오른 생각은 무엇인지 말해 볼까요?"보다는 "그림 속에 어머니께서 무슨 일을 하고 계실까요?"의 발문이 보다 학습자가 이해하기에 명확하다고 할 수 있다. 따라서 교수자는 특수교육 대상학생을 대상으로 발문할 경우에는 보다 명확하고 간결한 발문으로 내용을 전달하는 것이 바람직할 것이다.

(2) 구체적인 발문

발문 내용이 추상적이고 막연하면 학습자가 방향을 잡지 못하고 대답도 명확해지지 않는다. 따라서 생각의 방향을 분명히 안내해 줄 수 있는 구체적인 발문이 되어야 한다.

예를 들어 "이 단원을 읽고, 너는 어떻게 생각하는가?"보다는 "이 단원을 읽고, 주인공이 한 착한 일을 한 가지만 말해 볼까요?"가 보다 구체적이라고 할 수 있다.

(3) 사고를 자극하는 개방적인 발문

발문의 본질은 학습자의 사고 활동을 유발시켜 주기 위한 문제 제기이다. 따라서 "예.", "아니오.", "이것은 연필입니다."와 같은 단순한 기억이나 지식을 재생시키는 발문보다는 학습자의 사고를 자극하는 발문이 수업의 중심을 이루어야 할 것이다. 이를 소개하면 다음과 같다.

① 의견이나 해석을 구하는 발문

"우리가 어머니를 기쁘게 해 줄 수 있는 일을 말해 봅시다."

② 가치나 판단을 묻는 발문

"길을 가던 중 돈을 주웠다면 어떻게 해야 할까?"

③ 설명을 구하는 발문

"이 그림을 보고 재미있다고 느낀 사실이 있다면 말해 보자."

④ 원인이나 결과를 묻는 발문

"개를 길거리에 풀어놓으면 안 되는 이유는 무엇일까?"

(4) 개인차를 고려한 발문

학습자는 인지능력과 관심, 흥미 등에 있어 개인차를 보인다. 따라서 발문은 학습자의 이해 수준과 관심 정도 등을 고려하여야 한다. 또한 발문에 대답하기를 꺼려하는 학생에게 인내심을 가지고 대답하기를 기다려 주어야 하며 답을 암시하는 재질문으로 자신감이 생기도록 유도하는 것이 필요하다.

예를 들어 "시간 없어. 빨리 대답하지 않고 뭐하니?"라든지 "도대체 수업시간에 무엇을 했는데 그것도 대답 못하니?" 등의 표현보다는 긍정적인 태도로 임하며 학습자의 대답 중 올바른 부분을 인정하고 촉진발문 등을 통하여 학습자의 폭넓은 대답을 유도하고 그 대답을 교정하는 발문이 필요하다.

(5) 생각할 시간을 주는 발문

발문의 주된 목적은 학습자로 하여금 생각하게 만드는 것이다. 즉, 답을 얻기 위해서가 아니라 사고를 자극하여 생각하는 힘을 길러주는 것이다. 따라서 교수자는 발문을 한 후 적당하게 학습자가 생각하는 시간이나 메모할 시간을 주는 것이 필요하다. 사고할 시간을 제공하게 되면 학습자의 사고 활동이 자유롭게 확산되는 효과가 있으며 교수자가 발문 후 곧바로 학습자를 지명한다든가 연쇄적인 발문을 퍼부어 학습자를 혼란스럽게 하는 것은 피하는 것이 바람직할 것이다.

(6) 다양한 응답을 기대하는 발문

교수자가 원하는 한 가지 대답으로 이끌어 가려고 하거나 말이나 논리적인 표현활동에 의존하는 것은 학습자의 사고 활동과 표현활동을 저해하는 요인이 된다.

따라서 예기치 않은 대답이나 엉뚱한 대답이 나왔을 때도 그 대답을 존중해 주고 대답한 학습자를 칭찬하며 생각의 방향을 이끌어 가는 여유가 필요하다. 또한 학습자는 개인차를 지니고 있으므로 다양한 표현을 기대하고 허용하는 것은 매우 중요하다고 할 수 있다.

Paragraph

03 사고력 촉진을 위한 발문 기술

교수자가 학습자에게 발문하는 것은 가장 오래되고 흔한 교수방법이다. 교수자가 학습자의 사고 능력을 향상시키려면 적절한 발문을 던지는 방법과 시기를 잘 이해하고 있어야 한다. 발문하기와 생각하기는 모든 과목과 수업에서 필수적인 요소로서 교수자는 특정한 목표나 목적에 따라 발문을 선택하여 학습자와 상호작용을 하게 된다.

교수자가 발문을 하는 목적은 다양하다. 예를 들어 학습자의 참여를 유도하기 위해 발문을 하기도 하고 학습자가 얼마나 학습내용을 알고 있는지를 미리 평가하고 학습자의 이해도를 점검하는 목적으로 발문을 활용할 수 있다. 또한 교수자는 학습자가 지시를 잘 따르는지를 확인할 목적으로 발문을 활용하기도 하고, 학습자가 습득한 지식을 평가하는데도 활용한다. 뿐만 아니라 학습자로 하여금 사고하도록 유도하기 위해 발문을 사용한다. 그렇지만 무엇보다 발문을 활용하는 가장 중요한 이유는 고차원적인 사고 능력을 향상시키는 데에 있다.

1. 사고 능력을 촉진하는 발문

(1) 발문의 유형

교수자는 수업시간에 다양한 목적으로 학습자에게 발문을 한다. 이 때 좋은 발문은 학습자로 하여금 그 발문에 기꺼이 응답하도록 하고, 중요한 쟁점을 부각시키고, 학습자의 생각을 유도하는 것이다.

교수자가 발문하는 유형은 다음의 세 가지 중 하나로 설명할 수 있다.

첫째, 학습자가 교수자의 발문에 대답하기 위해 자신이 지니고 있는 정보 이상을 생각해내는 경우의 발문이다.

둘째, 학습자가 대답하는 과정에서 무엇인가를 배울 수 있다고 판단하는 경우의 발문이다.

셋째, 발문의 성격상 다양한 응답이 가능하다고 판단하는 경우의 발문이다.

한편, 발문의 유형은 수렴적 발문과 확산적 발문으로 구분할 수 있다.

먼저, 수렴적 발문은 그 내용이 구체적이다. 즉, "어느 것이 맞는가?", "어느 것이 틀리는가?"에 대한 직접적인 대답만을 요구하며, 상호작용이나 해석 과정이 거의 없다. 그러므로 **수렴적 발문**은 오직 정답만을 취하게 되며 그 외의 응답을 막아버리는 속성이 있기 때문에 대안적인 대답이나 토론이 사실상 불가능하다.

따라서 수렴적 발문에 대답할 경우 단순한 사실을 생각해내면 되기 때문에 수업을 통한 상호작용의 수준이 낮을 수밖에 없다. 즉, 다양한 정보가 한 곳에 수렴되고 대답은 오직 하나만 존재하기 때문에 직접적이고 "맞습니까?", "틀립니까?"에 머물게 되며 상호작용 수준이 낮고 반응을 가로막는 속성이 있다.

그럼에도 불구하고 교수자는 수렴적 발문에 의존하는 경우가 많다. 또한 대부분의 객관식 검사 문항은 사실을 상기시키는 수렴적 수준에 머물 뿐 아니라 그것에 치중하기도 한다. 이러한 내용 지향적 발문은 학습내용 이해와 학습적 성취 등에 요긴하지만 단순한 기억 재생 수준을 넘어서는 차원 높은 대답을 유도할 수 있는 확산적 발문이 요구된다.

한편, **확산적 발문**은 독자적, 창의적, 비판적 사고를 유도하는 과정 지향적 발문이다. 확산적 발문은 격의 없는 발문 방식이고, 반성적인 사고와 일반화 및 추리를 촉진시킨다. 수업 중 확산적 발문은 학습자의 다양한 사고 과정을 촉진시키므로 상호작용의 수준이 높다. 다양한 정보가 펼쳐지고 여러 가지 정답이 가능하기 때문에 대답이 간접적이고 다양하고 반응이 개방적이고 반응 수준이 높다.

교수자가 높은 수준의 발문을 했을 때 학습자의 대답 수준이 발문 수준과 비슷한 응답을 유도할 수 있으므로 높은 수준의 확산적 발문이 학습자로 하여금 비판적인 사고가 가능하도록 유도한다. 뿐만 아니라 학습자에게 확산적 발문을 던지는 것이 학습자에게 비판적 사고 기술을 연습할 기회를 주는 셈이다. 그 외에도 교수자가 높은 수준의 발문을 사용할 경우 표준적인 학습 성취도가 증가한다.

발문의 목적은 학습자로 하여금 비판적으로 사고하도록 유도하고 단순한 사실을 상기해 대답하는 수준을 넘도록 돕는 것이다. 그럼에도 다수의 교수자가 단순한 사실을 상기하도록 하는 수준 낮은 발문을 주로 사용하고 있다.

특수교육 대상학생 중 일부 장애영역 학생은 사고의 수준이 낮고 발문에 대한 이해 능력이 부족하기 때문에 교수자가 주로 수업내용의 확인을 위해 수렴적 발문을 보다 많이 활용하고 있으나 교수자는 학습자의 사고의 수준을 높이기 위해서 확산적 발문을 활용하는 것이 바람직하다고 하겠다.

일반적으로 학습자의 사고의 수준을 높이기 위해 확산적 발문을 요구하고 있지만 수렴적 발문이 오히려 수업에 효과적일 수 있다. 또한 발문 시기에 있어 학습자가 학습과제를 해결하기 위해 책을 읽기 전에 교수자가 특정한 발문을 하는 것이 학습자의 전반적인 이해를 향상시키는 데에 도움이 된다. 즉, 교재 내용 중에 특별히 어려운 개념이 있을 경우 학습자에게 길잡이가 되는 수렴적 발문을 하면 학습자는 핵심 쟁점을 잘 알게 되기 때문이다.

이상과 같이 효과적인 발문은 학습자의 기억된 사실을 회생시키는 수렴적 발문과 학습자가 다양한 해답을 찾으며 비판적으로 사고하게끔 유도하는 확산적 발문의 장점들을 수업시간에 적절히 잘 사용하는 것이라 할 수 있다.

발문은 응답하는 학습자의 인지 수준에 따라 다르게 진행될 수 있다. 특히 단순한 사고의 재생에 의존하는 수렴적 발문이 장애학생의 교수–학습 활동 시간에 지배적으로 활용되고 있다면 확산적 발문의 비율을 높여 학습자의 사고 수준을 높일 필요가 있다.

(2) 발문 전략

발문 전략은 교수자와 학습자의 상호작용을 필요로 하는 교육과정에서 중요한 요소이다. 능숙한 교수자는 발문을 통해 토론의 자리를 만들고, 학습자를 대화의 장으로 이끌며, 더 고차원적인 사고 과정을 경험하도록 돕는다.

확산적 발문은 사고 기술을 개발하는 첫 걸음이다. 블룸은 목표분류학(Taxonomy of Objectives)에서 발문 분류체계를 제시하였다. 그의 분류법에 따르면 발문에는 〈표 9–7〉과 같이 6단계가 있으며 이들 각 단계마다 발문의 예가 나와 있다. 이 분류법은 학습자의 사고 기술을 낮은 수준에서부터 높은 수준에 이르기까지 전 단계를 보여준다.

발문은 학습자가 무엇을 필요로 하느냐에 맞게 응용되어야 한다. 학습자와 수업

내용에 따라 다양한 수준의 발문이 이루어질 때 수업효과를 높일 수 있다. 즉, 어떤 수업은 사실 재생적인 발문이 필요한 반면, 또 다른 수업에서는 깊은 사고를 필요로 하기 때문에 효과적인 발문은 수업내용 및 상황에 따라 다르게 이루어진다.

일반적으로 학습자의 사고의 수준을 확장시키기 위해 확산적 발문이 효과적이라고 하더라도 실제 수업상황에서는 항상 확산적 사고의 발문이 적합하다고 할 수 없다. 그러므로 효과적인 발문이 되려면 교수자가 수업목표와 학습자의 조건에 근거하여 발문의 수준을 미리 계획하여야 한다. 즉, 교수자는 수업 중에 학습자에게 던질 발문의 유형을 순서대로 미리 준비해 놓아야 한다.

(3) 발문의 적절한 환경 조성하기

교수자는 발문을 성공적으로 적용하기 위해서는 학습자가 편안하게 생각하고 대답할 수 있도록 안정적인 환경을 조성하여 학습자가 좋은 생각을 떠올려 자발적으로 질문하고 해답을 찾아볼 기회를 줘야 한다. 그러므로 교수설계에서부터 교수자가 학습자의 학습을 조장할 수 있는 발문을 사전에 준비하여 순서대로 발문해야 한다.

학습자는 교수자가 자신들을 배려해줄 때 더욱 자유스럽게 대답하고 모르는 것을 질문한다. 따라서 교수자는 학습 집단 및 학습자 개개인에 알맞은 발문기법을 개발하고 이를 적용시켜야 할 것이다.

발문은 학습과 관련된 것으로 학습자를 꾸짖거나 지나치게 학습자를 관리 감독하는 식의 발문은 바람직하지 않다. 교수자가 학문적 목적 이외의 다른 목적을 가지고 발문을 할 경우 학습자가 수업 중에 반응하는 태도가 달라질 수 있다. 또한 같은 발문이라도 교수자의 말투와 몸짓 및 표정이 어떻게 결합되는가에 따라 학습자는 발문의 내용을 다르게 느끼고 받아들인다. 따라서 교수자가 수업 상황에 적절한 말투로 발문하면 학습자의 참여가 늘어나지만, 위협적인 말투로 발문하면 학습자의 참여가 줄어든다.

한편, 학습자가 스스럼없이 자기 뜻을 표현하고 맘껏 질문할 수 있는 자유로움이 허용되어야 한다. 교수자와 학습자가 서로 존중해줄 때 다양한 발문과 대답이 가능해진다. 시겔(Siegel)은 학습자는 질문하고 의심해볼 권리와 왜 이것을 배우는지 그 이유를 질문할 권리를 지녀야 한다고 주장하였다. 그는 안정적인 심리적 환경을 조성하는 것이 발문 과정에서 중요한 역할을 차지한다고 보았다.

뿐만 아니라 심리적 환경 못지않게 물리적 환경도 중요하다. 사고와 토론을 돕기 위해서는 학습자가 서로 보고 들을 수 있어야 하며 효율적인 대화가 가능한 자리 배치도 중요하다.

2. 효과적인 발문의 실제

(1) 발문하기

좋은 발문은 목적을 가지고 사려 깊게 묻는 것이라고 할 수 있다. 학습자는 발문에 대답하기 전에 사전 지식과 경험을 갖추고 있어야 한다. 교수자가 발문을 할 때는 다음의 기본 단계가 있다. 이를 소개하면 다음과 같다(권순황, 2008).

첫째, 발문의 유형과 수준을 고른다.

둘째, 발문을 말로 표현한다.

셋째, 생각할 시간을 준다.

넷째, 대답할 학습자를 지명한다.

다섯째, 학습자의 대답을 들은 뒤 교수자가 학습자에게 피드백 한다.

이와 같이 다섯 단계를 통해 교수자와 학습자는 안정적인 환경에서의 적절한 의사소통 기술을 익힐 수 있다. 이 과정에서는 주의 깊게 계획하고 실행에 옮기는 것이 중요하다.

한편, 발문의 유형은 학습자의 필요와 능력 그리고 학습과제에 따라 다르므로 교수자는 학습자의 능력에 맞는 발문을 하여야 한다. 적절한 수준의 발문은 하나의 토론과 학습과정 같은 역할을 한다. 만약 교수자가 학습자에게 기대하는 사고 수준이나 대답 유형이 있다면 그런 대답을 유도할 수 있는 적절한 발문을 골라야 한다. 다양한 발문 방법을 소개하면 〈표 9-8〉과 같다.

표 9-8 발문의 유형

종 류	발문 방법	발문의 예
전체 발문	특정인을 지정하지 않고 발문을 한다.	삼각형은 어떤 것이죠?
지명 발문	학습자 중 한 사람을 지명하여 발문을 한다.	은혜는 삼각형은 어떤 것이라고 생각합니까?
유도 발문	교수자가 기대하고 있는 방향으로 생각을 이끌고자 할 경우에 사용한다.	왜 친구를 괴롭히면 안 되는지 생각해 봅시다. 우리 반 은혜가 친구들로부터 괴롭힘을 받았을 때 여러분의 생각은 어떻습니까?
확인 발문	사실을 확인하거나 상대의 의견을 확인할 때 사용한다.	그 때의 느낌은 어땠습니까?
연결 발문	교수자의 발문에 대해 학습자가 되물을 때, 교수자가 직접 대답하는 것이 아니라 다른 학습자에게 대답을 시키는 방법이다.	지금 은혜가 노형이 무엇인가라고 물었는데 누가 대답해 보겠습니까?
되묻는 발문	학습자에게서 나온 발문을 다시 본인에게 되묻는 방법이다.	그렇다면 은혜는 무엇이 문제라고 생각합니까?
계기 유발 발문	다음 주제로 넘어가거나 학습자가 토론할 수 있는 계기를 만들기 위한 발문이다.	청소 시간에 교실을 깨끗이 청소하지 않는다면 앞으로 교실은 어떻게 되겠습니까?
폐쇄 발문	발문의 범위가 한정된 것으로 교수자의 의도가 두드러지는 발문이다.	삼각형은 몇 개의 각으로 만들어졌나요?
열린 발문	다양하고 창의적인 대답이 나올 수 있는 발문의 형태이다.	이 책을 읽고 이순신장군에 대해 어떤 생각을 하게 되었나요?

(2) 명료한 말로 발문하기

발문의 효과를 높이기 위해서는 말의 명료성이 중요하다. 교수자가 발문을 어떤 식으로 표현하느냐에 따라 학습자의 대답과 토론의 질이 달라지기 때문에 교수자는 특수교육 교수-학습 상황에서 학습자의 수준을 고려하여 명료하게 발문을 제시하여야 한다.

따라서 발문의 효과를 높이기 위해 교수자는 발문을 명료하게 표현해야 하고 학습자의 언어 능력에 맞게 발문 표현 수준과 방식을 조절해야 한다.

(3) 대기 시간 활용하기

학습자는 발문에 응답하기 위해 대기 시간이 필요하다. 대기 시간은 학습자가 발문에 대한 대답을 생각할 여유를 주는 시간을 의미한다.

대기 시간과 관련하여 로웨(Rowe)는 다음과 같이 자신의 연구를 발표하였다. 로웨는 수업시간에 교수자는 평균적으로 1분에 2-3번 발문한다고 하였다. 뿐만 아니라 교수자는 발문한 지 채 1초도 지나지 않아서 다시 새로운 발문을 하거나 이내 다른 학습자를 지명한다고 하였다. 즉, 교수자는 학습자에게 응답할 충분한 대기 시간을 주지 않고 수업시간에 많은 양의 발문을 쏟아낸다고 하였다.

이와 같이 학습자가 발문에 응답하기 위해 필요한 대기 시간이 짧으면 학습자는 발문을 충분히 생각해서 대답할 수 없다. 또한 대다수의 학습자는 자신이 교수자의 발문에 제대로 대답을 못해도 그 교수자는 곧 다른 학습자에게 물어보거나 교수자 자신이 답을 말해버린다는 사실을 알기 때문에 발문에 소극적인 태도를 취하므로 발문에 긍정적인 대답을 기대할 수 없다.

이에 대한 문제를 해소하기 위해 로웨는 학습자에게 대기 시간이 필요하다고 하였다. 즉, 학습자에게 생각할 시간을 주기 위해서 교수자는 일반적으로 약 3~5초 정도는 기다리다가 다시 발문하거나 다른 발문을 하는 것이 바람직하다고 하였다. 이를 제시하면 [그림 9-2]와 같다.

그림 9-2 대기 시간 I 과 대기 시간 II

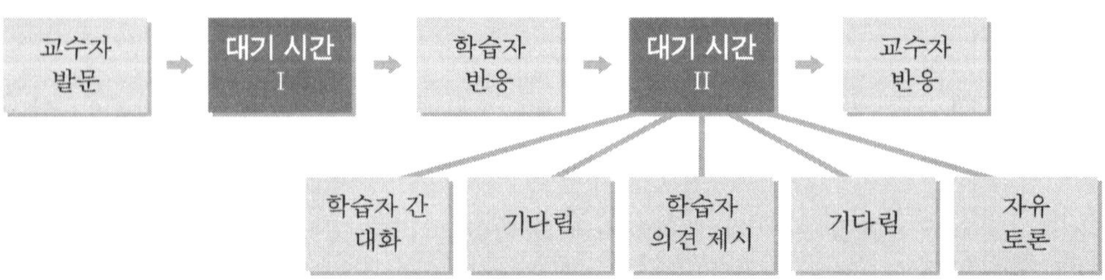

로웨와 토빈(Rowe, 1980 ; Tobin, 1986)의 연구에 의하면, 학습자에게 질문하고 나서 대기 시간을 3초 이상 주고 그 학생의 대답을 듣고 나서도 대기 시간을 다시 줄 때 다음과 같은 긍정적인 현상이 일어난다고 하였다.

① 대답 시간이 길어진다.
② 대답 빈도가 늘어난다.
③ 대답을 못하는 경우가 줄어든다.
④ 대답이 더욱 정교해진다.
⑤ 추리를 통한 사고 능력이 향상된다.
⑥ 학습자 사이의 상호작용이 많아진다.
⑦ 학습자가 질문을 더 많이 한다.
⑧ 학습자의 자신감이 증가한다.
⑨ 훈육적 문제가 줄어든다.
⑩ 성적이 나쁜 학생이 대답하는 경우가 늘어난다.

이러한 연구 결과는 학습자가 대답하기 전 뿐만 아니라 대답한 이후에도 적절한 대기 시간이 반드시 필요하다는 것을 알 수 있다.

(4) 학습자 지명하기

교수자는 가능하면 모든 학습자를 대상으로 발문을 해야 한다.

쿠퍼(Cooper)와 굿(Good)은 교수자가 특정 학습자에게만 발문하는 경우가 있다고 하였다. 교수자는 성적이 나쁜 학습자보다 성적이 좋은 학습자에게 더 자주 발문하고 여학생보다는 남학생에게 자주 발문하며, 능력이 떨어지는 학습자보다는 능력이 뛰어난 학습자에게, 교실 뒤편에 앉아있는 학습자보다 교실 앞쪽에 앉아 있는 학습자에게 발문을 자주 한다고 하였다.

이와 같은 지명은 바람직하다고 할 수 없다. 또한 교수자가 발문을 하기 전에 미리 한 학습자를 지명할 경우에는 다른 학습자는 보통 그 발문에 대해 더 이상 생각하지 않을 수 있다. 반면, 특정 학습자를 지명하지 않는 대신 수업 중 모든 학습자를 대상으로 발문을 하게 되면 오히려 여기저기서 대답하겠다고 아우성을 치는 바람에 수업 진행이 어려워질 수도 있다.

한편, 발문에 대한 대답을 큰소리로 외치도록 그대로 놔두면 학습자의 사고 능력을 향상시키고 그룹별 상호작용을 촉진할 수 있는 발문 과정을 진행할 수 없기 때문에 교수자는 대답을 제 멋대로만 외치는 너무 적극적인 학습자를 통제할 방식을 개발해 다른 학습자도 참여할 수 있도록 해야 한다. 그러나 대부분의 학생들이 대답하기를 회피하는 경우에는 적극적인 몇 학생들을 이용해 전체 학생들의 참여를 유도할 필요가 있다.

(5) 피드백 제공하기

교수자는 학습자에게 발문하고 대답을 듣는 과정에서 어떻게 반응하느냐에 따라 학습자의 태도는 달라질 수 있다. 교수자의 반응 중 가장 흔한 방법이 칭찬이다. 그러나 교수자가 학습자를 칭찬함으로써 좋은 수업 분위기를 형성할 수도 있지만 칭찬을 자주 활용하면 효과적이지 못하다. 예를 들면 "잘했어."라는 칭찬을 매번 하면 반응을 아예 안 하는 것과 마찬가지가 돼버린다. 또한 "최고야!" 등과 같이 막연한 칭찬은 학습자의 특정한 장점을 세세히 짚어주지 못하기 때문에 별 의미가 없다. 또한 교수자가 발문에 응답한 학습자를 칭찬하게 되면 다른 학습자들은 더 이상 대답할 필요가 없다고 생각해버릴 수도 있다. 즉, 칭찬을 발문의 끝맺음 신호로 받아들이기 때문에 교수자와 학습자간의 상호작용이 여기에서 마무리 될 수 있다.

이와 같이 학습자의 문제해결 능력과 사고의 수준은 평소에 교수자가 학습자에게 어떻게 강화를 주었느냐에 따라 달라질 수 있다.

교수자가 학습자의 대답을 듣고 "그것도 일리가 있겠군." 등과 같은 말로 일단 인정하는 것이 필요하다. 그리고 발문의 방향을 바꾸어 주는 것이 효과적인 방법이다. 예를 들어, 교수자가 학습자의 대답을 일단 인정해주고 "그렇게 말한 이유는 뭐니?"라는 식으로 되묻게 되면 학습자가 생각을 정리하고 추가 정보를 수집하도록 할 수 있다. 또한 교수자는 학습자가 더욱 완벽하고 차원 높게 생각하도록 고무하는 방법을 쓰는 것이 바람직하다.

(6) 학습자의 반응

학습자의 대답은 정답, 부족한 대답, 오답, 무응답의 범주로 나눌 수 있다.

첫째, 학습자가 올바른 대답을 할 경우이다.

이 때 교수자는 학생을 다시 자극할 방법을 고려해야 한다. 교수자는 학생이 정답을 맞추면 그 답이 옳다고 학생에게 말하는 게 일반적이다. 혹은 교수자가 학생의 대답에 아무런 반응을 안 보인다는 것은 결국 그 대답이 정답이라는 것을 의미한다고 학습자가 이해하고 있을 경우에 교수자는 보통 다른 발문으로 넘어간다. 브로피(Brophy)는 학습자가 정답을 말할 경우 그것이 정답이라고 반드시 확인해주되 그 학생을 너무 칭찬하는 것은 바람직하지 않다고 한다. 그러므로 "좋아.", "좋은 대답이야." 같은 막연한 칭찬은 오히려 효과적이지 못하다. 로웨와 브로피(Rowe, 1974 ; Brophy, 1981)에 의하면 정답을 제시하여 교수자에게 칭찬을 자주 듣는 학습자보다 간간이 칭찬을 듣는 학습자가 과제 수행 능력과 자신감 및 문제해결 능력 등에서 앞섰다고 하였다.

둘째, 학습자가 불완전한 대답을 할 경우이다.

이 때 교수자는 그 학생이 정답에 도달하도록 도와야 한다. 만약 불완전한 대답을 한 학생은 제쳐두고 다른 학생에게 그 발문에 대답하도록 시켜선 안 된다. 그 학생의 대답 중 올바른 부분을 확인해주고 정답에 가까워지도록 도와야 한다. 브로피(Brophy)는 학습자가 불완전한 대답을 할 경우는 추가 발문을 통해 학습자의 실력을 향상시킬 수 있는 좋은 기회라고 하였다.

셋째, 학습자가 오답을 할 경우이다.

이 때 교수자는 그 학생이 대답을 교정하도록 도와야 한다. 학습자는 자신들의 대답을 교정 받아야 한다. 교수자가 학습자의 대답을 교정하는 것이 칭찬보다 오히려 효과적이다.

또한 교수자는 응답자가 대답을 교정하지 못하기 때문에 재차 발문하지 않는다. 교수자가 학습자의 대답을 교정할 경우 솔직하게 반응하되 꼬투리를 잡아서는 안 된다. 교수자는 발문에 정답을 맞추도록 학습자에게 추가 정보를 제시하기도 하나 그래도 학습자가 답을 도출하지 못할 때에는 정답을 알려준다.

특히 학습자가 발문에 대답을 하지 못할 경우 교수자는 자신의 발문이 적절한지,

그리고 대기 시간은 적당한지 등을 살펴볼 필요가 있다.

넷째, 학습자가 발문에 무응답하는 경우이다.

이 때 교수자는 학습자가 아는지 모르는 지를 대답하도록 한다. 학습자가 발문에 응답하지 않는 경우는 자신이 대답하지 않으면 다른 학생을 지명한다는 사실을 이전의 학습경험을 통해 파악했기 때문일 수도 있고, 대답을 잘못해서 망신을 당하느니 차라리 입을 다물고 있는 편이 낫다고 생각해서 무응답으로 일관하는 경우일 수 있다.

이와 같이 학습자가 무응답으로 일관하려는 태도를 보일 경우에 교수자는 이들에게 재차 대답할 기회를 주어 반드시 학습자로부터 "잘 모르겠어요.", "기억이 나지 않아요." 등의 대답이라도 듣고 넘어가도록 해야 한다. 무응답 학습자에 대해 로스(Ross)는 교수자가 대답을 하도록 종용하는 활동이 학습자를 방치하는 것보다 교육적으로 바람직하다고 하였다.

이상과 같이 발문은 가장 오래되고 가장 널리 쓰이는 교육방법이다. 발문은 교수자의 목적과 학습자의 목적에 맞게 발문 전략을 사전에 준비하면 교수과정이 더욱 효율적이고 편해질 수 있다. 특수교육에서 특수교사가 효율적으로 발문 전략을 사용하게 되면 특수교육 대상학생에게 대화 능력, 발표 능력, 사고 능력을 향상시킬 수 있으며, 수업에 더욱 몰두하는 교수-학습 환경을 조성할 수 있다(권순황, 2008).

3. 교수자의 발문 원리 및 전략

교수자의 수업 능력은 발문 능력에 의해 좌우된다. 좋은 발문의 조건은 첫째, 수업의 목표와 결부된 뚜렷한 목적을 지닌 발문이어야 하며, 둘째, 좋은 발문은 학생들에게 다양한 사고 활동이 기대되는 확산적 발문이어야 한다. 다음은 수업계획을 세울 때 필요한 발문 원리 및 발문 전략이다.

(1) 발문의 원리

발문의 원리는 발문의 실천적 규범으로서 효과적인 발문을 하기 위해 교수자가 기법 등을 점검하고 연구해야 한다. 교수자가 발문 기술을 탐구하고 개발할 때 권장할 만한 내용들을 소개하면 다음과 같다.

① 발문은 간단하고 명료하게 한다.

교수자가 스스로 발문을 어떠한 양식의 말로 표현하고 있는지 점검해 봐야 한다. 특히 길고 모호한 발문은 피하는 것이 바람직하고 문법적으로도 바른 형식으로 발문을 표현하는 습관을 들이는 것이 좋다.

특히 발문은 언어적 표현으로 의미가 전달되기 때문에 특수교육 대상학생에 따라 이를 받아들이는데 미숙하거나 정보를 왜곡하여 받아들일 수 있으므로 이에 대한 고려로서 발문은 간단하고 명료하게 진행하는 것이 바람직하다.

② 발문은 한 번에 하나씩 발문한다.

교수자는 몇 가지 발문을 동시에 하지 않도록 한다. 교수자가 발문을 계획하거나 실제로 발문을 할 때는 복잡한 발문을 피하는 것이 좋고 여러 가지 발문을 한꺼번에 하는 것도 바람직하지 않다.

따라서 최종적으로 원하는 답을 유도하기 위해 '발문은 간단하고 명료하게' 진행하되 차례차례 한 가지씩만 발문하는 것이 특수교육 대상학생이 발문을 이해하고 체계적으로 사고의 수준을 넓혀 나가는데 도움을 줄 수 있다.

③ 발문을 먼저 하고 대답할 학생을 지명한다.

학습자는 교수자가 발문을 먼저 하고 난 뒤 대답할 학습자를 지명할 때 교수자의 발문을 더 잘 집중하여 듣는다.

따라서 발문을 잘 듣게 하고 학습자의 적절한 의사소통을 유도하기 위해서는 먼저 발문을 하고 이에 대답할 학생을 지명하는 것이 학습자의 주의를 집중시킬 수 있으며 지명할 때 발문에 가장 주의를 잘 기울인 학생에게 대답할 기회를 줄 수도 있고 발문에 주의를 게을리 한 학생에게는 경고의 의미로 발문을 함으로써 발문을 보상과 통제의 수단으로 활용할 수 있다.

④ 발문을 던진 뒤 약 3초 정도 기다린다.

학습자가 생각할 수 있는 시간을 주는 것이 바람직하다. 대기 시간 3초는 교수자의 발문 전략을 완수하는 데에 절대적으로 중요한 요소이다. 학습자는 대기 시간 동안 생각할 시간을 갖고 보다 나은 대답을 할 수 있는 장점이 있다. 따라서 교수자는 발문을 하고 대기 시간 3초를 마음속으로 세는 것이 바람직하다. 또한 계속하여 대답이 없는 경우에도 대신 답을 제시하기보다 오히려 단서나 힌트를 주고 문제를 쉽게 설명하거나, 또는 비슷한 문제의 예시를 줌으로서 반응을 유도하는 것이 효과적이다.

⑤ 다양한 발문을 한다.

학습자에 따라 관심 분야와 능력은 서로 다르다. 교수자가 특수교육 교수-학습 상황에서 특수교육 대상학생의 개인차를 고려하여 다양한 발문을 제시하면 모든 학습자의 참여를 이끌어낼 가능성이 그만큼 높아지므로 교수자는 학습자의 개인차를 고려한 다양한 발문을 제시하여 학습자의 참여를 증가시키는 방법에 대한 연구가 필요하다.

한편, 열린 사고의 발문은 확산적 사고를 요구하는 발문으로 다양하고 독특한 생각을 격려하는 방법으로 효과적이다. 반면, 닫힌 사고의 발문은 수렴적 사고를 요구하는 발문으로 확산적으로 사고해 낸 대안들 가운데서 가장 적절하고 중요한 대안을 판단하고 선택하는 사고 과정을 요구할 때 효과적으로 활용할 수 있다. 따라서 열린 사고의 발문과 닫힌 사고의 발문을 적절하게 잘 활용하는 것이 학습자의 사고 능력을 향상시키는데 도움을 줄 수 있다.

⑥ 발문을 하는 이유와 목적을 인식한다.

발문은 수업의 목적 및 목표와 연관시켜야 한다. 자칫 다양하게 발문을 진행하다 보면 발문을 하는 이유와 목적이 희석될 수도 있다. 수업 내용을 깊게 이해시키기 위해 논리적으로 판단하고 창의적으로 문제를 해결하는 사고의 과정으로 발문을 한다는 사실에 주목하고 창의적인 문제해결을 격려하고 훈련하는데 주안점을 둔다.

따라서 발문을 할 때마다 교수자는 발문을 하는 이유와 목적을 점검할 수 있는 시간을 갖고 학습자와의 긴밀한 상호작용을 유지하는 것이 바람직하다.

⑦ 발문의 순서를 정한다.

교수자가 발문의 순서를 적절히 정해 놓으면 학습자에게 도움이 된다. 개념이 간단한 것에서 복잡한 차례로 배치하고 논리적 순서에 맞게 발문의 순서를 정하는 것이 학습자의 사고력을 신장시킬 수 있다. 따라서 발문은 논리적 순서에 맞게 진행하는 것이 바람직하다.

⑧ 적절한 보상방법을 활용한다.

교수자가 칭찬을 남용하는 것은 효율적이지 못하다. 특징이 없는 단순한 "잘했어.", "좋아." 등과 같은 말을 남발하는 것은 좋은 보상방법이라고 할 수 없다. 오히려 평소 학습에서 소외되어 있거나 학습에 흥미를 보이지 않는 학습자에게 특별한 관심을 보이는 것이 보다 효과적이다.

⑨ 학습자가 교수자에게 질문을 하도록 유도한다.

학습자가 자신이 모르는 것을 질문하는 것 또한 중요한 학습전략이다. 학습자는 새로운 정보가 필요할 때 또래나 교수자 및 주위의 여러 사람에게 적절하게 질문하는 방법을 습득해야 한다.

따라서 교수자는 학습자에게 다양한 유형의 질문을 사용하는 방법들을 가르칠 필요가 있다. 즉, 교수자는 학습자에게 학습자가 모르는 내용을 바르게 다른 사람에게 질문하고 그 해답을 찾게 함으로써 스스로 자료 수집 능력을 신장시킬 수 있도록 기회를 제공해주는 것이 바람직하다.

이상과 같이 교수자는 위에 제시된 지침들을 점검하여 자신의 발문 기술을 효과적으로 다듬어 수업 장면에서 활용할 수 있다. 또한 교수자가 평소에 관심을 갖고 연습을 해나간다면 이를 충분히 활용할 수 있는 발문 기술을 습득할 수 있을 것이다. 특히, 특수교육 교수자는 발문의 보편적 원리와 더불어 특수교육 대상학생의 교육적 요구를 고려한 다양한 발문기술들을 연구하고 습득하여 이를 수업장면에서 효과적으로 활용해야 할 것이다.

(2) 발문 전략

교수자는 발문 전략을 개발하는 것이 필요하다. 교수자가 학습자의 대답에 대처하는 능력은 발문 전략의 중요한 기술이다. 다음은 학습자의 사고 능력과 교수자의 발문 기술을 키워주는 발문 전략을 개발할 때 참고할 수 있는 지침들이다(권순황, 2008).

① 학습자의 대답을 이끌어낸다.

모든 학습자가 교수-학습 장면에서 교수자의 발문에 알맞은 대답을 할 수 있어야 한다. 그러므로 학습자가 교수자의 발문에 반응을 보이지 않으면 이를 방치해선 안 된다.

교수자는 특수교육 대상학생이 발문에 어떻게 응답해야 하는지 방법을 모를 수 있으므로 사전에 대답하는 방법을 훈련시켜 주어야 한다. 또한 가능하면 학습자의 배경지식을 이용해 대답할 수 있도록 하는 훈련이 필요하며 교수자가 자신의 발문에 원하는 대답을 형성해 나가는 사고과정을 제시해주어야 한다.

즉, 교수자는 자신의 생각을 말로 표현하면서 발문에 답하는 실제 사례를 학습자에게 시범보일 수 있다. 또한 대답이 부족한 특수교육 대상학생의 경우 학습자의 빈약한 대답에 초점을 맞춰 완성된 답으로 유도해 나가도록 도와줘야 한다. 따라서 교수자는 발문의 대답을 이끌어내기 위해 특수교육 대상학생의 수준에 맞게 말을 쉽게 풀어서 발문하고, 시간을 넉넉히 줌으로서 학습자가 여유를 갖고 생각하고 대답할 수 있도록 환경을 조성해 주는 것이 바람직하다.

② 모든 학습자가 참여할 수 있는 기회를 준다.

교수자는 어느 학습자가 대답에 응하고 응하지 않는지의 참여 여부를 알 수 있어야 한다. 따라서 필요하다면 발문에서 이루어지는 교수자와 학습자가간의 상호작용을 누가 기록하는 것이 바람직하다. 또한 모든 학습자가 고르게 참여할 수 있도록 하기 위해 교수자는 학습자를 무작위로 선택하여 발문하는 것이 오히려 바람직할 수 있다.

한편, 교수자가 일부 특수교육 대상학생은 발문에 응답하기 어려울 것이라는 생각으로 수업활동 참여를 배제시키는 경우가 발생할 수 있다. 이는 학습자가 발문에 충분한 대답을 못하여 조롱거리가 되고 이러한 부정적인 경험들이 학업성취도를 떨어뜨릴 수도 있다는 판단에서 배제시키는 경우이다.

그러나 교수자가 학습자를 곤경에 빠뜨리는 경우를 피하기 위해 의도적으로 발문에 대답할 기회를 주지 않고 마냥 방치시키는 것은 학습자가 학습 기회를 잃게 되는 것이므로 결코 바람직하다고 할 수 없다. 오히려 학습자가 대답하기를 주저하거나 꺼릴 때는 대답을 유도할 수 있는 자료들을 제공하여 성공감을 느끼게 하는 것이 바람직하다.

교수자는 학습자의 질문을 잘 받아주는 것이 필요하다.

학습자가 호기심에서 출발한 질문을 수용적으로 받아주어야 한다. 만약 교수자가 학습자의 질문을 받아주지 않는다면 학습자의 지적 호기심은 무기력해질 수 있으므로 학습자의 지적 호기심이 반영된 질문을 격려하여 고등 수준의 사고 능력으로 향상시켜 나갈 수 있도록 수용적인 질문환경을 조성해주는 것이 바람직하다.

③ 학습자가 자신의 대답을 완성해 나가도록 조장한다.

교수자는 학습자가 대답을 완성할 때까지 기다려주는 것이 바람직하다. 만약 교수자가 학습자의 대답하는 중간에 정답의 나머지 부분을 말해 버린다거나 오답을 바로 수정해서 말하므로 학습자가 대답을 완성해나갈 기회를 박탈하는 것은 적절하지 않다.

따라서 교수자는 학습자의 대답이 맞든 틀리든 간에 그들이 정답에 도달하도록 일단 놔두는 것이 중요하다. 즉, 학습자의 대답에 성급히 간섭하지 말고 바람직한 의사소통 기술과 경청 기술을 마련하는 것이 바람직하다.

④ 학습자가 정답을 말했을 경우 그것을 확인시켜 준다.

교수자는 학습자의 정답을 확인하고 인정해주는 것이 중요하다. 정답을 인정하는 것은 반드시 말로서 칭찬을 하는 것은 아니다. 비언어적 요소로서 미소를 짓거나 고개를 끄덕여주는 방법을 활용하는 것만으로도 학습자의 학습동기를 높일 수 있다.

한편, 교수자는 수렴적 발문에 대한 대답이 틀렸을 경우에만 그것을 교정해준다는 사실을 학습자에게 알릴 필요가 있다. 또한 칭찬을 하더라도 그 대답에 국한시켜

내용이나 응답의 질을 칭찬하도록 하고 학습자 개인을 칭찬하거나 비난하는 것이 바람직하지 않을 수 있다.

그러나 학습에 참여도가 낮은 학습자가 정답에 도달했을 때는 칭찬이 중요하다. 예를 들어 특수교육 대상학생이 발문에 적절한 대답을 했다면 다음과 같이 "은혜는 수업시간에 열심히 듣더니 선생님 질문에 대답을 잘하는구나!" 등의 개인적인 칭찬이 오히려 더욱 바람직하다.

⑤ 학습자의 틀린 대답을 교정해준다.

교수자는 학습자의 대답이 틀렸을 경우 그것을 명확히 지적하고 학습자가 정답을 찾도록 유도한다. 또한 그 학습자가 더 이상 정답을 찾을 수 없다는 판단을 하게 되었을 때 다른 학습자를 지명한다. 이러한 상황에서 교수자는 "아니야.", "틀렸어." 라는 부정적인 표현보다는 "이 문제는 우리가 해결하기에 어려울 수 있으니까 함께 깊이 생각해 보자."라고 한 뒤 다음의 학습자가 발문을 분석하여 편안한 분위기에서 대답할 수 있도록 학습 환경을 조성해 주는 것이 바람직하다.

⑥ 학습자의 바른 대답에 보상을 한다.

"칭찬은 고래도 춤추게 한다."라는 말이 있다. 따라서 '칭찬은 많이 할수록 좋다.' 라는 생각을 가질 수도 있으나 너무 잦은 칭찬은 학습자에게 동기 부여 능력을 떨어지게 할 수 있다. 즉, 학습자가 직접 참여함으로써 자신의 가치를 스스로 확인하지 못하게 되면 대답할 필요를 느끼지 않을 것이다. 또한 교수자가 칭찬을 지나치게 자주 하거나 너무 요란스럽게 하면 학습자의 동기부여는 낮아진다.

이와 같이 교수자가 아무런 기준 없이 칭찬을 남발하는 것은 오히려 칭찬의 가치만 떨어뜨릴 수 있다. 따라서 사려 깊은 칭찬은 학습자 가운데 공개적으로 칭찬받기를 부담스러워 하는 학습자에게 개인적으로 살짝 칭찬한다거나 평소 학습에 참여도가 낮고 교수자의 도움이 필요한 특수교육 대상학생에게 동기부여의 목적으로 자주하는 칭찬은 학습 효과를 높일 수 있어 바람직하다.

⑦ 학습자의 대답에 과잉 반응을 하지 않는다.

교수자는 학습자가 제대로 대답했을 때 과잉 반응하거나 "잘했어요. 공주님!",

"역시 너밖에 없구나!"라는 식의 표현을 하는 것은 바람직하지 않다. 이처럼 과장된 반응을 하면 학습자는 교수자의 진실성을 의심하게 되고 당황할 수도 있다.

교수자가 발문을 하는 목적은 학습자의 참여를 이끌기 위해서이다. 그러므로 교수자 자신이 한 발문에 대해 스스로 대답하는 방식은 바람직하지 않다. 특히, 인지능력이 낮은 학습자라고 하더라도 지나친 과잉칭찬은 오히려 정당한 보상의 효과마저 떨어뜨릴 수 있다.

⑧ 학습자에게 반복적인 대답을 요구하지 않는다.

교수자의 발문이 여러 학습자를 상대로 대답만 반복시키는 것은 바람직하지 않다. 교수-학습 상황에서 학습자는 발문에 올바르게 대답하는 법도 중요하지만 때로는 대답을 얻기 위해 필요하다면 학습자끼리 활발하게 질문할 수 있어야 한다. 따라서 교수자는 학습자를 상대로 대답을 반복적으로 요구하는 것은 바람직하지 않다.

그러나 교수자는 의도적으로 학습의 주제를 이어가는 데 중요하다거나 그 대답이 아주 복잡한 개념일 경우이거나 또는 그 대답을 강조할 필요가 있을 때에는 반복적인 대답을 요구할 수 있다.

⑨ 학습자의 대답을 들은 다음에 충분한 대기 시간을 준다.

교수자는 발문 그 자체에만 초점을 맞추기 보다는 학습자의 이해를 구해야 한다. 즉, 교수자가 먼저 학습자의 진술이나 생각에 대하여 관심과 호기심을 갖고 깊이 이해하려는 태도를 보일 때 학습자는 교수자의 발문에 보다 적극적인 태도로 임할 것이다.

교수자는 학습자가 교수자의 발문에 답한 다음 약 3~5초 정도의 대기 시간을 의도적으로 부여함으로써 다른 학습자들도 그 발문에 대해 다시 생각해 볼 수 있는 기회를 줄 수 있다. 이와 같이 교수자가 발문을 할 때 대기 시간을 주면 학습자는 보다 성의있는 대답을 하기 위해 차분히 대답을 정리하게 될 뿐만 아니라 학습자의 대인관계 기술과 상호작용 기술을 향상시키는 효과를 얻을 수 있다.

⑩ 교수자는 발문에서 나타날 수 있는 유의사항 등을 고려하여 발문한다.

발문전략은 체계적 수업설계에 도움이 된다. 발문은 학습자의 고차적 사고를 자극할 수 있으며 효율적인 발문은 학습자의 성장을 돕고 교수목표를 도달하는데 유용하게 쓰일 수 있다.

따라서 발문은 계획적이고 의도적인 절차를 거쳐 투입되어야 한다. 발문은 교수자와 학습자의 상호작용이 적극적으로 조성되고 학습자의 창의적 사고 능력이 신장될 수 있어야 할 것이다. 교수자가 발문을 사용할 경우 발문의 조건들을 생각해보는 것이 체계적 수업설계를 위해 도움이 될 수 있다. 항상 이와 같이 의도적이고 계획적으로 발문할 수는 없겠으나 지금까지 다룬 내용을 요약하면 다음과 같다.

㉠ 수업의 목표와 결부된 뚜렷한 목적을 지닌 발문이어야 한다.
㉡ 광범위한 응답을 일으킬 수 있는 발문이어야 한다.
㉢ 간단한 명료한 발문이어야 한다.
㉣ 발문할 적절한 시기를 생각한다.
㉤ 특정 학습자에게만 반복적으로 발문하지 않는다.
㉥ 발문에 대한 답이 오답일 경우 감정적으로 반응하지 않는다.
㉦ 한 번에 하나의 발문을 하는 것을 원칙으로 한다.
㉧ 같은 발문을 반복하지 않는다.
㉨ 공격적인 발문을 하지 않는다.
㉩ 학습자가 대답하지 못하는 경우 생각할 시간을 주거나 자존심이 상하지 않도록 한다.

한편, 발문은 창의력과 같은 고차적 사고력 촉진을 위한 좋은 수업기법이다. 따라서 교수자가 어떠한 발문을 하느냐에 따라 학습자의 사고과정이 다를 수 있으므로 교수자는 적절하고 바른 발문이 어떤 것인지를 알고 효과적으로 제시할 수 있어야 한다.

따라서 궁극적으로 적절하고 바른 발문은 학습자의 이해에서 출발하며 고차적 사고 과정에 집중토록 도와주는 역할을 한다.

⑪ 교수자가 학습자로부터 질문을 받을 때는 긍정적인 반응을 보여준다.

교수자가 발문을 하는 것과 마찬가지로 학습자는 교수자에게 자신이 모르는 문제를 질문한다. 이러한 경우 교수자가 취해야 할 긍정적인 태도는 다음과 같다.

㉠ 어떤 종류의 질문이든 일단 모두 받아들인다.

㉡ 질문에 강하게 반문해서는 안 된다.

㉢ 질의 및 응답은 논쟁과 다르다는 점을 인식한다. 따라서 교수자는 침착하게 질문자에게 내용이나 생각의 차이를 지적해 주거나 질문자의 심리를 분석하여 따뜻하게 응답한다.

㉣ 교수자는 학습자의 질문에 응답하기 어려울 경우 솔직하게 시인한다.

따라서 섣부른 정보를 제공하기 보다는 "모르겠으니 알아보고 알려 주겠다."고 하고 질문의 답을 바르게 찾아 다음에 안내해 주는 것이 바람직하다.

또한 교수자는 학습자가 지나치게 교수자에게만 의지하지 않도록 하고 가능하면 또래 학습자끼리 질문과 대답을 통한 상호작용 속에서 문제를 깊이 있게 토론하고 해결해 나갈 수 있도록 장려하는 것이 바람직하다.

이상과 같이 발문은 교수-학습 장면에서 중요한 수업방법으로 전통적으로 사용되어 왔으며 대부분의 특수교육 현장에서 발문은 교수자와 학습자 사이에 효과적으로 사용되고 있다. 발문의 효과에 대해 많은 연구자들은 교수자의 효과적인 발문전략이 학습자의 학업성취에 긍정적인 영향을 끼친다고 주장하고 있다.

발문이 추구하는 근본적인 목적은 학습자의 사고를 촉진하는데 있다. 교수자는 발문을 통하여 학습자의 비판적 사고, 반성적 사고, 합리적 사고 등 다양한 형식과 다양한 수준의 사고를 자극할 수 있을 뿐만 아니라 발문은 학습자의 사고를 촉진하는 것 이외에도 여러 가지 부수적인 가치를 지니고 있다. 즉, 주의를 환기시키고 호기심과 사색 활동을 일깨워 주기도 하며, 수업 참여를 유도하고 교수자와 학습자, 학습자와 학습자 상호간의 의사소통을 증진시키는 매체로 활용될 수도 있으며, 평가의 수단으로 이제까지 배운 것에 대한 학습정리를 하는데 유용하게 활용되고 있다.

따라서 발문은 특수교육 교수-학습 상황에서 가장 효과적인 수업방법으로서 교수자는 특수교육 대상학생의 다양한 개인차를 고려한 발문의 원리와 전략을 습득함으로써 수업을 성공적으로 이끌 수 있다(권순황, 2008).

연습문제

01 발문과 질문의 차이를 요약해 설명해 봅시다.

02 교수자가 학습자에게 발문하는 목적이 무엇인지 설명해 봅시다.

03 효과적인 발문의 원리를 찾아 중요성을 설명해 봅시다.

04 수렴적 발문이 가장 효과적인 상황을 설명해 봅시다.

05 확산적 발문이 가장 효과적인 상황을 설명해 봅시다.

06 성공적인 답변을 한 학습자에게 어떻게 보상하는 것이 효과적인지 토의해 봅시다.

07 발문기법의 효과를 결정하는 것은 무엇인지 토의해 봅시다.

08 교수자의 발문에 참여하지 않으려고 하는 학습자가 있다면 어떠한 교육적 조치가 필요한지 설명해 봅시다.

Chapter 10

교수매체의 활용

- ❖ 제1절 교수매체
- ❖ 제2절 교재 · 교구의 활용
- ❖ 제3절 특수학급 교재 · 교구의 활용 예

교수－학습 활동에서 수업내용을 보다 효과적으로 달성하기 위해 다양한 교수매체(instructional media)가 활용되고 있다. 교수자가 다양한 교수매체를 활용하는 것은 무엇보다 수업목표를 보다 많은 학습자에게 신속하고 홍미있게 전달하는 등의 장점을 얻을 수 있기 때문이다. 수업장면에서 교수매체의 활용은 특수교육 대상학생의 학업성취도를 신장시킬 수 있다는 점에서 교수자는 효과적인 수단으로 활용할 수 있다(권순황, 2008).

Paragraph 01

교수매체

1. 교수매체의 개념

'교수매체'와 관련된 용어를 살펴보면 매체(media)의 어원은 'medium'으로 사이(between)의 의미를 가진 단어로서 정보 전달 등의 매개, 수단(means)의 뜻을 지니고 있다. 그러므로 '교수매체'란 교수자, 교재, 교구는 물론 학습 환경까지 포함되며 교육의 목적을 효율적으로 달성하기 위해 활용되는 모든 수단과 방법을 포괄하는 것으로서 교수자가 학습자에게 활용할 수 있는 가능한 모든 종류의 자료를 의미한다(권순황, 2008).

교수매체는 광의와 협의로 살펴볼 수 있는데 넓은 의미로서 '교수매체'는 학습자에게 지식, 기능, 태도를 습득시킬 때 조건을 제시해 주는 인물이나 사물을 의미하는 것으로 교사, 교과서, 학교 등도 '교수매체'라 할 수 있는 반면, 좁은 의미로서 '교수매체'는 시각 정보 또는 언어정보를 전달하는데 쓰이는 그림이나 사진 또는 동영상 등의 기계적 수단 등을 의미한다.

한편, 교수매체의 특성은 고정성, 조작성, 확충성을 들 수 있다. **고정성**은 매체를 이용하여 상황을 보존함으로 재현시키는 기능을 의미하고, **조작성**은 매체를 이용하여 일어난 상황을 고속으로 또는 저속으로 재현시키는 기능을 의미하며, **확충성**은 시간과 공간을 초월하여 동시에 다수의 사람에게 같은 사실을 전달할 수 있는 기능을 의미한다.

교수매체는 교재(instructional materials)와 교구(instructional equipment) 모두를 포함시키는데 여기에는 슬라이드, OHP, 비디오, 컴퓨터 등과 같이 수업 장면에서 활용되는 여러 가지의 기계 장치 등이 포함된다. 교재와 교구의 용어는 다음과 같이 구분하여 사용하는데 **교재**는 언어적인 것을 의미하고, **교구**는 비언어적인 것으로 구분하는 경우도 있고, 교구는 언어적인 것과 비언어적인 것을 의미하고, 교재는 학습의 대상 또는 영역을 의미하기도 하고 교과(subject matter) 또는 교과목을 의미한다(권순황, 2008). 즉 교재는 교육과정이라는 창을 통해 교육적으로 의미 있는 지료들을 모으고, 그것을 통해 교수자와 학습자가 상호 의사소통을 하도록 하는 것이다. 그러므로 교재는 의도하는 교육목표를 특정의 교육 공간과 시간 상황에서 효율적으로 달성하도록 하는 자료가 되며, 교수자와 학습자는 교재에 제시된 내용과 방법을 보고 교과의 성격을 파악하게 되고, 또한 이들은 교재를 통해 의사소통을 하고, 교수 · 학습 방법의 체계화를 도모한다(김국태, 2003).

이와 같이 교재는 교육환경에서 가장 적절한 교수 · 학습 이론을 반영하는 관점의 제공 기능, 내용 요소를 구체적이고 체계적으로 제시하는 내용의 제공 및 재해석의 기능, 기능을 익힐 수 있는 자료를 제공하는 교수 · 학습 방법 제시의 기능을 지녀야 한다. 이러한 교재의 기능은 〈표 10－1〉과 같다(노명완, 1998).

이와 같이 교재는 수업에서 핵심적인 위치를 차지하는 하며, 학습자의 동기를 유발하고, 학습의 목표를 분명히 해주며, 학습의 내용과 절차를 제시해 준다.

반면에 **교재 · 교구**는 넓은 의미로서 주로 학교교육에서 사용되는 교육활동을 의미한다. 시대에 따라 교재 · 교구는 변모하고 있는데 과거에는 서석이나 괘도 등이 주요한 교재 · 교구였지만 최근에는 갖가지 시청각 교구나 컴퓨터를 활용한 ICT 수업자료 등과 같이 학습자의 학습을 도울 수 있는 정교한 교재 · 교구가 개발되어 널리 활용되고 있는 실정이다. 수업 장면에서 교재 · 교구의 활용은 특수교육 대상학생에게 학습내용을 효과적으로 도달시켜주기 때문에 장애학생의 독특한 교육적 요구를 반영한 교재 및 교구의 선정 및 개발은 중요하다.

표 10-1 교재의 기능

기 능	설 명
관점 반영 기능	교재에는 교육 환경에 가장 적합한 교수–학습 이론이 반영되어야 한다.
내용 제공 및 재해석 기능	추상적이고 포괄적으로 진술된 내용 요소를 구체적이고 체계적으로 제시해야 한다.
교수–학습 자료의 제공 기능	기능을 익힐 수 있는 자료(읽기 자료, 쓰기 자료 등)를 제공해야 한다.
교수–학습 방법의 제시 기능	교사와 학습자에게 교수–학습의 과정, 과정별로 부여된 과제, 과제 해결의 전략 등을 단계화하여 제시한다.
학습 동기의 유발 기능	학습내용을 제시하기 전에 과제와 관련되는 학습자의 배경지식, 흥미, 태도를 높이는 일을 해야 한다.
연습을 통한 기능의 정착 기능	기능 획득을 위한 연습 자료를 제공한다.
평가 자료의 제공 기능	교수–학습 결과의 평가 자료 및 방법을 제공한다.

한편, 특수교육 장면에서 사용하는 교재 · 교구는 학습내용과 특별히 구별되지 않는 경우도 있다. 예를 들어, 기본교육과정의 국어과 수업시간에 '어머니'라는 글자를 가르치기 위해 '어머니 그림카드'를 준비하는 경우 학습내용은 '어머니'이며 '그림카드의 어머니'는 교재 또는 교구로 구분하여 말하기 힘들다. 그러므로 수업장면에서 학습자의 주의와 흥미를 끌기 위해 그림카드를 활용하게 될 때 교수자가 의도한 학습내용이 비록 존재한다 하더라도 교재와 교구와의 구분이 분명하지 않을 수도 있다. 이와 같이 일반교육과정상의 국어과나 수학과와 같은 교과는 교과 특성상 학습내용, 교재, 교구의 관계를 명확히 구분할 수 있으나 특수교육에서는 수업이 '학습내용'과 '교재' 및 '교구'로 구별되지 않고 전개되는 경향이 크기 때문에 특별히 '교재'와 '교구'를 구별하지 않는다.

따라서 특수교육에서 '학습내용'과 '교재 · 교구'의 관련성은 교수자가 수업결과로 학습자에게 도달시키고자 하는 내용이 '학습내용'이며 그것을 수업에서 실현하기 위해서 준비한 생활이나 문화의 한 단면을 일괄하여 '교재 · 교구'라고 한다.

2. 수업에서의 교수매체의 역할

최근의 교수매체는 교수자와 학습자간의 정보 교환 과정에서의 모든 형태와 수단을 의미하며 교수매체는 교수－학습 과정에서 교수자와 학습자 사이에 교수목표 달성을 위해 사용되는 모든 수단으로서 인적 자원, 학습내용, 학습 환경, 시설, 시청각 기자재 등을 포함한 종합적이고 포괄적인 개념이다.

교수－학습에서 교수매체의 기능으로는 다음과 같은 것을 들 수 있다(권순황, 2008).

첫째, 매개적 보조기능이다.

매개적 보조기능은 가장 일반적인 기능으로 교수자가 학습자를 가르칠 때 보조수단으로 매체를 사용하는 기능을 의미하며 교수매체의 매개적 기능은 가장 보편적인 기능이다. 매개적 보조기능은 매체를 사용하는 교수자의 기술이나 상황에 따라 크게 좌우되기 때문에 매체의 활용 방법에 따라 학습효과가 다르게 나타날 수 있다. 또한 교수매체는 주의를 끄는 특성이 있기 때문에 학습자가 흥미를 느낄 수 있도록 도와줄 뿐만 아니라 교수매체의 특수한 효과를 사용함으로 학습자의 동기유발을 꾀할 수 있다.

둘째, 정보전달 기능이다.

정보전달 기능은 교수매체의 본질적인 기능으로 대중 통신 매체의 보급으로 생동감 있는 정보를 시 · 공간을 초월하고 다감각적으로 전달할 수 있는 기능이다. 교육의 가장 기본적인 형태는 교수자와 학습자간의 일대일의 직접적인 관계로서 정보를 주고받는 것이지만 현실적으로 볼 때 교수자 한 사람이 다수의 학습자를 대상으로 가르쳐야 하는 상황이 대부분이기 때문에 이러한 정보전달의 문제를 인쇄매체가 해결하였다. 인쇄매체는 많은 정보를 저장할 수 있으며 사용이 편리한 장점이 있으나 이후 등장한 라디오나 텔레비전과 같이 대중통신 매체가 인쇄매체보다 많은 정보를 신속하게 전달할 수 있는 매개수단이 되고 있다.

특히 시각매체는 구체적인 정보를 제공해주는 기능을 지니고 있다. 학습자가 추상적인 정보를 이해하기 위해서는 선행 사건이나 과정에 대한 심상이 떠올라야 하는데 이러한 경우 시각매체를 활용하여 학습자에게 새로운 심상을 받아들이도록 할 수 있다. 이와 같이 정보 전달 기능은 시공간을 초월하여 다감각적인 정보를 전달할 수 있는 능력을 지니므로 수업상황에 효과적으로 이용할 수 있다.

셋째, 학습경험 구성기능이다.

교수매체는 단순히 정보를 전달만 해주는 것이 아니라 교수매체의 활동 그 자체가 학습할 내용인 동시에 학습자에게 학습경험을 구성해 주는 경험 구성 기능을 한다. 만약 기능을 신장시키기 위해 컴퓨터를 사용하여 정보를 수집하거나 피아노 건반을 쳐 연주를 하는 것들은 교수매체 그 자체가 학습경험을 구성하는 기능을 한다. 즉, 이들 교수매체는 그 자체가 학습내용을 포함하고 있으며 기능을 얻기 위한 대상물이 된다. 따라서 학습자는 교수매체를 통하여 학습할 수도 있고 매체 자체를 학습 대상으로 삼아 기능적인 경험을 습득할 수 있다.

넷째, 지적 능력 개발기능이다.

지적 능력 개발기능은 학습자로 하여금 매체로부터 전달되는 정보를 지각하고 자신의 인지 구조에 적합하게 변형시켜 인식시킴으로써 학습자의 지적 능력을 개발할 수 있다. 학습자의 지적기능이란 매체를 통하여 얻어진 정보를 학습자가 재부호화하는 것과 같은 의미로 사용할 수 있다. 즉, 제시된 정보를 학습자가 받아들여 이미 자신의 내부에 형성된 인지 구조에 맞게 정보를 해독하고 처리함으로써 자신이 이해할 수 있는 상태로 전환하는 기술을 의미한다.

한편, 특수교육에서 교재 · 교구는 매우 중요한 역할과 위치를 지닌다. 즉, 학습자의 학습 습득 정도가 교재 · 교구에 의해 결정될 수 있기 때문에 교수자가 어떤 교재 · 교구를 선정하는가에 따라 학습자의 학습활동의 성패가 정해진다. 따라서 특수교사는 학습자가 장애로부터 발생되는 제한점과 발달수준에 알맞은 교재 · 교구를 선정하는데 주된 관심을 기울여야 하며 수업장면에서 교재 · 교구의 선정은 학습자의 주의집중 및 흥미유발과 깊은 관계가 있다. 그렇지만 훌륭한 교재 · 교구가 준비되었다 하더라도 학습자의 주의와 흥미를 끌어내지 못한다면 그 효과는 미비할 수밖에 없으므로 특수교육에서 학습자의 수준을 고려한 교재 · 교구의 제작은 교수-학습에서 중요한 한 영역이라 할 수 있다.

3. 교재 · 교구의 역사

일반적으로 교재 · 교구는 교수자가 교육과정의 교육목표를 달성하기 위해 사용하는 수단 및 도구로써 학생의 적극적 학습과 바람직한 행동에 동기를 부여하고 교육내용 이해의 증진에 필요 불가결한 요소이다. 더욱이 교수자가 적절한 교재·교구를 사용하는 것은 감각이나 신체 및 발달상에 장애가 있는 학생들이 그 장애로 인해 학습이나 인성발달에 방해가 될 수 있는 상태를 최소화시키는데 결정적인 역할을 한다. 그리고 특수교육 대상학생의 수준에 맞고 흥미 및 관심을 끄는 교재·교구는 아동의 자발적인 학습과 행동을 자연스럽게 유도하는 중요한 교육적 개입에 사용된다. 따라서 교수자는 장애학생이 장애 상태와 발달단계에 따라 자발적인 행동을 발현 할 수 있는 교재·교구를 수집, 선택, 분석, 수정, 보완, 개발하는 것이 필요하다.

예를 들면 설리번선생은 헬렌 켈러(Helen Keller)를 처음 만났을 때 퍼킨스맹학교 학생들이 보낸 인형을 발견하고 기뻐하는 것을 보고 말을 가르칠 좋은 기회라고 생각하고 헬렌켈러의 손바닥에 d-o-l-l이라고 지문자로 썼다. 또 후에 우물의 물을 손으로 떠서 그 차가운 무엇을 물이라고 하는 언어로 표현한다는 것을 끈기있게 가르쳤다. 이 경우 설리번선생은 헬렌켈러에 대해서 상황에 따라 촉각을 환기시켜서 언어학습을 시도한 것이다. 이러한 인형이나 물은 헬렌켈러에 있어서 교재·교구로써 동기부여와 학습이해 증진의 역할을 하였다고 할 수 있다. 이와 같이 특수교육 대상학생의 장애에 따라 적절한 교재·교구를 사용하는 것이 무엇보다도 중요하다.

〈표 10－2〉와 같이 장애학생 교육에 있어서 교재·교구 개발의 역사는 특수교육의 역사와 맥을 같이 하고 있다(溝上脩外, 1993). 파리 국립농아원에서 의사로 있던 이타르(Itard)는 1799년 아베농의 야생아 빅터(Victor)의 교육에 5년간 몰두하며 교재·교구를 제작하였다. 이타르는 야생아 빅터가 사회적, 교육적 방치 때문이라고 생각하고 적절한 환경과 교육으로 문명사회로 이끌어 낼 수 있다고 믿었으며 그 결과 높은 수준의 성과는 올릴 수 없었으나 교재·교구를 개발하여 빅터를 추상단계까지 발달시켰다. 이타르는 감각 교육 프로그램을 통하여 감각을 자극하는 지도를 하였는데 시각 변별 훈련으로 실물과 각각의 그림을 맞추는 훈련을 하여 과제에 성공토록 한 뒤 그림 대신 문자와 실물을 맞추는 훈련을 시도하였다. 높은 빅터에게 시도하여 실패하였으며 이타르는 형판을 이용하여 시각 변별 훈련의 문제를 고안하여 기하도형의 배합 훈련으로 형태와 색의 속성으로 문제를 만들기도 하고 형판과 형의 배합 훈련을 통해 알파벳 문자의 변별훈련을 실시하였다.

표 10-2 장애학생 교육의 약사(略史)

구 분	설 명
고전적 생리학적 교육	고전적 생리학적 이론에 근거한 감각훈련을 중시하는 교육 : 이타르(Itard, J. M.), 세강(Ségun, E.), 몬테소리(Montessori, M.)
생활주의 교육	생활에 의한, 생활을 위한, 생활의 교육을 중시하는 교육 : 도크로리(Decroly, O.), 데그돌(Descoeudres), 인그램(Ingram, C.), 마텐스(Martens, E. H.)
교과주의 교육	교과의 계통성에 근거한 교과학습을 중심으로 하는 교육 : 던컨(Dunncan, J.)
현대 생리학적 교육	현대의 신종 생리학적, 심리학적 발달이론을 근거로 한 감각, 지각운동 및 지각기능을 중시하는 교육 : 매그돌(Magdol,M.S.), 크뤽생크(Cruickshank, William M.), 게트먼 (Getman, G. N.), 프로스티그(Frostig, M.), 에어즈(Ayres, A. J.)
행동주의 교육	행동분석학적 교육 : 스키너(Skinner, B, F.), 비쥬(Bijou, S. W.)

세강(Sequin)은 이타르의 권유로 정신지체아동을 연구하였다. 그는 이타르의 방법을 비판적으로 받아들여 자신의 독자적인 방법을 발전시켜 나갔는데 이타르의 감각교육의 필요성은 인정하였으나 관념이 감각과는 별개의 것이라는 것에는 동의하지 않았다. 세강은 덕이 지능보다 우위에 있다고 보고 지능이 낮은 학습자의 교육은 생리적 결핍 이외에도 심리적 이상을 고려하여 학습자의 기능 단계 수준을 알고 있는 것과 할 수 있는 것에서 출발하여 상위 기능 단계 수준으로 유도하는 방법을 채택하였다. 세강은 인간의 발달원리에 따라 운동 및 감각 등을 위한 활동교육을 초보적 지식과 숙련을 위한 사고력 교육에 선행시킨 이후 도덕교육을 위한 의지교육을 강조하였다.

세강은 5감각의 훈련을 중시하였으며 색, 크기, 형태의 변별 훈련, 배열, 평면, 그림 등의 훈련을 하기 위해 다양한 교재 · 교구를 만들었다. 형태의 변별 훈련을 위해 기하도형의 형판을 이용하여 둥근 것과 사각형, 마름모꼴, 삼각형의 변별부터 시작하여 둥근 것과 타원형, 사각형과 마름모, 육각형과 팔각형을 변별하는 교재 · 교구를 만들었으며, 읽기 준비를 위한 배열훈련으로서 나무 블럭을 이용하여 교수자가 배열하여 제시한 것을 학습자가 모방하여 배열하는 훈련을 실시하였다. 배열

훈련은 단계적으로 실시하는데 처음에는 교수자의 것을 보고 학습자에게 배열하도록 하다가 단계적으로 학습자의 기억에 의존해 배열하도록 하였다.

한편, 몬테소리(Montessori)는 특수교육의 가능성을 실천한 이타르와 감각훈련을 기초로 사고력 교육과 의지교육이 완성된다는 세강의 영향을 받아 감각을 통한 개념형성을 중시하였다.

몬테소리는 감각을 통해 학습자는 보거나, 느끼거나, 만지거나, 듣거나 하는 것에 따라 크기, 색, 형태, 무게, 뜨거움, 음의 정도 등을 지각하고 이를 통해 크다, 밝다, 예쁘다, 둥글다 등의 여러 개념을 형성해 나간다고 하였다. 그러므로 지적 활동의 기초가 되는 개념은 일련의 감각운동에 의한 준비로서 제시되어야 한다고 보고 감각교구를 고안하였다(溝上脩外, 1993).

몬테소리는 활동영역을 일상생활 영역, 감각영역, 산수영역, 언어영역, 문화영역으로 구분하고 이들 영역들의 활동을 돕기 위한 다양한 교구들을 개발하였는데 이를 살펴보면 다음과 같다.

① 일상생활 영역

일상생활 영역은 자기 자신과 환경을 가꾸는 법을 중요하게 다루며 학습에 필요한 전반적인 자질을 연마하고 집중력과 자립심, 자기조절 능력과 질서 및 협동심을 배우는 데 이에 대한 교구로는 따르기, 쥐기, 자르기, 바느질하기, 물놀이 등으로 구성되었다.

② 감각영역

감각영역은 오감을 통해서 높이, 길이, 무게, 색깔, 소리, 모양 등을 구별하는 것을 배우는데 이는 수학 및 언어영역의 기초를 연마하는 영역으로 교구는 시각, 촉각, 색채, 무게, 냄새, 압력, 균형, 방향 분별 등을 위한 교구로 구성되었다.

③ 산수영역

산수영역은 수라고 하는 추상세계의 영역을 구체물인 교구를 통하여 즐거운 놀이로서 산수를 익히는 영역으로서 교구로는 0~10의 숫자와 양의 개념을 형성하는 교구들, 십진법체계를 세워주는 교구들, 연속수를 익히는 교구들, 더하기, 빼기, 곱하기, 나누기 등을 익히는 교구들로 구성되었다.

④ 언어영역

언어영역은 언어교육으로 유아에게 언어교구들을 통하여 감각적, 체계적으로 자연스럽게 말하기, 듣기, 쓰기, 읽기 등을 지도하는 영역으로서 교구로는 듣기를 위한 교구, 말하기를 위한 교구, 쓰기를 위한 교구, 읽기를 위한 교구, 말이나 문장을 형성하는 방법의 규칙을 아는 문법교구들로 구성되었다.

⑤ 문화영역

문화영역은 3세에서 6세의 연령에 적합하도록 매우 다양하고 광범위하게 전개되는 영역으로 여기에는 지리영역, 역사영역, 음악영역, 미술영역으로 나누어 지도하는데 문화영역의 모든 재료들과 교구들은 미리 준비해 놓아 유아의 호기심과 욕구에 따라 적절히 표현하여 개념을 형성할 수 있도록 구성되었다.

몬테소리는 지적 활동의 기초가 되는 개념은 일련의 감각 운동에 의한 준비로서 제시되어야 한다고 보고 감각 교구를 고안하였다. 몬테소리의 감각 교육은 5감 교육으로 이루어지는데 그 내용을 결정해 주는 감각 교구를 〈표 10−3〉과 같이 16개로 구성하였다.

이와 같이 특수교육 교재 · 교구의 발전에 영향을 미친 이타르나 세강 및 몬테소리 등은 특수교육에서 교재 · 교구의 필요성을 깊이 인식하고 개발에 노력하였다. 이들이 그토록 교재 · 교구 개발에 노력한 것은 교재 · 교구가 특수교육 대상학생의 수업활동에 중요하다고 보았기 때문이다.

한편, 교수매체의 선정기준은 무엇보다 수업목표를 도달시키는데 어떠한 유형의 매체가 학습자에게 가장 적절한지 판단하여 선택하는 것이 가장 바람직하다고 할 수 있다. 또한 효율적인 교수매체의 활용은 선정된 교수매체를 적기에 효과적으로 제시할 수 있는 체계적인 교수 계획이 필요하다.

교수매체의 활용에서 유의할 점을 제시하면 다음과 같다(권순황, 2008).

첫째, 학습자의 연령, 지적 수준, 흥미, 문화 등 일반적인 특성을 분석하고 출발점 행동의 정도를 파악해서 학습자의 적성과 능력에 맞는 교수 · 매체를 선택할 수 있도록 하여야 한다.

표 10-3 몬테소리 교구의 구성 내용

감각의 종류	교 구	교구의 내용
시각	• 시각교육	물건의 크기(사이즈)나 색, 형을 식별하는 시각을 교육한다.
	크기	① 원주꽂이 : 높다－낮다, 굵다－가늘다, 크다－작다, 고저와 굵고 가는 조립
		② 핑크타워 : 크다－작다
		③ 갈색의 계단 : 굵다－가늘다
		④ 길이의 막대기 : 길다－짧다
		⑤ 착색원주 : 원주꽂이와 같다.
	색	⑥ 색판 : 색의 종류, 색의 명암(명도차)
	형	⑦ 장롱 : 여러 가지 평면기하도형(원, 삼각형, 사각형, 다각형 외)
		⑧ 기하학형 : 기본적인 기하학입체(구, 입방체, 직방체, 삼각추, 원추, 사각추 외)
		⑨ 구성삼각형 : 삼각형의 종류와 삼각형의 짜맞춤으로 구성되는 것(식별과 등가)
	기타	2항식 : 색과 치수의 요소의 응용
		3항식 : 색과 치수의 요소의 응용
촉각	• 촉각교	물체를 손으로 만지는 것에 의해서 지각할 수 있는 피부각(촉각), 온도감각, 실체 인식각이나 손으로 떠받치거나, 들어 올리는 것에 의해서 지각할 수 있는 압각(무게의 힘)을 말한다.
	피부각(촉각)	⑩ 각판 : 물체의 표면의 거칠음－부드러움 (천맞춤) : 천의 종류와 감촉(손으로 만지는 감촉)
	온도감각	⑪ 각통 : 뜨겁다－따뜻하다－미지근하다－차다(탕과 물로 조절한다) (온각판) : (물체 자체가 가지고 있는 온도)
	압각(무게의 감각)	⑫ 양판 : 두껍다－가볍다
	실체인식감각	⑬ 실체인식대 : 촉각과 근육감각의 동시적인 도움에 의해서 실체의 물체에 손으로 만져서 물체를 지각한다. (손으로 만지는 지각의 총합적인 응용 : 표면의 凹凸형 온도, 중량감에서 판단한다.)
		기하학 입체 : 기본적인 기하학 입체(구, 입방체, 직방체, 삼각주, 원추, 사각추 기타)

청 각	• 청각교육 (청각교구)	음의 강약, 고저, 종류(악음에서의 음색)를 식별하는 청각을 교육한다. 음의 종류는 무수하게 많이 있으므로 특별한 교구는 만들어져 있지 않다. 실생활 안에서 여러 가지 음이나 악기 음을 들어서 구별하는 연습을 한다. ⑭ 잡음통 : 잡음(소음)의 강약 (음감벨) : 악음의 고저
미 각	• 미각교육 (미각교구)	혀로 느끼는 미각을 교육한다. ⑮ 미각병 : 기본적인 맛의 종류(달다－맵다－시다－쓰다)
후 각	• 후각교육 (후각교구)	코로 느끼는 후각을 교육한다. ⑯ 후각통 : 여러 가지 구체물의 냄새

둘째, 학습자의 특성과 학습목표에 맞는 교수매체를 선택하기 위한 기존의 자료 중에서 적합한 것이 있는지를 조사하여야 한다.

셋째, 교수·매체가 결정되면 교수·매체의 효과적인 제시를 위해서 자료의 상태, 소요 시간, 환경적인 요소도 고려하며 수업에서의 활용계획을 위한 사전 점검(Preview)이 필요하다.

또한 교수매체는 여러 가지 방법으로 분류되지만 일반적으로 메시지를 받아들일 때 사용하는 감각 통로를 기준으로 분류하면 시각매체, 청각매체, 시청각매체, 복합매체, 교수공학매체 등으로 다음의 〈표 10－4〉와 같이 분류할 수 있다.

표 10-4 교수매체의 분류

- 시각매체 : 실물, 도형, 표본, 극화물, 칠판, 괘도, 그림, 전시판, 시범, 슬라이드 등
- 청각매체 : 음반, 테이프, 등의 녹음 교재물, 라디오, 녹음기, CD 등
- 시청각매체 : TV, 슬라이드, 녹음기, 비디오 등
- 복합매체 : 이상의 각종 매체를 특정의 교수－학습 과정에 맞추어 조직화한 종합자료, 세트 자료 등
- 교수공학매체 : 고도의 과학 기술을 동원하여 각종 기자재를 정밀하게 조직한 매체들, 언어 학습 장치, 컴퓨터, 전자계산기, 비디오 등

4. 교재 · 교구의 활용

교수매체는 교수자가 일정한 의도를 가지고 학습자의 발달을 기하기 위해 사용하는 것들이다. 그러므로 교수자의 아이디어에 따라 버려진 폐품들이 때로는 좋은 교재 · 교구가 될 수 있다. 예를 들어, 요구르트 용기에 색종이를 입히거나 페인트를 칠해서 색 분류 교재 · 교구로 사용할 수도 있고 요구르트 용기 속에 모래를 넣어 마라카스를 만들어 음악 학습에 사용할 수도 있다. 이처럼 교재 · 교구는 교수자의 아이디어에 따라 무궁무진하게 달라질 수 있다.

최근에는 다양한 특수교육 교재 · 교구들이 시판되고 있다. 그렇지만 시판되는 특수교육 교재 · 교구만으로 다양한 수업 장면에서 학습내용을 효과적으로 도달시킬 수 없으므로 교수자가 스스로 교재 · 교구를 제작하기도 한다. 교수자가 제작하는 교재 · 교구는 수업의 의도와 학습자의 교육적 요구를 살펴 만들기 때문에 오히려 시판되는 교재 · 교구보다 효과적 기능을 하는 경우가 많이 있다. 예를 들어, 달력의 숫자를 잘 코팅하여 숫자 카드로 활용할 수 있으며 잡지책의 사진을 모아 코팅하여 사용하면 매우 유용한 교재 · 교구가 될 수 있다. 이처럼 교재 · 교구를 교수자가 주도적으로 준비하는 경우와 교수자가 학습자와 같이 교재 · 교구를 제작하는 것도 의미가 있다. 또한 수업활동 중에 만든 작품이 다른 수업 활동에 교재 · 교구가 되기도 한다. 즉, 앞 시간에 찰흙 만들기로 작품을 만들었다가 다른 수업활동에서 이를 교재 · 교구로 사용하게 되면 학습자의 학습의욕을 높일 수 있다.

그림 10-1 시판되는 특수교육 교재 · 교구(에듀라피 : www.edurapy.com 참고)

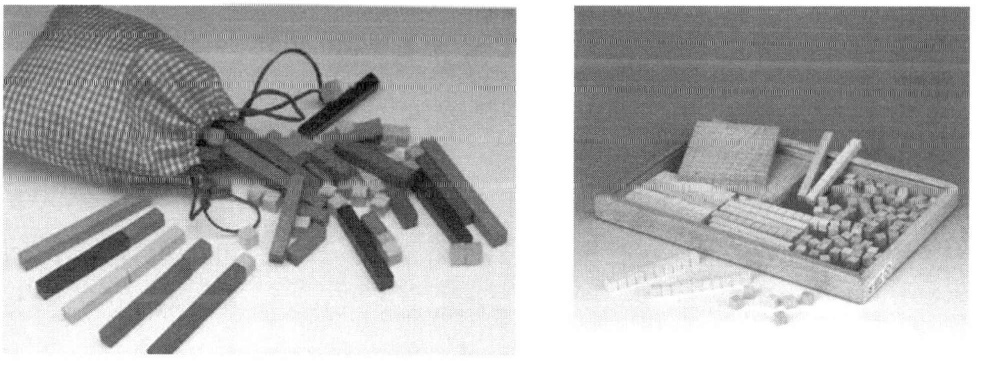

그러나 아무리 뛰어난 교재 · 교구를 수업 중에 의도를 갖고 투입한다고 하더라도 유효하게 사용되지 않는 경우도 있다. 예를 들어, 시범 수업 중에 학습내용을 전달하기 위해 교재 · 교구를 제시하였는데 이 교재 · 교구의 신기성에 모든 학습자가 주의를 빼앗겨 다음 학습내용으로 주의를 이동시키지 못한다면 오히려 교재 · 교구를 사용하지 않는 편이 나을 수도 있다. 그러므로 특수교육에서 교재 · 교구를 투입하는 것은 학습자 변인을 잘 살핀 후 결정하여야 할 것이다.

한편, 특수교육 대상학생은 교재 · 교구와는 별도로 장애를 극복하거나 경감하기 위한 기기나 도구가 필요하다. 특수학교나 특수학급에는 지체부자유 학생의 운동기능을 촉진하는 정형외과 영역의 기기나 도구와 갖가지 치료 훈련에서 사용되는 훈련 기구 등 여러 가지가 준비되어 있거나 실제 사용되고 있다. 이들 보장구는 장애에서 오는 제약을 극복 또는 경감하면서 학습자의 학습을 유익하게 하기 위해 필요한 재활기기이다. 그러므로 특수교사는 보장구에 무관심해서는 안 된다. 이런 재활기기의 대부분은 의료기기이며, 물리치사나 작업치료사 등 전문가의 지시로 사용해야 하는 것이므로 비록 특수교사가 그것을 개발할 필요까지는 없다 하더라도 학습자가 사용하는 모습을 관찰하면서 장애학생이 재활기구를 조금이라도 이용하기 쉽도록 지원해줄 수 있는 역할을 수행할 수 있어야 한다.

또한 재활기구 이상으로 특수교사가 관심을 가지고 스스로 개발해야 하는 것이 보조도구이다. 보조도구는 일정 동작이나 작업을 수행할 때 보조가 되는 도구로서 식사지도를 할 때 학습자가 손가락 힘이 약해 숟가락을 지지하지 못할 경우 손잡이를 구부린 숟가락을 사용하여 학생 스스로 식사할 수 있도록 할 수 있다. 또한 불수의 운동이 격렬한 지체부자유 학생의 경우 손으로 컴퓨터 자판을 사용하기 어려울 경우 머리에 '지시기'를 고정시켜 자판을 사용하도록 할 수 있다.

특히, 교과지도와 관련해서는 수업활동 중에 손가락의 민첩성이 부족한 학습자가 가위나 칼 등을 사용하게 될 경우에는 위험 요소를 줄여 사용할 수 있도록 지도해야 한다. 뿐만 아니라 자를 대고 바르게 선을 긋는다든지 정해진 부분을 풀칠하는 등의 활동을 할 경우에도 학습자가 활발하게 수업활동에 참가할 수 있도록 보조도구를 개발하여 보급할 필요가 있다. 예를 들어, 자를 사용한 선긋기가 잘 이루어지지 않는 이유가 자를 제대로 고정시키지 못하기 때문이라면, 자를 고정시킬 수 있는 보조도구를 사용하든지 넓은 면을 지닌 책받침 등을 사용하여 선을 바르게 긋게 할 수 있으며, 풀칠을 할 때 불필요한 곳까지 풀칠이 된다면 풀칠할 부분을 오려낸 형판을 사용하여 풀칠을 하는 방법 등을 활용할 수 있다(권순황, 2008).

Paragraph 02 교재 · 교구의 활용

1. 특수교육 자료의 의의

특수교육 대상학생은 신체적으로 또는 지적 · 정서적으로 장애를 지니고 있다. 장애는 특수교육 대상학생이 교수-학습을 수행하는데 여러 어려움으로 나타난다. 특수교육 대상학생의 장애는 종류나 정도, 원인, 중복 등 학습자의 내적인 조건이 각기 상이할 뿐만 아니라 그들이 살고 있는 가정이나 지역사회의 환경적인 조건도 다르기 때문에 같은 장애학생 간의 개인차도 심하다.

이와 같이 특수교육 대상학생은 각각 독특한 교육적 요구를 지니는데 이러한 요구를 충족시켜 주기 위해서는 이들이 지닌 제한적 조건에 부응할 수 있는 개별화 교육이 필요하다.

교수매체는 장애학생의 개별화 교육의 효과를 증진시키기 위하여 반드시 필요하다고 해도 과언이 아니다. 교수매체는 학습목표를 성공적으로 달성하여 학습자로 하여금 기대된 행동의 변화가 일어나도록 자극을 주는 모든 인적, 물적 환경이다. 그러므로 특수교육 교수매체는 교육내용을 담고 있는 교과서를 비롯하여 각종 교재와 교육내용의 전달 역할을 하는 각종 기구나 장치 및 학습 대상이 되는 실물 모형 표본 그리고 교수 및 학습활동을 간접적으로 지원 촉진하는 각종 수단들이 모두 포함된다.

오늘날 특수교육은 장애학생의 잠재 능력을 보다 높게 개발하기 위해 교육적인 프로그램과 자료 개발과 체계적인 지원 방안 등이 강조되고 있다.

특히, 교수매체가 교수-학습에 긍정적인 영향을 미칠 수도 있지만 잘못 계획된 교수매체의 활용은 오히려 장애학생의 학습활동을 방해할 수도 있다. 그러므로 모든 교육 매체는 교수 노력을 경감해 주고 또 학습의 효과를 증진시켜 주는 교육적인 효과를 가지고 있어야 한다.

특수교육에 사용되는 교재 · 교구 역시 일반교육의 교재 · 교구와 같은 공통적인 기능과 역할을 기대하기도 하나 장애에 따른 특수한 기능 역시 중요하게 요구된다. 즉, 시각장애 학생에게는 점자자료나 녹음 자료, 청각장애 학생에게는 언어치료나 교정을 위한 자료 및 청능훈련을 위한 교재 · 교구가 요구된다. 또한 지체부자유 학생에게는 물리치료나 감각훈련을 위한 자료 및 각종 보장구가 요구된다.

따라서 특수교육 자료는 장애의 교육적 요구에 따라 다소 특이한 자료들이 요구되긴 하지만 일반 학습을 수행해 나가는 교수-학습 자료는 원칙적으로 비장애학생의 자료에 그 기초를 두고 있다. 다음 〈표 10-5〉는 특수교육에서 요구되는 자료의 특성이다(권순황, 2008).

표 10-5 특수교육에서 요구하는 자료의 특성

① 장애의 특징과 장애학생의 학습 형태에 적합한 자료
② 장애학생의 정서적인 면이 충분히 고려된 자료
③ 장애학생의 주의집중과 그 지속을 유지할 수 있는 유인성이 높은 자료
④ 동기의 유발을 자극하여 학습에 적극적으로 참여하게 하는 자료
⑤ 자신감과 자아개념(self-concept)을 높여 주고 쉽게 성공할 수 있는 자료
⑥ 장애의 조건에 따라 자료의 활용과 관리가 용이하고 실용성이 높은 자료
⑦ 장애학생에게 사용될 기기 교재 및 특별한 장치는 교육공학적인 검토와 생리학 및 인간 공학적인 측면에서 충분히 검토된 자료(조인수 외, 2001)

2. 특수교육 교재 · 교구의 평가

특수교육 교재 · 교구는 장애학생의 학습능력을 신장시키고 교수자의 노력을 경감시킬 수 있는 자료를 선택하여 사용하여야 한다. 좋은 교재 · 교구를 선택하는 기준은 〈표 10-6〉과 같은 조건을 들 수 있다(권순황, 2008).

표 10-6 좋은 교재 · 교구 선택 기준

① 적합성	계획된 지도목표의 달성을 위해 최적한 매체인가, 학습효과를 올릴 수 있는 타당성 있는 매체인가를 검토하여 적절한 자료를 선정해야 한다.
② 수준성	학습자의 조건과 능력 수준에 적합한 자료인가, 자료의 형태가 장애의 상태에 부적합하거나 그 수준이 적절하지 않은 지를 검토해야 한다.
③ 기교성	학습자가 안전하게 다룰 수 있고, 정확하고 섬세하게 제작된 자료인가, 자료의 기술적인 질을 따져 보아야 한다.
④ 활용성	자료의 조작이 복잡하지 않고 또 특이성이 강한 자료가 아니어서 학습자가 활동하고 싶을 때 언제나 쉽게 사용할 수 있는 자료인가, 또한 견고하고 관리에 편리하며 다목적으로 이용할 수 있는 것인지 검토해 보아야 한다.
⑤ 경제성	가능한 한 투입은 적게 하고 효과는 최대한으로 얻을 수 있으며 제작비용이 저렴하고 제작이 용이한 자료인가 살펴보아야 한다.
⑥ 흥 미	학습자의 흥미를 끌고 주의집중을 오래토록 지속시킬 수 있는 자료인가를 알아보아야 한다.
⑦ 타당성	자료의 효과에 대한 검증이나 타당성을 인정할 수 있는 자료인가, 자료의 목적이 명백하고 이론적인 근거가 뚜렷한 자료인가를 평가해 보아야 한다.
⑧ 일반화	현재의 조건과 실정 하에서 개발이 가능한 자료인가, 대량보급이 가능한가, 자료의 교육적 공헌도가 일반화될 수 있는가 등을 충분히 검토하여야 한다.

Paragraph

03 특수학급 교재 · 교구의 활용 예

1. 특수학급 교실 환경 구성

교육의 목적을 달성시키는데 있어서 무엇보다도 중요하고 효과적인 수단은 교육 환경의 구성이라 할 수 있다. 잘 조직되고 풍부한 환경은 학습자의 학습과 성장을 향상시킨다. 바람직한 실내 환경을 구성하기 위한 조건으로는 대개 안전, 건강, 편안함, 학습자의 신체 크기, 융통성, 움직임, 선택의 기회, 소음 방지 등이 고려된다.

그림 10-2 특수학급 환경 구성의 예

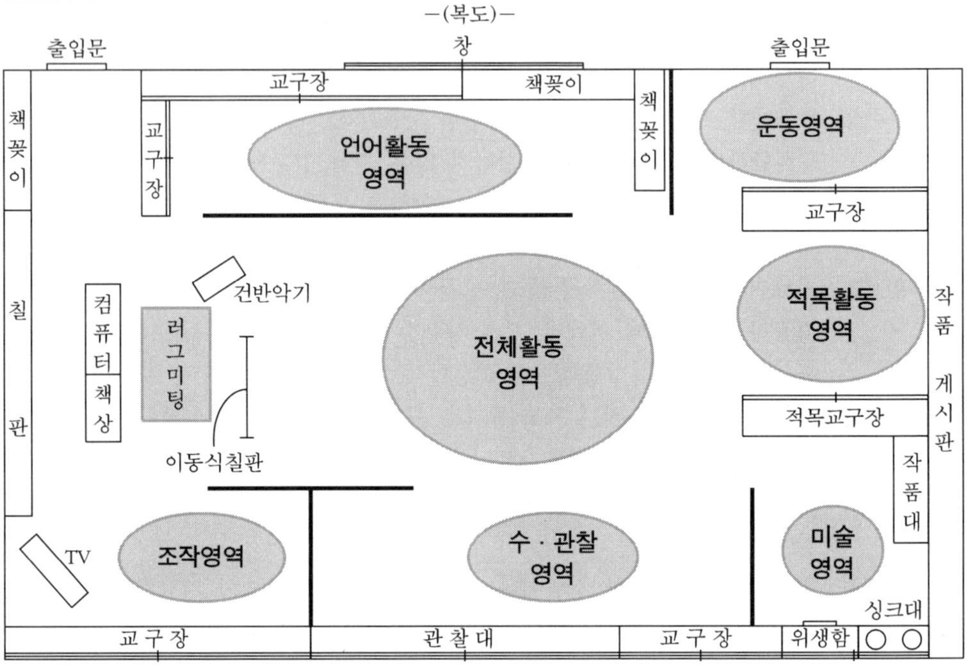

또한 학습자의 미적인 측면과 기능적인 측면을 동시에 고려하여 구성되어야 한다. 교구장, 책상, 의자 등은 학습자의 신체 크기에 맞게 하여 사회적 상호작용을 자극하고 학습자로 하여금 좀 더 쉽게 작업에 참여할 수 있도록 하며, 활동 후에 정리 정돈할 수 있어야 한다.

뿐만 아니라 계절의 변화를 고려하여 홍미 영역별 공간 환경을 구성하거나 작업 장소와 교구도 생활 주제에 따라 바꾸어 주어야 하며 학습자가 공간을 창의적이고 효과적으로 사용할 수 있도록 교실을 유동적으로 이끌어가야 바람직하다.

교실의 각 영역을 구성할 때 대체로 홍미 영역(Interest Center)을 중심으로 구성되며 홍미 영역의 경계는 분리대나 칸막이 등을 이용하여 구분지을 수 있다. 홍미 영역의 공간을 유목적적으로 배치하면 학습자의 자발적 참여를 통한 학습활동을 유도하기 용이하며 다양한 경험을 영역별로 제공할 수 있으며 물리적, 시각적 경계로 학습자가 활동의 주의를 집중할 수 있고 심리적 안정감을 느낄 수 있다. 뿐만 아니라 각 영역의 다양한 교재 · 교구들로 학습자가 구체적인 경험중심 활동을 통합적으로 해 나갈 수 있고 학습자의 수준에 맞게 학습활동을 전개할 수 있는 장점이 있다.

한편, 흥미영역의 배열에서 고려할 점은 〈표 10-7〉과 같다.

표 10-7 교실 환경 영역 배열에서 유의점

① 시끄러운 영역과 조용한 영역, 건조한 곳과 물이 있는 곳 분리
② 교구장, 책장 등을 이용해서 각 영역을 뚜렷하게 구분
③ 학습자에게 권장되는 자료는 학습자의 손이 닿는 곳에 배치
④ 학습자용 자료와 교사용 자료를 분리
⑤ 필요한 시설 가까이에 흥미영역 배치
⑥ 교수자는 학습자를 방해하지 않으면서 모든 영역을 관찰할 수 있도록 배치
⑦ 학습자가 서로를 방해하지 않고 다닐 수 있도록 배치

이상과 같이 교실 환경 구성은 교수 학습의 장으로써 유동성, 융통성 있는 공간으로 계속적인 변화가 반영되어야 하고 경우에 따라서는 다양한 활동을 경험할 수 있어야 할 것이다. 또한 환경을 교수자 주도로 미리 구성하여 놓기보다는 학습자와 함께 구성해 감으로써 교수-학습의 질을 높일 수 있다(권순황, 2008).

2. 특수학급의 설비와 교구기준

특수교육은 장애의 특성에 따른 시설과 설비가 요구된다. 이러한 요구에 의해 교육부고시 제 1995-1호로 특수학교 교구 · 설비에 관한 기준이 마련되어 있다. 교재 · 교구는 교육내용과 교육활동을 진행해 가는데 필요한 직접적인 교육 매체가 되는 매우 중요한 역할을 한다. 따라서 장애영역별 특성에 맞는 교재 · 교구가 구비되어야 한다. 그러나 특수학교가 보유하고 있는 교재 · 교구는 교구 · 설비 기준령에 제시된 기준에 의한다. 〈표 10-8〉은 특수학급에 필요한 설비 및 교구의 예를 제시하였다.

표 10-8 특수학급에 필요한 설비 및 교구의 예

영 역	설비 종목	규 격	소요 기준	비고(○)	
				필수	권장
공통 설비	1. 학생용 책 · 걸상		학생당 1조	○	
	2. 교사용 책 · 걸상		학급당 1조	○	
	3. 학생용 사물함		학생당 1	○	
	4. 교사용 옷장		학급당 1		○
	5. 싱크대(급수대)		학급당 1	○	
	6. 칠판(다목적 보드)		학급당 1	○	
	7. 냉 · 난방기		학급당 1	○	
	8. 자료진열장 및 자료보관함		소요량	○	
	9. 공동작업대		소요량	○	
	10. 청소용구 보관함		학급당 1	○	
	11. 진공청소기		학급당 1	○	
	12. 모니터겸용 TV		학급당 1	○	
	13. 컴퓨터 및 주변기기		소요량	○	
	14. LAN시설		학급당 1	○	
	14. 프린터		학급당 1	○	
	15. 스캐너		학급당 1		○
	16. OHP 또는 실물화상기		학급당 1		○
	17. 스크린		학급당 1		○
	18. 오르간(전자오르간)		학급당 1	○	
	19. 카메라 또는 캠코더		학급당 1		○
	20. VCR 또는 겸용 DVD		학급당 1	○	
	21. 오디오(카세트 녹음기)		학급당 1	○	
	22. 냉장고		학급당 1		○
	23. 게시판		학급당 1		○
	24. 시계		학급당 1	○	
	25. 거울		학급당 1	○	
공통 교구	1. 지구본		학급당 1	○	
	2. 민속놀이지도자료		학급당 1		○
	3. 조립 블럭		학급당 1	○	
	4. 몬테소리교구		학급당 1	○	
	5. 그림맞추기 퍼즐		학생당 1		○

공통 교구	6. 동화책		필요량	○	
	7. 한글지도자료		학급당 1	○	
	8. 수량 · 셈 지도자료		학급당 1	○	
	9. 시간 시각 지도자료		학급당 1	○	
	10. 척도 지도자료		학급당 1	○	
	11. 도형 지도자료		학급당 1	○	
	12. 시지각 훈련도구		학급당 1		○
	13. 각종 악기세트		학급당 1		○
치료 교육	1. 런닝 머신		학급당 1	○	
	2. 스텝 머신		학급당 1		○
	3. 헬스 싸이클		학급당 1		○
	4. 아령세트		학급당 2		○
	5. 안전매트		학급당 1		○
	6. 손목 회전기		학급당 1		○
	7. 트렘폴린		학급당 1	○	
	8. 평균대 또는 균형놀이		학급당 1	○	
	9. 볼풀		학급당 1		○
	10. 공놀이세트		학급당 1	○	
	11. 발성훈련기		학급당 1		○
	12. 발음교정기		학급당 1		○
	13. 음성조절 훈련기		학급당 1		○
	14. 청능훈련기		학급당 1		○
	15. 언어분석기		학급당 1		○
	16. 신농보성기		학급당 1		○
	17. 확내독서기		학급당 1		○
	18. 부분조명기		학급당 1		○
	19. 확대경		학급당 1		○
기타	1. 각종 심리검사도구		소요량	○	
	2. 연모상자		학급당 1		○
	3. 비상약품상자		학급당 1		○
	4. 기타 필요한 교구		필요량		○
	5. 장애학생용 화장실 및 샤워실		학급당 1		○

참고 : 전라북도 특수학교(급) 교구 · 설비 기준 참고

3. 시청각 학습법

시청각 학습법은 과거 교육이 지나치게 추상적인 문자나 지식에 편중된 데 대한 비판으로서 구체성의 새로운 개념을 도입하여 구체적이고 추상적인 개념을 동시에 적용한 방법이다.

오늘날 시청각 학습방법은 교수—학습의 보조 역할이 아닌 독립된 학문으로서의 발전이 이루어지고 있으며 학습자에게 다음과 같은 면에서 긍정적인 성과를 보여주고 있다.

첫째, 학습을 능률적이고 효과적으로 수행할 수 있다.

둘째, 흥미 유발과 학습자의 활동적인 학습활동으로 인상적이고 기억에 오래 남는 학습이 가능하다.

셋째, 학습경험의 확대와 심화로 학업성취도를 향상시킬 수 있다.

넷째, 시청각 학습에 의해서 학습자들에게 공통의 경험을 부여할 수 있다.

이와 같이 학습자의 흥미 유발과 집중력을 통해 학습 능률을 향상시킬 수 있다는 점에서 시청각 학습법은 중요하다. 시청각 학습의 의미는 감각적 간접경험의 자료를 활용하여 학습효과를 향상시키려는 교육방법으로 녹음기, 영화, 라디오, TV, VTR 등과 같은 시청각적 매체를 의미한다.

특히, 특수교육 대상학생을 대상으로 시청각 학습법을 실시할 경우 학습자 개개인의 요구에 맞추어 학업성취도를 향상시킬 수 있다.

이상 살펴본 바와 같이 교재 · 교구는 시대에 따라 변화되고 있다. 현재에는 다양하고 정교한 교재 · 교구가 개발되어 널리 활용되고 있다. 수업 장면에서 교재 · 교구의 활용은 장애학생에게 보다 긍정적인 면을 제공하므로 장애학생을 고려한 교재 및 교구의 선정은 학습자에게 학습내용을 효과적으로 전달시켜줄 수 있다.

연습문제

01 교수매체의 의미를 설명해 봅시다.

02 교재와 교구를 협의적 의미와 광의적 의미로 정의해 봅시다.

03 특수교육에서 교재와 교구의 구분이 분명하지 않은 까닭은 무엇인지 설명해 봅시다.

04 특수교육 역사에 영향을 미친 이타르(Itard)나 세강(Sequin) 및 몬테소리(Montessori) 등이 개발한 교재 · 교구의 의의와 그 특징을 설명해 봅시다.

05 특수교사가 장애학생의 보조구에 관심을 가져야 할 까닭에 대해 설명해 봅시다.

06 좋은 교재 · 교구를 선택하는 기준에 대해 토의해 봅시다.

07 특수교육 교실 환경을 유목적적으로 구성하는데 고려해야 할 점을 토의해 봅시다.

08 특수교육 교실 환경을 활동영역별로 창의적으로 구성하여 평면도로 나타내 봅시다.

Chapter 11

교사의 수업활동 평가

❖ 제1절 수업활동 평가의 개념과 필요성
❖ 제2절 수업분석의 기법
❖ 제3절 수업참관 및 분석

수업은 학교교육의 가장 핵심이 되는 활동이다. 수업은 교수자와 학습자가 함께 참여하여 서로 배우고 가르침으로써 성장하는 교육의 과정이기 때문에 이를 효과적으로 진행시키기 위한 교수자의 역할 평가는 중요하다. 보다 효과적인 수업활동을 전개하기 위해서는 매 수업에 대한 평가를 통해 수업 기술의 발전을 도모할 필요하다. 따라서 수업활동 평가는 특수교육의 질적 개선을 위한 효과적인 수단으로 활용할 수 있다.

Paragraph 01 수업활동 평가의 개념과 필요성

1. 수업활동 평가의 필요성

수업활동 평가는 교수자가 수업을 효과적으로 진행하고 있는가를 관찰하고 평가하는 것이다. 교수자는 학습자에게 영향을 미치는 수업활동을 수행하기 때문에 스스로 교수활동을 평가하고 사정할 필요가 있다. 특히, 교수자가 자신의 교수활동을 개선하기 위해서는 반드시 교수에 관한 자료를 수집하고 그것을 평가할 수 있어야 한다.

수업활동 평가의 필요성은 다양하다. 예를 들어, 학교 행정과의 경우 수업의 질을 향상시키기 위하여 교육 자원의 분배와 투입 시기를 결정한다든지 또는 교원에 대한 평정을 한다든지, 학교 교육목표 달성여부를 파악한다든지, 학생의 성취도 정도를 알아보고자 할 때 수업평가의 필요성을 느끼게 된다. 교수자 역시 자신의 수업의 질적인 향상을 위해서 수업평가의 필요성을 인식할 수 있다.

이런 점에서 수업활동 평가의 필요성은 크게 두 가지로 대별하여 볼 수 있다. 하나는 수업의 질적 개선을 위해서이며 다른 하나는 행정적 개선을 위해서 수업활동 평가가 필요하다고 할 수 있다. 전자는 수업의 질적 향상을 위한 수업의 효과성을 높이기 위해 임상장학과 연계해서 살펴 볼 수 있다. 그 이유는 임상장학 활동이 대상 교수자의 수업평가가 주를 이루고 있기 때문이다. 한편, 후자는 수업의 질적 개선을 위한 행정적 지원 체제의 개선이라고 할 수 있다. 그러므로 수업평가는 누가, 언제, 어떤 목적으로, 무엇을 알기 위해서, 어디에 초점을 두고 수업활동 평가를 실시하느냐에 따라 수업 활동 평가의 필요성과 형태가 달라진다. 따라서 수업활동 평가를 하기 전에 수업활동 평가의 의도가 어디에 있으며 어떤 목적으로 하는가를 먼저 명료하게 하는 것이 필요하다.

2. 수업활동 평가의 목적 및 평가절차

수업활동 평가의 목적은 평가의 필요성이 명료하고 구체적일 때 그 목적이 분명해진다. 수업활동 평가를 할 때는 평가의 목적을 보다 명확히 해야 한다(배호순, 1990). 수업활동 평가의 목적을 제시하면 〈표 11-1〉과 같다.

표 11-1 수업활동 평가의 목적 및 내용

수업평가의 목적	수업활동 평가의 내용
수업의 질 개선	수업을 평가할 때는 교수자의 수업 전개 능력과 학습자의 학습활동 지도 능력 및 기술뿐만 아니라, 교실에서 일어나는 여러 사태에 대한 관리 능력, 수업계획 및 수행과 평가 등에 필요한 의사 결정 능력 등에 평가의 초점을 둔다.
수업목표 달성	수업목표가 본래 의도한 대로 달성되고 있는가를 중심으로 단기적인 수업효과를 확인하는 데 평가의 초점을 둔다.
수업 효과 탐색	교수자의 수업이 학교 교육목표나 교육방침의 성취에 어느 정도 기여했는가, 그것을 실제 수업에서 어느 정도 교과와 관련짓고 있는가 등을 중요시하여 장기적인 안목으로 수업의 효과를 확인하는 데 평가의 초점을 둔다.
교육과정 및 자료 개선	교육과정의 목표나 정신을 어느 정도 구현하고 있는가를 포함하여 교육과정 내용 분석 능력 및 교육과정의 재조직 및 재구성 능력, 교육과정 목표의 실현 가능성 등에 평가의 초점을 둔다.
교원 인사 행정 자료 수집	교수자의 기본적인 재능으로서 수업 능력이나 수업 기술, 얼마나 성실하게 교육과정을 운영하는지, 수업에 얼마나 열성적인지, 학습자에 대해 얼마나 많은 열정을 쏟는지 등에 평가의 초점을 둔다.

학습자 지도	학습자의 학업성취 정도, 수업 이해 정도, 학습자가 수업에 능동적으로 참여하도록 동기 부여를 얼마나 하였는가? 개별화 학습이 어느 정도 이루어졌는가? 등에 평가의 초점을 둔다.
교육 연구	연구 목적이 의도한 바에 중점을 두어 평가를 한다. 새로운 수업 모델의 적용 정도를 평가하고자 할 때는 그 수업 모델의 이해 정도, 새로운 모델로 수업을 한 결과 학습자의 학업성취 정도, 그 수업 모델의 일반화 가능성 등에 평가의 초점을 둔다.

3. 수업활동 평가방법

수업활동 평가의 방법은 평가에 따라 학생 중심 평가와 교사 중심 평가, 학생에 의한 교사 평가로 분류할 수 있고, 행정 수준에 따라 교육부 평가, 시 · 도 교육청 평가, 시 · 군 교육청 평가, 학교 평가로 나눌 수 있다. 또한, 평가의 변인에 따라 투입 변인, 과정 변인, 산출 변인 평가로 분류할 수 있다. 특히 수업의 질적 개선과 교수자의 변화에 도움을 주기 위해서는 학생 중심 평가와 교사 중심 평가를 수행할 수 있다.

(1) 학생 중심 평가

수업활동 평가에 관한 연구들이 주로 교사에게 집중되는 경향이 있다. 특히 평가의 목적이 교수자의 수업 기술을 개발하거나 강화시키는 것보다는 행정적인 것에 치중하고 있다. 그러나 수업활동 평가에서는 학생 중심 평가도 동일하게 강조되고 있다. 학생들의 행동을 연구함으로서 평가자는 학습자의 입장에서 수업뿐만 아니라, 학생이 개별적으로 또는 집단적으로 수업을 진행할 때, 학생의 이해력과 학생에게 미치는 영향에 대해서 파악할 수 있는 장점이 있다.

(2) 교사 중심 평가

공식적인 교사 중심 평가는 교사의 활동을 광범위하게 평가하기보다 교사가 교실에서 실제로 수업과 관련된 활동을 수행하는 것으로 평가해야 한다.

한편, 교수 중심 평가는 교실에서 일정한 간격으로 일어나는 활동에 국한하여 형식적인 평가를 한다면 교사 활동에 대한 수업 관찰은 형식에 불과할 수 있다. 그러므로 수업활동 평가는 지속적인 과정으로서, 전문성의 본질적인 영역으로 교실에서 일어나는 사태에 대한 종합적인 평가로서의 의미가 중요하다.

특히, 자기 평가는 수업의 진행에 대한 중요한 요소를 검토하는 과정이 될 수 있다. 자기 평가를 통하여 교사는 자신의 수업을 한 단계 더 높은 수준으로 끌어올릴 수 있고, 자신의 전문적 성장과 스스로의 인간적 발전을 가져올 수 있으며 학습자에 대한 최소한의 임무를 다할 수 있다. 자기 평가의 방법은 자기 수업을 오디오나 비디오를 통하여 녹음 또는 녹화를 하여 수업을 분석할 수 있고, 다른 방법으로는 학습자의 반응을 조사하여 교수자가 스스로 자기의 수업을 분석하는 자기 분석법이 있다. 동영상 촬영한 것을 보며 평가할 때는 한쪽은 학습자의 상면을, 나른 한쪽은 교수자의 장면을 녹화하는 이분법으로 녹화하고 수업을 분석할 때 처음에는 동영상 화면의 소리를 소거하여 행동만을 집중적으로 분석하고, 이어서 화면을 끄고 언어적 행동을 집중적으로 분석한 뒤 전체를 분석하는 식으로 되풀이하여 분석하는 것이 효과적이다.

(3) 학생에 의한 교사 평가

교사 평가의 궁극적인 목적은 학생들을 만족시킬 수 있는 수업을 추구하고 학습의 질을 향상시키며 학습의 효과를 최대화하는데 있다. 수업의 질적인 향상과 수업의 효과를 증대시키기 위해서 학습자의 입장을 고려한다는 점에서 학생에 의한 교사 평가는 그 의의를 찾을 수 있다. 그렇지만 효과적인 평가가 되도록 하기 위해서는 학생의 발달 수준, 연령, 학년 등을 중시하여 평가 항목과 변인들을 선정하여야 할 것이다. 그러나 특수교육 대상학생은 다양한 장애영역을 포함하기 때문에 학습자로부터 평가를 얻을 수 없는 부분도 있고, 교수자의 의도를 정확하게 파악하지 못하여 왜곡되게 평가될 수 있는 부분이 있으므로 유의해서 실시하는 것이 바람직하다.

4. 임상장학

(1) 임상장학의 개념

임상장학 활동은 수업의 질적 개선을 목적으로 하며 수업평가 활동과 밀접한 관련이 있다. 임상(Clinical)이란 용어는 교수자와 장학자의 대면적 관계성과 교사의 교실 내 실제 행위에 초점을 둔다는 뜻으로 교사를 중심으로 한 교사의 수업 행위상의 문제점이나 단점을 수정하고 개선하기 위한 처방을 내리는 것을 의미한다.

그러므로 임상장학은 교실 현장에서 교사와 장학자의 친밀한 1 : 1의 관계 속에서 계획 협의회, 수업 관찰과 분석, 피드백 협의회의 순환적 과정을 거치면서 교사의 전문적 성장과 교사의 교수 기술 향상을 실현하는 특별한 하나의 장학 대안이다.

(2) 임상장학의 목적과 필요성

임상장학의 목적은 다음과 같다.

① 교수자 수업의 현 상태에 관한 객관적 피드백을 교수자에게 제공한다.

② 수업의 문제점을 진단하고 해결한다.

③ 교수자로 하여금 수업전략 사용 기능을 개발할 수 있도록 돕는다.

④ 교수자의 승진, 또는 다른 어떤 결정을 위하여 교수자를 평가한다.

⑤ 교수자로 하여금 계속적인 전문적 발전에 대한 긍정적 태도를 발전시킨다.

임상장학 활동이 단순한 행정적 통제 및 규제 활동으로서 교사를 통제하고 평가하기 위한 도구적인 의미에 치중된다면 이로 인해 장학의 긍정적인 면보다는 부정적인 면이 더욱 부각되어 교사는 수업 공개를 회피하거나 거부 반응을 가질 수 있다. 따라서 수업의 질적 개선을 위해서는 상호 호혜적인 관계를 유지하고 교사의 자율적 참여를 높여야 한다. 학교 현장에서 이와 같은 장학의 문제점을 해결하고 장학 고유의 목적인 수업의 질적 개선을 위해서 하나의 대안으로 제시된 것이 임상장학이다.

수업평가의 궁극적인 목적은 교수 전문성 신장이다. 교수자도 학습자와 비슷한 입장이고 교수자도 역시 학습자가 될 수 있다. 교수자가 수업의 전문성 개발에 의욕을 갖는다면 임상장학을 통해 기술적인 도움이 필요하다. 특히 임상장학은 교수자가 수업을 개선하고 자신의 전문성을 향상시켜 교수자의 자기 성장을 가져올 수 있도록 지원하고 협조할 수 있다는 점에서 임상장학 담당자와 교수자 모두에게 긍정적인 영향을 줄 수 있다.

임상장학은 ① 계획 협의회, ② 수업 관찰, ③ 피드백 협의회의 단계로 진행되는데 구체적인 내용은 다음과 같다.

① 계획 협의회

교수자와 장학 담당자가 함께 교수 계획을 확인하고, 교수자가 특별히 교수 기술을 개선시키려고 관심을 가지는 영역과 자기 자신의 교수 상의 문제점을 이야기한다. 이 단계에서는 또한 수업 관찰에서 무엇을 어떻게 관찰하고, 어떤 자료를 수집할 것인가에 대하여 협의를 하고, 언제 수업관찰을 할 것인가를 약속하는 것으로 끝낸다.

② 수업관찰

수업관찰의 중요한 목표는 먼저 계획 협의회에서 협의한 사항의 객관적인 자료를 수집하는 일이다. 또한 직 · 간접적인 관찰로 얻은 기록을 가지고 수업개선에 활용하게 된다.

③ 피드백 협의회

피드백 협의회는 수집된 자료를 반성, 발전 정도를 확인하고 보다 나은 발전을 위한 전략을 협의한다. 수업 촬영 동영상을 보면서 잘된 점, 잘못된 점을 확인하고 다음 계획 협의회로 이어질 수도 있다.

Paragraph 02

수업분석의 기법

1. 비형식적, 형식적 평가

교수활동은 원칙적으로 측정이 곤란하다. 수업분석에서 관찰은 관찰 도구를 사용하는 형식적 관찰과 관찰 도구를 사용하지 않는 비형식적 관찰이 있다.

형식적 관찰은 측정을 포함한 관찰 도구를 사용하거나 체계적 관찰과 자료를 획득하기 위한 관찰 도구를 사용한다. 형식적 관찰의 기초가 되는 관찰 도구는 교실 환경이나 교수-학습 상황에서 일어나는 전형적인 행동의 차이를 신뢰롭고 타당하게 측정하도록 구성되었다. 형식적 관찰은 관찰 도구를 통해 얻은 자료를 토대로 수업분석을 교수자에게 제공함으로 교수자의 수업개선에 도움을 준다. 이러한 유형의 관찰은 타당하고 신뢰로운 측정을 보여줄 뿐만 아니라 관찰자나 관찰 대상 모두에게 유용한 구체적인 자료를 제시해 주는 장점이 있다. 그러나 형식적 관찰에 사용되는 관찰 도구는 수업분석 자체를 항목별로 나누어 보기 때문에 전체적인 수업상황을 다양하고 폭넓게 제시하는 데 제한적이다. 또한 관찰자가 자신이 관찰하고자 하는 교수-학습 상황의 표적행동을 객관화시키지 못하면 관찰이 어렵고 신뢰도와 타당도가 검증되지 않은 관찰 도구는 사용하기 힘들다.

한편, 비형식적 관찰은 측정 도구에 의존하지 않고 관찰되는 심리적 관점을 그대로 사용할 수 있어 전체적인 수업상황을 다양하고 폭넓게 관찰한다. 즉, 비형식적 관찰은 교수-학습 상황에서 관찰자가 수업의 관점을 학습자의 흥미, 관심, 안전, 불안, 거절과 같은 측정이 불가능한 심리적 관점을 그대로 진술할 수 있다. 그러나 비형식적 관찰은 관찰자의 주관과 목적 등에 따라 달라질 수 있으며 신뢰도나 타당도를 검증하기 어려운 단점이 있다.

2. 수업평가

수업평가는 관찰과 평가로 이루어진다. 관찰과 평가는 서로 다른 개념으로 관찰은 방법적 관점을 포함하며 관찰도구나 지침을 사용하여 관찰하고 측정한다. 그러므로 관찰과 측정은 기술적 활동이지만 평가는 기술적 활동만을 의미하지 않는다. 평가는 기술적인 활동이면서 동시에 기술적 활동을 초월하는 활동으로 판단이나 평정을 포함한다. 따라서 관찰과 측정은 평가와 의미상 차이를 지니기 때문에 수업관찰자는 수업을 평가하기 위하여 수업을 관찰하고 측정하게 된다. 그렇지만 수업을 측정하고 관찰한다고 해서 반드시 수업을 평가하는 것은 아니다.

관찰자는 수업방법을 개선하기 위해서 수업을 관찰한다. 수업평가를 바르게 하기 위해 교수 수행 과정에서 평가할 교수 평가의 기준이 결정되어야 한다. 예를 들어, 평가자가 '교사 A와 교사 B 중 누가 더 우수한가?'를 알아보려면 이들 교사의 교수활동을 비교할 수 있는 교수 평가의 기준이 필요하다. 즉, 평가자가 '교사 A와 교사 B 가운데 어느 교사가 더 훌륭한가?'를 결정하기 위해 두 교수자의 수업활동에 공통된 요소를 선정하여야만 두 교수자의 수업활동을 평가할 수 있다.

이와 같이 수업평가의 기준은 훌륭한 교수자에 대한 경험적 사실보다는 수업평가의 기준을 설정한 개인이나 집단의 취향을 대표하는 요소로서 공동으로 합의된 것이어야 한다.

3. 다양한 수업분석의 기법

(1) 필터식 수업분석 기법

필터식 수업분석 기법은 수업의 분석 효과를 높이기 위해 구성 요소들을 분석할 수 있는 틀을 만들어 활용한다. 즉 필터식 수업분석 기법은 수업의 여러 가지 사실, 정보를 통과시켜 수업개선에 필요한 자료를 빼내어 교수자가 효과적으로 활용하는 것을 '수업분석 필터'라고 한다. 교육 현상에서 널리 사용되는 분석 필터의 예는 다음 표와 같다(심덕보, 1994; 충청남도 보령교육청, 2001).

① 교수자의 발문 분석 필터

표 11-2 교수-학습내용 기록

기록 ((교) = 교수자, (학) = 학습자)

❖ 과제제시하기

(교) 1. (도입 삽화를 실물화상기로 제시하고)
그림을 보니까 오늘 무슨 공부를 할 것 같습니까?
(학) 1. 마음에 대해 공부할 것 같아요…….
(학) 2. 사람들의 생각에 대해서…….
(교) 2. 그림 속의 남자 어린이는 무엇을 하고 있습니까?
(학) 3. 선물 받았던 일이요.
(학) 4. 어머니가 해 준 밥이요.
(교) 3. 그럼 이 시간에 어떤 공부를 하고 싶나요?
(교) 4. 생각이나 느낌을 말할 때는 어떻게 해야 할까요?

〈중간 생략……〉

❖ 활동하기

(교) 14. "그림과 비슷한 경험이 있으면 발표해 볼까요?
(학) 17. 저는요. -생략-
(학) 18. 저는 지난 어버이날 때 -이하 생략-
(교) 15. 그림 속의 친구 이야기를 듣고, 만일 '나'라면 어떤 생각을 했을까요?
(학) 19. 철수는요, 저기…….
(교) 20. 예, (철수)는 자신의 경험과 관련지어 잘 이야기했어요.

표 11-3 교수자 발문의 분석 필터

수업단계	시간경과	요구하는 것					주는 것							확인하는 것				교수자 발문
		작업	의견	개괄	응용	정의	사례	조건	자료	개념	개괄	강화	주의질책	경험	지식	이해	태도	
과제제시	4		①															① 그림을 보니까 오늘 무슨 공부를 할 것 같습니까?
														②				② 그림 속의 남자 어린이는 무엇을 하고 있나요?
			③															③ 이 시간에 어떤 공부를 하고 싶나요?
																④		④ 생각이나 느낌을 말할 때는 어떻게 해야 할까요?
	5	중간 활동 생략……																
활동하기	8	⑭																⑭ '그림'과 비슷한 경험이 있으면 발표해 볼까요?
				⑮														⑮ 그림 속의 친구 이야기를 듣고, 만일 '나'라면 어떤 생각을 했을까요?

이와 같이 필터식 수업분석 기법을 활용하여 교수자의 발문 분석 필터를 적용하면 요구하는 발문이 수업 동안 몇 회(%)가 나타나며, 주는 발문이 수업 동안 몇 회(%)가 나타나고 확인하는 발문이 수업 동안 몇 회(%)가 나타나는지를 객관적으로 살펴 볼 수 있다. 이 때 확인하는 발문은 설명하기 단계에서의 학습내용과 관련된 경험, 설명한 내용의 이해와 정리단계에서의 확인적인 발문으로 학습자가 학습내용과 이해 정도를 확인하는데 바람직하게 나타나는지를 분석할 수 있다. 주는 발문은 학습자의 요구나 흥미, 자발성을 고려하지 않고 교수자가 설명 위주로 독점하여 사고 활동을 저해하는 발문으로 볼 수 있어 수업활동에서 주는 발문이 많으면 좋은 수업이라고 할 수 없다.

② 학습자 발언 분석 필터

표 11-4 학습자 발언 분석 필터

수업단계	시간경과	수업의 참여도					발언 방법					발언자	발언 개요
		①	②	③	④	⑤	거수지명	지명	자발	일제	중얼거림		
과제제시	4						①					①	① 마음에 대해 공부할 것 같아요.
									②			②	② 사람들의 생각에 대해서……
							③					③	③ 선물을 받았던 일이요.
									④			④	④ 어머니가 해준 밥이요.
	31	중간 활동 생략……											
정리	5					↓	⑳					⑳	⑳ 내 생각을 바르게 말해야 돼요.
계	0	0	0	3	5	20	10	0	6	0	4	20	
비율(%) (발언율)							50	0	30	0	20	100	

한편, 학습자 발언 분석 필터를 발언율과 반응도로서 반응 결과를 살펴보면 다음과 같다.

⊙발언율= $\frac{\text{발언자 수}}{\text{수업 참여자}}$ (발언자 : 발언 횟수에 상관없이 발언에 참가한 수)

- 발언횟수별 인원분석표
- 수업참여도(거수량 분석)
- 발언방법별 인원분석
- 발언결과 정 · 오답비율

〈표 11-4〉를 예로 들어 참고하여 살펴본다면 발언 대상자 중 교수자의 발문에 대하여 거수하여 지명 받아서 발표한 학습자가 50%, 자발적으로 발언한 학습자가 30%로 자발적인 발표가 비교적 많은 편임을 알 수 있다.

표 11−5 학습자 행동 분석 필터

수업단계	경과시간	상( ) 반응 행동 A	상 a	상 b	상 B	상 행동 개요	중( ) 반응 행동 A	중 a	중 b	중 B	중 행동 개요	하( ) 반응 행동 A	하 a	하 b	하 B	하 행동 개요
과제 제시	5'	✓				· 도입 삽화를 보고 교수자의 발문에 손을 듬	✓				· 도입 삽화를 보고 교수자의 발문에 손을 듬	✓				· 친구의 발표 내용을 잘 들음
중간 활동 생략……																
정리	10'	✓				· 평가관점에 따라 평가하고 그 이유를 발표하기 위하여 손을 듬	✓				· 평가관점에 따라 평가하고 그 이유를 발표하기 위하여 손을 듬	✓				· 이유를 발표한 내용을 열심히 듣고 있음
계		8	0	0	0		7	1	1	0		6	0	2	0	
비 율 (반응도)		100	0	0	0		78	11	11			75		25		

A : 학습에 적극 참여, a : 가벼운 관심 표현, b : 도피 반응, B : 학습과 전혀 관계없는 행동

학습자의 행동 분석을 실시할 때 관찰 적용학생을 평소 성적 수준에 따라 상, 중, 하로 나누어 각가 1명씩을 선택하고 그 반응을 〈표 11−5〉와 같이 표시할 수 있다.

$$⊙반응도 = \frac{A+a}{관찰\ 횟수} \times 100 (반응도 : 학습에\ 참가한\ 정도)$$

A : 학습에 적극 참여, a : 가벼운 관심 표현, b : 도피 반응, B : 학습과 전혀 관계없는 행동

그러므로 〈표 11−5〉를 예를 들어 분석하면 성적 수준이 상위 그룹에 속한 학습자는 한 시간 동안 적극적으로 학습에 참여하려는 의욕이 계속되고 있으나(100%) 중간 그룹에 속한 학습자는 적극적인 참여자(A)가 78%, 중하위 그룹에 속한 학습자

는 적극적인 참여자(A)가 75%, 도피적 반응이 25%로 나타났음을 알 수 있다. 이와 같이 학습자의 행동을 필터식 수업분석 기법으로 분석하여 경향을 살펴보면 중하위 그룹에 속한 학습자는 집중력이 짧고, 도피적 반응을 보이고 있어 학습문제의 제시와 해결 과정에서 집중력을 향상하기 위한 방안이 강구되어야 함을 알 수 있다.

③ 자료 분석 필터

표 11-6 자료 분석 필터

수업단계	시간경과	동기		내 용	수량	사용 목적				취급 방법				활동 개요 및 반성
		교사	아동			문제제시	흥미	이해	문제해결	지식	의문	설명	해석	
과제제시		✓		삽화 실물화상기	1	✓						✓		① 교재 그림 도입 삽화를 실물화상기로 제시하여 학습내용 파악하기 (각자 자신 의 생각을 발표함) ② 학습자가 표현한 학습활동 내용을 실물화상기로 제시하고 발표하기 (발표 내용을 듣고 상호 교정함)
시범질문하기														
활동하기			✓	실물화상기	1				✓			✓		
정리하기														

〈표 11-6〉과 같이 자료 분석 필터를 활용하여 살펴보면 자료 활용이 학습내용을 파악하고, 발표하는 과정에서 학습내용을 교정하기 위해 활용되었으며, 자료 활용이 비교적 적은 수업임을 알 수 있다. 또한 수업매체는 실물화상기로써 교수-학습의 과제제시 부분에서는 삽화를 제시하는데 활용하였으며 활동하기 단계에서는 학습자가 교수-학습에서 표현한 글을 확대하여 모든 학습자가 상호작용하면서 교정

할 수 있도록 활용하였음을 알 수 있다. 이와 같이 필터식 수업분석 기법은 교수–학습에서 이루어지는 구체적인 상황들을 쉽게 확인할 수 있는 장점이 있다.

(2) 체크리스트에 의한 분석

체크리스트는 수업분석에서 비교적 많이 사용되는 양식 중의 하나이다. 평정척도에 의한 수업분석을 하기 위해 먼저 교수자와 학습자의 활동으로 구분하여 분석할 수 있다. 이 때 교수자의 활동으로는 과제제시의 명료성, 수업과정 및 수업형태, 교수자의 발문, 교수 용어, 학습 동기 부여, 학습자와의 관계 형성 및 유지, 교수자의 기능 발휘, 수업매체 활용, 판서하기 등은 평정척도에 의해 분석할 수 있다.

또한 학습자의 활동으로는 학습 준비, 학습의욕, 참여, 학습자의 발언, 공책 정리 등의 항목은 체크리스트로 분석할 수 있다.

① 평정척도의 설정

평정척도에 의한 평정은 분석하고자 하는 준거에 대하여 수업 관찰 후 또는 관찰 도중에 주어진 항목에 반응하는 것이 대부분인데 준거 문항에 대한 평정척도는 동의 및 만족 여부, 발생 가능성, 중요성 등을 판단하거나 주어진 여러 항목 중에서 적합한 것을 선정하도록 요구하는 형태들이다.

다음은 수업평가를 위해 사용되는 평정척도의 예들로 〈표 11–7〉과 같다.

표 11–7 수업 관찰을 위해 사용되는 평정척도의 예

준 거	평정기준				
	낮음	평균 정도	좋은 편임	우수함	매우 우수함
전문지식					
발표의 명료성					
공정한 태도					
학급통제					

학습자에 대한 태도					
학습자 흥미 자극					
열성도					
학습자의 아이디어에 대한 태도					
학습자 참여의 격려					
유모어 감각					
과제 부여					
용모 단정함					
솔직 담백함					
자아 (감정) 통제					
예절 감각					
수업 효과 증진					

설정된 준거 내용을 구체화한 각 문항에 대하여 일반적으로 많이 활용되는 반응형식 및 평정형태와 방식을 소개하면 〈표 11−8〉과 같다.

표 11−8 반응형식 및 평정형태와 방식

구 분	평정형태				
동의 및 일치 여부에 관한 반응	전혀 그렇지 않다	약간 그렇지 않다	잘 모르겠다	약간 그렇다	매우 그렇다
	그렇다(예)		잘 모르겠다		그렇지 않다(아니오)
중요성 및 비중의 표현	전혀 중요치 않다	약간 그렇지 않다	잘 모르겠다	약간 그렇다	매우 그렇다
	빈약하다		잘 모르겠다		그렇지 않다(아니오)
만족 여부 및 그 정도 (평가요인 포함)	아주 불만족	약간 불만족	중간	약간 만족	아주 만족
	(수)	(우)	(미)	(양)	(가)
	매우 쓸모 있다	약간 쓸모 있다	평범하다	별로 쓸모없다	아주 쓸모없다
	아주 빼어난 상태	우수한 상태	보통(중간) 정도	보통 이하인 상태	열등한 상태
발생 가능성 및 확률의 예측	전혀 없다	가끔 있다		자주 있다	항상 있다
	항상 그렇지 않다	가끔 그렇지 않다	평상시와 같다	가끔 그렇다	항상 그렇다
	가끔 그렇다		자주 그렇다		항상 그렇다
	10중의 1-2정도	10중의 3-4정도	10중의 5-6정도	10중의 7-8정도	10중의 9-10정도

우선 순위 및 순서	· 다음 중에서 하나만 선택한다면 어느 것을 택하겠는가? · 다음 그 중요성 순위대로 나열한다면…… · 가장 마음에 드는 것을 하나만 선택한다면…… · 가장 필요한 것을 하나만 선택한다면…… · 그 수업의 가장 두드러진 장점을 하나만 제시한다면……
학습자 질문에 대한 답변	· 명쾌하다--1--2--3--4--5--6--7--모호하다 ( ) · 친절하다--1--2--3--4--5--6--7--냉정하다 ( ) · 자신만만하다--1--2--3--4--5--6--7--자신이 없다 ( ) · 빠르다--1--2--3--4--5--6--7--느리다 ( ) · 좋다--1--2--3--4--5--6--7--나쁘다 ( ) · 가치롭다--1--2--3--4--5--6--7--가치가 없다 ( )

수업활동 평가는 '좋은 수업이란 어떻게 지도하는 것일까?'에 대한 해답을 얻는 활동으로 교수 체계 속에서 척도의 필요성이 요구되나 수업관찰과 관련한 도구들이 다양하게 개발되어 있지 않은 실정이다. 이러한 까닭은 교수의 기준으로 사용되는 '신뢰나 존엄성' 등과 같은 주관적인 개념들을 조작적으로 정의하기 어렵기 때문이다. 그러나 수업평가는 교수학습 방법 개선에 도움을 주기 때문에 중요하게 다루어져야 할 부분이라고 하겠다.

Paragraph 03 수업참관 및 분석

1. 수업참관

수업참관은 동료 교수자의 수업을 참관하여 관찰하는 활동이다. 수업참관의 기회는 자주 주어지는 기회가 아니므로 자신의 수업의 전문성 신장에 좋은 계기가 될 수 있다. 일반적으로 수업을 참관하면 수업에 대한 기록을 하게 되는데 〈표 11-9〉는 수업 참관록의 일반적인 예시안이다.

표 11-9 수업 참관록 예시

<table>
<tr><td colspan="2">일 시</td><td colspan="2">20 . . ( )교시</td><td>학년반</td><td></td><td>수업자</td><td></td></tr>
<tr><td colspan="2">교 과</td><td></td><td>단원(제재)</td><td colspan="2"></td><td>참관자</td><td>(인)</td></tr>
<tr><td colspan="2">본시목표</td><td colspan="6"></td></tr>
<tr><td colspan="2">영 역</td><td colspan="4">관찰 관점</td><td colspan="2">관찰 내용</td></tr>
<tr><td colspan="2" rowspan="2">교수 · 학습 계획</td><td colspan="4">교수 · 학습지도안(학급 특성과 학습내용의 고려)</td><td colspan="2" rowspan="2"></td></tr>
<tr><td colspan="4">학습목표의 진술, 제시, 성취 가능성(지역화와 학습자 수준 고려)</td></tr>
<tr><td rowspan="6">기본자질</td><td rowspan="3">교수자</td><td colspan="4">적극적인 교수 · 학습(전개, 지도력, 학습 밀도 등)</td><td colspan="2" rowspan="6"></td></tr>
<tr><td colspan="4">교수 태도(언어, 자세, 안정감)</td></tr>
<tr><td colspan="4">ICT활용 및 정리 요령</td></tr>
<tr><td rowspan="3">학습자</td><td colspan="4">학습용구 사용 능력(준비 상황, 조작 능력)</td></tr>
<tr><td colspan="4">자기 주도적 학습활동(태도, 습관, 참여 정도)</td></tr>
<tr><td colspan="4">자기 표현력(발표력, 선수학습, 내용 동원 능력, 글쓰기 능력)</td></tr>
<tr><td rowspan="10">교수 · 학습활동</td><td rowspan="4">지도과정</td><td colspan="4">출발 행동의 진단과 활용(학습자의 능력과 학습내용의 조화)</td><td colspan="2" rowspan="10"></td></tr>
<tr><td colspan="4">동기유발과 문제의식(동기화의 수준, 문제 제시방법)</td></tr>
<tr><td colspan="4">학습목표에 적합한 학습방법(계획, 대안, 학습자 활동)</td></tr>
<tr><td colspan="4">학습목표 달성에 알맞은 학습 원리의 적용(지식, 기능, 태도, 전략)</td></tr>
<tr><td rowspan="2">학습집단</td><td colspan="4">수준별 개별 학습과 협동학습의 조화(개인차, 학습 속도 고려)</td></tr>
<tr><td colspan="4">학습 진단, 구성 및 활용(목표 접근, 자율 · 책임 · 협동심 발양, 도우미 친구 활동)</td></tr>
<tr><td rowspan="2">자료환경</td><td colspan="4">자료 준비 및 활용도(준비, 자료의 유인성, 목표 접근, 창의력, 사고력 : 선택적 자율 학습 가능성)</td></tr>
<tr><td colspan="4">학습자중심 학습 환경 조성(학습 분위기, 공간 활용, 시설 환경의 다양화, 교육적 접근)</td></tr>
<tr><td>정리</td><td colspan="4">본시 학습내용 정리 환류(개별화, 강화, 정리)</td></tr>
<tr><td>발전</td><td colspan="4">발전적 예습 과제의 제시(능력, 시간의 적절성)</td></tr>
<tr><td colspan="2" rowspan="2">학습성취 정착</td><td colspan="4">형성평가, 수행평가 상황(시기, 다양성, 결과 환류)</td><td colspan="2" rowspan="2"></td></tr>
<tr><td colspan="4">학력 정착도(내용, 수준, 전이, 결과 활용)</td></tr>
<tr><td colspan="2">소감</td><td colspan="6"></td></tr>
</table>

2. 수업과정 관찰

교수자는 다른 교수자의 수업을 관찰할 때 다음의 사항들을 유의하여 관찰할 수 있다. 수업 전 활동에서 좀 더 세밀한 관찰이 요구되는 활동 내용을 제시하면 다음 〈표 11−10〉과 같다.

표 11-10 수업 전 활동

활동 내용	관찰 시 유의사항	개선 방안
수업전략의 수립	· 관련 이론과 수업모형에 맞는 수업 선택이 힘들다. · 교수자의 철학에 의존한 수업형태만 고집하는 경우가 많다. · 재구성 시 내용 선정의 타당성과 정서적인 면까지 고려하기가 힘들다.	· 수업자의 철학 · 학습자의 특성과 학습 집단 규모 및 수업 환경 고려 · 학습내용의 제시 방법 및 학습자의 학습 계획의 참여 · 학습결과 평가 요인 숙지 · 수업 모형의 인지
자료 준비	· 수업매체 선정 시 수업내용과 학습 방법에 맞추기 힘들다(집단, 소집단, 개인, 자율, 과제 등). · 전개단계에서 활동 중심의 자료 제작과 직접 경험에 준하는 조작자료 제작이 어렵다.	· 수업목표와 수업사태의 항목을 열거하여 수업의 효과를 극대화 할 수 있는 매체 활용 · 이미 제작되어 있는 자료를 수집하여 재구성 한 후 활용하는 방법 찾기
수준별 학습 지도	· 학습자의 개별화 지도를 위한 학교 단위의 수준별 자료를 개발해야 하는 어려움이 있다. · 학습자 수준의 판단기준이 모호하다. · 단위 시간 및 자료가 부족하다.	· 내용 영역별 수준별 자료 제작 보급 · 학습지가 아닌 실천 가능한 수준별 수업내용 목록 제공 · 학습지 해결 위주의 지도를 지양
교수 · 학습안 작성	· 실태 조사를 근거로 하여 단원의 개관 진술시 논리의 비약, 본시 전개 계획이 소홀하여 실제수업과 별도로 운영된다. · 교수−학습 활동난의 교수자와 학습자로 구분하여 진술할 때 내용이 중복된다. · 평가 시 이원 목적 분류표의 각 교과별 행동 영역의 진술이 어렵다.	· 단원의 지도계획과 본시 전개 계획으로 구분하여 기술 · 학교 차원에서 각 교과별 행동 영역의 예시를 마련하여 활용

3. 수업 중 활동

수업 중의 활동은 일반적으로 도입단계, 전개단계, 정리단계로 나누어 살펴 볼 수 있다. 이들 각 단계마다 중요한 활동 내용이 있으므로 이를 활동 내용별로 문제점과 개선 방안을 제시하는 것이 바람직할 것이다. 각 수업단계별 활동 내용을 제시하면 다음과 같다.

표 11-11 도입단계의 활동

활동 내용	관찰 시 유의사항	개선 방안
동기유발	· 흥미나 관심만 끌려고 하거나 학습 내용과 연결되지 않는다. · 동기유발 시간이 길어진다. · 외적 동기유발만을 사용한다.	· 내적 동기 및 외적 동기부여 · 자료를 통한 동기부여 · 학습목표의 가치를 알려주는 동기부여 · 흥미 유발로서의 동기유발
학습목표 진술	· 학습목표, 수업목표, 학습문제, 학습주제를 혼돈하여 쓴다. · 명시적인 동사가 아닌 암시적인 동사를 사용한다. · 교수자의 교수활동으로 진술한다. · 학습결과가 아닌 과정으로 진술한다. · 세분화된 교과를 가르칠 자세한 내용으로 진술한다. · 두 개 이상의 학습결과를 포함하여 진술한다. · 40분 동안 항상 볼 수 있도록 게시하지 않는다.	· 판서, 언어 상호작용, 관련 삽화나 그림, 시청각 자료, 형성평가 문항 제시를 통한 진술 등 다양한 기법 숙지 · 다양한 장소, 공부할 문제 제시자를 선정하는 방법 · 제시 효과, 제시 시기 등 고려

표 11-12 전개단계의 활동

활동 내용	관찰 시 유의사항	개선 방안
발 문	· 무의식적인 재생적, 수렴적 발문으로 사고를 자극하지 못한다. · 발문의 난이도가 높아 우수 집단의 학습자만 참여한다. · 교수자의 발문에 학습자가 교과서의 구절이나 낱말을 그대로 인용하여 대답한다.	· 수업단계의 흐름에 맞는 발문 요령의 습득 · 발문과 지명의 연관성 연구 · 교과나 과제, 학년 수준에 맞는 발문에 대한 연구 · 수업 전개 시 시나리오를 작성하여 활용
피드백	· 개별 소집단, 대집단에 피드백을 구분하여 제공하는 기술이 부족하다. · 과제 수행 결과가 아닌 학습자 개개인의 능력에 맞게 주는 경우 역효과를 가져온다.	· 정적 강화나 부적 강화를 피드백과 함께 상용하여 동기유발 · 피드백과 교정이 같이 이루어질 수 있도록 방법연구

표 11-13 정리단계의 활동

활동 내용	관찰 시 유의사항	개선 방안
학습내용 정리	· 학습내용 정리를 개인이 한다. · 단순히 묻고 대답하는 식의 정리를 한다. · 정리에서 새로운 문제를 발견하지 못하고 그 자체로 끝난다. · 시간이 부족하여 학습내용 정리를 제대로 하지 못한다.	· 멀티미디어, 구조적인 판서, 실물 회상기의 활용 · 질의응답, 인쇄, 실생활 적용 등 다양한 방법으로 정리 · 개인과 집단을 고려하여 정리, 학습내용 정리 시간의 확보
차시예고 및 과제제시	· 형식적인 차시 예고 및 과제제시를 한다. · 시간 부족으로 차시 예고를 하지 않고 수업을 끝낸다.	· 학습의 동기 부여 · 원활한 수업 차원의 차시예고와 과제제시 · 자기 주도적 학습과 학습방법에 대한 학습을 위한 예고 및 제시

4. 평가 및 수업 후 활동

참관자는 수업 관찰이 끝난 후 수업에 대한 전반적인 개인적 의견을 평가를 할 수 있다. 이 때 활동 내용으로는 수준별 교수 학습에서의 평가와 수업 협의회의 운영 절차 등에 대한 것이다.

다음 〈표 11-14〉는 평가 및 수업활동에서 유의해야 할 점과 개선 방안을 제시한 표이다.

표 11-14 평가 및 수업 후 활동

활동 내용	관찰 시 유의사항	개선 방안
수준별 교수·학습에서의 평가	· 각 수준에 대한 지도 내용과 방법이 다르므로 학습 진행에 필요한 성취도 평가가 곤란하다. · 학습자의 개인차에 따른 성취도 평가가 곤란하다.	· 특수학교기본교육과정 또는 공통교육과정의 성취 기준과 평가기준을 준거로 한 평가지 및 특별 보충 지도 자료 개발 보급 · 이원 목적 분류표에 의한 평가 문항 제작 및 교수-학습 개선을 위한 평가 결과의 활용 등
수업협의회 운영의 절차	· 질의응답 시간에 소감을 넣어 발표하는 경우 소감을 부정적으로 말한다.	· 수업자의 인사 및 소감, 질의응답, 참관자 소감, 지도 조언의 순서와 방법을 숙지하여 운영 · 협의 영역의 분담 등

이상 수업활동 평가는 수업의 효율성 제고를 위한 수업 관찰과 수업분석 방법으로 나누어 살펴보았다. 효율적인 수업이 이루어지기 위해서는 교수자 변인이 매우 중요하며 '교수자가 수업을 어떻게 이끌어 나가는가?'에 따라 수업의 성패가 좌우된다고 할 수 있다.

특히, 특수교육은 학습자가 특수한 교육적 요구를 지니고 있어 다양한 형태의 수업이 이루어지고 있는 실정이므로 정형화된 수업 모형을 기대하기 힘들며 구체적으로 수업의 질을 판단할 근거를 제시하기도 힘든 실정이라 할 수 있다. 따라서 특수교육 대상학생에게 보다 양질의 수업내용을 제공하기 위해서는 장애 이해와 장애와 관련된 다양한 '교수매체'의 활용이나 교육과정의 재구성 못지않게 수업에 직접적으로 영향을 미치는 효율적인 수업 기술이 제대로 적용되고 있는가에 대한 수업활동 평가 또한 매우 중요하다. 효율적인 수업 기술은 수업활동에 대한 평가를 통해 도달이 가능하다.

연습문제

01 수업활동 평가의 의의에 대해 설명해 봅시다.

02 수업활동 평가의 필요성에 대해 설명해 봅시다.

03 수업활동 평가의 목적 및 평가절차에 대해 설명해 봅시다.

04 수업분석에서 사용되는 비형식적 평가와 형식적 평가를 설명해 봅시다.

05 좋은 수업의 구성 요소에 대한 기준을 찾아 토의하고 그 준거를 만들어 봅시다.

06 필터식 수업분석법의 장점과 활용방안에 대해 토의해 봅시다.

07 체크리스트에 의한 분석법의 장점과 활용방안에 대해 토의해 봅시다.

Part 3

장애영역별 교수-학습 지도의 실제

❖ 제12장 교수-학습 지도의 실제

❖ 제13장 감각장애 교수-학습 지도의 실제

❖ 제14장 지체부자유 및 중도 · 중복장애 교수-학습 지도의 실제

❖ 제15장 발달장애 및 학습장애 교수-학습 지도의 실제

Chapter 12

교수-학습 지도의 실제

- ❖ 제1절 수업계획
- ❖ 제2절 수업과정과 수업단계
- ❖ 제3절 학습 과제분석
- ❖ 제4절 수업 지도안 작성의 실제

Special Education Study of Teaching Materials & Method of Guidance

Paragraph

01 수업계획

수업계획은 교육과정을 재구성하고, 수업자료를 만들어, 학급이나 다른 수업상황에서 수업을 안내하는데 사용할 수 있도록 하는 것이다. 교수자는 학습자를 효율적으로 지도하기 위하여 철저한 사전 준비와 수업계획을 수립하여야 한다. 수업계획은 미리 수업을 효율적으로 진행하기 위해 예정한 설계로 [그림 12－1]과 같이 장기계획과 단기계획으로 나눌 수 있다.

그림 12-1 수업계획

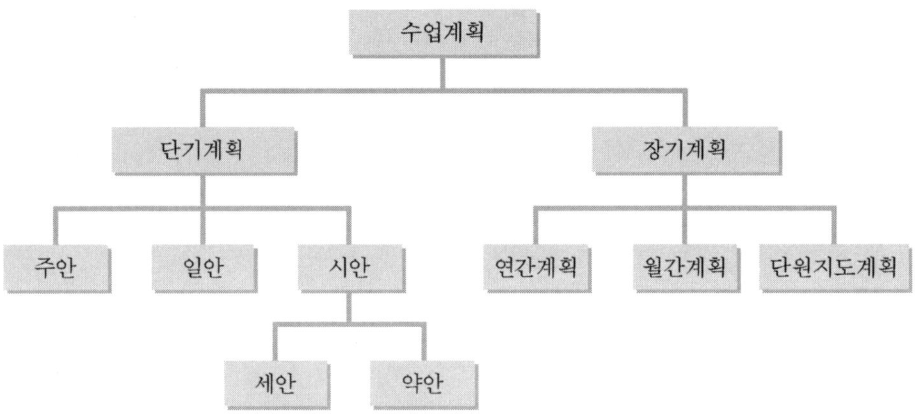

장기계획은 교수자와 학습자가 관련된 전반적인 학교 활동 또는 생활지도를 포함한 설계이다. 장기계획에는 수업의 연간계획, 월간계획, 단원계획이 포함된다. 그러므로 장기 수업계획에는 학교 행사, 교육과 일과, 학생 평가, 수업 진도표 작성 등과 관련된 전반적인 설계가 필요하다. 반면, 단기 수업계획은 단위수업과 관련된 활동으로 주안, 일안, 시안 등으로 분류된다. 먼저, 주안은 모든 장기계획을 바탕으로 1주일을 단위로 구체적인 수업계획을 수립하는 것이다. 일안은 당일 수업 지도계획이며, 시안은 차시별 학습내용에 따라 효과적인 학습지도를 하기 위한 계획이다. 시안은 다시 지도 세안과 지도 약안으로 구분한다. 지도 세안은 수업 진행 과정을 매우 세밀하고 구체적으로 작성하는 것을 의미하며, 약안은 수업 진행 과정을 간략하고 개괄적으로 작성하는 것이다.

한편, 수업계획은 단원 전개 계획과 차시별 계획으로도 구분한다. 단원 전개 계획은 교과목별로 정해진 각 단원을 '어떠한 방법으로 가르칠 것인가?'에 대한 총체적이며 개략적인 계획으로 지도 세안이 일반적으로 이 내용에 포함되어 제시된다. 반면, 차시별 계획은 단원의 계획에서 세분화된 단위수업 시간별로 '이번 시간 수업을 어떻게 시작해서 어떠한 활동을 시키고 정리할 것인가?'에 관한 계획이다. 따라서 단원 전개 계획은 단원의 설계 또는 단원 지도계획이며 차시별 계획은 시안, 수업 지도안에 해당된다.

1. 장기계획

장기계획은 학습자가 입학하여 졸업할 때까지의 교육계획을 의미하기도 하고 1년 동안의 학교 교육계획으로 학교 경영안, 학교별 운영계획, 학급별 운영계획 등이 이에 해당한다. 각 학교마다 연간 학교교육과정 계획이 수립되는데, 이를 기초로 하여 월별계획, 주별계획 등의 대단원 수업 지도안이 수립될 수 있다.

연간계획은 교과의 학습, 특별 활동의 지도, 기타 학교에서 이루어지는 모든 내용을 총괄적으로 개괄한 지도계획안계획은 일 년간 학교에서 이루어지는 교무 행정, 일반 학사 행정에 속하는 학교 행사, 학교 환경 구성, 총 수업 일수, 연간 수업 주수, 휴업일 등을 포함한 일람표를 의미한다. 반면, 연간 학급 계획은 학교의 연간 계획을 기초로 한 각 교과별 내용, 시간 수, 특별 활동 및 생활 지도에 관한 연간 계획을 의미한다. 학교의 연간계획과 학급별 연간계획은 상호 연관되어 하나의 연간 계획으로 나타난다. 보통 연간 학급 운영계획을 수립할 때 학교의 연간계획과 국가 수준 교육과정에서 요구하는 각 교과별 시수를 고려하여 수업과 관련된 연간 지도계획을 수립한다.

월간계획은 학교 연간 계획을 기초로 월별로 자세하게 계획을 세운 것이다. 여기에는 학교 전체의 월간계획과 학년별 학급별, 월간계획으로 나누어 살펴 볼 수 있다.

단원 지도계획은 장기적인 학습지도나 교과지도 계획에 포함된 것을 토대로 하여 보다 구체적으로 나누어 세우는 계획을 말한다. 각 교과의 단원별 내용은 한 단원이

1주일 학습량이기도 하고 어떤 단원은 1개월을 초과해야 하는 학습량이기도 하다. 따라서 학습 단원에 따른 각 교과별 단원 지도계획을 연간, 또는 월별계획으로 작성해 두어야 한다. 즉 학년 초에 학기별 또는 연간별 단원 지도의 전체 계획을 작성함을 의미한다.

2. 단기계획

단기계획은 단위수업과 관련된 활동을 말하는 것으로 1주일 동안의 수업지도 계획인 주안, 일안, 1시간 분량의 지도계획서인 시안 등으로 나눈다.

주안은 연간 계획에 근거를 두고 월간 계획이 세워지고 월간 계획에 근거하여 주 계획이 설정되는 것으로 일주일 동안의 수업계획과 일반 학사 행정면의 주 계획이 있다. 일반적으로 주안이라고 하며 대개 수업지도에 관한 일주일 계획을 뜻한다.

일안은 주간계획인 주안에 근거를 두고 작성된다. 대부분 하루 일과표에 의해서 매 시간 지도할 학습내용, 학습활동, 준비물 등을 요약하여 밝혀두는 것이다. 일안은 일반 학사 행정이나 생활 지도의 특별한 계획이 포함되기도 하나 일반적으로 일안은 하루 동안의 교과학습지도계획을 의미한다.

시안은 교과학습 계획과 그에 따른 생활 지도안까지 매 시간별 구체적인 지도계획이다. 시안은 매 시간마다의 학습내용에 따라 효과적인 지도방법을 사용하기 위한 계획으로 학습자의 학습활동에 가장 직접적인 영향을 미치는 학습 계획이다. 그러므로 수업 지도안이 시안에 해당한다.

이처럼 각 수업시간마다 효율적이고 성공적인 수업을 하기 위해서는 모든 계획의 근간이 되는 장기계획을 잘 수립하는 것이 중요하다. 또한 장기계획 속에 담고 있는 많은 내용들을 실천하고자 하는 교사의 노력과 의지가 중요하며, 변영계 등(2010)은 좋은 수업계획을 작성하는데 도움을 줄 수 있는 몇 가지 사항들을 제시하고 있다.

첫째, 수업목표나 내용에 적합한 수업방법은 무엇인지 분석하고 선택해야 한다.

둘째, 수업은 여러 가지 학습활동이 포함되기에 학습활동에 대한 계획이 수립되어야 하며, 동기유발을 위한 활동 등 다양한 형태의 활동을 고려해야 한다.

셋째, 수업의 대상, 즉 학습자를 분석하고, 학습자에 맞는 수업방법을 계획해야 한다.

넷째, 수업계획은 수업자 자신의 자질, 능력, 선호하는 수업방법 등을 고려하여 이루어져야 한다.

다섯째, 수업과 관련하여 수업의 양, 학습활동을 할 공간과 장소, 교수 · 학습자료, 시설, 예산, 안전, 이동의 문제, 부모의 참여 등을 포함하여 현실적인 여러 가지 여건이 고려되어야 한다.

Paragraph 02 수업과정과 수업단계

교육에서 가르치는 일을 가장 보편적으로 사용하는 말은 교수와 수업이라는 용어이다. 교수와 수업이라는 용어는 일반적으로 거의 같은 의미로 사용되고 있지만 학자에 따라 그 개념을 달리 설명하기도 한다. 교수는 광의의 개념으로 수업을 포함해서 교사가 교육적 의도를 가지고 하는 일제의 활동이라고 정의하며(Gagne, 1965), 협의의 개념으로는 교사가 학생과 얼굴을 대하고 직접적으로 지도하는 것으로 보는 것으로 이때 교수는 학습자의 학습목표 달성을 위한 교사의 가르침을 전제로 한다. 교수에 비해 수업은 학습자가 특정한 조건에서 특정한 행동을 할 수 있도록 학습자의 환경을 조정하는 과정이라고 정의한다(Corey, 1971). 이러한 교수와 수업의 정의에서 보면 교수와 수업은 학습이 일어나도록 하는 목적성 측면에서는 공통성이 있지만 교수는 교사 주도적인 의미가 강한 반면에 수업은 학습자의 학습이 좀 더 부각되는 특징을 가진다.

수업과정은 수업의 시작에서 끝까지의 흐름을 의미한다. 수업과정은 여러 가지 과정이 있을 수 있으나 학습의 주체인 학습자의 학습과정에 따르는 과정과 교재의 내용에 따라 교사가 중심이 되어서 지식과 이해를 중심으로 수업을 전개하는 과정으로 구분할 수 있다(윤광보, 2010). 그러므로 수업은 학습자가 스스로 사고하도록 하는 것과 교사가 가르쳐서 알도록 하는 것이 유기적으로 구조화되어야 학습자의 학습이 용이하게 이루어진다고 할 수 있다.

1. 수업과정

수업과정은 교사가 실제로 수업을 전개하여 학습자가 학습목표를 향해 나갈 수 있도록 지원해주는 실천적 과정이다. 따라서 수업의 과정은 교과의 성격이나 특성에 따라 수업모형과 형태가 달라지며, 이는 수업과정에 영향을 미칠 수 있다. 수업의 과정은 헤르바르트(Herbart)의 교수단계설에 의해 체계화되었다. 헤르바르트(Herbart)는 수업의 과정을 예비, 제시, 비교(연합), 총괄(일반화), 응용의 5단계로 나누어 각 단계를 다음과 같이 설명하고 있다. 첫째, 준비는 새로운 학습주제에 학습자의 흥미를 유발시키기 위해 새로운 교육 자료를 이전의 학습자의 관념과 기억에 연관시키는 단계이다. 둘째, 제시는 실제 경험을 통하여 구체적인 대상에 새로운 교육자료를 제시하는 단계이다. 셋째, 연합은 학습자에게 새로운 관념을 심어주기 위해 이전의 관념과 비교하여 유사점과 차이점을 밝혀 새로운 관념을 동화시키는 단계이다. 넷째, 총괄은 학습자에게 인식 수준을 넘어 전신능력을 계발하는 단계이다. 끝으로 응용은 학습자가 학습내용을 정신능력으로 축적하여 새로운 지식에 적용하는 단계이다.

한편, 가네(Gagné)는 다양한 학습 상황에서 의도한 학습성과를 이루기 위해서는 학습자의 내적인 조건에 맞추어 외적인 조건을 충족시켜야 한다고 주장하면서 학습자의 내적인 측면을 학습과정에 비추어 수업과정을 9단계로 제안하고 있다. 가네는 학생의 내적 학습과정을 주의집중, 기대, 기억으로부터의 재생, 선택적 지각, 정보의 저장, 재생과 반응, 강화, 자극에 의한 재생, 일반화의 과정으로 구분하여 설명하고 있다. 이러한 9가지 과정은 모든 종류의 학습결과 혹은 능력을 학습하는데 적용되지만 수업과정의 순서는 고정된 것이라기보다는 교수목표에 따라 어느 정도 유동성 있는 것으로 이해되어야 한다. 그리고 경우에 따라서는 몇 단계가 생략될 수도 있다. 이처럼 여러 학자들마다 수업의 과정을 다르게 설정하고 있어 누구의 이론이 바람직하다고 평가할 수 없을 것이다.

최근에는 일반적으로 수업과정을 주로 도입, 전개, 정리의 3단계로 구분하고 있다. 수업과정을 간단하게 표로 제시하면 〈표 12-1〉와 같다.

표 12-1 수업과정

수업과정			
일 반	헤르바르트 (Herbert)	가네(Gagné)	
		내적 학습과정	외적 교수활동
도 입	예비 제시	· 주의집중 · 기대 · 기억으로부터의 재생	· 학습자의 주의를 획득하기 · 학습목표를 제시하기 · 선행학습을 점검하기
전 개	비교(연합) 총괄(일반화)	· 선택적 지각 · 정보의 저장 · 재생과 반응 · 강화	· 수업 내용을 제시하기 · 학습 안내하기 · 연습 기회를 제공하기 · 피드백 제공하기
정 리	응용	· 자극에 의한 재생 · 일반화	· 학습자의 수행정도 평가하기 · 파지와 전이를 높이기

2. 교사 주도의 수업단계

(1) 도입단계

도입단계는 본시수업이 시작되는 단계로 비교적 짧은 시간에 이루어진다. 수업상황에 따라 약간 차이는 있지만 40분을 기준으로 할 때 대략 5분 정도가 적절하다. 이 단계의 목적은 학생의 흥미, 관심을 유도하고 학습할 과제를 분명하게 제시하는 것이다. 따라서 이 시기에는 무엇보다도 학습자의 주의를 집중시키고 동기를 유발하는 것이 가장 중요하다. 그리고 도입단계에서 가장 중요한 활동은 학습자에게 본시수업에서 달성해야 할 목표를 명확하게 제시하는 것이다. 다양한 동기유발이나 선수학습 상기와 같은 활동을 통해 학생으로 하여금 학습하고 싶은 기대감이 형성되도록 하여야 한다. 수업환경 및 수업분위기의 조성, 학습동기의 유발 및 지속, 전시학습 내용 및 주제와 관련된 경험 상기 등의 활동이 이루어진다(박인학, 2002).

(2) 전개단계

전개단계는 학생들이 학습과제에 접근할 수 있도록 수업내용을 체계적이고 논리적으로 전개해 가는 단계로 실제 학습을 안내하는 중심활동에 해당한다. 실제수업 시간의 60~70% 정도를 주로 이 단계에서 사용한다. 전개단계는 학습자들의 적극적인 수업 참여를 위해 완전학습이나 개별화 학습, 그리고 팀 학습을 하는 데 매우 중요한 단계이다. 전개단계는 학습과제의 내용을 학습자에게 제시할 뿐만 아니라 다양한 수업방법을 적용하여 수업목표 달성을 위해 최적의 교수-학습 활동이 전개된다.

이 단계는 수업의 중심활동으로 도입과 정리단계의 활동을 연결하는 다리 역할을 한다. 실제로 본시 수업의 대부분은 주로 이 전개단계에 해당되며, 교사는 수업목표를 달성하기 위해여 학생들에게 학습내용을 설명하거나 시범을 보이며, 학습목표를 달성하는데 도움이 되는 다양한 학습 자료를 제시한다.

(3) 정리단계

정리단계는 수업과정의 마지막 단계로서 수업내용 중 중요한 점을 강조하여 요약하며, 수업목표와 관련지어 수업을 정리하는 단계이다. 정리단계는 학습목표를 달성했는지 여부를 판단하고 그에 따른 후속 학습 대책을 세우는 결정적인 역할을 하게 된다. 정리단계는 목표 달성 여부를 판단하는 형성평가가 이루어져야 한다. 이 형성평가는 학습자가 학습내용을 얼마만큼 이해했느냐를 가늠하는 것이기에 차시 수업준비에도 영향을 미치며 학습자가 학습내용을 이해하지 못한 상태라면 결손학습이 누적되어 발생할 가능성이 크다. 교사는 시간 관리를 잘하여 반드시 정리단계에서 학습내용을 정리하고 요약할 수 있는 기회를 부여해야 할 것이다. 마지막으로 다음시간에 학습할 내용이나 주제를 이번 수업시간에 배운 것과 관련지어 안내한다. 이렇게 함으로써 학습의 계열성을 유지하고, 다음 수업에 대한 학습자의 준비와 기대효과도 유도할 수 있다.

3. 학생 중심의 수업단계

(1) 주의집중 및 동기유발 하기

학습자의 학습과정의 첫 단계가 주의집중이기 때문에 수업의 첫 단계에서는 학습자의 주의를 집중시키는 활동을 해야 한다. 수업은 교사가 일방적으로 교육내용을 전달하는 것은 아니다. 그러므로 학습자에게 수업에 대한 관심을 촉발시키고 흥미를 높이는 것은 학업성취도를 향상시킨다는 차원에서 중요하다. 일반적으로 개인이 어떤 목표를 성취했을 때 보상을 예상하는 것을 기대라고 하며, 그 기대가 발생될 때 학습자의 동기가 유발된다. 따라서 실제 교사는 학습자의 동기유발 전략에 많은 시간을 할애 할 필요가 있다. 학습 동기를 유발하기 위한 내용은 다음과 같다(변영계 · 김영환, 1996).

첫째, 학습자들에게 주어진 수업목표를 달성했을 때 그들이 할 수 있게 되는 것이 무엇인지 설명한다. 학생들은 수업의 도입단계에서 자신이 그 수업을 성공적으로 참여했을 때 무엇을 할 수 있게 되는가를 분명히 알아야만 성취동기가 발생한다.

둘째, 학습과제와 관련이 있는 예화나 경험담을 들려주어 학습자의 관심을 유도하는 방법이다. 학습과제와 관련된 현장의 사례 혹은 역사적 예화, 일상생활의 경험 등을 들려줌으로써 학습자가 습득해야 할 학습과제를 자연스럽게 연결해준다.

셋째, 학습과제를 설명하거나 표현해주는 시청각 자료들을 사용하여 주의를 집중시키는 방법이다. 학습해야 할 문제상황을 담고 있는 사진, 녹음자료, 프리젠테이션, 인터넷 자료 등을 보여 줌으로써 학습자의 호기심을 자극하고 시선을 모은다.

(2) 공부할 문제 제시하기

공부할 문제는 '학습자가 학습목표를 도달하기 위해 이 시간에 해결해야 할 문제'로서 본시의 학습목표를 학습자에게 문제로 제시하는 것이다. 따라서 교사는 학생들의 특성과 요구, 수준 등을 고려하여 학생들이 흥미를 가지고 학습활동에 적극적으로 참여할 수 있도록 공부할 문제를 제시해야 한다. 즉, 학습목표는 교사와 학생이 미리 알고 있는 내용으로서 이 시간 동안 서로 노력해서 달성해야 할 도달점이며, 공부할 문제는 해결해야 할 문제만을 알고 있고, 그 문제를 해결하는 방법과 절차, 해결 후의 결과 등은 모르는 상태에서 학습자가 가지고 있는 경험, 지식, 기능 등을 활용하여 해결해야 할 문제이다. 따라서 공부할 문제는 학생 개인별 발달 수준, 학습 특성 및 수준, 현재의 학습 환경, 등에 적합하게 진술되어야 하며, 보통 의문형이나 권유형으로 진술된다.

(3) 선행학습 점검

이 단계는 본 수업 시간에 공부할 내용과 관련이 있는 선행지식이나 기능을 회상하도록 하는 단계이다. 일반적으로 수업에서 새로운 것을 가르친다고 하지만 거의 대부분 완전히 새로운 것이 아니라 기존의 학습과 관련이 있는 내용들인 경우가 많다. 어떤 새로운 학습이 일어나기 전 본시수업에서 또 하나의 사태를 마련해야 한다. 그것은 본시수업에서 다룰 학습과제와 관련이 있는 과거의 학습경험들을 회상시키거나 재생시켜 주는 일이다. 그것은 이전에 배운 항목들의 인출을 자극하는 것이다. 이전에 학습한 여러 가지 능력이 학습자의 기억에서 손쉽게 활용될 수 있도록 해주어야 한다. 이전에 학습한 내용의 인출은 곧 본시 학습에서 이루어질 학습과제를 해결하고 이해하는 데 많은 도움을 주게 된다. 따라서 교사가 도입단계에서 선행학습을 재생 자극하는 데 유의해야 한다.

(4) 학습자료 제시

이 단계는 본 수업 시간에 학습할 학습자료 즉, 교재의 내용이나 관련 자료를 학생들에게 제시하여 학습자가 학습할 내용을 지각하도록 하는 단계이다. 다시 말해 실제로 수업할 내용을 학생들에게 전달하는 것으로 여기에는 다양한 방법들이 활용된다. 일반적으로 새로운 것을 가르치는데 사용되는 제시는 언어적 제시와 시범을 통한 제시, 언어와 시범을 함께 사용하는 제시 방법 등이 있다(Anderson & Faust, 1973).

학습자료 제시는 학습해야 할 내용에 따라 혹은 학습 대상에 따라 달라져야 한다. 예를 들어, 언어정보를 습득하려면 그 자극은 인쇄된 교재이거나 청각적인 메시지일 수도 있다. 또한 지적기능을 가르치려면, 프레젠테이션이나 시범을 통해서도 가능하다. 이와 같이 자료 제시는 학습목표를 달성하는 데 도움이 되는 다양한 프로그램이나 매체들을 포함한다. 여기에는 인쇄 자료, 시청각 자료, 컴퓨터 보조 수업자료 등 여러 가지를 활용할 수 있다. 과거의 수업매체는 수업을 보조하는 역할을 하였으나 최근에는 정보 통신의 발달로 수업을 주도하는 주체로 바뀌어 가고 있다. 학습자료 제시하기에서 유의할 점은 학습자료의 계열성을 고려하지 않은 수업 전개는 자칫하면 주위를 산만하게 만들고 때로는 역효과를 초래한다는 점이다.

(5) 학습안내 제공

이 단계는 학습자에게 학습이 일어나서 새로운 정보가 저장되도록 학습자의 학습을 안내하는 단계로서 앞서 제시한 자극을 보다 의미 있게 만들려는 노력을 하게 된다. 학습내용을 학습자들에게 제시하기 위해서 교사가 생각해야 할 일은 어떤 순서로 제시할 것인가의 문제이며 학습방법의 적용 문제이다. 학습내용을 제공하는 것은 교사가 학습자에게 정답을 가르쳐 주는 것이 아니라 오히려 하위 개념이나 법칙을 적절하게 결합시켜 새로운 법칙들을 발견하도록 유도하는 사고방식을 의미한다. 이것은 의도하는 특정 유형의 학습결과와 학습자에 따라서 내용이 달라질 수 있다. 예를 들어, 발견학습을 수행할 경우 우수한 학습자에게는 교사가 최소한의 안내를 하거나 안내를 전혀 하지 않은 채 하는 것이 바람직할 것이다. 또한 능력이 부족한 학습자에게 학습을 안내할 때는 답을 직접 말하지는 않지만 보다 많은 단서를 제시해 주어야 할 것이다. 다음은 이에 관련된 몇 가지 방법을 소개하고자 한다.

첫째, 학습방법은 학습자들의 선행학습 수준, 개인차, 학습 환경 등을 충분히 고려하여 학습자가 수업에 참여할 수 있는 교수방법이 적용되어야 한다. 이는 학습내용을 학습자를 고려해서 조직하고 계열화하고 진행해야 한다는 의미이다. 이와 같이 언어 선택, 학습 방식, 학습량의 깊이와 폭 등을 전반적으로 고려하여야 한다.

둘째, 학습과제의 분석표를 기초로 하여 가장 기초적인 학습과제부터 시작하여 점진적으로 수준이 있는 학습과제에 이르기까지 순차적으로 제시해야 한다.

셋째, 주어진 학습목표를 성취하기 위하여 학습해야 할 내용과 예시를 선정하여 계획하는 일이다. 학습자들이 학습내용을 보다 쉽게 이해하도록 하기 위해서 가르칠 개념이나 원리에 해당하는 예시를 선정하여 적당한 때에 제시해 주어야 한다.

(6) 학습자의 수행 유도

이 단계는 학습자가 특정 능력을 습득했는지를 확인하기 위해서 학습자에게 해당되는 행동을 수행하도록 요구하는 단계다. 즉 학습자가 새로운 내용을 학습했는지를 교사가 확인하는 기회이며, 학습자 스스로도 그것을 확인해 보는 기회이다. 수업과정에서 의도하는 학습이 일어나고 있는지를 학습자 자신이나 교사 또는 다른 사람들이 확인하는 것은 중요하다. 일반적으로 교사는 학습자에게 먼저 제공한 학습 지침을 통해서 그들이 배워 습득한 것을 실제로 해 보이도록 요구한다. 이렇게 함으로써 교사는 학습자가 학습목표의 성취에 좀 더 접근할 수 있도록 유도하며 참여를 독려한다. 수행 방식은 학습내용의 난이도와 학습자의 수준, 학습 환경, 상황 등에 따라 다양한 방법이 적용될 수 있다. 학습자의 참여를 유도하는데 있어 고려할 점을 제시하면 다음과 같다(권순황, 2008).

첫째, 학습자의 생각과 의견을 상호 교환하는 방식으로 토론의 기회를 충분히 마련하여야 한다.

둘째, 학습자에게 완전학습 측면에서 학습과제를 부과하는 것이다. 단순 지적 영역뿐 아니라 기술 또는 태도 영역까지도 생각해 볼 수 있다. 이러한 과제제시는 학습자 사이에 또래 교수가 가능하게 할 수 있다는 관점에서 학습자를 적극적으로 참여시킬 수 있다.

셋째, 학습자는 수업시간에 공책 정리를 함으로써 주요 학습내용에 주의집중을 하게 되며, 이는 학습을 강화시키는 역할을 한다.

넷째, 학습자가 그들이 학습한 내용을 구두로 발표하고 대답할 수 있는 기회를 많이 부여함으로써 수업으로의 적극적인 참여를 이끌어낼 수 있다.

(7) 피드백 제공

이 단계는 학습자가 나타내는 일련의 성취행동의 결과를 확인하고 교정하거나 강화하여 학습행동을 조절하는 단계로서 대부분의 피드백은 즉각적이며 자동적으로 주어진다. 이것이 학생이 나타내는 학습행동을 확인하고, 그에 대해 적절한 정보를 제공하는 것이다. 피드백은 교사가 수업활동에서 쉽게 사용하는 교수 전략이다. 피드백은 주어진 상황에서 대상학생에게 기대하는 기준 즉 수행 준거를 기억하게 하고 그 기준에 비교해서 얼마나 잘 하고 있는지를 알려주는 것이다(신현기, 2004). 학생들에게 피드백을 제공해줌으로써 학생 스스로 자신의 학습활동이나 행동을 성찰해볼 수 있는 기회를 제공하고, 자신이 무엇을 정확하게 알고 있는 것과 모르는 것을 구별하게 된다. 또한 교사는 수업내용과 활동에 따라 개인별 또는 소집단, 학급 전체를 대상으로 학습활동을 평가하거나 피드백을 제공한다.

(8) 수행평가

이 단계에서는 학습목표의 달성도를 평가하는 것으로 새로운 학습이 어느 정도로 안정적이고 신뢰성 있게 이루어졌는지를 평가하여 확인하는 단계이다. 학생의 수행 정도의 평가는 목표 달성도에 대한 정확한 평가를 목적으로 하지만 연습의 기회를 한 번 더 제공하는 효과도 있으며, 시험이나 퀴즈, 혹은 간단한 질문을 통해서 이루어진다.

하지만 장애학생의 경우 실패를 회피하기 위해 학습은 되었지만 행동으로 표출하지 않는 경우도 있으며, 잘하는 것만 하려는 경향이 있어 개인이 가지고 있는 능력 수준보다 수행 수준이 낮게 나타날 수 있다. 따라서 수행평가 시 실패에 대한 두려움을 제거하고 성공에 대한 기대감을 높이기 위해서는 의도적으로 실패가 일어나지 않는 평가를 계획할 필요가 있다. 이를 위해 평가에 대한 충분한 설명과 평가시간, 평가 장소, 평가 분위기 등을 조정하여 학습자가 자신감과 안정감을 가지고 평가에 응할 수 있도록 하며, 성공을 경험할 수 있도록 해야 한다.

(9) 파지와 전이의 향상

이 단계는 학습자가 학습한 것을 일반화할 수 있도록 배운 것을 학습자들의 파지와 전이를 강화하기 위한 활동을 하는 단계이다. 파지란 학습한 내용을 오랫동안 기억하고 있다가 이를 재생할 수 있는 능력을 말하며, 전이란 학습한 내용을 새로운 상황에 활용할 수 있는 능력을 말하는데 일반화를 위해서는 파지와 전이 능력이 필요하다. 따라서 교사는 평가 후에 일단 습득된 새로운 지식이나 태도 및 기능을 지속시키고 필요한 경우 재생하여 새로운 사태에 능동적으로 적용할 수 있도록 지도해야 한다.

파지와 관련하여 모든 과제와 기능에 있어서 반복, 부가적 설명, 추가적인 예시, 연습, 복습이 학습과 기억을 향상시키기 때문에 파지를 위해서는 수업을 마치는 단계에서 반드시 학습한 내용을 요약 · 정리하고 이를 실제와 관련지어 추가적으로 설명하며, 새로이 학습한 것을 주 단위나 월 단위로 일정한 간격을 두고서 복습하도록 하는 것이 바람직하다. 일반화는 학습자가 학습한 내용을 주변의 생활 문제에 적용해서 그 문제를 해결해 봄으로써 학습의 전이를 가져오고 생활화하는 것을 의미한다. 일반화는 연습의 효과와도 밀접한 관련이 있어 상호작용하는 가운데서 일반화의 수준을 높일 수 있다. 일반화를 위한 방법을 제시하면 다음과 같다(변영계 외, 1996).

첫째, 단순 암기나 단편적인 학습보다는 학습 요소나 내용들의 관계를 이해하고, 이에 관련된 문제사태를 해결할 수 있도록 학습하게 한다.

둘째, 학습한 내용을 실제 생활에 적용해 보는 기회를 반복적으로 제공한다.

셋째, 학습 직후에 학습한 주요내용을 요약 정리하게 한다.

Paragraph

03 학습 과제분석

체계적이고 효과적인 수업이 이루어지기 위해서는 각 교과 내용의 구조에 대한 분석과 학습과정의 구조에 대한 분석이 필요하다. 이러한 학습과정의 구조를 확인하기 위해 많이 사용되는 방법이 과제 분석적 접근법이다. 이 접근법은 특정 과제의 구성요소를 밝히고 그러한 구성 요소들이 수행되는 단계적인 절차를 기술하는 것이다. 이러한 접근법을 과제분석이라고도 한다. 효과적인 수업을 위한 핵심은 과제분석을 통해 지도할 내용을 밝히고 그러한 내용을 어떠한 절차와 방법으로 지도할 것인가를 확인하는 것이라고 할 수 있다.

1. 과제분석

모든 교과의 내용 영역에는 학습 단계가 존재한다. 과제분석은 이러한 학습 단계를 밝히는 것으로 분석된 교육내용과 학습과정을 결합하는 효과적인 방법이다. 가네(Gagné)는 어떤 단원의 최종적인 목표를 달성하기 위한 하위의 지적기능은 서로 관련되어 위계적 관계가 성립되는데, 이를 유출하여 체계화하는 것을 학습과제의 분석이라고 하고 있다.

과제분석(task analysis)은 복잡하거나 여러 단계로 이루어진 목표행동을 쉽게 가르칠 수 있는 하위과제로 나누는 것이다. 그리고 하위기술이나 하위과제는 일상적으로 행해지는 순서로 계열화하거나 또는 쉬운 하위 기술에 대하여 학생의 수행능력을 측정하는 것은 교수활동이 어떤 과제로 시작되어야 하는지를 정확하게 알게 해 준다(김진호 외, 2008).

교사가 학습 계획을 세울 때 학습내용을 구성하는 어떤 개념, 법칙, 원리를 가르칠 것인지를 구상하게 된다. 이를 학습 요소라고 하는데, 이러한 학습 요소들의 배열을 한 눈에 볼 수 있도록 체계화하고 구조화하여 수업 지도를 작성하는 것이 학습 과제분석이다.

이처럼 수업을 계획하는데 있어 과제분석을 실시해야 할 필요성을 살펴보면 다음과 같다(한국교육학술정보원, 2007).

첫째, 단원에서 가르칠 학습 요소가 무엇인지를 명백히 알 수 있다. 한 단원 안에 있는 학습 요소의 수는 일정하지 않으나 대개 경우는 10~20개 정도이다. 이와 같은 학습 요소를 추출함으로써 다음과 같이 가르칠 내용을 분명히 한다.

둘째, 학습 요소 간의 관련성을 밝혀낼 수 있다. 즉, 특수한 경우는 학습 요소들이 상호 관련을 맺지 않고 독립적으로 단원의 목표에 종속되어 있지만 이런 경우는 드물고 대부분의 경우는 상호 밀접히 관련되어 있으면서 위계화를 이루고 있다. 따라서 학습과제를 분석해 보면 무엇을 가르칠 것인지를 체계적으로 파악할 수 있다.

셋째, 학습의 순서를 밝혀낼 수 있다. 즉, 학습 위계를 밝히면 상위 지적기능과 하위 지적기능의 관계를 파악할 수 있다. 따라서 어떤 학습 요소를 먼저 가르치고 어떤 학습요소를 나중에 가르칠 지가 분명해진다.

넷째, 학습 요소의 누락이나 중복을 찾아낼 수 있다. 즉, 교재가 주어진 경우 교재에 포함된 학습과제를 분석하여 보면, 그 학습과제의 내용을 구성하는 중요한 학습 요소가 빠져 있거나 또는 중복되어 있음을 찾아낼 수 있다. 이런 경우에 교사는 반드시 이를 보완 또는 종합하여 가르칠 계획을 세울 수 있다.

다섯째, 형성평가의 기준을 마련할 수 있다. 즉, 형성평가의 목적은 학습과제의 숙달 정도를 결정하고 미숙한 요소를 찾아내어 이를 도달하게 하는 것이다. 그러므로 하나 또는 두 개의 학습과제를 가르친 후에 학습과제의 어느 요소가 학습자에게 숙달되지 못하였는지를 파악한 후 이를 다음 단계의 교수-학습 단계에 반영시킬 수 있다. 따라서 형성평가는 즉각적으로 수업을 교정하거나 학습 숙달 정도를 측정하는 목적으로 실시하는 절대 평가로서 형성평가를 실시함에 있어 반드시 과제분석이 이루어져야 한다.

여섯째, 필요한 선수학습능력이 무엇인지를 밝혀낼 수 있다. 즉, 새로운 과제를 학습하는데 필요한 선수학습능력이 무엇인지를 밝히고 이를 어느 정도 갖추고 있는지를 확인하고 처치하는 것은 수업과정의 성패를 좌우하는 것으로 중요하다. 따라서 이러한 과정을 거치지 않고 수업을 진행시키면 학습의 결과가 부정적으로 흐를 수 있다.

2. 과제분석의 유형

학습 과제분석은 학습목표의 도달에 필수적인 내용이나 정보를 밝힐 수 있기 때문에 지도 내용 및 학습과정을 확인하는 데 매우 유용하며 중요하다. 학습과제의 분석은 그 단원이나 교과의 성격에 따라 위계 분석, 군집 분석, 시간 · 기능별 분석, 통합분석 등으로 나눌 수 있다.

(1) 위계 분석

위계분석은 학습내용의 위계가 분명할 때 주로 사용하는 방법으로 학습과제가 지적 영역일 경우에 사용될 수 있는 분석법의 하나이다. 즉, 하나의 학습과제나 학습 요소는 독립적으로 존재하는 것이 아니라 다른 학습 요소와 종적으로 연결되어 위계적 조직을 이루고 있다는 가정 속에서 이 방법을 쓰게 된다. 특히, 연산 등과 같은 수학교과에서 많이 활용될 수 있을 것이다.

(2) 군집 분석

군집분석은 하위 학습 요소들이 비교적 평면적인 형태를 이루고 있다는 가정에서 어떤 내용으로 구성되어 있는가에 관심을 가지고 각 요소들 간에 관계를 규명하는 방법으로서 사회과에 주로 활용할 수 있다. 즉, 학습목표에 포함된 주요 정보의 유목을 확인하는 방법으로 학습과제의 내용적인 측면을 더 세부적으로 분석하고 이를 가르치는 순서에 따라 조직하는 것으로 정의적 영역이거나 지적인 영역이라도 위계구조가 분명하지 않은 경우에 적합하다.

(3) 시간 · 기능별 분석

시간 · 기능별 분석은 실제로 작업이 수행되어 가는 과정에 따라 분석하고 각 활동이나 기능들이 일어나는 순서에 따라 조직하고 배열하는 방법으로서 운동 및 기능 영역에 주로 활용된다. 예를 들어 야구의 타격하는 동작이나 배드민턴의 서브를 넣는 동작을 느린 동작으로 보면서 그것을 연습하는 것과 유사한 방법이다. 시간 · 기능별 분석은 주어진 학습과제를 수행하기 위하여 필요한 일련의 하위 과제들을 작업이 수행되는 과정이나 기능에 따라 관계를 규정하는 것이다.

(4) 결합 분석

결합 분석은 목표가 여러 영역의 기능이 학습되어야 할 때 활용되는 방법으로 주로 태도영역의 내용을 분석할 때 활용된다. 태도 학습의 목표를 달성하기 위해서는 지적기능의 목표와 언어영역의 목표, 때로는 운동기능영역의 목표가 함께 학습될 필요가 있다. 예를 들어, '바르게 인사하기'가 수업목표인 경우, 인사를 해야 하는 이유를 알고, 그러한 인사를 바르게 하는 기능을 익힌 다음, 인사하는 태도를 길러야 하는 것이다. 때문에 태도와 관련된 학습과제들은 여러 가지 분석법을 결합한 분석이 이루어진다.

3. 학습 과제분석의 절차

과제분석에 의해 분석된 하위기능과 하위 개념들은 필요에 따라 계속적으로 분석해 내려갈 수 있다. 과제분석을 어느 수준까지 해야 하는 가의 문제는 분석된 기능을 학습자가 할 수 있는 수준이 될 때까지다. 과제분석을 계속적으로 하게 되면 학생의 출발점 행동의 부분이 되는 하위 기능 혹은 하위 개념에 이르게 된다. 그러므로 과제분석은 학생이 출발점 행동 수준에서부터 종착점 행동인 목표에 도달하기 위해서 습득하지 않으면 안 되는 중간 행동들을 발견해 내는 과정이라고 할 수 있다.

(1) 학습과제의 구조

학습과제를 분석하려면 먼저 학습과제에는 어떤 구조가 있는지를 알아야 한다. 학습과제의 구조는 학습 과제분석 결과에 따라 분명하게 명세화 할 수 있다. 이러한 학습과제의 구조를 블룸(Bloom)은 [그림 12−2]와 같이 구분하고 있다.

그림 12-2 학습과제의 구조도

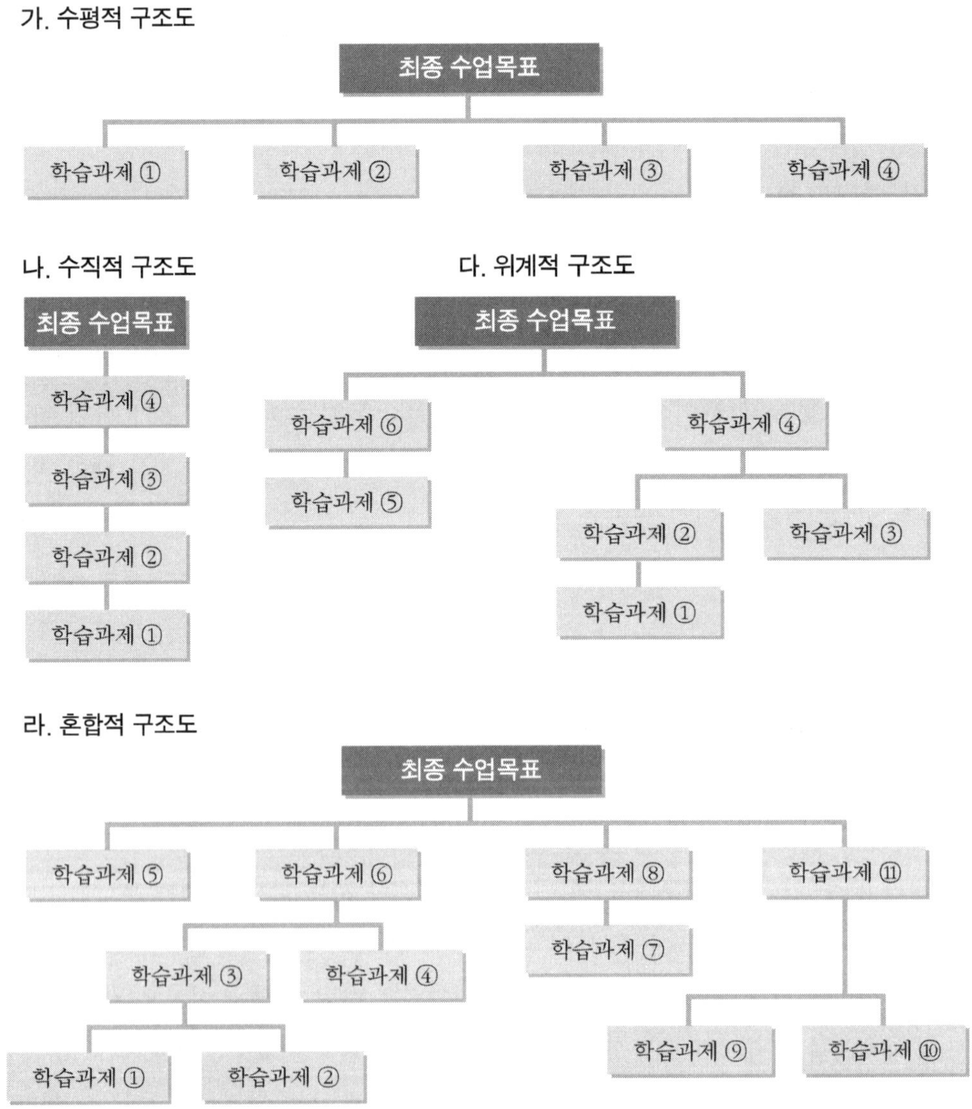

(2) 과제분석의 절차

학습과제의 유형은 특정 학습과제가 어떤 구조를 가졌느냐에 따라 달라진다. 각 교과는 나름의 고유한 구조를 가지고 있다. 따라서 교과 및 단원에 따라 학습과제 유형은 각 교과에 따라 각기 다르게 나타난다. 일반적인 학습 과제분석의 절차는 다음과 같다.

첫째, 최종 수업목표를 확인하고 진술한다. 학습과제는 특정 단원의 최종 목표를 달성하기 위한 위계성을 이루는 하위 지적기능이기 때문에 학습 과제분석에서 먼저 해야 할 일이 최종 목표를 확인하고 이를 문장화하는 일이다. 이때 가능한 한 세분화된 목표로 진술하는 것이 좋다. 즉, 특정 단원의 학습이 끝난 후 학습자는 무엇을 할 수 있는가를 제3자에게 보일 수 있을 정도로 명백하게 학습과제를 분석한다.

둘째, 학습과제에서 학습 요소를 추출한다. 수업의 최종 목표가 확인되면 이 목표를 달성하기 위하여 학습해야 할 요소나 목적에는 어떤 것이 있는지를 찾아낸다. 수업의 최종 목표 달성을 위하여 반드시 알아야 할 직접적인 요소가 무엇인지를 찾아내고, 그 요소를 학습하기 위하여 반드시 학습해야 할 하위 요소에는 어떤 것이 있는지를 명확하게 찾는다. 이와 같이 학습요소는 하향식 형식을 취하게 되는데 유의할 점은 완전성과 세밀화의 정도의 문제이다. 먼저, 완전성이라 함은 최종 목표 달성에 필요한 모든 학습 요소나 종목이 모두 포함되어야 하며 누락이나 중복이 있어서는 안 된다. 반면, 세밀화의 정도는 학습 요소의 단위를 어느 정도 작게 잡느냐 하는 문제이다. 단위를 너무 크게 잡으면 과제분석의 뜻이 상실되고 너무 작게 잡으면 수업을 단편화시킬 우려가 있다.

셋째, 학습 요소의 구조도를 작성한다. 학습 요소들이 어떻게 관련되어 있으며 어떤 위계화를 가지는 지를 확인한다. 학습과제에는 학습요소들이 관련되어 위계화를 지니고 있는 유형도 있고 학습요소 하나하나가 독립적으로 최종목표와 연결되어 있는 유형도 있지만 학습과제를 분석함에 있어서는 일단 관련성과 위계화가 있음을 가정해야 한다. 그리하여 전 단계에서 한 학습요소들을 관련시키며 위계적 관계로 배열을 하여 '수업지도'를 작성하도록 한다.

넷째, 학습요소들의 수업순서를 정한다. 학습 요소의 구조도가 작성되면 학습요소들의 대강 수업순서는 정해진다. 즉, 최종목표에 근접한 학습요소일수록 나중에 수업할 요소이며 가장 하위에 있는 학습요소일수록 먼저 가르쳐야 한다. 그러나 같은 수준의 학습 요소는 어떤 것을 먼저 가르쳐야 할지 막연할 수가 있다. 그렇기 때문에 수업지도에 포함된 학습 요소에 대하여 수업의 순서를 [그림 12-2]와 같이 번호로 표시한다.

Paragraph 04 수업 지도안 작성의 실제

수업 지도안은 수업단계에 따라 수업자료 및 전략, 학습내용, 평가, 피드백, 그리고 각 단계별로 예상되는 학생활동을 체계화한 수업설계도이다. 시간이나 자원낭비 없이 최적의 수업환경 및 수업자료를 구축하고 학생 수준에 적합한 수업을 수행하는데 도움을 주는 도구이다(김경희 · 조연순, 2008). 수업 지도안은 학습지도를 효과적으로 이끌기 위해 실제수업의 시안을 말하는 것으로(함종규, 1983), 수업을 실시할 때 사용될 수 있도록 계획되어 간단명료하고 융통성 있게 작성된 교수자 보조물을 의미한다.

따라서 좋은 수업계획안이 반드시 좋은 성과를 달성할 수 있는 것은 아니지만, 수업계획을 보다 잘 작성한다는 것은 좋은 수업을 하기 위한 철저한 준비 과정이며 전제 조건일 수도 있다. 그러므로 교사는 좋은 수업 지도안을 작성하는 데 많은 관심과 노력을 기울임으로써 학습자에게 더 효과적이고, 효율적이며, 매력적인 수업을 할 수 있을 것이다.

1. 수업 지도안 작성의 원리

수업 지도안은 학생들에게 가르칠 내용을 어떤 방법으로 어떻게 지도하겠다는 하나의 구체적인 계획서이다. 따라서 계획이 잘못되었다면 학생의 학습 역시 잘못될 수밖에 없다. 일부 학자들은 수업 지도안이 교사와 학생간의 자유로운 학습활동을 억제해 수업이 형식화될 수 있음을 강조하면서 수업 지도안 작성에 대해 부정적인 견해를 내 놓기도 한다. 하지만 이러한 부정적 견해에도 불구하고 수업 지도안이 성공적인 수업을 위한 가장 중요한 요소로 인정받고 있는 데는 다음과 같은 이유가 있다(권순황, 2008; 정용부 · 오성숙, 2007).

첫째, 수업 지도안은 교사에게 교육과정의 내용을 탐색하게 하는 좋은 기회를 제공한다.

둘째, 수업 지도안은 수업의 방향 및 목표, 활동 내용, 활동방법 등을 자세하게 안내해주는 나침반과 같은 역할을 한다.

셋째, 수업 지도안은 학습경험의 제시순서와 계열을 안내한다.

넷째, 수업 지도안은 교사의 지도활동과 학습자의 학습활동을 예측하고 안내하는 지침서가 된다.

다섯째, 수업 지도안은 학습자의 학습목표 달성도를 평가할 수 있는 평가척도로서의 역할을 한다.

여섯째, 수업 지도안은 교사의 교수방법을 개선하는데 도움을 주어 궁극적으로 수업의 효과성과 효율성을 제고하는데 기여한다.

이처럼 수업 지도안은 수업의 방향과 흐름을 제시해주는 지침서이자 나침반과 같은 역할을 하기 때문에 교사는 좋은 수업 지도안을 작성하기 위해 노력해야 한다. 따라서 학생들이 학습목표에 성공적으로 도달할 수 있도록 다음과 같은 중요한 원리들을 반드시 기억하고 있어야 할 것이다(오세웅, 2009).

첫째, 수업계획은 교육목적을 반영한다. 국가수준의 교육과정, 학교교육목표, 지역사회의 목표 등과 관련시켜 일관성 있는 목표달성을 위한 계획을 마련해야 할 것이다.

둘째, 수업계획은 학생의 개인적 · 사회적 필요성에 연관되도록 구성되어야 한다. 교사는 의미 없는 학습을 억지로 시키려고 하지 말고 의미 있는 학습을 스스로 할 수 있도록 계획을 구성하는 것이 필요하다.

셋째, 수업 계획은 될 수 있는 내로 각 교과간의 관련을 고려해야 한다. 교과간의 관련이 불충분하면 학생들의 학습활동이 단편적이 되거나 공간이 생겨 무리한 중복이 있게 된다. 따라서 교과의 교재배열이나 학습하는 단원의 구성에 있어서 될 수 있는 대로 서로 관련을 지어야 할 것이다.

넷째, 수업 계획은 학생의 생활경험의 발전에 계기가 될 만한 것을 예상하고 이것을 계획 속에 끌어들여야 한다. 학생의 생활은 여러 가지 조건에 따라 발전되어 간다고 할 수 있다. 어떠한 기회에 어떤 생활경험이 발전되어 가는지를 예상하고 계획하는 것이 좋은 계획을 세우는데 빼 놓을 수 없는 일이다.

다섯째, 수업 계획은 융통성을 지닌 것이어야 한다. 수업과정은 획일적인 계획에 따라 이루어지는 것이 아니고 학습과정에서 학생의 요구나 태도에 따라서 지도방향을 융통성 있게 이끌어감으로써 학생이 주체적이고 자주적으로 활발하게 전개할 수 있게 하여야 한다.

여섯째, 수업계획은 계속성이 유지되어야 한다. 학습의 종적인 관련성에 의하면 어떤 학습목표가 학습자의 행동 속에 실현되기 위해서는 상당한 기간을 두고 그 개념이 계속 재확인되고 반복되어야만 학습자의 인성 속에 깊이 숨어들고 행동의 중요한 특징의 하나가 되는 것이다. 따라서 학습활동의 계속성은 지적 학습뿐만 아니라 태도와 기능 학습에서도 중시되어야 할 것이다.

2. 수업 지도안의 형식

수업 지도안은 교재의 특성이나 학생의 요구, 교사의 의도가 다를 수 있기 때문에 일정한 형식은 없다고 보아야 할 것이다. 그러므로 수업 지도안은 수업의 내용이나 지도방법에 따라 창의적으로 작성하면 된다. 그러나 수업 지도안이 수업자에게는 수업의 가설이 되며 참관자에게는 수업을 위한 귀중한 안내서가 된다는 점을 고려한다면, 어떤 수업 지도안이든지 중요한 몇 가지의 요건만은 체계적으로 갖추어야 할 것으로 본다.

다음은 수업 지도안의 일반적인 형식을 나타낸 것으로 〈표 12-2〉와 같다.

표 12-2 수업 지도안의 예

○○과 수업 지도안

1. 단원
2. 단원의 개관
3. 단원의 목표
4. 단원의 지도계획
5. 지도상의 유의점
6. 단원의 평가계획
7. 본시 수업 지도안
   1) 학습주제
   2) 차시 및 시간
   3) 본시의 목표
   4) 교수-학습활동 과정
   5) 형성평가 계획
   6) 판서계획
   7) 기타 활동 및 참고자료

3. 수업 지도안 작성의 실제

수업 지도안의 작성을 위한 사전 계획은 단원의 지도계획을 먼저 작성한 다음 매 수업시간별 지도계획을 작성해야 한다. 그리고 매 수업시간별로 수업목표에 달성될 수 있도록 준비해야 하며, 지도안은 세안 또는 시안으로 작성할 것인가를 결정하여 작성한다.

수업 지도안은 정형화된 양식이 없다. 현장에서 사용되는 수업 지도안은 교사와 교과목, 학교에 따라 조금씩은 차이가 있다. 그러므로 단위 수업에 맞는 방식을 융통성 있게 수정하여 사용하는 것이 바람직하다.

(1) 단원명

단원명은 학습해야 할 학습내용의 학습 단락이다. 단원은 교수-학습과정에서 과제를 해결하는 데 필요한 학습내용 및 경험을 조직해 놓은 요소이다. 단원명은 교과서나 교사용 지도서에 명시되어 있기 때문에 통상적인 수업 지도안을 작성할 때는 교과서의 단원명을 그대로 사용하는 것이 바람직하다. 그러나 교과서의 단원을 학교나 학생의 실태에 맞추어 재구성하거나 단원의 성격에 맞추어 단원명을 새롭게 진술해야 할 경우도 있다. 그러므로 단원명은 단원의 성격을 가장 잘 나타낼 수 있는 이름으로 진술해야 한다. 즉, 누구나 단원명을 읽고 무엇을 학습하는 단원인가를 유추할 수 있어야 한다. 이러한 단원명을 진술하는 방식은 단원의 성격에 따라 다음과 같다(윤광보, 2010).

첫째, 일반적이고 대표적인 주요한 제목형태로 진술한다. 이것은 가장 보편적인 방식으로 예를 들면 '교통발달과 문명의 진보'와 같은 형식이다.

둘째, 중요한 원리, 개념, 사실을 대표하는 문장으로 진술한다. 이러한 예는 과학 교과의 단원에서 사용되는 '물을 끓이면 수증기가 된다.' 등이다.

셋째, 학생들이 알고 싶어 하는 중요한 문제를 의문문으로 진술한다. 학생들이 가지고 있는 의문을 단원명으로 하여 학생들로 하여금 탐구심을 유발하는데 효과적인 것으로 예를 들면 '달나라에는 생물이 살고 있을까?' 등으로 표현한다.

넷째, 중요한 사회 문제를 표시하는 의문문으로 진술한다. 이러한 형식에는 우리 사회에 쟁점이 되고 있는 사항 즉, 인구문제 실업문제, 환경보호 등과 같은 문제를 해결할 수 있는 방안을 모색하기 위한 것이다.

다섯째, 작업 및 활동 이름을 나타내는 제목형태로 진술한다. 이러한 형식의 예는 '화단 가꾸기', '모자 만들기' 등이다.

(2) 단원의 개관

단원의 개관은 이 단원에서 무엇을 누구에게 어떻게 가르칠 것인가에 대한 이해와 판단의 근거를 제시한다. 따라서 단원의 개관에서는 단원을 학습하는 동안 학습자에게 어떤 도움이나 변화를 주는가에 대해 기술해야 한다. 이러한 것들은 교육과정이나 교사용 지도서 등에 설명되어 있으므로 교사들은 이것들을 참고로 해서 학급의 실정과 학생의 실태 등을 고려하여 분명하게 이해해야 한다. 이처럼 단원의 개관은 교사의 교육철학과 밀접한 관계가 있기 때문에 자신이 가르치고자 하는 목적을 보다 분명하게 정리함으로써 단원을 통하여 추구하고자 하는 목표에 논리성을 갖게 할 수 있다.

단원의 개관을 수업 지도안에 기술할 때는 보통 교사용 지도서를 참고하여 첫째, 국가와 사회의 요구, 둘째, 학습자의 요구와 필요, 셋째, 교재의 계열적 요구의 세 가지 측면에서 기술한다. 단원의 개관은 단원 전체의 윤곽을 파악하여 지도의 방향을 확실하게 하기 위하여 살펴보는 것이다. 따라서 여기에는 단원의 내용 개요, 계열성, 단원의 의의를 학습자, 사회, 교재의 특성 등으로 기술한다. 뿐만 아니라 학습자의 출발점 행동 등을 종합적이고 체계적으로 진술한다. 관점에 따라 기술하는 방법으로는 사회관, 학생관, 교재관으로 구분하여 제시할 수 있다.

첫째, 사회관은 학습자가 이 단원 학습을 통하여 사회생활의 개선과 발전에 공헌할 사회적 가치 실현을 위한 지도방법을 구상하여 기술한다. 따라서 교재 내용의 사회적 가치, 사회가 교육에 바라는 것, 현 발달 단계의 학생에게 바라는 것을 기술한다.

표 12-3 단원의 개관의 예

2. 단원의 개관(사회과–안전한 생활)

교통질서란 거리에서 사람들이 지켜야 할 기본적인 규칙을 말한다. 일상생활 속에서 교통 규칙과 질서를 지키고 교통안전에 대한 인식을 갖는 것은 매우 중요한 요소이다. 그러나 장애학생들은 자기중심적으로 행동하는 경향이 있어 교통 규칙을 왜 지켜야 하는지, 어떻게 지키는 것인지, 또 표지판이 무엇을 뜻하는지 깨닫지 못하는 경우가 많다. 본 단원에서는 학생이 일상생활 속에서 횡단보도를 안전하게 건너고, 시내버스를 이용하여 안전하게 자신이 원하는 목적지까지 이동할 수 있는 능력을 기를 수 있도록 지도하는 것을 최종적인 목표로 설정하였다.

안전하게 목적지까지 이동하는 데에는 가장 먼저 횡단보도를 안전하게 건널 수 있고, 일상생활에 있는 표지판의 종류와 의미를 알고, 시내버스 이용방법에 대하여 아는 활동이 필요하다. 그러므로 본 단원에서는 안전하게 횡단보도를 건너는 방법에 대하여 알고, 표지판의 종류와 의미를 알고, 교통 예절과 규칙을 지켜 시내버스를 이용하는 방법을 알아보고, 실제로 모의활동을 해보는 수업으로 구성하였다.

학생들을 수업에 적극적으로 참여하기 위해서 학생들의 일상생활 속 횡단보도와 신호등, 표지판 사진이나 동영상으로 학습한 후, 아이들이 흥미를 느낄 수 있도록 책 만들기나 교구를 활용하여 게임을 하도록 지도한다. 그리고 시내버스를 이용하는 동영상을 시청하여 순서와 방법을 익힌 후, 교실에서 게임이나 활동을 해보고, 버스모형교구를 이용하여 출발지와 목적지를 설정한 후 모의활동수업을 해보고, 실제로 지역사회중심수업을 통해 일반화가 되도록 주안점을 두어 지도하고자 한다.

둘째, 학생관은 학습자의 성장 발달 단계에 따른 특징, 경험과 생활과의 관계, 흥미와 욕구, 교재 내용의 수용성 · 저항성 등의 배려를 규명하여 학생과 교재의 적합성 등을 밝힌다. 따라서 선 경험 실태, 흥미와 관심, 발달 정도와 교재의 난이도 등을 기술한다.

셋째, 교재관은 단원의 핵심 · 본질 및 성격 등을 규명하여 이 단원이 해당 학년에 설정된 근거를 밝힌다. 따라서 교재의 교육적 가치, 학생의 능력과 교재와의 관계, 수업지도방법에 관한 소견 및 적용될 방법의 문제점, 시기나 계절적 측면 등을 기술한다.

단원의 개관 등은 일반적으로 〈표 12-3〉과 같이 진술한다.

(3) 단원의 목표

단원의 목표는 단원 지도 후에 학습자가 성취해야 할 결과이며 단원의 주 내용과 그 내용에 대하여 학생들이 어떤 행동으로 성취되기를 바라는지가 분명하게 진술되는 것이 바람직하다. 따라서 지도해야 할 전체내용의 목표로써 이해, 기능, 태도 측면에서 진술한다. 이해는 지식에 해당하는 내용이며, 기능은 능력 혹은 길러져야 할 기술능력을 말하며, 태도는 이들을 학습함으로써 어떤 생활 및 학습태도를 갖게 하겠다는 것을 밝히는 것이다. 단원의 목표는 주요한 내용의 영역과 그 내용을 다룸으로써 달성될 것으로 기대되는 행동의 양자를 포함하여 진술되어야 한다.

단원의 목표를 구체적으로 진술하기 위해서는 행동목표 진술과 같이 내용과 행동으로 진술하는 것이 바람직하다. 그러므로 단원목표의 진술은 단원의 기본 내용을 선정하고, 선정된 각각의 내용을 가장 잘 습득할 학습경험이나 행동을 결부하는 작업이 되어야 할 것이다. 내용을 행동과 결부하기 위해서는 주로 블룸(Bloom)이나 가네(Gagné)의 목표 분류 방식에 따라 진술한다. 블룸(Bloom)은 인지적, 정의적, 심동적 영역으로 분류하고 있지만, 가네(Gagné)는 언어정보, 지적 기능, 운동 기능, 태도, 인지 전략 기능으로 분류한다. 이들은 목표 진술은 목표의 분류 영역에 따라 행동 동사를 선택적으로 활용하도록 하고 있다.

표 12-4 단원의 목표 진술의 예

3. 단원의 목표

영 역	목 표
지 식	· 신호등 색에 따른 의미를 구분할 수 있다. · 상황에 맞는 표지판의 종류와 의미를 말할 수 있다. · 대중교통의 요금을 알고, 노선을 읽을 수 있다. · 대중교통 이용 시의 교통 규칙과 질서를 설명할 수 있다.
기 능	· 신호등 색을 구분하여 횡단보도를 안전하게 건널 수 있다. · 표지판이 나타내는 상황에 맞게 행동할 수 있다. · 대중교통을 이용하는 순서를 나열할 수 있다. · 교통예절을 지켜 대중교통을 올바르게 이용할 수 있다.
태 도	· 표지판의 필요성을 알고, 일상생활에서 적용하여 안전한 생활을 하려는 마음을 갖는다. · 대중교통을 이용할 때 필요한 교통예절습관을 지닌다.

또한 단원의 목표는 수업 시수를 고려하여 알맞게 설정하여야 한다. 수업 시수에 비하여 지나치게 많거나 적은 것은 대단원, 중단원, 소단원의 위계를 다시 생각해 보아야 한다. 목표진술을 영역별로 나누지 않고 한 번에 개조식으로 여러 개를 나열할 수도 있으며. 이해, 태도, 기능 등으로 구별하여 진술할 수도 있다. 그러나 어디까지나 단원의 목표는 교과의 특성과 교사의 의도에 따라 달라질 수 있다.

단원의 목표는 일반적으로 〈표 12-4〉와 같이 진술된다.

(4) 단원의 지도계획

단원의 지도계획은 단원의 전개계획이라고도 하는데 단원에서 학습해야 할 핵심 내용을 분석한 다음, 단원에 할당된 수업 시수에 맞추어 단원의 학습내용을 나누어 차시별로 배정하는 과정이다. 이 과정에서 대단원을 몇 개의 단위수업시간으로 나누어 지도할 것인가를 구분하고 구분된 학습내용은 어떤 교과목과 관련이 되고 준비해야 할 자료 등은 무엇인지를 구체적으로 기술한다.

표 12-5 단원의 지도계획 진술의 예

4. 단원의 지도계획(과학과-꽃과 열매)

차시	수업 주제	주요 학습내용 및 활동	자료(⊙) 및 예습적 과제(·)
1/10	채소와 곡식의 씨앗 관찰하기	· 채소의 씨앗 관찰하기 · 곡식의 씨앗 관찰하기 · 채소의 씨앗과 곡식의 씨앗 분류하기	⊙돋보기, 호박, 쟁반, 칼, 옥수수 등 · 고추씨 관찰하기
2/10	꽃씨 관찰하기	· 꽃씨 관찰하기 · 꽃씨의 꽃 알아보기	⊙돋보기, 나팔꽃, 해바라기, 봉선화 등 · 주변의 꽃 자세히 보기
3/10	과일의 씨앗 관찰하기	· 과일의 속 모양과 생김새 관찰하기 · 과일의 씨와 과일 연결하기	⊙돋보기, 사과, 복숭아, 키위, 배, 포도 등 · 포도씨 관찰하기
4/10	식물의 잎 살펴보기	· 식물의 잎 관찰하기 · 잎이 하는 일 알아보기 · 식물과 햇빛의 관계 실험하기	⊙돋보기, 요오드 용액, 알코올램프, 스포이트 등 · 다양한 식물의 잎 보기
5/10	식물의 줄기 살펴보기	· 줄기의 종류 알아보기 · 줄기가 하는 일 알아보기 · 식물의 줄기 관찰하기	⊙돋보기 등 · 다양한 식물의 줄기 보기
6/10	식물의 뿌리 살펴보기	· 뿌리의 종류 알아보기 · 뿌리가 하는 일 알아보기 · 식물의 뿌리 관찰하기	⊙돋보기, 뿌리째 채집한 명아주와 강아지풀 등 · 다양한 식물의 뿌리 보기
7/10 (본시)	꽃의 구조 관찰하기	· 꽃의 구조 알아보기 · 꽃 관찰하기 · 꽃의 구조 노래 부르기	⊙꽃의 모형, 진달래꽃, 핀셋, 샬레 · 주변에 피어있는 꽃 관찰해보기
8/10	씨나 열매가 되기까지의 과정 알아보기	· 꽃이 씨나 열매가 되기 까지의 과정 알아보기 · 여러 가지 씨와 열매 관찰하기	⊙복숭아씨, 봉선화, 해바라기, 포도 등 · 참외 씨 관찰하기
9/10	강낭콩의 한 살이 알아보기	· 강낭콩의 자람 관찰하기 · 강낭콩의 한 살이 과정 알아보기 · 강낭콩의 한 살이 게임하기	⊙강낭콩이 자라는 화분, 끈, 줄자, 그림카드 등 · 강낭콩 심어오기
10/10	봉선화의 한 살이 알아보기	· 봉선화의 자람 관찰하기 · 봉선화의 한 살이 과정 알아보기 · 봉선화의 한 살이 게임하기	⊙봉선화가 자라는 화분, 그림카드 등 · 봉선화 심어오기

단원의 지도계획은 실제 본시수업을 진행할 때 필요한 내용들로 학습목표, 학습내용, 학습활동 및 지도상의 유의점, 수업매체의 선정, 수업방법, 평가계획, 시간설정, 학습자료 등을 구체적으로 기술한다. 약안에서도 학습내용을 제외하고는 구체적으로 작성한다. 수업 계열은 가능하면 공통적 요소나 선수학습능력이 되는 것, 작업의 의존성이 낮은 것을 초기에 가르치도록 한다. 수업매체 선정은 경제성, 현실성, 안전성, 교수자의 작동 능력 등이 고려되어야 하며, 평가는 당일 학습목표에 도달했는지를 수행 측정(형성평가)하되 문항은 단답형, 선택형 등으로 다양하게 하는 것이 효율적이다.

단원의 지도계획은 일반적으로 〈표 12-5〉와 같이 진술된다.

(5) 지도상의 유의점

지도상의 유의점은 학생들의 학습 동기를 부여할 수 있는 방안을 비롯하여, 위험요소에 대한 사전 점검, 아동 특성에 따른 돌발 상황의 예측, 교수 활동에 대한 교사의 다짐, 기타의 사항 등을 기록할 수 있다. 한 단원을 지도하기 위해서는 교사용 지도서에 기록되어 있는 지도상의 유의점을 살펴보아야 하며, 각 학습과제별 지도상의 유의점에 관심을 두어 지도계획을 세우고, 실제수업에 참여하여야 한다. 그러나 교사용 지도서에는 모든 학교와 학생의 실정과 특성을 고려하는 것이 어렵기 때문에 구체적인 지도상의 유의점은 교사가 단원의 지도내용을 분석하여 제시해야 한다.

특히 실험, 실습이나 발견학습, 토의학습, 구안학습 등과 같은 수업은 교사가 그 단원을 처음부터 어떻게 이끌어 갈 것인지에 관하여 비교적 상세한 준비가 필요하다. 잘못된 학습이 일어날 우려가 있거나 안전과 관련된 문제 혹은 수업 분위기 등과 관련하여 유의해야할 사항을 제시할 필요가 있다. 따라서 대부분 학생중심의 용어로 수업 지도안이 진술되는데 비하여 지도상의 유의점은 교사 중심의 용어로 기술되는 경우가 많다고 할 수 있다.

지도상의 유의점은 일반적으로 〈표 12-6〉과 같이 진술된다.

표 12-6 지도상의 유의점 진술의 예

5. 지도상의 유의점(과학과-재미있는 놀이)

1) 빛을 내는 물체와 빛을 내지 않는 물체는 생활 주변에서 볼 수 있는 것을 중심으로 지도하며 빛에 대한 표현의 개인차를 수용하도록 한다.
2) 유리컵과 유리병 등 깨지기 쉬운 물체는 조심해서 다루도록 한다.
3) 텔레비전과 컴퓨터 모니터에는 자석을 대지 않도록 지도한다.
4) 주변에서 쉽게 볼 수 있는 물체를 제시하여 학생들이 친근감을 느끼고 학습에 적극적으로 참여할 수 있도록 한다.
5) 학생의 개인차에 따라 적절한 도움을 주어 전체 학생의 참여를 유도하고, 학생의 능력과 수준에 적합한 과제를 제시하여 성취감을 느낄 수 있도록 한다.
6) 대부분의 수업을 흥미 있는 활동 위주로 하되, 활동 자료로 인해 주의가 산만해지지 않도록 유의한다.
7) 수업 중 자리를 이탈 하는 학생에 유의하고, 자리이탈 시 특수교육 실무사의 도움을 받아 자리에 앉도록 한다.
8) 학생들이 학습에서 제시된 물체 이외의 물체가 자석에 붙는지 궁금해 할 경우 학생들이 직접 자석을 이용하여 자석에 붙는 물체와 붙지 않은 물체를 구별해보도록 한다.
9) 자석을 이용한 게임을 할 때에는 질서를 잘 지킬 수 있도록 지도하고, 다른 학생들이 활동할 때 지루함을 느끼지 않도록 유의한다.

(6) 단원의 평가계획

단원의 평가계획은 본시 수업 지도안에서 구체적으로 다루어지지만 단원의 지도안에서는 전제척인 측면에서 평가의 관점이나 방법에 대하여 진술한다. 수업과 평가는 분리될 수 없으며, 좋은 수업의 과정은 평가가 바르게 실시되어야 한다. 평가는 교사가 학생들의 흥미와 학습 욕구, 수업태도, 학습 정도 등에 대한 전반적인 자료를 수집하는 과정이다.

단원의 평가계획에서는 단원의 목표에 기반을 두고 학습 지도에 관한 전반적인 평가계획을 진술한다. 단원의 목표를 이해, 태도, 기능면으로 구분하였다면 평가에서도 이를 고려하여야 한다. 단원의 평가계획은 일반적으로 〈표 12-7〉과 같이 진술한다.

표 12-7 단원의 평가계획 진술의 예

6. 단원의 평가계획(미술과–색의 느낌)

영 역	평가관점	평가시기	평가방법
미적 체험	· 10색상환을 보고 생활 주변의 대상에서 같거나 비슷한 색을 찾을 수 있는가? · 색을 혼합하여 새로운 색을 만들 수 있는가? · 따뜻한 색과 차가운 색을 찾아볼 수 있는가?	학습활동 중	관찰법 상호평가
표현	· 좋아하는 색을 찾아 색 이름을 말할 수 있는가? · 여러 가지 색의 느낌에 대하여 이야기하고 그 느낌을 살려 표현할 수 있는가? · 색종이를 이용하여 10색상환을 꾸밀 수 있는가? · 따뜻한 느낌의 색과 차가운 느낌의 색을 구분하여 표현할 수 있는가? · 10색상환을 보고 색의 이름을 말할 수 있는가?	학습활동 중	관찰법
감상	· 생활 주변에서 여러 가지 색을 느낌에 맞게 활용하는 태도를 가질 수 있는가? · 작품을 바른 자세로 감상할 수 있는가?	학습활동 중	관찰법 포트폴리오

(7) 본시 수업 지도안

본시 수업 지도안은 단원의 지도계획에 따라 차시별 수업을 어떻게 전개할 것인가에 관하여 좀 더 구체적이고 상세하게 나타낸 지도계획이다. 한 차시의 수업을 어느 정도로 할 것인가를 정한 다음, 수업을 어떻게 전개하여 어떠한 활동을 통해 수업목표를 달성할 것인가에 대한 상세한 시나리오가 되는 것이다.

본시 수업 지도안은 특정 시간의 수업활동을 구체적으로 계획해 놓은 것으로 양식은 각 교과나 단원의 성격에 따라 다양한 수업 활동 요소와 형식으로 이루어진다. 일반적으로 학습주제, 대상 학급, 지도교사, 일시 및 장소, 수업목표, 교수 · 학습활동, 판서계획, 평가계획 등으로 구성되어 있다.

또한 참관자들의 이해를 돕기 위하여 학급의 실태와 본시 수업과 관련한 학생 개인별 특성 및 수준, 수업이 진행될 장소와 학습 집단 구성 및 좌석 배치 등을 포함하기도 한다.

본시 수업 지도안의 일반적으로 〈표 12-8〉과 진술된다.

표 12-8 본시 수업 지도안의 예

교과	과학	관련교과	수학	수업자	○○○
단원	II-4. 재미있는 놀이	일 시	년 월 일 교시	장 소	교실
대상	고○○ (남 : 4, 여 : 2, 계 : 6)	수업형태	수준별 학습	교 재	104(쪽)
본시 주제	자석의 극을 찾고 극의 성질 말하기			차 시	6/8

	가(○○○)	나(○○○, ○○○, ○○○)	다(○○○, ○○○)
선수 학습 능력	자석의 종류를 알고 자석에 붙는 물체와 붙지 않는 물체의 특성을 비교하여 설명함	자석에 붙는 물체와 붙지 않는 물체를 구별함	행동 촉구 받아 자석에 붙는 물체와 붙지 않는 물체를 가리킴
학습 목표	자석의 극을 찾고 극의 성질을 2가지 이상 말할 수 있다.	자석의 극을 찾고 극의 성질을 1가지 이상 말 할 수 있다.	실험을 통해 극을 찾아 가리킬 수 있다.

과정	학습요소	교수-학습 활동				자료(⊙) 유의점(*)
		교사활동	학생활동			
			가 수준	나 수준	다 수준	
준비 활동 (5분)	인사하기	⊙인사하기	⊙바른 자세로 앉아 인사하기			
	전시학습 상기	⊙전시학습 질문하기	⊙교사의 질문에 대답하기 · 자석에 붙는 물체와 붙지 않는 물체의 이름 말하기		⊙친구들의 발표 잘 듣기	⊙ppt, 물체 사진
	학습동기 유발	⊙동영상 제시하기	⊙동영상을 보고 모래 속에서 바늘만 골라낼 수 있는 방법 생각해 보기			⊙'모래속바늘 찾기' 동영상
	학습 문제	⊙학습문제 제시하기	자석의 극을 찾고, 극의 성질을 말 해 봅시다.			· 큰소리로 따라 읽는다

학습과정 수행평가			
구 분	집단	평가내용	평가방법
자기력에 대해 알아보기	가	자기력을 이해하고 설명 할 수 있는가?	관찰, 발표
	나	언어촉구를 통해 자기력에 대해 말할 수 있는가?	관찰, 발표
	다	실험을 통해 자기력이 느껴짐을 행동으로 표현할 수 있는가?	관찰, 발표
자석의 극 알아보기	가	자기력을 비교하여 가장 센 부분을 찾을 수 있는가?	관찰, 발표
	나	도움을 받아 자기력을 비교하여 가장 센 부분을 찾을 수 있는가?	관찰, 발표
	다	도움을 받아 자기력이 가장 센 부분을 가리킬 수 있는가?	관찰, 발표
자석의 극 찾기	가	자석의 극을 찾고 극의 성질을 2가지 이상 말 할 수 있는가?	관찰, 발표
	나	자석의 극을 찾고 극의 성질을 1가지 이상 말 할 수 있는가?	관찰, 발표
	다	행동 촉구를 통해 극을 찾아 가리킬 수 있는가?	관찰, 발표

판서 계획

학습문제 : 자석의 극을 찾고, 극의 성질을 말 할 수 있다. 〈학습순서〉 1. 자기력에 대해 알아보기 2. 자석의 극 알아보기 3. 자석의 극 찾기	단원 : 4. 재미있는 놀이 주제 : 자석의 성질	

좌석배치

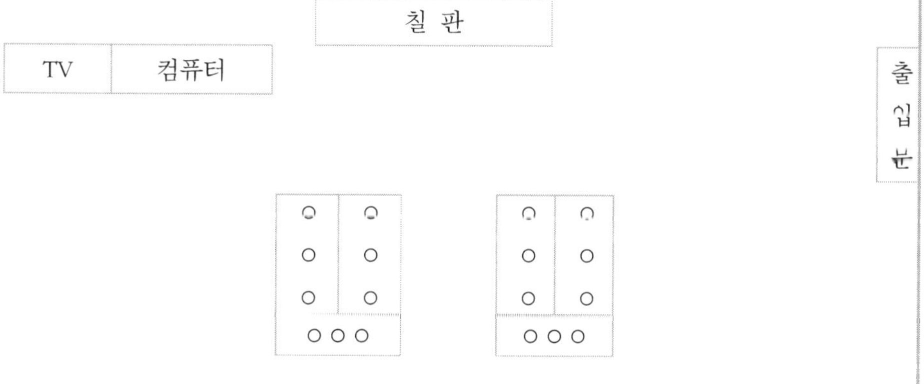

수업 지도안에서 갖추어야 할 요소들을 하나씩 자세히 살펴보면 다음과 같다.

첫째, 단계는 보편적인 단계(도입, 전개, 정리-구분 선은 점선으로)로 나누어 쓰며 교과나 교재에 따라 알맞게 선정한다.

둘째, 학습내용은 일반적으로 명사식이나 권고식, 문제식 등으로 진술한다. 명사식 진술은 '물에 뜨는 물체 알아보기'와 같이 표현하는 진술이며, 권고식 진술은 '물에 뜨는 것을 알아보자.'와 같이 표현하는 진술이다. 끝으로 문제식 진술은 '물에 뜨는 물체에는 어떤 것이 있나?'와 같이 진술한다.

셋째, 교수-학습 활동은 학습내용별로 학습 형태나 학습방법 또는 학습활동 등을 학습자의 입장에서 진술한다. 보통 교수-학습 활동은 교수자 활동과 학습자 활동으로 나누어서 진술하기도 하지만 교수자의 활동에 항상 학습자의 활동이 일치되는 것은 아니기 때문에 교수-학습 활동을 묶어서 진술한다.

넷째, 시량은 지도단계별 또는 학습내용별로 소요 시간을 분 단위로 적는다.

다섯째, 자료는 교수-학습 과정에서 동원되는 교사와 아동의 유형, 무형의 모든 자료를 투입 시기에 적절하게 적는다. 뿐만 아니라 유의점은 학습활동과 관련하여 교수자가 유의해야 할 점을 교수자의 입장에서 진술한다.

여섯째, 평가는 단계별 또는 학습내용별로 학습자의 성취 정도를 확인할 수 있는 내용과 행동을 진술한다.

일곱째, 판서는 시각적 자료로써 간단하게 꼭 필요한 것만을 정리해 준다. 특히 유의할 점은 단원의 수업목표에서 요구하는 본질을 파악하여 정리해 주어야 한다. 또한 글씨와 그림은 가급적 모두가 알아볼 수 있도록 적당한 크기로 제시되어야 하며 판서한 내용을 설명할 때는 학습자가 응시할 수 있어야 하며 학습자의 시야를 가리지 않도록 유념해야 한다. 그 밖에 자료는 효과적으로 배열하기 위해 미리 계획을 세운다.

앞에서 수업 지도안의 실제 작성에 대한 예시안을 살펴보았다. 하지만 수업 지도안은 일반적인 형식이 꼭 갖추어져 있는 것은 아니며 얼마든지 변형이 가능하다. 보통 수업 지도안은 신임 교사나 수업 연구 또는 연구 발표 등의 특별한 상황이 아니면 본시 교수-학습 지도안(약안) 형식으로 작성한다. 그러나 본시 교수-학습 지도안(약안) 형식으로 작성한다고 해서 수업 지도안(세안)에서 요구되는 원리나

단계 등이 무시되는 것은 아니며 단지 문서상으로 작성하지 않을 뿐이다.

특수교육대상학생들을 위한 수업 지도안은 보다 세밀하게 구성되어야 한다. 학습자의 특수한 교육적 요구가 다양하고 개인차가 잘 드러나야 하기 때문이다. 특수교사의 전문성 신장을 위해 좋은 수업 지도안을 보는 안목을 기르고 나아가 학습자의 개인차를 잘 반영한 수업 지도안을 스스로 작성할 수 있는 실력을 기르는 것이 무엇보다 중요하다고 하겠다.

연습문제

01 좋은 수업계획을 작성하기 위해 유의할 점들을 설명해 봅시다.

02 가네와 헤르바르트의 수업과정에 대한 내용을 도입, 전개, 정리의 3단계로 구분하여 비교 설명해 봅시다.

03 교사 주도의 수업과정의 각 단계별 주요 활동 사항들을 설명해 봅시다.

04 학생 중심의 수업 단계별 주요 활동 사항들을 설명해 봅시다.

05 수업계획을 작성할 때 과제분석을 실시하는 이유에 대해 설명해 봅시다.

06 학습과제를 분석하는 절차와 방법에 대해 설명해 봅시다.

07 특수교육 대상학생을 위한 수업 지도안을 형식에 맞춰 작성해 봅시다.

Chapter 13

감각장애 교수 – 학습 지도의 실제

❖ **제1절** 시각장애 학생의 교수 – 학습 지도
❖ **제2절** 청각장애 학생의 교수 – 학습 지도

특수교육의 목적은 일반교육의 목적을 바탕으로 하고 장애아의 특성에 맞는 구체적인 특수교육의 목표를 설정해야 한다. 그리고 다음의 예와 같이 장애를 보상할 수 있는 영역의 목표가 수립되어야 할 것이다.

첫째, 장애학생의 잔존 능력을 계발 활용하되 보상적인 측면의 능력 계발도 아울러 주목해야 할 것이다.

둘째, 직업 교육활동 시 이들의 적성을 발견하여 그에 맞는 적절한 직종을 권장하고 직업적 기능을 미리 교육시켜야 할 것이다.

셋째, 장래에 대한 희망, 즉 재활에 대한 동기를 끊임없이 고취시켜야 할 것이다.

다음은 감각 장애영역별로 교과학습 교재연구 및 지도에 관한 사항들을 살펴보고자 한다.

Paragraph 01 시각장애 학생의 교수-학습 지도

1. 시각장애 학생의 교육적 요구

시각장애 학생은 시각 손상으로 말미암아 학습을 수행하는데 어려움을 지니고 있다. 시각장애 학생은 일반적으로 시력, 시야, 색각 등의 준거에 의해 결정된다. 최근에는 시력이나 시야를 중심으로 한 정의보다는 교육적 입장에서 교수매체를 준거로 하여 정의하려는 경향이 강하게 나타난다.

시각장애 학생은 진단 · 평가 · 심사 및 선정의 기준에 따르는데 「특수교육진흥법」 시행령에 의하면 〈표 13-1〉과 같이 정의한다.

표 13-1 시각장애 진단 평가 심사 및 선정기준(「특수교육진흥법」 시행령 제9조 제2항)

시각장애를 지닌 특수교육 대상자
가. 두 눈의 교정시력이 각각 0.04 미만인 자
나. 시력의 손상이 심하여 시각에 의하여 학습과제를 수행할 수 없고, 촉각이나 청각을 학습의 주요 수단으로 사용하는 자
다. 두 눈의 교정시력은 각각 0.04 이상이나 특정의 학습매체 또는 과제의 수정을 통하여서도 시각적 과제 수행이 어려운 자
라. 특정의 광학 기구 · 학습 매체 또는 설비를 통하여서만 시각적 과제 수행을 할 수 있는 자
※비고 : 시력 측정은 국제 시력표에 의한다(개정 2005. 2. 28).

시각장애 학생 중 시각 손상을 교정할 수 없는 경우 맹으로 정의한다. 그러나 맹 이외의 잔존 시력을 가진 학생은 시력을 활용하여 학습하고 생활할 수 있다.

시각장애의 교육적 정의는 크게 두 가지로 구분할 수 있는데 점자나 촉각 및 청각 매체를 통하여 교육해야 할 교육적 맹학생과 광학적 기구의 도움을 받아 보유시력을 활용하여 일반문자를 통해 교육할 수 있는 약시 학생으로 살펴볼 수 있다.

한편, 시기능은 학생이 가지고 있는 시력을 어떻게 사용하는가를 의미한다. 시기능의 수준은 시력의 양, 동기, 기대, 욕구, 태도, 훈련, 경험 등과 관련되어 있다. 또한, 시효율성은 교육적 목적에서 학생이 특정의 시각적 과제를 제한된 최소의 시간에 쉽고 안전하게 성취할 수 있는 정도를 의미한다.

시각장애 학생의 학습활동은 점자나 촉각 및 청각 매체에 의존하여 교육하는 경우와 광학적 기구의 도움이나 보유 시력을 활용하여 일반문자를 통해 교육을 하는 경우로 구분할 수 있다.

시각장애 학생은 정안학생과 비교해 볼 때 큰 차이는 없으나 지적 구조에 다소의 차이를 보이기도 한다. 즉, 맹학생은 첫째, 사실에 대한 지식을 가지고 있으나 통합 능력이 부족한 경향을 보이고 추상적인 문제의 접근을 구상적 수준에서 해결하려는 경향이 있어 이 분야에서 정안학생들에게 뒤지는 경향이 있다. 따라서 적절한 환경 자극을 제공하여 이를 극복할 수 있도록 지도해 나가야 한다.

2. 시각장애와 교수 학습 도구

점자는 시각장애인에게 지식과 기술을 습득할 수 있게 하는 가장 중요한 삶의 도구이다. 우리나라는 1898년에 홀(Hall) 여사에 의해 처음으로 4점형 한글점자가 만들어졌으며 이후 총 6점형 한글 점자 훈맹정음이 1926년 발표된 이후 지금까지 국내 시각장애인의 문자로 사용되고 있다. 점자를 쓰거나 읽을 때는 주의가 필요하다. 즉, 때와 읽을 때의 방향이 반대가 된다. 이와 같은 원리는 점자도 모든 글자가 왼쪽에서 오른쪽으로 읽어 나간다는 원칙을 지키기 때문이다. 그런데 점자판은 그 구조상 점필로 종이를 눌러 종이 뒷면에 점자를 찍는 방식이므로 점자를 읽으려면 종이를 뒤집어야 한다. 따라서 점자를 쓸 때에는 오른쪽에서 왼쪽으로 써야만 왼쪽에서 오른쪽으로 점자를 읽을 수 있다.

그림 13-1 점자의 읽기 쓰기 기준

쓰기 기준	읽기 기준
④①	①④
⑤②	⑤②
⑥③	③⑥

먼저 한국어 자음은 첫째, 기본 자음 14자는 첫소리로 쓰일 때와 받침으로 쓰일 때를 나누어 다음과 같이 적는다. 또한 둘째, 단어에 쓰이는 초성 'ㅇ'은 생략한다.

초성 된소리 'ㄲ, ㄸ, ㅃ, ㅆ, ㅉ'을 적을 때에는 'ㄱ, ㄷ, ㅂ, ㅅ, ㅈ' 앞에 된소리표를 적는다. 한국어의 자음 점자 기호는 [그림 13-2]와 같다.

그림 13-2 자음의 점자 기호

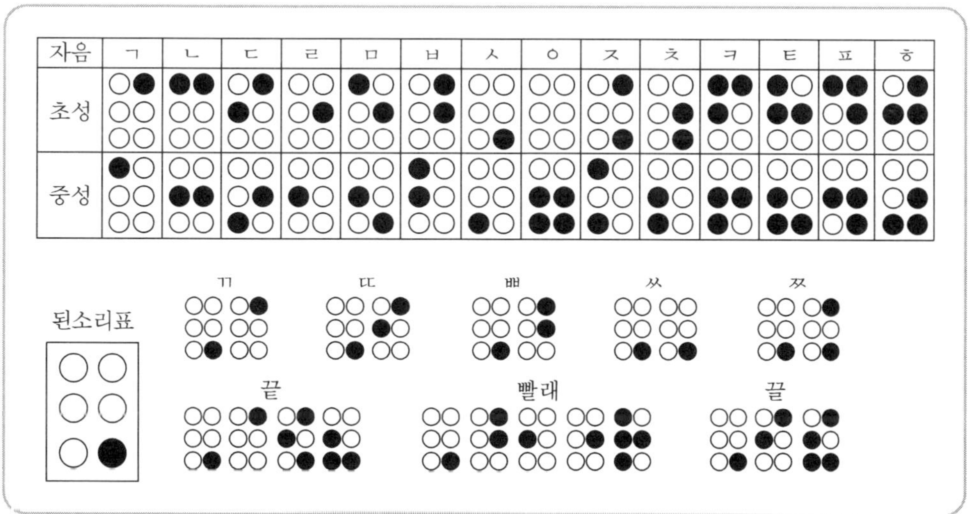

또한, 한국어의 모음 점자 기호는 [그림 13-3]과 같다.

그림 13-3 기본 모음의 점자 기호

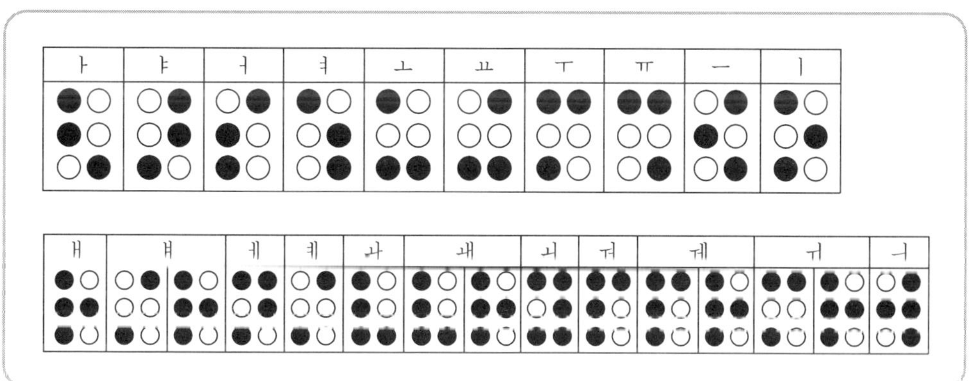

한편 숫자를 점자로 표기하는 방법은 먼저 숫자를 표시할 때에는 수표(3-4-5-6점)를  반드시 앞에 쓴다. 그리고 숫자 다음에 한글이 올 때에는 한 칸을 띄워 쓴다.

수표의 점자 기호는 [그림 13-4]와 같다.

그림 13-4 수표의 점자 기호

0		1		2		3		5	
○● ○● ●●	○● ●● ○○	○● ○● ●●	●○ ○○ ○○	○● ○● ●●	●○ ●○ ○○	○● ○● ●●	●● ○○ ○○	○● ○● ●●	●● ○● ○○
5		6		7		8		9	
○● ○● ●●	●○ ○● ○○	○● ○● ●●	●● ●○ ○○	○● ○● ●●	●● ●● ○○	○● ○● ●●	●○ ●● ○○	○● ○● ●●	○● ●○ ○○

이와 같이 점자는 시각장애 학생의 대표적인 학습 매체이다. 그러나 점자는 부피가 크고, 오래 보관할 경우 변질이 되기 쉬우며, 제작과 복사가 어렵다는 점으로 인해 시각장애 학생의 학습 매체 활용에 제한점으로 작용하고 있다.

한편, 녹음테이프는 시각장애 학생의 의사소통 수단으로 중요하게 활용되고 있다. 최근에는 **이얍**(E-yab)이 개발되어 활용되고 있다. 이얍은 Electronic-young age for the blind의 약자로 시각장애 학생을 위한 젊은 시대라는 의미를 갖고 있다. 이얍은 시각장애 학생의 정보 접근 기회 확대와 디지털화된 공학매체 활용을 통한 효율적인 학습환경 제공을 위해 국립특수교육원에서 개발하여 운영하고 있는 시각장애인용 멀티미디어 학습 시스템이다.

이얍은 최근 급속도로 발달하고 있는 시각장애인용 공학 기기와 인터넷 시스템 및 스크린 리더 기술을 유기적으로 결합하고 시각장애에 맞는 촉각과 청각 등을 활용하여 학습에 필요한 각종 교과서와 자습서를 디지털화된 매체로 빠르게 개작 보급함으로써 시각장애인의 학습 환경 개선과 정보 접근의 기회를 확대시켜 주고 있다.

또한 시각장애인용 **점자 정보 단말기**로 한소네 브레일이 있다. 한소네 브레일은 시각장애인이 컴퓨터에 손쉽게 점자로 입출력을 할 수 있으며, 음성 합성을 통해 문서를 작성할 수 있는 일종의 특수 컴퓨터로서 마이크로소프트 워드프로세서, 일정 관리, 이메일, 계산기, 웹브라우저, 파일 관리 등 컴퓨터가 제공하는 모든 기능을 시각장애인이 활용할 수 있도록 한다. 한소네 브레일은 점자로 입출력이 가능한 디지털 단말기로 시각장애 학생의 정보 수집 창구가 되고 있다.

3. 시각장애 학생을 위한 교수전략

(1) 시각장애와 학업성취 관련 변인

시각장애 학생의 학력은 일반적으로 정안학생과 학력의 격차가 적다. 이러한 까닭은 통합교육의 영향과 녹음테이프, 한소네 브레일 등의 학습 매체 사용의 증가와 관련이 깊다. 그러나 학력 지체를 보이는 원인으로 정보 습득의 지체와 읽기 속도의 지체 등이 나타난다.

학력 지체의 원인은 교수 절차의 구체성 부족이 문제가 된다. 따라서 이러한 문제를 해결해야만 시각장애 학생의 학력 지체를 방지할 수 있다.

특히, 선천성 맹학생은 시각적 모방이 제한되어 언어발달이 지연되고 의미를 모르고 사용하는 단어가 많다. 또한 어휘 사용에 있어서 그 수는 풍부하지만 명사, 형용사, 부사, 동사 등에 있어서 추상적인 표현이 많아 언어주의에 빠지기 쉽다. 이와 같은 원인은 시각적 모방이 불가능하여 언어발달의 지체를 가져오기 때문에 시각적 경험과 관련된 언어 지도에 특히 유의해야 할 것이다. 뿐만 아니라 시각 손상 자체가 학생의 전인 발달에 영향을 주는 요소가 된다.

시각장애 학생의 교수－학습 원리는 배치된 시각장애 학생에게 적절한 교육을 하기 위해서는 다음과 같은 교수－학습 원리를 적용해야 한다.

첫째, 개인차에 근거한 교수－학습의 개별화가 요구된다.

둘째, 구체적 또는 대리 경험의 제공이 요구된다.

셋째, 통합된 경험의 제공이 요구된다.

넷째, 의도적이고 체계적인 학습 프로그램의 제공이 요구된다.

다섯째, 능동적인 학습활동을 위한 자발성이 강조된다.

따라서 시각장애 학생의 교수－학습은 시각장애 정도에 따라 교수－학습 방법이 달라진다. 즉, 보유 시력에 따라 맹, 준맹, 약시의 교수－학습과 빛지각맹과 전맹에 따라 좌석 배치나 교수－학습 방법 등을 잘 고려해야 한다. 예를 들어, 실명 시기에 따라 선천맹과 후천맹으로 구분하는데 선천맹은 시각적 기억이 불가능하며 시각화가 어려운 반면, 후천맹은 시각화가 가능하여 심상을 머리 속에 그릴 수 있기 때문에 시각적 영상이나 색채 개념이 중요한 의미를 갖는다.

(2) 시각장애 교수-학습 환경

시각장애 학생에게 교수-학습 환경은 중요하다. 보유 시력을 가진 약시 학생은 환경적 배려가 중요하다. 약시 학생은 적합한 실내의 조명과 자연 광선을 활용한 반사 광선의 조절이 요구된다. 따라서 약시 교육의 설비와 교구는 빛의 밝기에 유의하며, 학습자료를 제시할 때는 명도를 높이고 효율성을 높이는 색의 대비가 고려되어야 한다.

시각장애 학생의 교육과정은 비장애학생의 교육목적이나 교육내용과 같이 적용할 수 있는 일반교육과정이 있으며, 시각장애로 인한 독특한 욕구를 충족시켜 주기 위해 고안된 특수교육과정으로 구분된다.

일반교육과정은 시각장애 학생이 학습하는 데 있어 특수한 교육 자료와 교육방법이 제공되어야 그 효과를 얻을 수 있다. 한편, 특수교육과정은 시각장애와 관련이 있는 치료 교육적 성격이 강하다. 특수교육과정으로서는 의사소통 기능으로써 점자 읽기와 쓰기, 시기능 훈련, 듣기 훈련, 묵자 타자기 교육이 포함되고 보행 훈련, 일상생활 훈련 등이 요구된다.

먼저, 점자 읽기와 쓰기를 살펴보면 점자는 읽는 속도가 느리고 책의 부피가 많아 불편한 점이 있으나 맹교육에서 중요한 교육과정이다. 최근에는 취학 전 아동과 초등부 저학년 학생을 위한 점자 교과서가 개발되어 활용되고 있으며, 점자판 외에 점자 타자기에 의한 쓰기교육이 확대되고 있다.

또한 녹음도서는 점자보다 속도가 빠르고 제작이 용이하기 때문에 중요 학습 매체로 사용되고 있다. 따라서 듣기 기능과 함께 중요시되는 것은 청각에 의한 읽기 기능이 요구된다.

한편, 시각장애 학생은 보행에 제한을 받는다. 보행은 방향 정위와 이동으로 구분된다. 방향 정위는 시각장애아가 환경을 이해하는 능력이며, 이동은 특별한 기능이나 잔존감각의 사용, 시각이나 기타 감각 기관을 통하여 한 장소에서 다른 장소로 움직이는 능력으로 정의되고 있다. 따라서 이 두 기능을 잘 조화시켜 주어진 환경 내에서 독립적인 보행 기능을 발휘할 수 있도록 하는 것이 훈련의 중요한 목표가 되고 있다. 뿐만 아니라 사회적 기능은 생활적응 또는 일상생활 활동이라고 불리어지는 생활과 직접 관련되는 교육과정이 요구되고 있다.

4. 시각장애 학생을 대상으로 한 수업 지도안의 실제

(1) 단원명 : 5. 혼합물 분리하기

(2) 단원의 개관

우리는 현대사회를 살아가면서 많은 물질을 접하게 된다. 이렇게 무수히 많은 물질들은 여러 가지 물질이 섞인 혼합물이 많다. 일상생활에서 우리는 여러 가지 혼합물과 밀접한 관계를 맺고서 이 사회를 살아가고 있는 것이다.

이 단원은 교육과정 중 4학년 '(7) 혼합물 분리하기'에 해당하는 단원으로, 여러 가지 고체와 물의 혼합물을 거르기, 증발 등의 방법으로 분리하고, 물과 물에 섞이지 않는 액체의 혼합물을 간단한 실험장치를 이용하여 분리하는 방법을 학습한다. 또, 실생활에서 액체 혼합물을 분리하는 방법이 이용되는 예를 찾아보는 방법을 학습한다.

따라서 이 단원에서는 물질을 확인하고 이들의 물리적, 화학적 성질을 이용하여 성분 물질을 분리하는 초보적인 학습뿐만 아니라 이를 일상생활에 이용할 수 있는 과학적인 생활 태도를 길러야 한다.

(3) 단원의 학습계열

선 수 학 습	이 단원의 학습	후 속 학 습
우리 수위의 물질(3-1) • 물체를 이루고 있는 물질 알아 보기 • 물질이 성질에 따라 고체, 액체, 기체로 분류	**혼합물 분리하기** • 여러 가지 고체와 물의 혼합물을 거름, 증발 등의 방법으로 분류하기 • 물과 물에 섞이지 않는 액체의 혼합물을 간단한 실험 장치를 이용하여 분리하기 • 실생활에서 액체 혼합물을 분리하는 방법이 이용되는 예 찾기	**용액 만들기(5-1)** • 녹는 물질과 녹이는 물질 알아보기 • 온도에 따라 녹는 물질의 양 알아보기 • 용해 전, 후의 무게 비교하기
고체 혼합물의 분리(3-2) • 혼합물 속의 물질을 예상하고 분류하기 • 물질의 성질에 따라 혼합물 분리하기		**결정 만들기(5-1)** • 용액의 진하기 비교하기 • 물질을 최대한 녹여 결정을 만들고, 만들어진 결정을 비교, 관찰하기

(4) 단원의 학습목표

① 물질의 성질을 이용하여 혼합물을 분리할 수 있다.
② 일상생활에서 혼합물의 분리가 이용되는 예를 알 수 있다.
③ 실험도구의 사용방법을 바르게 알 수 있다.
④ 물질의 성질을 이용하여 혼합물을 제대로 분리할 수 있다.
⑤ 실험도구의 사용방법을 바르게 익혀 안전하게 사용할 수 있다.
⑥ 우리 주위에 있는 물질에 대하여 호기심을 가진다.
⑦ 물질에 대하여 탐구하려는 과학적 자세를 가진다.

(5) 단원의 지도계획

차 시	주 제	학습활동	교과서 쪽 (실험 관찰 쪽)	지 식	탐구 과정	비고
	단원 도입	• 소금과 모래 혼합물의 분리	51쪽			
1	흙탕물 분리하기	• 흙탕물을 침전시키고 걸러서 깨끗한 물과 흙을 분리하기	52~53쪽 (40~41)쪽	침전과 여과를 이용한 혼합물의 분리	관찰	실험
2	소금물 분리하기	• 증발 장치 꾸미기 • 증발을 이용하여 물과 소금의 혼합물을 분리하기	54쪽 (42)쪽	증발을 이용한 혼합물의 분리	관찰	실험
3 (본시)	소금과 모래의 혼합물 분리하기	• 소금과 모래의 성질을 이용하여 혼합물에서 소금과 모래를 분리하기	55(42)쪽	물에 녹는 고체와 녹지 않은 고체 혼합물의 분리	관찰 토의	실험
4	물과 식용유의 혼합물 분리하기	• 물과 식용유의 분리하기	56~57쪽 (43)쪽	서로 섞이지 않는 액체 혼합물의 분리	관찰	실험
5	사인펜 잉크 색소의 혼합물 분리하기	• 수성 사인펜의 색소를 분리하기	58~59쪽 (44~45)쪽	색소 혼합물의 분리	관찰	실험
6~7	두부 만들기	• 두부를 만드는 과정에서 혼합물의 분리 알아보기 • 일상생활에서 혼합물의 분리를 이용하는 예를 알아보기	60~62쪽 (45~47)쪽	혼합물 분리의 응용	관찰	실험

(6) 지도상의 유의점

① 기본적인 물질의 성질을 이용하여 일상생활에서 혼합물을 분리할 수 있음을 알게 하여 학생들이 흥미를 느끼도록 지도한다.
② 여과 장치 꾸미기 등 기본적인 실험 기능을 바르게 습득하도록 지도한다.
③ 가열, 증발 등 불을 사용하는 실험이 많으므로 학생들에게 안전에 대하여 특히 유의하도록 지도한다.
④ 단순한 분리 활동이지만 다양한 방법이 나올 수 있도록 실험 방법을 미리 제시하지 않고 학생 스스로 해결하도록 하여 탐구심을 길러 주어야 한다.
⑤ 혼합물을 분리할 때 간단히 한 단계의 실험으로 가능할 수도 있지만, 경우에 따라서는 몇 단계에 걸쳐 분리가 이루어짐을 알게 한다.
⑥ 교사는 학생들의 시력에 적합한 그림 자료, 점자, 실물자료 등을 제시하여 학생들의 관심과 이해도를 높이도록 한다.

(7) 학생 실태

집단	성 명	장애 원인	본시 관련 학생실태	
			본시관련 수행능력수준	행동 특성
가	가**	저시력	소금과 모래의 성질과 실험을 이해하고 혼합물 분리 실험을 할 수 있다.	학습이해력은 좋으나 수업시간에 소극적이며 발표능력이 부족하다.
	나**	녹내장	소금과 모래의 성질을 이해하고 실험결과를 예측할 수 있다.	주의집중하여 수업에 참여하나 쑥스러움이 많고 발표능력이 부족하다.
나	나**	미숙아 망막증	소금과 모래의 차이점을 말할 수 있고, 혼합물 분리 실험의 결과를 말할 수 있다.	매사 호기심이 강하고 수업에 적극적이다. 학습에 흥미를 보이긴 하나 과제처리속도가 느리다.
	라**	교통사고	소금과 모래의 차이점을 말할 수 있고 거름종이에 남아있는 물질을 말할 수 있다.	단순한 질문에 자신의 생각을 말할 수 있고, 수업에 적극적으로 참여하나 주의집중이 짧다.
다	마**	미숙아 망막증	○, □모양이 다름을 알고 분리할 수 있다.	수업참여도가 떨어지며 고집이 세고 의사소통이 잘 이루어지지 않는다.

(8) 단원의 평가관점

이 단원에서의 주된 학습내용은 첫째, 액체와 고체의 혼합물 분리, 둘째, 액체와 액체의 혼합물 분리, 셋째, 액체에 녹아 있는 고체 분리하기이다. 이러한 활동을 통하여 혼합물의 분리 방법을 이해하고, 거름장치를 사용할 줄 알며, 실제로 분리하는 장치를 꾸미고 분리하면서 협동심을 기른다. 그리고 실생활에서 액체 혼합물을 분리하는 예를 찾아볼 수 있다.

① 물질의 성질을 이용하여 혼합물을 분리할 수 있는가?
② 일상생활에서 혼합물의 분리가 이용되는 예를 알 수 있는가?
③ 실험도구의 사용방법을 바르게 알고 있는가?
④ 물질의 성질을 이용하여 혼합물을 제대로 분리할 수 있는가?
⑤ 실험도구의 사용방법을 바르게 익혀 안전하게 사용할 수 있는가?
⑥ 우리 주위에 있는 물질에 대하여 호기심을 가질 수 있는가?
⑦ 물질에 대하여 탐구하려는 과학적 자세를 가질 수 있는가?

(9) 과학과 본시 개별화 교수－학습 과정안

<table>
<tr><td>교 과</td><td>과학</td><td>일 시</td><td>200# #년 #월</td><td>수업자</td><td>강 * *</td></tr>
<tr><td>단원명</td><td>5. 혼합물 분리하기</td><td>수업형태</td><td>수준별 개별화</td><td>장 소</td><td>초4학년 교실</td></tr>
<tr><td>대 상</td><td>초4학년</td><td>교 재</td><td>과학 4-1</td><td>차 시</td><td>3/7</td></tr>
<tr><td>본시주제</td><td colspan="5">소금과 모래의 혼합물 분리하기</td></tr>
<tr><td>능력집단</td><td colspan="2">가(가**)</td><td colspan="2">나(나**, 다**, 라**)</td><td>다(마**)</td></tr>
<tr><td>선수학습 능력</td><td colspan="2">증발장치를 꾸며 소금물에서 소금을 분리할 수 있다.</td><td colspan="2">소금을 분리하는 방법을 알고 결과를 말할 수 있다.</td><td>소금의 맛을 알 수 있다.</td></tr>
<tr><td rowspan="2">본시 학습목표</td><td colspan="5">소금이 물에 녹는 성질을 이용하여 소금과 모래의 혼합물을 분리할 수 있다.</td></tr>
<tr><td colspan="2">소금과 모래의 성질의 차이를 알고 실험 장치를 이용하여 소금과 모래를 분리할 수 있다.</td><td colspan="2">소금과 모래의 성질의 차이를 알고 결과를 말할 수 있다.</td><td>○, □모양이 다름을 알고 분리할 수 있다.</td></tr>
<tr><td>활용자료</td><td colspan="5">모래, 소금, 물, 샬레 2개, 약숟가락 1개, 유리막대 1개, 비커 4개, 거름종이 5장, 깔대기 1개, ‘돌과 물’ 컴퓨터 노래자료</td></tr>
</table>

단계(시간)	지도 요소	교수-학습 활동				자료(자) 유의점(유) 강화(강)
		교사 활동	학생 활동			
			가	나	다	
준비 활동 (5′)	▸ 학습 동기 및 흥미 유발	· 삽화 들려주기	· 바른 자세로 이야기 듣기			(자)삽화, '돌과 물' 노래자료
	▸ 전시학습 상기하기	· 바닷물에서 소금 분리하는 방법 상기하기	−전 시간에 배운 내용 이야기하기		바른 자세로 이야기 듣기	
	▸ 학습문제 제시	· 학습문제 제시하기	· 삽화를 듣고 공부할 문제 찾기 −큰소리로 공부할 문제 읽어보기 소금과 모래를 분리해 봅시다.			
중심 활동 (32′)	▸ 소금과 모래의 성질 알기	· 비교판을 제시하여 소금과 모래의 성질 설명하기	· 소금과 모래를 관찰하여 서로 다른 점 찾기 −색, 맛, 모양, 물에 녹는 정도, 단단한 정도 −소금과 모래를 만져보고 특징 말하기		−ㅇ, ㅁ모양 상자에 나누어분리하기	(자)비교판, 소금, 모래 (유)(다)학생에게는 구체물 분리하기 활동을 제시한다.
전개 (30′)	▸ 소금과 모래의 혼합물 분리 실험하기	· 소금과 모래 분리하는 방법 설명하기 · 실험 기구 소개하기	· 소금과 모래 분리하는 차례와 방법 생각하기 −실험계획 세우기 · 실험기구의 설명을 듣고 만져보기 −실험기구의 설명을 듣고 만져보기		−ㅇ, ㅁ모양 상자에 나누어 분리하기	(유)실험 시 주의사항을 미리 알려준다. (유)깨지기 쉬운 실험기구는 학생의 손이 닿지 않는 곳에 둔다.
		· 거름종이 접어보기	· 거름종이 만져보고 접어보기 −거름종이에 대해 알고 스스로 접어 보기		−ㅇ, ㅁ모양을 구분하고 모양판에 붙이기	(유)직접 만져보고 맛볼 수 있도록 지도한다.

		· 실험, 관찰하기	· 소금과 모래의 혼합물 분리 실험하기 －혼합물(소금＋모래) 녹이기 －거름장치를 꾸며 혼합물을 거르기 －걸러져 나온 물질(소금물) 확인하기 －거름종이에 남아있는 물질(모래) 확인하기 －실험내용을 이해하고 직접 실험해보기 / －친구의 도움을 받아 실험에 참여하기 / －ㅇ, ㅁ모양을 구분하고 모양판에 붙이기	(유)깨지기 쉬운 실험기구는 조심히 다루도록 지도한다.
정리 (5′)	▸ 실험 결과 정리하기 ▸ 과제학습 및 차시 예고 ▸ 실험기구 정리하기 ▸ 인사하기	· 결과 정리 및 O, X 퀴즈 문제 내기 · 차시 예고하기 · 실험기구 정리하기 · 인사하기	· 교사의 질문에 O, X판 들고 큰소리로 대답하기 · "물과 식용유 분리하기" 차시예고 · 서로 협동하여 바구니에 실험기구 담기 · "감사합니다." 인사하기	(강)칭찬, 박수, 초콜릿

(10) 평가계획

	평가관점	평가방법	평가시기
가	(1) 소금과 모래의 성질의 차를 아는가? (2) 물질을 성질을 알고 혼합물을 분리할 수 있는가? (3) 실험 도구의 사용 방법을 바르게 알 수 있는가?	관찰법 형성평가	전개 정리
나	(1) 실험 후 거름종이에 남아있는 물질을 알 수 있는가? (2) 실험에 적극적으로 참여하는가?	관찰법 형성평가	전개 정리
다	(1) ㅇ, ㅁ 모양을 만져보고 분리할 수 있는가?	관찰법	전개

Paragraph 02 청각장애 학생의 교수－학습 지도

1. 청각장애 학생의 교육적 요구

청각장애 학생은 청력 손실로 말미암아 자기의 생각을 음성 언어로 자유롭게 표현하는데 어려움을 지니고 있다.

청각장애 학생은 진단 · 평가 · 심사 및 선정의 기준에 따르는데 「특수교육진흥법」 시행령에 의하면 〈표 13－2〉와 같이 정의한다.

표 13－2 청각장애 진단 · 평가 · 심사 및 선정기준(「특수교육진흥법」 시행령 제9조 제2항)

청각장애를 지닌 특수교육 대상자
가. 두 귀의 청력 손실이 각각 90dB 이상인 자 나. 청력 손실이 심하여 보청기를 착용하여도 음성 언어에 의한 의사소통이 불가능하거나 곤란한 자 다. 일상적인 언어생활 과정에서 청각의 기능적 활용이 불가능하여 건청인과 함께 교육받기가 곤란한 자

그러나 청각장애는 청력 손실의 정도와 유형, 청력 손실이 발생했을 때의 연령, 청각장애 학생의 지능, 가정과 지역 사회에서 청력 장애학생에 대한 요구 능력, 청각장애 학생의 언어적, 교육적 경험 정도 등에 따라서 교육적 요구가 다를 수 있다.

한편, 청각장애 학생은 사회성과 인성의 발달에 있어 건청 또래 학생과 다른 심리 상태나 학습 성취도에 또래 건청 학생과 다른 특징을 지닐 수도 있다. 지금까지 연구되어진 청각장애의 심리적 특징은 인성적, 정서적 특징으로는 자기중심성, 감정 이입과 융통성의 결핍, 충동성 등이 두드러지고, 사회 성숙 수준도 지체되는 등 부정적인 측면이 지적되고 있다. 그러나 최근의 연구에 따르면 이 모든 문제가 청각장애의 문화에 대한 편견과 의사소통의 차이에서 비롯되는 만큼 이중문화 이중언어 접근을 청각장애 교육에 도입한다면 보다 바람직한 교수–학습을 기대할 수 있다고 예견하기도 한다.

2. 청각장애와 의사소통

청각장애 학생의 언어지도는 크게 수화법과 구화법으로 나누어 볼 수 있다. 18세기 후반부터 프랑스의 레뻬(l'Epée)를 원조로 한 수화주의와 독일의 하이니케(Heinicke)에 의한 구화주의 간의 논쟁을 벌여 오면서 농교육은 질적으로나 양적으로 많은 성과가 있었던 반면 여러 면에서 한계와 문제를 지니게 되었다. 이로 인하여 1970년대 초반 미국에서 농교육의 방법은 아니지만 하나의 이념과 철학으로 토털커뮤니케이션(total communication)이 대두되었다.

토털커뮤니케이션은 특정의 의사소통의 정당성을 옹호하는 것이 아니라 농인에게 가장 적합하고 용이한 의사소통의 모든 양식을 수평적으로 존중하는 것이다. 그러므로 토털커뮤니케이션은 농인을 위한 자유롭고도 융통성이 있는 접근이며 농인을 위한 도덕 권리에 기반을 둔다. 따라서 토털커뮤니케이션은 농인의 의사소통 방법에 우선하며 농인들이 이용할 수 있는 가능한 모든 수단인 청능, 발어, 독화, 지문자, 몸짓, 그림, 읽기, 쓰기 등을 적극 배우도록 한다. 또한 의사소통은 초기 아동의 요구, 능력에 따른 최적한 이해와 표현을 조성하며 극단적인 구화주의를 부정한다. 토털커뮤니케이션에 의한 언어발달 전략은 수화에 충분한 가치를 인정해 주고 농인에 의한 수화의 사회적, 문화적 사용에 중요성을 부여하고 있다.

이러한 맥락에서 에번스(Evans)의 언어발달 모델은 [그림 13–5]와 같다.

[그림 13–5]와 같이 토털커뮤니케이션은 농인의 입장에서 수화의 효용을 긍정적으로 평가하였다는 측면에서 그 가치가 있다. 또한 그 동안 논란이 되어 왔던 소모적인 방법 논쟁이 아닌 새로운 철학으로 농인의 생존권 및 발달권 보장을 위한 주체적이고 실리적인 측면에서 수화의 가치를 높였다는 점에서 의의가 있다.

한편 최근의 청각장애 교육의 동향으로 이중언어 · 이중문화(bi-language bi-culture) 접근이 강조되고 있다. 이는 수화를 농학생의 모국어로 인정하고 음성 언어와 문자 언어를 이차 언어로 이해하는 것이다. 이중언어 · 이중문화 접근은 토털커뮤니케이션의 대안으로 나타났으며 그 성과는 긍정적인 것으로 보고되었다.

그림 13-5 토털커뮤니케이션의 구조와 전략(김병하, 1983)

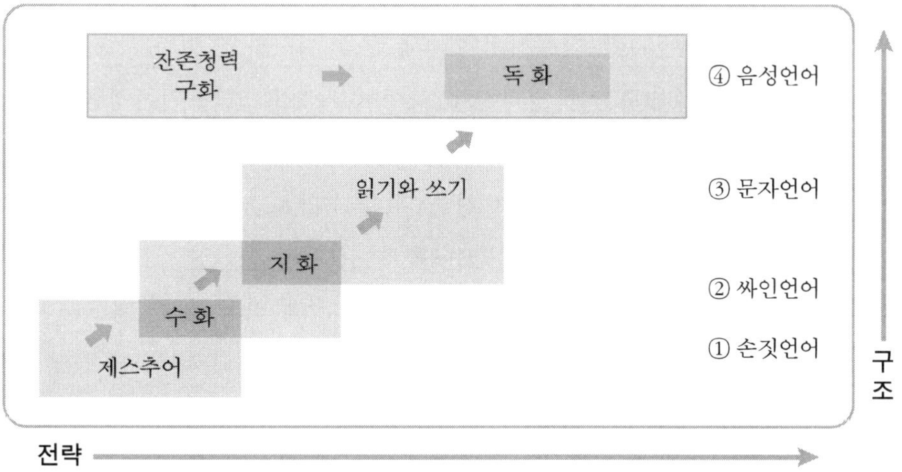

이중언어 · 이중문화 접근에서는 농교육의 성공을 위해서 농문화의 실체를 이해하려는 노력이 함께 수반되어야 한다고 보는 점이다. 그러므로 이중언어 · 이중문화 접근은 농학생에게 농인의 언어와 문화에 대한 지원 체제의 확보라 할 수 있다. 이 때 농학생에게 자연 수화 접근은 매우 중요한 과업이다.

수화의 사용은 농학생의 자아 실현과 학업성취도 및 언어발달을 촉진시킬 수 있을 뿐만 아니라 수요자 중심의 교육을 지향하는 현행 특수학교 교육과정의 취지에도 부합된다고 할 수 있다.

3. 청각장애 학생을 위한 교수전략

(1) 잔존청력 극대화를 통한 구화교육 접근

청각장애 교육은 학생의 청력의 손실 정도에 따라 다양한 교육 접근이 이루어진다. **구화법**(oral method)은 청능훈련을 통한 듣기 기술 개발, 독화와 듣기 수용, 발화로 표현하는 방법이다. 따라서 구화법은 건청인과의 의사소통을 용이하게 하며 읽기 및 쓰기 학습의 바탕이 되며 사회 적응에 도움을 줄 수 있다.

인간의 가청 범위는 16Hz에서 20,000Hz의 대역을 갖고 있다. 그렇지만 회화를 위해 사용하는 회화음역은 불과 250Hz에서 4,000Hz 사이가 된다. 또한 주요 회화음역은 500Hz에서 2,000Hz 사이이므로 청각장애 학생이 이 범위 내의 음을 듣고 변별할 수 있도록 보청기를 착용시켜 청능훈련을 실시하고 있다.

청각장애 교육의 청능훈련은 청각장애 학생이 가지고 있는 잔존청력을 가능한 한 최대로 활용할 수 있도록 전개한다. 또한 개개의 청각장애 학생에 따라 지도 목표, 단계, 방법 등을 달리하여 지도하는 것을 목표로 하고 있다.

청능훈련의 일반적인 목표와 단계는 다음과 같다.

첫째, 음의 인지 단계로서 소리와 소리의 기능을 알게 하고, 듣는 태도를 기른다.

둘째, 음의 변별 단계로서 소리 대별 후, 소리와 그 소리를 내는 사물을 짝짓게 한다.

셋째, 음의 이해 단계로서 자연음과 증폭음을 알게 하고, 말을 듣고 행동으로 옮길 수 있게 한다.

한편, 발성 발어 지도는 음성 언어의 수용 능력을 기르고 이를 바탕으로 음성 언어의 표현 능력을 길러줌으로써 음성 언어에 의한 의사소통이 가능하도록 지도한다. 이와 같이 청각장애아의 구어 능력 신장을 하기 위해서는 청능훈련을 통한 잔존 청력의 발달, 독화 훈련을 통한 말 읽기 능력 발달, 그리고 발성 · 발어 훈련을 통한 구두 표현 능력의 발달이 필수적인 과제가 된다. 이와 같은 활동들은 대개 치료교육 활동 교재를 연구하여 실시하게 된다.

(2) 이중언어 · 이중문화 접근 중심의 교수전략

이중언어 · 이중문화 접근 프로그램은 건청인의 문화와 농문화를 동등한 문화로 인정하는 데에서 출발한다. 이를 살펴보면 〈표 13−3〉과 같다.

〈표 13−3〉에서 이중언어 · 이중문화 접근 프로그램은 농교육의 성패를 위해서는 농인의 정체성을 회복하는 것이다. 그 중 가장 중요한 것이 농인의 언어에 대한 이해이다. 따라서 이중언어 · 이중문화 접근 프로그램에 중요한 구성 요소는 농학생이 자신의 농문화를 받아들여 자아 정체감을 형성하도록 하는 것과 그들의 모국어인 자연 수화에 접근토록 유도하여 학습방법을 개선시키고 궁극적으로 사회 통합을 이루도록 지원하는 내용으로 접근되어야 할 것이다.

표 13-3 이중언어 · 이중문화 접근 프로그램 구성 내용

구성 내용	구성 요소	특 징	제한점
농 문 화	· 농문화 이해 · 농자와의 교류	· 농문화 이해 프로그램 개발 · 농문화 지원 단체와의 교류	· 농문화에 대한 학부모의 거부감
일차 언어	· 자연수화 정착 · 건청인과의 대화	· 일차언어 확립 및 전이 · 수화를 통한 의사소통	· 건청인이 자연 수화 체계를 지도하기 힘듬
학습방법	· 수화를 통한 수업 · 수화통역	· 이차언어 이해 · 수화통역사 지원	· 수화통역사 배치 문제만으로 학습효과가 극대화되는 것은 아님
사회 통합	· 농문화 수용 · 의사소통 향상	· 2bi 접근 프로그램 · 농문화 축세 참여 유도	· 교류를 위한 공간 필요 · 비행과 탈선 예방을 위한 자체 윤리 필요

최근에는 난청학생이 통합교육 현장에 통합되는 사례가 많다. 이러한 경우 통합학급 교사와 난청학생은 의사소통에 어려움을 지니게 된다. 난청학생이 교사의 입술읽기를 통하여 정보를 제공받고자 할 때 교사는 난청학생이 자신의 입모양을 보다 잘 볼 수 있도록 의도적으로 천천히 입모양을 크게 벌려 보여주는 경우가 있는데 이는 오히려 정보가 왜곡되어 전달될 수 있으므로 바람직하지 않고 정보에 해당하는 단서를 반복적으로 자주 제공해 주는 말 추적법을 활용하는 것이 훨씬 더 효과적이다.

4. 청각장애 학생을 대상으로 한 수업 지도안의 실제

(1) 지도안 작성에서 고려한 점

문해 능력이 부족한 청각장애 학생에게 학습습관 및 학업성취의 발달과정을 고려하여 어휘력 신장과 문장이해력에 적절한 학습방법과 수업기술 등을 이용하여 문해 능력을 신장시킬 수 없을까라는 고민을 많이 하게 된다. 청각장애아의 습관화되고 고착화 되어 있는

학습 스타일을 벗어나, 건청인 사회에서 잘 적응하기 위해 자신의 생각과 느낌을 문장이나 종합적인 의사소통 방법에 의하여 문자와 언어활동을 최대한으로 발휘하게끔 지도할 필요가 있다. 따라서 역사적인 인물을 통하여 자신의 생각을 정립하고 바른 심성을 기를 수 있으며, 문해 능력을 신장시키는데 이 수업의 목적이 있다.

(2) 단원의 개관

청각장애 학생에게 실존 인물은 훌륭한 업적과 본받을 만한 일에 대하여 생각해 보는 기회를 통해서 자신의 가치관을 정립시키는데 도움이 되도록 한다.

이 단원에서는 전기문의 성격과 글의 구성 및 인물의 인생 가치관을 인식시키고 훌륭한 업적에 대하여 감동을 받고 겸손한 마음과 사물에 대한 배려의 정신을 함양하는데 도움을 주고자 한다.

① 듣기 · 말하기

이야기를 듣고 자신의 생각이나 느낌을 말하게 하는 행동으로, 이야기를 들을 때는 줄거리를 생각하면서 듣게 하고 느낌을 말할 때에는 단순한 생각을 말하기보다는 이유를 제시하며 말하게 하는 것이 좋다. 아울러 깊은 사고 활동을 통해서 자신의 생각을 분명하고 바르게 나타내도록 하여야 한다.

② 읽기(말 읽기)

글을 읽을 때는 문맥의 흐름을 파악하면서 내용을 읽게 함으로써 흥미를 유발시키며, 특히 말 읽기를 통하여 바른 독순법을 습득하게 하고 조사 및 어휘의 표현이 내용의 상황에 적절하게 표현되도록 한다.

③ 쓰기

글을 읽고 이야기의 줄거리를 요약 · 정리하여 바른 문장을 습득하고 글로 나타내게 한다.

(3) 단원의 학습목표

① 듣기 · 말하기 : 이야기를 듣고 나의 생각과 느낌을 표현할 수 있다.

② 읽기(말 읽기) : 글을 읽을 때는 바른 입 모양을 하고, 문맥의 흐름을 파악하여 책을 읽을 수 있다.

③ 쓰기 : 전기문의 구성 특징을 이해하며 느낀 점을 정리하여 표현할 수 있다.

(4) 지도상의 유의점

첫째, 내용을 읽고 난 후 무엇을 설명하고 있는지를 이해할 수 있도록 문형을 바탕으로 하여 지도한다.

둘째, 수준을 고려하여 어휘력 학습과 문맥의 흐름 파악에 중점을 둔다.

셋째, 학습에 대한 자신감과 흥미를 가질 수 있도록 동기를 유발하게 한다.

넷째, 글의 짜임을 이해하고 문맥의 흐름을 파악하도록 한다.

다섯째, 다양한 예시문을 통하여 문장력이 향상될 수 있도록 한다.

여섯째, 글의 내용을 요약하여 표현하는 능력을 기르게 하며 학생수준에 적절한 내용을 찾아 지도한다.

(5) 단원의 차시 지도계획

구 분	차 시	학습활동(학습내용)	자료 및 유의점
단원의 길잡이	1/4	· 전기문의 정의 · 전기문의 특징 알기 · 전기문의 짜임 이해하기	· 학습지 · 실물화상기 · PPT
황희에 대하여 내용을 알아보기	2/4	· 역사 인물 중 황희에 대해 조사하여 발표하기 · 황희의 성장과정과 업적에 대하여 이야기하기 · 문단의 요지 파악하기	· 학습지 · 실물화상기 · PPT
줄거리 파악하기	3/4	· 낱말 익히기 · 문장의 구조 파악하기 · 상황에 맞게 그림으로 표현하기	· 학습지 · PPT · 그림자료
내용을 요약 · 정리하여 본받을 점 이야기하기	4/4	· 내용을 요약하여 주제 발표하기 · 전기문을 통하여 인물이 남긴 업적과 본받을 점을 이야기하기	· 학습지 · PPT

① 학생 개인별 기초 학력 및 행동 특성 분석

이름(수준)	성별	청력		학습 및 행동 관찰	
		좌	우	학습면(문해능력 중심)	행동면
가** (II수준)	남	98dB	89dB	· 문장성분 중 관형어의 개념이 부족함 · 어휘력이 빈약하나 간단한 문장은 이해함	기숙사에서 생활하고 있으며 차분한 성격이나 학습 환경의 조성이 요구됨
나** (II수준)	남	90dB	100dB	· 기초적인 문형은 이해함 · 어순에 맞는 문장 표현력이 부족함	통학생으로 성격이 온순하나 소극적임
다** (I수준)	남	76dB	78dB	· 조사의 활용능력이 부족함 · 수식언이 포함된 문장의 표현력이 부족함	기숙하며 성격이 쾌활하고 매사에 적극적이나 자제력이 요구됨
라** (I수준)	남	96dB	79dB	· 기본 어휘를 이해함 · 문단의 요지를 파악할 수 있음	기숙하며 행동이 바르고 차분함
마** (I수준)	여	120dB	120dB	· 문장의 요지를 파악할 수 있음 · 자신의 생각을 간단한 문형을 사용하여 문장으로 표현할 수 있음	통학을 하며 성격이 온순하고 책임감과 자신의 주장이 강함
바** (I수준)	여	90dB	120dB	· 문단의 요지 및 주제를 파악할 수 있음 · 자신의 생각을 간단한 글로 표현할 수 있음	기숙하며 활발한 성격이나 학습 환경의 조성이 요구됨
사** (II수준)	여	103dB	120dB	· 어휘력과 표현력이 다소 부족함 · 간단한 문형을 이해함	통학하며 예의가 바르나 고집이 강하고 결단력이 요구됨
아** (II수준)	남	110dB	120dB	· 문법적 기본지식이 부족함 · 기초적인 어휘력은 있으나 문단의 요지를 파악하기 어려움	통학하며 성격은 온순하나 학습 의욕이 떨어져서 가정 지도가 요구됨
자** (II수준)	남	100dB	104dB	· 간단한 문장은 이해함 · 어휘를 활용한 간단한 문장을 표현할 수 있음	기숙하며 새로운 환경에 잘 적응하며 친구들과 사교성이 두터움

② 학생 실태 분석 결과

- 학습의 개인차가 크다.
- 대부분 기초 학력과 학습의욕이 떨어진다.
- 통학 학생보다 기숙사에서 생활하는 학생들의 가정학습이 이루어지지 않고 있다.

(6) 본시 교수 · 학습과정안

<table>
<tr><td>단원</td><td>황 희(소 이야기)–전기문</td><td>차시</td><td>3/4</td><td>지도교사</td><td>윤 * *</td></tr>
<tr><td>대상</td><td colspan="3">고등부 2학년, 남(6)명, 여(3)명, 계 (9)명</td><td>장 소</td><td>고등부 2학년 교실</td></tr>
<tr><td>본시 주제</td><td colspan="4">이휘의 뜻을 이해하고 내용의 요지를 파악하기</td><td>좌석배지도</td></tr>
<tr><td>학습 목표</td><td colspan="4">· 어휘의 뜻을 이해하여 내용 이해하기
–줄거리를 파악하여 요지를 설명할 수 있다. I 수준(중)
–어휘의 뜻을 이해하고 간단한 문장을 익혀 표현할 수 있다. II 수준(하)</td><td rowspan="3">◈교사
● ● ● ●
(● – I 수준.
– II 수준)</td></tr>
<tr><td>프로 그램명</td><td colspan="4">조작자료. PPT. 실물화상기</td></tr>
<tr><td>예습적 과제</td><td colspan="4">본문에 나오는 모르는 어휘의 뜻을 알아오기</td></tr>
</table>

<table>
<tr><td rowspan="3">학습 단계</td><td rowspan="3">학습요소</td><td colspan="3">교수–학습 활동</td><td rowspan="3">시간</td><td rowspan="3">자료 및 유의점</td></tr>
<tr><td rowspan="2">교사활동</td><td colspan="2">학생활동</td></tr>
<tr><td>I 수준</td><td>II 수준</td></tr>
<tr><td rowspan="2">도입</td><td rowspan="2">· 학습분위기 조성
–출석 확인–
· 발성 · 발화 연습
· 전시 학습 확인 및 동기유발
▸ 학습목표 제시</td><td>· 이름 부르기
· 발성연습(목, 혀, 입술)
· 발화연습(어휘 읽기)

· 황희의 관직은?
· 줄거리 확인하기</td><td colspan="2">· 대답하기
· 오토바이 소리 흉내 내기
· 정확한 조음점을 생각하며 단어 읽기
· 성균관의 학관(현 교수)
· 무더운 여름날 나무 그늘에 쉬면서 선비와 농부가 여러 가지 이야기를 했다.</td><td rowspan="2">7′</td><td rowspan="2">· 큐드 스피치
· PPT</td></tr>
<tr><td colspan="3">【줄거리를 파악하는 방법과 요지를 설명할 수 있다.】</td></tr>
</table>

전개	· 본문을 읽고 어휘 및 문장의 뜻 알기	· 다음 단어는 무슨 뜻입니까? ① 내젓다 ② 핥다 ③ 속삭이다 ④ 흉 ⑤ 배려하다 · 다음 문장의 뜻은 무엇입니까? ① 꾀만 부린다. ② 좋아할 리가 있겠어요?	· 제시한 문장을 설명한다.	단어의 뜻을 설명한다.	26′	· PPT · 조작자료 · 실물화상기
	· 줄거리 파악하기 · 요지 알기	· 이 글은 모두 몇 문단으로 나눌 수 있습니까? · 이 글의 줄거리를 발표하여 봅시다. · 1문단을 그림으로 표시하여 보자. · 2문단을 그림으로 표시하여 보자. · 줄거리를 설명한다. · 이 글의 요지는 무엇인가?	· 6문단 · 줄거리를 발표한다. · 자신의 생각과 비교하여 본다. · 요지를 발표한다.	· 줄거리를 그림으로 나타낸다.	26′	· 조작자료 · 실물화상기 ① 내용을 읽을 때는 일이 일어난 순서를 생각하면서 읽는다. ② 긴 문장은 짧은 문장으로 세분하여 내용을 파악한다.
정리	· 학습정리 · 형성평가 · 차시예고 및 과제제시	· 줄거리를 요약하고 요지를 정리한다. · 평가지 배부 · 주제 및 본받을 점을 조사해오기	· 황희는 농부의 지혜로움과 모든 사물에 대한 배려의 마음을 마음 속에 새겼다. · 평가문제를 해결한다.		7′	· 조작자료 · 실물화상기 · 평가지

판서 계획	형성평가
1. 단어 학습 : ① 내젓다 ② 훑다 ③ 속삭이다 ④ 흉보다 ⑤ 배려하다	1. "가만히 속삭이다"의 문장과 비슷한 뜻을 가진 단어를 찾아 쓰시오. ( )
2. 문장 학습 : ① 꾀만 부린다. ② 좋아할 리가 있겠어요?	2. 위 글에서 선비는 누구입니까? ( ) 3. 선비가 농부의 행동을 보고 느낀 점을 쓰시오. (① ②)

(7) 평가

① 평가의 관점

학생들이 내용을 파악하기 전에 어휘를 잘 이해하고 있고, 줄거리 이해를 위한 내용의 순서를 바르게 이해하고 있는가에 대하여 평가를 한다. 또한 학생들의 참여도 및 상호작용이 잘 이루어지고 있으며, 발표할 때 자연스럽고 조리있게 발표하는지 태도를 평가한다.

② 평가 목표

- 제시된 어휘를 잘 이해하고 있는가?
- 문단의 내용을 순서대로 이해하고 있는가?
- 요지를 잘 파악하고 있는가?

③ 평가방법

- 제시된 어휘를 보여주고 교통기관의 소리를 듣고 말하게 한다
- 여러 가지 기관들을 보고 위치를 알게 한다.
- 가상 경험을 통해서 잘하게 한다.

④ 형성평가지

형성평가
1. 선비가 궁금해 한 것은 무엇인가요? ① 농부의 나이 ② 높은 관직에 오를 수 있는 방법 ③ 두 마리 소 중에서 어느 소가 더 일을 잘 하는 지 ④ 두 마리 소 중에서 어느 소가 더 많이 먹는 지 2. 농부가 ㉠처럼 행동한 이유는 무엇이었는지 써 보세요. (이야기의 내용을 소들에게 들리지 않도록 하기 위해서) 3. 알맞게 이어 보세요. 1) 누렁소 · · ㉮ 꾀만 부린다. 2) 검정소 · · ㉯ 힘도 세고 일도 잘 한다. 4. ㉡은 누구를 가리키나요? (농부) 5. 다음 밑줄 친 낱말과 뜻이 비슷한 낱말을 찾아 써 보세요. · 농부는 선비에게 귓속말로 말했습니다. → (귀엣말) 6. ㉢문장의 올바른 뜻은 무엇인가요? (좋아하지 않는다) 7. 선비가 농부의 행동을 보고 느낀 점을 모두 골라 보세요. ① 지혜로움 ② 거만함 ③ 사물에 대한 배려 ④ 검소한 생활

형성평가
1. "가만히 속삭이다"의 문장과 비슷한 뜻을 가진 낱말을 찾아 쓰시오. (귀엣말) 2. 위 글에서 선비는 누구입니까? (황희) 3. 선비가 농부의 행동을 보고 느낀 점을 쓰시오. (① 지혜로움 ② 사물에 대한 배려의 마음)

이상과 같이 시각장애 학생과 청각장애 학생은 시각과 청각이라는 감각 기관의 손상으로 말미암아 특수한 교육적 요구가 나타난다. 이들 장애영역은 인지능력이 비장애학생 보다 떨어지지 않으므로 교수자의 효율적인 교수－학습 전략에 따라서는 일반학생과 같은 높은 수준의 학습효과를 기대할 수 있다.

따라서 특수교사는 감각기관의 손상을 지닌 학습자의 교육적 요구를 잘 파악하여 그에 상응하는 교수－학습 지도방법을 구안하여 적용시킬 수 있는 전문성을 신장시켜 나가야 할 것이다.

연습문제

01 시각장애 학생의 특수한 교육적 요구에 대해 설명해 봅시다.

02 시각장애 학생을 위한 교수－학습 환경에 대해 설명해 봅시다.

03 청각장애 학생의 특수한 교육적 요구에 대해 설명해 봅시다.

04 시각장애 학생을 위한 바람직한 교수－학습 환경에 대해 설명해 봅시다.

05 청각장애 교육에서 이중언어 · 이중문화 접근 중심의 교수전략에 대해 설명해 봅시다.

06 시각장애 학생의 교육에서 요구되는 교수－학습 지도의 원리에 대해 토의해 봅시다.

07 청각장애 학생의 교육에서 요구되는 교수－학습 지도의 원리에 대해 토의해 봅시다.

Chapter 14

지체부자유 및 중도 · 중복장애 교수-학습 지도의 실제

❖ 제1절 지체부자유 학생의 교수-학습 지도

❖ 제2절 중도 · 중복장애 학생의 교수-학습 지도

Paragraph 01

지체부자유 학생의 교수-학습 지도

1. 지체부자유 학생의 교육적 요구

지체부자유는 지체의 기능, 형태상의 장애를 지니고 있고 체간의 지지 또는 손발의 운동, 동작이 불가능하거나 곤란하여 일반적인 교육 시설을 이용한 학습이 곤란한 장애를 의미한다.

이와 같이 「특수교육진흥법」 시행 규칙에서 제시하고 있는 지체부자유 교육 대상자 정의는 〈표 14-1〉과 같다.

표 14-1 지체부자유 진단 · 평가 · 심사 및 선정기준(「특수교육진흥법」 시행령 제9조 제2항)

① 체간 기능의 장애가 체간을 지지할 수 없거나 곤란한 정도인 자 ② 상지의 기능 장애가 필기를 불가능하게 하거나 곤란한 자 ③ 하지의 기능 장애가 보행하기에 불가능하거나 곤란한 정도의 자 ④ 지체 기능 장애가 위 각호의 장애 정도에 미치지 못하더라도 6개월 이상의 의료적 치료가 필요한 자를 대상자로 한다.

따라서 원인에는 관계없이 사지 및 체간 기능의 부자유로 인하여 그대로 두면 장차 자활이 곤란한 학생을 지체부자유자라 정의한다.

지체부자유 학생의 심리 및 행동 특성으로는 다음과 같다.

인지능력 면에서 소아마비와 근이영양증 학생의 지능은 소아마비, 근이영양증 자체가 지적기능에 영향을 미치지 않기 때문에 비장애학생의 지능과 차이가 없으며 이분 척추 학생은 뇌수종이나 기타결함이 이분 척추와 연합되어 있는 경우를 제외하고 지능에 문제를 보이지 않는다. 뇌성마비 학생 중에는 정신지체를 보이거나 보통 또는 그 이상 우수한 잠재력을 보이는 학생도 있으나 평균적으로 비장애학생의 평균 지능보다 낮은 편이다.

지체부자유 학생 중 일부는 병원에 입원하여 지속적으로 치료를 받고 있거나 가정에서 장기간 요양 등으로 학교생활을 정상적으로 할 수 없어서 비장애학생과 비슷한 지능과 동기를 지니지만 학업성취에 있어서 또래보다 떨어질 수 있다. 그러나 경도의 지체부자유 학생의 경우 학습 결손을 보이지 않으며 중증의 만성 건강장애를 지닌 학생 중에도 높은 수준의 학업성취를 보이기도 한다.

반면, 신경 장애학생은 지능 및 지각의 결함으로 인하여 학업성취가 다소 낮을 수 있다. 특히, 지체부자유 학생 가운데 뇌성마비 학생은 지각 활동에 많은 장애를 지니기도 하는데 이러한 지각 장애로는 공간 위치의 장애, 시운동 협응 장애, 항상성, 시지각 장애, 촉지각 장애 등을 들 수 있다. 지각 장애는 학생이 외계의 사물을 제대로 인식하지 못하는 것으로 읽기, 쓰기, 셈하기 등의 학습활동을 방해하거나 일상생활 적응에 영향을 미치기도 한다. 그 외에도 다수의 뇌성마비 학생은 주의 산만, 과잉행동, 과소 행동, 주의 고착, 과도한 불안, 충동성 등의 주의 장애가 학업과 일상생활에 부정적인 영향을 준다.

지체부자유 학생은 비장애학생과 같은 기본적 욕구가 충족되기를 원하지만, 운동기능 장애 등으로 동작이 부자유스럽고 표현 수단인 언어의 장애 등으로 욕구 불만이 나타나기도 한다. 이러한 점 때문에 사회로부터의 도피나 자신의 욕구를 무의식적으로 억압하거나 대상 행동, 퇴행 행동, 열등감과 같은 정서적 문제를 나타내기도 한다.

특히, 뇌성마비 학생 가운데 뇌기능 부전에 의하여 침착성 결여, 주의력 결핍, 과잉행동, 전도성, 고집성 등과 같은 문제를 지니는 경우도 있다.

2. 지체부자유 학생을 위한 교수-학습 활동

지체부자유 학생을 위한 교수-학습 활동은 본질적 측면에서 비장애학생의 교육의 기본적 입장과 다르지 않다. 따라서 지체부자유 학생은 비장애학생과 마찬가지의 국민공동기본교육과정이 제시한 교과 중심 교육과정을 따르나 중도 · 중복장애 학생의 교육활동은 일차적으로 일상생활을 원만하게 수행할 수 있도록 일상생활 동작을 획득하기 위한 생활 기능 중심의 경험 학습이 강조되기도 한다. 또한 장애를 극복할 수 있는 치료교육활동이 강조된다. 뿐만 아니라 자기 표현활동이 강조되며 자신의 의지를 향상시켜 주는 교육활동 등도 중요하다.

따라서 지체부자유 학생은 주위 환경을 극복하고 적응해 나아가기 위해서는 기본적 생활 습관 형성이 중요하다. 그러나 기본적 생활 습관을 형성해 나가는데 많은 시간이 요구되므로 놀이 또는 감각 · 운동의 지각을 통하여 점진적 발전이 이루어지도록 지도하여 나간다. 또한 다수의 지체부자유 학생은 의사 전달 능력이 떨어지기 때문에 인간관계를 형성해 나가는데 기본이 되는 기능적 말하기 지도가 요구된다.

3. 지체부자유 학생을 위한 교수 – 학습 전략

지체부자유 학생의 지도는 개별 지도와 발달 단계에 맞추어 집단 활동을 풍부하게 실시할 수 있도록 한다. 지체부자유 학생을 지도하기 위해서는 먼저 학생과 학생을 둘러싸고 있는 주위 환경에 대한 실태 파악이 분석적으로 이루어져야 한다. 또한 지체부자유 학습자와 교수자와의 관계가 안정되고 학습자 상호간의 관계가 형성되면 이질 집단 속에 참가하여 학습에 참여하도록 한다.

4. 지체부자유 학생을 대상으로 한 수업 지도안의 실제

(1) 단원 : 4. 찾아보세요(즐거운 생활)

(2) 단원의 개관

아동은 하늘에 떠있는 구름의 모양에서 여러 가지 모양들을 발견하고 신기해 하며 여러 가지 상상을 해 보기도 한다. 이와 같이 자연 현상에서 나타나는 여러 가지 모양이나 다양한 방법을 통해 아름다움을 느끼게 하고 표현에 자신감을 가지게 할 수 있다.

이 단원에서는 생활 주변에서 쉽게 구할 수 있는 여러 가지 모양들을 표현하는 데칼코마니, 물뿌리기 기법이나 퍼즐 놀이판 만들기, 색 혼합 활동을 통해 우연적인 아름다움을 발견하고 그 표현이 다양함을 이해하도록 지도한다. 또한 봄에 들을 수 있는 소리를 찾아보고 소리를 흉내 내거나 소리에 나타나는 리듬을 움직임으로 표현해 보는 활동을 학습내용으로 구성하였다. 봄의 소리를 찾아보고 표현하는 학습활동은 즉흥 표현이어야 하므로 어린이들이 나름대로 표현한 내용이나 방법은 그래도 인정해 주어서 어린이들이 자유롭게 활동할 수 있도록 해야 한다. 이 단원에서는 아름다움을 발견하고 표현하는 다양한 방법을 이해하고, 자연의 아름다움을 발견하고 자연과 보다 친숙해지는 정서를 가질 수 있도록 지도한다.

(3) 단원의 목표

① 다양한 방법에 의한 우연적이고 의도적인 효과를 알고 나타낼 수 있다.
② 다양한 재료로 혼색의 방법을 익히고 그 특징을 안다.
③ 그림이나 사진을 오려서 재미있게 재구성하여 나타낼 수 있다.
④ 봄의 특징을 이동, 비이동 움직임으로 표현할 수 있다.
⑤ 몸의 모양이나 방향을 다르게 하여 걷거나 뛸 수 있다.
⑥ 다양한 재료로 혼색의 방법을 익히고 그 특징을 안다.

(4) 차시별 학습 계획

차 시	주 제	주요 내용 및 활동	학습 자료
1~2차시	봄의 소리 찾아보기	· 봄철 자연의 소리 찾아 흉내내기 · '벌아 벌아 꿀 떠라' 노래 부르기	
3~4차시	봄의 특징을 움직임으로 표현하기	· 봄의 특징을 찾아 이동, 비이동 움직임으로 나타내기	
5~6차시 (본시)	여러 가지 모양 표현하기	· 물감을 이용하여 표현하기 (데칼코마니, 비누방울 거품 내어 찍기, 물감이 섞인 분무기로 뿌리기)	주방용 세제, 빨대, 종이컵, 물컵, 분무기, 물감, 앞치마, 스케치북
7~8차시	손가락으로 여름의 풍경 표현하기	· 손가락을 이용해서 다양한 색으로 나타내기	스케치북, 크레파스, 파스텔

① 학생 개인별 기초 학력 및 행동 특성 분석

이름(수준)	학습 및 행동 관찰
가** (Ⅰ단계)	지체부자유 양손기능과 작업능력 양호함. 주어진 밑그림에 색칠 가능하나 창작하기에는 어려움이 있음.
나** (Ⅰ단계)	뇌수종 안구진탕으로 인하여 초점을 맞추는데 어려움 있음. 양손기능과 상지기능 좋음. 주어진 밑그림에 색칠 가능함.
다** (Ⅱ단계)	지체부자유, 언어장애 양손 사용에 어려움 있음. 집중력 양호함. 그림으로 자신의 생각을 거칠게 나타낼 수 있음.
라** (기초가단계)	지체부자유 양손 사용은 가능하나 주로 왼손을 사용함. 색구별 어려움. 주어진 공간 안에 거칠게 색칠하기 가능함.
마** (기초나단계)	왼쪽 편마비 오른손을 주로 사용함. 색구별 어려움. 무엇이든지 입으로 가져감. 주의집중력 약함. 미세기능은 어려우나 주어진 공간 안에 거칠게 색칠 가능.
사** (기초나단계)	지체부자유 색구별 어려움. 주의집중력이 약하나 관심 있는 영역에서는 집중력을 보임. 주어진 공간에 거칠게 색칠하기 가능함. 주로 왼손을 사용함.
아** (기초나단계)	지체부자유 간단한 생활적인 지시어 수용가능 하고 호명에 대답할 수 있으나 학습적인 인지력과 기본적인 사물에 대한 개념 매우 부족함. 의도적인 손사용 어려움.
자** (기초나단계)	지체부자유 간단한 생활적인 지시어 수용 가능함. 학습적인 인지력과 기본적인 사물에 대한 개념 부족함. 색연필을 쥐어주면 낙서 약간 가능함.

(5) 지도상의 유의점

① 참고 작품을 통해 다양한 표현 방법과 효과를 알게 한다.

② 한 가지 기법보다는 여러 가지 기법으로 표현할 수 있도록 지도한다.

③ 참고 작품은 재료의 사용 방법 등을 알려 줄 때만 활용하여 어린이들이 참고 작품을 모방하는 일이 없도록 한다.

④ 봄의 소리 찾기 학습에서는 학교 주변의 자연 환경을 최대한 이용하도록 한다. 대도시

등에 소재하는 경우에는 가까운 자연 환경을 접할 수 없으므로 학습에 적절한 영상물이나 녹음 자료 등을 사전에 준비하여 활용하도록 한다.

⑤ 재미있는 특징이 드러난 사진이나 화보를 충분히 준비하도록 한다.

(6) 즐거운 생활 교수−학습 지도안

<table>
<tr><td>단원</td><td>4. 찾아 보세요</td><td>차시</td><td>6/8</td><td>일시</td><td>2006.5.24.수
(3교시)</td><td>대상</td><td>초2
개나리반</td><td>장소</td><td>개나리반</td><td>지도
교사</td><td>신 * *</td></tr>
<tr><td>선수
학습
능력</td><td colspan="6">· 여러 가지 표현방법 중 데칼코마니, 불기, 번지기 등을 활용하여 우연히 나타나는 무늬를 얻을 수 있음</td><td colspan="3">· 도움 받아 여러 가지 표현방법을 활용하여 우연적인 무늬를 얻을 수 있음</td><td colspan="2">· 도움 받아 표현활동 재미있게 참여할 수 있음</td></tr>
<tr><td>학습
목표</td><td colspan="6">여러 가지 표현 방법 중 뿌리기의 특징을 알고 기법을 활용하여 표현할 수 있다.</td><td colspan="3">· 도움 받아 물감 섞은 분무기를 이용하여 표현할 수 있다.</td><td colspan="2">· 도움 받아 표현활동에 재미있게 참여할 수 있다.</td></tr>
<tr><td>자료</td><td colspan="11">스케치북, 분무기, 물감, 모양을 오린 종이, 앞치마, 물수건, 크레파스, 풀</td></tr>
</table>

<table>
<tr><td colspan="2">교수−학습 과정</td><td colspan="4">교수−학습 활동</td><td rowspan="3">시간</td><td rowspan="3">자료 및
유의점</td></tr>
<tr><td rowspan="2">단계</td><td rowspan="2">학습요소</td><td rowspan="2">교 사</td><td colspan="3">학 생</td></tr>
<tr><td>가**, 나**, 다**, 라**</td><td>마**, 바**</td><td>사**, 아**</td></tr>
<tr><td rowspan="3">도입</td><td rowspan="2">▸ 전시
학습
상기</td><td>▸ 주의집중</td><td colspan="3">▸ 바른 자세로 앉아 엄마별 아기별 손 유희 따라하기−바른 손</td><td rowspan="3">5′</td><td rowspan="3">유) 비누방울 거품 내어 찍어보았을 때 느낌이 어땠는지, 비누방울 거품을 어떻게 낼 수 있었는지 말하도록 한다.
자)PPT 자료</td></tr>
<tr><td>▸ 전시학습
상기시키기</td><td>▸ 여러 가지 표현 방법 중 비누방울 거품을 내어 찍어 본 경험 이야기 나누기</td><td>· 언어적 도움을 받아 비누방울 거품 내어 찍어보았나는 것 이야기 나누기</td><td>· 친구들의 말에 관심 가지기</td></tr>
<tr><td>▸ 공부할
문세</td><td>▸ 공부할 문
제제시</td><td colspan="3">· 다함께 공부할 문제 큰 소리로 읽기
여러 가지 표현 방법 중 뿌리기의 특징을 알고 기법을 활용하여 표현해 봅시다.</td></tr>
</table>

	▸흥미 유발	▸예시작품 보여주며 발문하기	▸교사가 준비한 예시작품 보기 ▸예시작품을 보고 어떻게 만들었을지 상상해보기 –크레파스로 그렸어요~	–언어적 도움 받아 말하기	–친구들 말에 주의하여 듣기		자)예시작품, PPT 유)교사는 예시작품을 보고 상상할 수 있도록 발문한다.
		▸뿌리기의 특징 발표시키기 –가루같은 느낌이 난다. –색체의 농담이 생긴다. –새로운 질감을 맛볼 수 있다.	–물감을 뿌려서 그렸어요 ▸뿌리기의 특징을 말한다. –가루같은 느낌 –이슬 –부드러운 느낌	–물감이요~ –언어적 도움 받아 말하기 –안개, 떡가루			유)물감이 옷에 묻을 수 있으므로 앞치마를 입고 한다. 유)뿌리기의 특징을 발견할 수 있도록 발문한다.
전개		▸주의사항 알려주고, 약속받기	▸오늘 수업시간에 지켜야 할 주의사항 이야기하기 –물감을 친구 얼굴이나 옷에 뿌리지 않기 –물감은 스케치북에만 뿌리기 –물감 먹지 않기				
	▸표현방법 알기 ▸작품 표현하기	▸표현방법 시범보이기 및 작품표현하기	▸교사가 어떻게 작품을 만드는지 시범보기 –크레파스로 뿌린 후 그리기 ▸활동1 〈크레파스로 그린 후 뿌리기〉 ① 좋아하는 색 선정하기 ② 스케치북에 마음껏 그리기 ③ 분무기로 물감 뿌리기	▸활동1 〈크레파스로 그린 후 뿌리기〉 ① 좋아하는 색 선정하기 ② 스케치북에 마음껏 그리기 ③ 도움 받아 분무기로 물감 뿌리기	▸활동1 〈크레파스로 그린 후 뿌리기〉 ① 좋아하는 색 선정하기 ② 도움 받아 스케치북에 마음껏 그리기 ③ 도움 받아 분무기로 물감 뿌리기	30′	유)물감이 묻을 수 있으므로 물수건을 준비한다. 유)교사는 분무기에 미리 물감을 넣어 섞어 놓는다. 자)스케치북, 크레파스, 물감을 넣은 분무기

전개		－모양종이를 붙인 후 뿌리기	▸ 활동2 〈모양종이를 붙인 후 뿌리기〉 ① 마음에 드는 모양 고르기 ② 스케치북에 종이 붙이기 ③ 분무기로 물감 뿌리기	▸ 활동2 〈모양종이를 붙인 후 뿌리기〉 ① 마음에 드는 모양 고르기 ② 도움 받아 스케치북에 종이 붙이기 ③ 도움 받아 분무기로 물감 뿌리기	▸ 활동2 〈모양종이를 붙인 후 뿌리기〉 ① 마음에 드는 모양 고르기 ② 도움 받아 스케치북에 종이 붙이기 ③ 도움 받아 분무기로 물감 뿌리기		유)다양한 모양종이를 준비한다. 자)모양종이, 풀, 물감을 넣은 분무기
정리 및 평가	▸ 작품감상하기 및 여러 가지 표현 방법 비교	▸ 아동작품 질판 게시 및 감상시키기	▸ 자기 작품 자랑하기(마**, 바**, 다**, 라**) ▸ 자신의 작품 중 재미있는 부분 찾아 친구들에게 말하기(다**, 라**)				유)자기 작품과 친구의 작품에서 재미있는 부분을 찾을 수 있도록 한다.
			▸ 친구작품 칭찬하기 －친구의 작품 중 재미있는 부분 찾아 칭찬하기 －친구의 것과 자기의 것 비교하기				
	▸ 차시 예고	▸ 차시예고 하기	▸ 손가락으로 여름의 풍경표현하기				

학생명	평가관점
가**, 나**, 다**, 라**	· 여러 가지 표현 방법 중 뿌리기의 특징을 말할 수 있는가? · 뿌리기 기법을 활용하여 표현할 수 있는가?
마**, 바**	· 도움 받아 물감 섞은 분무기를 이용하여 표현할 수 있는가?
사**, 아**	· 도움 받아 표현활동에 재미있게 참여하였는가?

Paragraph 02

중도 · 중복장애 학생의 교수-학습 지도

1. 중도 · 중복장애 학생의 교육적 요구

중도 · 중복장애 학생은 심신의 장애 정도가 심하거나 두 가지 이상의 장애를 가진 학생을 의미한다. 따라서 중도 · 중복 장애(multiple handicapped)는 심신 장애 정도가 무겁고 장애가 두 가지 혹은 그 이상 중복되어 있는 경우를 뜻한다.

중도 · 중복 장애 특징은 신체 발육이 현저하게 지체되었거나 허약하여 대개 누워만 있거나 근육의 긴장이 강하며 체중의 증가는 두드러지게 변화하지 않는다. 이들은 이동 능력이나 손 운동기능의 발달이 현저하게 지체되어 있으며 운동장애와 근긴장의 불균형이 나타나는 경우도 많다. 이러한 현상은 연령이 증가함에 따라 고정화되는 경향이 있어서 뒤집기, 기어가기, 앉기, 서기, 걷기 등의 이동 운동 기능과 손 운동 기능의 발달이 현저하게 지체되거나 기능적 장애가 발생되기 쉽다.

한편, 중도 · 중복장애학생은 음식물 섭취가 곤란하다. 즉, 호흡 근육, 안면 근육, 음식물을 씹는 근육 활동이 원만하지 못해 음식물을 저작하고 운반하며 호흡을 일시적으로 정지하고 음식물을 삼키는 활동이 어려우며 고통을 느끼지 못하고 온 · 냉각, 촉각 등에서 감각 장애를 지니는 경우도 있다.

중도 · 중복장애 학생은 생리적 자기 조절 기능에 문제를 지니며 호흡 근육의 상호 협응 운동이 원활하지 못해 숨을 깊게 들여 마시지 못하고 호흡수가 과다하거나 불규칙하며 체온조절 기능이 현저하게 떨어지는데 이는 체온 중추가 미숙하거나 땀을 조절하는 기능이 원활하지 못하여 외부 기온의 영향을 받아 나타나는 현상 때문이다.

지적 능력에 있어서도 현저하게 떨어지는 경우가 많아 1세 미만인 경우가 많으며 6개월 이전에 고착되는 경우도 많다. 특히 탐색, 조작 능력, 언어 능력이 현저하게 빈약하고 상호 의사 전달 수단으로 언어를 사용하기 곤란하다. 반면, 자기 스스로 걸을 수 있는 중도 · 중복 장애아는 발달 연령이 2세 이상인 경우도 있다.

2. 중도 · 중복장애 학생 교육의 필요성

학령기의 모든 장애학생은 교육받을 권리가 있다. 중도 · 중복 장애학생도 예외는 아니다. 중도 · 중복장애 학생의 교육은 보다 교육적, 의료적, 복지적 접근이 이루어져야 효과를 얻을 수 있으므로 의료적 프로그램, 교육적 프로그램, 가정 프로그램이 관련을 갖고 지도계획이 설정되어야 하며 부모의 참가와 협조가 적극적으로 요구된다.

한편, 중도 · 중복 장애에 대한 평가는 학생의 발달 과정을 정확히 평가해야 한다. 중도 · 중복장애 학생의 발달은 비장애학생의 경우와 질적으로 동일하지만 그 발달이 극히 미미하고 매우 지체되어 있어 그 변화를 파악하기 힘들기 때문에 미미한 변화와 지체되어 있는 발달을 파악하기 위한 관찰과 기록이 중요하다.

따라서 교수자는 중도 · 중복장애 학생의 발달 과정을 가능한 한 세밀하게 관찰하고 기록하여야 한다. 변화 정도를 매일 변화하는 과정을 기록하여 지도계획에 활용할 수 있어야 한다.

3. 중도 · 중복장애 학생을 대상으로 한 치료교육활동의 실제

제7차 특수학교 치료교육활동 교사용 지도서와 보완 교재는 전자도서(CD-ROM)로 개발되어 있다. 치료교육활동 보완 교재는 학습자의 장애영역과 수준에 따라 즉시 적용시킬 수 있도록 프로그램 32권의 전자도서 속에는 개별화 교육계획(IEP)과 단위수업계획서(IPD)가 수록되어 있다. 따라서 교수자는 보완 교재 속의 IPD를 장애학생의 특성과 장애 정도 등을 고려하여 수정 또는 보완을 거쳐 교수–학습 지도안을 작성할 수 있다. 뿐만 아니라 각각의 프로그램에는 그림, 글자, 영상 자료들이 수업 활용 자료로서 이용될 수 있도록 되어 있어 이를 다양하게 활용할 수 있다.

치료교육활동 전자도서 활용의 실제를 살펴보면 다음과 같다.

먼저 중도 · 중복장애 학생을 관찰하여 본 결과 치료교육활동 영역 가운데에서도 물리치료 활동이 필요하게 되었으며 현재 학습자의 수준에 맞는 프로그램을 찾기 위해 〈표 14–2〉를 통해 프로그램을 선택할 수 있다.

표 14-2 중도 · 중복장애 학생의 프로그램 선정

연번	영 역	단 원	주 제	제 재	자료번호
1	상지의 동작	파지 기능	주먹 쥐고 펴기	손가락 운동하기	41001
2				주먹 쥐고 펴기	42002
3			잡고 놓기	물건 잡아 보기	41003
4				물건 잡고 놓기	41004
5			양손으로 옮겨 잡기	양손으로 물체 잡기	41005
6				손으로 물체 옮기기	41006
7			들고, 놓고, 옮기기	양손으로 물체 옮기기	41007
8				물체 세우고 눕히기	41008
9			집어 내고 담기	손가락으로 물체 쥐기	41009
10				물체 옮겨 담기	41010
11			구겼다 펴기	종이 구겼다 펴기	41011
12				철사 구부렸다 펴기	41012
13			움직이는 물체 잡기	움직이는 물체 눈으로 따라가기	41013
14				움직이는 물체 잡기	41014
15		조작 기능	누르기	손바닥으로 누르기	41015
16				손가락으로 누르기	41016
17			두드리기	주먹 쥐고 두드리기	41017
18				손가락으로 두드리기	41018
19			튀기기	손가락으로 튀기기	41019
20				물체 튀기기	41020
21			돌리기	나사 돌리기	41021
22				핸들 돌리기	41022
23			끼우기	나무 구슬에 손가락 끼우기	41023
24				막대기에 구슬 줄 꿰기	41024
25			줄 꿰기	나무 구슬에 줄 꿰기	41025
26				구슬에 줄 꿰기	41026
27			맞추기	형태 맞추기	41027
28				퍼즐 맞추기	41028

치료교육활동 보완 교재는 전자도서로서 〈표 14-2〉에서 보는 바와 같이 자료 번호마다 IPD가 개발되어 탑재되었다. 그러므로 교수자는 현재 중도 · 중복장애 학생의 〈표 14-2〉 중도 · 중복 장애 학습자의 발달 수준에 맞는 프로그램의 자료 번호를 찾아 IPD를 〈표 14-3〉과 같이 컴퓨터로 불러 올 수 있다.

표 14-3 자료 번호 41001(제재 : 손가락 운동하기)의 IPD안

<table>
<tr><td>자료번호</td><td colspan="2">41001</td><td colspan="6">200 . . . . 보완 · 작성자 : 교사 ㊞</td></tr>
<tr><td>영 역</td><td>상지의 동작</td><td>단원</td><td>파지의 기능</td><td>주제</td><td>주먹 쥐고 펴기</td><td>제재</td><td colspan="2">손가락 운동하기</td></tr>
<tr><td>학습목표</td><td colspan="8">손가락 운동을 통하여 수지기능을 기를 수 있다.</td></tr>
<tr><td>학습단계</td><td colspan="6">교수－학습 활동</td><td>자료 및 유의점</td><td>보완사항</td></tr>
<tr><td>손가락 이름 알기</td><td colspan="6">⊙손가락 이름 알기
• 의장에 균형을 잡고 안정된 자세로 앉아서 양팔을 책상 위에 올려 놓는다.
• 자기 손을 종이에 대어 그려보고 손가락 이름을 안다.
－엄지손가락, 집게손가락, 가운데 손가락, 약 손가락, 새끼손가락 알기</td><td>⊙자세 유지가 어려운 학생은 보조기구를 이용하도록 한다.
• 색연필
• 도화지</td><td></td></tr>
<tr><td>손가락 마주 대고 떼기</td><td colspan="6">⊙손가락 끝을 차례대로 마주 대고 떼기
• 두 손의 손가락을 지시에 따라 마주 댄다.
－엄지, 집게, 가운데, 약손, 새끼 손가락 순으로 마주 대기
• 손가락을 맞붙인 상태에서 지시대로 손가락을 뗀다.</td><td>⊙손가락 마디를 너무 무리하게 펴지 않도록 한다.</td><td></td></tr>
<tr><td>손가락 굴곡 신전</td><td colspan="6">⊙손가락 굴곡 신전 운동하기
• 주먹을 쥐듯이 손가락들을 구부린다.
• 손가락들을 똑바로 펴서 서로 떨어지게 한다.</td><td></td><td></td></tr>
<tr><td>손가락 운동하기</td><td colspan="6">⊙손가락 운동하기
• 엄지손가락 끝과 각 손가락의 끝 부분을 서로 붙였다 뗐다를 반복한다.
• 팔받이가 있는 의자에서 손바닥을 아래로 놓고 집게 손가락을 가능한 높이 들어올린다.
－다른 손가락도 같은 방법으로 한다.
• 손가락을 책상 위에 펴서 놓고 각 손가락들의 사이를 벌리는 운동을 한다.
• 엄지와 검지를 고리모양으로 만드는 운동을 한다.
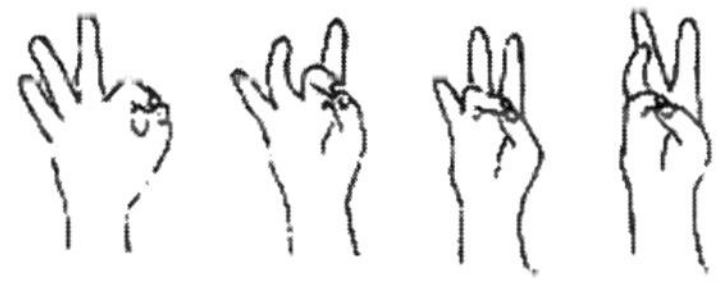</td><td></td><td></td></tr>
<tr><td>형성평가</td><td colspan="8">손가락 끝을 마주 대고 뗄 수 있는가?
엄지 손가락 끝과 다른 손가락의 끝부분을 서로 닿게 할 수 있는가?</td></tr>
</table>

또한 자료 번호 41001의 제제인 손가락 운동하기 프로그램에서 활용할 수 있는 그림, 글자, 영상 자료들이 〈표 14－4〉와 같이 수록되어 있어 수업자료로 활용할 수 있다.

표 14-4 자료 번호 41001(제재 : 손가락 운동하기)의 참고 자료 수록

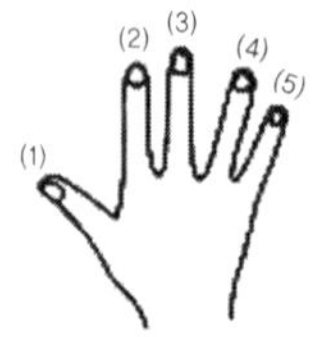

1. 손가락 이름 알기

(1) 엄지손가락　　　(2) 집게손가락
(3) 가운데 손가락　　　(4) 약 손가락
(5) 새끼 손가락

2. 손가락 운동

(1) 손바닥을 아래로 놓고 집게손가락을 가능한 높이 들어올린다. 다른 손가락들도 같은 방법으로 한다.
(2) 손가락을 책상 위에 펴서 놓고 각 손가락들의 사이를 벌린다.

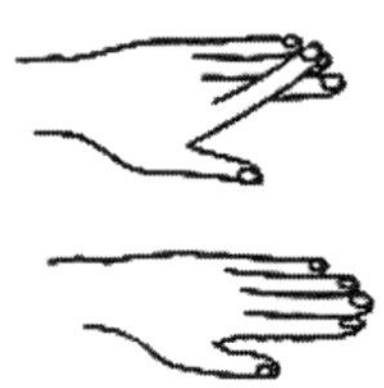

① 손가락 들어올리기

② 손가락 벌리기

3. 손가락 굴곡 신전 운동

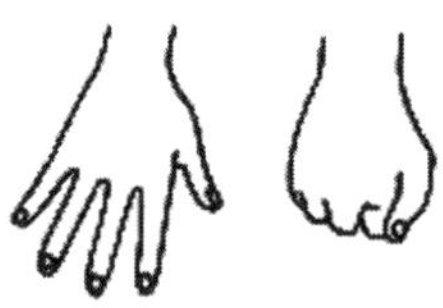

(1) 손가락 굴곡

(2) 손가락 신전

4. 엄지손가락 누르기

(1) 둘씩 짝을 지어 손을 내 놓는다.
(2) 네 손가락을 악수하듯이 고리를 건다.
(3) 엄지만 세운 후 상대방 엄지를 눌러야 한다.

또한 진행된 프로그램은 치료교육활동 전자도서에 제시된 성취 기준에 따라 〈표 14-5〉와 같이 판정을 내릴 수 있다.

표 14-5 자료 번호 41001(제재 : 손가락 운동하기)의 성취 기준 평가

1차 판정일시		200 . . .	2차 판정일시	200 . . .	판정자		㊞
자료 번호	제재명	성취 기준			1차 판정	2차 판정	판정의견
		상(3)	중(2)	하(1)			
41001	손가락 운동하기	손가락 굴곡 신전 운동을 할 수 있다. 손가락 이름을 안다. 양손가락 끝을 마주대고 뗄 수 있다. 다양한 손가락 운동을 할 수 있다.	손가락 굴곡신전 운동을 할 수 있다. 양손가락 끝을 마주대고 뗄 수 있다.	손가락 굴곡 신전 운동을 할 수 있다.			
* 개별 학생에게 적용한 프로그램이 내용에 따라 점수화 하고 의견을 기록함. ** 재구성하여 활용 가능함.							

이상과 같이 신체 활동 능력이 현저히 떨어지는 지체부자유 학생과 중도 · 중복장애 학생의 교육적 요구와 교육적 지원에 대해 살펴보았다.

지체부자유 학생은 신체 활동능력이 뒤떨어지지만 인지능력은 비장애학생에 비해 뒤떨어지지 않는 학습자가 상당 수 있다. 그러므로 특수교사는 국민공통기본교육과정 중심의 교과 내용 중심으로 지도할 수 있다. 반면, 중도 · 중복장애 학생은 생리적 자기 조절 능력이나 인지능력이 현저히 떨어지기 때문에 이들에게는 팀웍에 의한 교육적 조치가 필요하며 생활 중심, 기능 중심의 교육과정 접근이 요구되는 학습자도 있다. 뿐만 아니라 이들 학생에게는 치료교육활동이 무엇보다 요구되므로 각각의 교육과정에 대한 이해가 필요하다.

따라서 특수교사는 신체 활동이 현저히 떨어지는 학습자의 교육적 요구를 잘 파악하고 다양한 교육과정에 능통하여야만 다양한 교육 조치를 마련해 줄 수 있을 것이다.

연습문제

01 지체부자유 학생의 특수한 교육적 요구로는 어떠한 것들이 있는지 설명해 봅시다.

02 지체부자유 학생에게 적합한 교수–학습 활동에 대해 설명해 봅시다.

03 중도 · 중복장애 학생에게 요구되는 특수한 교육적 요구에 대해 설명해 봅시다.

04 중도 · 중복장애 학생의 교육의 필요성에 대해 설명해 봅시다.

05 중도 · 중복장애 학생에게 교육적, 의료적, 복지적 접근이 요구되는 까닭과 교수–학습에서의 효율성에 대해 설명해 봅시다.

06 중도 · 중복장애 학생에게 요구되는 치료교육활동을 설명해 봅시다.

07 중도 · 중복장애 학생에게 적용할 수 있는 치료교육활동 지도안을 보완 교재 속의 IPD를 수정 또는 보완하여 작성해 봅시다.

Chapter 15

발달장애 및 학습장애 교수-학습 지도의 실제

- ❖ **제1절** 지적장애 학생의 교수-학습 지도
- ❖ **제2절** 정서 · 행동장애 학생의 교수-학습 지도
- ❖ **제3절** 자폐성장애 학생의 교수-학습 지도
- ❖ **제4절** 학습장애 학생의 교수-학습 지도
- ❖ **제5절** 발달장애학생 대상 수업 지도안의 실제

발달장애란 아동 발달의 전반적인 측면에 영향을 미치는 만성적이고 심한 장애로 어려움을 겪는 아동들을 기술하기 위해 사용되는 일반적인 용어이다. 발달장애는 일반적으로 아동의 정상적인 발달이 지연 또는 지체되는 것을 말하는데 정신장애나 신체장애의 결함에 기인하며, 22세 이전에 나타나고 일생동안 지속될 수 있는 것을 말한다. 특히 이들은 자기보호, 수용 언어와 표현 언어, 학습, 이동능력, 독립적 생활 능력, 경제 능력 등 세 가지 이상에서 실질적인 기능적 제한을 나타날 수 있다. 이러한 발달장애 학생들은 특별한 내적 훈련, 일반적 보호 및 치료, 개별화된 지속적인 평생교육을 필요로 한다. 발달장애의 범주로는 정신지체, 자폐증, 뇌손상, 뇌장애, 미세뇌기능장애, 과잉행동, 학습장애, 지각의 손상, 미성숙, 발달의 불균형, 최소신경학적 장애, 인지능력손상, 교육장애, 언어장애, 난독증과 같은 신경학적 장애, 간질, 뇌성마비 등이 포함될 수 있다.

우리나라에서는 아직 발달장애라는 개념이나 정의가 익숙하지는 않지만, 대체로 인지적, 기능적 기능과 감각능력, 의사소통 능력, 사회적 행동 면에서 일반적인 사람들의 평균과 능력이 차이가 나는 경우를 뜻하며, 이런 경우 효과적인 교육과 잠재적인 능력을 개발하기 위해서는 별도의 마련된 적합한 교육을 필요로 하고 있다. 아동기에 많이 나타나는 장애로는 일반적으로 인지적 발달이 늦는 정신지체, 자폐성장애, 학습이나 언어와 같은 특정 학습장애 등을 들 수 있다. 이들의 특징은 우선 말이나 지능의 발달이 늦고, 이런 지체된 발달로 인해 아동기의 행동이나 심리, 정서적인 장애와 더불어 아동기 발달과 적응에 많은 문제를 야기 시키기 때문에 적절한 시기에 발견하여 도움을 준다면, 장애 예방과 아동의 생활이나 진로를 위한 교육의 효과가 극대화될 수 있을 것이다.

현재의 특수교육 교육과정은 특수교육대상자의 전반적 기능 향상을 위한 교육과정으로 그 성격을 명시하고 있으며, 이러한 측면에서 발달장애 및 학습장애 학생을 위한 교육과정의 적용은 각 학생의 특징을 고려해 공통교육과정과 선택교육과정, 기본교육과정을 적절하게 적용해야 할 것이다.

Paragraph

01 지적장애 학생의 교수-학습 지도

1. 지적장애 학생의 교육적 요구

지적장애는 연령에 따른 지적능력과 적응행동에 있어서 실질적인 제한성이 있는 것을 의미한다. 이러한 지적장애학생들의 인지능력에 대한 발달론과 차이론은 양립하고 있다.

발달론의 관점에서는 발달속도는 느리지만 정상과 같은 순서로 같은 단계를 거쳐 발달한다는 것이다. 이는 주로 경도 지적장애를 설명할 때 유용하며, 최소한 경도 지적장애 학생들은 비록 속도가 낮고 기능수준이 낮더라도 일반 아동들과 같은 발달단계를 거친다는 것이다. 이러한 접근은 지적장애 학생들의 교수 전략을 주로 정신연령에 초점을 맞추어 적용한다.

반면 차이론의 관점은 지적장애 아동의 인지발달이 일반 아동의 인지발달과 다르며, 인지과정과 정보처리 방식에서 질적으로 차이가 있다는 것이다. 이 접근의 교육적 의의는 지적장애 학생의 결함을 없애거나 감소시키는 특별한 교수방법과 교재가 필요하다는 것이며, 제한된 환경자극, 체계적인 설명의 부족, 제한적인 동기 부여 등은 지적발달의 제한을 일으킬 수 있다는 것이다(Neiss & Almeida, 2004).

지적장애 학생은 여러 측면에서 다양하기는 하지만 전형적인 발달을 보이는 또래 아동들과는 다른 특성을 지니고 있다. 지적능력과 적응행동이 심각하게 제한되어 있다고 해도 지적장애 학생들은 능력 있는 학습자가 될 수 있으며, 그들의 기능성을 향상시키기 위해 필요한 지원이 정확하게 제공된다면 기능적 학업기술을 배울 수 있고, 일상생활에 필요한 기술을 익힐 수 있다. 지적장애 학생의 학습적 특성은 학습을 위한 보편적 설계의 적용, 보조공학의 활용, 대안 교육과정의 개발 및 다양한 교수학습 전략에 대한 관심을 유도한다. 또한 그들의 학습특성상 과제분석을 요구하고, 의사소통적 특성은 보완대체 의사소통 체계의 사용을 필요로 한다. 이러한 관점은 지적장애 학생의 수행에 영향을 주는 특성에 부합하는 적절한 지원체계를 제공한다면 충분한 교육적 효과를 볼 수 있다는 것을 뜻한다.

경도 지적장애 학생은 운동기능, 사회성, 언어기술 등은 일반인에 비하여 떨어지지만, 신체적으로 일반 아동과 차이가 없으며 특징적인 행동도 보이지 않아 거의 대부분이 학교에 입학하기 전에는 문제를 인식하지 못하는 경우가 많다.

경도 지적장애 학생들은 최소한의 지원으로 직업을 가질 수 있고, 사람들과 관계를 맺을 수 있으며, 독립적이고 생산적인 삶을 살아갈 수 있다. 학습과 관련해서는 교육적 수정과 조정, 편의시설 지원 등과 같은 최소한의 지원으로 일반교육과정에 참여할 수 있다. 그들은 문제를 해결하고 복잡한 아이디어를 이해하고 경험으로부터 배우는 것에 어려움이 있을 수 있으나 체계적이고 형식적인 교수가 적합한 지원과 함께 제공된다면 능력이 개선될 수 있을 것이다(Snell, 2007).

중도 지적장애 학생의 교육과 관련하여 모든 지적장애 아동은 기본적인 교육권을 가지고 있으며, 자연스러운 환경에서 또래와 함께 교육받을 수 있도록 노력해야 한다는 것이 보편적인 합의다. 학생과 학교환경에서 지적장애 학생을 경도와 중도로 나눌 때의 가장 큰 특징은 교육의 초점이 어디에 있는가이다.

중도 지적장애 학생들에게는 학업에 필요한 능력 개발을 위한 노력에 중점을 둘 것인지와 생활에 필요한 기능적 기술에 중점을 두어야 하는지 검토해 보아야 한다. 이는 이분법적인 적용은 아니며 중도 지적장애 학생에게 학업적인 내용이 우선하는가의 문제로 이해하는 것이 요구된다. 즉, 학교를 떠나 사회로 전환할 때를 위한 교육과정이 무엇인가로 연결되는 것이다. 이러한 측면에서 최근 다양한 환경에서 중도 지적장애 학생들의 개별적인 욕구를 충족시키기 위해 생태학적 평가를 실시하고 그에 따른 학업적인 내용과 기능적인 내용을 결합한 혼합교육과정이 제안되고 있다(Ward, Van De Mark, & Ryndak, 2006).

따라서 중도 지적장애 학생들에게는 개인의 현재와 미래에 적용 가능한 매우 기능적인 기술의 교수와 학습을 위한 충분한 참여기회가 제공되어야 할 것이다.

2. 지적장애 학생의 학습 특성

(1) 주의

학습은 필요한 것에는 주의를 기울이고 관련 없는 자극은 무시하는 선택적 주의집중과 시간의 흐름에 따라 일정시간 동안 환경에서 방해하는 자극을 억제하면서 집중된 주의를 유지하는 것으로 이루어진다. 지적장애 학생들은 흔히 산만하고 주의집중 시간이 짧다고 한다. 개인의 차이가 있지만 선택적 주의집중과 주의 유지에 어려움을 보일 수 있으며, 이는 장애의 정도가 심각할수록 더 심한 경향이 있다. 대체로 지적장애 학생은 일반학생에 비해 계획하는 것에 어려움을 보이고, 동시에 많은 차원에 주의를 기울이거나 학습상황에서 관련된 자극에 초점을 맞추거나, 불필요한 자극을 버리고, 한 과제에서 다른 과제로 주의를 이동하는데 어려움을 보인다(Kittler, Krinsky-McHale, & Devenny, 2004).

결과적으로 지적장애학생의 주의 문제는 단기기억의 문제를 유발하고, 결국에는 학습에 어려움을 가져오게 된다.

(2) 기억

지적장애 학생은 일반적으로 기억력에 결함을 보이며 학습속도가 느리다. 지적장애 학생의 문제 영역은 단기기억과 정보처리과정에서의 어려움으로 나타난다. 환경으로부터 보고, 듣고, 냄새 맡고, 느낄 수 있는 자극이 우리에게 끊임없이 밀려든다. 감각기억은 이러한 자극들을 최초로 처리하여 그 의미를 파악하게 된다. 정보들은 감각등록기에서 부호화되며 감각이 등록되면 학습을 위해서 어떤 자극에 마음을 기울이게 된다. 주의는 매우 제한적이어서 과제가 어려울 경우 하나의 과제에만 주의를 기울일 수 있다.

정보를 기억하는데 주의도 기여하지만 학습전략도 중요하다. 단기기억은 단기간의 사용을 위해 정보를 보유하는 것으로, 몇 초에서 몇 분까지 내용을 회상할 수 있는 능력으로 투입된 정보를 조작한다. 지적장애 학생은 이러한 단기기억 속에 정보를 유지하는 시연활동과 정보를 범주화하는데 문제가 있고 정보조작 속도 또한 느리다. 보통 단기기억의 용량이 7±2의 범위이나 지적장애 학생은 일반적으로 기억의 용량에도 제한이 있다.

지적장애 학생의 장기기억은 단기기억에 비해 덜 손상되어 일반학생과 차이가 거의 없다. 따라서 단기기억에서 여러 가지 전략을 사용하고 훈련을 통해서 장기기억이 되고 필요할 때 인출하여 사용할 수 있다면 정보를 처리하는데 큰 어려움이 없게 된다. 그러나 지적장애 학생들은 이러한 자료의 조직화에서도 어려움을 보인다(Burack, Hodapp, & Zigler, 1998).

지적장애 학생의 기억력 결함은 초인지의 문제와도 관련된다. 초인지는 주어진 일이나 문제를 해결하고 수행하기 위해서 어떤 전략을 사용해야 할지, 어떤 전략이 가장 효율적인지를 평가하고 노력의 결과를 점검하는 능력이다. 지적장애 학생은 일반학생에 비해 비교적 낮은 초인지를 지닌다. 새로운 상황에서 어떤 전략이 필요한지 잘 모르고 좋은 기억전략을 자발적으로 사용하지 못하며, 자신이 한일에 대해 지속적으로 검토하며, 결과와 효과를 점검하는데 어려움이 있다.

(3) 일반화

지적장애 학생은 일반화와 학습의 전이에 어려움을 보인다. 한 가지를 배우면 다른 것에 지나치게 적용하는 과잉일반화의 문제를 나타내며, 한 교과에서 배운 단어를 다른 교과에서는 읽지 못하거나 교실에서 배운 것을 다른 곳에서는 적용하지 못하기도 한다. 이러한 능력의 부족은 경도 지적장애 학생의 경우 학업 수행의 어려움으로 직결되며 또래에 비해 낮은 학업성취를 보이게 된다. 중도 지적장애 학생은 학업이 가능하다고 해도 더 많은 시간이 필요하고, 모방하고 일반화에 많은 어려움이 있으며, 더 적은 기술을 배우게 된다.

따라서 지적장애 학생의 현재와 미래를 고려한 일반화를 위해서는 기능적인 기술을 실생활에서 적용할 수 있도록 직접적이고 세부적이며 다양한 환경에서 지도하고 배운 내용을 적용해 볼 수 있는 충분한 참여와 집중적인 기회의 제공이 필요할 것이다.

(4) 교과 관련 학업성취

지적장애 학생은 또래에 비해 학업기술의 문제로 주요 교과에서의 낮은 성취수준을 보이고, 체육이나 작업 등과 같은 비형식적인 교과에서도 어려움을 보인다(신진숙, 2010).

지적장애 학생의 낮은 학업성취는 평균이하의 지능, 낮은 동기, 주의집중과 유지의 문제, 느린 지각 속도, 더딘 학습 속도, 비효율적인 전략의 사용, 학업기술의 부족 등과 같은 인지처리 특성과 관계가 있다. 일반적으로 지적장애 학생은 순차적 사고기술 및 배경지식이 부족하고 추론이나 문제해결을 위한 개념 적용에 어려움이 있다. 이러한 어려움은 수학 교과에서 두드러지게 나타난다.

지적장애 학생의 언어발달지체도 학업성취에 어려움을 가중시킨다. 합성어 규칙의 이해 부족이나 음운 인식능력의 결손은 지적장애 학생의 문장 이해나 읽기 발달, 학습문제에 영향을 미친다(Van Bysterveldt, Gillon, & Moran, 2006). 읽기 기능은 일상적인 생활과 의사소통 및 지식 습득의 수단이 되기에 지적장애 학생은 국어 교과 등에서 학업 수행에 어려움을 겪을 수 있다.

그러나 지적장애 학생을 위한 교과 교육이 낮은 학년의 교과서로 가르치거나 내용을 단순화하는 것만으로는 이루어질 수 없기 때문에, 인지 특성을 고려하여 지적장애 학생 개인에게 적합한 교육계획이 필요하다.

3. 지적장애학생의 교수-학습 전략

(1) 행동주의 학습이론에 근거한 교수

① 과제분석적 교수

과제분석적 교수는 학생이 전체 과제를 시도하기 전에 그 과제의 요소와 선행요소를 학습한다면 학습이 촉진될 수 있다고 가정한다. 따라서 지적장애 학생을 지도할 때 과제 요소와 선행요소를 확인한 후 과제의 어느 단계에서부터 교수를 시작해야 할지를 먼저 결정해야 한다. 과제분석적 교수에서 각 단계는 학생에게 가르칠 수 있는 분리된 행동이 된다(Taylor, 2003). 과제분석적 교수에서는 무엇을 가르치고 어떤 순서로 가르쳐야 하는지를 강조하기 때문에 지적장애 학생들에게 복잡한 기술을 가르치는데 효과적이다.

또한, 처방적이고 구조화된 교수 프로그램을 시작하고 시행해 나가는데 그 기초가 되며, 사정이나 교수에도 유익한 방법이다. 과정으로서의 과제분석에는 상세한 기술과 복잡한 활동의 평가가 포함되며, 교사는 과제분석 과정을 보여줌으로써 성공적인 지도를 할 수 있다(김현진, 2010).

② 촉진

촉진은 교수적 자극을 제시한 후에 반응이 일어나기 전에 제공되는 보조수단으로서 정확한 반응을 유도하기 위하여 필요한 것이다. 촉진은 지적장애 학생들의 과제수행을 도와주기 위해 학습 과제에 부가되는 것으로서 언어적 촉진, 그림 촉진, 신체적 촉진, 몸짓으로 하는 촉진 방법이 있다.

언어적 촉진이란 지적장애 학생이 현재 주어진 과제를 수행하도록 언어로 설명해 주는 언어적 촉진이다. 언어적 촉진을 할 때에는 명백하고 일관성이 있어야 한다. 이 때 지적장애 학생이 반응할 수 있는 일정한 시간이 제공되어야 한다. 만약 어떤 반응도 하지 않을 경우 촉진을 반복해서 제공하며 학생이 과제를 완수하도록 도움을 준다.

그림 촉진이란 그림이나 사진 등을 단서로 사용하는 촉진이다. 지적장애 학생에게 부품 조립방법을 습득시키기 위해 훈련에 사용된 책에 각 조립 단계를 그림으로 보여주는 것이다.

신체적 촉진이란 과제를 수행하도록 신체적으로 보조해 주는 촉진이다. 지적장애 학생이 글자 쓰기 등을 학습할 때 학생을 돕기 위해 교사가 학생의 손 위에 자신의 손을 얹어서 안내하는 것과 같은 촉진을 말한다.

지적장애 학생이 과제를 수행하는데 어려움이 많을 경우에는 다양한 촉진을 사용하지만, 과제가 점차 숙달되어 감에 따라 촉진은 최소화해야 하다. 촉진은 처음에 언어적 촉진을 사용하고, 이러한 촉진에도 과제 과제수행에 어려움이 있다면, 그림 촉진, 신체적 촉진, 몸짓 촉진 등의 높은 지원 수준의 촉진을 할 수 있다.

(2) 인지주의 학습이론에 근거한 교수

① 발견학습

발견학습은 교사의 지시를 최소한으로 줄이고, 학생 스스로 자발적인 학습을 통해 학습목표를 달성하도록 하는 교수-학습방법이다. 발견학습은 쉽게 제시되는 잘 조직된 내용에는 적절하지 않으며, 기본구조에 대한 철저한 학습을 강조하고, 학습효과의 전이를 중시하며, 학습의 결과보다 과정과 방법을 중요시하고, 학습자의 주체적인 학습을 강조한다는 것이다.

지적장애학생들은 자발적 학습능력, 개념 형성, 일반화가 부족하다. 따라서 발견학습을 통해서 부족한 부분에 대한 경험을 확대시키는 것이 필요하다. 발견학습을 학습자의 능동적 학습과정을 중시하기 때문에 자칫하면 방만한 수업이 되기 쉽기 때문에 교사는 프로그램 학습이 갖는 단계와 순서를 함께 사용하는 것이 필요하다.

또한 지적장애 학생들을 위해 학습과정에 대한 방법을 먼저 학습하도록 하며, 발견학습을 통해서 내적 보상을 강화하여 학습동기를 유발할 수 있도록 해야 한다. 교사는 지적장애 학생들의 발견학습 활동에 적당한 내용을 선택할 수 있어야 하고, 그 내용을 적절하게 설명해주는 자료를 선택할 수 있어야 한다.

② 인지적 교수

인지적 교수란 지식을 습득, 저장하고 활용하며 관리할 줄 아는 능력을 교수하는 것을 말한다. 학습 시 흔히 일어나는 인지과정의 가장 중요한 유형 중의 하나는 문제해결이다. 문제해결이란 자동적인 문제해결책을 가지지 못한 사람이 해결을 찾기 위해 시도하는 노력이라 볼 수 있다. 이를 위해 문제와 관련된 질문을 만들어 답을 하고, 해결 방법을 추정하며, 문제해결을 하기 위한 다양한 시도를 하고, 수단과 방법을 찾게 된다.

지적장애 학생들은 인지장애로 인해 정보를 적절하게 처리하지 못한다. 이러한 결핍된 인지기능을 보강하기 위해서는 인지처리 능력을 증진시키는데 주안점을 두어 다양한 인지개발 프로그램을 적용할 필요가 있다.

인지적 교수학습 방법은 아동들에게 학습절차 즉, 학습하는 방법을 가르치는데 중점을 두고 있으며, 아동들에게 특정 기술을 시도하기보다는 문제를 해결할 수 있는 전략을 지도한다. 스스로 문제해결단계를 계획하고 수행하는 것이 힘든 지적장애 학생에게 올바른 사고과정의 단계를 제시하고 연습의 기회를 제공하여 독립적으로 과제를 완수하도록 시도하는 것이다(Hutchinson, 1993).

(3) 구성주의 학습이론에 근거한 교수

① 또래교수

또래교수는 한 학생이 다른 학생에게 교수자로서 행동하거나 번갈아가면서 교수자의 역할을 하는 것이다. 일반학급의 또래는 지적장애 학생의 교육과정을 구성하고 학습활동을 제안하고 교재를 개발하는데 참여할 수 있을 뿐만 아니라 또래교사로서 지적장애 학생에게 특정 기술을 가르치거나 그들의 행동 통제를 도울 수 있다.

또한, 또래교수에서는 특정한 학습영역에서 전문성 혹은 지식을 가지고 있는 지적장애 학생이 가르치는 역할을 맡을 수 있다.

또래교수를 효과적으로 운영하기 위해서는 먼저 또래교수를 통해 성취할 구체적인 목표와 활동을 계획한 후 교육내용에 대해 잘 알고 있는 학생을 또래교사로 선정하고 훈련시켜야 한다. 또래교수를 통해 지적장애 학생들은 일반학생과의 수업시간, 자습시간에 우정을 쌓게 되고, 상호작용할 수 있는 기회를 갖게 되며 일반 아동들도 장애학생에 대한 긍정적 태도와 우정 등을 형성하게 된다.

② 협동학습

협동학습이란 통합학급에서 장애학생들을 적극적으로 수업에 참여하게 하여 실질적인 통합이 이루어질 수 있도록 하는 교수전략중의 하나이다.

협동학습은 어떤 교과나 학년 수준에서도 사용될 수 있는 교수법의 집합체로서, 학생들이 전통적인 교실에서처럼 경쟁적, 개별적으로 학습하기보다는 집단의 목표나 집단 과제의 해결을 위해 다함께 학습하는 방법이다. 즉, 학생들이 자신의 학습목표를 달성하기 위하여 집단 내 다른 학생들을 경쟁의 대상이나 개별적 대상으로 지각하는 것이 아니라 협동의 대상으로 지각하여 학습목표를 달성해 가는 소집단 교수-학습 전략이라 할 수 있다.

③ 모델링

모델링은 개인, 행동, 환경적 요소의 상호작용을 강조하는 사회적 인지이론을 바탕으로 하고 있다. 사회적 인지이론의 핵심적인 요소로서 모델링 과정은 하나 혹은 그 이상의 모델을 관찰함으로써 행동적, 인지적, 정서적 변화를 하게하는 일반적인 의미이다.

모방학습은 다른 사람의 행동을 관찰함으로써 새로운 행동을 학습하도록 하는 학습방법이다. 시연을 보이는 교사의 행동을 모방하거나 순응하여 행동으로 나타내도록 하는 것이다. 지적장애 학생들은 교사 또는 또래의 시연을 직접 관찰함으로써 모방하게 되고, 이를 통해 학습하게 된다(Lane & Frankenberge, 2004).

모방학습은 교사가 지적장애 학생들에게 새로운 과제를 제시할 때 유용하게 사용할 수 있는 전략으로서 학생의 주의를 집중시킨 후 학생이 바라보는 동안 교사가 먼저 과제의 첫 부분을 완수하고 학생으로 하여금 그대로 따라 하도록 하는 것이다. 이러한 절차는 전체과제가 완수될 때까지 계속된다.

Paragraph

02 정서 · 행동장애 학생의 교수-학습 지도

1. 정서 · 행동장애 학생의 교육적 요구

정서 · 행동장애는 여러 가지 용어로 표현되어 왔으며, 현재까지도 공식적으로 사용되는 용어는 각 단체나 견해에 따라 다르다. 그 중에서 정서장애와 행동장애라는 용어가 자주 사용되며 우리나라 장애인 등의 특수교육법에서는 정서 · 행동장애라는 용어를 사용하고 있다.

정서 · 행동장애는 학교생활에 있어서의 행동이나 정서적 반응이 적절한 나이, 문화, 민족의 표준으로부터 매우 달라서 학업, 사회성, 직업 개인적인 기술을 포함한 교육적 성취에 부정적인 영향을 미치게 되는 것으로 특징지어진다. 하지만 정서 · 행동장애 학생을 정의하고 구분하는 일은 그 과정이 아동의 행동에 대한 객관적인 관찰을 근거로 한다고 할지라도 매우 주관적인 절차라고 말할 수 있다. 학생이 보이는 행동 그 자체가 장애를 대표하는 것이 아니며, 오히려 행동이 발생하는 환경과 주변의 성인이나 또래의 기대가 행동의 적절성 여부를 판단하는 요인으로 작용하기 때문이다.

정서 · 행동장애 학생 개개인이 보이는 문제행동을 설명하는 것은 어렵지 않으나 개개의 문제행동이 모여 하나의 집단을 형성할 때 그 집단을 대표할 수 있는 정의를 내리기는 매우 어렵다. 교사가 정서 · 행동장애 아동을 교수할 때 일반적으로 교실에서의 행동문제, 사회적 기술, 교과 학습의 세 가지 측면이 균형을 이루도록 교육 프로그램을 적용해야 한다. 특히 장애의 행동적 특성이 부각되면서 학업성취보다는 행동 지도에 집중적인 관심을 보일 수 있는데, 실제로 정서 · 행동장애 학생은 체계적인 교수를 통해 학업 성취가 향상될 수 있으며, 이러한 향상은 행동 문제까지도 감소시키는 것으로 알려지고 있다(Benner, 2007).

특히 정서 · 행동장애는 지적장애나 학습장애 등 기타 장애와 유사한 행동적 특성을 보이므로 이들의 교육을 위한 전략과 기술도 동일하게 적용될 수 있다. 교사는 교실상황에서 거의 매일같이 부딪치게 되는 문제를 다룰 때에는 아동의 현행수준을 이해하는데 강조점을 두고, 관찰이 가능한 행동에 대한 자료를 수집하여 적절한 교수전략을 적용함으로써 가장 큰 효과를 거둘 수 있다. 이 때 교사는 단독적인 접근으로 최대한의 효과를 기대하기 어려운 경우 특수교사의 지원 외에도 학교 내에서의 상담 등 관련서비스 전문가와의 협력을 통하여 적절한 지원을 제공할 수 있다(서유진, 2010).

교사는 또한 정서 · 행동장애 학생이 학교뿐 아니라 가정에서도 유사한 문제 상황이 발생하는 경우가 많기 때문에 프로그램에 부모를 포함시키는 것도 바람직하다. 부모를 참여시킬 때에는 아동의 진단시기부터 적극적으로 참여하게 하는 것이 가장 바람직하며, 프로그램에 대한 상세한 정보를 제공하고 가정에서 시행할 수 있는 활동을 제시함으로써 부모가 프로그램에 직접 참여할 수 있도록 유도해야 한다. 교사는 아동의 구체적인 상황과 교수 프로그램에 대해 부모에게 회의나 알림장 등을 통해서 구체적으로 알리고 이해시키고 참여시킴으로써 학생지도에 대한 일반화 효과를 극대화할 수 있을 것이다.

2. 정서 · 행동장애 학생의 특성

(1) 지능

정서 · 행동장애 학생은 지적장애가 있거나 영재아일 가능성도 있지만, 대체적으로 하위 평균의 지능을 보이는 것으로 보고되고 있다. 대부분의 정서 · 행동장애 학생은 평균보다 약간 낮은 지능을 보이지만 정상분포곡선과 비교할 때 불균형적인 수가 하위 평균 또는 경도 지적장애의 범주에 속하며 상위에 속하는 지능을 보이는 아동은 상대적으로 별로 없는 것으로 말할 수 있다(Kauffman & Landrum, 2009). 특히 정서 · 행동장애 학생들의 지능검사 결과를 살펴보면 언어검사보다 수행검사에서 더 낮은 점수를 받는 것으로 나타났다.

그러나 실제로 정서 · 행동장애 학생의 지능이 장애가 없는 아동의 지능보다 더 낮은지에 대해서는 여러 가지 의견이 있다. 이는 지능검사 자체가 특정 과제를 수행함으로써 점수를 산출하게 되는데, 정서 · 행동장애 학생은 장애의 특성자체가 학습 및 과제수행에 영향을 미치기 때문이다.

(2) 학업성적

정서 · 행동장애 학생이 보이는 주요 특성 중 하나는 낮은 학업 성적으로 자신의 잠재적인 지적 능력과는 상관없이 학교에서의 낮은 학업성취를 보이곤 한다. 대부분의 정서 · 행동장애 학생은 교실에서의 학업 활동 수행에 어려움을 겪는다. 특히 이들은 모든 영역의 과목에서 심각한 문제를 보이며, 다른 장애영역에 비해 가장 낮은 학업성취를 보이는 것으로 보고되고 있다(Lane et al., 2006). 정서 · 행동장애가 심한 학생의 경우 기초학업기술 외에도 기본적인 자조기술조차도 갖추지 못할 수 있으며, 일반적으로 장애가 심할수록 학업 성취도가 낮아지며 비행이나 범법행위를 보일 가능성도 높아지는 것으로 알려져 있다.

정서 · 행동장애 학생의 많은 수가 학습장애를 동시에 보이기도 하는데 이것은 학업과 사회적 행동이 상호적인 관계에 있어 부적절한 행동이 빈약한 성취를 초래하거나 빈약한 학업 성취로 부적절한 행동이 나타나기 때문이다.

또한 정서 · 행동장애 학생의 많은 수가 표현 언어나 수용 언어에 있어서 장애를 보이며, 이로 인하여 학업기술 및 내용의 습득에 어려움을 보인다. 교사는 아동의 문제행동에 대한 지원뿐만 아니라 학업 기술 교수에도 관심을 기울여야 하며, 특히 정서 · 행동장애 학생이 학교에서 보이는 보편적인 문제를 미리 알고 이에 대한 적절한 지원을 제공해주어야 한다.

(3) 행동적 특성

정서 · 행동장애 학생은 공격적이고 겉으로 드러나는 행동을 보이거나 미성숙하면서도 내부적으로 위축된 행동을 보이는 등 크게 두 가지로 구분되는 행동 특성을 보인다.

먼저 공격적이고 겉으로 드러나는 행동인 외현적인 문제는 때리기, 싸우기, 친구 놀리기, 소리 지르기, 반항하기, 울기 등의 구체적인 행동이 여기에 속한다. 이러한 행동은 일반아동에게도 흔하게 관찰되지만, 행동의 발생이 지나치게 충동적이거나 잦으면 문제로 여겨진다. 이러한 행동은 전형적인 방법의 훈육을 통해서 변화시키기 어렵다는 특성을 지니며, 행동을 통해서 주의환경으로부터 부정적인 반응을 받게 되고 이로 인해 상호간에 부정적인 영향을 미치게 되기 때문에 문제를 아동의 행동에만 국한시켜서는 안 되며, 아동의 행동과 환경 내 다른 사람들의 행동 간의 상호작용이 반드시 이루어져야 한다. 또한 외부적인 문제를 보이면서 학업성취가 낮은 아동은 학교생활의 실패로 비행과 관련된 문제를 야기할 가능성이 높기 때문에 각별한 관심과 중재가 필요하다.

사회적으로 미성숙하거나 위축되는 등의 내재적인 행동 문제는 주로 불안장애나 기분장애나 위축 등으로 나타나게 되는데, 이러한 문제는 아동기 발달에 심각한 영향을 미칠 뿐만 아니라 성인이 된 이후에도 정신건강 측면에서 좋지 않은 예후를 보인다. 사회적으로 위축된 학생들은 정상적인 발달 특성인 만족스러운 인간관계를 발달시키지 못하기 때문에 사회적으로 고립되어 친구가 거의 없고 놀이기술이 필요한 사회적 기술의 결핍을 보이게 되며, 환상이나 백일몽에 빠지기도 하고, 신체적인 고통을 호소하기도 한다. 중요한 것은 이러한 행동이 겉으로 드러나는 공격행동과 달리 학급활동을 방해하지 않기 때문에 잘 발견되지 않는 경우가 많다는 것이다. 그러므로 교사는 이러한 문제들을 조기에 발견해서 적절한 지원을 제공하기 위해 노력해야 할 것이다.

(4) 과잉행동 · 충동성 · 주의산만

정서 · 행동장애 학생들이 보이는 특성 중 보편적으로 자주 언급되는 행동은 과잉행동, 주의산만, 충동성 등이다.

과잉행동은 활동의 양이 지나치게 과도하게 나타날 때 사용되는 용어로 쉼 없이 움직이거나 연령 및 주어진 과제에 비해서 움직임의 양이 부적절한 경우를 뜻한다.

주의산만이란 과지에 대한 주의집중과 관련된 용어로 학교활동으로부터 쉽게 방해를 받거나 특정 과제에 주의를 기울일 수 없는 경우를 의미한다. 과잉행동과 주의산만을 평가하기 위해서는 아동이나 환경과 관련된 변인들을 반드시 고려해야 한다.

충동성은 주의 깊은 생각이나 목적 없이 발생하는 행동으로 충동성을 보이는 학생들은 반응하기 전에 생각하지 않고 충동적으로 행동하기 때문에 행동이 부적절한 경우가 많으며, 특히 수업시간 중 부정확한 반응을 많이 보인다. 교사의 질문이 끝나기도 전에 큰 소리로 답을 말하거나 과제를 수행함에 있어서 머리에 떠오르는 대로 마구 적어가는 행동을 보인다. 이러한 행동특성들은 학습장애나 경도지적장애 학생의 경우에서도 흔하게 발견되는 행동들이기 때문에 교사들은 체계적인 교수와 행동 통제 전략을 적절하게 적용해 정서 · 행동장애 학생들의 행동이나 학업문제를 긍정적으로 변화시킬 수 있도록 해야 할 것이다.

3. 정서 · 행동장애 학생의 교수-학습 전략

(1) 주의집중력을 기르기 위한 교수 전략

행동문제를 보이는 많은 수의 학생이 수업시간에 수업내용과 관계없는 행동을 보인다. 즉, 수업활동을 위해서 필요한 행동이 아닌 부적절한 행동을 보인다는 것이다. 이러한 아동들은 주어진 특정시간에 주어진 과제에 집중하지 못하기 때문에 수업 중 교사의 설명을 잘 듣지 못할 뿐만 아니라 다른 학생들의 집중에까지 영향을 미친다.

정서 · 행동장애 학생의 주의집중력을 향상시키기 위해서는 다음과 같은 방법들이 있다.

첫째, 아동에게 중요한 정보를 제공하기 전에 주의를 집중하도록 알려주는 신호를 사용한다. 수업을 시작하는 것을 알리는 문구나 특정 신호를 정해 놓고 학급 아동의 주의집중을 필요로 할 때마다 사용하는 것이 좋다.

둘째, 정서 · 행동장애 학생이 집중하는 행동을 보일 때 교사가 관심을 보이거나 기타 강화물을 제공한다. 주의집중의 문제가 심각한 아동의 경우에는 즉각적인 강화물의 제공이 필요하며, 이러한 방법은 아동이 집중하지 않는다고 야단치는 것보다 훨씬 더 효과적이다.

셋째, 정서 · 행동장애 학생에게 지시를 전달할 때에는 분명하게 한다. 주의집중에 문제가 있는 경우 여러 개의 지시가 포함되어 있는 복합지시를 따르기 어렵기 때문에 지시내용을 단순하게 만들어야 하며, 각 단계의 지시를 따를 때마다 강화를 제공한다.

넷째, 수업을 진행함에 있어 속도감 있게 한다. 중요하지 않은 내용이나 이미 습득한 기술에 대해서는 주의집중이 잘 이루어지지 않을 수 있으므로 그러한 내용에 오랫동안 시간을 할애할 필요가 없으며, 생동감 있고 활기차게 수업을 진행하는 것이 좋다.

다섯째, 정서 · 행동장애 학생이 수업에 주의를 집중하고 있는지 지속적으로 점검하는 것이다. 만일 학생이 수업 내용을 혼동하고 있거나 집중하지 않고 있거나 교재가 너무 어렵다고 판단될 때에는 교수방법을 수정하는 것이 바람직하다. 또한 교재를 단순하게 하여 필요한 정보만을 제공한다. 읽기 교재에 포함되어 있는 그림이나 사진이 읽기 활동을 방해하는 자극으로 역할을 하는지 점검한다.

여섯째, 정서 · 행동장애 학생이 주의집중하게 하기 위해서는 아동과 교사의 거리를 가깝게 유지한다. 학생이 주의를 다른 곳으로 돌리기 시작하면 좀 더 가까이 접근하여 자신의 행동에 대해서 인식할 수 있도록 지도한다.

(2) 조직력을 높이기 위한 교수 전략

정서 · 행동장애 학생 중에는 해야 할 일을 미리 계획하는 등의 행동을 조직하고 관리하고 수행하는 능력이 부족한 학생이 있다. 이들은 과제를 수행하기 위한 지시사항 중 중요한 부분을 놓치기도 하고, 과제 수행에 대해 필요한 적절한 질문을 하지 못하여, 연필이나 기타 준비물을 가져오는 것을 쉽게 잊어버리기도 한다.

이러한 학생들이 행동을 미리 계획하고 관리할 수 있도록 하기 위해서는 다음과 같은 방법들이 있다.

첫째, 수업을 작은 시간 단위로 나눈 시간표를 만들어 각 단위의 시간마다 완수해야 할 활동의 목록을 만들어 준다. 학생이 활동을 하나씩 완수할 때마다 강화하고, 학생이 독립적으로 시간표를 작성할 수 있을 때까지 점진적으로 도움을 제공하고, 일단 활동을 완수할 수 있게 되면 강화를 제공하고 강화 받을 수 있는 기준을 점점 더 어렵게 만들어 지도한다.

둘째, 정서 · 행동장애 학생들이 자신의 물건을 정리할 수 있도록 도와준다. 책상을 정리하는 방법과 필기 등의 공책 사용법을 가르치고, 공책에는 그 날의 날짜와 숙제 마감일 등을 기록하는 공간이 있어야 하며, 각 과목의 필기를 할 수 있도록 영역을 나누거나 각 권의 공책을 사용하게 한다. 정기적으로 공책을 검사하여 제대로 하고 있는지 점검하고 강화하거나 다시 가르친다. 부모에게도 공책의 사용법을 알려주고 아동의 수행에 대해서 칭찬하도록 격려하도록 한다.

셋째, 정서 · 행동장애 학생들에게 과제나 지시를 제공할 때 난이도를 조절하는 것이다. 단순한 지시부터 시작하여 점차적으로 복잡한 지시를 사용한다. 과제를 완성하기 위해 걸리는 시간도 처음에는 짧은 것부터 시작하여 점점 길게 하며, 과제 완수의 정확도 기준도 처음에는 낮게 시작하여 점점 높인다.

넷째, 정서 · 행동장애 학생들에게 교사의 지시나 숙제에 대해서 적절하게 질문하도록 가르친다. 이때 교사는 어떤 것이 적절한 질문인지 예를 들어 가르쳐주고, 과제 지시가 불분명할 때 할 수 있는 여러 가지 질문의 목록을 만들어 제시할 수 있다. 가상 과제를 제시하고 적절한 질문을 사용하도록 연습시킨다.

(3) 반응 정확도를 높이기 위한 교수 전략

정서 · 행동장애 학생은 과제를 수행하거나 교사가 질문할 때 여러 가지 이유로 부정확한 반응을 보이는데 그 이유는 그 학생들의 충동성 때문이다. 충동성은 주의 깊은 생각이나 목적 없이 발생하는 행동으로 충동성을 보이는 학생은 정답을 생각해 보지 않고 답을 말하는 등 반응하기 전에 생각하지 않고 충동적으로 행동한다.

이러한 충동성 등으로 인해 부정확한 반응을 보이는 학생의 반응 정확도를 높이기 위해서 첫째, 과제를 제시할 때 과제의 일부분으로 정확도를 점검하게 한다. 예를 들어 수학문제를 푼 후에 검사하는 활동에 포함시킨다. 또한 정확도를 점검하는 활동 자체를 강화할 수도 있다.

둘째, 정서 · 행동장애 학생 스스로 교정하는 방법을 연습할 수 있도록 교사가 적절한 시범을 보인다. 여러 가지 유형의 실수가 포함되어 있는 문장을 사용해서 어떻게 교정해야 하는지를 학생이 연습할 수 있도록 지도한다.

셋째, 정서 · 행동장애 학생이 말을 하기 전에 생각하게 한다. 예를 들어 질문을 한 뒤에 약 5~10초 정도의 생각하는 시간이 지난 후에 대답하도록 사전에 학생과 교사가 규칙을 정한다. 이러한 규칙을 통해 학생은 대답하기 전에 주의 깊게 생각하는 방법을 학습하게 되며, 서서히 생각하는 시간을 줄여갈 수 있다.

넷째, 주의집중력이 부족한 정서 · 행동장애 학생의 실수를 감소시키기 위하여 반응대가를 사용한다. 이것은 학생이 실수하였을 때 휴식시간 등 학생에게 의미 있는 것을 상실하게 함으로써 실수를 줄이게 하는 방법으로, 학생이 실수할 때마다 추가과제를 하나씩 더 제시하는 방법과 병행될 때 더욱 효과적으로 사용될 수 있다.

Paragraph

03 자폐성장애 학생의 교수-학습 지도

1. 자폐성장애 학생의 교육적 요구

자폐성장애의 개념과 관련하여 가장 주목할 만한 변화는 자폐를 범주성 장애로 인식하기 시작하였다는 것이다. 최근 들어 자폐는 명확하게 구분되는 장애이기 보다는 '자폐적 성향'의 연속선으로 이해되기 시작하였다. 이러한 현상은 자폐와 함께 나타나는 다양하고 폭넓은 증상들로 인하여 일반적인 결함과 자폐만의 독특한 결함을 구분하기 어려운 현실을 반영한다고 할 수 있다.

자폐는 다른 사람과 상호작용하는 데 있어서의 어려움과 말, 언어, 의사소통의 결함, 환경의 동일성에 대한 고집, 상동행동이나 기타 자기자극행동, 감각 자극에 대한 다양한 이상행동 등의 특성을 보인다. 그러나 동시에 자폐성장애를 보이는 사람들도 전형적인 신체적 성장과 발달을 보이는 경우가 많으며, 특이한 기술이나 지식 및 능력을 보이는 경우도 있다. 특히, 이들은 평균 또는 그 이상의 지능 및 의사소통 능력에서부터 중도 지적장애나 구어의 완전한 결손과도 같은 심각한 장애에 이르기까지 다양한 범위의 능력을 보인다. 자폐성장애 학생들은 의사소통기술, 사회적 상호작용, 행동의 반복적이고도 상동적인 양상의 세 가지 측면에서 다양한 정도의 손상을 보이며, 아동에 따라서 또는 동일한 아동에게도 시간이 지남에 따라서 다양하게 나타난다.

자폐성장애 학생들은 사회성 및 의사소통에 있어서의 결함이라는 장애의 특성으로 인해 통합교육을 통한 접근이 더욱 강조된다. 이것은 사회성이나 의사소통의 발달이 또래와의 자연스러운 경험을 통하여 습득될 수 있으며, 습득된 특정 기술도 또래와의 자연적인 상호작용 맥락에서 사용되어야하기 때문이다. 그러나 자폐성장애 학생들은 사회성 발달에 있어서의 일탈적인 결함을 보이기 때문에 이와 같은 자연적인 교수 환경만으로는 발달과 학습을 촉진하기 어렵다. 이러한 맥락에서 단일 목표행동을 습득시키기 위한 행동주의적 접근은 한계가 있으며, 일탈적 발달현상을 보이는 특성으로 인하여 단순한 발달주의적 접근도 한계가 있다. 그러므로 자폐성장애 학생들을 위해 분리된 개별 행동만을 학습시키기보다는 장애의 주요특성에 초점을 맞추어 폭넓은 행동의 변화를 가져올 수 있도록 지도해야 한다.

2. 자폐성장애 학생의 특성

(1) 지능 및 학업성취

자폐성장애로 진단된 학생 중에는 평균 또는 그 이상의 지적 기능을 보이는 학생도 있지만, 70~85% 정도는 지적장애를 함께 보이는 것으로 알려져 왔다(APA, 2000). 그러나 최근의 연구에 의하면 약 38~48%에 이르는 아동이 지능검사 결과 70이상의 IQ를 보이면서 지적 기능에 손상이 없는 것으로 보고되기도 한다(Rosenberg et al., 2011).

자폐성장애 학생 중 지적장애를 함께 보이는 아동은 그렇지 않은 아동에 비해서 학업이나 일반적인 생활에 있어서 더 낮은 수행 수준을 보인다. 이것은 자폐성장애로 인해 나타나는 언어 및 사회성 결함, 행동조절의 어려움, 일과에 대한 집착 등의 특성이 지적장애로 인한 어려움이 가중되기 때문이다. 결과적으로 지적장애를 함께 보이는 자폐성장애 학생들의 경우 자폐 장애와 관련된 근본적인 결함이 다양한 수준의 지적 기능과 결합되어 서로 영향을 미치기 때문에 그 성취는 매우 다양하게 나타난다.

반면에 지적 기능에 있어서 평균이상의 능력을 보여 고기능 자폐로 분류되는 학생들은 주로 일반학습에 통합되어 교육을 받는 경우가 많기 때문에 학교에서 여러 가지 어려움에 직면하게 된다. 이러한 어려움을 지적 기능에 있어서 평균이상의 능력을 지니고 있더라도 자폐성장애로 인한 장애의 특성을 그대로 남아있기 때문이라고 말할 수 있다.

다시 말해서 학업 성취에 있어서 평균이상의 성적을 보이는 학생도 학교라는 조직사회에 적응하고 사회적인 기대 수준에 맞는 행동을 하는 데에는 어려움을 겪게 된다는 것이다. 예를 들어 숙제를 조직적으로 수행하지 못하고 숙제 및 시험을 제 시간에 완수하지 못하며 정해진 시간을 배정해서 특정 과제를 수행하지 못하는 등의 학업성취와 관련된 문제를 야기할 수 있으며, 주의집중의 어려움, 자극과다선택, 충동성, 과잉행동, 상동행동, 감각과 관련된 비전형적인 반응 등의 특성은 자폐성장애 학생의 학업 성취에 직접적인 영향을 미치게 된다. 결과적으로 교사는 일반학급에 통합된 고기능 아동에 대하여 학업성취 뿐만 아니라 사회적 및 환경적인 적응이나 교우관계 등에 각별한 관심을 기울여야 한다.

(2) 사회 정서적 특성

사회적 행동에 있어서의 일탈적 결함은 자폐성장애의 특성으로 인식되고, 장애의 핵심적인 결함으로 수용되고 있다(이소현, 1999).

자폐성장애 학생의 사회적 행동 결함은 상호적 교환의 맥락에서 두드러지게 나타난다. 이것은 이들이 사회적 상황에서의 상호적인 교환에 필요한 기본적인 규칙을 이해하거나 사용하지 못함으로써 비롯된다고 할 수 있다. 구체적으로 눈 맞춤이나 응시행동, 몸짓이나 얼굴 표정 등의 비구어적 의사소통 행동을 의사소통의 목적으로 사용하지 않거나 매우 제한되게 사용함으로써 표현에 있어서의 결함을 보일 뿐만 아니라, 다른 사람의 감정 표현에 무관심하거나 공유된 감정을 보이지 않는 등 이해와 수용 측면에서도 결함을 보인다.

특히 자폐성장애 학생은 주의집중과 정서적 감정이 통합되어야 하는 공동관심의 상황에서와 같이 특정 사회적 상황과 관련해서 일탈적 특성을 두드러지게 보인다. 이것은 사회적 동기에 있어서의 근본적인 결함으로도 설명될 수 있는데, 사회적 보상에 대한 민감성이 부족함으로 인하여 다른 사람의 말, 표정, 몸짓 등 사회적 정보에 대하여 선호하거나 적극적으로 관심을 기울이지 않는다는 것이다. 이러한 결함은 모방, 정서적 공유, 공동관심 등의 결함을 초래하면서 학생들의 사회 정서적 또는 의사소통 기술을 발달시키는데 방해가 된다.

(3) 의사소통 특성

자폐성장애 학생은 구어 및 비구어 의사소통 모두에 있어서 문제를 보인다. 또한 말을 전혀 습득하지 못하는 아동부터 유창하게 말을 하지만 다른 사람과의 의사소통적인 맥락에서 기능적으로 사용하지 못하는 아동에 이르기까지 그 결함의 유형이나 정도도 다양하다. 자폐성장애 학생의 절반 정도가 기능적 말을 습득하지 못하는 것으로 알려져 있으나, 5세 이전에 시작되는 최상의 적절한 교육을 통하여 약 85~90% 정도가 구어적 의사소통을 할 수 있는 것으로 보고되기도 하였다(Koegel, 2000).

따라서 이들의 의사소통 발달의 특성을 잘 알고 이에 따른 적절한 교육을 제공할 수 있어야 한다.

말을 할 줄 아는 자폐성장애 학생의 약 80%정도가 반향어를 보이는 것으로 나타났다. 반향어란 일반적으로 다른 사람이 말한 단어나 문장을 의미 없이 반복하는 것으로 정의된다. 과거에는 반향어가 비기능적일 뿐만 아니라 언어를 이해하지 못하기 때문에 나타나는 것으로 여겨졌으나 현재는 반향어가 가지는 다양한 형태와 기능이 보고되고 있다. 물론 자폐성장애 학생들이 의미 없는 반향어를 사용하는 것이 사실이지만, 이들 중에는 다음단계로 발전하면서 다른 사람의 문장을 반복하여 상황에 맞게 적절하게 사용하기도 한다. 반향어를 대화가 발생하는 사회적 상호작용의 맥락을 유지시킴으로써 언어 습득의 과정을 도와준다. 다시 말해 반향어를 사용하는 것 자체가 대화 기술을 촉진할 수 있다는 것이다. 그러므로 교사는 반향어를 단순히 비기능적이고 비정상적인 언어로 생각해서는 안 되며, 오히려 일관성 있게 자발어를 사용하지 못하는 자폐성장애 학생이 사용하는 의사소통 전략으로 생각하고 적절한 형태의 언어로 대체해 갈 수 있도록 교수해야 한다.

자폐성장애 학생은 비구어적 의사소통에서도 문제를 보인다. 이것은 이들의 의사소통 문제가 사회-인지적인 측면에서 장애와 연결된다는 것을 알게 해준다. 일반적으로 사람은 자신의 감정을 나타내는 여러 가지 비구어적 행동을 보이는데 이때 얼굴표정이나 비구어적 발성, 자세, 동작 몸짓 등이 사용된다.

다시 말해 비구어적 의사소통은 사회적 상호작용을 형성하고 유지하는데 중요한 역할을 한다. 하지만 자폐성장애 학생은 눈 맞춤 행동에 있어서 질적 결함을 보이며 감정을 표현하기 위해서 효과적으로 얼굴표정을 사용하지 못하고, 의미 있는 몸짓을 사용하는데 있어서 양적, 질적으로 결함을 보인다.

또한 자폐성장애 학생들의 의사소통상의 문제가 언어 및 비구어적 수단의 습득과 사용에만 국한된 것이 아니라 근본적으로 의사소통을 하고자 하는 의도 표현 및 의사소통에 대한 이해가 결여되었다는 문제를 찾을 수 있다. 과거에는 자폐성장애 학생의 의사소통적인 시도가 단순히 결여된 것으로 알려져 왔으나, 현재는 적절한 의사소통적 신호를 특정 목적에 맞게 사용하는 능력에 있어서 결함을 보이는 것으로 설명된다(Prizant & Wetherby, 2005).

이처럼 자폐성장애 학생의 말, 언어, 의사소통상의 문제는 단순한 언어 지체로 인한 문제가 아니라 질적인 사용에 있어서의 문제인 것으로 결론지을 수 있을 것이다. 또한 이러한 문제가 독립적으로 발생하기 보다는 자폐의 주요 장애 특성인 사회성 장애가 결합된 독특한 특성을 지니는 장애로 보아야 할 것이다. 따라서 이들을 위한 말, 언어교육은 단순한 언어 기술을 습득하게 하는 교육이기보다는 생활중심의 기능적인 교육이어야 할 것이다.

(4) 행동적 특성

자폐성장애 학생의 경우 사회성 및 의사소통의 결함 이외에도 반복적이고 상동적인 형태의 제한된 행동을 보인다는 특성을 지닌다. 특히, 자폐성장애 학생들은 제한된 범위의 관심 영역에 지나치게 강도 높은 독특한 관심을 보이고, 특정일과를 반드시 따라야 하는 등 동일성에 대한 비합리적인 집착을 보이며, 상동적이고 반복적인 운동기능상의 습관을 보이고, 사물의 특정부분에 대한 집착을 보이는 등의 행동특성을 보인다. 특정 사물에 집착하거나 관심의 영역이 극도로 제한되는 행동적인 특성은 자폐성장애 학생으로 하여금 특정사물에 지나친 관심을 보이게 함으로써 한 번 집중하기 시작하면 매우 오랜 시간 동안 하나의 사물만을 가지고 놀이를 하게 한다.

또한 환경의 변화나 일과의 변경에 대해서 매우 민감하게 반응하게 한다. 이와 같은 동일성에 대하여 집착하는 특성은 일상생활에서의 변화나 전환에 대한 극도의 어려움을 발생시킨다. 특히 자폐성장애 학생들이 보이는 반복적이고 상동적인 행동은 때로는 지루함이나 감정의 동요를 나타내기도 하고, 개인에 따라서는 타인의 관심을 끌거나, 특정한 활동을 하거나, 원하지 않는 상황이나 과제를 회피하기 위한 목적으로 행해지기도 한다. 그러나 그럼에도 불구하고 이러한 행동은 학습을 방해하거나 학교 및 지역사회에서의 통합을 방해하는 요소가 될 수 있다. 따라서 교사는 이들이 보이는 반복적이고 상동적인 행동을 감소시키는 동시에 좀 더 적절한 형태의 의사소통 기술과 여가기술을 교수해야 한다.

자폐성장애 학생은 반복적이고 상동적인 행동 외에도 공격행동, 자해행동, 성질부리기, 기물 파손 등의 문제행동을 보이곤 한다. 특히, 자신이나 다른 사람에게 심각한 해를 끼칠 수도 있는 자해행동이나 공격행동은 신속하고도 적절한 교수를 필요로 한다. 장애 아동이 보이는 문제행동의 약 75~80%가 의사소통적인 기능을 지니고 있다는 사실을 고려한다면, 이러한 문제행동이 지니는 의사소통적인 기능을 대신 해 줄 수 있는 적절한 대체행동을 교수함으로써 이들의 문제행동을 감소시키는 것은 자폐성장애 학생들을 가르치는 교사의 주요 역할이라고 볼 수 있다.

3. 자폐성장애 학생의 교수-학습 전략

(1) 장애 특성을 고려한 교육과정 구성

자폐성장애 학생의 교육은 그 교육과정을 구성함에 있어 학업, 사회성, 언어, 행동 중 교육과정 전반에 걸쳐 장애의 특성을 고려하여야 한다. 먼저 학업과 관련해서 자폐성장애 학생을 위한 특별한 교육과정이 존재하는 것은 아니지만, 이들의 강점을 강화하고 약점을 보완할 수 있는 개별화된 지원을 통하여 학업 성취를 증진시킬 수 있다. 예를 들어 기계적인 암기력이 우수하고 시각적 학습이 뛰어난 특성을 고려하여 시각적 지원 등의 특정 교수전략을 사용하거나, 동일성에 대한 집착이 강한 특성을 고려하여 규칙적인 일과를 제공하는 등의 특성에 따른 개별화된 지원은 학업 성취에 도움이 될 것이다(Hart & Whalon, 2008).

사회성과 관련된 교육과정은 일반적으로 학교 또는 실제 사회에서 살아가는데 필요한 연령에 적합한 행동을 배우는 것을 의미한다. 자폐성장애는 사회성 및 사회적 관계의 모든 측면에서 일탈적 발달 현상이 나타나기 때문에 교육과정에 일상생활 기술, 자조기술, 기능적 의사소통 기술, 사회적 상호작용 기술 등의 사회성 관련 기술이 포함되어야 한다. 또한 자폐성장애 학생들은 얼굴표정이나 몸짓을 통해서 상대방의 감정을 이해하고 비유적인 언어를 이해하며, 사회적 규칙을 이해하는데도 어려움을 보이기 때문에 해석적 기술을 포함한 교육과정을 제공해 학생들이 이러한 기술을 습득할 수 있도록 지도해야 할 것이다.

언어와 관련된 교육과정은 자폐성장애 학생의 의사소통문제가 사회 인지적 맥락에서 이해되어야 하기 때문에 화용론을 기반으로 하는 기능성 중심의 사회-의사소통 교육을 제공해야 한다. 교사는 말이나 언어의 형태를 습득시키는 것보다는 습득한 기술을 자신의 환경에 어떻게 기능적으로 사용하게 할 것인가 하는 점을 더욱 중요하게 고려해야 한다.

(2) 통합교육

자폐성장애 학생을 위해서는 또래와의 통합교육을 통한 자연스러운 사회생활 경험을 제공함으로써 사회성 결함이라는 장애의 특성으로 인한 어려움을 보완하고 미래를 준비할 수 있도록 도와주어야 한다. 실제로 통합교육은 자폐성장애 학생들의 성공적인 교육을 위한 필수적인 요인으로 포함되고 있으며, 적절한 지원을 통하여 이루어지는 통합교육은 자폐성장애 학생들이 일반학급에서 일반 교육과정에 접근하여 또래와 함께, 또래로부터 많은 것을 배울 수 있도록 해준다.

자폐성장애 학생의 통합교육을 성공적으로 실행하기 위해서는 환경 및 교육과정 수정과 일반학급에서의 지원, 태도 및 사회적 지원, 팀구성원의 협력적인 지원, 가정과 학교 간 협력이 동시에 이루어져야 할 것이다.

(3) 기술훈련

자폐성장애 학생은 자기관리학습과 학습기술의 사용에 있어서 어려움을 보이기 때문에 모든 교육과정이 아동의 발달단계에 적합해야 한다. 이 학생들의 낮은 지적 능력과 제한된 언어의 사용은 아동의 이해를 저해하거나 막을 수 있기 때문에 간단한 언어나 그림 의사소통의 기법 등을 사용할 수 있다. 대과제의 경우는 보다 작은 소과제로 나누고, 성공의 가능성을 높여줄 수 있는 과제로 수정하여 제공하는 것이다. 교사는 학생들이 과제에 적극적으로 참여하지 않으려는 문제가 있을 경우 흥미 있는 자료를 선택하도록 격려하고, 과제 성공이 극대화될 수 있도록 구조화시키는 노력을 해야 한다.

또한 학생이 새로운 기술을 익히고 새로운 학습을 시도하려 할 때 이미 숙련된 기술과 관련이 있는 기술로 전이시킬 수 있도록 지도하고, 학습의 과정에서 지속성에 대한 문제가 발생할 경우 강화를 제공하여 그 문제를 해결할 수 있어야 한다.

(4) 기술의 일반화

자폐성장애 학생은 장애의 특성상 학습한 기술의 일반화에 어려움을 보인다. 이러한 결함은 다양한 상황과 대상자에 따른 일반화 기술을 필수적으로 요구한다. 사회성 및 의사소통 기술을 중심으로 한 교육과정의 운영과 아동을 통합 환경에 적응시키기 위한 교육이 그 성과를 인정받기 위해서는 일반화 중심의 교수방법이 선행되어야 한다.

자폐성장애 학생의 일반화를 촉진하기 위한 다양한 교수방법에 적용되고 있는 기본 원칙으로는 자연적인 강화물의 사용, 다양한 상황에서의 학습, 비학습 상황에서의 기능적인 중재자의 사용을 들 수 있다.

일반화란 학습된 행동이 다양한 상황에서 중재자 없이 자발적으로 발생하는 것을 의미하는데, 이러한 일반화가 이루어지기 위해서는 자발적인 행동의 발생을 강화하는 자연적인 환경적 결과가 반드시 뒤따라야 한다. 자폐성장애 학생이 다양한 새로운 상황에서 적절한 행동을 자발적으로 수행하도록 하는 효과적인 방법 중의 하나가 자기관리 기술을 습득하게 하는 것이다.

자기관리 기술이란 일반적으로 자기 자신의 행동을 식별하여 목표행동의 발생여부를 기록하게 하는 자기점검 기술을 의미하며, 행동발생에 대하여 스스로를 강화하는 자기강화를 포함하기도 한다. 자기관리 기술은 행동을 유지시키는 외부적인 변인들을 체계적으로 소거하면서 행동의 통제력을 아동에게 이동시킴으로써 독립성을 촉진하는 교수방법으로 통합된 사회에서의 독립적인 적응을 목표로 할 때 긍정적으로 적용할 수 있는 효과적인 교수방법이라고 할 수 있다.

Paragraph

04 학습장애 학생의 교수-학습 지도

1. 학습장애 학생의 교육적 요구

학습장애 학생은 평균적인 지적 능력을 지니고 있으나 학습에 심각한 문제를 보이는 경우를 의미한다. 학습장애는 이질적인 장애군으로 개별 아동에 따라서 행동특성이 매우 다르게 나타나면서 또한 공통적인 양상을 보이기도 한다(Hammill, 1990). 따라서 학습장애 학생을 교육함에 있어서 교사는 학습장애의 일반적인 특성을 이해하고, 각 학생간의 이질성에 대해서도 반드시 이해해야 한다. 더불어서 교사에게 있어서 학습장애가 있는 학생과 단순한 학습부진을 보이는 학생을 구분하는 것은 어려운 과제이나, 이들의 차이점을 인식하고 학습장애 학생을 위한 교육적 요구를 이해해야 한다(Fuchs et al., 2001).

학습장애는 개인에 따라서 유형과 정도가 매우 다양하다. 학습장애는 개인 간의 특성이 다양할 뿐만 아니라, 개인 내적으로도 문제를 나타내는 학습 영역이 다양하다. 많은 학습장애 학생들은 한 가지 이상의 영역에서 문제를 나타내는데, 즉 여러 가지 학습장애 특성 중에서 한두 가지에서만 문제를 보이는 경우가 있는가 하면 중복형태로 여러 특성을 한꺼번에 보일 수 있다. 그리고 최근에는 학습장애 학생들은 학습장애 이외의 장애 특성을 중복장애 형태를 보이는 경우가 많이 나타난다(Silver, 1990). 즉, 순수하게 학습장애 만을 보이는 아동보다 주의집중장애나 정서 · 행동장애 등을 함께 동반하는 경우가 많다.

학습장애 학생들의 교육에서 중요한 점은 문제가 나타나는 학습영역을 파악하는 것과 더불어서 특정 학습장애 현상이 얼마나 심각하게 지속되었느냐 하는 점이다. 학습의 결손이 오랜 시간 지속된 경우에는 단순히 현재 특정 기능에서 문제를 나타내는 경우와는 다른 교수방법을 요구하기도 한다. 따라서 교사는 학습장애의 다양한 특성에 대한 이해가 학습장애 아동을 위한 효과적인 교수전략을 세우고 실행하는데 바탕이 될 것이다.

2. 학습장애 학생의 특성

(1) 학업 성취

학업 성취 문제는 학습장애의 주요 특성으로 학업에 있어서의 문제가 없다면 학습장애도 존재하지 않는다고 말할 수 있다. 학습장애 학생 중에는 한 두 과목에서만 문제를 보이는 경우도 있지만 대부분의 경우 교과목 전반에 걸쳐서 성취의 문제를 보이곤 한다.

학습장애로 진단되는 많은 학생들이 읽기 영역에서 문제를 보인다. 읽기문제는 음운인식이나 단기기억력 등 언어와 관련된 인지능력의 결함, 어휘력이나 구문론과 같은 언어지식의 부족, 읽기와 관련된 사전경험이나 선행학습의 부족과 관련된다(김동일 외, 2009).

따라서 읽기에 어려움이 있는 학생들은 단어를 정확하게 읽지 못하는 단어인지에서의 문제나, 정확하게 읽는 경우도 이해력이 떨어질 정도로 느리게 읽는 읽기 유창성에서의 문제가 나타난다. 또한 읽기 이해력에서도 문제로 보일 수 있는데, 초등학교 저학년 때에는 이야기의 내용을 이해하는 데 어려움을 가지며, 고학년이 될수록 교과 내용의 이해의 어려움으로 나타난다(Bursuck & Damer, 2007). 일반적으로 초등학교 저학년 학생은 읽기 영역에서 1~2년 정도의 지체를 보이며, 중학교 이후에는 약 3년 이상의 지체를 보인다.

학습장애 학생들은 쓰기 영역에서도 지속적이고도 심각한 결함을 보인다. 글씨쓰기(handwriting), 철자(spelling), 작문(등written expression) 등 모든 글쓰기 과정에서 어려움을 보인다.

학습장애 학생들은 글씨를 천천히 쓰거나, 글자 크기가 일정하지 않거나, 글자 형태가 이상한 것과 같은 글씨 쓰기에서의 문제를 보이며, 맞춤법에 맞지 않게 글씨를 쓰는 오류를 보인다(김애화 등, 2012). 그리고 쓰기과정을 잘 이해하지 못하기 때문에 쓰기를 계획하고 구성하고 작업하는데 어려움을 보이며, 쓰기를 통해 자신의 생각을 잘 나타내지 못하고, 쓴 글을 검토하는 데에도 어려움을 보인다. 쓰기기술은 읽기 기술과 마찬가지로 음운인식 능력을 필요로 하기 때문에 쓰기 문제와 읽기 문제 간에 연관성이 높다(양민화 · 서유진, 2009). 그러나 학습장애 학생 중에는 읽기 문제를 보이지 않으면서도 쓰기 문제를 보이는 경우도 있다.

수학 또한 학습장애 학생들이 어려움을 보이는 영역으로 읽기장애 다음으로 높은 비율로 나타난다(Miller & Hudson, 2007). 학습장애 학생은 수학 개념 및 기술 영역에서 결함을 보이는 것으로 나타났으나 수학문제를 보이는 모든 학습장애 학생이 동일한 문제를 보이는 것은 아니며 개별적으로 독특한 유형의 문제를 보이고 있다(김동일 외, 2009; 김애화 외, 2012). 어떤 아동은 숫자 쓰기, 수학 개념(크기, 순서, 양, 거리 등), 공간 지각, 연산, 문장제 문제 등에서 어려움을 보인다. 반면 어떤 아동은 시간, 분수, 소수, 측정에서 어려움을 보이기도 한다. 또한 문제를 풀 수 있는 능력이 있으면서도 주어진 시간 내에는 과제를 완수하지 못하는 경우도 있는데, 이러한 처리속도의 문제는 연산 과제에 부정적인 영향을 미친다(Fuchs et al., 2008). 최근 연구에서는 학습장애 학생의 수학 문제가 언어능력과 밀접한 관련이 있는 것으로 보고되고 있다. 즉, 언어능력이 낮을 경우에 수학의 개념을 이해하지 못하거나, 수학 문제를 이해하지 못함으로써 문장제 문제뿐만 아니라 수학영역 전반에 부정적인 영향을 미치게 된다(Jordan, Levine, & Huttenlocher, 1996).

학습장애 학생들은 기초적인 학업 영역인 읽기, 쓰기, 수학 등의 학습 기술에 결함을 보이기 때문에 결과적으로 사회나 과학 등의 내용 중심 교과에서도 심각한 문제를 보일 수 있다.

(2) 인지능력

학습장애 학생들의 주요 특성 중 하나가 인지처리 과정상의 결함을 나타낸다는 것이다. 최근에는 학업 영역별로 인지처리의 문제를 밝히고자 하는 연구가 주목을 받고 있다. 읽기 에 영향을 주는 인지처리 요인으로 음운인식, 음운기억, 작동기억, 어휘, 듣기이해, 상위인지 등이 있다(Schatschneider et al., 2004; Stothard & Hulme, 1996; Wagner et al., 1997). 쓰기는 음운인식, 표기처리, 읽기이해(Abbott at al., 2010), 수학은 작동기억, 처리속도, 수 감각, 언어지식 등의 인지처리 요인이 영향을 준다(Jitendra et al., 2007; Keeler & Swanson, 2001; Muth, 1984). 학습장애 학생들은 이러한 인지처리 요인에 결함으로 인하여서 학습영역에서 어려움을 보이는 것이다.

이러한 결함을 보완하기 위해서는 학습장애 학생이 인지전략을 사용할 수 있도록 가르쳐야한다. 일반아동은 인지전략을 효과적으로 사용할 수 있는 반면 학습장애 학생들은 전략에 대한 지식이 없으며, 알고 있더라도 효과적으로 사용하지 못하는 경우가 많다.

또한 능력 향상 속도가 일반 학생에 비해 매우 늦을 뿐만 아니라 어느 정도까지는 성장을 보이나 그 이후에는 성취수준의 정도가 정체를 보인다. 이는 인지적 기능이 하나의 표상 양식에서 다른 표상양식을 전환되는데 어려움을 겪고, 기능적 고착 현상이 학습장애 학생들에게 흔히 보이는 특징이기 때문일 것이다.

(3) 주의집중 및 과잉행동

학습장애 학생은 과제에 집중하기 어려워하거나 지나치게 많이 움직이고 활동하는 과잉행동을 보인다. 과제를 수행하거나 완성하기 어려워하며, 지시 따르기에 문제를 보이고, 일정시간 이상 한 가지 과제에 집중하지 못하며, 쉽게 방해를 받고 산만해지는 등의 행동 특성을 보인다. 이러한 주의력결핍 및 과잉행동장애의 특성은 많은 학습장애 학생들에게서 나타나고 있으며, 학습장애 학생의 18~60%가 주의력 결핍 및 과잉행동 장애를 동반하고 있는 것으로 보고되고 있다(김동일 외, 2008).

(4) 지각장애

학습장애 학생이 보이는 특징 중의 하나는 지각장애이다. 지각장애는 감각으로부터 의미를 끌어내는 활동에 어려움을 보이는 것으로 즉, 시각자극, 청각자극, 촉각자극을 통하여 수용된 자극을 변별, 조직 및 해석하는데 어려움을 나타내는 장애이다.

지각상의 장애는 시각장애나 청각장애에서와 같이 얼마나 정확하게 보고 들을 수 있는가는 감각능력의 문제가 아니라 자극을 받아들이고 정리하고 해석하는데 있어서의 결함을 의미한다. 이러한 문제는 학습장애 학생의 학업 성취에 부정적인 영향을 미치게 된다. 시지각 장애의 경우 퍼즐을 맞추거나 도형을 기억하는데 문제를 보이기도 하며, 비슷한 글자를 혼동하기도 한다. 또한 청지각에 문제가 있는 아동은 청각에 아무런 문제가 없음에도 소리 식별에 어려움을 보임으로써 언어 지시 따르기나 사회적 대화 및 상호작용에 문제를 보이기도 한다.

시각이나 청각의 지각장애 이외에도 운동기술을 필요로 하는 신체적인 활동에 어려움을 보이는 학습장애 학생들도 있다. 대근육 및 소근육 운동기술은 시각과의 협응 기술을 필요로 하기 때문에 뛰기, 공 던지기, 계단 오르내리기 등의 대근육 활동이나 연필 쥐기, 종이접기, 운동화 끈매기 등의 소근육 활동 모두에서 문제를 보이기도 한다.

(5) 동기 및 귀인

학습장애 학생의 경우 학습을 하고자 하는 동기에 문제를 보이기도 한다. 동기는 자신의 행동에 활력을 주고 안내해 주는 내적인 충동을 의미한다. 개인의 동기는 자신의 성취나 실패의 원인에 대한 스스로의 생각을 의미하는 귀인과 직접적으로 관련된다(Weiner, 1979).

학습장애 학생은 대체적으로 자신의 삶이 스스로의 능력이나 노력에 의해서가 아니라 외부적인 요소에 의하여 통제된다고 믿는 경향이 강하다(Fulk, Brigham, & Lohman, 1998). 이렇게 외적 통제소를 지닌 학습장애 학생은 한 가지 이상의 과목에서 계속되는 실패를 경험하면서 다른 사람에게 의존하게 되고 스스로 잘할 수 없다고 생각하는 학습된 무력감을 갖게 된다(Canino, 1981). 따라서 교사는 학습장애 학생들의 학습과정에서 긍정적으로 반응해 주고, 적절하게 칭찬해 주고, 과제를 완수하는 경험을 갖도록 도와주어 동기 및 귀인에 있어서의 문제를 극복할 수 있도록 도와주어야 한다.

3. 학습장애 학생의 교수-학습 전략

(1) 인지훈련

인지훈련은 아동의 사고과정에 영향을 미침으로써 수행으로 나타나는 관찰 가능한 행동에 영향을 미치고자 하는 다양한 교수방법을 총칭하는 용어이나. 이 방법은 학습과정에서 외부적으로 나타나는 행동과 함께 아동의 내면에서 진행되는 사고의 과정을 중요시한다. 인지훈련 접근에서는 아동이 정보를 확인하고 해석하고 정리하고 활용하는 등의 정보처리 과정을 스스로 결정하는 적극적인 주체자로 인식된다.

인지 훈련에는 자기교수, 자기질문, 자기점검, 자기강화, 비계교수 등이 있다. 자기교수는 스스로 행동을 언어적으로 조절하면서 과제를 수행하게 하는 방법으로, 문제해결 전략을 소리 내어 자신에게 지시하거나 정의하는 행동이다. 자기질문은 과제를 수행할 때 문제의 정보를 조직적으로 분석하기 위해서 내적 대화를 촉구하거나 외적 인지전략을 조절하는 행동이다. 그리고 자기점검은 주로 자기 평가와 자기 기록의 두 가지 방법을 통하여 자신의 진도나 행동을 스스로 점검하게 하는 방법이다. 학습장애 학생은 일반적으로 또래에 비해서 자신의 성취를 잘 점검하지 못하기 때문에 학습장애 학생으로 하여금 자신이 잘 이해하고 있는지 또는 수행하고 있는지 점검하도록 도와줌으로써 좀 더 효과적인 학습 패턴을 사용할 수 있게 해주며, 이러한 방법들은 학업 성취에 도움이 된다. 자기강화는 자신이 정한 수행기준에 따라 다양한 방법으로 스스로에게 강화를 제공하는 방법이다. 또한 비계교수는 아동이 과제를 학습하는 동안 일시적으로 구조화나 지원을 제공한 후 점진적으로 그러한 지원을 감소시켜 궁극적으로는 독립적인 수행이 가능하게 도와주는 방법으로 읽기, 쓰기, 수학 등의 학습에 효과적으로 사용될 수 있다.

(2) 직접교수

직접교수는 학습자의 특성보다는 가르쳐야 할 교수의 내용에 초점을 맞추는 교수적 접근으로 특정 학업 영역의 기술을 성취하게 하는 목적을 지닌다. 인지훈련이 아동의 주도적 특성을 지니는 것과 달리 직접교수는 교사가 미리 준비한 교안에 따라 진행되는 교사 주도의 연습과 훈련을 중요시하는 방법이다. 따라서 교사가 어떤 교육과정을 어떤 교수방법으로 가르치는가 하는 것은 직접교수의 성과에 매우 중요한 요인인데, 많이 사용되는 교수방법으로는 가르쳐야 할 내용을 작은 단위로 나누어서 가르치는 과제분석 방법이 있다. 직접교수는 학습장애 학생의 학업 성취를 위한 효과적인 방법으로 입증되고 있다(김동일 · 이태수, 2006; 김윤옥, 2008).

직접교수는 다음과 같은 특성을 갖는다. 즉, 단계별로 분명하게 계획된 전략이 있으며, 각 단계에서의 성취 기준이 명확히 제시되어 있다. 학생의 반응에 대해서 철저한 피드백과 신속한 교정이 이뤄져야 한다. 그리고 다양한 예를 활용하여 적절하고 체계적인 연습의 기회가 제공되어야 하며 학습한 개념에 대해서는 지속적으로 평가가 이뤄져야 한다.

직접교수를 수업에 적용할 때, 설명－시범－유도－점검의 단계로 이뤄진다(김윤옥, 2008). 우선 교사는 과제 분석을 통해 구체적인 목표를 제시한 후, 새로운 개념이나 기술을 소개한다. 그리고 교사는 단계별로 구체적인 예를 들어 명확하게 시범을 보인다. 학생이 배운 내용에 대하여 참여하도록 유도한다. 이때 학생이 새로 학습한 개념이나 기술에 대해 숙달될 때까지 안내된 연습을 하도록 하며, 교사 주도에서 점차적으로 학생의 독립적 수행으로 이동되도록 한다. 마지막으로 학습한 개념이나 기술에 대해서 점검한다.

(3) 학습 전략 교수

학습 전략은 학습을 위한 기술을 의미하며, 학습 전략 교수는 학습하는 방법을 가르치는 것으로 효율적인 학습자가 되는 방법을 가르치는 것이다. 학습장애 학생은 자신의 학습 행동을 조절하기 위하여 체계적인 전략을 사용하지 못하는 비효율적인 학습자로 알려져 있다. 따라서 학습장애 학생을 교수할 때 교과의 내용만을 가르치는 것은 적절하지 못하며, 읽기, 쓰기, 수학 등의 기초 교과나 사회 과학 등의 내용중심 교과학습을 도울 수 있는 학습 전략을 명시적으로 가르쳐야 한다.

학습장애 학생들의 학습을 위한 대표적인 전략에는 자기조절전략, 조직전략, 암기전략 등이 있다. 자기조절전략은 학생이 자신의 행동을 스스로 수정하고 조절하는 것과 관련된 전략으로, 자기교수, 자기질문, 자기점검, 자기강화 등의 방법을 통해 학습과정을 스스로 조절할 수 있다. 조직전략은 학생이 개념이나 주제의 주요 내용을 특정 양식으로 배열함으로써 정보를 구조화하는 방법이다. 이 때 학습내용을 흐름에 따라 시각적 조직도로 그려보게 함으로써 주요 내용과 하위 내용의 관계를 이해하고, 학습할 내용의 비교 및 대조가 가능하게 하며, 원인과 결과를 연결시킨 수 있도록 도울 수 있다. 또한 암기 전략은 학생들이 친숙하지 않은 다량의 정보를 기억하도록 돕거나 두 개 이상의 사실이나 개념들을 관련 짓도록 하기 위해 사용한다. 대표적인 기억 전략에서는 핵심어 전략(keyword strategy), 말뚝어 전략(pegword strategy), 글자 전략(letter strategy)이 있다.

(4) 구조화 자극 감소

학습장애 학생이 주의가 산만하거나 과잉행동 문제를 보이는 경우 외부적인 자극을 최소화하는 구조화된 프로그램을 적용하면 효과적이다. 크릭생크(Cruickshank)는 세 가지 원리를 강조하여 그 교수법을 설명하였다. 먼저, 구조화된 프로그램으로 기본적으로 교수자 중심의 완전 지시적인 프로그램이다. 이와 같이 하는 까닭은 과잉행동을 보이며 주의가 산만한 학습자는 자신이 결정을 할 수 있도록 주의 깊게 훈련을 받지 않으면 스스로 결정을 할 수 없기 때문이다. 다음 방법으로는 자극을 감소시키는 것이다. 학습장애 학생 중 쉽게 주의가 산만해지는 경우 무관한 자극을 감소시키고, 학생이 집중해야할 유관 차원의 자극 강도를 증가시키고, 방음 장치를 마련하거나 불투명 유리창 등을 사용하여 무관 차원의 자극을 감소시킨다. 마지막으로 학습장애 학생에게 한 번에 투입되는 교수자료는 학생의 주의집중력과 시각적 운동능력의 문제를 고려하여 작성하도록 한다. 이러한 구조화 자극 감소 프로그램은 학습장애 학생의 주의 산만을 해소하여 학습 효과를 거두는 데 그 목적이 있다.

(5) 호혜적 교수

호혜적 교수(reciprocal teaching)는 구조화된 토론중심 학습활동을 통해 학습 과제의 내용 이해를 촉진하기 위한 교수전략이다. 이는 학습장애 학생의 읽기이해력 향상을 위해 효과적인 교수법이다(김윤희 외, 2011; Lysynchuk et al., 1990). 호혜적 교수는 예측하기, 질문 만들기, 요약하기, 명료화하기의 네 가지 전략을 중심으로 학습활동이 이루어지도록 구성되어 있다.

먼저, 제목, 목차, 그림, 앞서 읽은 내용 등을 바탕으로 앞으로 읽을 내용에 대해 예측하는 활동이 이뤄진다. 다음으로 학생은 읽은 내용과 관련된 질문을 만들고, 질문에 대해 답하도록 한다. 그리고 중요한 내용을 중심으로 전체적인 내용을 요약한 후, 불분명한 부분이 있으면 이를 명료화한다. 이와 같이 한 단원의 학습이 끝나면 계속해서 같은 활동이 다음 단원에서도 순환적으로 이뤄진다.

호혜적 교수가 계속 진행됨에 따라 점차로 학습활동의 주도권과 책임을 학생들이 갖도록 수업활동이 이루어지게 되며, 교사는 학생들이 읽기 이해와 관련된 네 가지 학습 전략을 사용할 수 있도록 모델의 역할을 수행하며, 점차적으로 학습의 주도권이 학생에게 넘어갈 수 있도록 구조적인 교수활동을 계획, 진행, 평가해야 한다. 또한 모든 학생이 적극적으로 수업활동에 참여할 수 있도록 수업참여를 위한 촉진자의 역할을 수행하며, 학생들이 내용 이해를 위한 전략들을 적절하게 활용하고 있는지에 대한 평가와 도움을 제공하는 역할을 동시에 수행해야 한다.

Paragraph 05

발달장애학생 대상 수업 지도안의 실제

1. 수학과 수업 지도안

1. 단원 : 무게 알기

2. 제재 : 생활에서 무게 알기(1)

3. 단원의 개관

수학은 수량 및 공간의 성질에 관해 연구하는 학문으로, 인간 생활의 전반에 걸쳐 그 개념과 지식이 활용되어지고 있다. 일상생활을 영위하기 위해 필수적으로 요구되어지는 개념적이고 기초적인 수학적 지식에서부터, 학문 연구나 문제해결을 위한 수학적 기능과 수학적 태도에 이르기까지에 걸쳐 예외 없이 말이다. 번호, 화폐, 무게, 수량 등등 하루를 지내면서도 쉴 수 없이 볼 수 있는 수학의 모습은, 우리에게 그것의 습득과 활용이 기본적인 인간의 삶에 필요하다는 것을 알게 한다.

그런데 장애를 가진 학생의 경우, 수학적 지식 습득이 장애의 제한점으로 인하여 큰 어려움을 겪게 된다. 특히 신체적, 인지적으로 중도 · 중복의 장애를 지닌 학생들에게는, 수학의 기초 개념과 기본 기능에 접근하는 것조차 쉬운 일이 아니다. 이에 일상생활과 연계된 학습 내용을, 개별적으로 수정된 교수 계획을 통해, 단계적이고 반복적으로 수학 활동에 노출시킴으로써 수학학습에 최대한으로 접근하는 것이 필요하다.

기본교육과정의 수학과는, 생활 속에서의 다양한 경험을 통하여 수학의 기본 개념과 기초 기능인 수학적 지식을 습득하도록 하여, 주변의 사물과 현상을 수학적으로 관찰하고 해석(수학적 기능)하도록 하며, 실생활에서의 문제를 합리적으로 해결하는 능력(수학적 태도)을 기르도록 제시되어 있다. 또한 새로이 개정된 수학 교과서와 지도서는, 한 가지 개념에 대한 다양한 활동과 개념적 접근을 주로 한 반복적 학습으로서 수학 학습을 전개시켜 나갈 것을 제시하고 있다. 이는 중도 · 중복의 장애 학생들의 수학 학습으로의 접근에 큰 도움을 준다.

이에 기본교육과정 수학과 초등학교 1학년 1단계, 가 영역 중, 일상생활에서 마주치는 여러 가지 물체에 관심을 갖고 관찰하면서, 물건의 다양하고 측정 가능한 속성인 길이, 들이, 무게 등을 탐색하는 것을 주로 하는 '생활에서 재어보기' 단원을 선정하여 수학의 기본 개념에 접근해 보고자 하였다.

본 차시에서는 개별적으로 수정된 '장바구니와 보자기를 사용하여 몸으로 무게 느끼기' 활동을 통하여 우리 주변 물건의 측정 가능한 속성 중 무게에 대한 탐색을 함께 해보고자 한다.

4. 단원의 목표

가. [가] 그룹

1) 장바구니와 보자기를 통해 머리로 물건 들기 활동을 하며, 무게감에 대한 질문에 답한다.
2) 도구를 이용하여 물건을 들어보고 물건의 무게에 따라 차이가 있음을 눈으로 구분한다.
3) 용기로 무게를 체험하고 무게의 차이가 있음을 눈으로 확인하여 '무겁다'와 '가볍다'를 구분한다.
4) 종이와 자를 이용하여 만든 시소로 물건의 무게를 재보고 무게의 차이를 구분한다.

나. [나] 그룹

1) 장바구니와 보자기를 통해 손이나 팔로 물건 들기 활동을 하며, 무게감에 대한 설명을 듣는다.
2) 도구를 이용하여 물건을 들어보고 물건의 무게에 따라 차이가 있음을 듣는다.
3) 용기로 무게를 체험하고 무게의 차이가 있음을 듣는다.
4) 도움을 받아 종이와 자를 이용하여 만든 시소로 물건의 무게를 재보고 무게의 차이가 있음을 듣는다.

다. [다] 그룹

1) 장바구니와 보자기로 어깨 또는 무릎에 물건 들기 활동을 하여, 물건이 가지는 무게감을 느껴본다.
2) 도움을 받아 도구를 이용하여 물건을 들어본다.
3) 도움을 받아 용기로 무게를 체험한다.
4) 도움을 받아 종이와 시소로 물건의 무게를 재본다.

5. 단원의 구조도

무게 알기

- 생활에서 무게 알기(1)
  - 장바구니로 들어보기
  - 보자기로 들어보기
  - 친구와 같이 들어보기
  - 1/4차시
- 생활에서 무게 알기(2)
  - 집게로 들기
  - 옷걸이로 들기
  - 낚싯대로 들기
  - 2/4차시
- 놀이에서 무게 알기(1)
  - 물건을 찾아 들기
  - 교실 내 용품 들어 보기
  - 종이배 띄우기
  - 3/4차시
- 놀이에서 무게 알기(2)
  - 시소 타기
  - 종이 시소
  - 자 시소
  - 4/4차시

6. 단원의 지도계획

차 시	제 재	학습내용	자 료
1/4	생활에서 무게 알기(1)	· 장바구니로 들어보기 · 보자기로 들어보기 · 친구와 같이 들어보기	장바구니, 보자기, 동영상 및 PPT자료, 시연 관련 자료, 카메라 등
2/4	생활에서 무게 알기(2)	· 집게로 들기 · 옷걸이로 들기 · 낚싯대로 들기	바지옷걸이, 흰색비닐봉지, 문구류
3/4	놀이에서 무게 알기(1)	· 물건을 찾아 들기 · 교실 내 용품 들어 보기 · 종이배 띄우기	학용품, 책, 공책, 바구니, 쟁반, 보자기
4/4	놀이에서 무게 알기(2)	· 시소 타기 · 종이 시소 · 자 시소	1회용 스티로폼 그릇, 학용품

7. 지도상의 유의점

가. 무게의 개념을 형성해 나가는 초기 단계이므로 일상에서 사용되는 물건을 사용하여 무게를 체험할 수 있도록 한다.

나. 혼자서 물건 들기, 여럿이서 들기 활동 등 학생들이 다양한 방법으로 무게를 체험할 수 있도록 한다.

다. 무게를 경험하는 첫 단계로써 몸으로 무게를 느껴 볼 수 있도록 다양한 신체 부위를 활용하도록 한다.

라. 학생이 가진 신체적 장애를 고려하여 수정된 활동을 제시하고, 그에 알맞은 신체적 지원을 주도록 한다.

마. 집중도가 낮은 학생들을 고려하여, 다양한 발문과 유도 행동을 통해 수업에서 이탈되지 않도록 주의를 환기시킨다.

바. 활동에 알맞은 교실 환경을 구성하여, 수업 참여도를 높이도록 한다.

8. 단원의 평가계획

가. [가] 그룹

1) 장바구니와 보자기를 통해 머리로 물건 들기 활동을 하며, 무게감에 대한 질문에 답하는가?
2) 도구를 이용하여 물건을 들어보고 물건의 무게에 따라 차이가 있음을 눈으로 구분하는가?
3) 용기로 무게를 체험하고 무게의 차이가 있음을 눈으로 확인하여 무겁다와 가볍다를 구분하는가?
4) 종이와 자를 이용하여 만든 시소로 물건의 무게를 재보고 무게의 차이를 구분하는가?

나. [나] 그룹

1) 장바구니와 보자기를 통해 손이나 팔로 물건 들기 활동을 하며, 무게감에 대한 설명을 듣는가?
2) 도구를 이용하여 물건을 들어보고 물건의 무게에 따라 차이가 있음을 듣는가?
3) 용기로 무게를 체험하고 무게의 차이가 있음을 듣는가?
4) 도움을 받아 종이와 자를 이용하여 만든 시소로 물건의 무게를 재보고 무게의 차이가 있음을 듣는가?

다. [다] 그룹

1) 장바구니와 보자기로 어깨 또는 무릎에 물건 들기 활동을 하여, 물건이 가지는 무게감

을 느껴보는가?

2) 도움을 받아 도구를 이용하여 물건을 들어보는가?

3) 도움을 받아 용기로 무게를 체험하는가?

4) 도움을 받아 종이와 시소로 물건의 무게를 재어보는가?

9. 본시 수업 지도안

가. 본시 교수-학습 지도안

교과	수학		단원명	4. 생활에서 재어보기
제재	무게 알기		차 시	1차시
일시	. . .( ). 교시		장 소	교실
학습목표	가	장바구니와 보자기를 통해 머리로 물건 들기 활동을 하며, 무게감에 대한 질문에 대답한다.		
	나	장바구니와 보자기를 통해 팔이나 손으로 물건 들기 활동을 하며, 무게감에 대한 설명을 듣는다.		
	다	장바구니와 보자기로 어깨나 무릎에 물건 들기 활동을 하여, 물건이 가지는 무게를 느껴본다.		

구분 단계	학습 내용	교수-학습 활동 교사활동	학생활동 가	학생활동 나	학생활동 다	시간(분)	자료 및 유의점
도입	▸ 인사하기	• 인사하기	■ 고개 숙여 인사하기	■ 교사를 바라보며 인사하기	■ 교사와 눈 맞추며 인사하기	5'	자) 장보기 동영상, 프로젝션TV, 학습목표 PPT.
	▸ 흥미 유발	• 장보기 동영상 제시하기	■ 장소와 인물을 알고 동영상 보기	■ 동영상에 관심을 가지고 보기	■ 도움 받아 동영상 보기		
	▸ 학습 목표 제시	• 학습목표 제시 및 본시 학습 활동 설명하기	■ ppt를 보며 학습목표 듣고 오늘의 학습 활동 알기	■ ppt를 보며 학습목표와 오늘의 학습 활동 설명 듣기	■ 학습목표와 오늘 할 일 설명 듣기		
			장바구니와 보자기를 사용하여 몸으로 무게를 느껴 봅시다.				

<table>
<tr><td rowspan="9">전
개</td><td rowspan="7">▸ 활동 1.
장바구니로 무게 느끼기 활동하기</td><td>• 무게의 개념 설명하기</td><td colspan="2">■ ppt를 보며 무게의 개념과 설명 듣기</td><td>■ 무게의 개념과 설명 듣기</td><td rowspan="9">30′</td><td rowspan="3">자)
프로젝션 TV, 무게 개념 PPT, 장바구니, 재연 관련 자료(이동로, 각 지점의 푯말과 모습판), 동영상 촬영용 카메라</td></tr>
<tr><td>• 장바구니로 들기 활동 재연하기</td><td>■ 각 신체 부위로 물건 드는 교사의 활동 모습 보기</td><td>■ 관심을 가지고 교사의 재연 활동 보기</td><td>■ 장바구니 들기 활동 재연 모습 보기</td></tr>
<tr><td>• 장바구니로 들기 활동 설명하기</td><td colspan="3">■ 재연 시 지나온 길과 물건을 든 신체 부위 설명 듣기</td></tr>
<tr><td>• 각 학생의 활동 제시하기</td><td>■ 장바구니를 머리로 들어 보는 활동임을 듣고 대답하기</td><td>■ 장바구니를 각각 손과 팔로 들어 보는 활동임을 듣기</td><td>■ 각각 어깨와 발로 장바구니 무게 활동임을 듣기</td><td rowspan="6">유)
신체를 활용하여 무게 느끼기 활동을 할 경우, 학생들의 신체 가동 범위와 정도를 고려하여 무리하지 않도록 한다.</td></tr>
<tr><td>• 장바구니로 들기 활동 함께 하기</td><td>■ 도움 받아 장바구니를 머리로 들고 이동하기</td><td>■ 도움 받아 장바구니를 각각 손과 팔로 들고 이동하기</td><td>■ 도움 받아 어깨와 발로 장바구니 무게 느끼기</td></tr>
<tr><td>• 동영상으로 피드백하며 설명하기</td><td>■ 장바구니를 머리로 들고 이동하는 자신의 모습과 친구들의 모습을 알고 설명 듣기</td><td>■ 장바구니를 신체 부위를 들고 이동하는 자신과 친구들의 모습을 관심 있게 보며 설명 듣기</td><td>■ 장바구니를 들고 이동하는 자신과 친구들의 모습 설명 들으며 동영상 보기</td></tr>
<tr><td>• 무게감에 관한 질문 및 설명하기</td><td>■ 질문에 알맞은 답하기</td><td colspan="2">■ 질문에 대한 답을 듣고 설명 듣기</td></tr>
<tr><td rowspan="2">▸ 활동 2.
보자기로 무게 느끼기 활동하기</td><td>• 물건 드는 다른 방법 제시하기</td><td colspan="3">■ 제시하는 자료(보자기)에 관심 가지며 설명 듣기</td></tr>
<tr><td>• 보자기로 물건 들기 시연하기</td><td colspan="2">■ 보자기로 물건 드는 모습을 관심 가지고 보기</td><td>■ 보자기 꾸러미를 만져보며 물건 드는 모습 보기</td></tr>
</table>

전개		• 보자기로 들기 활동 함께 하기	■ 도움을 받아 머리로 물건 들기 활동하기	■ 도움을 받아 각각 손과 팔로 물건 들기 활동하기	■ 도움을 받아 어깨와 등으로 물건 들기 활동하기		자) 보자기
		• 물건 들기 협동 활동 제시하기	■ 함께 물건을 들 때 더 가볍고 쉽다는 것을 모습으로 알고 설명 듣기	■ 함께 물건을 들며 가볍고 쉽게 이동함을 모습 보며 설명 듣기	■ 두 사람이 함께 보자기 꾸러미 드는 모습 보기		유) 혼자 들 때와 함께 들 때의 차이를 느낄 수 있도록 지원한다.
		• 협동 들기의 짝꿍과 방법 설명하기	■ 자신의 짝꿍을 알고, 활동 방법 주의 깊게 보고 듣기	■ 자신의 짝꿍을 알고, 활동 방법 보기	■ 자신의 짝꿍 이름을 듣고, 활동 방법 보기	30′	
		• 보자기로 협동 들기 함께하기	■ 도움을 받아 협동 들기 활동하기				
		• 무게감에 관한 질문 및 설명하기	■ 질문에 알맞은 답하기	■ 질문에 대한 답을 듣고 설명 듣기			
정리	▸ 정리 및 평가	• 학습활동 정리하기	■ 두 가지 활동을 했음을 알고 활동의 내용 듣기	■ 두 가지 활동 자료를 보며 학습내용 듣기	■ 학습 자료를 신체부위에 대보며 활동 내용 듣기	5′	
	▸ 차시 예고	• 차시 예고하기	■ 차시 예고 듣기				
		• 인사하기	■ 바르게 인사하기				

나. 본시 학습의 평가

수준	학생명	평가내용
가	○○○	장바구니와 보자기를 통해 머리로 물건 들기 활동을 하며, 무게감에 대한 질문에 대답하는가?
나	○○○	장바구니와 보자기를 통해 팔로 물건 들기 활동을 하며, 무게감에 대한 설명을 듣는가?
	○○○	장바구니와 보자기를 통해 손으로 물건 들기 활동을 하며, 무게감에 대한 설명을 듣는가?
다	○○○	장바구니와 보자기로 팔에 물건 들기 활동을 하여, 물건이 가지는 무게를 느껴보는가?
	○○○	장바구니와 보자기로 무릎에 물건 들기 활동을 통하여, 물건이 가지는 무게를 느껴보는가?

다. 교실 배치도

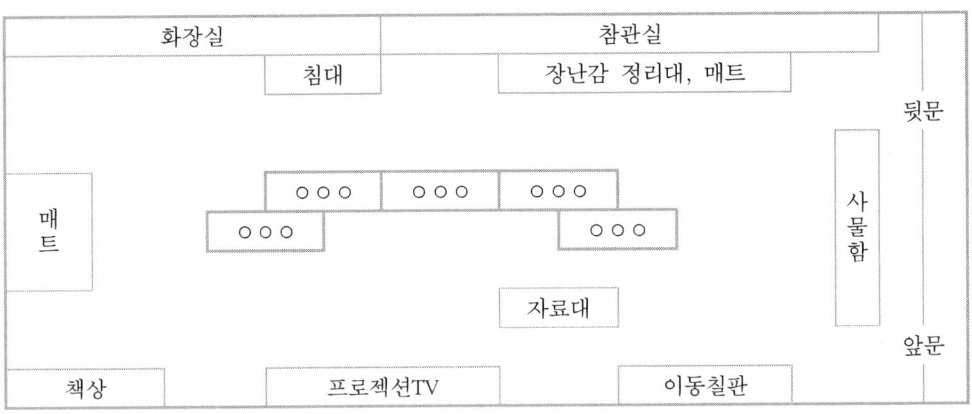

2. 미술과 수업 지도안

1. 수업자 의도

미술과를 처음 접하는 초등학교 1~2학년에서는 자연과 생활 속에서 기초적인 미술 활동을 통해 미술에 대한 흥미와 관심을 갖는 것이 총괄 목표이다. 감각적이고 정서적인 측면에서 미술의 기초를 익힐 수 있도록 체험, 표현, 감상 영역에 세부 목표를 설정하였다. 먼저 체험은 자신을 중심으로 주변에 보이는 시각적 대상을 감각적으로 경험하면서 미적 대상에 흥미와 관심을 가지도록 하였다. 표현에서는 미술 장르에 얽매이지 않고 놀이와 신체 활동을 통해 자신의 느낌과 생각을 표현하는 환경 친화적인 활동에 중점을 두었다. 감상에서는 자신과 주변에서 접하게 되는 미술 작품에 흥미와 관심을 가지도록 하며 감상 활동의 장소도 학생의 생태 환경을 고려하여 교실이나 학교로 제한하지 않도록 하였다.

우리 반 학생의 실태를 보면, 가 수준의 학생은 가위질, 풀칠, 스티커 붙이기와 같은 다양한 미술 활동이 가능하고 집 안에 있는 물건의 이름을 들으면 찾을 수 있다. 나 수준의 학생은 스티커 붙이기, 도장 찍기와 같은 미술 활동이 가능하고 집 안에 여러 가지 물건이 있는 것을 알고 있다. 다 수준의 학생은 생활 주변의 물건에 관심이 많고 손과 입으로 탐색한다. 교사의 행동 촉구에 따라 스티커 붙이기 등의 손을 이용한 활동을 할 수 있다.

정신지체 학생의 경우 일반적으로 새로운 재료에 익숙해지는 것에 시간이 많이 걸리므로 가위, 풀, 스티커, 도장 찍기와 같이 우리 반 학생들이 쉽게 접하고 다룰 수 있는 재료로 수업 재료를 구상하였다. 또한 표현 방법을 작은 단계로 나누어 제시하고 단계마다 자세한 설명과 시범 보임으로써 충분한 반복의 기회를 제공하고 미완성인 작품을 완성해가는 과정을 통해 성취감을 맛보도록 하였다.

본 수업에서는 실생활과 연계하도록 하기위해 주변의 다양한 물건 중 집 안에 있는 물건으로 정하였고, 집안 꾸미기와 액자 꾸미기 활동으로 구성하였다.

도입활동 단계에서는 짐 정리가 안 되어 어려움을 겪는 '이사 간 날'의 사진을 통해 동기를 유발하도록 하겠다.

중심활동 단계에서는 공부할 순서를 파악하게 한 후, 집 모형을 제시하여 물건을 배치하고 꾸며 보는 시간을 갖도록 하였다. 또한 물건(냉장고, 옷장, 신발장)의 안쪽을 꾸며보는 활동을 할 수 있게 지도한다. 그 다음 집 모형에서 사진이 없는 빈 액자를 제시하고 액자가 완성된 작품을 프레젠테이션으로 보여준다. 만드는 방법을 설명하고 완성된 작품을 관찰하며 활동을 할 수 있도록 지도한다.

정리활동 단계에서는 집 모형과 액자를 감상하고 친구들과 상의해 잘 보이는 곳에 전시해 보도록 한다.

마지막 과제 파악 단계에서는 본시에서 배웠던 물건 외에 집 안에 있는 다른 물건을 알아오도록 하는 활동을 통해 수업을 마무리 한다.

2. 단원명 : 2. 재미있는 표현나라

3. 단원의 개관

독립적인 생활을 위해서는 주변 환경을 능동적으로 받아들이고 대처하는 능력이 필요하다. 이 단원은 생활주변의 대상에게 관심을 가지고 자세히 살펴본 후 표현하는 관찰활동에서 시작하여 상상력을 발휘하는 영역까지 확대된다. 이는 장애학생이 주변 환경의 변화를 수동적으로 받아들이는 태도에서 벗어나 관찰을 통해 얻은 지식을 자신의 일상생활에 적용하는 능동적인 사회구성원이 될 수 있게 돕는다.

본 단원에서는 생활 중심 제재로 실생활이나 학생들의 경험과 관련이 깊고 참여나 체험에 의한 활동적 학습이 가능한 소재의 선정을 하였다. 주요 내용으로 생활주변에서 볼 수 있는 물건이나 동 · 식물 등을 주요특징을 그리거나 다양한 방법으로 꾸미는 활동으로 기본교육과정을 적용하는 학생들의 특성에 맞게 구성하였다.

효과적인 지도를 위해 주변 생활 물건을 집 안에서 볼 수 있는 물건으로 정하고 이러한 물건들을 입체적인 활동판에 붙여 흥미롭게 관찰해보도록 하였다. 입체적인 활동판을 통해 물건을 직접 배치해보고 꾸미는 활동에서는 여러 가지 재료를 활용하여 활동함으로써 흥미를 가지고 참여할 수 있도록 하였다.

4. 단원의 목표

영 역	목 표
체 험	· 생활 주변에서 볼 수 있는 물건을 관찰할 수 있다.
표 현	· 생활 주변의 과일이나 채소를 살펴보고 표현할 수 있다. · 생활 주변의 물건을 여러 가지 방법으로 표현할 수 있다. · 동물을 관찰하고 표현할 수 있다. · 색과 선으로 자유롭게 그려 볼 수 있다. · 상상의 세계를 다양한 주제와 방법으로 표현할 수 있다. · 여러 가지 색칠 도구를 사용하여 표현할 수 있다. · 상상의 세계를 표현하는 활동을 이해하고 적절하게 표현할 수 있다.
감 상	· 생활 주변을 관찰하고 표현한 작품을 진시하여 감상할 수 있다. · 상상 표현활동의 작품을 보고 표현의 재미를 느낄 수 있다.

5. 단원의 전개계획

차 시	수업 주제	주요 학습내용 및 활동	자료(⊙) 및 예습적 과제(·)
1/6	생활 주변의 과일이나 채소 살펴보기	· 딸기씨 찍어 보기 · 수박씨와 줄무늬 그리기 · 포도알 붙여 보기	⊙딸기, 포도, 수박 사진과 그림 자료, 색연필, 면봉, 물감 · 냉장고가 집 안의 어디에 있는지 알아오기
2/6 (본시)	생활 주변의 물건 꾸미기	· 집 안의 물건을 붙여 보기 · 집 안의 물건 꾸미기 · 액자 꾸미기	⊙집 모형, 물건 사진, 스티커, 캐릭터 도장, 색연필, 인주, 액자, 셀로판지, 가위, · 본시에 배운 물건 외에 집에 있는 다른 물건 알아오기
3/6	동물을 관찰하여 표현하기	· 동물무늬 색종이를 붙여 표현하기 · 동물의 무늬 살펴보고 나타내어 보기 · 기린 무늬 꾸며 보기	⊙색종이, 크레파스, 동물사진, 완성 작품, 가위, 풀 · 나뭇잎 2장 가져오기

4/6	나무 표현하기	· 여러 가지 나뭇잎의 모양 나타내어 보기 · 나뭇잎을 여러 가지 방법으로 표현하기 · 나무의 빈 부분을 채워 보기 · 주변의 나무를 관찰하여 표현하기	⊙나뭇잎의 실물, 물감, 도화지, 붓, 물통, 팔레트, 나무 도안 · 선 그리는 연습 해오기
5/6	자유롭게 그리기	· 선을 자유롭게 그어 보기 · 거미줄을 그려 보기 · 양초로 그림 그리기 · 잡지나 신문지 위에 선과 색을 자유롭게 나타내어 보기	⊙크레파스, 사인펜, 도화지, 거미줄 도안, 양초, 물감, 신문지, 잡지 · 재미있는 상상 해오기
6/6	상상의 세계를 여러 가지 방법으로 표현하기	· 풍선을 불어 나타나는 얼굴 표정을 상상해 보기 · 빛나는 별들로 밤하늘을 가득 채워 보기 · 새가 되어 하늘을 나는 상상을 해 보기	⊙풍선, 도화지, 공기 주입기, 크레파스, 매직, 음악CD, 풀, 가위, 보자기 · 몸으로 표현하는 연습해오기

6. 지도상의 유의점

가. 생활 주변에서 쉽게 찾아 볼 수 있는 대상을 찾아 표현할 수 있도록 지도한다.
나. 여러 가지 방법을 이용하여 생활 주변의 물건을 표현 할 수 있게 지도한다.
다. 입체적인 자료를 제시하여 흥미와 관심을 유발한다.
라. 평상시에 사물을 보고 관찰하여 표현할 수 있도록 지도한다.
마. 다양한 시청각 매체의 활용을 통해 흥미 있는 수업이 되도록 한다.
바. 상상의 주제를 잘 표현할 수 있도록 자유로운 분위기를 만들어 준다.
사. 학생이 평소 그리는 것들의 모양과 관찰해서 그리는 모양이 같은지 알아보고 관찰 표현의 중요성을 알아본다.
아. 물건의 일부분이나 특징적인 부분을 보여주고 전체의 모습을 보여준다.
자. 상상의 세계를 표현하는 방법을 알고 즐겁고 재미있게 표현하도록 한다.
차. 생활 주변의 대상들에 대해 관심을 가지고 살펴보도록 지도한다.

7. 단원의 평가계획

영 역	평가관점	평가시기	평가방법
체 험	· 생활 주변에서 볼 수 있는 물건을 찾아 직접 관찰할 수 있는가?		
표 현	· 생활 주변의 과일이나 채소를 살펴보고 표현할 수 있는가? · 생활 주변의 물건을 여러 가지 방법으로 표현할 수 있는가? · 동물을 관찰하고 표현할 수 있는가? · 색과 선으로 자유롭게 그려 볼 수 있는가? · 상상의 세계를 다양한 주제와 방법으로 표현할 수 있는가? · 여러 가지 색칠 도구를 사용하여 표현할 수 있는가? · 상상의 세계를 표현하는 활동을 이해하고 적절하게 표현할 수 있는가?	학습 활동 중	관찰법, 포트폴리오
감 상	· 생활 주변을 표현한 작품을 전시하여 감상할 수 있는가? · 상상의 세계를 표현한 작품을 보고 표현의 재미를 느낄 수 있는가?	학습 활동 후	

8. 본시 교수–학습 과정안

가. 단원

가–2. 재미있는 표현나라

나. 학습주제

생활 주변의 물건 꾸미기(2/6)

다. 학습목표

- 부엌을 자르기와 붙이기, 색칠하기의 방법으로 꾸밀 수 있다.
- 거실을 붙이기와 색칠하기의 방법으로 꾸밀 수 있다.
- 방을 붙이기로 꾸밀 수 있다.

라. 예습적 과제

· 집 안에 냉장고가 어디 있는지 알아오기

마. 학습 활동 과정

<table>
<tr><th rowspan="2">과정
(분)</th><th rowspan="2">중심 내용</th><th colspan="3">교수-학습 활동</th><th rowspan="2">자료(⊙) 및
유의점(·)</th></tr>
<tr><th>가</th><th>나</th><th>다</th></tr>
<tr><td rowspan="7">문제
파악
(5′)</td><td>인사</td><td colspan="3">T_1 : 인사하고 미술 수업을 시작하겠습니다.
S_n : 인사하기</td><td rowspan="3">⊙ppt(딸기, 포도, 수박 그림 자료)</td></tr>
<tr><td>전시학습
상기</td><td colspan="3">T_2 : 지난 시간에 관찰해보고, 꾸며 보았던 과일들을 볼까요?
S_n : 딸기, 포도, 수박 자료보기</td></tr>
<tr><td>예습적
과제 확인</td><td colspan="3">T_3 : 지난 시간에는 딸기, 포도, 수박을 보관하는 냉장고가 집안의 어디에 있는지 알아오기로 했어요. 냉장고는 집 안의 어디에 있나요?
S_1 : 부엌</td></tr>
<tr><td>동기유발</td><td colspan="3">T_4 : 선생님이 이사를 간 집의 거실을 찍은 사진이에요. 거실에 어떤 물건이 보이나요?
S_2 : 옷, 냉장고
S_3 : 짐 정리가 안 된 집안 사진보기

T_5 : 부엌에 있어야 할 냉장고가 거실에 있어요. 옷도 거실바닥에 있네요. 우리 친구들이 선생님을 도와줄 수 있나요?
S_4 : 네.</td><td rowspan="2">⊙'이사 간 날의 사진' 자료</td></tr>
<tr><td>공부할 문제
확인</td><td colspan="3">〈공부할 문제〉
어울리는 물건으로 방, 거실, 부엌을 꾸며 봅시다.</td></tr>
<tr><td>공부할
순서 확인</td><td colspan="3">T_6 : 어떤 순서로 공부를 할지 알아봅시다.
활동 1. 방, 거실, 부엌 꾸미기
활동 2. 액자 꾸미기
S_5 : 공부할 순서 듣기</td><td>· 공부할 문제를 함께 읽어보면서 이번 시간에 배울 내용을 알 수 있도록 한다.</td></tr>
</table>

구상하기 (7′)	집 안의 물건 살펴보기	T_7 : 선생님은 이사한 집의 물건들을 집안에 어울리도록 꾸미고 싶어요. 먼저 부엌을 보도록 해요. 부엌에 어떤 물건들이 있죠? S_6 : 싱크대, 가스레인지, 냉장고, 식탁 S_7 : 냄비, 프라이팬, 밥솥 S_8 : 부엌 보기 T_8 : 다음으론 거실을 보도록 해요. 거실에는 어떤 물건이 있죠? S_9 : TV, 신발장, 에어컨 S_{10} : 탁자, 소파 S_{11} : 거실 보기 T_9 : 마지막으로 방을 살펴볼까요? 방에는 어떤 물건이 있나요? S_{12} : 침대, 옷장, 액사 S_{13} : 책상, 의자, 거울 S_{14} : 방안 보기	⊙부엌, 거실, 방의 사진
	집 모형 제시하기	T_{10} : 집의 부엌과 거실, 그리고 방이 있어요. S_{15} : 집의 모형 관찰하기 T_{11} : 부엌과 거실, 방의 물건을 알맞은 자리에 붙이고 색연필, 스티커, 캐릭터 도장을 이용하여 꾸며보는 활동을 하겠어요. S_{16} : 네.	⊙부엌, 거실, 방의 모형
표현하기 (22′)	활동 시범	T_{12} : 부엌이에요. 냉장고와 싱크대도 있고, 밥솥과 식탁도 있네요. 가스레인지 위에는 냄비와 프라이팬도 있어요. 여러 가지 물건들 중에 냉장고를 찾아 같은 위치에 붙여주세요. S_{17} : 교사의 시범 지켜보기	⊙부엌 사진, 부엌 모형, 냉장고
	물건 붙이기	T_{13} : 부엌, 거실, 방을 나누어 줄게요. 사진을 보고 물건을 같은 위치에 붙여보도록 해요. S_{18} : 냉장고, 냄비, 프라이팬, 밥솥, 식탁 붙이기 S_{19} : 에어컨, 소파, 탁자 붙이기 S_{20} : 책상, 거울 붙이기	⊙냉장고, 프라이팬, 냄비, 밥솥, 에어컨, 식탁, 소파, 탁자, 책상, 거울, 완성된 사진

	물건 꾸미기	T_{14} : 우리가 붙여 보았던 물건들의 색깔이 없어요. 알록달록 예쁜 색의 색연필과 도장, 스티커를 이용해 물건들을 꾸며 볼까요? S_{21} : 색연필, 도장, 스티커를 이용해 물건 꾸미기 S_{22} : 도장, 스티커를 이용해 물건 꾸미기	⊙색연필, 캐릭터 도장, 스티커, 인주
표현하기 (22′)	냉장고, 신발장, 옷장에 들어갈 물건 알기	T_{15} : 누가 잘 꾸몄는지 살펴보도록 해요. 부엌을 보세요. 냉장고가 비어있어요. 냉장고에는 어떤 물건이 들어 갈 수 있을까요? S_{23} : 케익, 당근, 딸기, 수박 S_{24} : 생선, 바나나, 계란 S_{25} : 친구들의 발표 듣기 T_{16} : 다음으로 거실을 봅시다. 신발장이 비었네요. 신발장에는 어떤 물건이 들어 갈 수 있을까요? S_{26} : 운동화, 부츠 S_{27} : 구두, 슬리퍼 S_{28} : 친구들의 발표 듣기 T_{13} : 방 안을 봅시다. 옷장이 비었어요. 옷장에는 무슨 물건이 들어갈 수 있을까요? S_{29} : 반팔, 반바지 S_{30} : 치마, 모자 S_{31} : 친구들의 발표 듣기	・활동이 빨리 끝난 학생은 다른 친구의 활동을 도와주도록 지도한다.
	냉장고, 신발장, 옷장에 물건 붙이	T_{14} : 선생님이 빈 곳에 들어갈 물건을 나누어 줄 테니 알맞게 붙여 보도록 해요. S_{32} : 풀로 냉장고에 들어갈 물건 붙이기 S_{33} : 벨크로로 신발장에 들어갈 물건 붙이기 S_{34} : 자석으로 옷장에 들어갈 물건 붙이기 T_{15} : 옷장, 냉장고, 신발장 안에 물건을 맞게 붙였는지 확인해 볼까요? S_{35} : 붙인 것을 TV 화면을 통해 확인하기	⊙냉장고(케익, 당근, 딸기, 수박, 생선, 바나나, 계란), 신발장(운동화, 부츠, 구두, 슬리퍼), 옷장(반팔, 반바지, 치마, 모자)그림자료, ppt(완성된 옷장, 냉장고, 신발장 사진)

표현 하기 (22′)	액자 꾸미기	T_{16} : 선생님의 집이 친구들 덕분에 점점 완성이 되어가는 것 같아요. 그런데 여기 방 안을 보세요. 무언가 허전한 점이 없나요? S_{36} : 액자가 비어있어요. T_{17} : 맞아요. 액자에 사진이 없지요? 선생님이 액자에 넣고 싶은 사진을 찍어왔어요. 어떤 사진인지 함께 확인해보아요. S_{37} : 셀로판지로 만든 미술작품 보기 T_{18} : 이것은 셀로판지를 이용해서 만든 작품이에요. 셀로판지를 종이에 붙여 가위로 잘라서 우리 반 친구의 모습을 꾸미는 활동을 해볼 거예요. 또 셀로판지를 구기는 활동을 통해 물고기도 만들어 보겠습니다. 가위를 다룰 땐 모두 조심해주세요. S_{38} : 네. 〈셀로판지, 골판지를 이용해서 액자 만들기〉 1. 우리 반 친구 사진 꾸미기 2. 물고기 만들기 T_{19} : 몸이 그려진 그림 위에 풀을 칠하고 여러 가지 셀로판지를 붙여 봅시다. 모두 함께 예쁜 친구의 모습을 꾸며줄까요? S_{39} : 여러 가지 셀로판지를 붙여 친구의 모습 꾸미기 T_{20} : 물고기는 어떻게 만들 수 있을까요? 이번에는 셀로판지를 구겨 봉지에 넣어 묶어주세요. 그리고 인형의 눈을 달아 봅시다. S_{40} : 여러 가지 셀로판지를 구겨 물고기 만들기 T_{21} : 예쁘게 만든 작품들로 모두 액지를 꾸며 볼까요? S_{41} : 골판지에 붙여 액자에 꾸미기	⊙ppt(완성된 액자), 셀로판지, 사람 몸통의 도안, 우리 반 친구들 사신, 가위, 풀, 고무줄, 액자, 인형 눈, 골판지, 완성된 물고기와 반 친구 사진 · 활동이 빨리 끝난 학생은 색칠도구로 액자의 바탕을 꾸며본다.
감상 하기 (3′)	감상하기	T_{22} : 지금까지 방과 거실, 부엌을 꾸며보고 셀로판지로 액자도 만들어보았어요. 친구들이 만든 작품을 다 같이 살펴볼까요? S_{27} : 네.	⊙활동작품

정리 활동 (3′)	차시예고	T_{23} : 오늘은 집안에 있는 물건들을 여러 가지 방법으로 꾸며 보았어요. 다음시간에는 동물의 무늬를 관찰하여 색종이로 표현해보는 시간을 갖도록 하겠습니다. S_{29} : 네.	· 수업의 분위기가 어수선해지지 않게 주의한다.
	예습적 과제	T_{25} : 오늘 배웠던 물건들 외에 집 안에 있는 다른 물건들이 무엇이 있는지 알아오도록 합시다. S_{31} : 네.	
	인사하기	T_{26} : 인사하고 마치도록 하겠습니다. S_{32} : 선생님 감사합니다.	

바. 형성평가 계획

영 역	평가관점	평가시기	평가방법
표 현	· 부엌을 자르기와 붙이기, 색칠하기의 방법으로 꾸밀 수 있는가? · 거실을 붙이기와 색칠하기의 방법으로 꾸밀 수 있는가? · 방을 붙이기로 꾸밀 수 있는가?	중심활동	관찰법, 포트폴리오

사. 판서 계획

단원 : 가-2. 재미있는 표현나라
주제 : 생활 주변의 물건 꾸미기

〈공부할 문제〉

어울리는 물건으로 방, 거실, 부엌을 꾸며 봅시다.

〈공부할 순서〉

활동 1. 방, 거실, 부엌 꾸미기
활동 2. 액자 꾸미기

연습문제

01 지적장애 학생의 특별한 교육적 요구 및 학습 특성을 설명해 봅시다.

02 정서 · 행동장애 학생의 특별한 교육적 요구 및 학습 특성을 설명해 봅시다.

03 학습장애 학생의 특별한 교육적 요구 및 학습 특성을 설명해 봅시다.

04 지적장애 학생에게 적합한 교수-학습 전략을 설명해 봅시다.

05 정서 · 행동장애 학생에게 적합한 교수-학습 전략을 설명해 봅시다.

06 학습장애 학생에게 적합한 교수-학습 전략을 설명해 봅시다.

07 발달장애 및 학습장애 학생에게 적합한 교수-학습 전략을 사용해 실제 수업 지도안을 작성해 봅시다.

참고문헌

강문희 외(1999). 유아 교육기관 운영관리. 학지사.

강수균 · 이규식 · 전헌선 · 최영하(1999). 감각 · 운동 지각훈련. 대구대학교출판부.

강승호 외4(1999). 현대 교육평가의 이론과 실제. 양서원.

강옥려(2004). 주의력결핍 · 과잉행동장애. 파라다이스 복지재단.

강위영 · 윤점룡 역(2000). 정서장애아 교육. 대구대학교출판부.

강인애(1997). 왜 구성주의인가? 문음사.

강인애 · 이민수 · 김종화 · 이인수(1999). 웹 기반 문제중심학습의 개발 사례 : 초등, 고등, 대학교의 경우. 교육공학연구, 15(1).

강창욱 · 임정미(2003). 사고중심의 총체적 읽기 지도가 학습부진아동의 읽기 능력에 미치는 영향. 정서행동장애연구. 제19권 3호.

강창욱 · 임정미(2005). 교과통합을 통한 총체적 언어지도에 따른 정신지체아동의 수학언어 읽기 능력 변화 양상에 대한 질적 분석. 언어치료연구. 제14권 3호.

강현숙(2003). 발문에 대한 교사와 학습자의 인식 조사. 이화여자대학교 교육대학원 석사학위 논문.

고려대 교육사 철학연구회 편(1997). 루돌프 슈타이너의 교육론. 내일을 여는 책.

고야쓰 미치코 · 임영희 역(1996). 독일의 자존심 슈타이너 학교. 밝은누리.

곽병선(1983). 교육과정. 배영사.

교육과학기술부(2013). 특수교육 기본교육과정 초등학교 1-2학년 국어(나) 교사용 지도서. (주) 미래앤.

교육과학기술부(2013). 특수교육 기본교육과정 초등학교 1-2학년 사회(나) 교사용 지도서. (주) 미래앤.

교육부(2000). 유치원 교육활동 지도자료. 대한교과서주식회사.

교육부. 중학교 교육과정 해설(II). 1999.

교육부. 초등학교 교육과정 해설. 1998.

교육인적자원부(2003). 2003학년도 실태조사서.

국립특수교육원(1999). 포스트모더니즘과 제7차 특수학교 교육과정. 국립특수교육원.

국립특수교육원(2004). 특수교육 교육과정 국제동향 분석. 서울멀티넷.

국립특수교육원(2006). 초등학교 특수교육 대상학생을 위한 3-6학년 교과별 교육과정 운영자료 개발보급. 국립특수교육원.

국미경 · 천정숙(2003). 그림교환 의사소통체계(PECS) 프로그램 적용이 정신지체아동의 자발적인 요구하기 기술에 미치는 효과. 언어치료연구. 제12권 제1호.

국미경 · 최유순(2001). 자기교시훈련이 수학학습장애아의 사칙연산능력과 자기효능감에 미치는 영향. 정서 · 학습 장애연구. 제17권 제2호.

권낙원 역(1994). 수업의 원리와 실제. 성원사.

권낙원 편역(1997). 열린교육의 이론과 실제. 현대교육출판.

권순황(2004). 재택 · 순회 교사의 교육활동과 재택 · 순회 대상 학생의 가정환경간의 관계. 특수교육저널. 제5권 3호.

권순황(2006). 사진교환 의사소통 체계 프로그램이 발달장애 유아의 말하기 표현 신장에 미치는 효과. 정서 · 행동장애연구. 제22권 1호.

권순황(2006). 영유아기 농인 가족과의 생활경험이 농학생의 의사소통 양식에 미치는 영향. 특수교육재활과학연구. 제45권 1호.

권순황(2006). 특수교육 교과교재 연구 및 지도법. 일문사.

권순황(2008). 특수교육 교과교재 연구 및 지도법. 일문사.

권영세(1999). Jigsaw Ⅰ 協同學習과 LT協同學習이 社會性 및 自我槪念에 미치는 效果. 한국교원대학교 대학원 석사학위 논문.

권요한 외(1999). 특수교육학 서설 : 교사를 위한 지침서. 교육과학사.

권요한(2005). 현행 특수학교(특수교육) 교육과정의 개정방향. 현장특수교육. 제12권 제3호. 53호.

권요한 · 정소남(2001). 또래지도를 통한 일반학급 경도장애아동의 읽기 지도 효과. 특수교육학연구. 제35권 제4호.

김국태(2003). 초등학교 쓰기 교재 구성의 원리. 학습자중심교과교육연구. 3. 245-271.

김남순(2005). 정신지체아동 교육의 이론과 실제. 교육과학사.

김대현 · 김석우(1999). 교육과정 및 교육평가. 학지사.

김동일 · 이대식 · 신종호(2003). 학습장애아동의 이해와 교육. 학지사.

김동일 · 이대식 · 신종호(2008). 학습장애아동의 이해와 교육(제2판). 학지사.

김동일 · 김이내 · 이기정 · 정소라 · 김붕년 · 고은영(2008). 주의력결핍과잉행동장애와 학습장애의 공존장애 : 현황과 연구전망. 아시아교육연구. 9(4) 111-147.

김명희 · 김양분(1996). 중등학생의 다중지능 분석. 교육논총. 한양대학교 한국 교육문제 연구소 12권.

김미경(2003). 읽기 장애 아동의 음운처리 능력과 읽기 능력 연구. 박사학위 청구논문. 대구대학교 대학원.

김미경 · 문장원 · 서은정 · 윤점룡 · 윤치연 · 이상훈(2007). 정서 및 행동장애아 교육. 학지사.

김미숙 · 김수진 · 김자경(2005). 학습장애 : 이론, 진단, 그리고 교수전략. 박학사.

김미정(1995). 발음 중심 읽기 훈련이 읽기 장애아의 읽기 능력에 미치는 효과. 석사학위 청구논문. 가톨릭대학교.

김병성(1996). 교육연구방법. 학지사.

김병하(1997). 특수교육의 역사적 이해. 형설출판사.

김병하(1999). 특수교육 교사론. 대구대학교출판부.

김병하 · 강창욱 · 최영주(2002). 청각장애와 언어. 대구대학교출판부.

김상길(2001). 교과서 내용에 따른 교수－학습 모형의 선택적 적용－고등학교 공통사회를 중심으로－. 공주대학교 교육대학원.

김순택(1999). 현대수업원론. 교육과학사.

김신자(2000). 효과적 교수설계 및 교수방법. 문음사.

김애화 · 김의정 · 김자경 · 최승숙(2012). 학습장애 이론과 실제. 학지사.

김영우 · 서경희(2002). 음운 인식 훈련이 읽기 장애 아동의 문자 해독에 미치는 영향. 특수교육재활과학연구. 제41권 2호.

김영의(1997). 읽기장애아의 정보처리과정 특성 분석에 관한 연구. 이화여자대학교 교육대학원 석사학위 청구논문.

김영채 역(2000). 바른 질문하기(M. N. Browne & S. M. Keeley 저). 중앙적성출판사.

김영채(1999). 사고력 : 이론, 개발과 수업. 교육과학사.

김영채(1999). 창의적 문제해결 : 창의력의 이론, 개발과 수업. 교육과학사.

김영호(1999). 레지오 에밀리아 접근법의 이론과 실제. 창지사.

김윤옥(2001). 학습장애 아동을 위한 교수－학습 전략. 교육과학사.

김윤옥(2008). 통합교육에서 학습장애 학습부진 학생에 대한 직접교수의 주요 원리와 적용효과 간 비교. 학습장애연구. 4(1). 45-67.

김윤희 · 김자경 · 백은정(2011). 상보적 전략을 활용한 읽기 교수가 읽기학습부진아의 독해력에 미치는 영향. 학습장애연구. 8(2). 205-224.

김재복(1995). 교육과정의 통합적 접근. 교육과학사.

김재춘(1999). 수준별 교육과정의 이해. 교육과학사.

김정권 (1999). 제7차 특수학교 교육과정의 배경. 국립특수교육원. 포스트모더니즘과 제7차 특수학교 교육과정. 경기도 : 국립특수교육원.

김정권(2004). 탈산업사회와 특수교육. 도서출판 특수교육.

김정권 · 여광응 · 조인수(1998). 특수아동의 교육 심리진단 이론과 실제. 도서출판 특수교육.

김정권 · 이상춘 · 여광응 · 조인수(1993). 정신지체아 지도의 이론과 실제. 성원사.

김정오 · 김재갑(1992). 한글 단어 재인에 있어서 글자처리와 낱자의 지각. 한국심리학회지 : 실험 및 인지. 제4권.

김종문 외(1998). 구성주의 교육학. 교육과학사.

김종서(1987). 교육연구의 방법. 배영사.

김진호 · 박재국 · 방명애 · 안성우 · 유은정 · 윤치연 · 이효신(2006). 최신특수교육. 시그마프레스.

김천호 · 장병학 공저(1997). 수준별 열린교육. 한국열린교육연구소.

김현석(1999). 사회과 통합교과 교육론. 형설출판사.

김현재(1997). 열린교육의 현대화를 위한 홀리스틱 교육의 탐색. 한국홀리스틱교육 실천 연구.

김현진(2010). 장애학생을 위한 수학지도 전략 이해. 충청남도 교육청.

김호권 외(1977). 교육평가총론. 능력개발사.

김호권 외(1985). 현대교육평가론. 교육출판사.

김희수(2005). 예비교사를 위한 효과적인 교육방법. 도서출판 일문사.

남철우 · 김석종(2000). 교과교육과 초등과학교육론. 학문사.

노명완(1998). 한국어 교육 자료의 체제 분석. 이중언어학회지. 15.

노선옥 · 전헌선(2002). 비언어성 뇌성마비 아동의 효과적인 읽기 전략연구. 중복 · 지체부자유아교육. 제40호. 한국지체부자유아교육학회.

노선옥 · 전헌선(2003). 인지처리 유형에 따른 셈하기 장애 아동의 효과적인 곱셈연산 지도 방법. 특수교육학 연구 제38권 제1호.

노선옥 · 전헌선(2003). 청각적 단서 제공 음운 인식 훈련 프로그램이 읽기 장애 아동의 음운 인식 능력 개선에 미치는 효과. 중복 · 지체부자유아교육 제42호.

대구대학교 특수교육 e러닝 특성화 사업단(2005). 현장교사-학생연계 개발 컨텐츠자료집. 대구대학교 특수교육 e러닝 특성화 사업단.

류은경(1999). 특수아동의 통합교육을 위한 TQM 적용방안. 특수교육학연구. 제33권 제2호. 173-192.

박병학(1978). 탐구적 학습활동을 위한 창조적 발문에 관한 연구. 광주교육대학논문집. 17권.

박병학(1992). 수업기술의 기본원리. 교육출판사.

박분희(1996). 협력학습에 있어서 구조화 전략과 보상이 문자이해 및 추론이해 학습에 미치는 영향. 교육심리 연구. 제10권 3호.

박상희(2006). 중등부 장애학생의 전환교육에 대한 교사와 학부모의 인식. 특수아동교육연구. 제8권 1호.

박상희 · 김남순(2006). 경도 정신지체학생의 사회적 기술 신장을 위한 지역사회 중심 전환교육 프로그램 개발. 특수교육재활과학연구. 제45권 1호.

박성익 외 3인 공저(2000). 교육방법의 교육공학적 이해. 교육과학사.

박성익(1988). 수업방법탐구. 과학교육사.

박성익(1997). 수업방법탐구. 교육과학사.

박승배 · 부재율 · 설양환 · 이미자 · 조주연 · 최욱(2004). 효과적인 교수법. 아카데미프레스.

박승희 · 강경숙(2003). 초등학교 학교교육운영계획서에 포함된 장애학생 통합교육 관련 내용 분석. 초등교육연구. 16권 1호.

박은주(2002). 자폐성 아동의 언어능력 향상을 위한 질적연구. 미간행 석사학위논문. 강남대학교 교육대학원.

박은혜 외 공역(1999). 교사발달에 적합한 장학의 이론과 실제. 정민사.

박인숙(1986). 읽기 장애아의 읽기 해독에 있어서 시각적 처리와 음운적 처리에 관한 연구. 이화여자대학교 대학원 석사학위 청구논문.

박인학(2002). 교사를 위한 교재연구 및 지도법의 이해. 대왕사.

박정애(2001). 포스트모던 미술. 미술교육론. 시공사.

방경곤 · 권민석 · 김규태 · 이우붕(2013). 교수 · 학습안과 수업 실연. 양서원.

방명애 · 이효신(2004). 정서 · 행동장애. 시그마프레스.

배성태(2002). K-ABC를 통한 읽기 장애 아동의 정보 처리 능력. 단국대학교 대학원 석사학위 청구논문.

배진수 · 권순황(2005). 현직초등학교 교사의 스트레스 대처 전략연구. 중복 · 지체부자유아교육. 제46호.

배호순(1990). 평가의 원리 : 교육프로그램을 중심으로. 교육과학사.

백영균(1999). 웹 기반 학습의 설계. 양서원.

변영계(2000). 교수 · 학습이론의 이해. 학지사.

변영계(2000). 교수 · 학습이론의 이해. 학지사.

변영계 · 김영환(1996). 교육방법 및 교육공학. 학지사.

변영계 · 김영환(1996). 교육방법 및 교육공학. 학지사.

변영계 · 김영환 · 손미(2010). 교육방법 및 교육공학. 학지사.

변영계 · 이상수(2004). 수업설계. 학지사.

변영계 · 이상수(2004). 수업설계. 학지사.

변홍규(1994). 질문제시의 기법. 교육과학사.

서유진(2010). 통합교육 환경에서 장애학생 지원을 위한 상담연구 방안. 특수교육학연구,

44(4), 133-174.

성태제(2002). 현대교육평가. 학지사.

손미(1988). 행동적 수업목표가 의도적 및 부수적 학습성취에 미치는 영향. 석사학위논문. 이화여자대학교 대학원.

송민영(1998). 홀리스틱 교육과정 이론의 철학적 배경. 홀리스틱 교육 실천 연구. 제2집 제1호.

송민영(1999). 홀리스틱 교육을 위한 교사의 역할. 홀리스틱 교육 실천 연구. 제3집 제1호.

송용의 역(1988). 초등교수·학습이론. 교육과학사.

송종용(1999). 한글 읽기장애 아동의 작업 기억 특성. 서울대학교 대학원 박사학위 청구논문.

송종용·원호택(1998). 한글 독해장애 아동의 작업기억, 단기기억, 읽기 속도, 통사지식에 관한 연구. 한국임상심리학회지. 임상 17권 2호.

송준만·강경숙·김미숙·김은주·김정효·김현진·이경순·이금진·이정은·정귀순(2012). 지적장애아교육. 학지사.

신미희(1998). 자기조절학습이론 : 의미, 구성요소, 설계원리. 교육공학연구. 14권 1호.

신은희(2011). 특수교사와 예비특수교사들의 수업기술 향상을 위한 특수교육 교과교재 연구 및 지도법. 계축문화사.

신진숙(1997). 완전통합교육의 실행을 위한 학교조직의 재구조화에 따른 우리나라 통합교육의 과제. 초등교육학회지 제18집 제3호.

신진숙(2010). 지적장애아 교육. 양서원

신헌재 외 10인(2005). 초등국어과 교수·학습 방법. 박이정.

신현기(2004). 정신지체아 교수방법론. 교육과학사.

신현기(2004). 정신지체아 교수방법론. 교육과학사.

신현정 역(1994). 인지 심리학. 교육과학사.

심덕보(1994). 수업분석의 실제. 예인당.

심덕보(1995). 수업분석의 실제. 예원문화사.

안경숙·정연희(1999). 프로젝트 접근법의 활용. 다음세대.

여광응 외(2003). 특수아동의 심리학적 이해. 학지사.

여광응(1990). 교육가능 정신지체아동의 상위인지에 관한 연구. 특수교육연구. 17권.

여광응·박현옥(2005). 자기교시훈련이 중증 정신지체학생의 일상생활 문제해결 과제의 수행능력과 유지에 미치는 효과. 특수교육저널 : 이론과 실천. 제6권 1호.

여광응·원상연(2005). 시연유형과 과제제시 조건이 경도정신지체아의 단기기억 용량에 미치는 효과. 정신지체연구. 제7집.

여광응·이영재·정동영(2001). 정신지체아동의 학습과 인지. 도서출판 특수교육.

여광응 · 정용석 역(2000). Think Aloud. 도서출판 특수교육.

여문환(2002). 자폐아동 치료교육 프로그램. 양서원.

열린교육학회(1998). 중등 열린교육연수자료.

오영희 외(1997). 유아교육기관에서의 현장관찰 및 참여. 양서원.

오정화(1996). 정신지체특수학교 초등부 수업과정평가. 단국대학교 대학원 석사학위논문.

윤광보(2010). 특수교육 교과 교재 연구법. 양서원.

윤광보(2010). 특수교육 교과교재 연구 및 지도법. 양서원.

윤혜경(1997). 아동의 한글 읽기 발달에 관한 연구 : 자소－음소 대응규칙의 터득을 중심으로. 부산대학교 대학원 박사학위 청구논문.

이경의(1983). 마음의 틀. 문음사.

이경화 외 3명(1999). 프로젝트 학습의 운영. 학지사.

이규식 외(2004). 의사소통장애 치료교육. 학지사.

이규식 · 강수균 · 전헌선(1999). 중도 · 중복장애아 재택 · 순회교육. 대구대학교 출판부.

이규식 · 강수균 · 전헌선 · 한경임(2000). 치료교육활동 교육과정운영방법. 대구대학교 출판부.

이규식 · 박인아(1995). 무발어 자폐증아에 대한 언어이전 훈련 프로그램의 적용효과.

이규식 · 정은희 · 김자경 역(2003). LD아동의 언어 · 의사소통 장애의 이해와 지도. 교육과학사.

이동원(1995). 인간교육과 협동학습. 성원사.

이병진(1995). 초등교육학개론. 문음사.

이상춘 · 김정권 · 여광응 역(1988). 정신지체아 교육과정과 지도. 대구대학교 출판부.

이성호(2003). 교수방법론. 학지사.

이소현(2009). 자폐 범주성 장애의 조기발견 및 조기개입의 역할 및 과제. 유아특수교육연구, 9(1), 103-133.

이소현 · 박은혜(2011). 특수아동교육. 학지사.

이신동 외 6인 역(1999). 교수－학습의 이해. 상조사.

이용숙 외(1998). '98 중등학교 열린교육 전문과정 일반연수 자료집.

이원령(2003). 음운인식훈련이 읽기 장애 아동의 음운 인식과 읽기 능력에 미치는 효과. 대구대학교 대학원 박사학위 청구논문.

이점조(2002). REP에 의한 훈련이 읽기장애아동의 동시적 · 연속적 처리기능과 단어읽기에 미치는 효과. 대구대학교 대학원 박사학위 청구논문.

이정선(2009). 교실수업 변화의 주체. 2009년 유초특수학교 장학위원 연수회 자료. 광주광역시 교육청, 4-15.

이정환(1993). 유아교육의 교수학습방법. 교문사.

이종일(2004). 개념 언어화를 위한 질문방법. 한국사회과교육연구학회. 사회과교육 제43권 2호. pp. 3-26.

이차숙(1999). 음운 인식 훈련이 읽기 장애 아동의 음운 인식과 읽기 능력에 미치는 효과. 대구대학교 대학원 박사학위 청구논문.

이찬교(1999). 열린교육의 이론과 방법. 한국방송대학교 출판부

이혜숙(1997). 읽기장애 아동과 일반 아동의 음운 처리과정 및 읽기 재인간 비교 연구. 이화여자대학교 대학원 석사학위 청구논문.

이희도 외 공저(1997). 수업의 이론과 실제. 중앙적성출판사.

임규혁(1996). 교육심리학. 학지사.

임만규(1993). 시사자료를 이용한 문제해결학습이 자료처리능력발달에 미치는 영향. 한국교원대학교 대학원.

임정훈(1999). 상호작용 관점에서 조망해 본 웹 기반 교육의 이론적 기저. 교육공학연구. 15권 3호.

임철일(1999). 상호작용적 웹 기반 수업설계를 위한 종합적 모형의 탐색. 교육공학연구. 15권 1호.

장학자료(2001). 현장수업개선을 위한 수업분석의 방법과 실제. 충청남도 보령교육청.

전경원 편역(1998). 교사를 위한 창의적인 문제해결력. 창지사.

전경원(2003). 영재교육학. 학문사.

전국열린교실연구응용학회 편(1997). 열린수업모형탐구. 도서출판 열린교실.

전병운 · 유재연(2003). 특수교육과 교과교육. 교육과학사.

전성연 · 김수동(1998). 교수 · 학습이론. 학지사.

전연경(2004). 보완 · 대체 의사소통 중재가 무발어 발달장애아동의 의사소통 표현하기에 미치는 영향. 우석대학교 교육대학원 석사학위논문.

전헌선 · 권순황 · 노선옥(2005). 청각적 순차처리 곤란 아동의 문자해독 능력 개선을 위한 음운 인식 프로그램 개발. 동계 학술대회중복 · 지체부자유아교육. 제45호.

전헌선 · 오세철 · 박재국 · 한경임 · 노선옥(2002) 중복 · 지체부자유아 치료교육. 대구대학교 출판부.

전헌선 · 이규식 · 이상복 · 강수균(2002). 치료특수교육의 이해 I, II. 배영사.

전현민(1997). 반구 특성에 따른 읽기 장애 아동의 신경 심리학적 연구. 이화여자대학교 대학원 석사학위 청구논문.

정동영 · 김경숙 · 남윤석 · 박중휘 · 오세웅 · 유장순 · 이미선 · 이옥인 · 정인숙 · 정해동 · 조규영 · 진홍신(2010). 특수교육 교과 교재연구 및 지도법. 교육과학사.

정두희 외(1998). 열린교육의 이론과 실제. 열린교육정보자료센터.

정명숙 · 손영숙 · 정현희(2005). 아동기 행동장애. 시그마프레스.

정문성 · 김동일(1998). 열린교육을 위한 협동학습의 이론과 실제. 형설출판사.

정석기(2010). 좋은 수업설계와 실제. 원미사.

정용부 · 오성숙(2001). 유아교육현장에서의 수업기술향상을 위한 교과교재 연구 및 지도법. 학지사.

정용부 · 오성숙(2006). 교과교재연구 및 지도법. 학지사.

정용석(1997). 자기조정 훈련이 학습장애아의 과제관련 언어, 과제지속시간 및 문제행동에 미치는 효과. 대구대학교 대학원 박사학위논문.

정용석(2004). 통합과 분리에 대한 인식론적 접근을 통한 특수교육 실천모형 연구. 특수교육저널 : 이론과 실천. 제5권 4호.

정은희(2001). 어순과 서술어 유형에 따른 뇌성마비 학생의 문장 이해에 관한 연구. 특수교육연구. 제8호.

정은희(2001). 의미적 제약성과 서술어 유형에 따른 청각장애 학생의 문장 이해 전략. 대구대학교 대학원 박사학위논문.

정은희 · 이규식(2000). 청각장애 학생의 문이해에 관한 연구. 난청과 언어장애. 제23권 제1호.

정인균(1996). 루돌프 슈타이너의 노작 교육론. 교육학 연구. 34권 5호.

정인성 · 나일주(1994). 최신교수설계이론. 교육과학사.

정정진 · 강의중(1994). 발달장애 및 영유아를 위한 기초생활프로그램. 도서출판 특수교육.

정종진(1999). 교육평가의 이해. 양서원.

정진우 · 박찬의 · 안소윤 · 최재청(1991). 일상생활동작과 기능훈련. 도서출판 대학서림.

정찬섭 외 6인 역(2000). 감각과 지각. 시그마프레스.

정혜진(2002). 학교 문화(School Culture)가 교사의 통합교육에 대한 평가에 미치는 영향. 특수교육학연구. 제37권 제3호.

정환금(2002). 초등학교 수업의 효율화를 위한 학습전략으로서 초인지 수업모형 개발 : 학습방법의 학습을 중심으로. 초등교육연구. 제18집 2호.

제주도 교육청(1998). 창의적인 열린교육활동.

조연주 · 조미헌 · 권형규 역(1998). 구성주의와 교육. 학지사.

조인수(2005). 정신지체아교육. 대구대학교 출판부.

조인수(2006). 장애인 삶의 질 향상을 위한 전환교육. 대구대학교 출판부.

조인수 · 시미즈사다오 · 추연구(2001). 특수교육 교사를 위한 수업개선 방법과 실제. 대구대학교 출판부.

주삼환 외 공저(1999). 수업관찰과 분석. 원미사.

지옥정 역(1999). 프로젝트 학습법(교사를 위한 실행 지침서). 창지사.

진대연(2000). 언어권별 교재 개발을 위한 기초연구. 국제한국교육학회창립 15주년 기념 세미나 자료집. 73-76.

초등학교 교육과정 편성 운영지침 장학자료 학교교육과정 모형개발. 경상남도 교육과학연구원.

최영환(2003, 6). 효율적인 국어과 교재 구성 방안. 국어교육학연구. 533-558.

최원회(1994). 지리과 사고수업과정에 관한 연구. 서울대학교 대학원 석사학위논문.

최춘옥(2000). 주의집중 훈련프로그램이 주의력결핍 과잉행동 아동의 주의집중과 충동성에 미치는 효과. 가톨릭대학교 교육대학원 석사학위논문.

추연구(2003). 과정중심수업 모형을 이용한 사회과 계획전략수업 적용이 발달장애학생의 초인지전략 사용능력에 미치는 효과. 특수교육재활과학연구. 제42권 2호.

추연구(2003). PBI모형의 계획전략수업이 발달장애학생의 초인지 및 사회과 학습기술에 미치는 효과. 대구대학교 대학원 박사학위논문.

충청남도교육청(1997). 열린교육. 명화출판사.

한국교육개발원(1996). 열린교육 현장 연구. 한국교육개발원.

한국교육문제연구소(1997). 프로젝트 한양 : MI 이론과 교육과정개발 워크숍 핸드북.

한국방송통신대학교 평생교육원(1997). 열린교육의 이론과 교수방법.

한국슈타이너교육예술협회(1999). 발도르프 자료모음집. 한국슈타이너교육예술협회.

한국특수교육교과교육학회(2009). 특수교육 교과 교재연구 및 지도법. 교육과학사.

한국학술정보원(2007). 초임교사를 위한 가이드북 및 Q&A. 박문사.

한현민(1997). 정보처리전략과 교육과정 내용의 통합을 위한 과정중심 수업모형. 특수아동교육. 24권 1호.

한현민(2001). 발달장애아동의 행동문제와 효과적 행동치료전략 고찰. 특수교육연구. 제8집.

한형식(1995). 수업개혁. 교육과학사.

함임순(1999). 최신 유아교육개론. 동문사.

함종규(1983). 학습지도 : 이론과 실제. 문음사.

허운나 · 유영만(1998). 교육공학개론. 한양대학교 출판원.

홍미리 외(1998). 열린교육과 팀티칭. 동문사.

황정규(1998). 학교학습과 교육평가. 교육과학사.

溝上脩, 西本順次郎, 東正(1993). 精神遅滞児の教育理論と方法. 川島書店.

Abbott, M., Walton, C. & Greenwood, C.(2002). Phonemic awereness in Kindergarten and first grade. *Teaching Exceptional Children*, 34(4), 20-26.

Abbott, R., Berninger, V., & Fayol, M.(2010). Longitudinal relationships of levels of language in writing and between writing and reading in grades 1 to 7. *Journal of Educational Psychology*, 102, 281-298.

Abelson, R. P.(1981). Psychological status of the script concept. *American Psychologist*, 36, 715-729.

Ackerman, M. e.(2002). The effects of teaching self-determination skills to students with emotional and behavioral disabilities. Doctorial Dissertation, University of Virginia.

Ackerman, P. T., & Dykman, R. A.(1993). Phonological process, confrontation naming, and immediate memory in dyslexia. *Journal of Learning Disabilities*, 26, 597-609.

Adams, M. J.(1990). Beginning to read : Thinking and learning about print. Cambridge, MA : MIT Press.

Agran, M.(1997). *Student directed learning*. Pacific Grove, CA : Brookes-Cole.

Agran, M., Snow, K., & Swaner, J.(1999). Teacher perceptions of self-determination : Benefits, characteristics, strategies. *Education and Training in Mental Retardation and Developmental Disabilities*, 34.

Algozzine, B., Brower, D., Kavonen, M., Test, D. W., & Wood, W. M.(2001). Effects of interventions to promote self-determination for individuals with disabilities. Review of Educational Research, 71.

Allen, D. e., Duch, B. J. & Groh, S. E.(1996). The power of problem-based learning in teaching introductory science courses. In L. Wilkerson & W. H. Gijselaers(eds.), Bringing problem-based learning to higher education : Theory and practice. San Francisco : Jossey-Bass.

American Psychiatric Association(2000). *Diagnostic and statiscal manual of mental disorders*(4th ed., Text-Revised). Washington, DC: AuThor.

Anderson, R. C. & Faust, G. F.(1973). *Educational psychology: The science of instruction and learning*. NY: Harper & Row Publishers.

Aronson, E.(1978). The Jigsaw classroom. Bevery Hills, Calif : Sage Publications.

Bakker, D. J.(1967). Temporal order, meaningfulness, and reading ability. *Perceptual and Motor Skills*. 24, 1027-1030.

Ball, E. W., & Blachman, B. A.(1991). Does phonemic awareness training in kindergarten make a difference in early word recognition and developmental spelling? *Reading Research Quarterly*, 26, 49-66.

Bandura, A.(1986). *Social foundations of thought and action : A social cognitive theory.* Upper Saddle River, NJ : Prentice Hall.

Banks, J. A.(1990). Teaching Strategies for the Social Studies, 4th ed., New York : Longman.

Bargh, J. A. & Schul, Y.(1980) On the Cognitive Benefits of Teaching, *Journal of Educational Psychology.* 72(5), 593-604.

Benner, G. J.(2007). The relative impact of remedial reading instruction on the basic reading skills of students with emotional disturbance and learning disabilities. *Joural of Direct Instruction*, 7, 1-15.

Bigge, L. J.(1991). Teaching individuals with Physical and Multiple Disabilitics, NY : Maxwell Macmilian International Publishing Group. pp. 175-198.

Blachman, B. A.(1984). Relationship of rapid naming ability and language analysis skills to kindergarten and first grade reading achievement. *Journal of Educational Psychology*, 76(4), 610-622.

Blosser, P. E.(1973), Handbook of Effective Questioning Techniques, Worthington, Ohio; Education Associates, Inc.

Bradley, L. & Bryant, P.(1983). Categorizing sounds and learning to read : a causal connection. Nature, 32, 419-421.

Broadbent, A. D. E.(1958). Perception and Communication. Oxford : Pergamon.

Brolin, D. E.(1993). *Life centered career education : A competency based approach(4th ed.).* Reston, VA : The Council for Exceptional Children.

Burack, J. A., Hodapp, r. M., & Zigler, E.(1998). *Handbook of mental retardation and development.* Cambridge: Cambridge University Press.

Canino, F. J.(1981). Learned helplessness theory; implications for research in learning disabilities The Journal of Special Education, 15, 471-484.

Cazden, C. B.(1986). Classroom Discourse, In W. C. Wittrocd (ed.)Handbook of re search on Teaching(3rd ed.) N. Y. : Macmillan.

Chard, D. J., & Dickson, S. V.(1999). Phoinological awareness : Instructional and assessment guidelines. *Intervention in School and Clinic, 34(5)*, 261-466.

Clark, G. M.(2000). Transition education and services for youth with disabilities :

Opportunities and challenges.

Cohen, E. G.(1994). Restructuring the classroom : Conditions for productive small group. *Review of Educational Research*, 64(1), 1-35.

Corey, S. M.(1971). *The Nature of instruction, Instructional design: Readings*. NJ: Prentice-Hall.

Cumming, J.(1997). Community based learning, adding value to programs involving service agencies and schools. I*n Dusseldorp Skills Forum Incorporated*, Level 7(pp. 1-25). Sydney, New South Wales, Australia : The University Centre.

Cummins, J. P., & Das, J. P.(1977). Cognitive processing and reading difficulties : A framework for research. *Alberta Journal of Educational Research*, 23, 245-256.

Dansereau, D. F.(1988). Cooperative Learning Strategies. In C. E. Weinstein, E. T. Goetz, & P. A. Alexander(Eds.), Learning and Study *Strategies : Issues in Assessment, Instruction, and Evaluation(pp. 103-120)*. New York : Academic Press.

Das, J. P., Manos, J., & Kanungo, R. N.(1975). Performance of Canadian native, black and white children on some cognitive and personality tasks. Alberta *Journal of Educational Research*, 21, 183-195.

Deemer, D.(1986). Structuring Controversy in the classroom. in S.E. Schomberg(ed.), Strategies for Active Teaching and Learning in University Classroom, Minneapolis : office of Educational Development Pregrams University of Minnesota.

Deutsch, M.(1949). A theory of cooperation and competition. *Human Relations*, 2, 129-152.

Dewey, J.(1938). Experience and Education. New York : Macmillan Company.

Doehring, D. G.(1968). *Patterns of impairment in specific reading disability*. Bloomington, IN : Indiana University Press.

Duffy, T. M. & Jonassen, D. H.(1991). Constructivism : New implication for instructional technology? Educational Technology, May, 7-10.

Eisner E. W.(1969). Instructional and expressive objectives. In W. J. Popham et al., Instructional objectives. AERA Monograph Series on Curriculum Evaluation.

Eisner E. W.(1985). The art of educational evaluation : a personal view. Philadelphia : the Falmer Press.

Elmore, R. F.(1995). Structural reform and educational practice. Educational Researcher, 24, 23-26.

Falvey, M. A. & Grenot-Scheyer, M.(1995). *Instructional strategies.* In M. A. Falvey(Ed.), Inclusive and heterogeneous schooling : Assessment, curriculum, and instruction(131-158). Baltimore : Paul H. Brookes.

Fantuzzo, J. W. Riggio, R. E., Connelly, S., & Dimeff, L. A.(1989). Effects of Reciprocal Peer Tutoring on Academic Achievement and Psychological Adjustment; A Component Analysis, *Journal of Educational Psychology*, 81(2), 173-177.

Fantuzzo, J. W., King, J. A., & Heller, L. R.(1992). Effect of reciprocal peer tutoring on mathematics and school adjustment : A component analysis. *Journal of Educational Psychology*, 84(3), 331-339.

Fay, W. & Schler, A.(1980). *Emerging Language in autistic children.* Baltimore, MD : University Park Press.

Fisher, M. A., & Zeaman, D.(1970). Growth and decline of retardate intelligence. In N. R. Ellis(ed) International Review of Research in Mental Retardation. 4, N. Y. : Academic Press.

Gagne R. M.(1965). Analysis of instructional objectives for the design of instruction. In Robert Glaser(Ed.), Teaching machines and programmed instruction. Washington : Department of Audio-visual Instruction, NEA.

Gagne R. M.(1965). Analysis of instructional objectives for the design of instruction. In Robert Glaser(Ed.), *Teaching machines and programmed instruction.* Washington : Department of Audio-visual Instruction, NEA.

Gallagher James J.(1965). Productive Tghinking in Gifted Children, Urbana, Illinois : Institute for Research in Exceptional Children, Univ. of Illinois.

Gerlach V. S.(1967). Describing educational outcomes. Englewood : Southwest Regional Laboratory for Educational Research and Development.

Giroux, H.(1994). Doing cultural studies : Youth and the challenge of pedagogy. *Harvard Educational Review*, 64(3), 278-308.

Gronlund N. E.(1973). Preparing criterion referenced tests for classroom instruction. New York : Macmillan.

Guskey, T. R.(1990). Cooperative mastery learning strategies. *The Elementary School Journal*, 91, 33-42.

Hall, R. H., Dansereau, D. F., O'Donnell, A. M., & Skaggs, L. P.(1989). The Effect of textual errors on dyadic and individual learning. Journal of Reading Behavior, 12,

127-140.

Hammill, D. D.(1990). On defining learning disabilities : An emerging consensus. *Journal of Learning Disabilities, 23*, 74-84.

Hargreaves, A.(1997). *Rethinking education change with heart and mind : 1997 ASCD yearbook*. Alexanderia, VA : ASCD.

Hart, J. E., & Whalon, K. J.(2008). Promote academic engagement and communication of students with autism spectrum disorder in inclusive settings. *Intervention in School and Clinic, 44*, 116-120.

Hawkins, B. A., Ekiund, S. J., James, D. R., & Foose, A. K.(2003). Adaptive behavior and cognitive funtion of adults with Down syndrome: Modeling change with age. *Mental Retardation, 41*, 7-28.

Houchins, D.(1998). The self-determination of youth with and without disabilities who have been adjudicated. Unpublished doctoral dissertation. Univ. of Florida Gainesville.

Howe, C., Tolmie, A., Greer, K., & McKenzie, M.(1995). Peer collaboration and conceptual growth in physics : Task influences on children' s understanding heating and cooling, Cognition andInstruction, 13, 113-119.

Hunter, M. C.(1982). Mastery teaching, Elsegundo. calif. : TIP Publications, Jacobs, G. M.(1991). Foundations of Cooperative Learning. ED 351-363.

Hutuchinson, N. L.(1993). Effects of cognitive startegy instruction on algebra problem solving of adolescents with learning disabilites. *Learning Disability Quarterly, 16*, 32-63.

Jacqueline Grennon Brooks and Martin G. Brooks. Alexandria, Virginia. The Case for Constructivist Classrooms.

Jitendra, A K, Griffin, C, C, Buchman, A. D., Sczesniak, E.(2007). Mathematical Word Problem Solving in Third-Grade Classrooms. *The Journal of Educational Research, 100(5)*, 283-302.

Jodan, N. C., Levine, S. C., & Huttenlocher, J.(1996). Calculation abilities in young children with different patterns of cognitive functioning. *Journal of Learning Disabilities, 28*, 53-64.

Johnson, D. W., & Johnson, R. T. v.(1992). Positive interdependence : Key to effective cooperation. In N. Miller & R. Hertz-Lazarowitz(Eds.), Interaction in cooperative groups : *The theoical anatomy of group earning*(pp. 174-199). New York : Cambridge university Press.

Johnson, D. W., & Johnson, R. T.(1979). Type of task and student achievement and attitudes in interpersonal cooperation, competition and individualization. *Journal of Social Psychology, 108*, 37-48.

Johnson, D. W., & Johnson, R. T.v.(1989). Cooperation and Competition : Theory and research, Edina, MN : Interaction Books.

Johnson, D. W., Johnson, R. T. & Skon, L.(1980). Effects of cooperative, competitive, and individualistic conditions on children's problem solving performance. *American Educational Research Journal*, 17, 83-93.

Kagan, S.(1985). Co-op Co-op : A flexible cooperative learning technique. In R. Slavin, S., Sharan, S., Kagan, R., Hertz-Lazarowitz, C., Webb., & R. Schmuck(Eds). Learning to cooperate, cooperating to learn(437-452). New York : Plenum Press.

Kauffman, J. M., Landrum, T. J.(2009). *Characteristic of emotional and behavioral disorders of children and youth*(9th ed.). Upper Saddle River, NJ: Prenntice-Hall.

Keegan, (1990). Foundations of distance education. London : Routledge.

Keeler, M. L., & Swanson, H. L.(2001). Does strategy knowledge influence working memory in children with mathematical disabilities? *The Journal of Learning Disabilities, 34*, 418-434.

King, A.(1994). Autonomy and question asking : The role of personal control in guided student-generated questioning. *Educational Psychologist*, 27, 111-126.

King, A., Staffieri. A., & Adelgais. A.(1998). Mutual Peer Tutoring : Effects of Structuring tutorial Interaction to Scaffold Peer Learning. *Journal of Educational Psychology*, 90(1), 135-152.

Kirby, J. R.(1980). Individual differences and cognitive process : Instructional application and methodological difficulties, In J. R. Kirby & J. B. Biggs(Eds.), *Cognition, development, and instruction*. New York : Acamedic Press

Kittler, P., Krinsky-McHale, S. J., & Devenny, D. A.(2004). Semantic and phonological loop effects on visual working memory in middle-age adults with mental retardation. *American Journal on Mental Deficiency*, 87, 86-95.

Koegel, L. K.(2000). Interventions to facilitate communication in autism. *Journal of Autism and Developmental Disorders, 30*, 383-391.

Kotteke, F. J., Stillwell, G. K., & Lehmann, J. F.(1982). Krusen' s Handbook of Physical Medicine and Rehabilitation 3rd ED, W. Co.

Krathwohl, D. R., Bloom B. S, & Masia B. B.(1964). Taxonomy of educational objectives, Handbook 2, Affective domain. New York : David Mckay.

Lambiotte, J. G., Dansereau, D. F., & O'Donnell, A. M.(1987). Manipulating Cooperative Scripts for Teaching and Learning, *Journal of Educational Psychology, 79(4)*, 424-430.

Lane, K., & Frankenberge, M. B.(2004). *School-based interventions.* Boston : Pearson Education Inc.

Leather, C. V., & Henry, L. A.(1994). Working memory span and phonological awareness tasks as predictors of early reading ability. *Journal of Experimental Child Psychology, 58*, 88-11.

Leong, C. K.(1976). Lateralization in severely disabled readers in relation to functional cerebral development and synthesis of information. In R. M. Knights & D. J. Bakker(Eds.), *The neurophychology of learning disorders : Theoretical approaches.* Baltimore : University Park Press.

Lombana, J. H.(1992). *Guidance for students with disabilities.* Springfield, Illinois : Charles C Thomas Publisher.

Lundberg, I., Frost, J., & Petersen, O.(1988). Effects of an extensive program for stimulating phonological awareness in preschool children. *Reading Research Quarterly, 23*, 263-284.; Mager R. F.(1962). Preparing objectives for programmed instruction. San Francisco : Fearson.

Lysynchuk, L. M., Pressley, M., & Vye, N. J.(1990). Reciprocal teaching improves standardized reading comprehension performance in poor comprehenders. *The Elementary School Journal, 90(5)*, 469-484.

Marnix, D.(1992). Life skills activities for special children, N. Y. : The Centers for Applied Research in Education.

Marzano, R. J. et al.(2001). A handbook for classroom that instruction works, Association for Supervision and Curriculum Development. Alexandria, VA US.

Massialas, B. G. Sweeney, J. A. & Freitag, N.(1969). Identification of Social issues by teachers, Ann Arbor, Michigan : University of Michigan, Mimedgraph.

Matthews, K. A., & Siegel, J. M. (1982). "The type A behavior pattern in children and adolescents : Assessment, development and associated coronary-risk", In A. Baum & J. E. Singer(Eds.), Handbook of psychology and health, Vol. 2, 99-116, Hillsdale, NJ : Erlbaum.

Mauer, M. M., & Kamhi, A. G.(1996). Factors that influence phoneme-grapheme correspondence learning. *Journal of Learning Disabilities*, 29, 259-270.

McDonnell, J., Siegel, E. B., & Hardman, M. L.(1991). *Secondary programs for students with developmental disabilities.* Boston : Allyn and Bacon.

McGregor, G., & Vogelsberg, R. T.(1998). *Inclusive schooling practices : Pedagogical and research foundations. A synthesis of the literature that informs best practices about inclusive schooling.* Baltimore : Paul H. Brookes.

Miller, J. P.(1988). The Holistic Curriculum. OISE Press : Toronto Ontario.

Miller, J. P., Bruce Cassie, J. R., & Drake. S. M.(1990). Holistic Learning. OISE Press : Toronto Ontario.

Muth, K. D.(1984). Solving arithmetic word problem : Role of reading and computational skills. *Journal of Educational Psychology, 76*, 205-210.

Myler, B. S., & Simpson, R. L.(2003). *Asperger Syndrome: A guide for educaters and parents*(2nd ed.). Austin, TX: Pro-Ed.

NCODE, (1998). Quality guidelines for RBL report to NCODE 11 from RBL working party, Newbern, D., & Dansereau, D. F.(1996). Cooperative learning closer look at interaction scripys. Unpublished manuscripted Texas Christian University, Fort Worth.

Neiss, M., & Almeida, D. M.(2004). Age differences in the heritability of mean and intraindividual variation of psychological distress. *Gerontology, 50*, 22-27.

Newman, F., & Wehlage, G.(1995). *Successful school restructuring : A report to the public and educators.* University Wisconsin-Madison, Center on Organization and Restructuring of Schools.

O'Donnell, A. M.(1996). Effects of Explicit Incentives on Scripted and Unscripted Cooperation, *Journal of Educational Psychology, 88(1)*, 74-86.

O'Donnell, A. M., Dansereau, D. F., Hall, R. H., & Rocklin, T. R.(1987). Cognitive, Social/affective and Metacognitive Outcomes of Scripted Cooperative Learning, *Journal of Educational Psychology, 79(4)*, 431-437.

O'Donnell, A. M., Dansereau, D. F., Rocklin, T. R., Limbiotte, J. G., Hythecker, V. I.,

Larson, C. O., & Young, M. D.(1985). Cooperative writing : Direct effects and transfer. *Written Communication, 2*, 307-315.

Okolo, C. M., Bahr, C. M., & Gardner, J. E.(1995). Increasing achievement motivation of elementary school students with mild disabilities. *Intervention in School and Clinic, 30(5)*, 279-286.

Paivio, A.(1990). Mental representation : *A dual coding approach.* Oxford, UK : Oxford University Press.

Paris, S. G., & Newman, R. S.(1990). Developmental aspects of selfregulated learning. *Educational Psychologist*, 25(1), 87-102.

Perfetti, C. A.(1985). Reading ability. New York : Oxford University Press.

Piaget, J.(1926). *The Language and thought of the child.* New York : Harcourt, Brace.

Pintrich, P. R., &De Groot, E. V.(1990). Motivational and self-regulated learning component of classroom academic performance. Journal of Educational Psychology, 82(1), 33-40.

Putnam, J. W.(1993). The Process of Cooperative Learning, In(Ed.). J. W. Putnam. *Cooperative Learning and Strategies for Inclusion.* Paul H. Brookes Publishing Co. 15-40.

Quillian, M. R.(1968). Semantic memory. In Minsky(Ed.), semantic information processing, (pp. 216-270). Cambridge, Mass : MIT Press.

Rakes, G. C.(1996). Using the internet as a tool in a Resource-Based Learning environment. Educational Technology, September-October, 52-56.

Reitma, P.(1989). Orthographic memory and learning to read. IN P. G. Aaron & M. Joshi(Eds.), *Reading and writing disorders in different orthographic systems*, pp. 51-73, Dordrecht, The Netherands : Kluwer.

Rewey, K. L., Dansereau, D. F, Skaggs, L. P., & Hall, R. H.(1989). Effects of Scripted Cooperation and Knowledge Maps on the Processing of Technical Material, *Journal of Educational Psychology, 81(4)*, 604-609.

Rosenberg, M. S., Westling, D. L., & McLeskey, J.(2011). *Special education for today's teachers: An introduction.* Boston: Pearson.

Rowe, M. B.(1974). Wait-time and rewards as instructional variables : Their influence on language, logic, and fate control. Part 1 : Wait time. Journal of Research in Science Teaching, 11, 81-94.

Rowe, M. B.(1986). Wait time : Slowing down may be a way of speeding up. Journal of Teacher Education, 37.

Salisbury, C. L., & McGregor, G. M.(2002). The administrative climate and context of inclusive elementary schools. *Exceptional Children, 68(2)*, 259-274.

Schank, R., & Abelson, R. P.(1977). *Scripts, Plains, goals, and understanding.* Hillsdale, NJ : Erlbaum.

Schatschneider, C., Fletcher, J. M., Francis, D. J., Carlson, C. D., & Foorman, B, R.(2004). Kindergarten prediction of reading skills: A longitudinal comparative analysis. Journal of Educational Psycholygy, 96(2), 265-282.

Schattman, R., & Keating, L.(2000). The Swanton school district : A second look at an inclusive school.

Seigel, L. S.(1993). Phonological processing deficits as the basis of a reading disability. *Developmental Review, 13*, 246-257.

Seigel, L. S., & Ryan, E. B.(1989). The development of working memory in normally achieving subtypes of learning disabiled. *Child Development, 60*, 973-980.

Shell, M. E.(2007). Advances in instruction. New York: Guilford Press.

Siegel, I. E., & Saunders, R.(1979). An inquiry into inquiry: Question as an instructional model. In Lilian Katz(Eds.), Current topics in early education(Vol.II). NJ : Ablex Publishing Corporation.

Silver, L. (1990). Attention-deficit hyperactivity disorder : Is it a Learning disability or a related disorder? *Journal of Learning Disabilities, 23*, 393-397.

Sitlington, P. L., Clark, G. M., & Kolstoe, O. P.(2000). *Transition education and services for adolescents with disabilities.* Boston : Allan and Bacon.

Slavin, R. E.(1990). *Cooperative learning. Theory, research, and practice.* Engle-wood Cliffs, NJ : Prentice Hall.

Slavin, R. E.(1994). Student Team Learning in Mathematics, In Davison, N(Ed).

Slavin, R. E.(1995). *Cooperative learning. Theory, research, and practice(2nd)* Englewood Cliffs, NJ : Prentice Hall.

Smith, K. A., Johnson, D. W., & Johnson, R. T.(1981). The use of cooperative learning groups in engineering education. In L. P. Grayson & J. M. Biedenbach(Eds.), *Proceedings : Tenth Annual Frontiers in Education conference*(pp. 29-32). Washington, DC : American Society for Engineering Education.

Snow, C. E., Burns, S. M., & Griffin, P.(1998). *Preventing reading difficulties in young children.* Washington, D. C. : National Academy Press.

Sperling, D.(1977). *The Internet guide for English language teachers.* Upper Saddle River, New Jersey : Prentice-Hall Regents.

Spiro, R. J., Feltovich, P. J., Jacobson, M. J., & Coulson, R. L.(1991). Cognitive flexibility, constructivism, and hypertext : Random access instruction for advanced knowledge acquisition in ill-structured domains. Educational Technology, 31(5).

Spurlin, J. E., Dansereau, D. F., Larson, C. O., & Brooks, L. W.(1984). Cooperative learning strategies in processing descriptive text : Effects of role and activity level of the learner. *Cognition and Instruction, 1,* 451-463.

Stanovich, K. E.(1986). Mattew effects in reading : some consequences of individual differences in acquisition of literacy. *Reading Research Quarterly, 86,* 360-406.

Sternberg, R. J.(Ed.). (1988). The nature of creativity. New York : Cambridge University Press.

Sternberg, R. J., & Lubart, T. I.(1996). Defying the crowd : Cultivating creativity in a culture of conformity. New York, NY : The Free Press.

Stoks, G.(1997). Integrating new technologies into the modern language curriculum. *The CALICO Journal. 11(1).* pp. 76-93.

Stothard, S. E., & Hulme, C.(1996). A comparison of reading comprehension and decoding difficulties in children. In C. Cornoldi & J. Oakhill (Eds.), *Reading comprehension difficulties : Processes and intervention* (pp. 93-112). Mahwah, NJ : Erlbaum.

Taba, H.(1962). Curriculum development : Theory and practice. New Brace & World.

Taylor, R.(2003). *Assessment of exceptional students: Educational and psychological assement*(6th ed.). Boston: Allyn & Bacon.

Thompson, G. W.(1974). Discussion Group in University courses : ideas and Activities. Washington D. C. : American sociological Association.

Tiberius, R. G.(1990). Small Group Teaching : A trouble-shooting Guide, Toronto : Ontario Institute for studies in Education press.

Tobin, K.(1987). The role of wait time in higher cognitive learning. Review of Educational Research, 56, 69-95.

Torgesen, J.(1999). Assessment and instruction for phonemic awareness and word recognition skills. In H. W.Catts, & A. G. Kamhi(Eds.). *Language and Reading disabilities*. pp. 128-153. Ma : Allyn & Bacon.

Turley, D.(1998). Fredirika : wrapped in layers of burgundy wool. In L. Golden(Ed.). Case Studies in Child and Adolescent Counselling. 2nd Ed. 143-163. Upper Saddle River, NJ : Prentice Hill.

Tyler, R. W.(1950). Basic principles of curriculum and instruction. Chicago : Univ. of Chicago.

U. S. Department of Education (1998). To assure the free appropriate public education of all children with disabilities. *Twentieth Annual Report to Congress on the Implementation of Individuals with Disabilities Education Act*. Washington, DC : U. S. Government Printing Office.

Vygotsky, L (1978). Mind in society : The development of higher psychological processes. Cambridge, MA : Harvard University Press.

Wagner, M., Carmeto, R., & Newman, L.(2003). *Youth wite disabilities : A changing population : A report of findings from the National Longitudinal Transition Study(NLTS) and the National Longitudinal Transition Study 2(NLTS2)*. Menlo Park, CA : SRI International.

Wagner, R. K., Torgesen, J. K., & Rachotte, C. A., & Hecht, S. A.(1997). Changing relations between phonological processing abilities and word-level reading as children develop from beginning to skilled readers : A 5-year longitudinal study. *Developmental psychology*, 33, 468-479.

Ward, T., Van DeMark, C. A., & Ryndak, D. L.(2006). *Balanced Literacy classrooms and embedded instruction for students with severe disabilities*: Litteracy for all in the age of school reform. Baltimore: Brookes.

Warren, S. F., & Gazdag, G.(1990). Facilitating early language development with milieu intervention procedures. *Journal of Early Intervention, 14*.

Watson, C., & Willows, D. M.(1995). Information-processing patterns in specific reading disability. *Journal of learning Disabilities, 28*, 216-231

Watson, J. B & Thorndike, E. L. Behaviorism : Behavioral learning theory.

Webb, N. M.(1991). Task-related verbal interaction and mathematics learning in small groups. Journal for Research in Mathematics Education, 22, 366-389.

Webb, N., & Farival, S.(1994). Promoting helping behavior in cooperative small groups in middle school mathematics. *American Educational Research Journal, 31*, 369-395.

Wehmeyer, M. L.(2001). Assessment in self-determination : Guiding instruction and planning. *Assessment for Effective Intervention, 26(4).*

Wehmeyer, M. L., & Kelchner, K.(1995). *The Arc' s self determination*, TX : The Arc National Headquarters.

Wehmeyer, M. L., & Palmer, S. B.(2003). Adult outcomers for students with cognitive disabilities three years after high school : The impact of self determination. *Education and Training in Developmental Disabilities, 38.*

Wehmeyer, M. L., Agran, M., & Hughes, E.(2000). A national survey of teacher's of promotion of self determination and student-determination learning. *Journal of Special Education, 34.*

Wehmeyer, M. L., Field, S., Doren, B., Jones, B., & Mason, C.(2004). Self determination and student involvement in standards-based reform. *Exceptional Children, 70.*

Weiner, B.(1979). A theory of motivation for some classroom experiences. *Journal of Educational Psychology*, 71, 3-25.

Williams, C. K., & Kamii, C.(1986). How do children learn by handling objects? Young Children, 4(1), 23-26.

Wittrock, M. C.(1978). The cognition movement in instruction. *Educational Psychologist, 13*, 15-29.

Wolf, M., & Bowers, P. A.(1999). The double deficit hypothesis for the developmental dyslexia. *Journal of Educational Psychology, 91(3).* 415-438.

Yang, Y-C.(1995). The effect of self-regulatory skills and type of instructional control on learning from computer-based instruction. *International Journal of Instructional Media*, 20(3), 225-241.

Ysseldyke, J., & others.(1992). Expected educational outcomes for students with disabilities. *Remedial and Special Education(RASE), 13(6)*, 19-30.

Zammuner, V. L.(1995). Individual and cooperative computer writing and revising : Who gets the best results? *Learning and Instruction, 5*, 101-124.

Zhang, D.(1998). The effect with of self-determination instruction on high school students with mild disabilities. *Unpublished doctoral dissertation.* Univ. of New Orleans.

Ziegler, M. F.(2001). The impact of inclusive community-based instruction students identified as "gifted", as "gifted", "typical", and "special needs" learners in a high school :

an exploratory study. *Unpublished doctoral dissertation*. University of Wisconsin-Madison. Wisconsin, Madison.

Zimmerman, B. J.(1990). Self-regulated learning and academic achievement : An overview. Educational Psychologist, 25(1), 3-17.

찾아보기

인명색인

가네(Gagné) 14, 52, 58, 60, 216, 233, 262, 274, 276, 278, 448, 468
겔라크(Gerlach) 222
권순황 260
그론룬드(Gronlund) 262, 276, 278
글레이저(Glaser) 42, 216, 216
길패트릭(Kilpatrick) 305
김동일 549, 550, 551, 554
김애화 550
김윤옥 554
김윤희 556
김현진 529
김희수 269

노난(Nornan) 318

듀이(Dewey) 294, 305
딕(Dick) 215, 223

라간(Ragan) 219
라이글러스(Reigeluth) 12
레뻬(l' Epée) 494
로웨(Rowe) 376

마라(Marr) 86
마시알라스(Massialas) 314
머레이(Moray) 109
메이거(Mager) 216, 262, 272, 278

배호순 419
변영계 446
브루너(Bruner) 26, 46, 295
브릭스(Briggs) 52, 58, 216
블로서(Blosser) 360
블룸(Bloom) 263, 278, 372, 460, 468

서유진 534, 550
손다이크(Thorndike) 305
손미 280
쉬프린(Shiffrin) 106
스키너 61
신은희 280
신진숙 528
심덕보 425

아이즈너(Eisner) 322
양민화 550
에릭슨(Erikson) 26
에번스(Evans) 494
오수벨(Ausubel) 62, 90
윌슨(Wilson) 215
윤광보 280
이소현 542
이타르(Itard) 399
이태수 554
일리(Ely) 222

저먼(Zeaman) 113

차드(Chard) 307
체리(Chery) 106

캐롤(Carroll) 69
켈러(Keller) 30
코메니우스(Comenius) 324
퀴리안(Qullian) 80
크릭생크(Cruickshank) 555

타바(Taba) 362

타일러(R. W. Tyler) 262, 278
토빈(Tobin) 377
트럼프(Trump) 224
트리시먼(Treisman) 109

하이니케(Heinicke) 494
헤르바르트(Herbart) 448
헤비거스트(Havighust) 26

페스탈로찌(Pestalozzi) 286
페이비오(Paivio) 80
피아제(Piaget) 26, 46

사항색인

가네 학습유형 54
가네의 목표별 교수이론 53
가네의 수업목표 진술 274
가치화 267
감각 등록 단계 94
감각등록기(sensory registerators) 77, 85
강의식 교수법 286
강화(reinforcement) 51, 61, 448
개념 형성과 관련한 발문 전략 362
개념학습 55
개별 탐구학습 349
개연적 발문 361
거시적 전략 19
견학(field trip) 348
결합 분석 459
경도 지적장애 학생 526
계열화(sequence) 25
계획 협의회 423
계획단계 238, 240
고기능 자폐 542

고등 수준(higher-level) 발문 365
고정성 394
공개토의 339
공부할 문제 451
공통교육과정 181
과잉일반화 528
과잉학습 78
과잉행동 536, 537, 542, 551
과잉행동 장애학생 119
과정변인 16
과제분석 274, 276, 456
과제분석적 교수 529
관리전략(management strategy) 20
관찰 424
교과(敎科) 8
교과교육 259
교과목표 258
교구(instructional equipment) 395
교사 중심 평가 420, 421
교수(instruction) 10, 13, 447
교수결과 20

교수매체(instructional media) 394
교수목표 258
교수방법 19
교수방법 전략 221
교수설계 17, 21
교수자의 발문 분석 필터 426
교수조건 18
교수평가 221
교수-학습 활동 260, 476
교육과정 8, 22
교육기본법 258
교육목적 258
교육목표 258
교육이념 257
교재(instructional materials) 395
구속성(nonarbitrariness) 64
구조묘사 86
구조화 335
구조화 자극 감소 555
구체적 수업목표 261
구화법 494

국가수준의 교육과정 256
군집 모형(clustering model) 82
군집 분석 458
군집화(chunking) 125
귀인 552
규범적(normative) 42
그론룬드의 수업목표 진술 276
그림 촉진 530
그물망 모형(network model) 81
글레이저의 교수이론 42
글자 전략 555
기계화된 반응 268
기능적 의사소통 기술 546
기능적인 기술 528
기본교육과정 142, 259
기술적 이론 22
기억술(mnemonic method) 98

낮은 수준(lower-level) 발문 365
내재적인 행동 536
내적조건 61
뇌성마비 학생 509

다면관찰 모형(multiple-look observational attention model) 113
다지 선택 프로그램 318
단기 수업계획 444
단기계획 446
단기기억(short-term memory) 78, 95, 527
단상토의 339
단원 목표 281
단원명 465
단원의 개관 466
단원의 목표 468
단원의 지도계획 469
단원의 평가계획 472
대근육 및 소근육 552
대근육 활동 552
대기 시간 376
대담토의 338
대응 336
대화식 토의 340
도달점 행동 279
도식화 84
도입단계 436, 449
도착점 행동 272, 273
도착점 행위 273
동기 552
동기유발 451
동일성 540
또래교수 531

말뚝어 전략 555
매개적 보조기능 397
메이거의 수업목표 진술 273
명세적 수업목표 272
명제 모형(propositional model) 82
모델링 532
모방학습 532
목표분류학(Taxonomy of Objectives) 372
몬테소리(Montessori) 401
무관 차원 555
무관자극 121
문답법 334
문제해결력 91
문제해결 531
문제해결법(problem solving) 294
문제해결학습 55, 299
미성숙 536
미시적 전략 19

반복 61
반응 267, 335
반응 정확도 539
반응형식 및 평정형태와 방식 432
반응도 428
반향 기억 85
반향어 543
발견학습 295, 530
발달장애 524
발도르프 교수-학습 350
발문 전략 372, 384
발문(發問) 356
발문의 원리 380
발산적 발문 371
발언율 428
발전단계 239, 245
배심토의 339
버즈 학습 346
번역 264

변별학습 55
보완 교재 517
복합 외현 반응 269
부호화 전략 91
부호화 촉진 90
부호화와 인출 98
분석 263, 265
불능(disability) 7
브레인스토밍(brainstorming) 347
브루너의 교수이론 47
블룸(Bloom)의 분류 기준 367
비계교수 553
비구어적 의사소통 544
비형식적 관찰 424
비형식적, 형식적 평가 424

사례연구 348
사회적 상황 542
상동행동 540, 542
상징적 표상(symbolic representation) 48
선수학습 223
선택교육과정 186
선택적 자극 121
선택적 주의집중 526
선택적 주의집중 이론 106
선택적 지각 448
선행 조직자(advance organizer) 65
선행학습 61, 452
선행학습 경향성(predisposition to learning) 49
선호 차원 115
설명 554
설명적 교수이론 63
성취도 평가 45, 438
성취행동 273
세미나 340
세부특징(측면분석) 86
소근육 활동 552
손상(impairment) 7
수락 기준 273
수락조건 272
수렴적 발문 360, 371
수렴적 사고의 발문 361
수업 447
수업 분석 217
수업 분석 필터 425
수업 이해력 71
수업 중 활동 436
수업 지도안 462
수업 참관록 433
수업(instruction) 12
수업과정 관찰 435
수업관찰 423
수업매체 430
수업목표 44, 223, 256, 260, 261, 279
수업목표 명세화 226
수업사태 56
수업설계 214
수업설계 모형 214
수업설계 이론 214
수업설계자 220
수업원리 226
수업의 질 71
수업의 질적 개선 418
수업전략 224
수업절차 45
수업참관 433
수업평가 424
수업활동 418
수업활동 평가 418
수행평가 455
수화법 494
시각과의 협응 기술 552
시각장애 학생 480
시간·기능별 분석 459
시량 476
시범 452, 554
시안 446
시연 116, 532
시청각 학습법 414
신기성 122
신체적 촉진 530
신호학습 54
신호화 91
실사성(substantiveness) 64
심리 운동적 영역 263, 268

암기진략 555
안시저 동사 277
야소회 모형 109
약소화 이론(attenuation theory) 109
양분청취 과제(dichotic listening task) 106

어의적 그물망 모형 80
언어 정보 53
언어연상학습 55
언어적 그물망 모형 80
언어적 제시 452
언어적 촉진 530
언어정보 275
여과 모형 106
역할 놀이 346
연간계획 445
연쇄학습 55
연습기회 234
연합 448
영상적 표상(iconic representation) 48
외적조건 60
외현적인 문제 536
요구하는 발문 427
운동기능 54, 275
운동능력 274
원격 토론 340
원리학습 55
원탁토의 339
원형 이론 86
월간계획 445
위계 분석 458
위축 536
유관 차원 115, 555
유도 554
유도된 반응 268
유의미 학습(meaningful learning) 63
유지시연(maintenance rehearsal) 98
유치원 교육과정 140
의미기억(semantic memory) 79
이류학습 116
이얍(E-yab) 484
이중 언어 · 이중 문화 접근 (bi-language bi-culture) 494, 496
이중부호모형(dual-code mode) 80
이해 263, 264
인격화 267
인지 · 기억적 발문 360
인지구조 굳히기 68
인지적 교수 531
인지전략 53, 275, 551
인지처리 과정상 551
인지훈련 553
일면관찰 모형(one-look observational attention model) 113
일반 수업목표 276, 277
일반적 수업목표 261, 277
일반화 237, 448, 456, 528, 547
일상기억(episodic memory) 79
읽기 이해력 549
임상 422
임상장학 422

자극 448
자극과다선택 542
자극－반응학습 55
자기 평가 421
자기강화 553
자기관리 기술 548
자기교수 553
자기자극행동 540
자기점검 553
자기조절전략 555
자기질문 553
자동화 95
자동화 현상 112
자료 476
자료 분석 필터 430
자아개념 62
자원할당 106
자원할당 모형 111, 112
자조기술 546
자폐성장애 540
작동기억 단계 95
작동기억(working memory) 78
작동적 표상(enactive representation) 48
잔존청력 495
장기계획 444, 445
장기기억 단계 95
장기기억(long-term memory) 79, 95, 527
장애(handicap) 7
재생과 반응 448
재생적 발문 363
적용 263, 264

적용적 발문 363
적용적 발문 전략 363
적응 269
전개단계 436, 449
전달전략(delivery strategy) 19
전이 455
전자도서(CD-ROM) 517
점검 554
점자 482
점진적 분화의 원리 67
접근 61
정교화 90, 98
정교화 시연(elaborative rehearsal) 98
정리단계 436, 450
정보 527
정보능력 274
정보의 저장 448
정보처리 76
정보처리이론 76, 88
정서 · 행동장애 533
정의적 영역 263, 266, 266
제시 448
조건 273
조작성 394
조직력 538
조직적 전략 19
조직전략 555
조직화 90, 267
종합 263, 265
주는 발문 427
주안 446
주의(attention) 87, 526
주의력 결핍 및 과잉행동 551
주의산만 537
주의집중 62, 96, 104, 448, 450
주의집중 고착(fixation of attention) 120
주의집중 이동 124
주의집중 이론 88
주의집중 장애 118
주의파지이론 105
준비 448
중간목표 279
중도 지적장애 학생 526
중도 · 중복 장애(multiple handicapped) 516
중도 · 중복 장애학생 517
지각 268
지구력 72
지도단계 239, 243
지도상의 유의점 471
지식 264
지식구조의 생성력 49
지식의 구조(structure of knowledge) 47
지적 영역 263
지적기능 53, 274, 275
지적장애 525
지체부자유 508
지체부자유 학생 509
직선형 프로그램 318
직접교수 554
직접교수법(direct instruction) 319, 361
진단단계 238, 241
질문(質問) 356
질의 335

참관자 438
창안 269
창의적 사고력 수업 359
창의적 체험활동 209
처방적 이론 22
처방적(prescriptive) 42
청킹(chunking) 78
체계적 수업설계 모형 222
체크리스트 431
체크리스트에 의한 분석 431
초인지(meta-cognition) 100, 528
촉진 530
촉진발문 363, 365
총괄 448
총괄평가 222, 272
총체적 언어(whole language) 접근법 323
추론 264
추론적 발문 363
출발점 행동 44
충동성 537, 542
측면분석 87
치료교육활동 517
치료교육활동 보완 교재 517
치료교육활동 전자도서 521
친밀성 122

친숙성 125
침묵식 교수법(Silent way) 349

칵테일 파티 107
캐롤의 학교학습모형 69
컴퓨터 보조학습 347
코너 학습 349

타바의 발문 전략 362
탐구발문 363
태도 54, 275
태세 268
토의법 336
토털커뮤니케이션 494
통합교육 541
통합조정의 원리 67
특성변인 15
특수 수업목표 276, 277
특수교수목표 277
특수학교 교육과정 136, 259
팀 티칭(Team Teaching) 341

파지 455
판서 476
평가 263, 266, 425, 476
평가 및 수업활동 438
평가단계 239, 246
평가의 준거 272
평가적 사고의 발문 362
평정척도의 설정 431
폐쇄적 발문 361
포섭(subsumption) 63
프로그램 학습법 317
프로젝트 학습(구안법) 305, 307
프로젝트(Project) 305
피드백 46, 454
피드백 협의회 423
필터식 수업 분석 기법 425

하위목표 279
학년군별 목표 259
학년목표 258
학생 중심 평가 420
학생에 의한 교사 평가 421
학습 양식(learning style) 233
학습 위계(learning hierarchy) 53
학습 적성 71
학습 전략 554
학습조건 60
학습(learning) 13
학습결손 보상 230
학습계열(sequence of learning) 50
학습과제의 구조 460
학습기회 71
학습내용 231, 476
학습동기 62
학습동기유발 228
학습된 무력감 552
학습위계 274
학습의 영역 53
학습의 전이 528
학습자 발언 분석 필터 428
학습자 분석 221
학습자료 452
학습자중심 316
학습전이 237
학습전이 조작 116
학습평가 272
학업 성취 549
한소네 브레일 484
해석 264
해석적 발문 전략 362
핵심 단어법 91
핵심어 전략 555
행동목표 263, 278
행동적 수업목표 278
행동적(명세적) 수업목표 277
행위동사 273, 278
행정적 개선 418
협동학습 328, 532
형성평가 219, 235
형식적 관찰 424
형태재인(pattern recognition) 85
형판 배합 이론 86
호혜적 교수 556
홀리스틱(holistic) 350
확산적 발문 372, 427
확산적 사고 361
확산적 사고의 발문 362
확충성 394
효과적인 발문 367

저자소개

권순황

❖대구대학교 대학원 특수교육학과(문학 박사)

❖한국국제대학교 초등특수교육과 교수

박재국

❖Tsukuba University 교육학 박사

❖부산대학교 특수교육과 교수

조홍중

❖Tsukuba University 교육학 박사

❖전남대학교 특수교육학부 교수

한경임

❖대구대학교 대학원 특수교육학과(문학 박사)

❖창원대학교 특수교육과 교수

박상희

❖조선대학교 대학원 특수교육학과(교육학 박사)

❖광주여자대학교 초등특수교육과 교수

최신 **특수교육 교과교재 연구 및 지도법**

* 2013년 9월 5일 초판 인쇄 | 2013년 9월 10일 초판 발행 * 저자 : 권순황 · 박재국 · 조홍중 · 한경일 · 박상희

* 발행인 : 문일중 * 발행처 : **일문사** * 서울시 구로구 개봉2동 262-20번지 1층 * 전화 : (02) 2683-8337

* 팩스 : (02) 2683-3277 * 인터넷 홈페이지 : http://www.ilmoonsa.co.kr * 이메일 주소 : dabin106@nate.com

* 등록 : 2005년 7월 26일 제12-429호 * ISBN 978-89-92550-29-1

값 23,000원